本书由四川大学研究生教材建设基金资助

刑法专业研究生教学用书

Outlines of the Interpretations of the
Specific Provisions of the Criminal Law

刑法分则解释论要

魏东 著

北京大学出版社
PEKING UNIVERSITY PRESS

图书在版编目（CIP）数据

刑法分则解释论要／魏东著. —北京：北京大学出版社，2020.12
ISBN 978-7-301-31787-7

Ⅰ.①刑… Ⅱ.①魏… Ⅲ.①刑法—法律解释—研究—中国 Ⅳ.①D924.05

中国版本图书馆 CIP 数据核字（2020）第 202062 号

书　　名	刑法分则解释论要 XINGFA FENZE JIESHI LUNYAO
著作责任者	魏　东　著
责任编辑	方尔埼　陈　康
标准书号	ISBN 978-7-301-31787-7
出版发行	北京大学出版社
地　　址	北京市海淀区成府路 205 号　100871
网　　址	http://www.pup.cn　http://www.yandayuanzhao.com
电子信箱	yandayuanzhao@163.com
新浪微博	@北京大学出版社　@北大出版社燕大元照法律图书
电　　话	邮购部 010-62752015　发行部 010-62750272　编辑部 010-62117788
印　刷　者	天津中印联印务有限公司
经　销　者	新华书店
	720 毫米×1020 毫米　16 开本　32.5 印张　690 千字 2020 年 12 月第 1 版　2020 年 12 月第 1 次印刷
定　　价	98.00 元

未经许可，不得以任何方式复制或抄袭本书之部分或全部内容。
版权所有，侵权必究
举报电话：010-62752024　电子信箱：fd@pup.pku.edu.cn
图书如有印装质量问题，请与出版部联系，电话：010-62756370

前 言

本书是对我十多年前出版的刑法学专业硕士研究生教材《刑法各论若干前沿问题要论》(人民法院出版社2005年版)的修订和扩充,书名改为《刑法分则解释论要》。但相对于原教材而言,本书绝大多数"问题意识"和理论阐述均属于新增内容,因而本书在内容上有较多创新。书名的变化尤其是法律"解释论"的强调,意在表明本书重在运用刑法解释论方法和"司法论的思考"[①]来研讨刑法分则问题,更加鲜明地反映出本书所具有的刑法解释论的学术特色。恩师赵秉志教授在《刑法各论若干前沿问题要论》一书的序中曾经指出,有关刑法各论问题的理论研究有利于"为刑事立法和刑事司法服务"[②],这种双面服务性特点应当说在本书中已经被有意识地改变为侧重于"为刑事司法服务",因而本书的刑法解释论学术特色更加鲜明,从"司法论的思考"立场所展开的研讨重点更为突出。

基于刑法分则解释论这一鲜明特色,本书尽管保持了与《刑法各论若干前沿问题要论》设置的"导论""上篇""下篇"体例的一致性,但是在具体内容上有较大调整和完善。

一是导论部分增加了刑法分论的基础理论、方法论与解释论等内容。开篇论述这些基础理论性内容,有利于启迪研究生深化刑法分则理论研究,实现刑法学"方法论觉醒",尤其是要重视刑法解释论方法论的充分运用。

二是在上篇"侵犯个人法益罪"和下篇"侵犯公法益罪"部分,增加了更多更为深刻的法理阐释和罪名的解释论研讨。如,设置专章研讨传统侵财罪的保护法益、经济犯罪的刑法解释论特点、网络犯罪和涉黑犯罪的刑法教义学原理等内容,就带有较为浓厚的法理检讨特色。再如,在具体章节设置上,本书在《刑法各论若干前沿问题要论》一书设置18章的基础上增加到28章,论述的具体罪名更多并且内容也更加丰富。

[①] 陈兴良:《教义刑法学》(第二版),中国人民大学出版社2014年版,第2页。
[②] 魏东:《刑法各论若干前沿问题要论》,人民法院出版社2005年版,"序",第1页。

三是为照应刑法解释论学术特色而增加了大量的案例研讨内容。本书选取了近二百件真实案例进行讨论,有利于更加深刻、具体地阐释相关刑法解释论原理,也有利于培育刑法专业研究生法律适用方面的实践能力。

魏　东
谨识于成都市新希望路锦官新城寓所
2020年1月1日

目录

导论　刑法分论的基础理论、方法论与解释论

第一章　刑法分论的基础理论 3
　导言：刑法分论的体系 3
　一、刑法分论的研究对象 4
　二、刑法分则体系 4
　三、刑法分则条文的构成 11

第二章　刑法分论的方法论 22
　一、法学方法论概貌 24
　二、刑法学者的"方法论觉醒" 25
　三、刑法学方法论的基本内容与具体展开 27
　四、刑法学方法论与学术论著写作 45

第三章　刑法分论与解释论 47
　一、刑法解释的概念 47
　二、刑法解释的特性 51
　三、刑法解释的类型 62

上篇　侵犯个人法益罪

第四章　故意杀人罪 77
　一、故意杀人罪的构成要件 79
　二、故意杀人罪的司法认定 92
　三、故意杀人罪的刑罚适用 108

第五章　强奸罪 ·· 116
　一、强奸罪的法文化学分析 ··· 116
　二、中国关于强奸罪的立法与理论 ······································ 121

第六章　侵犯财产罪的保护法益 ·· 126
　一、实质所有权说相对于占有说的比较优势 ······························ 127
　二、实质所有权说相对于法律—经济的财产说的比较优势 ·················· 130
　三、侵财犯罪对象争议案件的司法裁判分析：基于犯罪对象物之
　　　"财产所有权"的实质化审查 ······································· 132
　四、侵财犯罪被害人争议案件司法裁判分析：基于犯罪被害人之
　　　"他人"的实质化审查 ··· 140

第七章　盗窃罪 ··· 145
　一、盗窃罪犯罪对象的属性与范围 ······································ 146
　二、单位盗窃、使用盗窃的定性处理 ···································· 147
　三、盗窃罪的既遂标准 ·· 152

第八章　侵占罪 ··· 160
　一、侵占罪的概念 ·· 161
　二、侵占罪的构成特征 ·· 162
　三、侵占罪"告诉的才处理"问题 ······································· 181

第九章　职务侵占罪 ··· 183
　一、个案刑法解释与案例研究方法论 ···································· 183
　二、职务侵占的行为定型：基于"业务便利肯定说"和"综合手段说"的
　　　解释结论 ··· 185
　三、职务侵占罪的司法逻辑：基于贪污罪的解释论比较与法条竞合论的阐释 ·· 195
　四、结语 ·· 203

下篇　侵犯公法益罪

第十章　以危险方法危害公共安全罪 ···································· 207
　一、驾车撞人的危险方法（醉驾与"碰瓷"） ····························· 209
　二、驾车在高速公路上逆行、将车辆停放在高速公路的行车道上的危险方法 ·· 210
　三、抢夺行驶中的公交车方向盘、直接攻击正在开车的驾驶员的危险方法 ···· 211
　四、不让瓦斯检测器报警并伪造瓦斯报表的危险方法 ······················ 211
　五、非法制售含有三聚氰胺毒害性物质的危险方法 ························ 212
　六、以含有病菌的塑料注射器进行针刺的危险方法 ························ 213
　七、盗窃交通要道上窨井盖的危险方法 ·································· 213
　八、大规模制售盐酸克伦特罗（"瘦肉精"）的危险方法 ··················· 215

第十一章　交通肇事罪 ……………………………………………… 218
一、交通肇事罪的概念与犯罪构成 ………………………………… 219
二、交通责任事故认定与交通肇事罪认定的关系 ………………… 221
三、交通肇事罪与以危险方法危害公共安全罪的界限 …………… 222
四、交通肇事罪与过失致人死亡罪的竞合关系 …………………… 222
五、"因逃逸致人死亡"量刑情节的解释适用 …………………… 224

第十二章　危险驾驶罪 ……………………………………………… 227
一、危险驾驶罪的司法认定 ………………………………………… 227
二、危险驾驶罪的刑罚适用问题 …………………………………… 233
三、危险驾驶并发生严重后果时,危险驾驶罪与以危险方法危害公共
安全罪之界限的刑法解释论问题 ………………………………… 233

第十三章　经济犯罪的刑法解释论 ………………………………… 238
一、经济犯罪的二次违法性特征与刑法解释的法律政策性限定 …… 239
二、经济犯罪空白罪状和简单罪状之刑法解释的法律政策性限定 … 242
三、经济犯罪兜底条款之刑法解释的法律政策性限定 …………… 247

第十四章　非国家工作人员受贿罪 ………………………………… 249
一、非国家工作人员受贿罪的构成特征 …………………………… 249
二、非国家工作人员受贿罪的认定 ………………………………… 252

第十五章　虚开增值税专用发票、用于骗取出口退税、抵扣税款发票罪 …… 258
一、"代开""对开""环开"增值税专用发票、用于骗取出口退税、
抵扣税款发票罪的定性处理 ……………………………………… 260
二、虚开增值税专用发票、用于骗取出口退税、抵扣税款发票罪与逃税罪的
界限与竞合关系 …………………………………………………… 263
三、虚开增值税专用发票、用于骗取出口退税、抵扣税款发票罪与骗取出口
退税罪的界限与竞合关系 ………………………………………… 265
四、个人犯罪与单位犯罪的界限区分 ……………………………… 266

第十六章　非法集资犯罪 …………………………………………… 270
一、行为定性争议与刑法解释论分析 ……………………………… 272
二、量刑裁判争议与刑法解释论研讨 ……………………………… 291

第十七章　内幕交易、泄露内幕信息罪 …………………………… 294
一、内幕交易、泄露内幕信息罪的概念和构成特征 ……………… 294
二、内幕交易、泄露内幕信息罪的司法认定 ……………………… 300

第十八章　合同诈骗罪 ……………………………………………… 302
一、合同诈骗罪的犯罪客体 ………………………………………… 303

二、合同诈骗罪的客观方面特征 ………………………………… 304
　　三、合同诈骗罪的行为主体 …………………………………… 316
　　四、合同诈骗罪的主观故意与非法占有目的 ………………… 317
　　五、合同诈骗罪的刑罚适用 …………………………………… 318

第十九章　非法经营罪 ………………………………………………… 320
　　一、非法经营罪的客观方面要件 ……………………………… 322
　　二、非法经营罪的主观方面要件 ……………………………… 332
　　三、非法经营罪的刑罚处罚 …………………………………… 332

第二十章　网络犯罪 …………………………………………………… 333
　　一、网络犯罪概貌：概念变迁与类型化分析 ………………… 334
　　二、帮助行为正犯化：以网络犯罪"资助"行为为例 ………… 337
　　三、预备行为实行行为化：以网络恐怖主义犯罪为例 ……… 345
　　四、行为主体聚合化：以网络犯罪背景下的平台责任为例 … 354

第二十一章　涉黑犯罪 ………………………………………………… 361
　　一、涉黑犯罪中法定概念与政策性概念的立法论检讨 ……… 363
　　二、黑社会性质组织的核心特征与附随性特征的解释论阐释 … 371
　　三、涉黑犯罪中"明知"的刑法教义学重申 …………………… 394
　　四、结语："扫黑除恶"必须处理好讲政治与讲法治的关系 … 400

第二十二章　毒品犯罪 ………………………………………………… 401
　　一、吸毒者实施涉毒行为的定性处理 ………………………… 402
　　二、代购毒品与居间介绍毒品交易行为的定性处理 ………… 407
　　三、走私、贩卖、运输、制造毒品罪的既遂形态认定 ……… 412

第二十三章　煽动型犯罪 ……………………………………………… 419
　　一、煽动型犯罪的行为特征 …………………………………… 419
　　二、煽动型犯罪的主观特征 …………………………………… 423
　　三、煽动型犯罪的罪数形态 …………………………………… 424
　　四、煽动型犯罪的共犯形态 …………………………………… 425

第二十四章　寻衅滋事罪 ……………………………………………… 427
　　一、"随意殴打他人，情节恶劣的"之解释适用 ……………… 429
　　二、"在公共场所起哄闹事，造成公共场所秩序严重混乱的"之法理阐释 … 439

第二十五章　妨害公务罪 ……………………………………………… 449
　　一、妨害公务罪的行为定型与违法性特征 …………………… 451
　　二、妨害公务罪的主观方面要件 ……………………………… 453
　　三、妨害公务罪的司法认定 …………………………………… 453

第二十六章 辩护人、诉讼代理人毁灭证据、伪造证据、妨害作证罪 …………… 455
　一、辩护人伪造证据、妨害作证罪的行为特征 ………………………… 456
　二、辩护人伪造证据、妨害作证罪的犯罪形态 ………………………… 460
　三、标准的犯罪构成与犯罪成立最低规格标准的逻辑关系 …………… 464

第二十七章 组织卖淫罪 ………………………………………………………… 469
　一、组织卖淫罪的概念 …………………………………………………… 469
　二、组织卖淫罪的构成特征 ……………………………………………… 471
　三、组织卖淫罪的司法认定 ……………………………………………… 476
　四、组织卖淫罪的刑罚适用 ……………………………………………… 478

第二十八章 受贿罪 ……………………………………………………………… 479
　一、受贿罪的保护法益：职务廉洁性说 ………………………………… 479
　二、约定受贿行为的定性处理 …………………………………………… 482

后记 ……………………………………………………………………………… 505

导论 刑法分论的基础理论、方法论与解释论

第一章 刑法分论的基础理论

导言：刑法分论的体系

刑法分论，又叫刑法各论、罪刑各论、罪刑分论。刑法分论的体系，是指刑法分论的内部结构。一般而言，刑法分论包括两个部分：一是刑法分论的基础理论问题（一般理论问题）；二是个罪的认定与处罚问题。

刑法分论的基础理论问题（一般理论问题）大致包括以下三个方面：①刑法分论的研究对象；②刑法分则体系；③刑法分则条文的构成，其构成要素包括罪名、罪状、法定刑、量刑情节等。

个罪的认定与处罚问题，亦即个罪的刑法解释适用问题，主要包括个罪的概念、构成特征、罪与非罪的界限、此罪与彼罪的界限、刑罚处罚、个罪立法与司法方面的改进与完善建议等。应当说，刑法分论所研究的主要问题就是个罪的认定与处罚问题，其目标是直接为司法实践提供具体的定罪量刑意见和学理支撑。这一特点就决定了刑法分论的主要研究方法就是刑法总论原理——其中包括刑法解释原理——的具体运用；也决定了刑法分论学术论文的写作通常应按照个罪的概念、构成特征、罪与非罪的界限、此罪与彼罪的界限、刑罚处罚、个罪立法与司法方面的改进与完善建议这样一个逻辑顺序来展开，并且这个逻辑顺序原则上不能改变（但是其具体的研究内容可以有所合并或者有所增减）。还需要指出的是，刑法分论除了主要研究"个罪"的认定与处罚问题外，还要研究若干"个罪"组合成的"类罪"与"罪群"，应当说"类罪"与"罪群"的理论研究在实质上属于"个罪"理论研究的特别形态。

可见，刑法分论与刑法总论的关系，也如同刑法分则与刑法总则的关系一样，二者是具体与抽象、特殊与一般的关系。即刑法总论所研究的是有关定罪量刑的基本理论，对于刑法分论问题的研究具有指导作用；反过来，刑法分论所研究的是个罪的定罪处罚问题，其要以刑法总论为指导，同时又对刑法总论问题的研究具有充实、推动作用。因此，研究刑法分论同样具有重要意义，有助于整个刑法理论、刑事立法和刑事司法的完善。

一、刑法分论的研究对象

刑法分论的研究对象,是刑法中规定具体犯罪及其刑罚处罚与非刑罚处罚措施的法律规范,亦即刑法分则与分则性刑法规范,具体包括刑法分则、单行刑法与附属刑法(后二者统称"特别刑法")。一般认为,法律规范与法律条文是近似语,在特定语境下二者可以互相通用。"规范"是"条文"的实质内容与实体内容,"条文"则是对这种实质内容和实体内容的文字表述。

刑法分则是指我国现行《中华人民共和国刑法》(以下简称《刑法》)的第二编。它较为系统地规定了具体犯罪及其刑罚处罚与非刑罚处罚措施。如前所述,刑法总则与刑法分则之间的关系是抽象与具体、一般与特殊的关系:总则统帅并指导分则,分则则生动、具体地体现总则的精神,二者相辅相成并且融为一体。例如,在确定具体犯罪及其刑罚处罚与非刑罚处罚措施时,要运用总则关于"罪过""主体要件""法定刑""量刑制度"等方面的规定,刑法分则离不开刑法总则。

单行刑法和附属刑法,一般都只是分则性的规定,因而一般都要受刑法总则的指导和统领。现行《刑法》第101条明确规定:"本法总则适用于其他有刑罚规定的法律,但是其他法律有特别规定的除外。"不过,特别刑法有特别规定——包括有总则性的特别规定和分则性的特别规定——之时,就应当适用特别规定,这是"特别法优于普通法原则"的要求。一般认为,我国现阶段仅有一部单行刑法,即1998年12月29日发布施行的《全国人大常委会关于惩治骗购外汇、逃汇和非法买卖外汇犯罪的决定》,其中明确规定增设了"骗购外汇罪"。但是在一定意义上,我国现阶段还有其他一些法律规定属于"特别刑法"。

二、刑法分则体系

刑法分则体系,是指刑法分则对具体犯罪的分类及排列顺序。[①] 可见,刑法分则体系实际上就是犯罪分类和排列顺序的问题。

犯罪分类情况复杂,有社会学、犯罪学、规范刑法学等各种不同的学科分类。在刑法上,犯罪分类主要有两种情况:一是犯罪的类罪划分,即以犯罪行为所侵害的同类客体为标准所进行的犯罪分类;二是犯罪的一般分类,即根据犯罪同类客体以外的标准所进行的犯罪分类,如:自然犯与法定犯(即刑事犯与行政犯)、故意犯与过失犯、身份犯与非身份犯(常人犯)、暴力犯罪与非暴力犯罪、自然人犯罪与非自然人犯罪等。规范刑法学主要研究犯罪的类罪划分问题,但是不排斥犯罪的一般分类及其理论研究。犯罪的一般分类的主要意义,是为了给更好地研究刑法总则问题提供方便,

---

① 参见张明楷:《刑法学(下)》,法律出版社1997年版,第514—515页。

因此可称之为"刑法总则犯罪分类";同时,犯罪的一般分类对于刑法分则的理论研究也具有重要意义,因此其别称"刑法总则犯罪分类"并不准确。

对类罪划分的历史沿革以及国外(境外)做法均需要有一定了解,在此基础上才能更为深刻地认识我国现行刑法分则的类罪划分。①

(一) 刑法史初期的类罪划分

刑法史初期的类罪划分,亦即阶级社会初期的类罪划分。其时由于罪名具体且杂乱,因而一般都是"以刑统罪",即按照刑罚为标准对犯罪进行分类。我国夏商周时期的刑法、古希腊刑法、古印度刑法、古埃及刑法、古西伯来刑法,都是如此。例如,《周礼》载:"司刑掌五刑之法,以丽万民之罪。墨罪五百,劓罪五百,宫罪五百,刖罪五百,杀罪五百。"《尚书·吕刑》载:"墨罚之属千,劓罚之属千,剕罚之属五百,宫罚之属三百,大辟之罚其属二百。五刑之属三千。"

(二) 中国封建刑法的类罪划分

中国封建刑法基本上采用了概括的罪名形式,主要是从犯罪行为的外部特征上对犯罪进行了区分和分类。其中典型的是唐律。《唐律疏议》共有十二篇:一是《名例律》,二是《卫禁律》,三是《职制律》,四是《户婚律》,五是《厩库律》,六是《擅兴律》,七是《贼盗律》,八是《斗讼律》,九是《诈伪律》,十是《杂律》,十一是《捕亡律》,十二是《断狱律》。除第一篇是带有总则性的规定外,其余十一篇都有涉及相关行为的犯罪,因而实际上是十一类罪的犯罪分类。(《卫禁律》,主要是关于皇室宫殿警卫和关津要塞保护方面的犯罪;《职制律》,主要是关于各种官吏职务上的犯罪;《户婚律》,主要是各种违反婚姻、家庭、继承等封建伦理的犯罪;《厩库律》,主要是杀伤牛马、损坏仓库等方面等犯罪;《擅兴律》,主要是擅自发兵、放弃城守等军事方面的犯罪;《贼盗律》,主要是有关谋反、叛逆、谋杀、抢劫等侵犯人身和财产的犯罪;《斗讼律》,主要是有关斗殴伤人、诬告等侵犯人身和违反诉讼程序方面的犯罪;《诈伪律》,主要是有关伪造皇帝玉玺、诈欺财物等伪造和诈骗方面的犯罪;《杂律》,主要是规定那些"拾遗补漏性的犯罪",如犯夜、失火等犯罪;《捕亡律》,主要是那些涉及追捕逃犯方面的犯罪,如"受命追捕而不行或逗留";《断狱律》,主要是那些涉及刑讯、判决、执行方面的犯罪。)

中国封建刑法实行这种分类,一般认为其原因有三:一是当时人们对犯罪的认识水平有限,特别是罪名本身的概括性不强,许多罪名还停留在表面的形象思维上,而且罪名之间交叉重叠多,从而导致犯罪分类不科学。二是出于维护封建宗法等级特权制度和宗法伦理观念的需要,从而鲜明地反映了封建刑法的本质要求。一般认为,中国封建社会主要由六个等级身份系统构成,即:君与臣民之间的身份系统;宗族亲属之间按照封建五服制度组成的身份系统;上下级官吏及官民之间的等级身份系统;

---

① 以下资料性内容介绍,转引自魏东:《刑法各论若干前沿问题要论》,人民法院出版社2005年版,第5—12页。

师生之间的身份系统;良贱之间的等级身份系统;主婢之间的等级身份系统。对于不同的身份、不同的对象,给予不等的刑法保护;同时,不同身份的主体犯罪所承担的责任也不同。三是封建刑法内部"诸法一体、以刑为主"的特点,使得这种分类具有相对的合理性,也使得整个法律构成一个有机和谐的整体。《唐律疏议》讲:《名例律》是全律的纲领与统帅,故列为全律的首篇;《卫禁律》"但敬上防非,于事尤重,故次名例之下,居诸篇之首";而《职制律》"宫卫事了,设官为次,故在卫禁之下";《户婚律》"既论职司事讫,即户口、婚姻,故次职制之下";《厩库律》"户事既终,厩库为次,故在户婚之下";《擅兴律》"厩库事讫,须备不虞,故此论兵次于厩库之下";《贼盗律》"前禁擅发兵马,此须防止贼盗,故次擅兴之下";《斗讼律》"贼盗之后,须防斗讼,故次于贼盗之下";《诈伪律》"斗讼之后,须防诈伪,故次斗讼之下";《杂律》"拾遗补阙,错综成文,班杂不同,故次诈伪之下";《捕亡律》"若有逃亡,恐其滋蔓,故须捕系,以寘疏网,故次于杂律之下";而《断狱律》"错综一部条流,以为决断之法,故承众篇之下"。可见,《唐律疏议》的类罪划分逻辑性强,各种犯罪之间有机联系,犯罪的排列是一个和谐有序的系统。

需要说明的是,唐律中也曾出现过"公罪"与"私罪"的划分,又称"公坐"与"私坐"。但这仅仅是针对官员犯罪所作的划分,其目的是减轻官员因公执行职务而犯罪的刑事责任。《唐律疏议》解释说:"公罪,谓缘公事致罪而无私曲者。私罪,谓不缘公事私自犯者。虽缘公事,意涉阿曲,亦同私罪。"但是,唐律中公罪与私罪的划分,与西方国家公罪与私罪的划分是不同的。一是范围不同,唐律的这种划分,仅仅针对官员犯罪,而不是所有犯罪;而西方国家的类似划分,是针对整个犯罪的全体。二是划分标准不同,唐律这种划分的标准,是犯罪主体的主观恶性;而西方国家这种划分的标准,是犯罪侵害的法益性质。三是目的不同,唐律这种分类的目的主要是激发官员"为公"的积极性,规定"以官当罪",便于减轻官员罪责;而西方国家这种划分的目的是便于分别予以保护,并据以确定刑事管辖权和起诉权。

(三) 罗马法的类罪划分

罗马法将犯罪划分为"公罪"和"私罪",或者称"公犯"和"私犯"。公罪,是指侵害国家和社会法益的犯罪。对公罪要处以刑罚,任何人均可对之提起诉讼;在管辖上,最初是由"国民议会"审判,后改由"控诉法院"审判。公罪还可以进一步分为"固定公罪"与"例外公罪"两种。固定公罪必须适用普通刑事诉讼法,采用绝对确定的法定刑,因此又称"法定刑的公罪";例外公罪适用特别诉讼法,法官在量刑上有自由裁量权,因此又称"非法定刑的公罪"。公罪主要包括以下四种:一是对于国家的犯罪,如叛逆罪等;二是对于宗教的犯罪,如输入异教罪等;三是对于妨害社会风化的犯罪,如奸非罪、猥亵罪等;四是对于侵害个人法益的重罪,如故意杀人罪、故意伤人肢体而又未与受害者和解罪等。私罪,则是指除公罪中对个人利益构成严重犯罪以外的其他一切侵害个人身体、财产的犯罪。对于私罪,罗马法认为,它是构成债权的一般原因,因此一般采取损害赔偿的办法处理;直到后来,才逐渐允许被害人提起刑事自诉。

可见,罗马法关于公罪、私罪的划分,在当时是与古罗马商品经济极为发达,因而法律被分为"公法"与"私法"相联系在一起的;后来,随着罗马帝政的发展及国家的逐步强大,公罪的范围就逐步扩大,私罪的范围则逐步缩小,同时表明古罗马社会的价值取向开始由个人本位主义向社会本位主义转化,也是罗马帝国国家至上主义日益强化的表现;再后来,经过逐步发展,罗马法特别保护人权理论的发展,其公罪、私罪的划分逐步现代化,并为近现代刑法犯罪论所吸收。

(四) 中世纪西欧社会的类罪划分

这个时期,西欧的社会经济和政治状况是,自给自足的庄园自然经济占统治地位,封建割据盛极一时,中央集权力量相对薄弱;同时,教会势力极大,并取得了与世俗王权平起平坐甚至凌驾于世俗王权之上的地位。在这种大背景下,西欧刑法也成为暴政的工具和宗教的婢女,表现在犯罪分类上,就是公罪和私罪的划分被取代,演变为"世俗犯罪"与"宗教犯罪"的分类。这种分类的标准是管辖主体:所谓世俗犯罪,就是由世俗当局管辖的犯罪;所谓宗教犯罪,则是由教会审判处理的犯罪。而宗教犯罪,是以含义模糊的"罪孽"作为区分重罪与轻罪的标准的,鲜明地表明了教会刑法的主观擅断性,因而,这种分类就折射出一种历史的倒退。由于"罪孽"在本质上是一个纯粹主观的观念性存在,模糊而缺乏标准,因此,按照罪孽定罪量刑,就在根本上是罪刑擅断。在这个意义上,笔者认为应当反对以"德"治国,因为"德"的主观随意性、模糊性,尤其在刑法领域,往往可能导致类似宗教犯罪分类一样的标准主观化、道德化、模糊化,最终结果就是刑法上的主观擅断,其实质与法治文明背道而驰,其灾难性后果是将不可避免地导致历史倒退。因此,应该特殊强调刑法领域的以"法"治国。

(五) 近代西方国家刑法的犯罪分类

一般认为,贝卡里亚《论犯罪与刑罚》一书的出版(1764 年),标志着近代资产阶级犯罪分类理论的正式诞生。贝卡里亚认为,衡量犯罪的真正标准就是它对社会的危害。因此,犯罪应当分为三类:一是直接损害社会或其代表的犯罪行为;二是侵犯公民个人的生命、财产或名誉的犯罪行为;三是那些扰乱公共秩序和公民的生活安宁的犯罪行为。对于这种类罪划分,人们将其与罗马法中"公罪"与"私罪"的分类进行比较,发现它们十分接近,于是就有"罗马法复兴了"的说法。贝卡里亚的这种分类,通过刑事古典学派的其他著名法学家的发扬,以及后来的规范学派学者的光大,现在已成为西方国家刑法学中的犯罪分类的通说,即两分法或者三分法(二者在本质上相同)。因此,当前西方国家刑法中类罪的划分,大体上都是采取两分法或者三分法,即将犯罪分为侵犯公法益的犯罪与侵犯私法益的犯罪两种,或者将犯罪分为侵犯私法益的犯罪、侵犯社会法益的犯罪与侵犯国家法益的犯罪三种。

有必要顺便说明的是:我国台湾地区"刑法"在理论上基本接受了现代西方的刑法理论,对犯罪的类罪划分就是采取的三分法,即将犯罪分为侵犯个人法益的犯罪、侵犯社会法益的犯罪与侵犯国家法益的犯罪三种。我国台湾地区"刑法"理论认为,所谓法益,是指法律所保护的利益。所谓个人法益,是指由自然人所拥有,并由刑法加以保护的重要生活利益,包括五个方面:一是生命;二是身体与健康;三是个人自由;四是名誉与信用;五是财产。所谓社会法益,是指以社会整体作为法律人格者所拥有的社会共同生活的公共利益,包括五个方面:一是社会共同生活的安全;二是公共信用与交易安全;三是伦理秩序与善良风俗;四是婚姻与家庭制度的安全;五是公共卫生与健康。所谓国家法益,是指以国家作为法律人格者所拥有的公法益,包括五个方面:一是国家成立的安全;二是政府统治机能的确保;三是人民行使政权的保障;四是公共秩序的维持;五是司法权的不受干扰。①

还需要说明的是,尽管当前西方国家刑法在基本原则上都是按照所侵犯的法益的不同来进行类罪划分的,但是,在具体的技术处理和排列模式上却各有差异。根据学者的归纳,一般认为有三种模式:一是法国模式(分类排列法);二是德国模式(按罪排列法);三是意大利模式(在分类排列的基础上,又根据犯罪客体或者犯罪行为特征或其他特征进行再分类)。

(1)法国模式的犯罪分类。

1791年和1810年的《法国刑法典》,都将犯罪分为两大类,即妨害公法益之重罪及轻罪、妨害私法益之重罪及轻罪;同时,还根据犯罪行为的危害程度,将犯罪分为重罪、轻罪与违警罪三类。对公法益犯罪,又进一步分为四类:妨害国家安全之重罪及轻罪、非法集会的犯罪、妨害国宪之重罪及轻罪、妨害公共安全之重罪及轻罪。对妨害私法益犯罪,也进一步分为两类:妨害人身罪、侵害财产之重罪及轻罪。这种犯罪分类的不足是:随着社会生活的复杂化,公法益与私法益的划分日益困难,例如,对于经济犯罪的归属划分就逐渐成为问题。②

(2)德国模式的犯罪分类。

1813年的《德国刑法典》按照三分法的精神,并根据某些犯罪类别相近的特点进行分类,直接将犯罪分为二十九类,每类为一章,从而建立起分则体系。这二十九章分别是:①危害和平罪、内乱罪、危害民主法治国体罪;②叛国及外患罪;③敌对外国之犯罪;④妨害宪法机关及选举和表决的犯罪;⑤妨害国防的犯罪;⑥反抗国家权力的犯罪;⑦违反公共秩序的犯罪;⑧货币之伪造及有价证券之伪造的犯罪;⑨未经宣誓之虚伪陈述及虚伪宣誓的犯罪;⑩诬告罪;⑪有关宗教及世界观的犯罪;⑫妨害身份、婚姻及家庭的犯罪;⑬妨害性自由的犯罪;⑭侮辱罪;⑮侵害个人生命及隐秘的犯罪;⑯侵害生命的犯罪行为;⑰伤害罪;⑱妨害人身自由的犯罪;⑲盗窃及侵占罪;⑳强盗及恐吓罪;㉑犯罪庇护及赃物罪;㉒诈欺罪及背信罪;㉓伪造文书罪;㉔破产罪;㉕可罚之利欲行为;㉖毁损罪;㉗公共危险罪;㉘渎职罪;㉙违警罪(但在1976年修正刑法时删掉此章)。这种犯罪分类也有不足,即犯罪分类的标准不统一,有的是根据法益进行分类,而有的是根据犯罪的基本特征、行为方式、主观特征等方面的特点进

---

① 详见林山田:《刑法特论(上)》,三民书局1979年版,第2—10页。
② 就此,在我国关于"挪用公款罪"的司法解释中,对于挪用公款给私人投资的企业法人的,哪怕没有任何损失甚至还有收益,也要对挪用人进行定罪。对此,笔者认为缺乏法理根据。

行分类,因而比较混乱。

(3) 意大利模式的犯罪分类。

《意大利刑法典》直接按照犯罪所侵害的同类法益,将所有犯罪分为13大类,并作为分则的13章,分别是:①危害国家安全的犯罪;②对公共行政的犯罪;③对司法的犯罪;④对宗教情感或对死者崇敬的犯罪;⑤对公共秩序的犯罪;⑥对公共安全的犯罪;⑦对公共信用的犯罪;⑧关于工商经济的犯罪;⑨对于公共道德及善良风俗的犯罪;⑩侵害后代之保全及健康的犯罪;⑪妨害家庭罪;⑫对于人身的犯罪;⑬对于财产的犯罪。大致上,第一至四章是侵害国家法益的犯罪;第五至十一章是侵害社会法益的犯罪;第十二至十三章是侵害个人法益的犯罪。在此基础上,又根据犯罪所侵害的法益的不同、行为特征的不同等特点进行再分类,并置于章之下作为"节"。例如,第一章危害国家安全罪,其下又分五节:第一节是外患罪,第二节是内乱罪,第三节是对国民政权的犯罪,第四节是对外国及外国元首的犯罪,第五节是对前四节的一般共同规定。(前四节即为四小类犯罪,或者说罪群、亚同类客体犯罪。这一点,与我国现行刑法分则第三章、第六章类似。)

(六) 苏联刑法中的类罪划分

一般认为,苏联是按照同类客体理论对犯罪进行类罪划分。苏联对同类客体的解释是一种"社会关系"(而不是法益)。因此,苏联刑法基本上是根据社会关系进行类罪划分的。例如,1960年《苏俄刑法典》分则有12章,就是将犯罪分为12类:①国事罪;②侵害社会主义所有制的犯罪;③侵害生命、健康、自由和人格的犯罪;④侵害公民的政治权利和劳动权利的犯罪;⑤侵害公民个人财产的犯罪;⑥经济上的犯罪;⑦渎职犯罪;⑧违反公正审判的犯罪;⑨妨害管理秩序罪;⑩危害公共安全、公共秩序和人民健康的犯罪;⑪属于地方旧习残余的犯罪;⑫军职罪。

其特点有两点:一是将刑法阶级性原理贯彻到类罪划分上,但是,苏联刑法理论否定"法益论"的两分法和三分法的合理性,这是不妥当的。比如,在侵犯财产所有权的犯罪问题上,机械地再次划分为"公"与"私"两种,实在是没有必要。二是苏联刑法理论所主张的同类客体理论本身具有模糊性,因而难以全面兼顾犯罪行为的特征,也不易将同类客体标准贯彻到底。例如,第十一章的"属于地方旧习残余的犯罪"的类罪划分问题。

(七) 我国1979年《刑法》的类罪划分

我国1979年《刑法》主要借鉴了苏联刑法的理论和体例,按照犯罪同类客体的标准进行类罪划分。当时刑法分则分为8章:第一章反革命罪;第二章危害公共安全罪;第三章破坏社会主义经济秩序罪;第四章侵犯公民人身权利、民主权利罪;第五章侵犯财产罪;第六章妨害社会管理秩序罪;第七章妨害婚姻、家庭罪;第八章渎职罪。另外,还有《中华人民共和国惩治军人违反职责罪暂行条例》(已失效),一般认为这是对1979年《刑法》的补充,可以认为军职罪是第九类犯罪。

我国刑法理论界认为,1979年《刑法》分则体系具有相当的科学性,但同时,因为当时特殊历史条件的限制,也存在许多不足,主要在于:一是在犯罪分类上过于粗略;二是有些章的内容过于庞杂,将一些本不是侵犯同一类客体的犯罪放在同一章中,或者将侵犯同类客体的犯罪分在不同的章进行规定;三是有的章名不科学,如"反革命"的类罪名问题;四是有的犯罪类型没有纳入刑法,或者没有独立成章;五是在犯罪排列上未能完全贯彻科学的排列标准,内在逻辑性不强、也不统一;六是有的章排列不符合宪法的价值取向,从而没有突出时代特色。针对上述不足,许多学者提出了改革和完善建议,并提出了完善刑法分则体系的构想。例如,有学者提出刑法分则完善的原则和目的。原则主要有三个:一是全面充实原则;二是科学分类原则;三是合理性原则。目的也有三个:一是要体现罪刑法定原则的要求;二是要在排列顺序上体现刑法的价值取向;三是在类罪的划分与排列上要便于适用时的检索与查找。从1997年《刑法》分则的规定来看,这些学者的意见基本上被采纳了。

(八)我国现行《刑法》分则体系

我国现行《刑法》分则将各种具体的犯罪分为10章,每章规定一类罪。其排列顺序为:第一章是危害国家安全罪;第二章是危害公共安全罪;第三章是破坏社会主义市场经济秩序罪;第四章是侵犯公民人身权利、民主权利罪;第五章是侵犯财产罪;第六章是妨害社会管理秩序罪;第七章是危害国防利益罪;第八章是贪污贿赂罪;第九章是渎职罪;第十章是军人违反职责罪。

现行《刑法》分则体系的特点有三:一是原则上依据犯罪的同类客体对犯罪进行分类;同时在第三章、第六章之下,分别设置了八节与九节,按照次同类客体或者行为特点对犯罪进行再分类。这样,体现了犯罪分类的原则性和灵活性,也打破了西方的两分法或者三分法的传统,更加科学。二是在总体上依据各类犯罪的社会危害性大小来排列,从重到轻,从而鲜明地表明了刑法打击的重点。三是对于属于复杂客体的犯罪依据主要客体进行归类,例如,"抢劫罪"被归入侵犯财产罪中,"合同诈骗罪"和"金融诈骗罪"被归入破坏社会主义市场经济秩序罪中,等等。这些特点说明,中国现行《刑法》分则体系比较科学和成熟。

理论上一般认为,研究刑法分则体系的意义主要有四点:第一,刑法分则体系是刑法整体的有机组成部分,因而研究刑法分则体系对于完善整个刑法体系具有重要意义。第二,刑法分则规定具体犯罪及其刑事责任,因而其体系如何,对于罪刑关系的具体化、明确化、系统化,对于完成刑法任务、实现刑法价值具有关键性、决定性的作用。例如,对于强奸罪的分则体系性安排,到底是安排在可以包含"妨害风化犯罪"内容的"妨害社会管理秩序罪"之中,还是安排在"侵犯公民人身权利、民主权利罪"中,就反映了不同的价值取向。第三,刑法分则体系的完善,对于司法机关的刑事司法活动具有更直接、更具决定性的意义。如:能突出打击重点;能准确定罪量刑;能顺利查找和适用刑法条文;等等。第四,刑法分则体系的完善,对于充实、发展刑法分论,对于发展整个刑法学,都具有重要意义。

三、刑法分则条文的构成

刑法分则条文大致有以下三类：①宣言式条文。例如，我国 1979 年《刑法》第 131 条规定："保护公民的人身权利、民主权利和其他权利，不受任何人、任何机关非法侵犯。违法侵犯情节严重的，对直接责任人员予以刑事处分。"有学者认为，这种分则条文在 1979 年我国制定通过第一部《刑法》时，出于反思"文革"的需要，应当说是可以理解的；但是总的来说，这种分则条文并没有存在的实际意义，因而现行刑法已经删掉了类似规定。②说明式条文（或解释性条文）。如现行《刑法》第 382 条对贪污罪的说明、第 385 条对受贿罪的说明，即这样的条文。③罪刑式条文。即规定了具体犯罪的罪名、罪状和法定刑的刑法分则条文。这种分则条文是最典型、最主要的刑法分则条文（但我国许多罪刑式分则条文并没有明确规定"罪名"），也是我们研究的主要对象。因此可以说，最典型的刑法分则条文的构成，包括罪名、罪状、法定刑三个部分。其在组合形式上有两种：一种是"罪状+法定刑"；另一种是"罪状+罪名+法定刑"。

（一）罪名

罪名法定是罪刑法定原则的必然要求，也是正确定罪量刑的重要基础。但是，在我国，理论界对罪名问题的研究十分贫乏，直到 2000 年才出版了我国第一本罪名研究的专著[①]；立法上，基本上采取"归纳暗示式的立法"，从而导致一定时期内司法上罪名不统一。现行《刑法》在这个问题上有比较大的改观，但基本上还是没有采取明确的、由立法确定罪名的方式，只有少数罪名是由立法直接规定的；现在我国通过最高人民法院和最高人民检察院（以下简称"两高"）司法解释规定罪名的形式基本上统一了罪名适用问题。但是，理论上的分歧仍然存在。例如，对于《刑法》第 397 条的规定，"两高"司法解释认为该条规定了滥用职权罪和玩忽职守罪两个罪名[②]；但是理论界却有学者认为，本条实际上应当理解为规定了四个罪名，即本条第 1 款规定了玩忽职守罪、过失滥用职权罪，第 2 款规定了徇私舞弊滥用职权罪、徇私舞弊不履行职责罪[③]。再如《刑法》第 236 条的规定，"两高"司法解释认为，可以只定"强奸罪"一个罪名；但是，理论界仍然有学者认为，"两高"司法解释并不妥当，应当保留"奸淫幼女罪"罪名，因为两罪的构成特征和处罚规定并不相同。这些事实和现象说明，我们应当重视罪名问题研究，切实规范罪名立法和司法。笔者认为有两个问题需要注意。

第一，关于罪名的立法规定方式问题。

世界上，罪名的立法规定方式主要有明示式与暗示式两种；也可以分为以下三种：一是分列明示式；二是定义明示式；三是归纳暗示式（有的又称隐名罪名、推理式、

[①] 参见刘艳红：《罪名研究》，中国方正出版社 2000 年版。
[②] 参见最高人民法院、最高人民检察院《关于执行〈中华人民共和国刑法〉确定罪名的补充规定》，（法释〔2002〕7 号），2002 年 3 月 15 日公布，自 2002 年 3 月 26 日起施行。
[③] 参见朱建华：《刑法第 397 条规定的罪名应为四个》，载《现代法学》2000 年第 5 期。

暗含推理式)。分列明示式的罪名规定方式,是指在刑法分则条文或者其他有关的刑法规范中,将罪名列于条文之首并作出相对明确规定的方式。德国、意大利、瑞士等国刑法即是如此,在条文之首的括号内所列名称一般都是相应条文规定的罪名,罪名与罪状分列,所以称之为"分列明示式"。如《意大利刑法典》第372条规定:"(伪证)证人于法院供述时,陈述虚伪事实或否认真实性或就其所知悉而被问之事实为全部或一部之沉默者,处……之刑。"定义明示式的罪名规定方式,是指在刑法分则条文中,以定义的方式确定罪名,如西班牙刑法。此外,我国《刑法》分则也在部分条款中采用定义明示式的罪名规定方式,如第382条(贪污罪)、第384条(挪用公款罪)等。归纳暗示式的罪名规定方式,是指刑法分则条文不对罪名作出明确规定,只直接规定具体罪的罪状,因而在对罪状进行归纳、抽象、推理的基础上确定罪名的规定方式,如巴西等国刑法典。我国刑法也主要采用了归纳暗示式的罪名规定方式。但是,这种罪名规定方式存在明显的缺陷,即如果归纳罪名的主体不同,往往得出的结论和概括的罪名就不一致,很容易导致理论与实践的混乱。

第二,关于确定罪名的主体问题。

如果罪名由立法直接规定(如分列明示式和定义明示式),显然确定罪名的主体是立法机关,自无争议。但如果采用归纳暗示式的罪名规定方式,由于立法没有对罪名作出明确的解释和规定,则应当由司法机关(如最高人民法院)来解决罪名确定问题。在我国,司法机关一般认为包括法院、检察院和公安机关(安全机关行使侦查权时也包括在内)。是否司法机关都可以成为确定罪名的主体?笔者认为,对司法机关应当作狭义的理解,相应地,就只有最高人民法院才能够成为行使司法解释权,即只有最高人民法院才能成为行使罪名确定权的主体。理由是:其一,司法性在基本性质上必须具有被动性、中立性、最终决定性这样"三性"。显然,只有人民法院的审判权才符合这些性质。人民法院是唯一的审判机关(即纯粹意义上的司法机关),最高人民法院成为唯一的确定罪名的司法机关,是由其具有的审判机关的性质、职能、地位所决定的。其二,最高人民法院成为唯一的确定罪名的司法主体,符合罪名统一的基本要求,也是罪名权威性、严肃性的体现。其三,最高人民法院成为唯一的确定罪名的司法主体,有法律依据。在归纳暗示式的罪名规定方式中,确定罪名的活动在性质上是一种司法活动,是我国最高司法机关在将刑法分则应用于具体案件时对法律所作的解释,因此,它属于司法解释的范畴,完全符合司法解释的特征。其法律根据主要有两个:一个是《中华人民共和国法院组织法》,该法第33条规定了最高人民法院的司法解释权;另一个是1981年6月全国人大常委会通过的《关于加强法律解释工作的决议》,该决议明确规定,对于法院在刑事审判工作中具体应用刑法的问题,由最高人民法院进行解释。

1. 罪名的内涵

关于罪名的概念,理论界主要有两种表述方式:一种表述为"罪名,顾名思义就是指犯罪的名称";另一种表述为"罪名是某种犯罪行为的最本质特征的简明概括"。[①]

[①] 参见魏东:《刑法各论若干前沿问题要论》,人民法院出版社2005年版,第13页。

笔者认为,应当将这两种表述综合起来界定罪名的概念为:罪名,即犯罪的名称,是对犯罪的本质或者主要特征的高度概括。

罪名的特征有三个方面:①语词特征。罪名作为一种语词,必须简练、准确、规范。②语法结构特征。罪名的语法结构主要有以下七种模式:一是单纯动词结构式罪名,如盗窃罪、抢劫罪等;二是状语加动词结构式罪名,如非法拘禁罪;三是动宾结构式罪名,如背叛国家罪、劫持航空器罪、伪造货币罪;四是主谓语结构式罪名,如公司、企业人员受贿罪、单位受贿罪;五是主谓宾语结构式罪名,如金融工作人员购买假币、以假币换取货币罪,国家机关工作人员签订、履行合同失职罪;六是名词结构式罪名,如间谍罪、重大责任事故罪;七是动宾补语结构式罪名,如帮助犯罪分子逃避处罚罪、指使部属违反职责罪。③规范特征。即罪名必须具有内在的法律规定性,它表现的是罪名的规范合法性以及罪刑法定原则的基本要求:罪名必须是由刑法规范(广义的)所确认。我国1979年《刑法》由于规定了类推制度,因而在当时类推罪名也能"合法地"存在,但是一般认为,这是违背罪刑法定原则的基本精神的,所以为现行《刑法》所抛弃。

罪名的功能,是指罪名所具有的价值和作用。罪名的功能主要有以下五个方面:①识别功能。②概括功能。罪名将形形色色、各种各样的犯罪行为进行概括归罪。如盗窃有入室盗窃、扒窃、顺手牵羊式的窃取等形式,但这些都可以用"盗窃罪"这一罪名来概括。③评价功能。一种罪名本身就意味着对一种具体行为的否定性评价。④个别化功能。罪名具有使此罪成为区别于彼罪的功能,例如,同样是将人致死,但是故意杀人罪与过失致人死亡罪就具有很大的不同。⑤威慑功能。因为罪名是对某种行为的权威的否定评价,并且往往意味着行为人要承担相应的刑罚后果,从而罪名具有威慑作用。[①]

2. 罪名的分类

罪名的分类,是指根据罪名的表现形式、确定方式或者其他内外特征等不同标准而对罪名进行的类型划分。因此这里的罪名分类,不是讲罪名的具体名称个数,而是讲罪名的具体种类归属。罪名分类大致有以下几种划分方法:

(1)类罪名与具体罪名。类罪名,是指某一类犯罪的总名称,如章罪名、节罪名、罪群罪名等,它不能成为定罪处刑的引用依据。具体罪名,是指各种具体犯罪的名称,有其定义、构成要件与法定刑,可以成为定罪的依据。

(2)单一罪名、选择罪名与概括罪名。单一罪名,是指罪名所包含的犯罪构成的具体内容单一,只能反映一种犯罪行为而不能拆开使用的罪名。我国《刑法》分则所规定的多数罪名属于单一罪名,如故意杀人罪、故意伤害罪、非法持有毒品罪等。选择罪名,是指它所包含的犯罪构成的具体内容复杂,反映出多种犯罪行为,既可以概括地作为一个罪名使用,也可以根据情况分解拆开作为数个罪名使用(但不实行数罪并罚)的罪名。如:走私、贩卖、运输、制造毒品罪(属于"犯罪行为选择"),拐卖妇女、儿童罪(属于"犯罪对象选择"),非法制造、买卖、运输、邮寄、储存枪支、弹药、爆炸物

[①] 参见陈兴良主编:《刑法各论的一般理论》,内蒙古大学出版社1992年版,第103页;张明楷:《刑法学》(第二版),法律出版社2003年版,第510—512页。

罪(属于"行为与对象多重选择")。可见,选择罪名的特点是可以包括许多具体犯罪,同时又能避免具体罪名的繁杂累赘。概括罪名,是指它所包含的犯罪构成的具体内容复杂,反映出多种犯罪行为,但是只能作为一个罪名概括地使用,而不能分解拆开使用的罪名。如:信用卡诈骗罪,其内容包括有许多情形,但是永远只能以一个罪名使用。可见,选择罪名与概括罪名的根本区别是:选择罪名可以视情分解拆开使用罪名,而概括罪名不能分解拆开使用而只能作为一个罪名整体使用。

(3)确定罪名与不确定罪名。确定罪名,是指法律有明确且特定表述的罪名,如故意杀人罪、爆炸罪、偷税罪等,绝大多数罪名是确定罪名。不确定罪名,是指法律没有特定表述,因而在定罪时可以根据行为的具体情状来确定的罪名。过去理论界认为,典型的"不确定罪名"是《刑法》第114条规定的"以危险方法危害公共安全罪",在过去的司法实践中都需要进一步细化。例如,行为人在公共场所开车撞人危害公共安全时,过去司法上认为应定"以驾车撞人的方法危害公共安全罪",但是理论上对于不确定罪名是否为罪刑法定原则所包容协调提出了质疑。应当说,现在我国司法上和理论上并不承认"不确定罪名"这一概念,现在我国司法上和理论上均认为《刑法》第114条规定的"以危险方法危害公共安全罪"本身就是一个"确定罪名",并不需要根据具体情形而变换这一确定罪名的名称。

(4)基本罪名与修正罪名。基本罪名,又称常态罪名,是指刑法分则直接规定的原始状态的罪名,反映了犯罪的既遂状态或者具备完整的犯罪构成的状态。例如,司法解释中所列举出来的罪名表上的罪名,就是基本罪名。修正罪名,是与基本罪名相对而言的,是指在审判实践中从具体的案情出发,根据刑法总则的有关规定对基本罪名进行修正的罪名。修正罪名主要有基于犯罪停止形态修正的罪名和基于共犯形态修正的罪名。前者如杀人(预备)罪、杀人(未遂)罪、杀人(中止)罪;后者如抢劫(组织)罪、抢劫(帮助)罪、抢劫(教唆)罪。

(5)立法罪名与司法罪名。① 这是根据确定罪名的不同主体所作的划分。立法罪名,是指由立法上直接规定的罪名。司法罪名,是指由司法解释规定的罪名。

3. 罪名的确定

罪名的确定,是指根据刑法分则具体罪状的规定进行概括,确定各种具体犯罪的名称。在我国,罪名的确定经历了一个历史发展过程,即无章可循——公检法各自为政——"两高"争霸(有一致也有不一致)——"两高"联合确定。但是最终,要么是由立法直接规定罪名,要么是由最高人民法院通过司法解释(或者"两高"司法解释)确定罪名,这样,罪名的确定才能真正实现统一。

(二) 罪状

行为只有符合某种罪刑规范所规定的罪状,才能适用该规范,并以此为据对该行为定罪处刑。那么,什么是罪状?简单地说,罪状就是刑法分则条文对具体犯罪的构

---

① 理论上,还存在学理罪名,指由学者根据刑法规范所概括的罪名,但是它不具有法定性。

成要件的描述。如《刑法》第122条(劫持船只、汽车罪)规定"以暴力、胁迫或者其他方法劫持船只、汽车的,处五年以上十年以下有期徒刑",前半句话就是罪状,其中也包含了罪名;后半句则是法定刑。罪状只存在于刑法分则条文之中,并且每一个刑法分则条文都包含有罪状。

罪状可以分为两大类:基本罪状与修正罪状。基本罪状是指对具体犯罪基本构成要件的描述;修正罪状则是指对加重或者减轻法定刑的适用条件的描述,因此修正罪状又可以进一步区分为加重罪状和减轻罪状两种。例如《刑法》第236条(强奸罪)的罪状规定,第1款是基本罪状,第3款是加重罪状;再如第232条(故意杀人罪)的罪状规定,前半段是基本罪状,后半段则是减轻罪状。应当注意:刑法分则对任何犯罪都规定有基本罪状,但并不一定都规定有修正罪状。

对于上述两类罪状,刑法分则条文又有不同的描述方式:对基本罪状的描述方式有简单罪状、叙明罪状、引证罪状、空白罪状和混合罪状五种;对修正罪状的描述方式有三种。①

简单罪状,即仅仅写出犯罪名称,而没有详细描述犯罪构成要件,其特点是简明扼要。如《刑法》第232条中的罪状描述方式就是简单罪状。

叙明罪状,是指在刑法分则条款中对具体犯罪的构成要件进行了详细描述的罪状,其特点是要点明确,能够避免歧义。例如,《刑法》第305条(伪证罪)规定:"在刑事诉讼中,证人、鉴定人、记录人、翻译人对与案件有重要关系的情节,故意作虚假证明、鉴定、记录、翻译,意图陷害他人或者隐匿罪证的,处……"刑法分则对伪证罪的罪状采取叙明罪状的描述方式,主要是刑法规定明确性的要求使然,因为该罪并不为人民大众所熟知,只有采取详细描述其罪状的方式,才符合刑法规范明确性要求,从而避免规定的模糊性。

引证罪状,是指须引用刑法分则的其他条款来说明和确定某一犯罪的构成要件的情形,其特点是条文简练,能够避免不必要的重复。例如,《刑法》第124条第2款(过失损坏广播电视设施、公用电信设施罪)规定的"过失犯前款罪的,处……"就是引证罪状。

空白罪状又叫空白刑法、白地刑法、参见罪状,是指刑法分则条文没有具体说明某一犯罪的具体构成要件,而只是在该条款中指明了必须参照的其他法律法令的情形。从它没有具体说明犯罪的详细构成要件内容来看,它是空白罪状;从它指明了必须参照的其他法律法令来看,它是参见罪状。例如,《刑法》第345条第2款(滥伐林木罪)的规定:"违反森林法的规定,滥伐森林或者其他林木,数量较大的,处……"

混合罪状,是指刑法分则条文采用了两种以上的罪状描述方式的情形,主要表现为同一基本罪状中既有空白罪状又有叙明罪状的情形。例如,《刑法》第343条(非法采矿罪)的规定:"违反矿产资源法的规定,未取得采矿许可证擅自采矿,擅自进入国

---

① 参见张明楷:《刑法学》(第二版),法律出版社2003年版,第508—509页;何秉松主编:《刑法教科书(下卷)》(2000年修订),中国法制出版社2000年版,第641页。

家规划矿区、对国民经济具有重要价值的矿区和他人矿区范围采矿,或者擅自开采国家规定实行保护性开采的特定矿种,情节严重的,处……"

加重罪状所规定的内容,实质上就是为加重罪责所设定的条件,主要有以下一些方面:特殊主体,特殊对象,造成严重后果,致人重伤、死亡,情节严重、情节特别严重,情节恶劣、情节特别恶劣,犯罪数额巨大、犯罪数额特别巨大,等等。加重罪状的描述方式有两种情形:一是设置专门条款规定加重罪状与法定刑。如《刑法》第115条第1款(放火、决水、爆炸、投放危险物质等罪)的规定:"放火、决水、爆炸以及投放毒害性、放射性、传染病病原体等物质或者以其他危险方法致人重伤、死亡或者致使公私财产遭受重大损失的,处十年以上有期徒刑、无期徒刑或者死刑。"它相对于第114条的基本罪状的规定而言,就是加重罪状。二是在基本罪状与法定刑之后,紧接着在同一款内规定加重罪状与法定刑,如《刑法》第121条(劫持航空器罪)的规定:"以暴力、胁迫或者其他方法劫持航空器的,处十年以上有期徒刑或者无期徒刑;致人重伤、死亡或者使航空器遭受严重破坏的,处死刑。"

减轻罪状则是减轻罪责的条件描述,通常条件都是"情节较轻的"限制性规定。减轻罪状一般设立在基本罪状与法定刑的同一条款之中,没有专门设置条款来规定减轻罪状的情况。如《刑法》第232条(故意杀人罪)的规定:"故意杀人的,处死刑、无期徒刑或者十年以上有期徒刑;情节较轻的,处三年以上十年以下有期徒刑。"

(三) 法定刑

1. 法定刑的概念

法定刑,是指刑法分则条文对各种具体犯罪所规定刑种与刑度。刑度,是指刑罚的幅度。如:"三年以下有期徒刑""三年以上七年以下有期徒刑""三年以上十年以下有期徒刑""十年以上有期徒刑"等,均是刑度的规定。法定刑以刑法总则的刑罚理论、罪刑相适应原则等为指导,同时体现国家和社会对犯罪的否定性评价以及对犯罪人的谴责态度。

法定刑与宣告刑有区别。法定刑是着眼于具体犯罪的刑罚共性问题,其表现形式可以是多个刑种、多个刑度;而宣告刑则着眼于具体犯罪案件和犯罪人的特殊性,是审判机关对具体犯罪案件中的犯罪人依法判处并宣告的、应当实际执行的刑罚,其表现形式必须是具体的刑种和精准的刑罚量(即精准的刑期)。

2. 法定刑的立法方式

理论上一般认为,法定刑的立法方式在逻辑上有四种,即绝对确定的法定刑、绝对不确定的法定刑、相对确定的法定刑、浮动法定刑(也称浮动刑或者机动刑)。[①] 其中,绝对不确定的法定刑,是指在刑法分则条文中不规定刑种与刑度,只笼统地规定对某种犯罪应予惩处,至于如何具体处刑,完全由审判机关决定。由于绝对不确定的法定刑与罪刑法定原则的基本精神相违背,因此现代刑法一般不采用这种立法方式。

---

① 参见张明楷:《刑法学》(第二版),法律出版社2003年版,第515—519页。

现代刑法规定的法定刑的立法方式主要有以下三种：

第一，绝对确定的法定刑。它是指在条文中只规定单一的刑种与绝对的刑期的情形。例如，《刑法》第133条之一（危险驾驶罪）规定"处拘役，并处罚金"，《刑法》第240条（拐卖妇女、儿童罪）规定"情节特别严重的，处死刑，并处没收财产"，即属于绝对确定的法定刑。

第二，相对确定的法定刑。它是指在刑法分则条文中规定一定的刑种与刑度，并明确规定法定最高刑与法定最低刑。其特点是立法上有相对确定的刑种与刑度，同时又给予司法上适当的自由裁量的余地。这种立法方式既符合罪刑法定原则的基本精神，又符合防控犯罪的基本规律，体现了原则性与灵活性相结合的科学态度，因此，现在为世界各国刑法所采纳。我国刑法也采用相对确定的法定刑为基本的、主要的立法方式。

相对确定的法定刑这种立法方式大致有以下四种情况：一是刑法分则只规定一种刑罚措施，并且规定其最高期限，其最低期限则依据刑法总则的有关规定确定。例如《刑法》第448条（虐待俘虏罪）规定："虐待俘虏，情节严重的，处三年以下有期徒刑。"那么，其最低期限，依据刑法总则的规定应为6个月。二是刑法分则规定两种以上主刑，其中有期徒刑只规定最高期限。例如《刑法》第277条第1款（妨害公务罪）规定："以暴力、威胁方法阻碍国家机关工作人员依法执行职务的，处三年以下有期徒刑、拘役、管制或者罚金。"那么，其有期徒刑的最低期限以及拘役（1至6个月）、管制（3个月至2年）的最高与最低期限，都依据刑法总则规定而定。三是刑法分则条文规定两种以上主刑，其中有期徒刑只规定最低期限，而最高期限依据刑法总则规定来确定；而有的则直接规定了最高期限和最低期限。例如《刑法》第232条（故意杀人罪）规定："故意杀人的，处死刑、无期徒刑或者十年以上有期徒刑；情节较轻的，处三年以上十年以下有期徒刑。"四是刑法分则条文规定"援引法定刑"，即刑法分则条文规定对某罪的处罚，需要援引其他条款的法定刑规定。例如《刑法》第237条第3款（猥亵儿童罪）规定："猥亵儿童的，依照前两款的规定从重处罚。"第239条第3款（绑架罪）规定："以勒索财物为目的偷盗婴幼儿的，依照前两款的规定处罚。"

第三，浮动法定刑。浮动法定刑又称浮动刑、机动刑，是指刑法分则条文对法定刑的具体期限或数量并不明确规定，而是由司法机关根据具体情况自己掌握标准并自由裁量。例如《刑法》第354条（容留他人吸毒罪）规定："容留他人吸食、注射毒品的，处三年以下有期徒刑、拘役或者管制，并处罚金。"其中，罚金的具体数额并没有规定，可以由司法审判机关自由裁量，因而处于上下浮动、升降不拘的情形。学者认为，浮动法定刑不同于相对确定的法定刑，因为在相对确定的法定刑中，不管案件发生与否，人们可以事先得知刑罚的具体幅度；但是在浮动法定刑中，只有在查清了刑法规定的特定事实之后，人们才能知道刑罚的具体幅度。浮动法定刑的特点是：一是只见之于罚金刑的规定。罚金刑的规定方式大致有普通罚金制、倍比罚金制、无限额罚金制、日额罚金制等四种，其中的无限额罚金制，就是浮动法定刑。二是它主要适用于经济犯罪、财产犯罪。三是罚金的具体数额确定，要根据具体案件的一定事实来确定,《刑法》第 52 条明确规定:"判处罚金,应当根据犯罪情节决定罚金数额。"有学者认为,浮动罚金刑具有许多优点,如有利于体现罪刑相适应原则,有利于考虑犯罪人的经济状况,有利于刑法的稳定而不至于朝令夕改。①

(四) 量刑情节

我国《刑法》分则条文除了规定罪名(仅限于极少数《刑法》分则条文)、罪状、法定刑之外,还有部分条文规定了量刑情节。所谓量刑情节,是指在基本犯罪构成事实以外的,同犯罪人、犯罪行为及刑事政策密切相关的,据以作为对犯罪人从重、从轻、减轻处罚或者免除处罚根据的各种事实情况。可见,量刑情节主要是反映行为人的人身危险程度以及罪行轻重并影响刑罚轻重的各种事实情况,但是也不能否定个别量刑情节是基于刑事政策或者人道主义的理由而存在。② 同时,基本犯罪构成事实由于其本身是犯罪构成要件的内容,是区分罪与非罪、此罪与彼罪的事实因素,因而,不得将基本犯罪构成事实当作量刑情节。刑法理论认为,量刑情节的体系,是指量刑情节的分类及其排列组合。一般认为,量刑情节可以根据不同标准进行相应的分类与排列组合,在体系上大致可以划分为法定情节与酌定情节、从宽情节与从严情节、应当型情节与可以型情节、案中情节与案外情节、单功能情节与多功能情节等多组。③ 例如,以刑法有无明文规定为标准,可以将量刑情节分为法定情节与酌定情节。法定情节,即法定量刑情节,是指由刑法明文规定的、对犯罪人量刑时必须适用的应当或者可以从重、从轻、减轻处罚或者免除处罚的各种事实情况。④ 其中,应当或者可以从重处罚的各种事实情况,属于从严情节;应当或者可以从轻、减轻处罚或者免除处罚的各种事实情况,属于从宽情节,因此,法定情节包括法定从严情节和法定从宽情节。再如,以情节影响量刑轻重的功能性质为标准,可以将量刑情节分为从宽情节与从严情节。从宽情节,是指那种影响量刑的功能性质为从轻、减轻处罚或者免除处罚的情节。从严情节,是指那种影响量刑的功能性质为从重处罚的情节。再如,以情节影响量刑轻重的确定性程度为标准,可以将量刑情节分为应当型情节与可以型情节。应当型情节,是指由刑法明文规定的对犯罪人量刑时应当予以从严或者从宽处罚的情节,法官在量刑时必须遵从"应当"所指示的宽严方向,如未成年人犯罪的应当从轻或者减轻处罚,累犯应当从重处罚。可以型情节,是指由刑法明文规定的对犯罪人量刑时可以予以从宽处罚的情节,法官在量刑时可以遵从、也可以有理有据地不遵从"可以"所指示的从宽方向,如自首可以从轻或者减轻处罚。再如,以情节存在的时空状

---

① 参见张明楷:《刑法学(下)》,法律出版社 1997 年版,第 531—532 页。
② 张明楷教授指出:"只有个别量刑情节是基于政策或者人道主义的理由(而存在的)。"参见张明楷:《刑法学》(第二版),法律出版社 2003 年版,第 443 页。
③ 参见张明楷:《刑法学》(第二版),法律出版社 2003 年版,第 443—444 页;侯国云主编:《刑法学》,暨南大学出版社 2009 年版,第 168—169 页。
④ 部分《刑法》分则条文所规定的影响法定刑升格或者降格的情节,如《刑法》第 263 条规定的"有下列情形之一的,处十年以上有期徒刑、无期徒刑或者死刑,并处罚金或者没收财产",尽管也属于广义的量刑情节,但是,由于其功能是指示法定刑(刑种和幅度)的升格或者降格适用,而并非是在既定法定刑幅度内如何具体适用轻重不同的刑罚,因而不宜纳入这里所界定的量刑情节概念。

态为标准,可以将量刑情节分类排列为案中情节与案外情节。案中情节,是指在犯罪过程之中出现的影响量刑轻重的情节,如犯罪手段、对象、目的与动机、时间与地点等因素所形成量刑情节。案外情节,是指在犯罪过程之前或者之后存在的影响量刑轻重的情节,如犯罪人在犯罪之前的一贯表现、犯罪人在犯罪之后的态度等。

我国刑法对于法定量刑情节的规定比较分散,总体上有法定从宽处罚情节与法定从严处罚情节两类,其中,法定从宽处罚情节又有刑法总则规定的法定从宽处罚情节与刑法分则规定的法定从宽处罚情节之分,法定从严处罚情节又有刑法总则规定的法定从严处罚情节与刑法分则规定的法定从严处罚情节之别。这里仅部分地、简要地列举《刑法》分则条文规定的法定从宽处罚情节与法定从严处罚情节,供分析研讨《刑法》分则条文时参考。

《刑法》分则规定的法定从宽处罚情节举要:①犯对非国家工作人员行贿罪、对外国公职人员、国际公共组织官员行贿罪,"行贿人在被追诉前主动交代行贿行为的,可以减轻处罚或者免除处罚"(第164条第3款)[1];②犯收买被拐卖的妇女、儿童罪,"按照被买妇女的意愿,不阻碍其返回原居住地的,对被买儿童没有虐待行为,不阻碍对其进行解救的,可以不追究刑事责任"(第241条第6款);③犯拒不支付劳动报酬罪,"有前两款行为,尚未造成严重后果,在提起公诉前支付劳动者的劳动报酬,并依法承担相应赔偿责任的,可以减轻或者免除处罚"(第276条之一第3款);④犯非法种植毒品原植物罪,"在收获前自动铲除的,可以免除处罚"(第351条第3款);⑤犯贪污罪,"犯第一款罪,在提起公诉前如实供述自己罪行、真诚悔罪、积极退赃,避免、减少损害结果的发生,有第一项规定情形的,可以从轻、减轻或者免除处罚;有第二项、第三项规定情形的,可以从轻处罚"(第383条第3款);⑥犯行贿罪,"行贿人在被追诉前主动交代行贿行为的,可以从轻或者减轻处罚。其中,犯罪较轻的,对侦破重大案件起关键作用的,或者有重大立功表现的,可以减轻或者免除处罚"(第390条第2款);⑦犯介绍贿赂罪,"介绍贿赂人在被追诉前主动交代介绍贿赂行为的,可以减轻处罚或者免除处罚"(第392条第2款)。

《刑法》分则规定的法定从严处罚情节举要:①犯武装叛乱、暴乱罪,"策动、胁迫、勾引、收买国家机关工作人员、武装部队人员、人民警察、民兵进行武装叛乱或者武装暴乱的,依照前款的规定从重处罚"(第104条第2款);②犯与境外勾结的犯罪,"与境外机构、组织、个人相勾结,实施本章第一百零三条、第一百零四条、第一百零五条规定之罪的,依照各该条的规定从重处罚"(第106条);③犯叛逃罪,"掌握国家秘密的国家工作人员叛逃境外或者在境外叛逃的,依照前款的规定从重处罚"(第109条第2款);犯走私罪,"武装掩护走私的,依照本法第一百五十一条第一款的规定从重处罚"(第157条第1款);④犯国有公司、企业、事业单位人员失职罪及国有公司、企业、事业单位人员滥用职权罪,"徇私舞弊,犯前两款罪的,依照第一款的规定从重处罚"(第168条第3款);⑤犯伪造货币罪,"伪造货币并出售或者运输伪造的货币的依

---

[1] 括号中的条款编号除特别声明者外,特指《刑法》的条款编号。

照本法第一百七十条的规定定罪从重处罚"(第171条第3款);⑥犯窃取、收买、非法提供信用卡信息罪,"银行或者其他金融机构的工作人员利用职务上的便利,犯第二款罪的,从重处罚"(第177条之一第3款);⑦犯违法发放贷款罪,"银行或者其他金融机构的工作人员违反国家规定,向关系人发放贷款的,依照前款的规定从重处罚"(第186条第2款);⑧犯逃汇罪、骗购外汇罪,"伪造、变造海关签发的报关单、进口证明、外汇管理部门核准件等凭证和单据,并且用于骗购外汇的,依照前款的规定从重处罚"(全国人民代表大会常务委员会《关于惩治骗购外汇、逃汇和非法买卖外汇犯罪的决定》第1条第2款);"海关、外汇管理部门以及金融机构、从事对外贸易经营活动的公司、企业或者其他单位的工作人员与骗购外汇或者逃汇的行为人通谋,为其提供购买外汇的有关凭证或者其他便利的,或者明知是伪造、变造的凭证和单据而售汇、付汇的,以共犯论,依照本决定从重处罚"(全国人民代表大会常务委员会《关于惩治骗购外汇、逃汇和非法买卖外汇犯罪的决定》第5条);⑨犯强奸罪,"奸淫不满十四周岁的幼女的,以强奸论,从重处罚"(第236条第2款);⑩犯猥亵儿童罪,"猥亵儿童的,依照前两款的规定从重处罚"(第237条第3款);⑪犯非法拘禁罪,"具有殴打、侮辱情节的,从重处罚","国家机关工作人员利用职权犯前三款罪的,依照前三款的规定从重处罚"(第238条第1款、第4款);⑫犯诬告陷害罪,"国家机关工作人员犯前款罪的,从重处罚"(第243条第2款);⑬犯非法搜查罪、非法侵入住宅罪,"司法工作人员滥用职权,犯前款罪的,从重处罚"(第245条第2款);⑭犯刑讯逼供罪、暴力取证罪,"致人伤残、死亡的,依照本法第二百三十四条、第二百三十二条的规定定罪从重处罚"(第247条);⑮犯虐待被监管人罪,"致人伤残、死亡的,依照本法第二百三十四条、第二百三十二条的规定定罪从重处罚"(第248条第1款);⑯犯私自开拆、隐匿、毁弃邮件、电报罪,"犯前款罪而窃取财物的,依照本法第二百六十四条的规定定罪从重处罚"(第253条第2款);⑰犯招摇撞骗罪,"冒充人民警察招摇撞骗的,依照前款的规定从重处罚"(第279条第2款);⑱犯引诱未成年人聚众淫乱罪,"引诱未成年人参加聚众淫乱活动的,依照前款的规定从重处罚"(第301条第2款);⑲犯妨害作证罪及帮助毁灭、伪造证据罪,"司法工作人员犯前两款罪的,从重处罚"(第307条第3款);⑳犯盗伐林木罪、滥伐林木罪,"盗伐、滥伐国家级自然保护区内的森林或者其他林木的,从重处罚"(第345条第4款);㉑犯走私、贩卖、运输、制造毒品罪,"利用、教唆未成年人走私、贩卖、运输、制造毒品,或者向未成年人出售毒品的,从重处罚"(第347条第6款);㉒犯包庇毒品犯罪分子罪,"缉毒人员或者其他国家机关工作人员掩护、包庇走私、贩卖、运输、制造毒品的犯罪分子的,依照前款的规定从重处罚"(第349条第2款);㉓犯引诱、教唆、欺骗他人吸毒罪、强迫他人吸毒罪,"引诱、教唆、欺骗或者强迫未成年人吸食、注射毒品的,从重处罚"(第353条第3款);㉔毒品犯罪的再犯,"因走私、贩卖、运输、制造、非法持有毒品罪被判过刑,又犯本节规定之罪的,从重处罚"(第356条);㉕犯特定单位的人员组织、强迫、引诱、容留、介绍卖淫罪,"前款所列单位的主要负责人(即指旅馆业、饮食服务业、文化娱乐业、出租汽车业等单位的主要负责人——笔者注),犯前款罪的,从重处罚"(第361条第2款);㉖犯传播淫秽物品罪、组织播放淫秽音像制品罪,"制作、复制淫秽的电影、录像等音像制品组织播放的,依照第二款的规定从重处罚"(第364条第3款);"向不满十八周岁的未成年人传播淫秽物品的,从重处罚"(第364条第4款);㉗犯破坏武器装备、军事设施、军事通信罪及过失损坏武器装备、军事设施、军事通信罪,"战时犯前两款罪的,从重处罚"(第369条第3款);㉘犯挪用公款罪,"挪用用于救灾、抢险、防汛、优抚、扶贫、移民、救济款物归个人使用的,从重处罚"(第384条第2款);㉙犯受贿罪,"索贿的从重处罚"(第386条);㉚犯食品监管渎职罪,"徇私舞弊犯前款罪的,从重处罚"(第408条之一第2款);㉛犯阻碍执行军事职务罪,"战时从重处罚"(第426条)。

第二章　刑法分论的方法论

　　刑法分论的方法论,是刑法学方法论在刑法分论中的具体运用,因此这里阐述的内容实质上就是刑法学方法论。

　　刑法分论运用得较多的方法主要有刑法教义学方法、刑法解释学方法、刑法案例研究方法。刑法教义学,是指以刑法规范为根据或逻辑前提,主要运用逻辑推理的方法将各种相互区别而又相互联系的法律概念、规范、原则、理论范畴组织起来,形成具有逻辑性最大化的知识体系。① 王世洲教授以刑法信条学概念代替刑法教义学概念,认为:"刑法信条学是关于刑法基础理论的学问。刑法信条学中的基本概念是各种刑法理论都必须讨论的内容,构成了现代刑法学的基本支柱。""通过分析和总结来认识刑法信条学中的基本概念,不仅有利于降低法治建设的成本,而且有利于加快法治发展的速度。"② 这是有关刑法教义学与刑法信条学的较为典型的定义,但是理论界较普遍地认为刑法教义学难于精准界定。刑法解释学,是指在刑法原理和刑事政策的指导下,对刑法规范进行解释适用的理论知识体系。

　　那么,刑法教义学与刑法解释学之间的关系如何？对此,有学者认为,二者关系论应当坚持同质论,即二者均对应于刑法学社科法学方法而言。不过,在同质论内部,有的学者主张刑法教义学,如陈兴良教授认为,"刑法教义学与刑法解释学具有性质上的相同性。刑法教义学只是与刑事政策学、犯罪学、刑罚学以及刑法沿革学之间具有区隔性,但与刑法解释学则是一词二义而已。因此,并不存在一种刑法解释学之外的刑法教义学","不要试图在刑法教义学之外再建立一门刑法解释学"。③ 刑法教义学的核心是刑法解释,刑法教义学属于司法论的范畴而不是立法论的范畴。④ 另有的学者主张刑法解释学,如张明楷教授认为,刑法教义学就是刑法解释学,不要试图在刑法解释学之外再建立一门刑法教义学。⑤ 冯军教授也持有同质论观点,他认为:"在我国刑事法律体系已经基本建成之后,我国不少刑法学者都把主要精力转向理解刑法、解释刑法,也就是说,从刑事立法学转向了刑法教义学。""一种规范论的刑法教义学,要重视解释者个人的先见,更要重视解释者群体的经验,要让解释结论符合实

---

① 参见周详:《教义刑法学的概念及其价值》,载《环球法律评论》2011年第6期。
② 王世洲:《刑法信条学中的若干基本概念及其理论位置》,载《政法论坛》2011年第1期。
③ 陈兴良:《教义刑法学》(第二版),中国人民大学出版社2014年版,"第二版前言",第2—3页。
④ 参见陈兴良:《刑法教义学的逻辑方法:形式逻辑与实体逻辑》,载《政法论坛》2017年第5期。
⑤ 参见张明楷:《也论刑法教义学的立场——与冯军教授商榷》,载《中外法学》2014年第2期。

践理性的要求,使解释结论建立在不可辩驳的法律基础之上。"①可以说,这些论述均坚持了同质论的基本立场。

除同质论外,也有学者主张刑法教义学与刑法解释学之间的关系不能简单地以同质论来概括,而认为二者之间具有一定差异。如车浩教授认为,刑法教义学是当代中国刑法理论发展的方向,"刑法教义学与刑法注释学的区分,关乎学术方向,绝非无足轻重的概念游戏。注释研究的前提,是存在作为注释对象的法条文本。以往的刑法注释学,与狭义上的刑法解释学的意义接近,即以特定的文字作为解释对象,进而完成妥当解释的任务。这种研究的理想状态,主要是对文义解释、历史解释、体系解释和目的解释等几种解释方法娴熟且适当的运用。但是,刑法解释方法,只是法学方法论中的一部分;通过具体解释来寻求刑法条文本意,这也只是法教义学工作的一部分"②。因此,"综上可知,从刑法注释学(或狭义上的刑法解释学)向刑法教义学的转变,在方法论层面上,意味着超越法条注释,创造法理概念,从而丰富法之形态,拓展法之范围。在研究方法上,法教义学以法律文本为出发点,它包括狭义上的解释,但是不止于解释"③。李凯博士认为,"刑法教义学在刑法学之下更多地做着刑法知识的概念化、理论化、体系化工作,这其中包含着对刑法概念的创建、阐释,对刑法原理的推进,以及对刑法知识体系的调整、填充等工作,以上工作对于形成刑法的职业共同体举足轻重;而刑法解释学在刑法学之下则更多关注对刑法文本的解释工作,这其中包含着对刑法解释的对象、目的、原则、立场和方法等内容的研究,并将研究成果运用到文本解释和司法适用之中的工作,这对于刑法职业共同体实现刑法的安全和公正至关重要。简言之,前者具有更多的'理论意义',侧重于解决'为什么'的问题,后者则更具'实践意义',侧重于解决'是什么'的问题"。"要严格区分刑法教义学与刑法解释学,在很多情况下并不容易做到,二者在很多时候呈现出'你中有我、我中有你'之情况,但将二者等同、混淆,却与它们的各自内涵确有不符,也会误导刑法学研究的基本方向。是故,刑法学之下应有刑法解释学和刑法教义学之界分,二者不可相互替代,而是一种互动、互补且相对独立之关系,刑法学研究应当走向刑法解释学与刑法教义学并重的格局"④。

笔者认为,作为刑法学方法论的刑法教义学和刑法解释学二者之间具有同质性,应当坚持宏观同质论,在此前提下,应当将刑法解释学作为刑法教义学的有机组成部分,亦即刑法解释学本身也应当追求刑法解释学教义化,刑法解释学教义化是刑法学教义化的应然内容之一,在此意义上,狭义的刑法解释学是刑法教义学的分支学科,广义的刑法解释学实质上就是刑法教义学。陈兴良教授针对凯尔森所论纯粹法理论"本理论乃是法律科学而非法律政策"⑤发表评论时指出,"凯尔森之所谓法律科学与

---

① 冯军:《刑法教义学的立场和方法》,载《中外法学》2014年第1期。
② 车浩:《刑法理论的教义学转向》,载《检察日报》2018年6月7日,第3版。
③ 车浩:《理解当代中国刑法教义学》,载《中外法学》2017年第6期。
④ 李凯:《刑法解释学与刑法教义学的关系》,载《中国社会科学报》2018年2月7日,法学版。
⑤ 〔奥〕凯尔森:《纯粹法理论》,张书友译,中国法制出版社2008年版,第37页。

法律政策学的区分,就相当于在刑法学中刑法解释学与其他刑法学的区别"①,这种见解是有道理的。

刑法学案例研究方法,有学者将其进一步限定为刑法学判例研究方法。显然,刑法学案例研究方法与刑法学判例研究方法二者之间是有一定区别的,即前者并不局限于对既有判例的研究,还包括对尚未进入法院审判或者尚未出现生效判决的案例研究,甚至可以由研究者直接"编撰"一个非真实的教学案例来展开刑法学理论研究;而后者强调只能针对真实判例,尤其是生效判决的案例展开学术研究,反对研究者在真实判例之外"编撰"教学案例的做法。研究中,研究者可以根据自己研究问题的需要,灵活采用刑法学案例研究方法或者刑法学判例研究方法,只要有利于研究论述所涉刑法学论题的需要即可。刑法学案例研究方法(判例研究方法)具有总结刑法解释适用经验、催化刑法改革和刑法修订的作用。

不过,笔者认为,关于刑法学研究方法,还是有必要先谈一下法理学关于法学方法论的概况,然后再谈刑法学方法论以及刑法学术研究和写作问题,这样做有利于扩大刑法学方法论的视野,提升刑法学方法论的理论品格。

一、法学方法论概貌

法学方法论是由各种法学方法组成的一个整体的法学方法体系以及对这一法学方法体系的理论阐释。法理学认为,"法学方法论作为法哲学、社会实证法学和实体法有机结合理论体系的方法论,不限于法学中专有的技术性方法,还必须接受哲学方法的指导和一般科学方法论的指导";因此,"在具体运用过程中,必须反对两种倾向:一是用哲学方法论取代法学中专门技术方法论;二是否认哲学方法论对法学的指导作用,片面强调专门技术方法,割裂两者之间的内在联系"。②

法理学上还提出了法学方法论体系的科学主义(经验主义或者实证主义)与人文主义(理性主义)的二元论命题,法学方法论中存在科学主义与人文主义二元论之争。方法论中的科学主义,倾向认为法学要想成为一门科学就必须使法学理论揭示的内容具有客观性;方法论中的人文主义,主张应以人文研究为标准来规范社会科学研究。

正是科学主义与人文主义的对立构成了法学方法论中的二元论,这种二元论是以一系列悖论的形式表现出来的。①从本体论角度看,有两个相反的命题:其一是法律发展过程是客观的;其二是法律发展过程是主观的(是人们有意识活动的过程)。②从认识论意义上看,也存在两个相反的命题:其一是以法律事实为对象的法学研究信奉"价值中立"观;其二是法学是反映不同社会群体的价值的科学,不存在"价值中立性"判断。③从法学研究目标来看,也存在相反的命题:其一是法学应追求精确性;其二是

---

① 陈兴良:《教义刑法学》(第二版),中国人民大学出版社2014年版,第8页。
② 吕世伦、文正邦主编:《法哲学论》,中国人民大学出版社1999年版,第615页。

法学不必精确化。① 因此,法理学上的主导观点是主张法学方法论体系中科学主义与人文主义的综合立场。

现代社会主要的法学方法论,有马克思主义法哲学方法论、价值判断的法学方法论、分析实证主义法学方法论、社会实证法学方法论、历史法学方法论、经济分析法学方法论、比较的法学方法论、现代自然科学的法学方法论等多种。其中,现代自然科学的方法论大致有控制论、系统论、信息论的法学方法论,博弈论的法学方法论,模糊论的法学方法论,耗散结构论、协同论、突变论的法学方法论,生物科学的法学方法论(如各种社会达尔文主义与有关"组织移植"理论的运用),等等。此外,中国古代历史上的法学方法论出现过"法天"的法学方法论(如"法天""法自然"等)、"气"的法学方法论(如"气数""元气""民气"等)、"中庸"的法学方法论(如"中庸""中和""执中"等)、"注释"的法学方法论、权力分析的法学方法论(如"内法外儒""术治论""势论"等)。②

二、刑法学者的"方法论觉醒"

关于刑法的研究方法问题,理论界已经有一些比较成熟的看法,比如理论联系实际、对照总论各论原理、解释刑法总则分则条文、比较研究、实证分析等方法,应当说都是十分重要的研究方法。近年来,刑法研究方法的极端重要性越来越受到学界关注和推崇,所以刑法理论界对此进行了持续不断的深入研讨,有关的专题研讨会以不同规模在各地举行,有关的专题论著大量公开发表,其中一些研究成果比较具有系统性、基础性,产生了较大的学术影响。③ 中国刑法学者的"方法论觉醒",近年来也取得了巨大成就。

(1)赵秉志教授的刑法学研究方法与学术成就。赵秉志教授注重刑法基本原理、刑法立法完善与刑法解释相结合、定性与定量研究相结合、思辨研究与实证研究相结合、刑法规范学与刑事政策学和国际刑法学的综合研究等方法,同时强调刑法学研究不能照搬一般法学研究方法④,在刑法整体论、刑法总论与刑法各论方面都取得巨大成就。

(2)张明楷教授的刑法学研究方法与学术成就。张明楷教授主张研究刑法学应以辩证唯物主义与历史唯物主义为根本法,要运用历史的、发展的观点和理论联系实

---

① 参见吕世伦、文正邦主编:《法哲学论》,中国人民大学出版社 1999 年版,第 616—621 页。
② 参见吕世伦、文正邦主编:《法哲学论》,中国人民大学出版社 1999 年版,第 622—832 页。
③ 撇开法理学界对法学方法论之研讨,仅就"刑法方法论"专题的研讨就产生了较丰富的研究成果。参见曾粤兴:《刑法学方法的一般理论》,人民出版社 2005 年版;陈兴良主编:《刑法方法论研究》,清华大学出版社 2006 年版;梁根林主编:《刑法方法论》,北京大学出版社 2006 年版;赵秉志主编:《刑法解释研究》,北京大学出版社 2007 年版;杨艳霞:《刑法解释的理论与方法:以哈贝马斯的沟通行动理论为视角》,法律出版社 2007 年版;白建军:《法律实证研究方法》,北京大学出版社 2008 年版;陈航:《刑法论证方法研究》,中国人民公安大学出版社 2008 年版;周光权:《刑法客观主义与方法论》,法律出版社 2013 年版。
④ 参见赵秉志:《刑法基本问题》,北京大学出版社 2010 年版,第 405—441 页。

际的方法研究刑法,要综合运用注释研究法、哲学研究法、历史研究法、比较研究法、社会学研究法、案例研究法等具体方法研究刑法。他特别强调刑法基本原理与刑法解释学的研究方法,反对动辄指责刑法立法漏洞的研究立场①,在刑法基础理论尤其是在刑法解释论方面取得重大成就。

（3）陈兴良教授的刑法学研究方法论与学术成就。陈兴良教授出版了较多有关刑法学方法论专著,如《刑法的知识转型（方法论）》《刑法教义学》。陈兴良教授现在较多地强调刑法教义学研究方法,指出:法学知识是鱼,法学方法是渔,授人以鱼不如授人以渔,认为"在某种意义上可以说,刑法总论,尤其是犯罪论,实质上就是刑法方法的载体;刑法各论则是将刑法方法运用于各罪的一种应用型训练"。他具体分析研讨了刑法学研究方法论中三组关系:立法论的思考与司法论的思考、体系性的思考与问题性的思考、类型性的思考与个别性的思考。② 陈兴良教授在刑法知识论、刑法哲学、刑法原理、刑法解释论等诸多方面都取得巨大成就。

（4）周光权教授的刑法学研究方法论与学术成就。周光权教授主张刑法客观主义方法论,"刑法客观主义是基本立场,也是方法论","必须先客观后主观","尽可能将传统上对主观要素的判断还原为对客观要素的判断";重视刑法解释和"刑法解释方法的多元化",认为"刑法解释是方法论中的重要内容";重视体系性思考、类型性方法、价值判断（实质主义刑法观）;强调中国刑法研究如欲达到相当的高度,就必须借鉴而非拒斥欧陆刑法理论,不能人为区分何种理论是"中国刑法学"、何种理论是"外国刑法学""比较刑法学",其实所有的理论,只要能够说得通,都是"中国刑法学"。③

（5）曾粤兴教授的刑法学研究方法与学术成就。曾粤兴教授专题研究了"刑法学研究方法的一般理论",将刑法学方法的选用区分为四种语境并予以具体研讨:一是法律文本注释的研究方法,包括传统的刑法注释方法与当代的刑法注释方法;二是立法建议的研究方法,包括实证分析、经济分析、比较分析、系统分析等方法;三是刑法案例的研究方法,包括语境解释、法意解释、目的解释、补正解释（黄金规则）、当然解释等诸种方法;四是基础理论的研究方法,包括历史分析、实证分析、当然解释和体系解释（语境解释）、综述方法等。④

我国还有许多刑法学者引领刑法学方法论这一专题研究,如储槐植教授、王世洲教授、梁根林教授（主编有《刑法方法论》）、冯亚东教授、刘艳红教授、刘远教授、白建军教授、陈忠林教授等,有些学者提出的刑法学研究方法十分具有启发性,如综合的方法（王世洲）与折中的方法（储槐植）等,极大地推动了刑法研究方法之研究。笔者曾经撰文讨论过刑法学研究方法问题,主张当下刑法学研究需要借助一些新的思维方式和新的研究方法,进行理论创新、方法论创新。其中提出了在研究刑法时除了运用传统教科书中介绍的基本方法外,还应当重视运用以下五种重要的立场方法:一是

---

① 参见张明楷:《刑法学》（第四版）,法律出版社 2011 年版,"绪论",第 13—15 页。
② 参见陈兴良:《教义刑法学》（第二版）,中国人民大学出版社 2014 年,第 1—28 页。
③ 参见周光权:《刑法客观主义与方法论》,法律出版社 2013 年版,第 8—21 页。
④ 参见曾粤兴:《刑法学方法的一般理论》,人民出版社 2005 年版,第 226—275 页。

坚持民权主义刑法观;二是采取适当保守的刑法解释论立场;三是系统运用刑事政策学原理的研究方法;四是综合运用非刑事法学原理的研究方法;五是系统化论证与精细化推敲相结合的研究方法。① 陈瑞华教授是一位诉讼法学者,但是其关于法学研究方法的思考很有启发性,尤其是其专著《论法学研究方法》,其中强调了"从经验到理论""先归纳后演绎"的研究思路和研究技术的极端重要性,十分值得刑法学者重视。

我国台湾地区和港澳特区学者的刑法学研究方法,在分别吸纳大陆法系国家和英美法系国家刑法学研究方法的基础上各有特色。我国台湾地区学者林东茂教授的刑法学研究方法论与学术成就值得特别关注。林东茂教授在评价经验主义/实证主义研究方法与理性主义/人文主义研究方法的基础上,似乎更倾向于理性主义。

三、刑法学方法论的基本内容与具体展开

刑法学方法论"问题意识"的基本内容,可以归纳为如下六组:一是刑法哲学研究方法、刑事政策学研究方法与规范刑法学研究方法;二是刑法立法学研究方法与刑法解释学研究方法;三是刑法教义学研究方法、刑法判例学研究方法与社科刑法学研究方法;四是刑法经验主义(实证主义)研究方法与刑法理性主义(人文主义)研究方法;五是正面立论体系化证成方法(体系性方法、建构性方法)与批驳性方法(解构性方法、问题性方法);六是综合的方法(王世洲)与折中的方法(储槐植)。基于刑法学方法论"问题意识"的梳理归纳,笔者认为可以将刑法学研究方法分为以下六组进行阐释:

(一) 刑法哲学研究方法、刑事政策学研究方法与规范刑法学研究方法

这与笔者过去所强调的以下几个研究方法是相互呼应的:一是坚持民权主义刑法观(刑法哲学研究方法);二是系统运用刑事政策学原理的研究方法(刑事政策学研究方法);三是采取保守主义的刑法解释论立场(规范刑法学研究方法)。

1. 刑法哲学研究方法

在古今中外的刑法学者中,刑法哲学研究方法获得了高度认同和充分运用。刑法观是指关于刑法基本问题如刑法的价值、机能、目的、任务、基本原则等的根本观点与基本态度。刑法学是一门兼有哲学意味、实证科学色彩、规范色彩与人文色彩的综合性科学,需要我们经常性系统思考刑法观问题,才能真切地了解刑法立法上罪名设置、犯罪构成要件设置、法定刑配置以及司法上刑法适用等方面的合理性与合法性问题,从而才有可能真正公正合理地理解和解释刑法规定。笔者主张坚持民权主义刑法观,反对国权主义刑法观。

(1)刑法观首先是一个刑法哲学问题。

刑法哲学原理所研究和思考的是刑法学中一些最原初、最深刻、最"富有哲理"的

---

① 参见魏东:《保守的实质刑法观与现代刑事政策立场》,中国民主法制出版社 2011 年版,第 11—36 页。

问题,比如:"刑法"作为一种"法",这种法是一种什么面相?刑法学作为一种"学问",这种学问是一种什么面相?刑法学理论体系作为一种理论系统,这种理论系统又是一种什么面相?就这样三个问题——刑法学理论研究面临的三大理论难题,就值得我们反复思考!

其一,刑法学应当以"刑法"现象为研究对象,但是人类理性并不能真正清晰地认识"刑法"这个研究对象。因为,刑法是一种十分古老的社会现象,应当说它诞生于何时何地、消失于何时何地,我们已经无法进行真正科学的、实证的考查,我们所能做的工作只能是一些推测。刑法千差万别,那么它的应然状态是什么?为什么同样的行为、同样的现象,不同的人却有不同的认识和不同的态度,犯罪的规定不一样,刑罚措施和制度规定也不一样(如赌博、吸毒、成年人自愿性行为、重婚等)?这些问题,在相当的程度上其实是无法进行实证的东西。

其二,刑法学作为一种"学问",到底应当是一种什么样的学问,人类理性也无法准确地予以厘清。刑法学是一门"科学",还是一门"哲学""人文学"?有人说刑法学是一门科学,但是我们生活中却有许多刑法现象是无法用科学或者科学规律来解释的:科学总是可以进行实证的现象(证成与证伪),而刑法学却无法进行实证。虽然近代史上有实证学派以"实证"为特征,但其实他们仍然无法进行真正的实证研究。哲学家说刑法学是一门哲学,神学家认为刑法应当是一门神学,很有点莫衷一是的味道。以致西方有学者甚至断言:"在法律知识并不算是一种科学的地方的民族是幸福的。"[①]可见,在刑法学是一门什么性质的"学问"的问题上,总的来说仍然是一个疑问。

其三,刑法学的理论体系如何建立,理论界也是各有各的看法。有的学者主张将刑法学划分为刑法哲学与刑法科学两类,或者主张将刑法学划分为理论刑法学、解释刑法学(或注释刑法学)两类;有的学者主张将刑法学划分为刑法哲学、规范刑法学和刑法社会学三类[②],或者将刑法学划分为刑法哲学、刑法科学与刑法神学三类[③],或者将刑法学划分为刑法哲学、刑法政策学、刑法规范学三类。此外,刑法学知识论体系还有其他很多种分类见解。那么到底应该怎样认识刑法学理论体系?对于这个问题,理论界应当说也是莫衷一是,没有达成共识。

因此,刑法学研究必须广泛运用科学、哲学、神学、政治学、社会学、经济学、民族学、人类文化学等多种学科知识,进行综合性的全方位的理论研究,才可能比较合理地解决刑法学理论和实践问题。当然,由于人类理性的极其有限性,我们不能企图圆满解决刑法学中的所有问题,而只能现实地对一些刑法学问题作出相对合理的研究和回答。基于这样一种认识,笔者倾向于认为,刑法学理论体系在整体上划分为以下

---

① 转引自陈忠林:《刑法散得集》,法律出版社2003年版,第162页。
② 参见陈兴良:《法学:作为一种知识形态的考察——尤其以刑法学为视角》,载陈兴良:《当代中国刑法新境域》,中国政法大学出版社2002年版,第175—198页。
③ 刘远教授认为:"对刑事法这样一个世间现象或者实践活动,人类也可以而且必然会分别以哲学的、科学的与神学的方法加以研究,从而分别形成关于刑事法的哲学理论、科学理论与神学理论,我们分别称之为刑事法哲学(哲学刑事法理论)、刑事法科学(刑事法学)与刑事法神学(神学刑事法理论)。"参见刘远:《刑事法哲学初论》,中国检察出版社2004年版,第18页。

三类:一是刑法哲学,以研究人类对于刑法本体问题的"智慧"和"精神安慰"为中心(即在一定意义上包含了某些学者所称的刑法神学的内容在内),以哲学思辨和概念法学研究为重点;二是刑法政治学(刑法政策学与刑法社会学),以研究人类对于刑法本体问题的"善治"为中心(政治在本原意义上就是善治),以刑事政策学研究为重点;三是刑法规范学,以研究人类对于刑法本体问题的"规范"为中心,以刑法规范解释研究为重点。

对以上这些刑法哲学原理中最原初问题的思考,能够在很大程度上影响我们对刑法问题的观点。这种影响可能表现在以下三个方面:第一,对全人类刑法知识和现行刑法规定的理性评价。刑法不可能是一个纯粹的科学问题,而是一个带有浓厚人文气息的问题。许多无被害人犯罪、经济犯罪是否应当规定为犯罪,并非纯粹的科学问题,而是人文问题;法定刑的设置,尤其是是否规定死刑、无期徒刑,也不完全是科学问题,而是人文问题。同理,任何一部刑法都只具有相对合理性,并不具有绝对合理性。是否定罪、如何定罪,是否处罚、如何处罚,这些问题都没有绝对确定的答案,更不存在唯一的答案。第二,对自我刑法知识与刑法理性的谨慎评价。我们每个人所拥有的刑法知识和刑法理性并不全面,并不值得盲目自信,应该多听取和多反思相反意见,很多时候,我们可能只考虑了一个方面,但是却忽略了另外一个更为重要的方面,因此司法人员应当特别审慎;同时,我们对刑法的理解不能过于呆滞死板,认为刑法的所有规定就是铁板一块,丝毫不能变动、不能变通,这本质上是十分危险的立场。但是,刑法的变动与变通应当偏向于哪个方向,是一个十分重大的问题。按照现代刑事法治人权保障的核心理念,应当说只能偏向于无罪与罪轻的方向(前提是存有疑问),也就是"存疑有利于被告"原理,而不是相反方向。第三,刑法司法既要防右,更要防"左",且重点需要防"左"。这里借用了政治学术语,意思是:刑法司法始终且每时每刻都应该是表现出一种庄严肃穆、谨慎小心的面孔,应时刻提防刑法成为泄愤报复或者政治斗争的工具,应坚持"刑法不得已性原则""刑法最后手段性原则"和"刑法谦抑原则"。尽管我们在刑事司法中要防止违背刑法和刑事政策而非法放纵犯罪的行为,但是我们应当允许依法"放纵"犯罪的行为(实质上是对轻微犯罪作出"非犯罪化"处理,如刑事和解制度、酌定不起诉制度、疑罪不诉制度等),需要重点防范的问题仍然是滥施刑罚、法外用刑。所以,这里所说的更要防"左",就是指要特别防止滥施刑罚、法外用刑,要特别防止报复性刑事司法。

(2)刑法观同时又是一个刑法政治问题、刑法实践问题。

刑法观不但是一个刑法哲学问题,而且是一个刑法政治问题、刑法实践问题,是刑法立法与刑事司法的一个根本问题,也是我们司法人员首先必须在思想观念上解决的一个根本问题。从根本意义上说,我们的刑事司法活动都是在一定的刑法观指导下进行的,它决定了我们的刑事立法与司法活动的基本面貌。

在刑法史上,刑法观大致有国权主义刑法观与民权主义刑法观,或者称为权力本位刑法观与权利本位刑法观的区分。① 国权主义刑法观,又叫权威主义刑法观、权力本位刑法观,主张刑法是体现国家权力并且以实现国家刑罚权为核心的法律,其目的任务就是保护国家整体利益,其显著特点是以国家利益为出发点而限制公民自由,刑罚严酷,尤其强调死刑适用。民权主义刑法观,又叫自由主义刑法观、权利本位刑法观,主张刑法是以保护国民的权利和自由为核心的法律,因而应当严格限制国家刑罚权并使之成为个人自由的有力保障,其目的一是最大限度地保障公民自由,二是严格限制国家行为。

可见,国权主义刑法观立足于刑法的社会保护机能,因而极端强调国家利益,它所针对的对象就是公民个人,它所限制的就是公民的自由,公民只是刑法的客体与对象;而民权主义刑法观,则立足于刑法的人权保障机能,因而强调公民自由价值,它所针对的对象是国家,它所限制的主要对象是国家及其刑罚权。

(3)当今社会应当秉持民权主义刑法观。

一般而言,现代刑法在基本立场上都是坚持权利本位刑法观。这种刑法观对于我们认识刑法、实践刑法,尤其是刑法司法具有重大指导意义。我们现代社会为什么需要制定刑法,为什么需要适用刑法?对于这个问题的回答,正确答案应当仅仅限定为"民权保障"或者"权利保障",而不能扩张到其他方面。例如,不应当主张刑法需要满足"报复""报应"的观念,也不应当主张刑法需要偏重维护"大多数人利益""维护国家整体利益"(即在根本上忽视少数人利益和个人利益);在刑法适用中,不能主张类推解释、过度的扩张解释、激进的实质解释,想方设法地超越刑法规定以便对被告人定罪和处以刑罚(当然,这种扩张解释在有利于被告人的场合则可以例外);在刑事审判活动中,不能片面主张一律适用重刑、死刑,可从重可不从重的从重、可判死刑可不判死刑的适用死刑,而可适用缓刑可不适用缓刑的不适用缓刑;等等。这是一个观念性的问题,也是一个关涉刑法适用的根本立场问题。

当下人类社会应强化被告权利保障的民权主义刑法观。其中在探索罪刑法定原则的理论创新时,理应关注形式主义立场与实质主义立场传统对立与理性整合,坚持以形式主义为基础,适当吸收实质主义合理成分的整合理论(保守的实质刑法观)。形式主义立场和实质主义立场相比哪个更合理?答案可能面临不同宗旨和立场的拷问:从制衡国家公权力并有利于保障公民权利的宗旨看,形式主义立场更合理;但从有效维护国家和社会有序发展的宗旨看,实质主义立场更合理。

但是,法治社会比较普遍的理性见解认为:对于法律规定为犯罪而实质上无罪的行为,实质主义理性可以认同无罪之实质判断(单面的、保守的实质主义刑法观),司法上不应定罪(片面责任主义),这一点应当吸收实质主义立场的合理成分。20世纪末以来,我国刑法学者陆续展开了"立法本义"问题的讨论,有的学者主张根本不存在所谓的立法本义问题,因此立法规定本身只是一种规范存在,它既没有本义,也不可

---

① 陈兴良教授认为:"民权刑法这个概念,是李海东先生首先在我国提出的。李海东根据国家与公民在刑法中的地位把历史上的刑法划分为两种类型:国权主义刑法与民权主义刑法。"参见许道敏:《民权刑法论》,中国法制出版社2003年版,"序:刑法学者的使命",第1页。

以解释。笔者认为,这种讨论涉及两个彼此相通的根本性问题:一是立法是否有所谓的本义;二是如何坚持罪刑法定主义精神。我们都知道:刑法一经制定,就必须保持相对稳定,并且不得适用事后法来追究过去行为的刑事责任——这就是"刑法的安定性"。刑法的安定性特征不同于其他法律尤其是行政法的"合目的性"特征。刑法必须具有安定性的根本原因,就是刑法本身也是一种"恶害",而不是什么好东西,它是以剥夺公民人身自由、财产、甚至生命为手段的,是国家为遏制犯罪而不得已才采用的一种遏制措施,因而用之必须慎之又慎。[①] 因此,笔者主张,刑法由于关涉公民人身、财产甚至生命等重大利益,刑法强制手段是一种不得已的、最后手段性的强制措施,其基本特点是反人性、反自然、丑恶导向性,因此刑法整体应当特别强调"刑法的不得已性、安定性、谦抑性和收缩性"。因此,刑法立法规范本身应当存在"立法本义",所谓"立法本义"是指"立法规范本身所应当具有的基本含义",我们对刑法的认识、理解和解释,都由于刑法具有安定性、丑恶导向性等特点的内在要求,而不能超出"立法本义",或者说不能对刑法进行类推解释、过度的扩张解释、激进的实质解释;当然,如果在这种类推解释、扩张解释、实质解释有利于被告人的场合则可以例外。正是基于上述这种认识,所以应当在刑事司法活动过程中强化刑法安定性的罪刑法定主义精神。这确实是一个需要特别强调的现代刑事司法观念问题。

罪刑法定原则的本质是限制司法权,其中包括对侦查权、公诉权和审判权等的限制,防止随意入罪,以有效且最大限度地保护公民的人身自由权利。因此,罪刑法定原则的内在要求就必然是刑法谦抑主义以及有利于被告的精神。大体上说,罪刑法定原则内部的五大派生原则,包括成文法原则、禁止事后法原则、禁止类推解释原则、明确性原则、刑罚法规正当原则,对于刑事司法而言,意义十分重大,必须严格遵守。

2. 刑事政策学研究方法

这一刑法学研究方法主要缘起于近现代,发达于当代。笔者认为,系统运用刑事政策学原理的研究方法应注意以下问题:

(1) 充分认识刑事政策原理在刑法学方法论上的重大意义。

刑事政策学研究在西方国家开展得如火如荼之后,近年来在中国理论界也逐渐成为一门显学,众多中国学者不约而同地关注或者投身于刑事政策学研究,笔者在四川大学首次开设了"刑事政策研究课程",现在已经成为刑法专业研究生的必修课。但我国学术界针对刑事政策学的研究价值、研究对象与学科体系建构等重大基础性理论问题,尚缺乏深入研究,更没有取得一致见解。这种理论研究现状严重地制约了刑事政策学的体系性发展,也妨害了刑事政策理论和实践的科学现代化,从而凸显出展开刑事政策学基础理论问题研究的重要性和紧迫性,也极大地影响了我国刑法学研究。例如,当前我国学术界普遍认为,刑法和刑事诉讼法的目的任务"首先是惩罚犯罪、打击犯罪,其次才是保护人民",其实这种理解可能并不恰当。惩罚犯罪、打击犯罪本身可能并不需要刑法和刑事诉讼法,有人讲最好的办法可能是给每个警察发

[①] 参见魏东:《当代刑法重要问题研究》,四川大学出版社2008年版,第23页。

把枪,见谁犯罪就打击谁更有利于惩罚和打击犯罪;又有人讲刑事法的目的任务是限制司法权和保护公民合法权益,等等。这些见解应当说都与对刑事政策原理及其当代发展趋势的认识理解有关。所以,刑事政策原理对于刑法研究十分重要。

刑事政策学研究所具有的重大理论价值和实践意义在于:从学科体系层面上看,刑事政策学研究具有重要的指导地位(灵魂论与精髓论);从我国犯罪防控实践层面上看,刑事政策在我国一直占据着核心的、统帅的地位(核心论与统帅论)。总体上,我国长期以来在犯罪防控问题上超乎寻常地重视刑事政策的应用,尤其是在刑事立法和刑事司法活动中刑事政策都起着十分重要的作用,如严打政策、宽严相济刑事政策等。这种实然状况,与我国理论上对刑事政策研究十分薄弱的理论现状很不协调,形成了巨大的反差,导致了现实生活实践中大量破坏法治、侵犯人权事件的发生,严重破坏了基本的社会公正,从而在根本意义上不利于我国法治、社会和国家的进步发展。

因此,为了更加理性且有效地实践犯罪防控,必须顺应世界潮流,加强刑事政策理论研究。刑事审判法官应当关心国家刑事政策的发展变化,主动运用刑事政策学原理研究刑法问题。

(2)刑事政策原理的主要内容。

刑事政策学的研究对象可以在基本层面上明确限定为同犯罪防控相关的所有社会公共政策,既包括刑法手段,也包括非刑法手段。可见,防控犯罪是刑事政策最明显的个性价值追求。但是,刑事政策的防控犯罪价值追求必须限定在谋求"公正合理的人类福祉"的界限范围内。因为,刑事政策是社会公共政策的有机组成部分,作为整体的社会公共政策,其共性目标价值可以定位于相对公正的人类福祉,即相对公正理性、人权保障和社会有序发展,其具体内容可以细化为自由、秩序、公正、效率。从正当性、合理性和合法性根据而言,刑事政策的个性价值必须完全切合社会公共政策的共性价值,即刑事政策的个性价值必须受到社会公共政策的共性价值的限制和约束,在根本上不能突破社会公共政策的共性价值界限。直白地讲,犯罪防控价值不能侵犯人权保障、不能妨害社会有序发展、不能破坏社会公正,从而犯罪防控不能无所顾忌,而应有所顾忌。

(3)价值理念(三个理念)。

犯罪防控与人权保障、社会发展、社会公正这样四个价值目标之间经常存在冲突。其中最突出、最典型的冲突表现在犯罪防控与人权保障两个价值目标之间:过分偏重犯罪防控价值,就可能严重侵犯人权保障价值;反之,过分偏重人权保障价值,必然会严重妨害犯罪防控价值。这样,就涉及价值权衡问题、价值取向问题,即刑事政策的价值理念。

其一,"三大一小理念"。价值理念与价值取向问题,在根本上是指针对具有矛盾和冲突的多种价值目标,如何处理它们之间的关系和如何实现它们之间的整合与有机统一的问题。笔者认为,随着人类社会的进步和政治文明的发展,可以将现代刑事政策的基本价值取向(即价值理念)总体上简要地概括为现代刑事政策的谦抑宽容价值理念,其具体内容为"三大一小"理念,即最大限度地保障人权、最大限度地促进社会发展、最大限度地体现相对公正、最小限度地维持秩序(必要秩序)。

其二,"两个至上理念"。现代刑事政策理念还可以归纳为两组价值选择:一是强调"人权保障至上",反对"犯罪防控至上"的价值选择;二是强调"公正至上",反对"效率至上"的价值选择。"人权保障至上""公正至上"是"两个至上理念"的基本内容。

其三,"单项校正理念"。这种现代刑事政策理念对于刑法研究具有重大影响。从刑事政策原理来看,刑事政策与刑事法律的关系可以从三个层面上进行概括:一是在价值取向上,刑事政策与刑事法律是指导与被指导的关系;二是在对策系统上,刑事政策与刑事法律是整合与被整合的关系;三是在具体措施上,刑事政策与刑事法律是校正与被校正的关系。例如,在现行罪刑法定原则所确认的刑事政策精神下,刑事政策与刑事法律二者之间在犯罪防控的具体措施上所具有的这种校正与被校正的关系具有相当的特殊性,这种特殊性表现为一种"单向校正",即只能表现为一种情形:当现行刑事法律规定为犯罪的行为在实质上不符合特定刑事政策精神时(如不具有社会危害性或者不利于保障人权),就可以根据刑事政策精神对该行为不作犯罪追究。

3. 规范刑法学研究方法

古典刑法学派、规范法学派对此予以特别强调,逐步积累的结果即是刑法解释学、刑法教义学的兴起。就刑法解释学而言,笔者主张采取适当保守的刑法解释论立场,将刑法哲学研究方法与规范刑法学研究方法进行有机整合,有利于促进刑法解释适用的科学合理化。

笔者近年来提出并初步论证了"刑法解释的保守性"命题,主张在入罪解释场合,为侧重贯彻刑法人权保障价值,应以刑法主观解释和刑法形式解释为原则(即主张坚守刚性化、形式化的入罪底线的原则立场),同时为适当照顾刑法秩序维护价值,仅应谨慎地准许例外的、个别的且可以限定数量的刑法客观解释与刑法实质解释对被告人入罪(即入罪解释的例外方法);在出罪解释场合下,为侧重贯彻刑法人权保障价值,应主张准许有利于被告人出罪的刑法客观解释与刑法实质解释这样一种常态化刑法解释立场,不得以刑法主观解释与刑法形式解释反对有利于被告人出罪的刑法客观解释与刑法实质解释;在刑法(立法)漏洞客观存在的场合,应在坚持刑法漏洞由立法填补的原则下,准许有利于被告人出罪的刑法解释填补,反对入罪的刑法解释填补(即司法填补)。[①] 应当说,刑法解释的保守性命题在学界引起了一定关注。有些学者比较认同[②],有些学者则在部分认同的基础上提出了质疑,其中陈兴良教授和劳东

[①] 参见魏东:《论社会危害性理论与实质刑法观的关联关系与风险防范》,载《现代法学》2010年第6期;魏东主编:《保守的实质刑法观与现代刑事政策立场》,中国民主法制出版社2011年版,第8—10页、第17—30页;魏东主编:《中国当下刑法解释论问题研究——以论证刑法解释的保守性为中心》,法律出版社2014年版,第125—130页。

[②] 参见王蕾、王德政:《形式与实质的艰难权衡——评魏东教授〈保守的实质刑法观与现代刑事政策立场〉》,载《中外企业家》2013年第2期。

燕教授批评"刑法解释的保守性"命题在基本立场上难以区别于刑法的形式解释论，并且是"以对形式解释论的误解为前提的"。①

应当说，"刑法解释的保守性"命题具有十分鲜明的针对性，既是针对刑法解释之不同于其他部门法解释的"整体个性"的一体阐释，更是针对刑法解释论内部学术之争的"具体个性"的具体权衡。就后者而言，中国当下刑法解释论学术之争尽管广泛而深刻，关涉刑法解释的价值、立场与方法等诸方面内容，但是其中主要的、也是最受关注的学术争论是刑法的主观解释与客观解释之争、形式解释与实质解释之争。正是针对中国当下刑法解释论学术之争，笔者提出了"刑法解释的保守性"命题，以求化解矛盾并解决问题。那么，中国当下刑法解释论学术之争与刑法解释的保守性命题之间有着怎样的勾连关系？进而，刑法解释的保守性命题有无充分的法理基础与学术价值，有无化解矛盾并解决问题之功效？对于这些重大理论问题，需要作出回应并予以深入检讨。②

如何妥当解决刑法的主观解释与客观解释、刑法的形式解释与实质解释之各自得失，正是刑法解释论必须加以特别关注和倾力解决的焦点问题。这个焦点问题的解决之道，就是要根据罪刑法定原则，全面吸纳各种刑法解释论（含刑法的主观解释和客观解释、形式解释和实质解释）之"得"，同时妥当杜绝各种刑法解释论之"失"，以有效实现刑法解释"最佳价值权衡状态"，即在适当照顾刑法的一般公正、形式公正、秩序维护的前提下，尽力实现刑法的个别公正、实质公正和人权保障。这个理论发现十分重要，尤其是从是否有利于恰当实现刑法的人权保障机能的独特视角来考查刑法解释论及其具体的刑法解释方法（以及解释立场），为刑法解释论恰当甄别某种具体的刑法解释方法（以及解释立场）的利弊得失，以及恰当整合各种具体的刑法解释方法（以及解释立场）并形成合理的刑法解释方法体系（以及体系化的刑法解释立场），提供了判断标准。为此，因应刑法解释论上列焦点问题，妥当解决片面强调和单纯应用某一种刑法解释论（诸如刑法的主观解释论与客观解释论、刑法的形式解释论与实质解释论）的缺陷，又恰当吸纳各种刑法解释论合理内核，笔者提出的刑法解释的保守性命题（或者刑法的保守解释命题、保守的刑法解释命题）应当是一种解决之道。申言之，从有利于刑法的人权保障机能（当然要同时兼顾刑法的秩序维护机能）的特别考量而言，下列两种特别情形的刑法解释现象值得注意。

其一，对于"当下应定罪而没有定罪的立法规定"之情形，刑法的主观解释和形式

---

① 参见陈兴良主编：《刑事法评论》（第28卷），北京大学出版社2011年版，"主编絮语"，第2—3页；劳东燕：《刑法解释中的形式论与实质论之争》，载《法学研究》第2013年第3期；蔡鹤：《"刑法解释的保守性"论析》，载魏东主编：《中国当下刑法解释论问题研究——以论证刑法解释的保守性为中心》，法律出版社2014年版，第235—246页；邓君Њ：《关于刑法解释问题的思考——兼评魏东教授"刑法解释保守性"学术见解》，载魏东主编：《中国当下刑法解释论问题研究——以论证刑法解释的保守性为中心》，法律出版社2014年版，第253—260页；陈自强：《合理性原则是刑法解释的根本原则》，载魏东主编：《中国当下刑法解释论问题研究——以论证刑法解释的保守性为中心》，法律出版社2014年版，第246—253页。

② 参见魏东主编：《中国当下刑法解释论问题研究——以论证刑法解释的保守性为中心》，法律出版社2014年版，第125—130页；魏东：《刑法解释保守性命题的学术价值检讨——以当下中国刑法解释论之争为切入点》，载《法律方法》2015年第2期。

解释因有利于恰当实现刑法的人权保障机能(因其解释结论更大可能是出罪)而具有合理性,但刑法的客观解释和实质解释因不利于恰当实现刑法的人权保障机能(因其解释结论更大可能是入罪)而具有不当性。为有效回应此种情形下的刑法解释现象,刑法解释的保守性命题提出了以下基本主张:在入罪解释场合下,为侧重贯彻刑法人权保障价值,应以刑法主观解释和刑法形式解释为原则(即主张坚守刚性化、形式化的入罪底线的原则立场)。

最典型的事例,如非法制造大炮的行为的刑法解释,由于非法制造大炮的行为属于"当下应定罪而没有定罪的",应当说以刑法的主观解释和形式解释得出行为人无罪的解释结论更为合理,"依法"不应以刑法的客观解释和实质解释为由而对行为人定罪。再如上海"肖永灵投寄虚假炭疽病菌案"司法判决的刑法解释。2001年10月18日,肖永灵将家中粉末状的食品干燥剂装入两只信封内,在收件人一栏内书写上"上海市人民政府"与"东方路2000号(上海市东方电视台)"后,分别寄给上海市人民政府某领导和上海市东方电视台新闻中心陈某。同年10月19日、20日,上海市人民政府信访办公室工作人员陆某等人及东方电视台陈某在拆阅上述夹带有白色粉末状的信件后,出现精神上的高度紧张,同时也引起周围人们的恐慌,经有关部门采取大量措施后,才逐步消除了人们的恐慌心理。针对此案,上海市第二中级人民法院于同年12月18日以"以危险方法危害公共安全罪"判处肖永灵有期徒刑4年(被告人没有提出上诉)。① 这个案子在刑法解释论上应当作何判断?上海市有关审判机关在当时法无明确规定的情况下,认定肖永灵的行为成立"以危险方法危害公共安全罪",不符合罪刑法定原则的基本要求。那么,当地司法机关是如何将肖永灵的行为解释定罪的呢?从刑法解释论上审查可以发现,有关审判机关将肖永灵的行为解释为以危险方法危害公共安全罪的"理论武器"就是所谓的刑法客观解释与刑法实质解释,将"粉末状的食品干燥剂"这一无毒、无害的物质解释为"危险物质",将肖永灵的投放行为解释为以危险方法危害公共安全的行为,进而认定肖永灵犯以危险方法危害公共安全罪,这明显超越了刚性化、形式化的入罪底线的原则立场。这一案例也较为充分地说明,过度激进的刑法客观解释和刑法实质解释具有"超大"解释能力,并存在容易将一般违法行为解释为犯罪行为的特质,从而使得人权保障机能面临被侵蚀的重大风险,必须加以有效防范。② 而事实上,《中华人民共和国刑法修正案(三)》[以下简称《刑法修正案(三)》]是在2001年12月29日才获得通过并于当日生效的。该修正案第8条规定:在刑法第291条(即"聚众扰乱公共场所秩序、交通秩序罪",属于妨害社会管理秩序罪)后增加一条,作为第291条之一:"投放虚假的爆炸性、毒害性、放射性、传染病病原体等物质,或者编造爆炸威胁、生化威胁、放射威胁等恐怖信息,或者明知是编造的恐怖信息而故意传播,严重扰乱社会秩序的,处五年以下有期徒

---

① 参见游伟、谢锡美:《罪刑法定的内在价值与外在要求》,载赵秉志主编:《刑事法判解研究》2003年第1辑,人民法院出版社2003年版。
② 参见魏东主编:《中国当下刑法解释论问题研究——以论证刑法解释的保守性为中心》,法律出版社2014年版,第126—127页。

刑、拘役或者管制;造成严重后果的,处五年以上有期徒刑。"这一规定的出台时间刚好在肖永灵案生效判决之后,其从另一个侧面印证了肖永灵案司法判决在刑法解释论上的失当。肖永灵案作为一个鲜活的刑事案例,实证性地诠释了刑法解释的保守性命题之合理性、必要性及其十分重大的刑法解释论意义。应当说,肖永灵的行为也属于行为"当下应定罪而没有定罪的",以刑法的主观解释和形式解释得出行为人无罪的解释结论更为合理,"依法"不应以刑法的客观解释和实质解释为由而对行为人定罪。

当然,这个原则可以有一定例外,即在坚守刚性化、形式化的入罪底线的原则立场上,在准许有利于被告人出罪的实质解释、客观解释的常态化立场的前提下,也应当谨慎地准许例外的、个别的且可以限定数量的客观解释与实质解释对被告人入罪(以适当照顾刑法解释应秩序维护价值之需要)。这是原则立场之下的例外,只要不将这种例外作为常态来处理,可以"务实地"认可这是保守的刑法解释的原则立场的一种特别体现,是刑法解释的保守性立场对于刑法解释的适应性(适应社会有序发展需要的属性)的谨慎关照。例外的、个别的且可以限定数量的不利于被告人的入罪之刑法客观解释与实质解释,必须严格限定一系列条件,诸如这种解释是长时间的司法实践做法,甚至是人类世界的普遍做法,国际公约已有明确规定,已经成为理论界的共识、甚至老百姓的共识,等等。

据初步观察,目前刑法理论界和司法实务部门对五个罪名之入罪的"例外解释"已经获得了比较一致的认同,这就是贪污罪、受贿罪、诈骗罪、盗窃罪、侵占罪。比如,贪污罪、受贿罪、诈骗罪、盗窃罪的犯罪对象"财物"可以例外地允许进行客观解释和实质解释,即将"财物"解释为"财物和财产性利益"。[①] 理由是,除已有大量的确认财产性利益为侵犯财产性质的犯罪对象的生效判决的案例之外,法律规范(刑法规定)上交叉使用了"财物""财产""合法收入、储蓄、房屋和其他生活资料""生产资料""股份、股票、债券和其他财产"等用语,如《刑法》(总则)第91条、第92条等的规范用语。此外,《刑法》(分则)第265条更是直接规定了"盗窃财产性利益"(使用盗窃)行为依法定盗窃罪;2007年7月8日最高人民法院、最高人民检察院发布的《关于办理受贿刑事案件适用法律若干问题的意见》(以下简称《办理受贿刑事案件意见》)更是大量规定了"以交易形式收受贿赂""收受干股""以开办公司等合作投资名义收受贿赂"等收受财产性利益行为依法定受贿罪。因而实际上,法解释论上承认盗窃、诈骗、贪污、受贿财产性利益的行为构成犯罪,已经逐渐成为世界范围内的一种基本共识,总体而言理论上争议不大。当然,在此前提下也应当承认,我国刑法理论界目前对盗窃"财产性利益"行为之入罪解释客观上还存在一定争议,部分学者并不赞同这种解释结论,因此可以说,中国学者对这种解释结论的完全认同还有一个过程。

不过从刑事法治理性发展方向而论,对盗窃财产性利益的行为作入罪化处理是

---

① 参见魏东主编:《中国当下刑法解释论问题研究——以论证刑法解释的保守性为中心》,法律出版社2014年版,第128—129页。

一个基本结论,其方法路径有两种主张:一是主张以刑法的立法修订方式予以明确,笔者曾经坚持这一立场并明确提出过在刑法上增加设置"使用盗窃罪"罪名的立法建议①;二是主张以刑法的解释方式予以明确,其法理依据等同于诈骗罪、贪污罪和受贿罪的解释原理,符合作为例外的、个别的实质解释入罪的基本条件,因而可以将盗窃财产性利益的行为予以实质解释入罪。近年来,在进行了较多反思和斟酌之后,笔者逐步倾向于认为,盗窃财产性利益的行为,诸如盗窃财物使用价值(尤其是重要财物的使用价值)、盗窃虚拟财产等行为不但在刑法解释论上可以作为特例予以入罪解释,逐渐地有学者明确主张赞同并论证这种解释结论②,而且在司法实践中已经出现越来越多的赞同这种解释结论的生效判决,因而应当将盗窃财产性利益行为同诈骗、贪污、受贿财产性利益的行为一样通过例外的实质解释入罪。这种仅限于例外的、个别的且可以限定数量的实质解释入罪的做法并不违反刑法解释的保守性的基本立场。不过从比较谨慎的刑法解释的保守性立场而论,"盗窃利益"入罪解释的范围和步伐均需要适度限制。再如,侵占罪的犯罪对象"遗忘物",可以例外地允许进行客观解释和实质解释,即解释为"遗忘物和遗失物"(统称为"脱离占有物")。③

但需要特别指出的是,在解释论上主张"谨慎地准许例外的、个别的且可以限定数量的客观解释、实质解释对被告人入罪"之例外解释方法,是刑法解释的保守性立场不完全等同于形式解释论立场的根本点之一,也是刑法解释适当兼顾"适应性"的重要体现。④ 刑法的形式解释绝对地堵塞了通过实质解释补充规则对被告人入罪的渠道,尽管在形式逻辑上有利于绝对地坚守罪刑法定原则之形式合法性,但是其并不完全符合、也无法适当阐释刑事司法实践状况,这一点从前述所列贪污罪、受贿罪、诈骗罪、盗窃罪、侵占罪等五个罪名之入罪的"例外解释"可以看出。同时,刑法的形式解释对于其准许通过实质解释出罪之立场,也无法从其所宣示的形式逻辑上获得说服力——因为溢出"形式"进行刑法解释为何还可以归属于形式解释,这是其无法自圆其说的一个"问题"。因而前述陈兴良教授和劳东燕教授批评"刑法解释的保守性"命题是"以对形式解释论的误解为前提的",认为"刑法解释的保守性"命题在基本立场上难以区别于刑法的形式解释论⑤,是对"刑法解释的保守性"命题本身缺乏周全的认识,才最终导致学术上的误读误判。

其二,对于"当下不应定罪而定罪的立法规定"之情形,刑法的客观解释和实质解释因有利于恰当实现刑法的人权保障机能(因其解释结论更大可能是出罪)而具有合理性,但刑法的主观解释和形式解释因不利于恰当实现刑法的人权保障机能(因其解

---

① 参见魏东:《论"使用盗窃"犯罪的立法设置方案》,载《中国刑事法杂志》2006年第4期。
② 参见黎宏:《论盗窃财产性利益》,载《清华法学》2013年第6期;郑泽善:《网络虚拟财产的刑法保护》,载《甘肃政法学院学报》2012年第5期;代玉彬:《使用权纳入盗窃罪客体之探析》四川大学法学院2012年硕士学位论文,第34—37页。
③ 关于侵占罪之犯罪对象"遗忘物"的刑法解释论争议,详见魏东:《侵占罪犯罪对象要素之解析检讨》,载《中国刑事法杂志》2005年第5期。
④ 参见魏东:《刑法解释的保守性应谨慎关照适应性》,载正义网法律博客(http://weidong1111.fyfz.cn/b/823105),访问日期:2015年2月28日。
⑤ 参见陈兴良主编:《刑事法评论》(第28卷),"主编絮语",第2—3页;劳东燕:《刑法解释中的形式论与实质论之争》,载《法学研究》第2013年第3期。

释结论更大可能是入罪)而具有不当性。而为有效回应此种情形下的刑法解释现象,刑法解释的保守性命题相应地又提出了以下基本主张:在出罪解释场合,为侧重贯彻刑法人权保障价值,应主张准许有利于被告人出罪的刑法客观解释与刑法实质解释这样一种常态化刑法解释立场,不得以刑法主观解释与刑法形式解释反对有利于被告人出罪的刑法客观解释与刑法实质解释。

上列考量似乎表明,刑法解释论具体甄别和整合刑法解释方法(以及解释立场)利弊得失之判断标准为,是否有利于最大限度地实现刑法的人权保障机能,而所谓最大限度地实现刑法的人权保障机能在较多场合表现为是否有利于认定行为人无罪。难道刑法解释的宗旨在于认定行为人无罪?对此需要特别说明三点:其一,强调最大限度地实现刑法的人权保障机能,并非一律主张被告人无罪,而是强调在最大限度地实现人权保障机能的同时必须适当地兼顾秩序维护价值机能,其仅仅是反对秩序维护机能的最大化、优越化甚至压倒了人权保障机能,因而应定罪的仍然应当定罪(以有效确保最低限度的必要秩序之维护),但是不应定罪的则不能定罪、只应定轻罪的则不能定重罪,杜绝罪刑擅断。其二,对于众多刑法文本规定得十分明确的犯罪行为(有罪行为),各种刑法解释方法(以及解释立场)均能得出行为人有罪的解释结论,因而这种"众多"明确情形并不会产生解释结论歧义。其中对于部分轻微"犯罪行为"作出无罪的解释结论既是现代刑事政策的要求,也符合罪刑法定原则实质侧面的主旨,体现了刑法解释的保守性特质。其三,仅有数量较少的刑法文本规定不是十分明确而具有一定模糊性的行为(其中有一部分属于刑法立法漏洞),不同的刑法解释方法(以及解释立场)才存在解释结论上的差异性和争议性,才需要特别审查并适当关照行为人无罪的解释结论,而这恰恰是罪刑法定原则特别强调需要侧重彰显刑法的人权保障机能并有效防范罪刑擅断的灰色地带,在这种灰色地带作出行为人无罪的解释结论通常是必要的、也是必需的,同样充分确证了刑法解释的保守性特质。尤其是其中"刑法(立法)漏洞",十分尖锐地考验着刑法解释论的合理性。如前所述,刑法解释的保守性命题主张,刑法立法漏洞如果必须填补,其救济途径是立法修改补充,原则上应反对司法填补与解释填补(尤其是在入罪的场合)。这种刑法漏洞的立法填补原则立场其实正是我国宪法所明确宣示的,因而具有宪法根据。同时,这种立场也是《中华人民共和国立法法》(以下简称《立法法》)所明确限定了,因而具有立法法根据[如《立法法》第8条明确规定"下列事项只能制定法律:……(四)犯罪和刑罚;(五)对公民政治权利的剥夺、限制人身自由的强制措施和处罚……"],并使得这个问题成为一个基本的立法原则。

保守的刑法解释立场尤其坚决反对过度激进的刑法客观解释和刑法实质解释,其中最为突出之处正在于反对后者所主张的刑法漏洞可以由司法填补和解释填补,此种填补徒增侵害人权风险而并没有合理限制法官罪刑擅断的重大风险。在此点上,保守的刑法解释论则主张解释性构建人权保障屏障。前述所列客观解释论者和实质解释论者关于上海肖永灵投寄虚假炭疽病菌的行为、非法制造大炮的行为之有罪的刑法解释结论,基本上就属于对刑法(立法)漏洞的司法填补和解释填补,断然不具有合法性和合理性;而刑法解释的保守性命题在此问题上绝不糊涂,坚定地反对通过司法填补与解释填补而将行为人之行为解释入罪。可见,承认、发现刑法漏洞(亦即刑法立法漏洞),尤其是真正的刑法立法漏洞,然后通过修订完善刑法立法以填补刑法立法漏洞,秉持"解开实然与应然冲突的途径只能从立法技术入手"的严谨态度①,而不是通过刑法解释技术来对刑法立法漏洞进行司法填补,是刑法解释的保守性命题所内含的基本立场②,也是实现刑法良法之治的基本要求。

不过,应注意防止把某些解释者自己的错误理解和解释也当作"刑法漏洞",以免出现该定罪而不定罪的情况发生。比如,受贿罪"关于收受财物后退还或者上交问题"的刑法解释。《办理受贿刑事案件意见》第9条规定,"国家工作人员收受请托人财物后及时退还或者上交的,不是受贿。国家工作人员受贿后,因自身或者与其受贿有关联的人、事被查处,为掩饰犯罪而退还或者上交的,不影响认定受贿罪"。这一条应该如何解释适用?笔者注意到有三种观点:①有学者(如储槐植教授等)认为,该司法解释显然是关于既遂后出罪的规定,"既遂之后不出罪"是存在例外情况的,原则并不排除例外的存在。③ ②有学者(如张明楷教授)认为,在理解《办理受贿刑事案件意见》第9条关于收受财物后退还或者上交的规定时,也必须以刑法关于受贿罪的犯罪构成为指导,而不是将该意见第9条的规定作为刑法条文予以适用。罪刑法定主义是刑法的基本原则,其中的"法"是指由国家立法机关制定的成文法,而不包括司法解释。换言之,司法解释虽然具有法律效力,但它只是对刑法的解释(而且不得类推解释),并非刑法的渊源。刑法没有规定为犯罪的行为,司法解释不可能将其解释为犯罪;反之,刑法明文规定为犯罪的行为,司法解释也不能没有根据地将其解释为无罪。不以刑法规定的犯罪构成为指导理解司法解释的规定,将司法解释当成了独立的法律渊源,必然出现违反罪刑法定原则的现象。《办理受贿刑事案件意见》第9条的表述是,"收受"请托人财物后及时退还或者上交的,不是受贿,并没有将"索取"包含在内。该意见第9条第1款的宗旨与精神是将客观上收受了他人财物,主观上没有受贿故意的情形排除在受贿罪之外,亦即没有受贿故意的"及时退还或者上交"才能适用该第9条第1款。④ ③还有其他学者指出,《办理受贿刑事案件意见》第9条第1款包含两种情形:一是收受他人财物并不具有受贿故意的情形;二是虽有受贿故意但基于刑事政策的理由而不以受贿罪论处的情形。持这种观点的学者指出:"司法解释对于收受财物后及时退还或上交的行为以非犯罪化论处,当然也适用于收受请托人财物的当时就有受贿故意,其行为已经构成受贿罪的情形。因为司法解释没有区分收受财物者在当时是否具有受贿故意的情形,应当认为无论当时是否有受贿故意,收受后只要及时退还的,就不再认为是受贿。但司法解释如此规定并非对于故意收受财物行为的肯定性评价,也不是确认这类当时就有受贿的行为不具有受贿的性质,而是

---

① 参见王勇:《论我国〈刑法〉第147条的罪过形式——基于刑法立法的解读》,载《法学杂志》2011年第3期。
② 参见魏东:《从首例"男男强奸案"司法裁判看刑法解释的保守性》,载《当代法学》2014年第2期。
③ 参见储槐植、闻雨:《"赃罪"——既遂后不出罪存在例外》,载《检察日报》2014年8月12日,第3版。
④ 参见张明楷:《受贿罪中收受财物后及时退交的问题分析》,载《法学》2012年第4期。

以非犯罪化处置来鼓励那些受贿的人及时改正错误。这是宽严相济刑事政策在这一问题上的具体贯彻,因为宽严相济政策的要点之一就是区别对待。"①还有人指出:"司法解释认为收受财物后及时退还或者上交不是受贿罪的根本理由,是根据《刑法》第13条规定的'情节显著轻微危害不大的,不认为是犯罪'而认为该行为不是犯罪。将这种行为不认为是受贿罪,有利于鼓励国家工作人员悬崖勒马,及时自行纠正错误,正所谓在犯罪的道路上'架设一条后退的黄金桥'。"②

这些观点中,笔者认为张明楷教授的观点更具有合理性。其中涉及刑法解释论问题,刑法解释的对象只能是刑法典(以及刑法修正案、单行刑法、附属刑法),而"刑法"以外的其他法律文本以及全部"软法"文本,其中当然包括我国最高司法机关出台的各种"司法解释"规范文本,均不属于作为刑法解释对象的文本。但是,"软法"对于刑法解释具有极其重要的意义,尤其是对于解释者"前见"以及"效果历史、视域融合、对话、事物的本质、诠释学循环"之形成,对于"常识、常情、常理"之确证等诸方面,均具有刑法解释论价值;这种刑法解释论价值仅限于针对"刑法规范文本"进行解释时予以审查,而不是将"软法"(尽管"软法"客观上也需要进行解释)自身也等同于"作为刑法解释对象的文本"。因此,张明楷教授强调在理解上述《办理受贿刑事案件意见》第9条关于收受财物后退还或者上交的规定时,也必须以刑法关于受贿罪的明确规定为依据,而不是将该第9条的规定直接作为刑法条文予以适用,这一见解精当。③ 当然,从立法论立场看,笔者认为可以参照行贿罪的规定,"行贿人在被追诉前主动交代行贿行为的,可以减轻处罚或者免除处罚"(《刑法》第390条第2款),由法律明确规定"受贿人在被追诉前主动交代受贿行为并全部退赃的,可以从轻或者减轻处罚。其中,犯罪较轻的,可以免除处罚"。这样规定,大致相当于"自首"情节的处罚原则,对于体现宽严相济刑事政策、震慑行贿犯罪也是有益的,也体现了对受贿人在被追诉前就积极认罪悔罪态度的公正对待,有利于实现刑法功能。

刑法解释的保守性有效契合了罪刑法定原则和刑法谦抑性的基本要求,有利于具体恰当地解决刑法疑难案件的定罪量刑问题,获得了较多刑法学者的认同,具备刑法解释学意义上的充分的正当性。发现并提出刑法解释保守性的正当性具有十分重大的刑法解释论意义。④ 法治理性中的合法性原则存在抽象化现象,且正是由于合法性判断标准本身被抽象化,因而几乎所有的刑法解释立场都可以为自己进行合法性辩护(无论其本身是否具有合法性),使得合法性成为一个难以言说的"公说公有理,婆说婆有理"的问题。因而在表面上,合法性原则不足以成为否定任意解释的充足理由,其既不能成为否定任何意义上的刑法的客观解释与实质解释的依据,也不足以成为拒绝任何意义上的刑法的主观解释与形式解释的理由。法治理性中的客观性原则,反过来又

---

① 李建明:《收受他人财物后退还或者上交对受贿罪构成的影响》,载《人民检察》2007年第16期。
② 张明楷:《受贿罪中收受财物后及时退交的问题分析》,载《法学》2012年第4期。
③ 参见魏东:《论在"打虎拍蝇"中的法治理性》,载《法治研究》2014年第10期。
④ 参见魏东主编:《中国当下刑法解释论问题研究——以论证刑法解释的保守性为中心》,法律出版社2014年版,第7—8页。

很容易在客观解释与实质解释之中被消解、被突破,因为客观解释与实质解释通常具有脱离客观性的倾向,从而存在突出的法治风险,而这种法治风险无法依据合法性原则予以有效防范,因为如前所述,合法性原则本身存在抽象化现象而无法有效杜绝任意解释现象的发生;同时,主观解释与形式解释尽管在相对意义上有利于实现客观性,但又难以充分自证其实质合法性与正当性。但是,刑法解释保守性的正当性却能够在相当意义上有效防范刑法解释的合法性之抽象化与客观性之被消解的现象,从而有助于恰当限定刑法解释的合法性与客观性的合理限度,有助于更加理性地权衡和评判刑法解释论上出现的主观解释与客观解释之争、形式解释与实质解释之争。

（二）刑法立法学研究方法与刑法解释学研究方法

刑法立法学研究方法中,必然大量运用刑事政策原理、社科法学原理、刑事立法学原理、规范法学原理进行综合性学术研讨和论证,笔者将此研究方法称为侧重刑法立法的社科法学研究方法。至于刑法解释学研究方法,必然涉及刑法解释原理、原则、解释方法等具体内容,笔者将此研究方法称为侧重刑法解释的刑法社科法学研究方法。

（三）刑法教义学研究方法、刑法判例学研究方法与刑法社科法学研究方法

刑法教义学研究方法与刑法判例学研究方法具有较大相通性,主要解决刑法规范的解释适用问题。而刑法社科法学研究方法更强调社科知识与法学知识的综合运用,相对于刑法教义学研究方法而言并不仅局限于规范解释适用的问题。

（四）刑法经验主义研究方法与刑法理性主义研究方法

刑法经验主义研究方法强调经验归纳、实证素材、科学分析,而刑法理性主义研究方法强调理性判断、人文追求（态度）、逻辑演绎。应当说,刑法经验主义与理性主义相结合的研究方法,与我们通常所说的法理论证与实证分析相结合的研究方法是完全一致的。

因此,应当强调法理论证与实证分析相结合的研究方法。如果仅有法理论证,则可能仅仅流于概念逻辑的演算分析,往往缺乏实践厚重感和可信度,这是实证主义学者所反复批评的现象;如果仅有实证分析,则也可能仅仅流于一些数字游戏的演算分析,容易造成缺乏法理厚重感和品味,甚至还可能得出一些错误的或者不当的结论。只有将这两种研究方法有机结合起来,才可能生产出高质量的优秀论文产品。有必要特别强调:在刑法研究中,尤其不能忽视法理正当性与合理性的论证推敲,哪怕做实证分析研究也是如此。当我们收集到的案例（其中包括非指导性案例）出现两种相互矛盾的解释结论或者其中明显存在错误的解释结论时,应当注意展开有理有据的、建设性的批评甚至批判,然后再进行解释性建构（建构合乎法治理性的解释结论）。如果不注意批判性地展开案例研究,仍然有失实证分析理性,甚至会得出错误结论。研究需要时刻警惕并防范简单粗糙的实证分析可能存在的一些缺陷与弊端。

实证分析方法由于涉及作为研究主体的"人"的价值立场问题,以及"实际上又必须承认,调查分析者的主观认识、价值都对调查结果有重大影响,不仅反映在诸如问卷调查的设计方面,而且也反映在调查对象的选择上,也包括人为地对调查数据的取舍、修饰等主观行为"①,且"当前有不少文章只是把实证分析作为一种讨巧的方法,把实证调查的数据作为文章的装饰,许多数据的获得是相当随意的。在研究中,实证分析所存在的问题是,实证调查很难复查,由此很难确定调查的真实性,完全以调查者的诚信作保障。在当前浮躁的学术生态环境中,调查者的学术忠诚度是很难把握的。就如人们所言,数字不会说谎,但说谎者在使用数字","这是实证调查的局限性所致"。② 因此,我们必须认识到,"实证分析的消极方面主要在于,容易使人们消极、被动地承认现实的合理性,而不是以应然的、价值要求的,以法的基本原理为出发点,改革、修正现有制度,从而走向'现实就是合理的'保守主义的立场。以这种立场出发,则所有的法律构建、法治建设都可能是没有意义的,这对于法治建设和推动社会转型都会造成消极影响。因此,在这一点上我们必须加以注意。实证分析的结果虽然使人保持一种冷静、反省、反思的姿态,但同时也会使人形成缺乏激情、保守、消极、宿命的心理结构,这对于认可社会进步、持社会改造论的人而言是无法认同的"③。美国学者弗兰克·费希尔也指出:"实证主义的政策评估受到广泛的批评,因为它既是'专家治国论者的世界观'的产物,又是其代理者……实证主义者的研究用高度精确和数学抽象的符号来表示,目的在于回避党派政治利益。""实证主义的失败在于没能抓住这样的事实:社会行动'本身是有好坏标准的',包括好的生活标准或理想社会标准。"④ 因此,实证主义方法论可能存在失败、甚至误导,需要实证科学之指导。

(五) 正面立论体系化证成方法(体系性方法、建构性方法)与批驳性方法(解构性方法、问题性方法)

正面立论研究、建构性和建设性的研究是最终目的,但是批驳性、解构性和问题性研究是基础,二者之间是相辅相成的关系,其最佳状态是在解构性研究基础上的建构性研究,为刑法理论和实践完善提出了建设性的新创见。

(六) 综合的方法与折中的方法

综合与折中,核心在于在承认各种研究方法本身的相对合理性的基础上,主张适当权衡各种研究方法的利弊得失并加以综合运用、折中分析,力求得出更为周全合理的结论;其显著特点在于反对"片面的深刻"。因此,综合和折中通常被批评为中庸之道、骑墙派甚至难有创新建树,这是综合和折中的方法必须共同防范的"中庸陷阱"。笔者主张在深入研究"片面的深刻"和警惕"中庸陷阱"的前提下,恰当采用谨慎的综

---

① 张卫平:《在"有"与"无"之间——法学方法论杂谈》,载《法治研究》2010年第1期。
② 参见张卫平:《在"有"与"无"之间——法学方法论杂谈》,载《法治研究》2010年第1期。
③ 张卫平:《在"有"与"无"之间——法学方法论杂谈》,载《法治研究》2010年第1期。
④ 〔美〕弗兰克·费希尔:《公共政策评估》,吴爱明、李平等译,中国人民大学出版社2003年版,第11、14页。

合和折中的研究方法。

这与笔者强调的综合运用非刑事法学原理的研究方法、系统化论证与精细化推敲相结合的研究方法是一致的。

其一,强调综合运用非刑事法原理的研究方法,反对背离整体法理的研究方法。刑事审判中涉及最多的内容是罪名问题、定罪量刑问题。在定罪量刑中,不但涉及刑法哲学原理、刑事政策学原理等宏观理论问题,而且经常性地涉及民事法学原理、行政法学原理、宪法学原理等各部门法原理问题。从理论上讲,这是由于刑法是其他各个部门法的保障法、补充法的地位所导致的;从实务角度讲,这是因为对任何一个罪名的定罪量刑都需要借助其他部门法知识和规范。尤其是经济犯罪问题,"两次违法理论"的解读,更是须臾离不开各部门法原理,从主体条件的认定开始,到客观行为的法律性质认定,都离不开其他部门法。有些传统型犯罪也是如此,比如敲诈勒索罪,对这个罪名的研究,确实必须结合侵权法原理才有说服力,也才公正合理。可以这样说,刑法专家必须是法理学专家、宪法学专家、民法学专家、经济法专家、行政法专家,刑法立法者、犯罪侦查人员、侦查监督人员、公诉人员、辩护律师、刑事审判法官等,同时也是法理学专家、宪法学专家、民法学专家、经济法专家、行政法专家。从这个角度可以说,刑法专家应当是最全面、法学水准要求最高的法律实务人员。

刑法问题经常性地涉及民事法学原理、行政法学原理、宪法学原理等各部门法原理问题,这里列举几个实例来简要说明。一是四川省首例洗钱罪案件,需要综合应用金融法、民法尤其是合同法等原理。本案被告人十六人,涉嫌洗钱罪、票据诈骗罪、金融凭证诈骗罪等近十个罪名,其中有个被告人叫涂建某,精通金融法,在庭审过程中,他辩解本案是一个违反金融法规的、以存单为表现形式的借款纠纷,本案所涉出资人、金融机构、用资人三方都参与了借款纠纷行为,有存款协议,不应作为金融诈骗犯罪定性处理,等等。笔者在发言时指出:本案确实涉及金融法、合同法、刑法等众多法律领域,法庭应当仔细倾听涂建某的辩护意见。后来的庭审,比较注意听取被告人涂建某本人的辩护意见,十分有利于本案得到依法公正的定性处理。二是贪污罪案件,如四川省成都市和内江市法院审理的有关贪污罪案件等,在判断被告人是否具有国家工作人员身份、所侵吞的财物是否为贪污罪之犯罪对象等问题时,均需要综合应用宪法、公务员法、公司法等原理,然后才能依法作出被告人行为是否构成贪污罪的认定。三是合同诈骗案,如云南省玉溪市的徐某某合同诈骗案、四川省成都市的某大型投资集团公司董事长张某某合同诈骗案、成都市李某恶意手机欠费案等,需要综合应用民法尤其是合同法、经济法尤其是建筑法、行政法等原理,然后才能依法作出被告人行为是否构成合同诈骗罪的认定。四是挪用资金案,如四川省成都市某医院法定代表人张某涉嫌挪用资金案、四川省成都市绕城高速公路总经理周某某涉嫌挪用资金案、四川省成都市双流县薛某某涉嫌挪用资金案等,均需要综合应用公司法、合同法等原理,然后才能依法作出被告人行为是否构成挪用资金罪的认定。五是非法经营罪案件,如四川省攀枝花市朱某某涉嫌非法经营案,需要综合应用国有资产管理法、行政法、公司法等原理,然后才能依法作出被告人行为是否构成合同诈骗罪的认定;尤其是需要仔细推敲研究《刑法》第225条的规定,注意行政许可具有特殊刑法意义。

其二,系统化论证与精细化推敲相结合的研究方法。这种方法实际上涉及刑法学术研究与论文写作的整体考虑,其中应特别注意以下几点:

一是在结论观点上必须做到理性创新,切实处理好刑事法治理性与理论创新之间的关系。这里的"理性创新",强调了"创新"(理论创新)和"理性"(刑事法治理性)两个方面,不能顾此失彼。理论创新,就是要求结论观点应当是原创性的、有新意和有启发性的,不能是对已有结论观点的简单重复。凡是结论上、论证方法上、归纳总结上等任一方面均无新意的,就不宜写作。刑事法治理性,就是强调在结论观点上必须做到契合刑事法治理性立场,注意刑法理性不同于民法原理与行政法原理的特殊性。这一点很重要,尤其是我们作为检察官、法官,在看待刑法问题、刑事公诉和审判问题的时候,每时每刻都要谨慎使用那些现在比较时髦的、口号式的一些术语与话语,如:能动司法、司法续造、法官造法、目的解释、实质解释与"透过现象看实质"等,这些术语使用和解读稍有不慎,就会陷入罪刑擅断、违反刑事法治理性、侵犯人权和破坏社会主义法治建设的重大错误,并最终导致研究质量大打折扣。

这里可以举一个例子来说明:司法续造与法官造法的问题。在相当意义上讲,司法续造与法官造法,甚至还包括能动司法,在刑事法治领域是难以成立的,除非这种做法并不直接侵犯被告人人权。为什么呢?因为刑法具有不同于民法与行政法的特殊性,刑法动辄剥夺被告人的自由、生命、财产,它的基本特性就是保守性,反对过度张扬、过度解释。司法续造与法官造法的前提,往往是存在法律漏洞,这时才可能提出司法续造与法官造法。但是,这种做法在法律体系上存在法律障碍以及刑事法治理性障碍。从法律障碍看,《立法法》第8条专门对此作出了规定:"下列事项只能制定法律:……(四)犯罪和刑罚;(五)对公民政治权利的剥夺、限制人身自由的强制措施和处罚……"可见,该规定使得"刑法漏洞由立法填补"成为一个基本的法治原则。当然,作为原则,肯定也允许有例外存在,但是这个例外只能是个别的、特殊的、有理有据的例外,不能成为常态。如果在刑法研究中,到处都强调或者实际上可以任意作出司法填补、司法续造、法官造法,那就不是个别与例外的问题,必定有问题。相应的,立法法并没有对民法与行政法作出像刑法一样的特别规定。这就表明,民法与行政法在一定意义上是可以主张司法续造与法官造法的,但是刑法不能。这是我们在研究结论上必须谨慎思考的重要问题。

当下许多疑难案件在定性处理问题上的争议,部分情况就属于是否存在司法续造与法官造法的争议。比如:夫妻之间发生婚内强迫性行为案(四川省巴中市南江县人民法院判决无罪)、夫妻之间见死不救案(重庆市万州区人民法院判决无罪)、广州许霆恶意提取ATM机巨款案,以及部分非法经营案、合同诈骗案等,都涉及一个重要的法律解释立场问题,涉及是否认同在刑事司法上允许司法续造与法官造法的问题,都值得刑事法学研究注意,当然也值得司法审判实践注意。

这说明,我们既要追求理论创新,又要特别注意审查刑事法治理性。有些新类型行为或者甚至是具有严重社会危害性的行为,如果按照现行《刑法》无法定罪的如何处理?笔者认为,就只有考虑无罪处理(但同时可以作出行政处理),并应考虑制定刑法修正案或者修改刑法;但是,应当反对在现行《刑法》没有改动的情况下对这些缺乏明确规定的危害行为定罪。

二是在论证方法上必须做到精致丰满。这种精致丰满,有待于刑法教义学原理的丰富发展。应当承认,我国传统刑法学尽管也有刑法教义学的基本特点,但是总体上看其理论含量不高甚至在相当程度上还存在理论缺失现象,如有的刑法实践问题根本就没有相应的理论解决方案,这种现状应是理论知识体系化不够、理论阐释力不足所致。对此问题的解决办法,笔者认为,应当大量学习、研究、引进德日刑法理论和英美法系国家刑法理论知识,继续借鉴吸纳俄罗斯刑法理论知识,使得我国刑法学理论知识体系呈现出兼收并蓄、开放包容的特色,强化刑法理论知识体系化建设和本土化塑造,尽力构建具有中国特色的、先进完备的刑法教义学原理,只有如此才可能真正实现在刑法学论证方法上的精致丰满。

三是具体罪名研究的体系化研究。针对刑法具体罪名的定罪量刑问题,一方面应对刑法条文所涉定罪量刑问题进行实然的精细化推敲,不能采取估堆、随意解释的方式;另一方面应对《刑法》条文的规定本身是否合理、是否需要改进(以及如何改进)等问题展开应然的系统化论证。综合起来,就是要确立系统化论证与精细化推敲相结合的研究方法,其具体内容大致包括以下五个方面:①具体罪名的概念界定;②具体罪名的犯罪构成;③具体罪名的司法认定中的疑难问题;④具体罪名的刑罚处罚适用;⑤相关的立法司法完善建议。

应注意,系统化研究本身也需要精细化展开,否则谈不上真正的系统化(漏洞百出或者粗线条论述即无从谈起系统化)。当然,反过来也一样,精细化研究实际上也是以系统化展开为前提的,否则也谈不上精细化。

四、刑法学方法论与学术论著写作

关于刑法学法方法论、刑法学术论著写作、刑法论文发表等方面,均有许多值得观察学习的知识和技术。对于那些向往学术生活的人而言,明白学术生活的实质内容十分重要。对此,笔者的体会是,首先,学术的人生形态是阅读、思考、创新、写作。其次,学术的生命特质是知识体系化、批判性和重构性。学术生命特质的基础是知识体系化,依赖于阅读(以及思考);学术生命特质的精髓(终极目标)是创新,依赖于批判、重构;学术生命特质的皮囊是成果与著书立说,均依赖于写作,即应通过写作来学习、思考、表达。

综上所述,学术的人生形态和生命特质可以用以下七个关键词来概括:阅读、思考、创新、写作、知识体系化、批判性、重构性。这七个关键词依次、依关联性可以作出如下诠释:

第一组关键词:阅读、知识体系化。阅读的目标是奠定学术基础,基本要求是达致知识体系化,成为一个有知识、有文化的"读书人"。阅读包括两个方面:阅读文献和阅读生活。也就是常说的要掌握书本知识,也要积累生活知识。搞法学研究的人,不针对司法实践、政治实践、生活实践进行了解和调研,是不可能奠定学术基本功的。

第二组关键词:思考、创新、批判、重构。思考的目标是奠定学术气质,基本要求是达致不迷信、不盲从,成为一个有思想、有主见的"思想家"。读书要思考,论题要思考,案例要思考,选题、逻辑、写作也要思考。创新的目标是成就学术价值,基本要求是达致批判、重构,成为一个破旧立新、启人心智、经世济民的"学术真人"。我们常说,创新是学术的精髓。那么,什么是创新?创新既是对既有学术的批判,更是重构。创新尽管是一个能力问题,有的人由于缺乏创新能力,终生难以贡献较大的学术成就;但同时,创新更是一个意识问题,甚至主要是一个意识问题,因为常人都有一定的创新能力,但是不一定有创新意识。

第三组关键词:写作。写作的目标是表现学术成就,基本要求是著书立说、著文立说,成为一个有学术标签、有良好社会影响的"学术达人"。

第三章 刑法分论与解释论

"刑法解释"作为刑法解释学的基石,其概念界定、特性把握、功能指引与类型分析等方面尚存在较为突出的观点分歧,在一定程度上影响了我国尚处于起步阶段的刑法解释学的学科建设和发展方向,阻碍了我国刑法解释学的适当教义化,进而成为我国刑事法治建设实践的理论掣肘,亟须进行适当的理论归正。本章就此展开学术研讨,试图在归纳分析既有理论研究成果的基础上,对刑法解释的概念、特性、功能与类型等基础性法理问题提出更为科学合理和可接受的学术命题,并予以适当阐释。因此,本章表面上并没有突出"刑法分论"的特殊性,而是通过系统阐释"刑法解释"基础概念和理论知识的方式,引导刑法学研究者和司法实务人员理解和运用刑法解释学方法,达致科学合理地解释适用刑法分则的目的。

一、刑法解释的概念

概念界定在本质上是一种形式逻辑方法。刑法解释在形式逻辑上是法律解释的下位概念,因此刑法解释的概念界定必然遵从法律解释的概念逻辑,应当以法律解释的概念逻辑分析为起点。法理学上对于法律解释是否必要的疑问存在争议,"而要回答法律解释及法律解释学的必要性,我们就必须对法律解释或法律解释学是什么搞清楚"[①];再者,法律解释作为法律解释学的一个十分重要的、奠基性的基本范畴,也有必要进行概念界定,这是深入展开法律解释学的理论研究所必须解决的首要问题。关于法律解释的概念,西方学者对此主要有以下四种学说:一是解释性活动说或者"泛解释论"。如德沃金认为,法律是一种解释性活动,是通过解释的方法解决新的法律问题并使法律自身不断地得到发展的法的运用,包括立法解释和司法解释等。二是执法活动说或者司法活动说。该说认为,解释是法律运作过程的一个阶段,是与立法有别的执法活动,特别是司法或裁判活动。三是司法技术说。该说认为,法律解释是一种与填补法律漏洞有别的司法技术,它是通过扩大或者缩小法律规定的文字内涵的办法解决所要处理的案件。四是学理解释说。该说认为,法律解释是法学家对法律文本或社会事实进行研究,以阐述法律真实含义的活动。其中,第二种和第三种学说,即执法活动说或者司法活动说、司法技术说是西方法解释学关于"法律解释"的

---

① 陈金钊、焦宝乾等:《法律解释学》,中国政法大学出版社2006年版,第19页。

含义的主流见解。①

而我国法理学界关于法律解释的见解,经历了一个从与上列见解不一致到接近一致的过程。我国的权威性文件中只承认立法机关、最高司法机关和最高行政机关有权进行法律解释,"是不允许或不承认一般的司法行政机关的工作人员所进行的'执法'活动为'法律解释'的",对此意义上的"法律解释"学界一般称之为"解释性立法";我国法律解释学者后来逐步认识到,"应该认真研究和科学地吸纳西方占主流观点的'法律解释'理解",即认为法律解释的含义所指在总体上不以"立法"而以"执法"或处理社会纠纷为对象,讲的是审理案件中的法律"适用"问题,是"适用"法律的一种方式或技术,即侧重于司法活动并且认为这一领域才是真正的"法律解释"。② 因此,有学者指出,作为一种具有普适性的理解,法律解释一般是指在具体个案当中或者与法律适用相联系的一种活动。③ 有鉴于此,一方面,我国法理学者针对中国法律解释的概念界定与西方法理学者视野中的法律解释的概念界定之间大异其趣,感叹"如果要和国外学者去交流,就请记住这句话,他们讲的法律解释必然是在个案裁判中适用法律这样一种解释,而不是我们国内所讲的法律解释。因为我们的法律解释概念是个抽象的概念,而他们的解释是在个案中法官的解释,这种分歧是非常非常大的。当然要承认他们的这种理解是更具普适性的,而我们的理解是关起门来的自我欣赏的理解"④。另一方面,我国法理学者还主张吸纳中西方两种不同的法律解释理论与实践,将法律解释分为广义的和狭义的两种,即"将西方针对个案的解释称为狭义的法律解释,将中国式的法律解释归入广义的法律解释。广义的法律解释指对法律内容的说明,狭义的法律解释仅指与个案相关的对法律内容的说明与选择、确定适用规范的推理过程"。"西方的法律解释是经审法官的行为,而在中国法官这类行为没有正当性;中国的法律解释在西方人看来又不是法律解释。也就是说,以西方的概念,中国没有法律解释;以中国的概念,则西方没有法律解释。为了求得一个可以用来描述东西方不同行为的'法律解释'概念,只能以此'偷懒'的办法。"这样,法律解释不仅包括对法律文字的理解,也包括对立法者意图的探究,还包括对社会利益的平衡、对社会公理的认同。⑤

综合中西方法理学界的学术见解,笔者赞成法律解释不仅包括对法律文字的理解,也包括对立法者意图的探究、对社会利益的平衡、对社会公理的认同,因此对法律解释的概念作以下界定比较合理:法律解释是指对法律规定含义的理解、阐明和具体适用。借助法理学对法律解释的概念界定方式,可以将刑法解释的概念界定如下:刑法解释,是指对刑法规定含义的理解、阐明和具体适用。

中国刑法学者对刑法解释的概念界定也有一个逐步摸索、逐步借鉴吸纳中西方

---

① 参见严存生:《西方法哲学问题史研究》,中国法制出版社2013年版,第583—585页。
② 参见严存生:《西方法哲学问题史研究》,中国法制出版社2013年版,第587—589页。
③ 参见朱景文主编:《法理学专题研究》(第二版),中国人民大学出版社2010年版,第435—478页。
④ 朱景文主编:《法理学专题研究》(第二版),中国人民大学出版社2010年版,第435—478页。
⑤ 参见周永坤:《法律学——全球视野》(第四版),法律出版社2016年版,第294页。

的法律解释学尤其是西方刑法解释学原理、逐步臻于完善的发展过程。李希慧教授认为,我国学者提出的刑法解释概念可以归纳为五种:一是规范含义阐明说,如认为"刑法的解释就是对刑法规范含义的阐明"[1];二是规范含义及其适用阐明说,如主张"刑法解释就是阐明刑法规范的含义及其适用"[2];三是规范的内容、含义及其适用原则阐释说,如认为刑法解释"是对刑法规范的内容、含义及其适用的原则等所进行的阐释"[3];四是刑事法律意义、内容及其适用说明说,如提出"刑法的解释,就是对刑事法律的意义、内容及其适用所作的说明"[4];五是规范、概念、术语、定义说明说,如主张刑法解释是"对刑法规范的含义以及所使用的概念、术语、定义等所作的说明"[5]。对此五种定义,李希慧教授认为均存在以下缺陷:都未对刑法解释的主体加以描述;均没有对刑法解释的态势作全面的揭示;均未准确地反映刑法解释的对象范围;均未能准确地确定刑法解释的目的。在此基础上,李希慧教授提出了刑法解释的"第六种定义",即刑法解释,是指国家权力机关、司法机关或者其他机关、社会组织、人民团体、法律专家、学者、司法工作者或者其他公民个人,对刑法规定的含义进行阐明的活动,或者这些主体对刑法规定含义进行阐明的结论。[6]

李希慧教授对我国学者提出的刑法解释概念的学术归纳较为客观、全面,其个人提出的有关刑法解释概念的学术见解在相当长一段时间内具有一定代表性,获得了一些刑法学者的明确支持。例如,赵秉志教授和陈志军教授认为,刑法解释是指国家机关、组织或者个人,根据有关法律规定、法学理论或者自己的理解,对刑法规范的含义等所作的说明;刑法解释具有以下三个基本特征:解释主体的广泛性(即包括刑法解释的权力主体和权利主体)、解释对象的特殊性(即解释的对象是刑法规范)、解释性质的从属性(即刑法解释具有从属于刑法立法的性质)。[7]再如徐岱教授也认为,刑法解释的概念必须反映刑法解释的主体、刑法解释的对象、刑法解释的目的、刑法解释的样态等四要素,因而刑法解释的概念应当界定为"刑法解释是指国家权力机关、司法机关、社会组织及公民对法律文本的意思,基于立法目的所进行的理解与说明"[8]。

自21世纪始,中国刑法学者对刑法解释的概念界定逐渐走向简明、科学,高铭暄、马克昌、赵秉志、陈忠林、张明楷等著名学者均给出了较为一致的简明而合理的刑法解释概念,并对刑法解释的"真相"予以深刻揭示。如:高铭暄、马克昌和赵秉志等主张,刑法解释是对于刑法规范含义的阐明[9];张明楷教授认为刑法解释是对刑法规

---

[1] 高铭暄主编:《中国刑法学》,中国人民大学出版社1989年版,第41页。
[2] 胡新主编:《新编刑法学(总论)》,中国政法大学出版社1990年版,第20页。
[3] 金凯、章道全主编:《中华人民共和国刑法简明教程》,山东人民出版社1987年版,第20页。
[4] 杨春洗等:《刑法总论》,北京大学出版社1981年版,第71页。
[5] 杨敦先、张文:《刑法简论》,北京大学出版社1986年版,第29页。
[6] 参见李希慧:《刑法解释论》,中国人民公安大学出版社1995年版,第39—49页。
[7] 参见赵秉志、陈志军:《论越权刑法解释》,载《法学家》2004年第2期。
[8] 徐岱:《刑法解释学基础理论建构》,法律出版社2010年版,第119页。
[9] 参见高铭暄、马克昌主编:《刑法学》(上编),中国法制出版社1999年版,第20—25页;赵秉志主编:《刑法新教程》,中国人民大学出版社2001年版,第25页。

定意义的说明①,刑法解释的对象是刑法规定,刑法解释的目标应是存在于刑法规范中的客观意思,刑法解释必须同时适应保护法益和保障人权的需要②;陈忠林教授和袁林教授指出,刑法解释不仅限于对刑法规范意义的说明这种结果或行为,也包括对刑法规范的理解过程,因此刑法解释不一定要采用以书面或口头言辞进行阐释的形式,解释者"将自己的理解付诸行动"同样是一种"解释"③。除这些刑法学者外,最高人民法院刑事审判法官牛克乾提出的相关见解值得关注。牛克乾法官认为,法理学界关于法律解释范畴的纷争对刑法学界关于刑法解释的概念界定影响不大,并且刑法解释的概念尽管存在分歧但是并没有成为学术研究的热点,大量刑法教科书对刑法解释概念的界定大致可以分为两种主张:一种主张刑法解释是对于刑法规范含义的阐明④,另一种主张刑法解释是对刑法规定意义的说明⑤。牛克乾指出,关于刑法解释的概念及其内在意蕴,刑法学界大体共识有四点,即刑法解释的主体并无特别限制,刑法解释的效力可作有效和无效以及正式解释和非正式解释的区分,刑法解释的场合和目的并不作特别限定,刑法解释是动态解释活动和静态解释结论的统一;因而刑法解释的概念界定的最大分歧点在于对刑法解释对象的认识不同,即刑法解释究竟解释的是刑法规范还是刑法条文,进而认为法律解释的对象应该是法律条文(法律规定)而非法律条文所体现的法律规范,因而认为刑法解释是对刑法规定意义的说明。牛克乾还强调说,我国刑法解释学基于刑法解释分类的共识仍然存在两个明显的不足:一是将立法解释和司法解释归结为正式解释的全部,而对同样具有法律效力的适用性刑法解释,尤其是法官的个案刑法解释适用未能得到体现;二是将学理解释等同于非正式解释,但忽略了理应关注且对维持刑法解释范畴体系完整性和系统性至关重要的任意解释。⑥

笔者认为,尽管刑法解释的主体、权力、目标和目的、体制以及刑法解释方法和结论等问题均可以成为刑法解释必然关注的要素,但是这些要素可以在刑法解释的概念涵摄下进行具体讨论,而无须在刑法解释的概念界定中予以特别列举,否则有违概念界定的形式逻辑,也有违概念界定的简明性和抽象性要求。刑法解释的概念界定应当是尽可能简明扼要地揭示其抽象性的共性特征,而刑法解释的这些抽象性的共性特征只能是"对刑法规定含义的理解、阐明和具体适用"。刑法解释的这一概念界定充分说明了刑法解释主要有两项抽象性的共性特征:其一,刑法解释的性质是对刑法规定含义的"理解、阐明和具体适用",既包括作为动态的"理解、阐明和具体适用"

---

① 参见张明楷:《刑法学》(第二版),法律出版社2003年版,第39页。
② 参见张明楷:《刑法学(上)》(第五版),法律出版社2016年版,第28—30页。
③ 参见陈忠林:《刑法的解释及其界限》,载赵秉志、张军主编:《中国刑法学年会文集(2003年度)第一卷:刑法解释问题研究》,中国人民公安大学出版社2003年版,第39—57页;袁林:《以人为本与刑法解释范式的创新研究》,法律出版社2010年版,第21页。
④ 参见高铭暄、马克昌主编:《刑法学》(上编),中国法制出版社1999年版,第20—25页;赵秉志主编:《刑法新教程》,中国人民大学出版社2001年版,第25页。
⑤ 参见张明楷:《刑法学》(第二版),法律出版社2003年版,第39页。
⑥ 参见牛克乾:《刑事审判视野中的刑法解释与适用》,法律出版社2010年版,第4—8页。其中,牛克乾指出,适用性刑法解释可进一步分为侦查人员适用性刑法解释、公诉人员适用性刑法解释与法官适用性刑法解释。

行动过程,也包括作为静态的"理解、阐明和具体适用"结论;其二,刑法解释的对象是"刑法规定"的规范含义以及作为刑法规定所涵摄的具体案情事实的规范含义。至于刑法解释的主体、权力、目标和目的、体制以及刑法解释方法和结论等要素,其本身本来就是具体的多样性存在,由于这些具体的多样性存在本身可以被刑法解释概念所涵摄,理应在刑法解释概念之下进行讨论而不应当被纳入刑法解释的概念界定之中,否则将导致刑法解释的概念繁杂冗长。

二、刑法解释的特性

法理学界对法律解释的特性有多种角度的观察描述。如严存生教授在"法律解释的性质、特点和目的"的标题之下将西方法律解释(理论)的特性归纳为以下六个方面:一是法律解释的本质,是法律运作的一个阶段、法发展或法令续造的一种方式。二是法律解释的方式,是裁决或者法的适用,即从性质上说法律解释不是立法活动而是执法活动或者适用法律的活动。三是法律解释的两面性,包含用法律解释事实和用事实解释法律两面。四是法律解释的双向性(双相性),是解释者与法律文本(及其作者)之间的对话,即解释者带着自己的"前见"并站在新时代的立场上谈他对原法律文本的新理解,解释者在其中有很大的主观性。五是法律解释具有二重性,即既有主观性又有客观性,其主观性表现在解释者带有"前见"和目的进行解释,以及解释的结果具有个性和倾向性;其客观性表现在解释活动不能离开法律文本并且必须以文本为基础和解释对象,解释者的"前见"和目的不是纯个人的和偶然的,而是与时俱进的,并且受制于"法律解释共同体"的,解释的标准是客观的并且要遵守相关规则。六是解释的目的,是解决社会纠纷、建立和维护法律秩序、续造法律并使得法律获得新生。[①] 可见,严存生教授归纳出的法律解释的特性涵盖了法律解释的本质、法律解释行为过程、法律解释对象、法律解释主体、法律解释立场、法律解释结论、法律解释目的等内容。再如陈金钊教授,其对法律解释的特性归纳有两种做法:一是将法律解释的突出"特征"简要归纳为独断性与探究性[②];二是将法律解释的基本"特性"立体梳理为以下四组:解释的独断性与客观性,解释的探究性与创造性,解释的循环性与自主性,解释的正当性、有效性及其语境。[③] 陈金钊认为,法律解释采取的是以独断的形式探究的过程,因为,从司法过程的形式性来看,针对案件的法律解释只能是独断型解释,这是法律解释区分于文学解释的显著特征;但是,独断型解释并不意味着法律解释是专断或任意的,独断的解释形式并不排斥法律解释过程的探究性,法官独断地解释法律是建立在审判过程中不断探究的基础上的,法官独断的意见是对诉讼参与人的各种意见整合的结果。其中,法律解释的这种独断性至少有两层意思:一是根据

---

① 参见严存生:《西方法哲学问题史研究》,中国法制出版社2013年版,第585—586页。
② 参见陈金钊、焦宝乾等:《法律解释学》,中国政法大学出版社2006年版,第6—8页。
③ 参见陈金钊:《法律解释学——权利(权力)的张扬与方法的制约》,中国人民大学出版社2011年版,第108—132页。

法律教义学原理,法官在个案中所释放出来的法律意义,被假定是早已存在于法律之中的应有之意,即个案中法官所表达的法律意义不是个人的意思,而是法律中的意义;二是(法官)在法律解释过程中,只能由一个独断的主体(即法官)来确定法律的意义。因此陈金钊强调,法律解释的独断性也许是当然的,"以法官为主体的法律解释,其最根本的特征就是解释的独断性",而其探究性也是不能缺少的,没有探究的独断很可能是专断,没有独断的探究也可能走向任意。①

如果说,针对法官的法律解释特性进行归纳描述,独断性与探究性确实是(法官)法律解释的突出特征;那么,针对普适性的、一般法律解释而言,可能就应当将法律解释的特性概括为:司法适用性、两面性(即用法律解释事实和用事实解释法律的两面性)、双向性(即解释者与法律文本的双向互动性)、二重性(即主观性与客观性)、合法性、正当性(即解释的探究性与创造性)、方法性(即解释的循环性与自主性)、目的性。值得注意的是,法律解释的这些特性必须结合法律解释价值目标、法律解释立场、法律解释原则、法律解释主体、法律解释权、法律解释对象、法律解释行为过程、法律解释方法、法律解释结论等范畴进行理解和循环阐释。

我国刑法解释学者在吸纳法理学者有关法律解释特性的理论知识基础上,对刑法解释的特性(特征)已有一些归纳。如李希慧教授认为,刑法解释的特征应区分动态刑法解释的特征与静态刑法解释的特征。动态刑法解释的特征有三个,即解释主体的广泛性、解释对象的特定性(只能是"刑法规定")、解释目的的唯一性(仅限于"阐释刑法规定的含义");静态刑法解释的特征也有三个,即与动态刑法解释的关联性、表现形式的多样性、作用重要性。② 再如徐岱教授认为,刑法解释的特征可以归纳为四个,即刑法解释主体的广泛性、刑法解释对象的特定性、刑法解释效力与解释主体的关联性、刑法解释目的的明确性(即"刑法解释要以实现法律正义与法律的人文关怀为导向,必须摒弃偏离这一目标的刑法解释")。③ 其他学者也有一些看法,有的接近于对刑法解释的"本质特征"的提炼,有的接近于对刑法解释的"现象特征"的描述,值得进一步审查和研究。

笔者认为,按照法律解释学对法律解释的特性的归纳,参照刑法学者的既有研究成果,刑法解释具有作为法律解释的基本特性,主要包括以下五个方面:司法适用性与司法甄别性、双向性(即解释者与法律文本的双向互动性)与主体间性、两面性(即用法律解释事实和用事实解释法律的两面性)与主客观性、合法性与正当性、方法性与目的性等。

(一) 司法适用性与司法甄别性

司法适用性与司法甄别性可以说是刑法解释的两大功能特性。刑法解释的功能,是指刑法解释在刑事法治实践中所具有的价值与功用。广义上讲,刑法解释的功

---

① 参见陈金钊、焦宝乾等:《法律解释学》,中国政法大学出版社2006年版,第6—8页。
② 参见李希慧:《刑法解释论》,中国人民公安大学出版社1995年版,第49—54页。
③ 参见徐岱:《刑法解释学基础理论建构》,法律出版社2010年版,第122—125页。

能不仅仅如此,还包括其对于刑法理论研究的价值与功用。因此,刑法解释学中有的归纳为刑法解释的价值,有的归纳为刑法解释的功能,有的则归纳为刑法解释的价值目标或者价值功能,应当说基本含义是一致的。如徐岱教授认为,刑法解释有形式理性与实质理性双重价值目标,形式理性目标强调刑法解释必须在实定法的框架下进行阐释和运用,其是国民发挥预测可能性最好的标尺;实质理性目标是保护法益目标和功利选择目标。① 李希慧教授认为,刑法解释的功能是指由刑法解释自身所固有的特征决定的其可能发挥的积极作用。刑法解释的功能具体包括规范指导刑法司法功能、弥补刑法立法欠缺功能、促进刑法立法完善功能、刑法法制宣传教育功能、繁荣刑法理论功能。② 结合刑法解释学原理和学术界已有见解,笔者认为,刑法解释的功能主要是司法适用(即实现刑事法治和人权保障)和司法甄别(即发现真正的刑法立法漏洞并有利于完善刑事立法)。

司法适用性是刑法解释作为法律解释的突出特性,刑法解释的终极目标是为了司法适用,其发生过程、结论的最终形成和运用都围绕司法适用展开。如前所述,法理学界认为,法律解释的本质是法律运作的一个阶段、法发展或法令续造的一种方式,是法律解释适用的方式,是裁决或者法的适用,从性质上说法律解释不是立法活动,而是执法活动或者适用法律的活动。③ 这些论点的核心即在于确认法律解释的司法适用性这一特性,由此可以较为充分地证成"刑法解释的司法适用性"命题。即便在中国语境之下,刑法解释包括司法解释(文本)、立法解释(文本),但是这些刑法解释都具有司法适用性,其起因于、服务于司法适用的需要;更不用说法官针对个案审判时的刑法适用解释,其发生过程、结论的最终形成和运用都围绕司法适用展开。应当说,刑法解释的这种属性认知(命题认知),部分得益于法理学者关于外国"法律解释(范畴)"的引介和讨论,部分得益于刑法解释学者自身的学术自觉,是十分重要且值得充分肯定的。尽管其中部分问题还值得进一步深入探究,如立法解释(文本)到底是否可以归属于"法律解释"④,是否具有"司法适用性",以及立法解释(文本)和司法解释(文本)是否可以"再解释"⑤等疑问,但是这些疑问的客观存在无碍于我国刑法解释学关于刑法解释总体上具有司法适用性的逻辑判断。

"刑法解释的司法适用性"命题具有区别于其他部门法解释适用的特殊性,这就是刑法解释所应当具有的适当保守性。刑法解释的保守性命题不但具备法律解释学意义上的正当性⑥,更重要的是,刑法解释的保守性命题有效契合了刑法所特有的罪刑法定原则和刑法谦抑性的基本要求,有利于具体恰当地解决刑法疑难案件的定罪量刑问题,得到较多刑法学者的认同,从而获得了刑法解释学意义上更为充分的正当

---

① 参见徐岱:《刑法解释学基础理论建构》,法律出版社 2010 年版,第 114—118 页。
② 参见李希慧:《刑法解释论》,中国人民公安大学出版社 1995 年版,第 54—70 页。
③ 参见严存生:《西方法哲学问题史研究》,中国法制出版社 2013 年版,第 585—586 页。
④ 张明楷:《立法解释的疑问——以刑法立法解释为中心》,载《清华法学》2007 年第 1 期。
⑤ 曲新久:《刑法解释的若干问题》,载《国家检察官学院学报》2014 年第 1 期。
⑥ 参见魏东主编:《中国当下刑法解释论问题研究》,法律出版社 2014 年版,第 6—7 页。

性。① 因为罪刑法定原则的基本含义就是适当限制国家刑罚权以充分保障人权,其基本要求当然是刑法解释必须保守和内敛,反对过度解释和国家刑罚权的过度张扬。而"刑法谦抑性究其实质,无非是限制刑法的扩张,使其保持在一个合理的范围之内,其可以通过刑事立法上的犯罪圈的划定、刑罚处罚范围、处罚程度和非刑罚处罚方式的适用、刑法解释等方面加以体现,其中刑法解释因是动态的刑法适用第一层次的问题,最能够体现刑法谦抑的精义"②。为此,部分刑法学者强调了刑法解释的从属性、严格性等特征。如赵秉志教授明确指出,刑法解释的特征之一是"解释性质的从属性",认为刑法解释具有从属于刑法立法的性质,刑法解释的任务只是对已有刑法规范的含义进行阐明,不能突破刑法立法所确立的刑法规范,否则罪刑法定主义和刑法的人权保障机能必将成为空谈。③ 再如有学者指出,刑法解释具有从属性和严格性特征,刑法解释的从属性是指刑法解释必须充分尊重和严格遵从刑事立法的内容、精神和权威,并且严格遵从刑法规定的字面含义、刑法立法的目的、刑法的效力等;刑法解释的严格性是指刑法解释必须格外慎重,当然需要严格操作、严格解释。④ 再进一步观察还可以发现,客观上,刑法解释的保守性命题还有利于准确把握当下中国刑法的主观解释与客观解释之争、形式解释与实质解释之争的内核,有利于合理权衡刑法的秩序维护价值与人权保障价值之间的紧张关系,以最终达致在适当照顾刑法的秩序维护价值机能的前提下尽力实现刑法的人权保障价值机能(以及个别公正、实质公正)的最佳价值权衡状态⑤,具有十分重大的学术价值和实践意义。

司法甄别性是刑法解释作为法律解释的重要特性,刑法解释的重要内容是发现真正的刑法立法漏洞并有利于完善刑事立法。"任何法律秩序都有漏洞"⑥,法律漏洞是法理学上一个十分重要且异常纠结的理论问题,对其如何恰当界定、逻辑划分、可否填补以及如何填补等问题,均存在理论争议。法理学者认为,法律漏洞,是某种"违反立法计划的不圆满状态"⑦,是指由于立法者在立法时未能充分预见待调整的社会关系,或者未能有效协调与现有法律之间的关系,或者由于社会关系的发展变化超越了立法者立法时的遇见范围等原因导致立法缺陷。这种缺陷表现为调整特定社会关系的具体法律规范的缺失,或者既有法律规范之间存在矛盾,或者既有法律规则在今天的适用明显违背了法律对公平正义的基本要求。法律漏洞的分类有明显漏洞与隐藏漏洞、自始漏洞与嗣后漏洞、全部漏洞与部分漏洞、碰撞漏洞与非碰撞漏洞。尽管法律漏洞首先要通过立法而非司法来解决,但是通常要求法官在个案裁判中必须进行漏洞填补,其填补的方法包括类推适用、目的性扩张、目的性限缩、基于习惯法和比

---

① 参见魏东主编:《中国当下刑法解释论问题研究》,法律出版社2014年版,第7页。
② 徐岱:《刑法解释学基础理论建构》,法律出版社2010年版,第75页。
③ 参见赵秉志、陈志军:《论越权刑法解释》,载《法学家》2004年第2期。
④ 参见王季秋:《论刑法解释的若干问题》,武汉大学2004年硕士学位论文;杨艳霞:《刑法解释的理论与方法:以哈贝马斯的沟通行为理论为视角》,法律出版社2007年版,第182—186页。
⑤ 参见魏东:《刑法解释保守性命题的学术价值检讨——以当下中国刑法解释论之争为切入点》,载《法律方法》2015年第2期。
⑥ 〔德〕魏德士:《法理学》,丁晓春、吴越译,法律出版社2005年版,第348页。
⑦ 黄茂荣:《法学方法与现代民法》(第五版),法律出版社2007年版,第377页。

较法填补漏洞以及基于法律原则填补漏洞。① 但是,法理学以及非刑事法律意义上的法律漏洞及其填补原理,由于刑法及其罪刑法定原则的特殊性,通常需要刑法解释学予以特别审查。从刑法解释论立场言,"法律漏洞"应当进一步区分其规范功能属性,将其划分为"真正法律漏洞"与"非真正法律漏洞"。② 真正法律漏洞属于规范功能性法律漏洞,因其缺失堵截性法律规范为刑法解释提供指引,在法律上难以找到任何明确的扩张解释依据,因而原则上不允许以法律解释技术加以填补而只能予以立法完善;非真正法律漏洞则属于非规范功能性法律漏洞,因其终究有某种明确的堵截性法律规范提供解释指引,故允许以法律解释技术对其加以填补(司法填补)。③ 对于真正的刑法立法漏洞,刑法解释依法不应通过解释入罪,而是确认其为真正的"刑法立法漏洞"并作为问题展现给社会公众和立法者,从而有利于完善刑法立法。可见,通过刑法解释可以发现刑法漏洞,尤其是真正的刑法立法漏洞,然后通过修订完善刑法立法以填补真正的刑法立法漏洞,秉持"解开实然与应然冲突的途径只能从立法技术入手"④的严谨态度,最终有利于完善刑事立法并实现刑事法治领域的良法之治。

刑法解释的司法适用性与司法甄别性,还可以合乎逻辑地推导出刑法解释所具有的繁荣整体刑法学知识体系这一特别价值功能。刑法解释是对刑法解释学原理的具体、生动的运用,一方面有利于丰富完善刑法解释学原理,尤其是在我国"法制体系(立法体系)相对完备之后,我国法学研究的重心就应当转向法律解释学"⑤;另一方面有利于检验、运用其他刑法学原理,最终有利于实现整体刑法学知识的增长和体系性完善。我国刑法学通过数十年尤其是近二十年理论熔铸逐渐走向成熟,并向着刑法教义学的方向发展⑥,其中刑法解释学的成熟发展和适当教义化是刑法教义学十分重要的有机组成部分。

(二) 双向性与主体间性

刑法解释作为法律解释的主客体性的重要方面表现为解释者(解释主体)与作为解释对象的刑法规范文本(解释客体)之间的双向互动,解释者理解和解释刑法规范文本,刑法规范文本限定解释者的理解和解释根据,刑法解释的双向性特征有利于确保刑法解释的合法、客观、合理的刑事法治理性。解释者与法律文本(及其作者)之间的对话,即解释者带着自己的"前见"并站在新时代的立场上谈其对原法律文本的新理解,解释者在其中有很大的主观性,包括解释立场、解释限度的选择与确定,既是刑法解释的双向性(或者双相性)互动的体现,也表明刑法解释的二重性(即主观性和客

---

① 参见王利明:《法律解释学导论——以民法为视角》(第二版),法律出版社2017年版,第546—566页。
② 参见任彦君:《论我国刑法漏洞之填补》,载《法商研究》2015年第4期,第106页;魏东:《从首例"男男强奸案"司法裁判看刑法解释的保守性》,载《当代法学》2014年第2期;邹治:《法律漏洞的认定与填补——司法的研究视角》,中国政法大学2008年博士学位论文。
③ 参见魏东:《从首例"男男强奸案"司法裁判看刑法解释的保守性》,载《当代法学》2014年第2期。
④ 干勇:《论我国〈刑法〉第147条的罪过形式——基于刑法立法的解读》,载《法学杂志》2011年第3期。
⑤ 魏东主编:《刑法》,中国民主法制出版社2016年版,第15页。
⑥ 参见陈兴良:《刑法教义学的发展脉络——纪念1997年刑法颁布二十周年》,载《政治与法律》2017年第3期。

观性)交织的体现。

刑法解释主体,即刑法解释的作出者、发布者、决定者、行动者,包括所有进行刑法解释的组织与个人。与刑法解释主体相关的问题是刑法解释权。刑法解释权是指进行刑法解释的权力。应当说,刑法解释主体在刑法史上曾经是一个十分重要的问题,以确定哪些机关、哪些人员的刑法解释具有法律效力。在当今世界范围内,无论是大陆法系国家还是英美法系国家,基本上一体化地承认法官是当然的刑法解释主体,法官针对具体个案具有无可争辩的刑法解释权。在中国当下刑法解释实践中,似乎并不承认法官个体的刑法解释主体资格和刑法解释权,而仅仅承认作为最高权力机关常设机关的全国人大常委会(刑法立法解释)、作为最高司法机关的最高人民法院和最高人民检察院(刑法司法解释)的刑法解释主体资格和权力。关于刑法解释主体资格和权力问题的这种理解,是建立在作出有效力的刑法解释的主体资格和权力的意义上的,这种意义上的刑法解释主体是全国人大常委会(刑法立法解释主体)、最高人民法院和最高人民检察院(刑法司法解释主体)。这一制度性安排,我国学术界将其归结于"刑法解释体制"问题加以研讨。林维教授认为,刑法解释权力体制在我国的历史演变,可以分为一元单级刑法解释体制(1949年至1954年)、二元单级刑法解释体制(1954年至1981年)和二元多级刑法解释体制(1981年至今)。① 对此,陈兴良教授指出,不仅法官,甚至最高人民法院以下的各级人民法院都没有司法解释权,而最高人民检察院具有司法解释权,又是中国特色之一,"在这种情况下,我国的司法解释更是一种权力之行使,在某种意义上甚至是一种准立法权。因而司法解释也就具有司法法的性质";"我称之为司法法,即司法机关制定的法",即"我国司法解释是一种亚法";在"刑法解释是一种权力运用"的视域下,林维对刑法解释作出如下界定:一是作为法律活动或者行为的刑法解释;二是作为特定结论的刑法解释;三是作为技术或者方法的刑法解释;四是作为制度及其运作的刑法解释。② 因为在二元多级的刑法解释体制下,"附属于正式解释权力主体的部门或者个体也都以独特的方式进行着解释,并且现实地发挥着正式权力一般的效果,填补着正式权力所无法顾及的方面、领域,而更为众多的非正式解释主体又以丰富的形式参与着刑法的解释,他们可能在任何意义上都不具有任何的强制效力,但是通过特定的参与途径影响、制约着正式解释权力的实现。这一格局的形成都来源于系统中正式权力和非正式权力的分界,充分地反映了刑法解释权力解释的复杂性"③。也就是说,在形式逻辑上,刑法解释主体是指所有进行刑法解释的组织与个人。这些论述的启发意义在于,中国刑法解释学必须适当关注刑法解释主体及其权力分析、由刑法解释主体和刑法解释权所共同型构的刑法解释体制问题。

关于刑法解释对象,法理学者认为,法律解释的对象是指法律解释的标的,包括

---

① 参见林维:《刑法解释的权力分析》,中国人民公安大学出版社2006年版,第56—81页。
② 参见林维:《刑法解释的权力分析》,中国人民公安大学出版社2006年版,"序",第1—6页。
③ 林维:《刑法解释的权力分析》,中国人民公安大学出版社2006年版,第81页。

法律文本(规范文本)与案情事实(法律事实)。① 其中,法律文本是法律解释的首要对象、基础对象,对于法律解释研究具有更为基础的意义,因而,法律文本通常是法解释学研究的重点。同时,案情事实也是法解释学必须关注和解释的对象,由此才能将法律文本与案情事实对接,将文本意义上的"死法"变成现实意义上的"活法",并对现实社会生活发生实际作用。因此,刑法解释对象指对象文本与对象事实。作为刑法解释对象的文本,只能是刑法,即刑法以及刑法修正案、单行刑法、附属刑法。因而,刑法以外的其他法律文本以及全部"软法"文本②,其中当然包括我国最高司法机关出台的各种司法解释规范文本,均不属于作为刑法解释对象的文本。作为刑法解释对象的刑案事实,只能是"证据确实、充分"予以证实的并且能够排除合理怀疑的案情事实,而不能是诸如民事领域所要求的"优势证据"予以证实的案情事实。关于刑法解释对象事实与其他部门法之解释对象事实的这一简单对比其实也表明,作为刑法解释对象的"事实"远比作为其他部门法之解释对象的"事实"要严格得多、保守得多,其从刑法解释对象的角度十分鲜明地彰显了刑法解释的保守性(命题)。③

应当指出,刑法解释的双向性还与"刑法解释的主体间性"命题紧密相关。刑法解释作为法律解释的主体间性,有诠释学范式与方法论范式两层意义的阐释。诠释学范式指出,刑法解释主体间性(命题)意味着"刑法意义是使用者与文本'主体间'对话的产物,使用者天然是刑法意义的创造者","法律解释就是读者与法律文本商谈的过程,法律意义是二者在商谈中达成的共识";进而"可以将刑法意义生成的主体间性特征归纳如下:其一,刑法意义不是客体,而是读者意识和文本主体间关系的产物","其二,法律解释的过程就是法律意义生成的过程","其三,法律解释的任务是创造(而非发现)法律的意义","其四,刑法意义具有无限性";因此"刑法的解释目标应是:在文本的意义界限内,立足于读者全部的案例经验,最大化地实现社会主流价值观认可的罪刑等价关系"。④ 可见,诠释学范式视野下的主体间性,主要揭示的是刑法解释的双向性(命题),其重要内容是将刑法文本予以拟人化并带有浓烈思辨性质:刑法解释者作为实在的人(解释主体)与刑法文本作为拟制的人(解释对象)之间进行平等的"主体间"对话,最终获得的"法律意义是二者在商谈中达成的共识"。而方法论范式认为,刑法解释的主体间性(命题)实质上揭示的是解释主体上的多元性与解释结论上的法律论证性。如有学者指出,"刑法解释从来都不是一个解释问题,而是一个论证问题,现代刑法解释学应将刑法文本融入解释者的价值判断,来消解刑法

---

① 参见陈金钊:《法律解释的哲理》,山东人民出版社1999年版,第56—57页。但是我国法理学界关于法律解释的对象还有争议,大体有三种观点:一是法律规范或者法律条文与附随情况说,二是法律规范或者法律条文说,三是法律规范或者法律条文与法律事实说。参见杨艳霞:《刑法解释的理论与方法——以哈贝马斯的沟通行动理论为视角》,法律出版社2007年版,第178页。
② 参见罗豪才、宋功德:《软法亦法——公共治理呼唤软法之治》,法律出版社2009年版,第358页。罗豪才和宋功德在该书中指出,"软法",是指与国家权力机关依法制定的"硬法"相对的,原则上没有法律约束力但有实际效力的行为准则,既包括政策、章程、内部通知、指导性规则,又包括那些"没有法律约束力,但有实际效力"的道德、伦理、风俗、习惯等社会行为规则。
③ 参见魏东主编:《中国当下刑法解释论问题研究》,法律出版社2014年版,第9—10页。
④ 聂立泽、庄劲:《从"主客间性"到"主体间性"的刑法解释观》,载《法学》2011年第9期。

文本及其所用语言过于僵化的弊端,建立一种基于主体间性的刑法解释理论,从而使刑法文本与案件事实有效地对接起来,并以法律论证实现刑法解释结论的可接受性"①。再如有学者指出,"刑法解释主体是具有多元价值观的解释者构成的解释共同体,刑法解释的标准是多元互动解释共同体通过对话协商获得的共识。制度化的对话协商可以通过求同存异的办法防止实质性价值冲突的激化,成为刑法解释及适用的合法性保障"②。应当认为,方法论范式视野下的刑法解释的主体间性(命题)更值得重视,尤其是该命题所主张的多元互动解释共同体通过制度性的法律论证有助于形成刑法解释结论上的法律论证性并使得刑法解释结论更加臻于完美。

(三) 两面性与主客观性

刑法解释的两面性(命题),是指刑法解释作为法律解释的对象包括刑法规范文本(含刑法、单行刑法和附属刑法),也包括案情事实,刑法解释的过程是在刑法规范文本与案情事实之间的往返循环,包含用法律解释事实和用事实解释法律之两面。刑法解释者作为解释主体与具有两面性关联的刑法解释对象(法律和事实)之间的主客体性活动,最终形成法律规范匹配于案情事实、案情事实匹配于法律规范的两面性匹配,从而得出合法、客观、合理的刑法解释结论。

刑法解释的主客观性(命题),又称为刑法解释的二重性(命题),是指刑法解释作为法律解释兼有主观性与客观性之二重性。其主观性表现在解释者带有"前见"和目的进行解释、解释的结果具有个性和倾向性;其客观性表现在解释活动不能离开法律文本并且必须以法律文本为基础和为解释对象,解释者的"前见"和目的不是纯个人的和偶然的而是与时俱进的并且受制于"法律解释共同体"的,解释的标准是客观的并且要遵守相关规则。③ 因此,刑法解释二重性既是主观性与客观性的交织一体,也是刑法解释双向性的互动结果。

刑法解释的主客观性(命题)涉及刑法解释立场问题。刑法解释立场,主要有刑法的主观解释与客观解释之分、形式解释与实质解释之别,此外还有刑法的折中解释(具体包括刑法的主观解释与客观解释的折中论、刑法的形式解释与实质解释的折中论)作为"第三种"解释立场④,相关的学术之争留待后文详述。

(四) 合法性与正当性

刑法解释作为法律解释必须合法,以法律规范文本为解释对象、解释根据、解释限度,以法治理性为实质的法理基础,兼顾好刑法解释的过程和结论的形式合法性与实质合法性。合法性是刑法解释的最基本原则,是罪刑法定原则在刑法解释上最基

---

① 姜涛:《基于主体间性分析范式的刑法解释》,载《比较法研究》2015 年第 1 期。
② 袁林:《超越主客观解释论:刑法解释标准研究》,载《现代法学》2011 年第 1 期。
③ 参见严存生:《西方法哲学问题史研究》,中国法制出版社 2013 年版,第 585—586 页。
④ 参见赵秉志主编:《刑法总则要论》,中国法制出版社 2010 年版,第 80—95 页;王政勋:《刑法解释的语言论研究》,商务印书馆 2016 年版,第 60—210 页;徐岱:《刑法解释学基础理论建构》,法律出版社 2010 年版,第 138—140 页;赵运锋:《刑法解释论》,中国法制出版社 2012 年版,第 117—131 页。

本的体现,是刑法解释正当性的前提和基础,因而刑法解释必须特别强调合法性。

刑法解释作为法律解释的正当性意指合理性和可接受性,强调刑法解释的根据、内容和结论都必须是正当合理的。同时,为了实现刑法解释的正当性,刑法解释必须在严格审查刑法解释的根据、内容和结论的正当性的同时,谨慎权衡刑法解释各种要素之间的恰当关系,包括审查刑法解释的客观性与探究性、主客观性与主体间性之间的恰当关系,进行形式正义与实质正义的全面周到的价值权衡,适当体现刑法解释的谦抑性,通过周全的法理论证以得出刑法解释的正当性。

应当说,刑法解释的合法性与正当性(命题)强烈关涉刑法解释限度问题。关于刑法解释限度(命题),理论界主要有如下三种学说:一是主张从法的犯罪定型中去寻求解释限度的犯罪定型说;二是主张从法律条文的语义中寻求解释限度的法文语义说;三是主张从一般人的预测可能性中寻求解释限度的预测可能性说。① 我国学者对刑法解释限度(命题)有较多论述,但是还难以达成了一致见解。如有学者指出,刑法解释限度是刑法解释所能达到的具体、客观的程度和范围,应具有内在规范性、客观性与确定性的品质,应是质的限度与量的限度的统一体,是事实与规范关系性的限度。刑法解释限度的三种理论学说中,国民的预测可能性由于其自身的特征与独特的适用场域,并不符合刑法解释限度的特征标准,不能作为刑法解释限度而存在;法文语义理论由于所持的立场不同于刑法解释限度之立场,加之宽泛性与抽象性的缺陷以及自身限度的虚设性,使得其作为刑法解释限度不具有真正的合理性;犯罪定型才应作为解释限度予以真正对待,将犯罪定型作为刑法解释限度,完全符合刑法解释限度特征之要求,符合刑法规范整体性、系统性的特征,能够更好地处理犯罪定型与法文语义理论、预测可能性理论之间的关系。② 我国另有学者指出,合理的扩大解释与类推解释的区别并非在于思维模式或认识方法的不同,而是在于解释结论的差异,即解释结论是否超过了合理限度,衡量合理限度的标准是:通过扩大解释所包含进去的事项是否具有被解释的概念的核心属性。③ 刑法解释应当遵循罪刑法定主义,应被限定为在国民可预测范围内的"文义射程"。④ 再有学者指出,以考夫曼及其学生哈斯默尔为代表,从根本上否认"可能的字义"作为解释的界限,并坚持将类型代替"可能的字义"作为解释的界限;以埃塞尔为代表,并不全面否定"可能的字义"作为解释的界限,只是对此提出质疑;以拉伦茨为代表,完全站在通说的立场,对"可能的字义"作为解释的界限持肯定态度;按照法治的基本精神,必须保留"可能的字义"理论作为法律解释的界限。⑤

可见,刑法解释限度(命题)仍然是一个需要深入研究的问题。刑法解释限度有其限定合法性与正当性价值诉求的预设语境,从中外学者立场看,"文义射程说""可

---

① 参见〔日〕关哲夫:《论禁止类推解释与刑法解释的界限》,王充译,载陈兴良主编:《刑事法评论》(第20卷),北京大学出版社2007年版,第367页。
② 参见龚振军:《刑法解释限度理论之关系论纲》,载《法制与社会发展》2011年第4期。
③ 参见刘志远:《刑法解释的限度——合理的扩大解释与类推解释的区分》,载《国家检察官学院学报》2002年第5期。
④ 参见蒋熙辉:《刑法解释限度论》,载《法学研究》2005年第4期。
⑤ 参见王祖书:《法诠释学视域内"可能的字义"界限理论之反思》,载《北方法学》2015年第1期。

能的字义说"和"法文语义说"在基本含义上应当说是大体一致的,都可以归结为语言哲学视野下的"语义"论。但是"语用"论值得重视,因为"根据语用哲学,语言意义产生于使用过程中,同样词汇由于语境不同会产生不同的意义,原本的'意义'是不存在的",因此"根据主客一体哲学,没有客观存在的作品意义,任何文本的意义都是解释者视域和文本视域、古与今、传统与现实的融合,刑法文本也不例外"。① 既然如此,笔者认为,语言意义并不能从纯粹的语义中获得而只能从语用和语境中获得,那么,刑法解释限度的寻求可能就有必要从语义论转向语用论,亦即在语用的功能意义及其在国民预测可能性的范围内寻求刑法解释限度,将法文语义说修正为"法文语用说",并参考预测可能性说的合理成分,倡导一种"语用论的国民预测可能性说"(命题)。例如,陈兴良教授在分析"婚内强迫性行为"的定性处理时指出,"奸"的词源学考查业已表明"奸的原始含义是指婚外性行为",亦即"奸"的语义本来是婚外性行为,"婚内无奸"②,但是按照强奸罪的立法原理、内在法理和人文理性的发展(论理解释),法解释论上可以并且应当将部分情节恶劣的"婚内强迫性行为"解释为强奸罪。③ 对此解释结论,从刑法解释限度范畴考查,"文义射程说""可能的字义说"和"法文语义说"均难以证成其合法性和正当性,但是"语用论的国民预测可能性说"(命题)则可以从刑法解释限度上获得合法性和正当性确证。

就刑法解释结论而言,法理学界认为,法律解释结论是指法律解释的结果,在存在论和认识论意义上,法律解释结果的多样性是正常的,"一方面是由文本本身的开放性、多义性造成的,另一方面也可能是由事实对本文的影响所致";但是在司法论上,"法官必须拿出一个判决标准,但根据法治原则,又不能任意拿出一个标准。这就凸显出了法律论证的必要性。也就是说法官应经过综合论证(包括合法性、合理性、合事物本质的论证等)来确定一种可接受的解释结果。这种可接受的结果,不能是多解,而必须是一解,否则法官无法阐明判决的标准。当然,这种可接受的结果也很可能是多解结果的综合,但一旦综合,就不能称之为多解,而只能是一解";而且"正是在多解事实与一解的追求目标的不断循环中,相对正确裁判标准才能出现"。④ 因此,刑法解释结论,是指刑法解释的结果。"我们必须牢记,刑法解释的核心、出发点和归宿点均在于保障人权,因为我们维护社会秩序价值本身的终极目标恰恰也在于保障人权。'人权自由最大化与必要社会秩序最低限度化'是一对紧张关系,在相当意义上是终极目标与必要手段的关系,应当以终极目标为核心、出发点和归宿点。因此,在具体个案中,不同的解释立场和解释方法可能会得出不同结论,这时就必须注意解释结论的保守性,即寻求倾向于保障人权机能的价值目标权衡的结论。刑罚的最后手段性、不得已性、谦抑性,正是这种解释结论的保守性的深刻表达,亦即:可定罪可不定罪时,解释结论应当是不定罪(不逮捕、不定罪、不判刑);可免除处罚可不免除处罚

---

① 王政勋:《刑法解释的语言论研究》,商务印书馆2016年版,第209—210页。
② 陈兴良:《婚内强奸犯罪化:能与不能——一种法解释学的分析》,载《法学》2006年第2期。
③ 参见魏东:《刑法各论若干前沿问题要论》,人民法院出版社2005年版,第133—135页。
④ 参见陈金钊、焦宝乾等:《法律解释学》,中国政法大学出版社2006年版,第15—16页。

时,解释结论应当是免除处罚;可缓刑可不缓刑时,解释结论应当是缓刑;可杀可不杀时,解释结论应当是不杀,等等。"① 可见,刑法解释结论的最终得出,必须是通过刑法解释的综合性法律论证,根据刑事法治原则对多种刑法解释结果进行综合权衡之后得出的可接受的一种解释结果。

(五) 方法性与目的性

刑法解释作为法律解释必须全面兼顾法律解释的本体论与方法论。本体论上在全面关注刑法解释的两面性(即用法律解释事实和用事实解释法律的两面性)、双向性(即解释者与法律文本的双向互动性)、二重性(即主观性与客观性)、合法性与正当性的同时,合理审查、适当筛选并谨慎运用特定的法律解释方法,以充分体现刑法解释的方法性。例如,刑法解释的方法性审查中,要注意充分运用法律解释的循环性与自主性以及通常的解释方法与解释规则,还要注意刑法解释方法论上的特殊性。法律解释的循环性又称为循环性原则、语篇原则,是指"语词的意义必须在句子中把握,句子的意义必须在文本的整体中来把握,而文本的整体意义则必须通过对组成文本的个别句子、语词的准确理解而得到把握。解释者必须往返穿梭于部分和整体之间,最终达到对法律概念、法律规范和法律精神的准确理解"②。对法律文本的理解是句子决定意义而不是语词决定意义,并且在句子也未必能决定法律的意义的时候,需要在文本的整体与部分之间来回循环——包括施莱依马赫所说的在理解过程的整体与部分之间的循环,以及海德格尔和伽达默尔所提倡的从结果逆向回溯到开头的循环(流程)——才能达到最终的理解。③ 法律解释的自主性是指贝蒂的解释学理论中的自主性整合的学说,指在法律出现漏洞、模糊或者矛盾的时候,如果运用类推方法仍然不能解决问题,则在一般法律原则中寻求可作为判准的异质整合法则。但是,解释的自主性并不是说解释者可以任意解释,相反自主性解释主张一种受道德和法律约束的解释,强调法官必须不受双方当事人利益的影响或者政治团体的影响(司法独立的要求),法官必须听取他们可能不愿意听取的冤屈以及所有将受判决影响的人的意见(利益相关人的规定),法官必须对所作出的判决承担个人责任(署名规则的传统),法官必须用普遍的术语阐述其判决的合理性(中立原则的要求),同时解释的自主性还意味着法官不能尊奉教条主义的解释学。④ 关于法律解释的方法(构成要素、标准或者根据),法律解释学上有语义解释、逻辑解释、历史解释和目的解释的概括⑤,也充分说明了法律解释的方法性。那么,刑法解释的方法性,不但必须得到充分的、必要的强调,同时还必须审查一般法律解释原理中哪些具体的解释方法和规则在刑法解释中所具有的合理性及其特别限定。如前所述,一般法律解释的方法论内容中

---

① 魏东主编:《中国当下刑法解释论问题研究》,法律出版社 2014 年版,第 8 页。
② 陈兴良主编:《刑法方法论研究》,清华大学出版社 2006 年版,第 60 页。
③ 参见陈金钊:《法律解释学——权利(权力)的张扬与方法的制约》,中国人民大学出版社 2011 年版,第 122 页。
④ 参见陈金钊:《法律解释学——权利(权力)的张扬与方法的制约》,中国人民大学出版社 2011 年版,第 124—125 页。
⑤ 参见严存生:《西方法哲学问题史研究》,中国法制出版社 2013 年版,第 586—587 页。

的"类推"、异质性整合法则,有的方法论内容就可能因为其有违罪刑法定原则和刑法谦抑性原则的实质正当性而不能简单运用于刑法解释之中,这些问题说明刑法解释的方法的特殊性。

刑法解释的目的,相对于一般法律解释的目的而言,可能具有一定特殊性。如果说一般法律解释的目的是解决社会纠纷、建立和维护法律秩序、续造法律并使得法律获得新生①,那么,刑法解释的目的就只能是解决作为社会公共问题的刑事犯罪问题、维护刑事法律法治秩序和保障人权。刑法解释的目的中,是没有"续造法律并使得法律获得新生"的存在空间的,因为维护刑事法治秩序和保障人权本身,就要求不得通过刑法解释"续造法律",更必须反对解释入罪(司法上犯罪化)。如果刑法规定存在漏洞,正确的处理方式只能是罪刑法定原则所要求的"法无明文规定不为罪,法无明文规定不处罚",原则上不得通过刑法解释来堵塞刑法立法上的漏洞;司法上作出"无罪处理"、仅准许立法填补刑法漏洞是解决刑法立法漏洞的基本立场。

三、刑法解释的类型

刑法解释的类型论,应当借鉴吸纳法理学关于法律解释的类型论知识,结合作为部门法解释学的刑法解释学自身特点进行适当的分类。从西方法律解释学术史考查,萨维尼在区分法律解释的种类与构成要素的基础上指出,法律解释的方法只有文法解释与逻辑解释两种方法,而法律解释的构成要素有文法要素、逻辑要素、历史要素和体系要素四个方面。② 拉伦茨提出"法律解释的标准(或者依据)",认为法律解释的标准有字义、逻辑、历史、目的、宪法五个方面,此五方面的关系是互相支持、相辅相成和联结为一体的;其中语义分析(字义分析)是基础,并且"构成解释的出发点,同时为解释的界限";然后从逻辑、历史和客观目的几个不同的角度进行解释,从而使解释更全面、更准确。③ 我国有学者认为,萨维尼和拉伦茨针对法律解释的"构成要素"、"标准"或者"根据"的讨论,具有法律解释的分类意义,萨维尼提出的四点中的"体系要素"也是逻辑问题,因而实际上可以概括为三点:文法解释、逻辑解释(即体系解释)、历史解释;而拉伦茨提出的五点中"宪法"所讲的只是目的中的"位阶者更显重要",因而实际上可以概括为四点:语义解释、逻辑解释、历史解释、目的论解释(含合宪性解释)。④ 我国有学者还进一步指出,萨维尼作为法律方法论的奠基者所提出的迄今仍被奉为经典的制定法解释方法论是"四分法"(经典四分法),即文理的或语言学的解释、伦理的或体系的解释、主观的或历史的解释、客观的或目的论解释;并且德

---

① 参见严存生:《西方法哲学问题史研究》,中国法制出版社 2013 年版,第 585—586 页。
② 参见严存生:《西方法哲学问题史研究》,中国法制出版社 2013 年版,第 567—568 页。
③ 参见[德]卡尔·拉伦茨:《法学方法论》,陈爱娥译,商务印书馆 2003 年版,第 200—221 页;严存生:《西方法哲学问题史研究》,中国法制出版社 2013 年版,第 582—583 页。
④ 参见严存生:《西方法哲学问题史研究》,中国法制出版社 2013 年版,第 586—587 页。

国学者考夫曼也认为法律解释方法论"四分法"是自萨维尼以来法律解释学的经典见解。①

我国法理学者在借鉴吸纳西方法理学关于法律解释的分类理论的基础上,对法律解释的分类既有繁简之分,也有内容之别。如陈金钊认为,法律解释方法可以分为文义解释方法、价值衡量解释方法、目的解释方法、社会学解释方法四种,其中"文义解释是法律解释的最基本方法"②;而按照诠释所追求的客观性的来源看,法律解释方法可以分为文义的方法(即在法律文本中追寻客观性的方法)与文本外追求客观性的方法两种。③ 严存生教授认为,法律解释的分类可以从四个方面或角度进行,包括语义解释、逻辑解释、历史解释、目的解释四种(四分法),并且应有个先后次序和轻重关系,即语义解释、逻辑解释、历史解释、目的和事理解释,越往后越重要,前两者属于形式标准和浅层次标准,后两者属于实质标准和深层次标准,因此,一方面要尊重文本,从文本出发,不妄加己意;另一方面又不能仅限于字义和逻辑,不能仅仅停留于法律文本,而是要不完全受文本的束缚并且在必要时可跳出文本,有所创新和突破并给文本添加内容,要尊重"事实"(历史的和现实的事实);总体立场是"客观实际需要第一,文本第二,从文本出发,但不局限于文本,不搞文本至上"④,这样才能使"解释"不变为文字的考证,才能通过"解释"揭示法律的现代意义和服务于实际的需要。

从中外法理学界对法律解释的分类问题的讨论来看,获得较多学者认同的看法是(传统)经典四分法,即主张法律解释可以分为文义解释、体系解释、历史解释、目的论解释四种;此外,法律解释的分类也可以简单化地分为文义解释与论理解释两种。不过需要指出的是,上列讨论所及的法律解释的分类,主要是指法律解释的"构成要素""标准"或者"根据"意义上的讨论,但除此之外还有其他意义上的讨论值得关注。如根据法律解释的立场,法律解释的分类有主观解释与客观解释;根据法律解释的主体及其效力,法律解释的分类有有权解释(有法律效力的解释)与无权解释(无法律效力的解释或者学理解释),等等。

刑法解释的分类存在较为复杂的情况,不同刑法学者提出的刑法解释分类差异较大,有的遵循法理学上法律解释分类的基本原理,有的则另辟蹊径地提出种类繁多的刑法解释分类观点,值得刑法学者深入反思检讨。

类似法理学关于法律解释的分类标准,刑法解释学关于刑法解释的分类标准通常是指刑法解释方法的分类。对此,刑法学界的观点分歧较大、争议较多,具体见解有 16 种之多⑤,归纳起来大致有以下五种分类法。①传统二分法。有学者认为刑法

---

① 参见梁慧星:《民法解释学》,中国政法大学出版社 1995 年版,第 213 页。值得注意的是,青年法理学者姜福东博士认为,萨维尼所提出的"经典法律解释学说里的法律解释包括了语法、逻辑、理事和体系等四项要素",其中"体系"的含义有广义与狭义之分,广义上的"体系"包括了外在形式逻辑体系和内在目的价值体系,而狭义上的"体系"是仅指内在目的价值体系。参见姜福东:《法律解释的范式批判》,山东人民出版社 2010 年版,第 190 页、第 260—275 页。
② 陈金钊、焦宝乾等:《法律解释学》,中国政法大学出版社 2006 年版,第 178 页。
③ 参见谢晖、陈金钊:《法律:诠释与应用——法律诠释学》,上海译文出版社 2002 年版,第 132 页。
④ 严存生:《西方法哲学问题史研究》,中国法制出版社 2013 年版,第 587 页。
⑤ 参见李希慧、龙腾云、邱帅萍编著:《刑法解释专题整理》,中国人民公安大学出版社 2011 年版,第 34—37 页。

解释的基本方法包括文义解释和论理解释两种,但是论理解释下面还包括若干具体的解释方法。① 一般认为论理解释包括扩张解释、限制解释、当然解释、反面解释、系统解释、沿革解释、比较解释、目的论解释、合宪解释、社会学解释等。② 其中,曲新久教授和张明楷教授各自提出的二分法有一定特殊性。曲新久教授提出的二分法是语义解释和系统解释,主张以语义解释为主,系统解释为辅。③ 张明楷教授在基本赞同传统二分法观点的基础上指出,传统二分法所列举的解释方法是极为有限的,例如人们常讲的体系解释、历史解释、目的解释等在刑法理论的通说中都没有地位;为此,张明楷认为应当借鉴吸纳日本学者将刑法解释方法进行形式分类和实质分类、区分解释的参照事项与条文的适用方法的做法,将刑法解释方法具体区分为解释技巧与解释理由,即"将解释方法中的平义解释、宣言解释、扩大解释、缩小解释、反对解释、类推解释、比附、补正解释等(即条文的适用方法),称为解释技巧;将解释方法中的文理解释、体系解释、历史解释、比较解释、目的(论)解释等(即解释的参照事项),称为解释理由"④。②三分法。有学者认为刑法解释方法有历史解释、文义解释和体系解释三种⑤,或者认为刑法解释方法可以分为平意解释方法、想象重构解释方法和目的性解释方法⑥。③四分法。有学者认为刑法解释的方法主要有文意解释、历史解释、体系解释、目的解释等四种方法(同时还有当然解释、反面解释、比较解释等辅助方法)⑦,或者认为刑法解释方法通常有文义解释、体系解释、历史解释和目的解释四种⑧,或者认为刑法解释方法通常有语义解释、逻辑解释、历史解释和体系解释四种⑨,或者认为刑法解释方法可以主要归结为文义解释、历史解释、目的解释和体系解释⑩。④五分法。有学者认为刑法解释的方法包括文义解释、体系解释、历史解释、目的解释和合宪性解释五种⑪,或者认为刑法解释的主要方法包括文理解释、逻辑解释、历史解释、体系解释、目的解释五种⑫。⑤其他多标准划分方法。如有学者认为,按照解释的方法是否单纯进行语义说明可以分为文理解释和论理解释;从解释方法主要从属的学科划分,可分为(自然)科学方法、社会科学方法、经济学方法、逻辑学方法和哲学方法;从解释的起点划分,可以分为实证方法与思辨方法。⑬

---

① 参见高铭暄、马克昌主编:《刑法学》(第七版),北京大学出版社、高等教育出版社2016年版,第24页;赵秉志主编:《刑法新教程》(第四版),中国人民大学出版社2012年版,第24页;魏东主编:《刑法》,中国民主法制出版社2016年版,第10—11页。
② 参见王政勋:《刑法解释的语言论研究》,商务印书馆2016年版,第194页。
③ 参见曲新久:《刑法严格解释的路径》,载《人民法院报》2005年3月16日,理论版。
④ 张明楷:《刑法学(上)》(第五版),法律出版社2016年版,第33—42页。
⑤ 参见孙晋琪、蒋涛:《论刑法司法解释方法》,载《江苏警官学院学报》2009年第4期。
⑥ 参见周光权:《刑法诸问题的新表述》,中国法制出版社1999年版,第312—316页。
⑦ 参见姜伟、卢宇蓉:《论刑法解释的若干问题》,载《中国刑事法杂志》2003年第6期。
⑧ 参见陈琦:《我国刑法解释与刑法目的的实现》,载《研究生法学》2009年第4期。
⑨ 参见程啸:《刑法解释方法及位阶关系》,载《人民法院报》2005年2月23日,理论版。
⑩ 参见屈胜肖:《刑事审判中的法律解释》,中国政法大学2006年硕士学位论文。
⑪ 参见黄文琼、张小玲:《论正当刑法解释的获得路径》,载《金卡工程(经济与法)》2009年第11期。
⑫ 参见龚培华:《刑法解释理论的基本问题》,载《法学》2007年第12期。
⑬ 参见赵秉志、曾粤兴:《刑法解释方法研究》,载赵秉志、张军主编:《中国刑法学年会论文集(2003年度)(第1卷):刑法解释问题研究》,中国人民公安大学出版社2003年版,第11—12页。

上列学术见解主要是基于刑法解释方法的特点而对刑法解释进行的分类,即刑法解释方法的分类,这当然是刑法解释的分类中十分重要的一种情形。除此之外,还可以根据刑法解释的立场、主体及其效力等标准对刑法解释进行分类。因此,刑法解释的分类大致可以进行以下三种分类:

(一) 刑法解释立场:规范目标与规范属性

根据刑法解释的立场对刑法解释的分类,具体可以区分为两种立场并据以确定刑法解释的分类:一是根据刑法解释的规范目标的立场,刑法解释的分类主要有刑法的主观解释与客观解释(二分法),此外还有刑法的折中解释(刑法的主观解释与客观解释的折中论)作为"第三种"解释立场①;二是根据刑法解释的规范属性的立场,刑法解释的分类主要有刑法的形式解释与实质解释(二分法),此外还有刑法的折中解释(刑法的形式解释与实质解释的折中论)作为"第三种"解释立场。

刑法的主观解释,又称为意志论、主观论、主观说、立法者意思说,主张在解释立场上坚持以探求立法者制定法律时的真实意思、立法原意与立法本义为解释目标,并以此解释目标作为判断解释结论的正当性的标准。在"刑法的立法原意与立法本义"的意义上,主观解释论还可以成为立法原意说、立法本义说。主观解释论有其特定的哲学基础、政治理论基础和法理基础。② 刑法的主观解释论的法理基础是强调刑法的安定价值和人权保障机能(同时也需要适当兼顾秩序维护机能),突出强调在现行刑法规定之下应当确保无罪的人不受刑事追究,较为充分地体现了传统罪刑法定原则的基本精神。

刑法的客观解释,又称为客观论、客观说、法律客观意思说,主张在解释立场上坚持以探求法律规定在解释适用时的客观意思和规范意义为解释目标。刑法的客观解释论的法理基础在于强调司法公正和秩序维护机能(但是并不公开反对人权保障机能),尤其强调在现行刑法框架之下确保法益保护和秩序维护的现实需要。

刑法的折中解释(刑法的主观解释与客观解释的折中论),又称折中说、折中论与综合解释论,是一种试图将主观解释论和客观解释论进行折中调和的解释立场。折中论的传统见解是指对刑法的主观解释与客观解释的机械折中或者综合运用,如我国台湾地区学者林山田即主张综合解释论,强调对于新近立法或者立法时间间隔不久的法律,采用主观说;对于立法时间间隔较长的法律,则"应着重客观意思,以为解释"③。还应注意的是,折中论内部还有一些细微差别,有的折中论者主张以主观解释论为基础兼采客观解释论,如德国的耶塞克、我国台湾地区的林山田;另有的折中论者主张以客观解释论为基础而兼采主观解释论,如德国的施罗特和拉伦茨。④

那么,中国刑法学者对刑法的主观解释、客观解释、折中解释之争的基本态度如

---

① 参见王政勋:《刑法解释的语言论研究》,商务印书馆 2016 年版,第 60—210 页;徐岱:《刑法解释学基础理论建构》,法律出版社 2010 年版,第 138—140 页;赵运锋:《刑法解释论》,中国法制出版社 2012 年版,第 117—131 页。
② 参见许发民:《论刑法客观解释论应当缓行》,载赵秉志主编:《刑法论丛》(第 23 卷),法律出版社 2010 年版,第 165—191 页。
③ 魏东:《保守的实质刑法观与现代刑事政策立场》,中国民主法制出版社 2011 年版,第 18 页。
④ 参见王政勋:《刑法解释的语言论研究》,商务印书馆 2016 年版,第 71—72 页。

何?有学者指出,多数中国刑法学者(以及中国法理学者)主张客观解释论,如陈兴良、陈忠林、张智辉、王政勋、刘艳红等;另有部分学者主张主观解释论,如王平、李国如、白建军、许发民等;也有部分学者主张折中论,如梁根林、张明楷等。① 值得注意的是,我国有学者认为,就刑法解释立场而言,目前不但德日刑法解释立场是客观解释,而且中国也当然是客观解释,此点不存在争议或者说不应存在争议。如陈兴良教授和王政勋教授等明确主张客观解释并明确反对主观解释,认为这是中国的刑法解释应当坚持的立场和目标问题。② 不过,另有学者考证指出,尽管德日等国家已经较多地主张采用刑法客观解释立场,但是,由于我国的中国特色法治环境,不适宜完全采用客观解释论,并且其他国家和地区也有刑法学者主张折中说立场,这对于我国不宜完全采用客观解释论也提供了佐证。③ 笔者认为,机械的折中说可能并不可行,我国应采取适当保守的刑法客观解释立场。④

刑法的形式解释,是指以罪刑法定原则为核心,主张在对法条进行解释时,先进行形式解释,亦即对刑法条文字面可能具有的含义进行解释,然后再进行实质解释,亦即对刑法条文规定的行为在性质上是否具有严重社会危害性的行为实质进行解释。刑法的形式解释特别强调形式判断与实质判断的先后顺序,即在判断某一行为是否构成犯罪时,先进行形式解释并确定该行为是否包含于刑法条文之中,然后再作实质解释并确定该行为是否具有严重的社会危害性。⑤

刑法的实质解释,是指刑法解释应以处罚的必要性为出发点,主张对法条解释时,首先应直接将不具有实质的处罚必要性的行为排除在法条范围之外,亦即首先实质地判断某种行为是否属于具有处罚必要性的社会危害性行为,其次再进行形式解释并审查刑法条文的可能含义是否涵盖了该行为方式。可见,刑法的实质解释也特别强调形式判断与实质判断的先后顺序。⑥

刑法的形式解释与实质解释之争,在相当意义上是独具中国特色的刑法解释论之争。⑦ 我国刑法学界大约在20世纪与21世纪之交开始出现刑法的形式解释与实质解释之争,这一学术争论常常也放置于更为广阔的形式刑法观与实质刑法观之争之中。⑧ 我国刑法学界甚至认为,关于刑法的形式解释(形式刑法观)与实质解释(实

---

① 参见王政勋:《刑法解释的语言论研究》,商务印书馆2016年版,第72—77页。王政勋教授在该书中指出,"张明楷后来放弃了自己曾经坚持的折中说,转而认为刑法解释应坚持和客观解释论密切相关的实质解释立场"。
② 陈兴良教授称:"在刑法解释的立场上,我是主张客观解释论的。但在刑法解释的限度上,我又是主张形式解释论的,两者并行不悖。其实,主观解释论与客观解释论的问题,在我国基本上已经得到解决,即客观解释论几成通说。我国最高人民法院在有关的指导性案例中,也明显地倡导客观解释论。"参见陈兴良:《形式解释论的再宣示》,载《中国法学》2010年第4期。
③ 参见许发民:《论刑法客观解释论应当缓行》,载赵秉志主编:《刑法论丛》(第23卷),法律出版社2010年版,第165—191页。
④ 参见魏东:《刑法理性与解释论》,中国社会科学出版社2015年版,第3—4页。
⑤ 参见刘志刚、邱威:《形式解释论与实质解释论之辨析》,载《河南省政法管理干部学院学报》2011年第3期;魏东:《刑法理性与解释论》,中国社会科学出版社2015年版,第4—5页。
⑥ 参见刘志刚、邱威:《形式解释论与实质解释论之辨析》,载《河南省政法管理干部学院学报》2011年第3期。
⑦ 参见魏东主编:《中国当下刑法解释论问题研究——以论证刑法解释的保守性为中心》,法律出版社2014年版,第122—123页。
⑧ 参见魏东:《论社会危害性理论与实质刑法观的关联关系与风险防范》,载《现代法学》2010年第6期。

质刑法观)之争十分深刻并特别引人瞩目①,可以说是中国刑法学界开始出现所谓"刑法学派之争"的一个重大事件。陈兴良教授较早关注中国刑法学界出现的关于形式主义刑法学与实质主义刑法学之争这一学术现象,他明确指出我国出现了形式解释论与实质解释论的区分,并且指出这是在德日刑法学中并未发生过的现象。目前我国刑法学界主张形式解释的以陈兴良教授和邓子滨研究员等为代表,主张实质解释的以赵秉志教授、张明楷教授、刘艳红教授和苏彩霞教授等为代表。赵秉志教授指出"在法解释学上,向来有形式的解释论与实质的解释论学说之争",认为"我国应确立实质的刑法解释论的立场"。② 刘艳红教授针对刑法的形式解释与实质解释之争也进行了论辩,明确主张刑法的实质解释并反对刑法的形式解释。③ 邓子滨研究员则明确主张刑法的形式解释并反对刑法的实质解释,提出对于中国实质主义刑法观应当予以批判,而不是轻描淡写地批评。④ 陈兴良教授和张明楷教授于 2010 年同时在《中国法学》上发表文章,各自系统地阐述了其所坚持的刑法的形式解释与刑法的实质解释的基本立场观点。⑤ 笔者曾经提出过应坚持保守的刑法实质解释(或者单面的实质解释)的学术见解,其中分析提出了对激进的实质解释(或者双面的实质解释)可能存在严重侵犯人权的巨大风险的某种担忧,并对激进的实质解释论进行了有利于充分实现人权保障机能并适当限缩秩序维护机能的某些修正,并主张应当适当吸纳形式解释的某些合理因素;因而可以说笔者在总体立场上主张应当兼顾吸纳刑法的实质解释和形式解释的合理内核⑥,而并非片面地主张刑法的实质解释或者刑法的形式解释。因此,笔者主张某种比较契合刑法谦抑性的谨慎的刑法的折中解释(刑法的形式解释与实质解释的折中论),亦即保守的刑法实质解释论,其与保守的刑法客观解释论一起共同形成刑法解释的保守性命题。⑦

在相当意义上,刑法的主观解释与刑法的形式解释之间存在较大的通融性,其优点在于有利于确保刑法解释的客观性和安定性,其不足之处在于过于死板僵化而无法适应社会发展变迁的需要,而且其推崇刑法的法条含义的主观化色彩和形式化色彩过于浓厚,在某些场合反而不利于实现刑法的人权保障机能(如对于"当下不应定罪而有定罪的立法规定"之情形)。同理,刑法的客观解释与刑法的实质解释之间也

---

① 典型表现是《中国法学》2010 年第 4 期同时发表了著名刑法学家陈兴良教授和张明楷教授的争鸣文章,参见陈兴良:《形式解释论的再宣示》,载《中国法学》2010 年第 4 期;张明楷:《实质解释论的再提倡》,载《中国法学》2010 年第 4 期。
② 参见赵秉志主编:《刑法总则要论》,中国法制出版社 2010 年版,第 80—95 页。
③ 刘艳红教授称,"在陈兴良教授的建议下,出版时我将题目修改为目前的'实质刑法观'",参见刘艳红:《实质刑法观》,中国人民大学出版社 2009 年版,第 254 页;同时又强调"应倡导实质的刑法解释观",参见刘艳红:《走向实质的刑法解释》,北京大学出版社 2009 年版,"前言",第 2 页。对此,陈兴良教授曾经强调说,在中国刑法学者中,刘艳红教授是当时唯一一位公开声明坚持实质主义刑法观立场的刑法学者。参见陈兴良:《走向学派之争的刑法学》,载《法学研究》2010 年第 1 期。
④ 陈兴良教授称:"甫见《中国实质刑法观批判》这一书名,就令人眼前一亮,似乎嗅到了扑面而来的学术火药味,但我还是为之叫好。……以'批判'一词而入书名的,不仅法学界没有,人文社会科学界也极为罕见。"参见邓子滨:《中国实质刑法观批判》法律出版社 2009 年版,"序",第 1 页。
⑤ 参见张明楷:《实质解释论的再提倡》,载《中国法学》2010 年第 4 期;陈兴良:《形式解释论的再宣示》,载《中国法学》2010 年第 4 期。
⑥ 参见魏东:《保守的实质刑法观与现代刑事政策立场》,中国民主法制出版社 2011 年版,第 3—10 页。
⑦ 参见魏东:《刑法理性与解释论》,中国社会科学出版社 2015 年版,第 4—5 页。

存在较大的通融性,其优点在于有利于确保刑法解释的客观化并适应社会发展的需要,其缺陷在于过于实质化和价值判断化而易于侵蚀立法权并出现司法上犯罪化现象,而司法上犯罪化现象很容易形成刑事法治理性缺失并可能出现人权保障不足的重大风险。正是为了恰当权衡兼顾刑法解释的人权保障机能和秩序维护机能,笔者提出了刑法解释的保守性命题。

(二) 刑法解释方法:传统经典四分法与新经典三分法

如前所述,传统观点认为,根据解释的方法,刑法解释的(方法)分类有文义解释(语义解释)、体系解释(逻辑解释)、历史解释、目的解释四种。这种四分法不但符合法理学对法律解释方法的分类原理,也符合德国刑法学对刑法解释方法的分类原理,如德国权威刑法学教科书将刑法解释方法分为文理解释、体系解释(即逻辑解释)、历史解释和目的解释四种[①],堪称西方法律解释方法的(传统)经典四分法、刑法解释方法的(传统)经典四分法。

中国刑法学界总体上比较认同西方法律解释方法的(传统)经典四分法,但是中国刑法学者关于各种刑法解释方法的具体讨论,可能并不完全同于西方而更具有中国特色,还有许多学术见解值得特别关注,这里囿于篇幅仅作如下简要归纳。

(1)刑法的文义解释,又称刑法的语意解释、语义解释、文意解释、文理解释、文法解释、语法解释、语言解释、字面解释,是指根据刑法用语的文义及其通常使用方式阐释刑法用语含义的解释方法。刑法的文义解释,根据其相关性观察,还包括刑法的平义解释、当然解释等方法。所谓刑法的平义解释,是指刑法用语的最平白的含义的阐释。有学者认为,平义解释一般是针对法律规定中的日常用语而采用的解释方法,但是对于专门的法律术语(如"故意""过失"等)则不宜采取平义解释方法,而只能按照刑法的解释性规定进行解释。[②] 所谓当然解释,是指根据刑法用语含义可以当然得出的解释结论的解释方法。如《刑法》第236条"二人以上轮奸的",其含义当然包括"三人轮奸"的情形。有学者认为,刑法的当然解释"蕴含了在出罪时举重以明轻、在入罪时举轻以明重的当然道理"[③];但是,"入罪时举轻以明重"这种看法可能过于实质化、超规范化和类型模糊化,有时可能有违罪刑法定原则的要求,应当谨慎地注意审查犯罪行为定型的特别规则。

(2)刑法的体系解释,又称刑法的逻辑解释、系统解释,是指根据刑法用语在刑法中所处位置及其与其他法条、整体法体系的相关性,系统地、逻辑地阐释其含义的解释方法。刑法的体系解释(逻辑解释)强调刑法解释"整体只能通过对其各部分的理解而理解,但是对其各部分的理解又只能通过对其整体的理解"[④],意在防止对刑法用

---

① 参见〔德〕汉斯·海因里希·耶赛克、托马斯·魏根特:《德国刑法教科书(总论)》,徐久生译,中国法制出版社2001年版,第191—195页。
② 参见张明楷:《刑法学(上)》(第五版),法律出版社2016年版,第39页。
③ 张明楷:《罪刑法定与刑法解释》,北京大学出版社2009年版,第138页。
④ 金克木:《比较文化论集》,生活·读书·新知三联书店1984年版,第243页。

语的断章取义和不协调。[①] 刑法的体系解释(逻辑解释),根据其相关性观察,还包括刑法的反面解释(反对解释)。所谓反面解释,又称反对解释,是指根据刑法条文的规定内容,推导其反面含义的解释方法。

(3)刑法的历史解释,又称刑法的沿革解释,是指根据刑法制定与实施的历史背景、演进沿革来阐明刑法条文的含义的解释方法。

(4)刑法的目的解释,又称刑法的目的论解释、刑法目的解释,是指根据刑法规范保障人权和维护秩序的双重目的的指引,具体阐明刑法条文的含义的解释方法。鉴于法理学上"目的解释"的复杂性与刑法学上"刑法规范目的"的立体性,中国刑法学者关于刑法目的解释的界定存有较大分歧和争议。有学者认为,刑法目的解释是根据刑法规范的目的阐明刑法条文真实含义的解释方法[②];也有学者认为,刑法目的解释是"根据刑法立法之目的,阐明刑法规定含义的方法"[③];还有学者从刑法机能的角度出发,认为刑法目的解释是根据刑法规范所有保护法益的目的或实现的宗旨而作出的解释[④],或者直接提出"刑法的目的就是保护法益"[⑤]。对刑法目的解释的概念界定存在分歧,反映了刑法目的解释本身的复杂性。

中国刑法学者注意到,德日刑法具有刑法解释的研究传统,目的解释尤为受到推崇,"解释方法的桂冠当属于目的论之解释方法……其他的解释方法只不过是人们接近法律意思的特殊途径"[⑥]。刑法目的解释具有目的解释的一般特征,同时鉴于其解释对象的特殊性,又与其他部门法的目的解释具有鲜明的区别,日本学者就曾将刑法目的解释总结为:"目的论的解释,必须沿着作为法支配原理的罪刑法定主义这条线,从刑法具有的保护法益机能与保障人权机能一并考虑进去的合目的性来进行解释。依据这种目的论的解释,才不至于使刑罚法规局限在法律条文的文理解释,根据情况把在规定中能够包括的范围作扩张解释,或者作限制解释,据此调和现实的社会生活。"[⑦]应当说,德日刑法学中的刑法的目的解释对于我国刑法学界恰当界定我国刑法目的解释的概念具有启发借鉴意义。[⑧] 其中,刑法规范目的的立体性可能是一个十分重要但经常被忽略的突出点,因为刑法的罪刑法定条款(《刑法》第3条)以及其他众多刑法规范恰恰体现了刑法规范目的具有保障人权和维护秩序的立体目的性(双重目的性),而不是仅限于维护秩序之"单一"规范目的;同时,刑法规范目的的价值判断属性与认知本身也是十分微妙的,有主观目的论与客观目的论、立法目的论与司法目的论之争,从而进一步导致刑法规范目的的复杂化。这些情况表明,刑法目的解释的

---

① 参见张明楷:《罪刑法定与刑法解释》,北京大学出版社2009年版,第144—145页。
② 参见张明楷:《刑法学》(第四版),法律出版社2011年版,第43页。
③ 李希慧:《刑法解释论》,中国人民公安大学出版社1995年版,第129页。
④ 参见肖中华:《刑法目的解释与体系解释的具体运用》,载《法学评论》2006年第5期。
⑤ 张明楷:《刑法理念与刑法解释》,载《法学杂志》2004年第4期。
⑥ 〔德〕汉斯·海因里希·耶塞克、〔德〕托马斯·魏根特:《德国刑法教科书(总论)》,徐久生译,中国法制出版社2001年版,第193页。
⑦ 〔日〕福田平、大塚仁编:《日本刑法总论讲义》,李乔、文石、周世铮译,辽宁人民出版社1986年版,第24页。
⑧ 参见田维:《刑法目的解释的基础理论考察》,载魏东主编:《刑法解释》(第2卷),法律出版社2016年版,第76—96页。

学理之争与解释学运用尚待进一步研究。

刑法的目的解释可以包括具有刑法论理解释属性的全部解释方法,主要有刑法的扩张解释(扩大解释)、限制解释(缩小解释)、补正解释、合宪性解释、比较解释、社会学解释等刑法解释方法。所谓刑法的扩张解释,又称扩大解释,是指根据刑法规范目的及其他相关法理,对刑法用语的规范含义作出大于其字面含义的解释结论的解释方法。所谓刑法的限制解释,又称缩小解释,是指根据刑法规范目的及其他相关法理,对刑法用语作出小于其字面含义的解释结论的解释方法。所谓刑法的补正解释,是指根据刑法规范目的及其他相关法理,对刑法用语的字面含义作出补充和纠正的解释结论的解释方法。所谓刑法的合宪性解释,是指根据刑法规范目的及其他相关法理,对刑法用语的字面含义作出合宪性审查说明并确定解释结论的解释方法。所谓刑法的比较解释,是指根据刑法规范目的及其他相关法理,对刑法用语字面含义进行比较法学审查说明并确定解释结论的解释方法。所谓刑法的社会学解释,是指根据刑法规范目的及其他相关法理,对刑法用语的字面含义进行社会学原理审查说明并确定解释结论的解释方法。

综上,刑法解释方法的(传统)经典四分法一度获得了中国多数刑法学者的充分认可,在相当时期内业已成为中国的刑法解释方法。经典四分法中,除文义解释外,体系解释、历史解释、目的解释均在相当程度上具有(完全具有或者部分具有)实质的论理解释属性,并且是以目的(论)解释为"桂冠"[1]、为"基本指导原则"和"最高准则"[2]来展开的法理论证的;这种学术观察归纳有助于我们认识刑法解释方法的二分法(即将刑法解释方法划分为文义解释方法与论理解释方法)的逻辑自洽性。

还有必要指出,刑法解释方法的(传统)经典四分法自引入中国以来一直面临争议、挑战和发展,中国刑法学者现在越来越推崇刑法解释方法的二分法或三分法,即如前所述将刑法解释方法划分为刑法解释的文义解释方法与论理解释方法(二分法),或者即将刑法解释方法划分为刑法解释的文义解释方法、论理解释方法、法社会学解释方法(三分法)。目前我国较权威的刑法学教材就采用了刑法解释方法的二分法(即将刑法解释的基本方法划分为文义解释与论理解释)。[3] 而我国学者主张的刑法解释三分法不但早已出现,而且应当说其在法理学界和部门学界均逐渐获得了相当充分的法理支持,如有的学者将刑法学理解释分为文理解释、法理解释和非法学解释三种[4],或者将刑法解释分为文理解释、论理解释和进化解释三种[5],或者分为范围性因素、内容性因素和控制性因素三类[6]。再如法理学界杨仁寿、民法学界王利明等

---

[1] 〔德〕汉斯·海因里希·耶塞克、托马斯·魏根特:《德国刑法教科书(总论)》,徐久生译,中国法制出版社2001年版,第193页。该书指出"解释方法的桂冠当属于目的论之解释方法……其他的解释方法只不过是人们接近法律意思的特殊途径"。
[2] 梁慧星:《民法解释学》,中国政法大学出版社1995年版,第65页。
[3] 参见高铭暄、马克昌主编:《刑法学》(第二版),北京大学出版社、高等教育出版社2005年版,第24页。
[4] 参见赵秉志主编:《刑法解释研究》,北京大学出版社2007年版,第395页。
[5] 参见陈兴良:《刑事司法研究——情节·判例·解释·裁量》,中国方正出版社1996年版,第421—422页。
[6] 参见黄茂荣:《法学方法与现代民法》,中国政法大学出版社2001年版,第272—289页。

均认为,狭义的法律解释方法大致可以分为三类:文义解释、论理解释、社会学解释①,并且王利明教授主张"原则上,狭义的法律解释应当从三个方面入手展开,即从确定文义可能包括的范围、探求立法目的、社会效果等考量。而这三个步骤既是法律解释的程序,也是法律解释方法运用的顺序"②。就刑法解释方法的二分法与三分法的比较法立场而言,应当说二者具有融贯一致的法理逻辑:在文义解释与论理解释的二分法基础上,由于论理解释还可以进一步区分为规范法理上的论理解释与非规范法理的刑事政策原理上的论理解释(刑事政策解释方法)两种,有的学者直接称之为法内的论理解释与法外的论理解释(或者非法学的解释方法),因此三分法是在首先确认了文义解释方法(在这一"点"上完全等同于二分法)之后才再对二分法之论理解释方法作出进一步区分,即将论理解释方法进一步区分为"法内"的"规范"的解释说理(即狭义的论理解释)与"法外"的"超规范"的解释说理(即非法学解释、法社会学解释与刑事政策解释),将解释说理从"法内"的"规范"的层面扩大至"法外"的"超规范"的层面。这种"进一步区分"非常有利于更加周全、立体、深刻地阐释法解释结论的正当合理性,从而具有十分重大的方法论意义。

如此一来,刑法解释方法的二分法还可以根据其内在一致的法理逻辑而进一步细化划分为以下三种(新经典三分法):文义解释方法、论理解释方法(即狭义的论理解释方法、法内的论理解释方法、规范法理上的论理解释方法)与刑事政策解释方法(即广义的论理解释方法、法外的论理解释、法社会学解释方法、刑事政策原理上的论理解释方法或者刑事政策解释方法)。这里值得特别说明的是,所谓法社会学解释,或者非法学解释,是指运用社会学方法、统计学方法、经济学方法、伦理学方法等非法学方法来解释法律③,在本源意义上适用于民法、刑法甚至宪法等部门法的解释,这是没有问题的;通过更深入、更具体的法理观察还可以发现,基于刑法上罪刑法定原则和刑事政策原理的特殊立场,在刑法解释的法理上确有必要将"法社会学解释(方法)"转化成"刑事政策解释方法",因为刑事政策原理可以包容法社会学(刑法社会学)的全部内容,而法社会学原理却可能难以包容刑事政策原理(尤其是其中的罪刑法定等刑事政策价值理念)。因而"刑事政策解释方法"这种称谓上的转换更加符合刑法解释论的特质,更加具体而贴切,可以成为刑法解释方法的三分法中的一个"创新点"。如果说,法社会学解释(方法)意在运用"法外"的社会学原理解释法律,从而该方法作为"法外"的非规范法理的论理解释方法就能够成为区别于作为"法内"的规范法理的论理解释方法,那么可以说,刑事政策解释方法作为运用"法外"的刑事政策原理解释刑法的论理解释方法就是一般意义上的法社会学解释(方法)在刑法解释中的进一步具体化、特别化,是刑法解释方法中唯一区别于其他非刑事法律解释方法的、具有独占性和标签性的特别解释方法。并且刑事政策解释方法作为运用"法外"

---

① 参见王利明:《法律解释学导论——以民法为视角》(第2版),法律出版社2017年版,第724—725页;杨仁寿:《法学方法论》,中国政法大学出版社1999年版,第98页。
② 王利明:《法律解释学导论——以民法为视角》(第2版),法律出版社2017年版,第724—725页。
③ 参见赵秉志主编:《刑法解释研究》,北京大学出版社2007年版,第413页。

的刑事政策原理解释刑法的论理解释方法同样也能够成为区别于作为"法内"的规范法理的刑法解释的论理解释方法。可见,我国刑法学者所主张的刑法解释方法的二分法和三分法具有融贯一致的法理基础和逻辑自洽性,尤其是刑法解释方法的新经典三分法,即将刑法解释方法分为文义解释方法、论理解释方法、刑事政策解释方法三种,有力地契合了功能主义刑法观所内在要求的刑法解释方法的功能性类型化划分和功能性体系化定位,具有更细密周全的法理逻辑性、更强大有效的理论解释力,逐渐成为十分有力的学术见解。

关于刑法解释方法的新经典三分法(命题),有两点须加以补充强调:其一,其之所以可以被称为"经典"(经典三分法),是因为如前所述,其业已获得法理上较为充分的合法性和合理性,业已获得我国法理学界尤其是刑法和民法等部门法学界较多权威学者的充分肯定。其二,新经典三分法命题之核心内容,可以概括为刑法解释方法的功能性类型化(命题)与刑法解释方法的功能性体系化(命题)两个子命题,并且完全聚焦于刑法解释方法对于解释结论所具有的独特限定功能,即各种刑法解释方法的独特功能是有利于具体限定并得出更为科学合理的解释结论:刑法的文义解释方法,具有文义上确定刑法解释结论的底线功能(文义解释功能);刑法的论理解释方法(狭义的论理解释方法),具有规范法理上限定刑法解释结论的合理性功能(论理解释功能);刑法的刑事政策解释方法(广义的论理解释方法),具有刑事政策上特别校正刑法解释结论的正当性功能(刑事政策解释功能),依次从底线、合理性、正当性逐级限定刑法解释结论的妥当性和可接受性。

但是毋庸讳言,中国刑法解释学界关于刑法解释方法体系化命题的争议还很大,有否定说、肯定说与折中说。否定说的观点认为,刑法解释方法的体系化是不必要的,也是不可行的、不符合刑法解释客观实际的,我国刑法学者张明楷教授[①]、周光权教授[②]、林维教授[③]、劳东燕教授[④]等坚持否定说。肯定说的观点认为,刑法解释方法的体系化是必要的、可行的,赵秉志教授[⑤]、李希慧教授[⑥]、陈兴良教授[⑦]、梁根林教授[⑧]、时延安教授[⑨]等坚持肯定说。折中说的观点认为,刑法解释方法的位阶排序中既要考虑文义解释的优先性,又不宜肯定各种解释方法之间具有"固定不变的位阶性",学者李国如认同折中说。[⑩] 笔者主张和倡导刑法解释方法的新经典三分法(命题)、刑法解释方法的功能性类型化(命题)与刑法解释方法的功能性体系化(命题),此处只是提出了一个简单的命题概要。

---

① 参见张明楷:《刑法学(上)》(第五版),法律出版社2016年版,第33—42页。
② 参见周光权:《刑法解释方法位阶性的质疑》,载《法学研究》2014年第5期。
③ 参见林维:《刑法解释的权力分析》,中国人民公安大学出版社2006年版,第82—144页。
④ 参见劳东燕:《能动司法与功能主义的刑法解释论》,载《法学家》2016年第6期。
⑤ 参见赵秉志主编:《刑法解释研究》,北京大学出版社2007年版,第395页。
⑥ 参见李希慧:《刑法解释论》,中国人民公安大学出版社1995年版,第96页、第132—133页。
⑦ 参见陈兴良:《刑法的知识转型(方法论)》,中国人民大学出版社2012年版,第111页。
⑧ 参见梁根林:《罪刑法定视域中的刑法适用解释》,载《中国法学》2004年第3期。
⑨ 参见时延安:《刑法规范的合宪性解释》,载《国家检察官学院学报》2015年第1期。
⑩ 参见李国如:《罪刑法定原则视野中的刑法解释》,中国方正出版社2001年版,第198—200页。

(三) 根据刑法解释的主体及其效力对刑法解释的分类

我国学者认为,中国刑法解释的分类有一些特殊之处值得注意,即根据法律解释的主体及其效力,刑法解释的分类有立法解释(文本)、司法解释(文本)与学理解释(传统三分法)[①],这是中国刑法解释的特有分类,应当说是有道理的,但是其中遗漏了法官的刑法解释则可能有失妥当。因此,学者中更为严密的观点认为,根据刑法解释的主体及其效力,刑法解释的分类可以分为刑法的有权解释与刑法的无权解释(学理解释),其中刑法的有权解释还可以再分为刑法立法解释(文本)、刑法司法解释(文本)、刑法法官解释。刑法的有权解释,又称为有法律效力的刑法解释,是指由国家法律规定或者认可的、具有法律效力的刑法解释,包括刑法的立法解释(文本)、刑法的司法解释(文本)、法官刑法解释(过程和结论)。刑法的立法解释(文本),是指由国家最高立法机关的常设机关即全国人民代表大会常务委员会依法作出的刑法解释文本。刑法的司法解释(文本),是指由国家最高司法机关即最高人民法院和最高人民检察院依法所作出的刑法解释文本。根据2007年《最高人民法院关于司法解释工作的规定》第6条规定,司法解释的文本形式分为"解释""规定""批复""决定"四种。不过在实践中,"两高"的司法解释文本,既有"解释""规定""批复""决定"四种法定形式的司法解释文本,也有以"意见""纪要""答复"等形式冠名的更具有刑事法"软法"[②]性质的司法解释文本,因此在广义和实质意义上"两高"的司法解释性文本的含义更加广泛。[③] 法官刑法解释,是指法官在依法对个案进行司法裁判时所作出的刑法解释,包括法官的刑法解释活动全过程及其得出的结论。在相当意义上,我国刑法学者所提及的法官的刑法解释正是西方法律解释学意义上的刑法解释。刑法的无权解释,又称为无法律效力的解释、学理解释,是指由无法定解释权的主体所作出的、不能直接产生法律效力的刑法解释(行动和结论)。刑法的无权解释主要是指刑法学理解释,即由法学专家或者其他公民所作出的学理探讨性的刑法解释(行动和结论)。刑法的无权解释是相对于刑法的有权解释而言的,当某种学理解释获得了国家立法机关、司法机关或者具体个案中法官的采纳与认可时,该学理解释即可转化成有权解释并获得法律效力。无论是刑法的有权解释或者无权解释,均必然采用一定的解释立场和方法,其内容如前所述。

---

① 参见赵秉志主编:《刑法新教程》(第四版),中国人民大学出版社2012年版,第22—24页;魏东主编:《刑法》,中国民主法制出版社2016年版,第10—11页。
② 参见钟凯:《论刑事法"软法"及其刑法解释意义》,载魏东主编:《刑法解释论丛》(第1卷),法律出版社2015年版,第72—85页;罗豪才、宋功德:《软法亦法——公共治理呼唤软法之治》,法律出版社2009年版,第358页。
③ 参见李立众:《刑法一本通》(第十一版),法律出版社2015年版,"第十一版前言";孟庆华、王法:《"意见"是否属于刑法司法解释表现形式问题探析》,载《临沂师范学院学报》2010年第5期。

上篇

侵犯个人法益罪

第四章 故意杀人罪

【案例1】宁夏邵建国杀妻案①

被告人邵建国，男，29岁，宁夏回族自治区银川市人，原系银川市公安局城区分局文化街派出所民警。1991年8月29日被逮捕。1990年4月30日，被告人邵建国与本所部分干警及联防队员沈某（女），应邀到苏某家喝酒。喝完酒后，几个人一起在返回派出所的途中，与邵建国的妻子王彩相遇。王彩原来就怀疑邵建国与沈某关系暧昧，看到邵建国与沈某又在一起，更加怀疑邵建国、沈某的关系不正常，便负气回家。当晚7时许，邵建国与王彩在家中为此事争吵不休。争吵中邵建国说："我不愿见到你。"王彩说："你不愿见我，我也不想活了，我死就是你把我逼死的。"邵建国说："你不想活了，我也不想活了，我们两个一起死。"邵建国把自己佩带的"五四"式手枪从枪套里取出，表示要与王彩一起自杀。王彩情绪激动地说："要死就我死，你别死，我不想让儿子没爹没妈。"王彩两次上前与邵建国夺枪没有夺到手，邵建国即持枪进入卧室。王彩跟进去说："要死我先死。"邵建国说："我不会让你先死的，要死一块死，你有什么要说的，给你们家写个话。"王彩便去写遗书，邵建国在王彩快写完时自己也写了遗书。随后，王彩对邵建国说："你把枪给我，我先打，我死后你再打。"邵建国从枪套上取下一颗子弹上了膛，使手枪处于一触即发的状态。王彩见此情景，便从邵建国手中夺枪。在谁也不肯松手的情况下，邵建国把枪放在地上用脚踩住。此时，王彩提出和邵建国一起上床躺一会，邵建国表示同意，但没有把地上的枪拣起。邵建国躺在床里边，王彩躺在床外边，两人又争执了一会。大约晚10时许，王彩起身说要下床做饭，并说："要死也不能当饿死鬼。"邵建国坐起来双手扳住王彩的双肩，不让王彩拣枪。王彩说把枪拣起来交给邵建国，邵建国便放开双手让王彩去拣枪。王彩拣起枪后，即对准自己的胸部击发。邵建国见王彩开枪自击后，发现王彩胸前有一黑洞，立即喊后院邻居贾某等人前来查看，同时将枪中的弹壳退出，把枪装入身上的枪套。王彩被送到医院，经检查已经死亡。经法医尸检、侦查实验和复核鉴定，王彩系枪弹近距离射击胸部，穿

---

① 参见最高人民法院中国应用法学研究所编：《人民法院案例选（1992年—1996年合订本）》（刑事卷），人民法院出版社1997年版，第279—283页。

破右心室,导致急性失血性休克死亡,属于自己持枪击发而死。银川市人民检察院以被告人邵建国犯故意杀人罪向银川市中级人民法院提起公诉,王彩之父王善宽提起附带民事诉讼,要求被告人邵建国赔偿其为王彩办理丧葬等费用共计1 100元。

银川市中级人民法院经过公开审理认为,被告人邵建国身为公安人员,明知其妻王彩有轻生念头而为王彩提供枪支,并将子弹上膛,对王彩的自杀在客观上起了诱发和帮助的作用,在主观上持放任的态度,其行为已构成故意杀人罪,应负刑事责任。由被告人邵建国的犯罪行为所造成的经济损失,邵建国确无赔偿能力。该院依照《中华人民共和国刑法》第一百三十二条的规定,于1992年11月17日作出刑事附带民事判决,以故意杀人罪判处被告人邵建国有期徒刑七年。

宣判后,被告人邵建国和附带民事原告人王善宽均不服,提出上诉。邵建国的上诉理由是:主观上没有诱发王彩自杀的故意,客观上没有帮助王彩自杀的行为。王善宽的上诉理由是:邵建国有赔偿能力。

宁夏回族自治区高级人民法院对本案进行了二审。对附带民事诉讼部分,经该院主持调解,邵建国赔偿王善宽1 100元已达成协议,并已执行。对刑事诉讼部分,该院认为,上诉人邵建国在与其妻王彩争吵的过程中不是缓解夫妻纠纷,而是以"一起死""给家里写个话"、掏出手枪等言词举动激怒对方。在王彩具有明显轻生念头的情况下,邵建国又将子弹上膛,使手枪处于一触即发的状态,对王彩的自杀起了诱发和帮助作用。邵建国明知自己的行为可能发生王彩自杀的结果,但他对这种结果持放任态度,以致发生了王彩持枪自杀的严重后果。邵建国诱发、帮助王彩自杀的行为,已构成故意杀人罪。原审判决事实清楚,证据确实充分,定罪准确,量刑适当,审判程序合法。邵建国的上诉理由不能成立,应予驳回。据此,该院依照《中华人民共和国刑事诉讼法》第一百三十六条第(一)项和《中华人民共和国刑法》第一百三十二条的规定,于1993年1月14日裁定如下:驳回邵建国的上诉,维持原审刑事附带民事判决中的刑事判决。

我国有学者认为邵建国的行为不构成故意杀人罪,但是笔者认为应当依法认定邵建国的行为构成故意杀人罪,人民法院的判决是正确的。其主要法理在于:其一,依据婚姻法和刑法规定,应当确认夫妻之间的相互救助义务,这是法定的作为义务,邵建国在能够履行这一法定义务时而不履行以致造成其妻子死亡结果发生,依法构成故意杀人罪;其二,胁迫、迷惑他人自杀(达到精神强制程度),以及教唆未成年人和精神病人等无责任能力者自杀,依法应认定为"剥夺他人生命"的行为,对此行为依法应认定为故意杀人罪。

根据我国《刑法》第232条的规定,所谓故意杀人,是指故意非法剥夺他人生命的行为。对于故意杀人罪,在法理上有以下三个方面的问题值得研讨:一是故意杀人罪的构成要件;二是故意杀人罪的司法认定;三是故意杀人罪的刑罚适用。

一、故意杀人罪的构成要件

故意杀人罪的构成要件,可以从如下四个方面予以阐释:

(一) 故意杀人罪的保护法益(犯罪客体要件)是他人的生命权利

这是故意杀人罪与他罪的根本区别。因此,故意杀人罪的行为对象(即犯罪对象),是"有生命的人"。故动物、尸体、无生命物体等,就不是本罪的犯罪对象。"有生命的人"之生命权利,依据我国法律规定,始于出生,终于死亡。

1. 关于生命的起始时间

对此问题,不同地区、不同民族以及持不同宗教观的人们有不同的看法。根据学者介绍,有以下看法:①基督教把怀孕看成生命的开始,我国南方部分地区朴素的群众观念中也有类似看法;②犹太教对于30天以内的婴儿也不给予"人"的待遇,在此期间死亡的婴儿并不为其举作丧事;③有些国家或者地区认为只有经过一定的仪式或者父亲的承认之后才能认为婴儿是"人",如泰国北部地区的珀卡伦族认为婴儿出生后只有在经赋予灵魂仪式后始成为人;④法学界关于生命的起点与生命权的起点是否相一致的问题,也存在肯定与否定两种态度①,从而使得法学上认定生命的起始时间问题变得更加复杂。

刑法理论关于生命起始时间问题的观点,主要有以下七种学说:一是"阵痛说",认为分娩阵痛时,生命开始;二是"部分露出说",认为胎儿部分露出母体,即为生命开始;三是"全部露出说",认为胎儿全部露出母体时,即为生命开始;四是"断脐说",认为胎儿与母体分离,并且脐带剪断时,即为生命开始;五是"发声说",认为胎儿与母体分离后发声时,即为生命开始;六是"独立呼吸说",认为胎儿与母体分离并且能独立呼吸时,即为生命开始;七是"独立循环系统说",认为胎儿与母体分离并拥有独立的循环系统时,即为生命开始。对于上述几种学说,后两种为更多的学者所主张。

2. 关于生命的结束时间

对此,有以下四种看法:一是"呼吸停止说";二是"脉搏停止说"(心脏停止说),即以心脏跳动停止时为死亡;三是"三症候综合判断说",即主张以呼吸停止、脉搏停止、瞳孔放大等三种症候都已出现为标准来确定人的死亡;四是"脑死亡说",即认为人脑机能不可逆转地丧失时为死亡。脑死亡说还可以进一步区分为"脑波停止说""大脑功能停止说""脑干死亡说""全脑死亡说"等几种不同见解。②

我国以往的司法实践,关于生命的结束时间基本上是坚持"三症候综合判断说";

---

① 参见朱本欣:《刑法与生命:生命权的刑法保护研究》,世界图书出版公司2013年版。
② 这种区分的生理基础是由于人脑分为大脑、小脑、脑干等不同组成部分。"脑波停止说"认为,应以脑波永久地停止(即脑电图呈现平直线)作为人死亡的标志;"大脑功能停止说"认为,只要大脑的机能不可恢复或者失去时,如出现"植物人"状态,就可以认定为死亡;"脑干死亡说"认为,只要脑干的机能无法恢复或者失去时,即可认定为死亡;"全脑死亡说"认为,只有包含脑干在内的脑整体的机能不能恢复或者不可逆转地失去时,才能认定为死亡。参见朱本欣:《刑法与生命:生命权的刑法保护研究》,世界图书出版公司2013年版。

但是近年来,有人主张转向脑死亡说。应当说,如何判断生命结束的时间,是一个值得研究和慎重对待的重大问题。

(二) 故意杀人罪的行为定型(客观方面要件)表现为非法剥夺他人生命的行为

故意杀人罪的行为定型(即客观方面要件)主要关涉两个问题:一是"剥夺他人生命"的行为,二是该剥夺他人生命的行为具有"非法"性质。

1. "剥夺他人生命"的行为

"剥夺他人生命"的行为,可以是多种多样的,如作为形式与不作为形式;直接实施的行为与间接实施的行为,通常比较好理解和阐释。其中需要进一步深入讨论两个疑难问题,一是"剥夺他人生命"之行为范围,二是"剥夺他人生命"之不作为杀人形式。

(1)"剥夺他人生命"之行为范围。

"剥夺他人生命"之行为范围,其关涉的主要的、特别的问题是:教唆、帮助他人自杀是否属于"剥夺他人生命"之行为范围,胁迫、迷惑他人自杀(达到精神强制程度)是否属于"剥夺他人生命"之行为范围,相约自杀是否属于"剥夺他人生命"之行为范围。(安乐死后文专门论述)

顾名思义,"剥夺他人生命"不包括剥夺自己的生命(自杀行为),亦即自杀不属于"剥夺他人生命"之行为范围。

但是,针对他人自杀行为给予教唆和帮助,甚至胁迫、迷惑他人自杀,相约自杀的行为,则需要具体分析。

其一,单纯教唆、帮助他人自杀,依法不应认定为"剥夺他人生命"的行为。

【案例2】电影《非诚勿扰Ⅱ》剧情中的秦奋教唆、帮助自杀案[①]

> 剧中人物李香山身患绝症、病入膏肓,他的朋友秦奋表示同意要让他"有尊严地死去"。在为李香山举办了一场"人生告别会"后,秦奋用轮椅推着李香山到船头看海,李香山拍了拍秦奋搭在自己肩上的手,秦奋心领神会,转身进了船舱。接着,秦奋听见舱外"扑通"一声,出来就只剩空空的轮椅了。

教唆自杀,是指唆使他人产生自杀念头的行为。帮助自杀,是指对于他人自杀给予精神帮助的意思表示或者物质帮助的具体行为。电影《非诚勿扰Ⅱ》所出现的剧情,是比较典型的教唆、帮助自杀的行为。

对于剧中李香山的自杀,有的认为属于安乐死,有的认为不属于安乐死。比如,北京大学法学院王世洲教授认为,《非诚勿扰Ⅱ》中李香山跳海的死亡方式,就不能简单地等同于"安乐死",因为"'安乐死'一般表现为一个人因为病痛等原因实在没办法结束自己的生命,由别人以某种方式,比如注射毒性药物、枪击等来结束其生命"。

---

① 参见《贺岁片〈非诚勿扰〉剧情引争议,律师:涉嫌故意杀人》,载新华网(http://news.xinhuanet.com/legal/2011-01/25/c_121019282.htm),访问日期:2011年1月25日。

因此,王世洲认为,《非诚勿扰Ⅱ》中李香山跳进海里自杀是由其本人完成的,因此这能否算作"安乐死"是有待商榷的。① 相应的,就有人认为秦奋的教唆、帮助自杀的行为涉嫌故意杀人罪。如北京律师徐勇认为:依李香山当时的身体状况自己不可能雇渔船,而且自己也上不了船,而秦奋告诉李香山会让其"死得有尊严",这代表秦奋是整个自杀事件的方法提供者;而李香山坠海后,秦奋痛苦地挥拳击打船舱壁,可以看出秦奋早就知道是怎么回事,跳海都是他一手策划的。因此,徐勇律师认为,秦奋教唆、帮助他人自杀的行为涉嫌故意杀人。②

那么,从刑法解释论上分析,教唆、帮助他人自杀到底是否属于"剥夺他人生命"之行为范围呢? 对此,笔者有以下几点意见:①教唆、帮助他人自杀行为本身无法直接认定为"剥夺他人生命"之行为范围,但是,教唆、帮助之后当场不予以救助的行为可以解释为"剥夺他人生命"之行为范围(不作为);②单纯教唆、帮助他人自杀的行为,当他人自杀时并不在现场,由于无法履行作为义务,因而应当"解释"为不属于"剥夺他人生命"之行为;③就帮助他人自杀而言,如果行为人所提供的物质上的帮助行为本身构成其他有关犯罪的话,则应依法认定为其他有关犯罪,如非法买卖枪支、弹药、爆炸物罪等。

现在,部分学者提出,刑法上应当增设"教唆自杀罪""帮助自杀罪"等,并明确规定其法定刑。③ 笔者觉得这个建议值得立法机关采纳。

其二,胁迫、迷惑他人自杀(达到精神强制程度),以及教唆未成年人和精神病人等限制责任能力者或无责任能力者自杀,依法应认定为"剥夺他人生命"的行为。

除了前面列举的"宁夏邵建国杀妻案"之外,我国过去曾经发生过的邪教组织成员被教唆自焚案等案例,均涉及胁迫、迷惑他人自杀(达到精神强制程度)的定性处理问题;此外,教唆未成年人和精神病人等限制责任能力者或无责任能力者自杀的定性处理也值得特别关注。

应注意区分"胁迫、迷惑"行为不同于一般的"教唆"行为,前者达到了对他人的精神强制程度,后者则没有达到这种精神强制程度,而仅仅是引起他人某种"精神上的意念"(但是仍有意志自由)。因此,胁迫、迷惑他人自杀(如邪教组织成员教唆自焚行为)可以解释为"剥夺他人生命"之行为。

这种结论的合理性,有三个方面的理由:①法理依据。在法理上,因为胁迫者、迷惑者的行为导致他人受到精神强制,再利用这种状况而胁迫、迷惑他人自杀的行为整体,可以解释为"剥夺他人生命"之行为。因此,应注意的问题是,胁迫、迷惑他人自杀的行为在性质上并不同于一般意义上的教唆他人自杀行为,因为"教唆"行为仅仅是引起在精神上某种"精神上的意念"而非是导致"精神上的强制",二者在精神受影响

---

① 参见《贺岁片〈非诚勿扰〉剧情引争议,律师:涉嫌故意杀人》,载新华网(http://news.xinhuanet.com/legal/2011-01/25/c_121019282.htm),访问日期:2011年1月25日。
② 参见《贺岁片〈非诚勿扰〉剧情引争议,律师:涉嫌故意杀人》,载新华网(http://news.xinhuanet.com/legal/2011-01/25/c_121019282.htm),访问日期:2011年1月25日。
③ 参见魏东:《刑法各论若干前沿问题要论》,人民法院出版社2005年版,第59页。

的程度上有质的差异。②有关司法解释的明确规定。2017年1月25日最高人民法院、最高人民检察院公布的《关于办理组织、利用邪教组织破坏法律实施等刑事案件适用法律若干问题的解释》第11条规定:"组织、利用邪教组织,制造、散布迷信邪说,组织、策划、煽动、胁迫、教唆、帮助其成员或者他人实施自杀、自伤的,依照刑法第二百三十二条、第二百三十四条的规定,以故意杀人罪或者故意伤害罪定罪处罚。"这个司法解释虽然是针对邪教组织而言,但是它反映出最高司法机关对于教唆他人自杀的行为构成故意杀人罪是基本认可的,因为这种行为在实质上是胁迫与迷惑他人自杀的行为。③有关司法判决案例。"宁夏邵建国杀妻案"应当说并非属于单纯的教唆、帮助自杀的行为,而是带有胁迫、迷惑他人自杀性质的行为,因而,有关司法机关认定其行为构成故意杀人罪(放任)并判处较轻刑罚(有期徒刑7年),具有刑法解释论上的合理性。

其三,相约自杀的行为,依法不应认定为"剥夺他人生命"的行为。

【案例3】广西符某夫妇相约自杀案①

广西一位自由摄影师符某,与妻子覃某在广西柳州市从事个体摄影,夫妻感情较深。但符某患病十多年,一直痛苦不堪而多次流露出轻生念头。2006年2月6日凌晨,符某在家中准备自杀,被覃某发现,覃某苦劝无果。无奈之下,覃某表示愿意同丈夫一起了断人生。于是,符某先杀死妻子后再用折叠刀朝自己身上刺杀了两刀,但没有死亡。当日下午4时许,符某到公安机关投案。后来法院对本案进行了审理,法院认为,符某经法医鉴定患有抑郁症,但案发时未发病,具有部分刑事责任能力;符某已经构成故意杀人罪,念其能主动投案,属于自首行为,依法可以从轻处罚,判处其有期徒刑14年。

【案例4】全国首例QQ相约自杀案②

22岁的浙江丽水人小张通过QQ发出死亡邀请,上海大学生小范应邀前往丽水与小张一起自杀。小张中途放弃自杀,而小范自杀身亡。死者小范的父母将小张以及深圳市腾讯计算机系统有限公司(以下简称"腾讯公司")一起告上了法庭,索赔小范死亡造成的损失。法院经审理认为,死者小范是一个有独立民事行为能力的成年人,在没有强迫、威胁的情况下自主地选择了以自杀的方式来结束自己的生命,从预备到实施自杀的整个过程中,一直表现出积极追求死亡结果的主观意志,对结果的发生有支配性的作用,应自负主要责任。小张在QQ群上发布自杀邀请,与小范相互联系,在小范到达丽水后共同购买自杀用具,去酒店开房,实施自杀,中断自杀后未采取有效的措施防止小范继续自杀并独自离开,这一系列行为是小范死亡的直接原因之一。故小张有过错,应承担20%的赔偿责任,共计赔偿人民币

---

① 参见《约妻殉情丈夫"偷生"相约自杀应否承担法律责任》,载央视网(http://news.cctv.com/law/20061031/103153.shtml),访问日期:2010年12月5日。

② 参见《全国首例QQ自杀案》,载法律博客(http://thewoman.fyfz.cn/art/837502.htm),访问日期:2010年12月5日。

111 225元。腾讯公司一直未采取措施停止传输"相约自杀"这一可能危害他人生命健康权的信息,长期放任违法行为和有害信息的存在,不履行监控、事后处理的法定义务,对死亡事件发生也有过错,应承担10%的赔偿责任,共计赔偿人民币55 612.50元。2010年12月4日,丽水市莲都区人民法院对此案作出一审判决:小张承担20%的赔偿责任,共计赔偿人民币111 225元;腾讯公司承担10%的赔偿责任,共计赔偿人民币55 612.50元。一审判决后,腾讯公司和张某不服法院判决,提起上诉,丽水市中级人民法院依法公开开庭审理后作出改判,驳回范某父母对腾讯公司的诉讼请求(因小张在二审中撤回上诉,丽水市中级人民法院对一审法院判定的小张的实体权利义务未予审查,维持一审对小张部分的判决)。①

相约自杀又称为共谋自杀,是指相约共谋、共决一起自杀的行为。相约自杀一般可以分三种情况来分析:第一,单纯相约自杀行为依法不应解释为杀人行为。单纯的相约自杀,如果相约者各自实施自杀行为,则相约自杀而未自杀成功者对自杀成功者不应当负故意杀人的责任。第二,如果相约自杀者之一方依约受嘱托先杀死对方,继而相约自杀者未自杀成功的,则相约自杀者应当构成故意杀人罪,但是在量刑时可以从宽处罚。生活中这种例子不少。前述"广西符某夫妇相约自杀案"即是一例。第三,如果相约自杀者还有教唆或者帮助他人自杀的行为,且教唆者或者帮助者未自杀成功的,则是否应当构成故意杀人罪?笔者过去认为原则上应当认定为故意杀人(量刑时应当从宽处罚),但现在认为这种观点有必要予以适当限制。对于那些真心相约自杀的人,由于相约自杀而未遂者当时所处的特别心神状况足以影响其刑事责任能力,且能直接导致其作为义务进一步减弱,因而应当尽量考虑将此种行为解释为不属于"剥夺他人生命"之行为;而只有对那些并非真心相约自杀,但是有意胁迫、迷惑他人自杀的行为,才可以依法认定为故意杀人罪。后者定罪的情形,恰巧在"宁夏邵建国杀妻案"中得以体现。

(2)"剥夺他人生命"之不作为杀人行为。

亦即有关不作为故意杀人的行为形式认定问题。从理论上讲,在判断不纯正不作为犯的时候,应当特别注意"作为义务"的根据:有法律明文规定的、职务或者业务上要求的、法律行为引起的以及先行行为引起的等几种情况。应当说,每一种情况都值得深入研究。这里仅讨论一下夫妻之间见死不救行为问题。

夫妻之间见死不救,其中最典型的情形就是妻子自杀时,丈夫在场而故意不予救助。这是一种不作为,但其是否成立不作为的故意杀人罪呢?换句话讲就是:夫妻间见死不救是否属于"剥夺他人生命"的不作为杀人行为?这是一个很有研究价值的问题。

先看司法实践中实际发生的几起案件:宋福某杀妻案、王春某杀妻案、张某杀妻案、李方某杀妻案。②

---

① 参见《浙江法院二审判决"QQ相约自杀案"腾讯公司不担责》,载新华网(http://news.xinhuanet.com/legal/2012-02/12/c_122690030.htm),访问日期:2012年2月13日。
② 参见魏东:《刑法各论若干前沿问题要论》,人民法院出版社2005年版,第111—113页。

【案例5】宋福某杀妻案

某晚,被告人宋福某酒后回到自己家中,因琐事与其妻李某发生争吵并厮打。李某说:"三天两头吵,活着还不如死了。"被告人宋福某说:"那你就去死吧。"后李某在寻找准备自缢用的凳子时,宋福某喊来邻居叶某对李某进行规劝。叶某走后,二人又发生吵骂厮打。在李某寻找自缢用的绳索时,宋福某采取放任态度不管不问并不加劝阻,李某于当晚在其家门框上自缢。宋福某听到凳子倒地的声音,发现李某自缢,便到五百米外自己的父母家中叫人,当其父母家的人来到后,李某已经身亡。

对于此案,人民法院经审理认为:被告人宋福某负有救助其妻李某的特定义务,而放任李某自缢身亡,已构成故意杀人罪(不作为),但情节较轻,判处被告人宋福某有期徒刑4年。宋福某不服提出上诉,要求依法改判无罪。二审人民法院认为原判决定罪正确,量刑适当,程序合法,裁定驳回上诉,维持原判。

【案例6】王春某杀妻案

2000年4月25日,天津市西青区王稳庄居民王春某与妻子因家务事发生争吵,妻子气愤中跳进了污水河寻短见。王春某见状也跳进河中劝说,妻子不从,王春某随即独自回到岸上扬长而去。随后,王春某先到亲戚家讲了妻子跳河的事,又给派出所打了电话。当公安民警和他的亲戚赶到污水河边时,时间已经过了近一个小时,妻子已经死亡。

2001年8月,天津市西青区人民法院依法开庭审理此案并作出一审判决。法院认为,被告人王春某与其妻是合法夫妻关系,负有特定义务,妻子在河中,被告人王春某明知可能发生危害结果,却采取漠不关心的态度,放任结果发生,其行为已构成(间接)故意杀人罪。鉴于其犯罪后有自首情节,故依法判处王春某有期徒刑6年。

【案例7】张某杀妻案

时年38岁的张某和秦某经人介绍组成家庭。结婚前,张某就曾因盗窃罪被判处有期徒刑3年。张某的妻子秦某已下岗多年,两人靠做小买卖维持生活。在拮据的日子中苦挨的张某和秦某免不了经常吵架、斗气。"五一"前的一天,因家庭琐事二人又发生争吵,气急的秦某一赌气跑到厨房,拿起"敌敌畏"一口气灌进了肚里。秦某很快呕吐起来。可是,张某竟未予理睬,并阻止邻居抢救,随后独自一人去喝酒。由于耽误的时间太长,秦某因抢救无效而死亡。

辽宁省辽阳市太子河区人民法院审理认为:张某主观上存在明知自己的行为可能发生导致伤害他人生命的结果,还有意放任,以致发生秦某死亡的结果,其行为已经构成了(间接)故意杀人罪,故判处被告人张某有期徒刑6年。

【案例8】李方某杀妻案

2002年7月17日下午6点,李方某和妻子走在回家的路上时吵架并厮打起来,经行人劝解并被拉开。李方某赌气抛下妻子一个人离开了,刚没走出多远,后面就有人喊李方某:"你妻子投水了,快回来救人啊!"尽管听到路人们的呼救声,李方某无动于衷地回答道:"是她自己跳的水,我又没有推她下去,关我什么事?"就这样头也不回地走了。妻子被一位路人救起,但因抢救不及时而告别了人世。妻子父母到派出所报了案,请求依法惩治李方某的不救助行为。

2002年7月30日,重庆市万州区天城公安分局以涉嫌故意杀人罪,将李方某刑事拘留,2002年8月19日,重庆市万州区人民检察院以涉嫌故意杀人罪向万州区人民法院提起了公诉。2002年11月29日,重庆市万州区人民法院经审理认为,李方某与其妻虽是合法夫妻关系,但认定李方某对妻子的投水自杀负有法定的救助义务缺乏法律依据,妻子的死亡也并不是李方某的不救助行为直接导致的。法院作出一审判决,李方某无罪。

上述四起杀妻案中,有三起被法院判决有罪,而且都构成故意杀人罪,被判处的刑罚有4年、6年不等的有期徒刑;有一起被法院判决无罪。应当说,上述四起杀妻案在基本案情上是十分相似的,但是司法审判的结果却大相径庭。这说明,司法审判人员(审判机关)对夫妻间见死不救行为的法律评判存在重大差异甚至尖锐对立:多数审判人员认为,作为被告人的丈夫的行为构成故意杀人罪(不作为),因为作为被告人的丈夫负有救助其妻的特定作为义务,但是他在能够履行时而不履行该义务,放任其妻自杀身亡,故其行为构成故意杀人罪(不作为);少数审判人员认为,作为被告人的丈夫的行为不构成犯罪,因为作为被告人的丈夫并未积极实施危害其妻子生命安全的行为,妻子死亡也并不是被告人不予救助的行为直接导致的结果,法律上(尤指刑法上)亦未明确规定夫妻一方在另一方发生危险时有救助的作为义务,从而根据罪刑法定原则和刑法谦抑性的要求,对被告人的行为不认定为犯罪。

可见,"夫妻之间见死不救行为是否成立不作为的故意杀人罪"这个问题,主要涉及如何认识和理解夫妻之间的作为义务的具体内容,尤其是如何认识夫妻之间的相互扶养义务,以及夫妻之间是否存在相互救助义务。对此,有人认为婚姻法只规定了夫妻之间具有相互扶养的义务,而没有明文规定相互救助的义务,从而,夫妻之间见死不救的行为,由于并不存在不作为犯罪的前提即作为义务,就不能成立不作为犯罪。但是,这种看法可能不全面。

笔者倾向于认为,应当确认夫妻之间的相互救助义务,理由有四:①婚姻法的明确规定。婚姻法明确规定夫妻之间具有相互扶养义务,表明了夫妻之间有相互给予生活帮助和照顾的法定义务,这种法定义务的内容当然包括夫妻之间的相互救助义务。因此,在夫妻一方面临死亡威胁时,应当确认另一方具有给予救助的义务。从普通百姓的认知层面、道德层面上来讲,如此理解和认定应当说是比较合理的,完全可以成为一种法律"常识、常情、常理"。从而,夫妻之间见死不救行为可以成立不作为故意杀人罪。这是我国目前比较通行的一种作为义务根据的解释理论。②作为义务根据理论的新发展。现在还有一种新的作为义务根据的解释理论,对于解释夫妻之间见死不救行为作出了有罪解释(其核心是有作为义务)。这就是德国刑法理论所提出的"密切的社会群体关系说",即认为,作为义务的法理根据在于社会中人与人之间较密切的群体关系,如家庭关系、共同生活关系(包括同居者之间的关系)、同事关系等,都能够成为作为义务的法理根据。尤其是特定近亲关系,包括直系血亲关系、夫妻关系、父母子女关系、兄弟姐妹关系,自然存在基于特定近亲关系而产生的作为义务(保护义务)。显然,作为义务根据的"密切的社会群体关系说",十分有利于解释困扰中国刑法理论的夫妻见死不救行为的入罪根据问题。这里,顺带梳理一下作为义务根据的理论逻辑问题。有理论认为,作为义务根据分为两种,一种是对特定法益之保护义务,另一种是对特定危险源之防御义务(责任)。前者对特定法益之保护义务包括四种情况:特定亲近关系,特定共同体关系(如同居与共同探险),自愿承担保护义务者(如合同行为与自愿行为),具有保护义务的公务员、法人及法人组织成员。后者对特定危险源之防御义务也包括四种情况:危险物的监督者(房屋坠物),管护无行为能力人之人,先行行为(危险密切关系且违反义务),商品制造者责任(如汽车和药物等)。③已有判例的主导立场是确认夫妻之间存在法律上的救助义务。④有效防范亲人谋杀。在仅有二人在场的封闭场合,通常又是在自己家里,夫妻中的某一方若是谋杀对方,则往往难于取证,那么,通过对夫妻之间救助义务的有效确认,十分有利于增强夫妻之间的救助意识,也有利于防止亲情谋杀的恶性事件发生。

2. 剥夺他人生命的行为具有"非法"性质

对于剥夺生命行为在法律性质上是否具有"非法"性,一般比较好判断,例如,执行死刑命令的行为、正当防卫行为等是"合法"行为。

但是,在某些特殊情形下,判断可能有些困难。例如,为保全自己的生命而紧急避险,进而剥夺他人的生命的行为,是否合法?即以杀他方法自救的行为在法律上是否"非法"?再如,同意杀人的行为是否"非法"?下面对此两个问题展开讨论。

(1)以杀他方法自救的行为在法律上是否"非法"?

对此,国内外都有真实的案例发生,并且在理论研究与司法实践中都有肯定与否定两种不同的看法。下面介绍几起著名的真实案例。

【案例9】英格兰达德利和斯蒂芬斯谋杀案①

英格兰1884年"女王诉达德利和斯蒂芬斯案"。达德利和斯蒂芬斯是一只失事船上的海员,二人乘坐小艇在海上漂浮了20多天,滴水未沾,更没有吃任何食物,生命垂危。在达德利的教唆之下,斯蒂芬斯杀死了一名服务员,然后二人分食了该服务员的尸体和血液。4天后,二人获救。

该案的判决情况:先是以谋杀罪名判决二人死刑;后来又被改判为6个

---

① 参见刘为波:《紧急避险限度条件的追问》,载陈兴良主编:《刑事法判解》(第1卷),法律出版社1999年版,第341—377页。

月拘禁。审判法官科里奇和王座法院认为:紧急避险不能成为谋杀罪的辩护理由;同时,不存在任何一般法律原则使得一个人有权为了保全自身而去剥夺一个无辜者的生命,因为本案陪审团仅仅认定,如果被告人不那样做,饿死只是"可能的"而非"必然的"。因此,有学者推断说:从陪审团的意见来看,似乎在饿死是"必然的"情形下,就可以允许实施紧急避险行为。

【案例10】美国霍姆斯紧急避险案①

1842年的一场风暴中,霍姆斯在一艘拥挤不堪的救生船上,为了使船能够安全航行而下令将某些乘客强行扔下海去,最终救生船安全获救。后来霍姆斯被判有罪,但是,法官在判决书中同时指出:如果霍姆斯采取抽签方式决定哪些人被扔下海,则霍姆斯的行为是合理的。

显然,该判决所要说明的是:霍姆斯有罪并不是因为他不应该进行紧急避险,而是方法不当才获罪,属于"技术上的错误",并扩大了"价值上的错误"。这就是"程序正义说"的基本立场。在二者择一的紧急情况下,只要采用了公正、合理的程序来决定谁生谁死,杀人行为就有条件成为紧急避险。

【案例11】李巧某紧急避险涉嫌故意杀人案②

被告人李巧某,女,21岁,某县委干部,某日李巧某骑自行车下乡工作,途中遇一男青年企图抢车。她环顾四周旷无人烟,又天近黄昏,要反抗只会遭横祸。于是她主动向对方表示:如想要车,只管推走,不要伤害她。那男青年当即表示同意,并准备推车。这时,李巧某又说"自行车你拿去好了,车上那打气筒是我借的,把气筒给我吧,我好还给人家。"那人也表示同意,李巧某便动手卸打气筒。抢劫犯弯下身子检查车子,看是否好用,以便迅速离开现场。这时李巧某突然趁其不备,用才卸下来的打气筒朝弯腰低头的抢劫犯的后脑猛击一下,将抢劫犯击倒在地,赶忙骑车去报案。当李巧某来到最近的一个村子时,整个村子一片漆黑,只有一户人家从门缝露出一线灯光,李巧某便投奔光亮而去。这家有母女二人,母亲50多岁,女儿19岁。李巧某向主人说明遭遇后,母女深表同情。老太太说,天色已晚,公安派出所还在较远的大村子,路途不安全,邀李巧某当晚留宿她家,明早再去报案。李巧某思量再三,只好暂留一宿,并对主人表示感谢。老太太又恐客人害怕,让女儿陪宿。这家是独门独舍,院落很小,老太太与女儿住北房,儿子住西房,大门在南面。儿子外出,老太太让女儿陪同客人住西房。

抢劫犯姓张,22岁,社员。当天下午从水库工地回家,路遇李巧某,遂萌生歹念,抢车未遂,反被击昏,天黑后逐渐苏醒过来,情绪沮丧,悻悻而归。

---

① 参见〔美〕迈克尔·D.贝勒斯:《法律的原则——一个规范的分析》,张文显译,中国大百科全书出版社1996年版,第388—389页;同时参见刘у波:《紧急避险限度条件的追问》,载陈兴良主编:《刑事法判解》(第1卷),法律出版社1999年版,第341—377页。

② 参见陈兴良主编:《刑事法判解》(第1卷),法律出版社1999年版,第313—314页。

李巧某借宿的正是他家,主人是他母亲和妹妹。他一进门便发现自己抢过的自行车在院内。急忙问明来历,母亲便把投宿人的遭遇叙说了一遍。罪犯张某听后十分惊慌,急忙问明李巧某睡觉的位置和方向。老太太说,李巧某睡在外侧,女儿睡在内侧,头朝北。罪犯张某摘下窗上铡草用的铡刀,悄悄拨开房门,走进房间,在黑暗中摸准睡在炕外侧的人头,照脖颈部猛砍一刀,又悄声回到北房,才对母亲说,抢自行车的人就是他,李巧某已经认识他,为了逃避揭发,已将李巧某杀死。老太太原本同情李巧某的遭遇,并不知抢劫犯竟是自己的儿子,如今却同情起儿子来,忙从柜子里拿出半新的被絮,同儿子一起悄悄走进西房,将尸体包起,抬到田间扔进深枯井湮灭罪迹,满以为这样就可以逃避惩罚,甚至可以瞒过女儿耳目。实际上,李巧某在罪犯的妹妹陪同睡下后,由于傍晚发生的被抢和击倒罪犯的事件,心情难以平静,久久不能入睡,加之院小房近,夜深人静,罪犯母子的谈话、摘铡刀、拨门的声音都听得一清二楚。她极度恐慌,急中生智,在不得已的情况下,悄悄移动罪犯妹妹,将她推到土炕外侧,自己睡到她的位置上。罪犯的妹妹劳累一天,又年轻贪睡,上炕后头挨枕头就进入梦乡,对所发生的事情一无所知。因此,罪犯张某杀死的实际是自己的妹妹。李巧某乘罪犯及其母抬尸外出之机,骑车回县公安局报案。

对于"李巧某紧急避险涉嫌故意杀人案",司法审判认定李巧某的行为不构成犯罪,理论上也很少有学者认为李巧某的行为构成犯罪,多数学者认为李巧某的行为成立紧急避险,而不构成犯罪,但在具体理由上却各有见解。① ①有益无害说。这种观点笼统地说李巧某的行为不但是一种紧急避险行为,而且是一种善于同犯罪作斗争的英雄主义行为,对社会有益无害;至于罪犯的妹妹被罪犯所杀,完全是对罪犯恶行的一种报应。②不得已说。该说认为,李巧某在紧急危险状态下,既不能逃跑,又无力与罪犯搏斗,因此,与罪犯妹妹交换位置是不得已的避险行为,符合紧急避险的条件。③无犯罪行为说。该说认为,李巧某是以交换位置来逃脱自己被害,在主观上虽然有牺牲罪犯妹妹的生命来保全自己生命的思想,在客观上罪犯妹妹却不是李巧某杀的,因此,李巧某既不能负直接杀人的责任,也不能负间接杀人的责任,对罪犯妹妹负杀人责任的,只能是罪犯本人。④缺乏因果关系说。该说认为,罪犯妹妹死亡的结果根本就不是由李巧某的行为所导致的,李巧某的避险行为只是一个条件,罪犯本人的杀人行为才是决定因素。因此,李巧某的行为不构成故意杀人。笔者认为,李巧某的行为具有紧急避险的性质,也具有无"期待可能性"的性质,因此,不宜定罪。

以上诸案例,可以看出人们对以杀他方法自救行为的不可罚性问题持有两种不同的立场:肯定说(合法性)的立场与否定说(非法性)的立场。

---

① 参见高格:《正当防卫与紧急避险》,福建人民出版社 1985 年版,第 120—122 页;同时参见刘为波:《紧急避险限度条件的追问》,载陈兴良主编:《刑事法判解》(第 1 卷),法律出版社 1999 年版,第 341—377 页;高铭暄主编:《刑法学原理》(第二卷),中国人民大学出版社 1994 年版,第 247—248 页;刘明祥:《紧急避险研究》,中国政法大学出版社 1998 年版,第 79 页。

肯定说(广义上包括有条件地肯定说)认为,在紧急避险的情形下剥夺他人生命的行为,也就是说在不得已的情况下以剥夺他人生命为代价的紧急避险行为是合法的或者非犯罪的。我国有学者举例说:某甲受到不法侵害,不得已身背幼子跳入河中,企图渡江逃避,但是行至河中心,力乏难支,若不弃子河中,势必同归于尽,因此,不得已弃子求生,最后才得以过河脱险,这时行为人的行为应当认为是合法的紧急避险。

否定说认为,以剥夺他人生命为代价的紧急避险行为仍然为非法。这些学者经常举例说:某甲、某乙同时在大海上因翻船遇险,为抢一根救命漂浮物(但该漂浮物仅仅能够支撑一人),于是某甲将某乙推开或者杀死的行为,就是非法的杀人行为。

应当说,这确实是一个两难的问题,绝对的肯定说与绝对的否定说可能都难以合乎正当性。但是,从实践理性的角度看,肯定说的观点占上风,也更有说服力;问题只是如何理解和掌握好紧急避险的客观条件、行为方式、必要限度等要素。即使是实践中的一些有罪判决,其所陈述的理由无不表达了一种相对务实和相对肯定的观点。

肯定说所提出的法理根据,大致有以下各种学说:法益均衡说、无期待可能性说、缺乏相对意志自由说(无主观任意选择说)、阻却违法说、阻却责任说、无优化选择可能性的国家放任说(宽松原则)、程序正义说等。但是也应当明确,紧急避险与道德无涉,更非道德高尚之举,而仅仅是刑法不制裁而已。

康德和卡斯东等学者持比较绝对的看法,即在任何情况下都不应该作为犯罪而受到惩罚。康德在其著作《法的形而上学原理——权利的科学》一书中指出,行为人为了保全自己的生命而牺牲他人的生命,是不能作为犯罪来处罚的:"事实上没有任何刑法会对下述的这样一个人处以死刑:当一条船沉没了,他正在为了他的生命而推倒另一个人,使后者从木板上掉入水中,而他自己在木板上免于死亡。因为法律惩罚的威胁不可能比此时此刻害怕丧失生命的危险具有更大的力量。这样一条刑法,在此时完全失去了它所意图达到的效力。因为一个尚未确定的威胁——例如法庭判决死刑——不能超过对那种灾祸的恐惧(例如在上述情况下肯定会淹死)。但是,这样一种为了自我保存而发生的暴力侵犯行为,不能视为完全不该受谴责,它只是免于惩罚而已。"[1]卡斯东·斯特法尼则从以下三个方面阐述了绝对免责的理由[2]:第一,从社会的角度,该种行为可以在所不问,因为,社会并无任何利益去偏袒一个生命而轻视另一个生命;第二,从法理的角度,该行为是一种"刑法外"的行为,刑法既无法强迫人们作牺牲,也不得将英雄主义强加于人;第三,从刑罚目的的角度,该行为之所以发生,并不是由于行为人具有反社会性格,并不能表明行为人有任何主观恶性,因此,对行为人施以刑罚并无任何"矫正"与"威慑"的价值。

再如,无优化选择可能性的国家放任说(宽松原则)很好地说明了以下两种情形无罪的合理性。一种情形是,两名落难者争抢木板的情形,如果两名遇难者争抢一块

---

[1] 〔德〕康德:《法的形而上学原理——权利的科学》,沈叔平译,商务印书馆1991年版,第47页。
[2] 参见〔法〕卡斯东·斯特法尼等:《法国刑法总论精义》,罗结珍译,中国政法大学出版社1998年版,第367页;同时参见刘为波:《紧急避险限度条件的追问》,载陈兴良主编:《刑事法判解》(第1卷),法律出版社1999年版,第341—377页。

只能承受一人的木板,其中一人将另一人推开而致另一人死亡,那么他将被免除任何刑事责任,因为他的行为是为保全其生命所必需的。另一种情形是,产科医生为了保全母亲的生命而不得已牺牲临产婴儿的生命,也不应该受到刑事追究。因为,在上述两种两难选择的情形下,行为人或者国家都无优化选择可能性:要么失去两个生命,要么救一个生命,对此国家应当采取放任态度与宽松原则来处理。对此,我国学者赵汀阳也提出了"价值上的错误"与"技术上的错误"的概念,很有启发意义。赵汀阳指出:"人们在解决选择难题时所犯的错误,并不是价值上的错误,而是技术上的错误,这就是说,既然无论怎样选择在价值上都是一个错误,那么所谓价值上的错误就不再是一个错误。但是在技术上的不谨慎却很可能扩大在价值上的错误,以至于造成某种不可容忍的结果。"①这种论述的价值在于,一是可以很好地说明,为什么不能对符合紧急避险条件的案件定罪,如前述两个案件中的被告人,因为没有发生"技术上的错误";二是可以很好地说明对于某些案件中行为人予以定罪的合理性,如著名的"美国霍姆斯紧急避险案",由于霍姆斯没有采用公正合理的程序来决定生死大事,所以霍姆斯的行为就属于"技术上的错误",并直接导致扩大了"在价值上的错误"。赵汀阳还提出了解决两难选择问题的两个技术原则:其一,如果在选择两难中,一种选择所导致的罪过是不可弥补的,另一种选择所导致的罪过是有可能弥补的,那么,应当选择那种可弥补的罪过而避免那种不可弥补的罪过;其二,如果两种选择所导致的罪过都是不可弥补的,那么应当选择有比较积极结果的一方。如果"两种选择所导致的罪过都是不可避免的,而且都有或者都没有比较积极的结果,那么必须承认根本没有什么比较合理的办法。人类无论在思想上还是在实践上都会有局限"。赵汀阳的论述也契合了无优化选择可能性的国家放任说(宽松原则)的基本立场。

(2)同意杀人的行为是否"非法"?

【案例12】江西钟某经被害人请求后杀人案②

2010年10月,六十多岁的钟某与老汉曾某同在县城摆地摊给人看病时相识,不久,曾某就跟钟某提起自己有病,每次发病都生不如死,很想自杀,且多年前曾有一次自杀未遂。后钟某在城里又见到曾某,曾某再次提起有病想自杀的事,并再三请求钟某在自己吃完大量安眠药并叫其四五声不回应后将其掩埋,不然尸体会变臭,而且若不同意,死后变成鬼都不放过钟某。后钟某劝说未果,便答应了曾某的请求。次日钟某就带曾某到家后面的栗树园确定掩埋尸体的地方,而且曾某自己用铁锹挖了准备埋其尸体的坑。几天后,曾某来到钟某家,对钟某称其买到了安眠药准备自杀。午饭后,曾某又从钟某家带了点水,以备事先带的水不够吃药用,便先行到了钟某家后面有栗树的山上,并在事先挖好的坑里吃了安眠药,此时钟某到达,约十五

---

① 赵汀阳:《论可能生活》,生活·读书·新知三联书店1995年版,第153—156页。
② 参见《助人"安乐死"领刑两年 原被告家属均喊"冤"》,载东方网(http://news.eastday.com/s/20110810/u1a6045194.html),访问日期:2011年8月11日。

六分钟后,钟某叫了曾某四五声不见其回应,便按要求用泥土将曾某埋了。案发后,经鉴定,曾某系窒息死亡。江西省赣州市龙南县人民检察院指控钟某犯故意杀人罪并向法院提起公诉。法院判决钟某犯过失致人死亡罪,判处有期徒刑 2 年。

上列案例中钟某行为的性质如何认定,实践中有四种不同意见[①]:一是本案系"安乐死",有待立法规制;二是钟某行为系帮助自杀,构成故意杀人罪;三是钟某对曾某的死亡结果持放任态度,主观方面系间接故意,构成故意杀人罪;四是钟某主观方面系疏忽大意的过失,构成过失致人死亡罪。对此案争议的上列诸多问题,由于与此处讨论的"同意杀人"缺少关联,故暂不予以展开。

笔者倾向于认为,钟某的行为虽然也具有"帮助自杀"的性质,但是本案在法律上应认定为同意杀人行为,具有非法性,涉嫌故意杀人罪。

所谓同意杀人,是指受被害人的嘱托,或者得到被害人的承诺而实施的杀人行为。因此,同意杀人具体包括受托杀人与得承诺杀人两种情形。

在现代各国刑法理论中,经被害人承诺的行为,一般被认为是犯罪阻却事由或者辩护事由。但从立法例来看,目前仅为数不多的几个国家或地区刑法对"同意杀人"的刑事责任作出了明确的规定,如日本、韩国等。在这些国家或地区刑法中,对受托杀人与得承诺杀人行为刑事责任的规定,通常轻于一般故意杀人。如日本刑法对同意杀人(嘱托、承诺)罪规定的刑事责任为"6 个月以上 7 年以下惩役或者监禁",而一般故意杀人罪最高则可至死刑;在刑法没有对"同意杀人"的刑事责任作出特别规定的国家或地区,如我国,一般认为"同意杀人"在性质上与一般故意杀人并没有本质的不同,不同点仅在于刑事责任存在轻重之别。[②] 这些情况表明,同意杀人的行为在国内外均认为具有"非法"性质。

(三) 故意杀人罪的有责性类型(主观方面要件)是故意,包括直接故意和间接故意

直接故意杀人构成故意杀人罪自不待言,间接故意杀人构成故意杀人罪通常也没有太大疑问,但是间接故意杀人中还有一些问题值得注意。

间接故意杀人大致有三种情形:第一种情形是,行为人为追求一个直接故意杀人的目的,而放任另一个死亡结果发生的情形。例如,某甲杀妻心切,往其妻子碗里投放毒药,从而放任其幼子死亡。第二种情形是,行为人为追求一个非犯罪目的,而放任他人死亡的情形。例如,某甲打猎,对于猎物旁边玩耍的小孩的安危放任不管,结果导致小孩死亡。第三种情形是,在突发性的犯罪中,行为人不计后果,而放任他人死亡的情形。例如,临时起意行凶,捅一刀就走,结果放任他人死亡。

---

① 参见王恰:《安乐死,故意杀人,抑或过失致死?》,载法律博客(http://lawyerwangqia.fyfz.cn/art/948572.htm),访问日期:2011 年 3 月 25 日。
② 参见朱本欣:《简论"同意杀人"的刑事责任问题》,载京师刑事法治网(http://www.criminallawbnu.cn/criminal/Info/showpage.asp? showhead=&ProgramID=20&pkID=8524&keyword=),访问日期:2010 年 11 月 1 日。

应注意间接故意杀人与意外事件的区分。一般认为,区分的关键是:在认识上,行为人是否"明知"行为会引起他人死亡的结果发生;在意志上,行为人是否"放任"他人死亡结果发生。但是,这两者往往也不好区分。例如,肖中华博士曾经谈到这样一个案例:

【案例13】某甲因开玩笑致人喝毒药死亡案①

女工某甲,长期住在厂长某乙家中,与某乙日久生情并有不正当两性关系,但是感情真挚要好。在出事前的一段时间,由于工厂效益不好,生产经营十分艰难,因此某乙心情很糟、闷闷不乐,也不愿意对他人倾诉,担心影响职工稳定。一天,某甲同某乙、某乙之妻等朋友一起喝酒,某甲往杯中倒酒,某乙之妻就说某乙不能喝酒了,这时某乙则说"能喝,就是毒药我也能喝"。某甲就开玩笑地问"你家毒药在哪儿",并取来"1059"剧毒农药倒入某乙的杯子里。某乙就举起杯子,问妻子说:"我喝了?"其妻子也开玩笑说"你喝吧"。于是,某乙真的就喝了一大口毒药。后某乙经抢救无效死亡。

案例13中,某甲是否应当负间接故意杀人的责任? 否。肖中华教授认为,案例13应定性为意外事件,某甲的行为不构成故意杀人罪,可以从认识因素和意志因素两个方面来分析。

二、故意杀人罪的司法认定

故意杀人罪在司法认定上还有许多疑难问题不好把握,需要综合运用刑法教义学原理、社科刑法学方法和刑法解释学方法进行谨慎定性处理。这里择其要者谈以下诸问题:

(一) 安乐死问题②

【案例14】贵州徐永贵病榻前勒死生父案③

2010年1月22日,被害人徐世扩因车祸受伤后一直瘫痪在床,由其子徐永贵等家属照顾,2010年5月14日6时许,被告人徐永贵在贵阳市旭东巷63号1楼5号其租住房内用绳子将徐世扩勒死在床上。公诉机关认为,被告人徐永贵故意杀人,致其父徐世扩死亡,其行为已触犯《中华人民共和国刑法》之规定,应以故意杀人罪追究其刑事责任。

【案例15】上海梁某某电击老母亲案④

2002年有媒体报道说,上海67岁老人梁某某对其身患绝症的92岁老

---

① 参见肖中华:《侵犯公民人身权利罪》,中国人民公安大学出版社1998年版,第21—22页。
② 这里有关安乐死问题的论述,系作者与肖敏博士合作研究成果。
③ 参见金黔在线:《儿子在病榻前勒死瘫痪父亲,称是应其请求》,载新华网(http://news.xinhuanet.com/legal/2011-02/23/c_121113274.htm),访问日期:2011年2月23日。
④ 参见魏东:《刑法各论若干前沿问题要论》,人民法院出版社2005年版,第70页。

母亲以电击方式实施安乐死,于5月31日被判处有期徒刑5年。

【案例16】中国首例"安乐死"案件——陕西汉中夏某安乐死案①

1986年6月的陕西省汉中市传染病医院住院部病人夏某(女)患"肝硬化腹水、肝性脑病"等绝症,痛苦不堪;其子王某反复哀求医生蒲某进行安乐死,蒲某便为绝症病人夏某实施了安乐死。汉中市人民法院于1991年4月6日判决王某和蒲某无罪(但是,判决书中明确表明"蒲某、王某两被告的行为属于剥夺公民生命的故意行为,但情节显著轻微,社会危害不大,不构成犯罪,依法宣告两被告无罪");因为被告上诉,同时检察院也抗诉,当时的汉中地区中级人民法院依法进行了二审,裁定驳回汉中市人民检察院的抗诉和蒲某、王某的上诉,维持汉中市人民法院的刑事判决。

【案例17】周听英安乐死案②

1990年上半年,北京市民周听英(女,56岁,某科学院计算中心副主任)因为乳腺癌手术后癌细胞扩散,导致病入膏肓而痛苦不堪,其本人强烈要求安乐死,在征求其家属同意后,医院决定为其进行安乐死,最终周某在和其丈夫拥抱中微笑死亡。这次医生和死者都很幸运,不但医生没有被追究责任,而且死者还得到了崇高评价:邓颖超于1990年5月称赞周听英女士"进行了一次常人所不能进行的对死的革命,她死的伟大,生的光荣……她是一位真正的唯物主义者……"

最首要的问题,就是明白什么叫安乐死。关于安乐死有不同的定义,目前情况是众说纷纭。一般认为,安乐死最早源于希腊文,是希腊文"美好"和"死亡"两个字所组成的,因此其本意是指无痛苦的幸福的死亡。③ 在现代,安乐死却有广义、中义、狭义三个层面上的解读。

广义的安乐死观认为,安乐死意旨针对无价值或有缺陷的生命而采取积极主动或消极放任的方式来结束其生命。该层面上所解读的安乐死,其对象包括:有严重先天缺陷的婴儿、濒临死亡而又极端痛苦的病人、严重精神病患者和植物人。从生命质量的角度来看,该几类人的生命有重大瑕疵,他们的生命存在本身不但给自己带来痛苦,给亲友带来痛苦,也给社会带来沉重的负担,生命呈负价值状态。从功利主义的观点来看,若结束该有重大瑕疵的生命是无可厚非的;但从人类情感的角度来讲,对该几类人的生命绝对地实行人为终结却是令人无法接受的。这也是人类理智与情感的悖论。尤其在人类历史上,"二战"中德国以安乐死为借口,从处死严重先天缺陷的婴儿到严重精神病患者再到所谓的低劣民族,安乐死成为政治斗争灭绝他族的卑鄙手段,无疑造成了很坏的影响,引起了世人的恐慌。德国的做法实际上是漠视个体生

---

① 参见魏东:《刑法各论若干前沿问题要论》,人民法院出版社2005年版,第70页。
② 转引自翟晓梅:《死亡的尊严》,首都师范大学出版社2002年版,第265—266页;原载《她在安乐中离去》,载《北京晚报》1991年2月2日,第6版。
③ 参见徐宗良等:《生命伦理学:理论与实践探索》,上海人民出版社2002年版,第252页。

命,是对安乐死的滥用。所以广义的安乐死从过去到现在基本上不为世人所接受,而且在现实生活中也是被严厉禁止的,其基本的表现是,这些行为中许多行为可能成为刑法所规定的犯罪,甚至可能成为国际法所规定的严重犯罪。

中义的安乐死观认为,安乐死意旨针对濒临死亡而又极端痛苦的病人采取的消极或积极的方式来终止其生命。因此,中义的安乐死观一般将安乐死分为积极安乐死(仁慈杀死)与消极安乐死(听任死亡),或者自愿安乐死和非自愿安乐死。① 积极安乐死是采取积极措施造成病患者的死亡,如注射加速病人死亡的药剂。消极安乐死是不予积极救治或中止治疗,采用消极放任病人死亡的方式,如撤掉维持生命系统的医疗设备。自愿安乐死是根据病患者在神志清醒的情况下作出的有效意思表示而进行的安乐死。非自愿安乐死是在病患者处于神志不清无法表达自己意愿的情况下由其亲属代为表示而进行的安乐死。但笔者认为,中义的安乐死观的范围仍失之过宽。

狭义的安乐死观认为,安乐死只能是因为不能治愈的疾病带来肉体、精神痛苦且濒临死亡,病人自主自愿地表示愿意放弃治疗或采取某种医学措施来加速死亡进程,死亡过程必须是无痛的、保持人的尊严的。狭义的安乐死观突出强调了"意思自治",并突出了安乐死的三个基本特性:一是自主自愿性;二是无痛苦性;三是人格尊严性。由于该层面上所解读的安乐死是以当事人的个人选择为基础,因而排除了被迫或非自愿行为,充分保障了当事人的权利。生命权无疑是人自身极其珍贵的权利,生命权是作为主体的当事人享受其他利益和权利的载体。因此任何违背当事人意愿、剥夺其生命的行为,都不应当具有合法性。所以,尊重意思自治原则成为安乐死的前提条件。因此笔者认为,狭义层面上的安乐死,既可严格限制适用对象,又基本符合法律上意思自治的原则。

但是,即使针对狭义的安乐死观,目前世人的看法仍然存有重大争议,这种争议和分歧可以概括为三种基本立场:赞成、反对、第三条路线(即通常意义上的被动安乐死)。以下从价值和事实层面上对狭义安乐死进行剖析,提出笔者关于法律上规制安乐死的基本立场。

1. 安乐死与价值权衡

安乐死的价值权衡,可以从生命权的价值属性、意志自由的价值判断、人道主义的价值分析、个人主义的价值构造等四个方面进行阐释。

(1)生命权的价值属性。

对于生命权的价值解读,历史上就有生命神圣说和生命质量说。古希腊哲学家毕达哥拉斯认为生命是神圣的,因此人不能结束自己和别人的生命。儒家经典《孝经》主张"天地之性,人为贵",仍然是生命神圣说。而生命质量说则主张,生命本身并

---

① 自愿安乐死可以分为自愿的积极安乐死与自愿的消极安乐死,非自愿安乐死也可以分为非自愿的积极安乐死与非自愿的消极安乐死。此外,还有学者认为,安乐死的分类中还应包括"医生帮助自杀"(physician-assisted suicide),是指由医生提供药品或者其他干预措施,用以帮助患者有意使用它们自杀。但是这种分类方法也受到了部分学者批评。参见翟晓梅:《死亡的尊严》,首都师范大学出版社2002年版,第5页。

不能当然证明生命的神圣性,唯有生命质量才能够衡量一个生命是否有价值。生命质量是指生命的某种质、特征或性质。现代生命价值论认为,生命神圣说和生命质量说实质上是相辅相成的,生命之所以神圣就在于生命具有价值和创造性,人能成为万物之灵是因为人是会思想的;正因为生命有质量所以生命才是神圣的,两者结合形成现代生命价值说。

《世界人权宣言》第3条规定:"人人有权享有生命、自由和人身安全。"对该规定应当如何解读?有学者认为,就如同婚姻自由包括结婚自由和离婚自由一样,生命权当然包括生的自由和死的权利,而后者往往被概括为优死权。生命权到底是归属于个人、国家或两者共有?若生命权归于个人,则根据私人意思自治原则,当事人可任意处分自己的生命,如参加高危活动(攀岩、潜水、拳击),如自杀。但是,当今世界各国法律普遍规定,如果当事人承诺或允许他人杀死自己,则这种授权与委托一般是无效的,从而为法律所禁止。尽管在一般法理上,被害人承诺可以作为违法阻却事由或者阻却可罚事由,因为法益主体有权允许他人实施侵害自己可以支配的权益的行为,但这种允许在权限上应当有一定的限度,其中作为例外从而当事人不能私自允许的就是生命权益,即认为个体的生命权具有不可允许性,因此,即使是帮助自杀、私自决斗等行为,国家也会追究接受允许者故意杀人的刑事责任。因此可以说,生命权并不具有完全彻底归于个人处分的性质。只有国家可以依法处分个体的生命权,其处分方式大致有两种:一是限制作为生命权主体的个体通过某种法律所禁止的方式处分其自身的生命权,二是国家追究和处罚犯罪人可依法适用剥夺其生命的死刑。国家之所以对个体生命采取保护人的姿态,是因为独立的个人构成社会与国家,如同树木形成森林,砍伐每一棵树木,都会减损森林;但又从尊重个人意志角度出发,国家在禁止个体擅自处置其自身生命权的前提下,一般又对经过被害人承诺的剥夺其生命的行为予以相对较轻的处罚。

因此可以得出结论:在一般法理上,生命权并不当然可以作为生命权主体的个体擅自进行积极处分,国家采取对个体生命权严格保护和严格限制个体擅自处分个体生命权的措施;国家可以适当处分个体的生命权,并且突出强调国家对生命权的处分必须严格依照法律明文规定,不能越雷池半步。可见,安乐死涉及人的生命权,必须通过国家立法的认同才可以合法化。

(2)意志自由的价值判断。

关于人的意志是否是自由的争论,自古以来主要分为两种观点:决定论和非决定论。决定论认为历史是必然的,存在环环相扣的因果关系。人是必然的产物,人是绝对无意志自由进行选择的;更由于原因与结果的联系非常复杂,而人的理性(认知能力和决断能力)是有限的,故人无法清楚认识因果关系,从而不能明白自己自以为的自由实质就是命中注定的。非决定论以理性人为前提假设,认为人是具有理性的,有辨别控制能力,人能根据利害关系,趋利避害,采取行动。但决定论与非决定论的观点都存有疑问,人既不是绝对无知无为的被动体,也不是全知全能的精灵,人应当是具有相对意志自由、具有思想和活动能力的高级动物。人自由意志的选择都或多少被打上周围环境的烙印,环境构成了人可选择的范围。人的自由也是在相对空间和时间内的自由。从而,法律所保障的人的自由就是在秩序下的自由。

人具有生存权,这是作为个体所享有的基本权利,其反面是死亡权。自杀在天主教传统国家曾被认为是恶,死后不能安葬于教堂公墓中。到如今伦理上认为人不应该自杀,毕竟生命是宝贵的和不可逆的;但同时,对基于个人自我选择的自杀,法律上往往采取一种容忍态度,基本上没有法律规定自杀者应当负刑事责任。而安乐死实质上可以说是一种特殊的自杀行为,因为不能治愈的疾病带来肉体、精神痛苦且濒临死亡,病人自主表示愿意放弃治疗或采取某种医学措施来加速其死亡进程。因此,笔者反对在病人丧失意识的情况下对其采取死亡措施,无论这种死亡措施是消极的还是积极的行为。安乐死是自愿死亡,是在某种绝望的环境下,病人相对意志自由的体现,当然这种自由和一般的自杀相比,实际上是一种"无奈的"自愿,病人为免受痛苦,为保持作为人的特有尊严,为节约资源成本而采取的相对自由行为。为了尊重人的相对的自由意志,安乐死可以成为体现人的自由意志的合法行为。

(3)人道主义的价值分析。

人道主义的基本点是对人的态度上的一种伦理原则和道德规范。中国儒家的核心价值观"仁"被认为是人道主义,是一种朴素的观念。而仁的其中一个重要意义是爱。按照孟子的说法,仁爱的其中一个基础是人皆有之的不忍人之心或恻隐之心,"所以谓人皆有不忍人之心者",看见小孩快掉进井里,人都会产生怵惕恻隐之心,而恻隐之心,是仁的发源,仁爱的基础是推己及人。在中国古代差序格局的社会,仁是有差等的,是推己及人的。在这种富于伸缩性的网络里,随时随地是有一个"己"作为中心的。[1] 因此,中国古代的仁与近现代意义上的人道主义还是有区别的。

一般认为,人道主义源于基督教传统,发展于文艺复兴时期,"人道主义是一种以人为中心和目的,关于人性、人的价值和尊严、人的现实生活和幸福、人的解放的学说"[2]。人道主义是视人本身为最高价值从而主张把任何人都首先当作人来爱、来善待的思想体系。[3]由此可见,人道主义是一种博爱主义。从人道主义出发,为避免人因疾病受到折磨、非人的或降低人尊严的待遇,为了保持人性、人的价值和尊严,应该使安乐死合法化。

(4)个人主义的价值构造。

个人主义又称为个人本位,个人主义并不是我们通常所说的自私自利和自我中心。个人主义是由四个单元观念——人的尊严、自主、隐私和自我发展——构成的。[4]在原始社会,因生产力极度低下,单独的人类个体无法在严峻的环境下存活,必须结成群体,相互配合与协作。个体湮没于种群中。当时,人是作为类而不是作为个体而存在并凸显的。西方个人主义的源头可以追溯到古希腊,古希腊城邦制度时,贸易、经

---

[1] 参见费孝通:《乡土中国 生育制度》,北京大学出版社1998年版,第28页。
[2] 陈兴良:《刑法的价值构造》,中国人民大学出版社1998年版,第431页。
[3] 参见王海明:《公正、平等、人道——社会治理的道德原则体系》,北京大学出版社2000年版,第130页。
[4] 参见〔英〕史蒂文·卢克斯:《个人主义》,阎克文译,江苏人民出版社2001年版,第115页。

济、政治因生产力水平有所提高而有了较充分的发展,形成贵族阶层,不用为生计奔波,可以从事精神生活的探讨,也开始探讨对个人的了解。苏格拉底提出"认识你自己"的口号,实际上也表明对个人的关注。作为独立个体,个人所担负的使命是认识自己的能力,化可能为现实,显示每个人的独特性。个人从人类中逐渐分离出来。近代,个人主义在美国的发展,源于殖民地开拓时期清教徒的个人奋斗、基督新教和17世纪欧洲启蒙运动。文艺复兴中是人权向神权的挑战,神权被颠覆了,人成为大写的人,不再被神的阴影所笼罩。宗教改革对个人主义所作的主要贡献在于它肯定和确认了个人的良心和判断,个人根据自己的自由心证来处理各种事项。它为个人从罗马教会下解放出来奠定了神学和组织上的基础,为确认个人的身份和权利进一步扫清了障碍。由此可见,个人主义一方面是由于生产力水平的发展和提高,另一方面是归功于人的不断解放、自我意识的苏醒和文明的进展。因为个体的幸福只有当事人自己清楚,故只能由个体自己选择,个体与个体之间不可比较,故必须尊重个体的自由选择,这是个人主义的核心要义。个人主义是西方文明的精神支柱,也是西方思想对人类作出的伟大贡献之一。西方国家在文艺复兴后,个人逐步从外在束缚中得到了解放:无论是宗教的、政治的或经济的,到19世纪这一过程基本完成。在个人主义旗帜下有两种重要观念,一方面是平等观念,指在同一团体中各分子的地位相等,个人不能侵犯大家的权利,一方面是宪法观念,指团体不能抹杀个人,只能在个人所愿意交出的一分权利上控制个人。① 中国古代传统上是集权主义和等级社会。这一文化传统导致了中国人对个体价值关怀不够,也影响了中国人对安乐死的看法。

　　从国家角度来看,尊重个人价值,主要体现在法律特别是刑法的宽容上。房龙在《宽容》一书中,表述宽容是容许他人有判断和行动的自由,对不同于自己或传统观点的见解能够耐心公正地予以容忍。② 宽容的好处在于:一是提供多种可能性的机会,使人的创造性得到发挥。迪尔凯姆特别主张应对犯罪宽容,认为犯罪具有正面功能,犯罪是个人独创精神的体现,是社会道德意识进化的先导,先驱者不断打破禁忌,不断扩展人类的视野,拓宽人类的认识能力。③ 二是尊重人的个性。人的珍贵在于其独特性,每一个人相对于浩瀚的宇宙而言是微不足道的,山河大地本是微尘,何况人又是尘中尘。但对每个人自己而言,自己就是全宇宙。亘古以来,"我"是唯一的"我","我"的容貌、"我"的思想、"我"的经历是唯一的,不可重复的;即使克隆,也只是形似而绝不会神似。一滴水展现一个海洋。形形色色的人汇成丰富多彩、百花齐放的社会。三是调和人与人的关系从而减少人际关系的摩擦。每个人都是社会关系网上的结点,在人与人的互动关系中,宽容是必不可少的润滑剂。每个人的行动不会成为他人的障碍,任何人不把自己的意志强加于他人的意志之上,这可有利于形成一个和谐的社会。他人不是地狱,宽容的底蕴是对他人的尊重,也是对自己的尊重。而刑法的

---

① 参见费孝通:《乡土中国 生育制度》,北京大学出版社1998年版,第28页。
② 转引自魏东:《刑法各论若干前沿问题要论》,人民法院出版社2005年版,第66页。
③ 转引自魏东:《刑法各论若干前沿问题要论》,人民法院出版社2005年版,第66页。

宽容则表现为刑法的自我抑制,刑法对个人的处置必须是慎重的,这也是刑法的谦抑原则。①刑法的谦抑是对犯罪化的压缩,尽量减少刑罚的使用。在定罪上,可定罪可不定罪时则不定罪;面对两可行为,面对证据不足的模糊事实,则不定罪。在英美法系,刑事正当程序引申出"疑点利益归于被告"这一原则。行刑时,根据犯罪人具体表现情况,实行假释、缓刑、减刑。刑罚权只干预违反社会基本秩序与价值的行为,若有其他方法可保护上述基本法益时,如民法、行政法、道德等规范方法可以控制时,则不必动用刑罚。这就是刑法所捍卫的社会基本秩序与价值必须得到公众的认同,刑法的规范有效性才能得到维持。"任何一条法律,如果它没有能力保卫自己,或者社会环境实际上使它毫无根基,那它就不应当被颁布。舆论是人心的主宰者,它只接受立法者所施加的间接的和缓慢的影响,却抗拒对它直接的侵犯。因而,一些无用的法律一旦受到人们的蔑视,将使一些还比较有价值的法律也因而被贬低,并被人视为必须逾越的障碍,而不是公共利益的保存者。"②由于刑罚实际上是由人(主要是司法人员)来适用的,刑罚并不是自动柜员机,人毕竟又有人性的弱点,人的认知能力具有阶段的局限性,且加上时间的不可回溯性,对刑法规范理解的片面性,司法人员根据理性、经验、法律及专业知识作出的判断并不完全可靠。这也是刑法裁判功能的认识论基础,刑法的谦抑原则的确立也以此为根据之一。刑罚的谦抑性还基于刑法的片断性(或称刑法的补充性),即刑法所发挥的机能不是无限的。一方面,对于犯罪而言,刑法是一种有力的手段,但不是唯一的手段,更不是决定性的手段;另一方面,刑法并不适用于所有的违法行为,尤其是在适用所谓严格责任的场合,充分尊重与发挥刑法的谦抑性显得更为重要,即只有当对该行为非以刑罚手段加以应对无效时,才能动用刑法手段。因此,将安乐死非犯罪化也是刑法的谦抑性的要求。

2. 安乐死与法理论证

安乐死的法理阐释,可以根据不同法系和不同刑法教义学原理来展开,如大陆法系国家刑法学的违法阻却事由、英美法系国家刑法学的合法抗辩事由、中国刑法理论的排除社会危害性行为说,这些法理阐释均可以得出某种程度上"安乐死合法化"的结论。

(1)大陆法系国家刑法学的违法阻却事由。

违法阻却事由是大陆法系刑法理论的重要内容。大陆法系的犯罪构成分为三个递进层次:构成要件的该当性、违法性和有责性。构成要件的该当性是指行为符合刑法分则所规定的某个具体犯罪的特征。如果行为符合构成要件,一般认为行为具有违法性。但若是具有违法阻却事由,则该行为不是犯罪。③ 所谓违法阻却,是指构成要件该当的行为,由于某一允许规范的介入而被合法化,因为它在特别的

---

① 参见陈兴良主编:《刑事法评论》(第3卷),中国政法大学出版社1999年版,第25页。
② 〔意〕贝卡里亚:《论犯罪与刑罚》,黄风译,中国法制出版社2002年版,第102页。
③ 参见陈兴良:《本体刑法学》,商务印书馆2001年版,第198页。

情形下,并不表明行为的实施具有实质不法。① 违法阻却作为犯罪构成的例外,因法律的许可而具有正当化理由,这是从规范形式来看。那么,规范背后又有何种深刻的寓意呢?

违法阻却事由的本质,有目的说、法益衡量说(优越利益说和利益缺如说)、社会相当说。目的说认为,凡是实现国家所承认的共同生活目的的适当手段的行为阻却违法。优越利益说认为,牺牲价值较低利益以拯救价值较高的利益的行为阻却违法②;利益缺如说认为,应当受到保护的利益实际上是不存在的,如某些被害人承诺的行为阻却违法。社会相当说认为,在历史地形成的社会伦理秩序的范围内,被这种秩序所允许的行为,就是正当的。③ 目的说暗指行为即使具有表面违法性(形式违法),但因其符合公共利益或国家法政策,即无实质违法,没有对法益造成实际性损害,故是合法的。但在理论上、原则上必须对违法阻却事由进行明文规定,以免形成超法规的违法阻却事由,破坏罪刑法定原则。法益衡量说中的优越利益说是在两种不同利益之间进行选择,根据功利主义的观点,择其价值更高者进行保护。那么如何评估价值的大小? 一般来说生命权优于财产权。但若两者都是生命权又如何评价? 理论上认为,因为生命具有等价值,法律面前人人平等,对于等价值的利益冲突时,无论保护哪一种利益,都可以认为是符合法秩序的,因此不具有可罚性,是可以谅解的,一般可以视为违法阻却事由。利益缺如说则强调既然没有应受法律保护的利益,自然无须追究责任。社会相当说立足于历史、风俗、习惯所自发生成的伦理基础,根据社会公共认同感来确定违法性。但伦理是随着时间的变化而改变的,所以只是一种相对的立场,如 20 世纪 60 年代英国对自杀、堕胎、违反性道德的成年人的性行为实行非犯罪化即是如此。④

综合来看,违法阻却事由的本质是无实质违法,没有侵害法益或者没有呈现出负价值。现在通说的观点认为犯罪的本质是法益侵害,无法益侵害则无犯罪。法益是指根据宪法的基本原则,由法所确认和保护的价值与利益。安乐死属于违法阻却事由中基于一般利益衡量原则的行为⑤,属于无伤害的不公。宾丁认为:若存在即将痛苦地死亡的情况,以其他具有同等效力的无痛苦方法取代,是"纯治疗行为",法律不会禁止。⑥ 无独有偶,荷兰政府安乐死委员会在 1985 年为安乐死所下的定义中,也明确肯定安乐死属于"结束生命的医疗决定"(Medical Decisions to End Life)。⑦ 日本学者川端博将违法阻却事由分为两类:一般正当行为和紧急行为。⑧ 可以将安乐死归属于一般正当行为。

---

① 参见〔德〕汉斯·海因里希·耶塞克、〔德〕托马斯·魏根特:《德国刑法教科书(总论)》,徐久生译,中国法制出版社 2001 年版,第 569 页。
② 参见〔日〕大塚仁:《刑法概说(总论)》(第三版),冯军译,中国人民大学出版社 2003 年版,第 319 页。
③ 参见张明楷:《外国刑法纲要》,清华大学出版社 1999 年版,第 150 页。
④ 参见张明楷:《法益初论》,中国政法大学出版社 2000 年版,第 202 页。
⑤ 参见〔日〕大塚仁:《刑法概说(总论)》(第三版),冯军译,中国人民大学出版社 2003 年版,第 321 页。
⑥ 参见〔德〕弗兰茨·冯·李斯特:《德国刑法教科书》,徐久生译,法律出版社 2000 年版,第 246 页。
⑦ 参见翟晓梅:《死亡的尊严》,首都师范大学出版社 2002 年版,第 162 页。
⑧ 参见马克昌:《比较刑法原理:外国刑法学总论》,武汉大学出版社 2002 年版,第 328 页。

(2)英美法系国家刑法学的合法抗辩事由。

英美刑法是从内容、形式及程序三个方面来解释什么是犯罪的:①犯罪是由人的行为引起的而为国家主权所希望阻止的一种危害;②在所选择的措施中包括刑罚之威吓;③某种特殊类型的法律程序被用以决定被告人实际上是否引起了危害,并依据法律确定这样做应受惩罚。① 英美刑法的犯罪概念主要从形式上进行描述,然后在程序中进行从抽象到具体的确证。合法抗辩事由是从程序中慢慢自发生长出来的,其实质大致相当于大陆法系的违法阻却事由。

英美刑法的合法辩护事由就包括安乐死,另外还包括未成年、被迫行为(胁迫犯罪)、警察圈套等。合法辩护事由的核心内容就是说明形似犯罪但实质上不是犯罪的事实情况和理由。② 英美法系采取的是对抗式的程序,被告具有举证责任和说服责任来证明自己无罪,既通过程序来救济被告的实体权益。

(3)中国刑法理论的排除社会危害性行为说。

当今中国的刑法理论采取的是排除社会危害性行为学说。在我国刑法中,明文规定的排除社会危害性行为只有正当防卫和紧急避险,安乐死并未明确纳入刑法排除社会危害性行为的范围。笔者认为这是立法者有意的沉默而不是无意的疏忽。在理论上,部分刑法学者往往在故意杀人罪中对安乐死问题进行论述,其观点大都认为实施安乐死的行为符合故意杀人罪的构成要件,因而构成故意杀人罪。③ 我国的司法实践对于安乐死的态度是基本上不承认安乐死具有合法性。因此,对于安乐死案件中的行为人,一般定性为故意杀人;但是,在处理时从宽处罚,直至宣告行为人无罪。④ 例如前述"陕西汉中夏某安乐死案"。不过,我国也有承认安乐死合法的例证,如前述"北京周听英安乐死案"

当然,对于一些基本不符合安乐死特征的故意杀人行为,我国司法实践中是追究刑事责任的。例如前述"上海梁某某电击老母亲案"。但是,对该案判决,各种报道充满了对梁某某的同情,也有对于"判处5年徒刑"是否过重、是否必要的责问。从理论上分析,笔者认为,安乐死与紧急避险等排除社会危害性行为具有相当性,应当成为法理上的排除社会危害性行为。

3. 安乐死与国情分析

西方和东方国家国情有别,但是对于安乐死问题的解决却可能存在较为一致的发展方向。

(1)西方国家。

一般来说,西欧各国和北美等发达国家经济基础和医疗福利待遇比较好,其文化传统和历史习俗都比较重视个体的利益,尤其关注个体生命的质量和价值。以荷兰

---

① 参见〔英〕J. W. 塞西尔·特纳:《肯尼刑法原理》,王国庆、李启家译,华夏出版社1989年版,第4—5页。
② 参见储槐植:《美国刑法》,北京大学出版社1987年版,第125页。
③ 参见翟晓梅:《死亡的尊严》,首都师范大学出版社2002年版,第7—8页。
④ 参见魏东:《刑法定义及其内涵的哲学检讨》,载于志刚主编:《刑法问题与争鸣》,中国方正出版社2003年版,第1—26页。

为例,至少有四个因素与其他国家不同:①荷兰可以说是全世界医疗服务水准最高的国家之一;95%以上的公民有私人医疗保险;长期疗养也包含在保险范围内。②缓和医疗非常进步。几乎每一家医院都有疼痛控制及缓和医疗中心;与之相较,其他国家类似的中心少而昂贵。③荷兰的家庭医师制度推行得很好,大部分的病人与医师都有长久的友谊关系。④荷兰有宗教信仰的人群不足总人口的50%。荷兰反对将安乐死合法化的少数人多是将自己的观点建立在宗教信仰基础上的。① 2001年4月,荷兰参议院通过安乐死法案。

从立法上看,美国加利福尼亚州于1976年颁布了《自然死亡法》,这是人类历史上第一个有关安乐死的法案。1992年10月1日,丹麦试行了停止延长无药可救的病人的生命的法律,4个月内就有45 000人立下遗嘱,表示愿意在必要时接受安乐死。1993年2月4日,英国最高法院裁定了英国第一例安乐死案件,同意了一位年仅21岁患者的父母和医生的申请,停止给他输入营养液。1995年5月25日在澳大利亚北部地区议会通过《晚期病人权利法》,并于1996年7月1日起正式生效。② 比利时议会众议院于2002年5月16日晚通过一项法案,允许医生在特殊情况下对病人实行安乐死,这项法案是以86票对51票的结果得到通过的,在3个月之内生效,且比利时议会参议院已于2002年10月批准了这项法案。按照比利时该法案,实施安乐死的前提是病情已经使病人的生命无法挽回,他们遭受着"持续的和难以忍受的生理和心理痛苦";实施安乐死的要求必须由"成年和意识正常"的病人在没有外界压力的情况下经过深思熟虑后自己提出。该法案同时规定,病人有权选择使用止痛药进行治疗,以免贫困或无依无靠的病人因为无力负担治疗费用而寻死。③ 德国马普刑法学研究所所长、弗莱堡大学法学教授汉斯·约格·阿尔布莱特博士评论德国安乐死问题时,曾论及德国最高法院曾有判例确认了对于濒死而无药可救的病人,医生可以决定什么时候停止对病人进行抢救或对病人停药、停止正在使用的某种救助仪器。因此大致可以说,西方发达国家,尤其是一些医疗福利措施完善的国家,基本上具备了将安乐死合法化的民众基础和法律环境。

(2)东方国家。

我们主要以受儒家思想影响的国家——日本和中国为例。中国长久的农耕文化所形成的是"重生安死"之精神,中国儒家"重生",对死采取的是顺其自然的态度,其中也多少受到道家的影响。④ 日本人的国民性格中有"惜生崇死"的一面,尤其是日本的武士道精神,充分张扬了对死的蔑视、不畏惧死的民族特质,两国文化传统上都是热爱生命、崇尚高尚死亡的。

在法律上,日本处理安乐死的正式司法判例早于中国。1950年4月14日,东京

---

① 魏东:《刑法各论若干前沿问题要论》,人民法院出版社2005年版,第71页。
② 张毅:《安乐死论争与第三条路线的法律评价》,载《中国刑事法杂志》2002年第3期。
③ 参见《步荷兰后尘 比利时成为第二个安乐死合法的国家》,载中国新闻网(Chinanews.com/2002-05-17/26/186377.html),访问日期:2002年5月18日。
④ 参见李泽厚:《己卯五说》,中国电影出版社1999年版,第220页。

地方法院的一个安乐死案件判决中指出,为了解除患者躯体上的剧烈痛苦而不得已侵害其生命的行为,属于刑法中的紧急避险行为,不应受到惩罚。这样,日本通过法院对刑法所规定的"正当行为和紧急避难行为"的司法解释,对安乐死给予了有条件的法律认可。1962年12月22日,日本名古屋高等法院在对一例安乐死案件的判决中进一步指出了安乐死的合法要件,该判决认为:安乐死行为为了阻却违法性,需要具备六个要件。这一判例更加明确地承认了有条件的安乐死的合法性。法院的判决逐步形成了日本的安乐死"判例法"。日本可以说是亚洲第一个在法律上有条件地承认安乐死的国家。当然,日本迄今为止尚无有关安乐死的成文法。①

中国自改革开放以来,人民物质生活水平有了大幅度的提高,但因人口众多,资源匮乏,尤其是医疗资源的短缺,病人(包括绝症和严重疾病患者)无钱医治而被迫放弃治疗是日常生活中的现实。在事实层面上,安乐死通过放弃治疗的方式已存在于现实生活中。据中国天虎网2001年4月24日的网上调查,32 000名参与调查人员中,74%赞成安乐死,26%反对安乐死。② 2001年4月,西安市9名尿毒症病人联名写信给当地报社,要求安乐死。此消息刊登后,又有40名尿毒症患者公开提出了同样的要求。2003年晚期癌症病人王明成放弃治疗回家,身体力行实施自愿的、消极的安乐死。在2003年举行的全国"两会"上,部分人大代表公开提出建议,不应拒绝"安乐死"这种符合人道主义的"放弃生命";中国著名的神经外科专家王忠诚向大会提交了在北京率先试行"安乐死"并建立相关法规的建议。由此可见,公众也逐渐了解和接受安乐死,作为立法的前提之一的公众普遍认同感在中国已经具备。

4. 关于安乐死问题的立法建议

从以上分析,笔者认为,中国应当将安乐死进行"谨慎的有限合法化",并在条件成熟时制定安乐死单行法。所谓谨慎,是指应当进一步对我国的难以治愈并造成极大痛苦的疾病、医疗技术和条件、医疗福利措施等方面进行医学调查,进一步对我国的民众情感、民众基础进行国情摸底,进一步积累医学案例和司法实践经验,重视个案的正当性处理,对于具有相当合理性的安乐死行为予以司法认可,从点到面,循序渐进地引导安乐死合法化。所谓有限,是指在法律上、在司法实践中,只承认那些既符合医学标准又符合自愿的、消极的安乐死行为法律标准的行为,防止安乐死被政治利用或成为谋杀他人的工具,避免损伤国民的善良情感。基于这些考虑,在安乐死立法中应当规定以下几个方面基本内容:

第一,明确规定安乐死的正当目的和宗旨。安乐死的实施只能是为了维护安乐死者的合法权益,减轻病人的痛苦,实行人道主义。

第二,明确规定安乐死的对象。安乐死所针对的只能是重大不能治愈的疾病且到了该病的末期,而有无法忍受的特别巨大的肉体、精神痛苦的病人;但不包括无法作出意思表示的植物人。原因在于:一是因为植物人无法表示自己的意愿,而

---

① 魏东:《刑法各论若干前沿问题要论》,人民法院出版社2005年版,第72—73页。
② 参见张毅:《安乐死论争与第三条路线的法律评价》,载《中国刑事法杂志》2002年第3期。

他人代为表示意愿,违背了意志自由和个人主义原则;二是侵犯了植物人的生命权,且不符合人道主义和国民善良情感;三是为慎重起见,避免被他人利用实施非正当目的。

第三,明确规定安乐死的具体操作程序。被实施安乐死的病人必须是其本人有明确意思表示,具体方法可参照民法上立遗嘱和公证的方式;由省级(含省级以上)医院成立安乐死委员会,并由安乐死委员会签署书面同意书;安乐死只能由有医师资格证的专职医师实行;实施安乐死的方式必须具有社会相当性,即实施安乐死的过程为社会公众所接受,特别是实施安乐死的行为本身不会给病人带来额外的痛苦,不能损害病人的人格尊严。

第四,明确规定违背安乐死操作程序的处罚措施。对于违反操作程序实施安乐死的行为,应当承当相应的民事、经济、行政和刑事责任。

(二) 故意杀人罪与故意伤害罪的界限

两罪的界限有时候存有很大疑问,比较典型的案例就是2010年发生的肖传国袭击方舟子案。

【案例18】肖传国袭击方舟子案[①]

2010年9月,肖传国指使其亲戚戴建湘找人袭击方舟子和方玄昌为他出气。对此,警方认为,肖传国是因为方舟子、方玄昌通过媒体、网络对其学术"打假",致其未能入选中国科学院院士;为报复两人,肖传国指使远亲戴建湘实施报复行为。因而警方和检方均认为肖传国涉嫌寻衅滋事罪;但是方舟子和方玄昌则认为肖传国涉嫌故意杀人罪(未遂)。在庭审中,肖传国说学术质疑并不是打人的原因,他认为方舟子没有能力和资格质疑他,事件真正的起因,是方舟子诽谤了他的妻子,还侮辱了肖传国的导师、中科院院士裘法祖。肖传国称,曾为诽谤其妻之事在2007年对方舟子提起刑事自诉,法院却未受理;因觉得他和方舟子之间的"恩怨"通过以往的官司并没有得到有效解决,他才让亲戚戴建湘为他出气。因而,肖传国及其辩护人均认为,肖传国的行为涉嫌故意伤害,但是由于未造成致人轻伤后果,不应追究刑事责任。其他相关证据显示:据戴建湘供述,肖传国对把人打成什么样没有指示,要求不要把事闹大;打手许立春称,打第一个人(方玄昌)时,戴建湘指示"随便打",他理解是不会带来很严重伤害的殴打;之所以使用钢管,是怕打不过对方。袭击方玄昌一周后,戴建湘指示他,打第二个人(方舟子)要稍微重一点。另一名打手龙兴光称,许立春说要把人打到住院两三天就行了。

2010年10月10日,石景山法院经过简易程序审理,以寻衅滋事罪判处

[①] 参见《肖传国被判拘役5月半是否太轻?支持者庭外冲突》,载新华网(http://news.xinhuanet.com/school/2010-10/11/c_12647210.htm),访问日期:2010年10月11日。

肖传国拘役5个半月,判决其他4名被告人拘役5个半月到1个半月不等刑期。二审维持原判。

对于故意杀人罪与故意伤害罪的界限,表象上、理论逻辑上看似乎比较好区分。理论上的区分方法有以下三种标准:①工具与部位说;但此说太机械;②目的说,但此说的问题一是"目的"本身不好认定,二是不能解释间接故意杀人;③故意内容说,一般认为此说比较科学。

但是,在实践中区分故意杀人罪与故意伤害罪,情况却可能十分复杂。在肖传国袭击方舟子案中,基于在案证据事实固定的情况下所作出的法律定性判断分歧较大,居然有故意杀人罪、故意伤害罪、寻衅滋事罪之分歧。对此,笔者的看法是要对客观性证据、客观性结果予以高度重视,更要对行为人的行为内容和故意内容进行实质审查,这种实质审查必须公正合理、合乎常识、适当保守,否则会过度,形成"公说公有理,婆说婆有理"的局面,损害司法公正。就本案而言,笔者倾向于认为,肖传国基于个人私利和报复心态而雇人对方舟子予以打击报复,将其行为性质解释为故意伤害是比较合理的,由于其行为性质及其客观后果(轻微伤)不符合我国《刑法》所规定的故意伤害罪的定罪条件,依法应判决其行为不构成犯罪。但是对于其故意伤害他人致人轻微伤的行为,可以依照《中华人民共和国治安管理处罚法》(以下简称《治安管理处罚法》)的规定进行治安处罚,以实现恢复秩序和教育行为人的执法目的。

(三) 故意杀人罪与遗弃罪的界限

【案例19】早产女婴被弃厕所死亡案[①]

2009年12月,小美(化名)突然有早产迹象,随后在丈夫刘军(化名)的陪伴下来到一家医院,不久即产下一名女婴。医生对女婴进行检查后告知小美及其家人,因早产,女婴心脏等器官发育不全,需要转到大医院进行治疗,大概需要二三十万元的后续治疗费。听完医生的话后,刘军的母亲表示家里拿不出这么多钱来,提议将小孩丢掉,让别人捡到拿去养。这样的提议竟然也获得了刘军夫妇的同意。他们出院后,一家四口坐上了回家的汽车,途中刘军的母亲抱着孙女下了车,刘军和小美则继续乘车回家。刘军的母亲下车后,抱着孙女向路边的一处厕所走去,然后将其丢弃在厕所里面。后来一位路过的市民在厕所发现被遗弃的女婴,向警方报警。经过检查,该女婴已经死亡。通过摸排调查,警方将犯罪嫌疑人刘军和小美抓获。

本案最终定性为遗弃罪。所谓遗弃罪,是指对于年老、年幼、患病或者其他没有独立生活能力的人,负有扶养义务而拒绝扶养,情节恶劣的行为。

---

① 参见尤先锋:《早产女婴被弃厕所死亡 构成遗弃罪一家三口获刑》,载京师刑事法治网(http://www.criminallawbnu.cn/criminal/Info/showpage.asp? pkID=30152),访问日期:2011年3月20日。

从刑法解释论上观察,遗弃罪不同于故意杀人罪的关键,是行为人对被害人终究能存活有合理期待,而不是主观上追求死亡或者放任死亡。

以此观察夫妻间见死不救行为,应当说将夫妻间见死不救行为认定为遗弃罪的解释结论缺乏合理根据。

(四) 以危险方法杀人行为的定性处理

通说认为,对于行为人以放火、爆炸、投放危险物质等方式实施故意杀人的行为,不定故意杀人罪,而定放火、爆炸、投放危险物质等罪。但张明楷教授认为:对此类案件中的行为人应当定故意杀人罪,理由是:①故意杀人罪处罚更重;②在无法分清时,定故意杀人罪更能发挥罪名的教育功能,更符合立法本意;③通说会导致处罚不均衡,在杀人预备、未遂、中止等情况下更是如此。

笔者认为,单纯定故意杀人罪,确实存在"评价不足"的问题,即对于"危害公共安全"方面缺乏评价;并且,单纯定危害公共安全罪,在未遂等场合,确实也可能出现罚不当罪的情况,如报复投毒的情形,可以比照投放危险物质罪(《刑法》第114条)与故意杀人罪(《刑法》第232条)的处罚规定来分析。如此看来,两种定罪选择均存在评价不足的遗憾,并没有一种十全十美的做法,在这种情况下,选择一重罪处罚,即选择故意杀人罪定罪处罚,可能更具合理性,但是这个问题还值得进一步研究。

(五) 特别防卫行为的认定问题

【案例20】湖北邓玉娇案①

2009年5月10日晚,邓贵大、黄德智等人酒后到湖北省巴东县野三关镇雄风宾馆梦幻娱乐城玩乐。黄德智强迫宾馆女服务员邓玉娇陪其洗浴,遭到拒绝。邓贵大、黄德智极为不满,对邓玉娇进行纠缠、辱骂,在服务员罗某等人的劝解下,邓玉娇两次欲离开房间,均被邓贵大拦住并被推坐在身后的单人沙发上。当邓贵大再次逼近邓玉娇时,被推坐在单人沙发上的邓玉娇从随身携带的包内掏出一把水果刀,起身朝邓贵大刺去,致邓贵大左颈、左小臂、右胸、右肩受伤。一直在现场的黄德智上前对邓玉娇进行阻拦,被刺伤右肘关节内侧。邓贵大因伤势严重,经抢救无效死亡;黄德智所受伤情经鉴定为轻伤。巴东县人民法院认为,邓玉娇在遭受邓贵大、黄德智无理纠缠、拉扯推搡、言词侮辱等不法侵害的情况下,实施的反击行为具有防卫性质,但超过了必要限度,属于防卫过当。被告人邓玉娇故意伤害致人死亡,其行为已构成故意伤害罪。案发后,邓玉娇主动向公安机关投案,如实供述罪行,构成自首。经法医鉴定,邓玉娇为心境障碍(双相),属部分(限定)刑事责任能力。据此,依法判决对邓玉娇免予刑事处罚。

---

① 参见《邓玉娇刺死官员案一审判决,邓玉娇被免除处罚》,载腾讯网(http://news.qq.com/a/20090616/000930.htm),访问日期:2009年6月16日。

特别防卫权的认定在司法实践中的认定是十分严肃的。其中应注意区分正当防卫与故意杀人罪的界限、正当防卫与防卫过当的界限、特别防卫(无过当防卫或者无限防卫权)与普通的正当防卫的界限。

邓玉娇案争议主要有以下两个方面：①定性方面，邓玉娇是正当防卫(特别防卫权)还是防卫过当(故意伤害致人死亡)？这个问题争议较大，有学者认为邓玉娇在遭受严重暴力性侵之时实施的防卫行为，可以认定为特别防卫权，构成正当防卫。另有学者认为，邓玉娇虽然是在面临严重不法侵害之时实施的防卫行为，但是尚不符合特别防卫权所要求的"严重危及人身安全的暴力犯罪"这一实质限定条件，其防卫行为"明显超过必要限度造成重大损害"，构成防卫过当，依法应负刑事责任。主张邓玉娇构成防卫过当的观点中，一般认为应定故意伤害罪，而不应定性为故意杀人罪。②定罪之后，免除处罚是否恰当？在主张定罪的学者中，较多学者认为，邓玉娇案最终判决被告人有罪并免除处罚时比较恰当的。

(六) 以杀人方法抢劫行为的定性处理

主要问题是：抢劫罪的"暴力"，是否包括"故意杀人"方法？对此，理论界过去主要有肯定与否定两种看法。现在由于最高人民法院出台了《关于抢劫过程中故意杀人案件如何定罪问题的批复》明确规定，"行为人为劫取财物而预谋故意杀人，或者在劫取财物过程中，为制服被害人反抗而故意杀人的，以抢劫罪定罪处罚"，这一规定就包括故意杀人致人死亡等情况，对此应定抢劫罪。因此，目前理论界对于这个问题基本没有太大的分歧，即认为抢劫罪的"暴力"可以包括"故意杀人"方法。

因此，应注意对以下几种情况的定性处理：

(1)行为人为抢劫而故意杀人，然后劫取财物的，应定抢劫罪一罪。因此，"抢劫致人重伤、死亡"的结果加重犯，并不以基本犯构成既遂为前提；同时，对于"抢劫致人重伤、死亡的"情况，既没有故意伤害(致人重伤)罪与抢劫罪并罚的情况，也没有故意杀人罪与抢劫罪并罚的情况。

(2)行为人因图财而故意杀人，事后或者将来再取得被害人财物的，应构成故意杀人罪。例如：为争夺遗产而杀害与自己同顺序的法定继承人的，应定故意杀人罪。

(3)行为人在劫取财物之后，为了灭口、报复或者其他动机而故意杀害被害人的，可以构成抢劫罪和故意杀人罪两罪，应当数罪并罚。

(七) 实行过限致人死亡时雇凶者与教唆者的定性处理

【案例21】眉山扁某雇凶伤人案[①]

被告人扁某因其与被害人高某某在生意上产生矛盾，为泄愤产生伤害高某某的念头，于是找到被告人毛某某要求其帮助找人教训高某某，并出资为毛某某购买小汽车跟踪高某某。在第一次毛某某帮助扁某联系了"凶手"

---

① 案例来源：眉山市中级人民法院(2008)眉刑初字第24号刑事附带民事判决书。

王某某,而王某某以不好下手为由携款潜逃的情况下,扁某又多次不断催促毛某某再帮助找人伤害高某某。毛某某最终找到被告人李某并明确告诉李某以砍断一只手脚的形式教训高某某即可。李某等人接受委托后,为避免事情败露而自行决定"杀人灭口",将高某某直接杀死。人民法院判决扁某和毛某某犯故意伤害罪并致人死亡,判处无期徒刑;判决李某犯故意杀人罪,判处死刑、剥夺政治权利终身。

本案中扁某和毛某某雇凶伤人案具有一定的特殊性:扁某和毛某某在主观上具有故意伤害他人的故意,客观上实施了雇凶伤害他人的行为,因此人民法院判决认定扁某和毛某某犯故意伤害罪是正确的;李某自行决定故意杀人,属于实行过限,应由李某承担故意杀人罪的责任。但是问题在于:扁某和毛某某是否应当对故意伤害致人死亡这一严重后果承担责任?对此,一种观点认为,扁某和毛某某构成故意伤害罪,但是不对"致人死亡"这一严重后果承担责任,因为其雇凶伤害时明确要求是"以砍断一只手脚的形式教训被害人即可",并没有"致人死亡"的故意,因此扁某和毛某某应当只对"致人重伤"这一结果承担刑事责任,即应当适用《刑法》第234条第2款规定的"犯前款罪,致人重伤的,处三年以上十年以下有期徒刑"进行量刑。另一种观点认为,扁某和毛某某应当对"致人死亡"这一严重后果承担责任,因为砍断手脚等故意伤害行为本身就有致人死亡的极大风险,并且对于"致人死亡"后果本来就不要求行为人主观上具有故意——因为故意致人死亡的行为本来就应当评价为故意杀人罪——而只能是过失,那么,在凶手直接故意杀死被害人时,扁某和毛某某对于被害人死亡这一后果至少具有过失责任,因此扁某和毛某某就应当承担故意伤害致人死亡的责任。

笔者倾向于认为,对于雇凶伤人案件中,因凶手实行过限致人死亡的,应当对雇凶者以故意伤害致人死亡情节论处。因为故意伤害他人身体的行为客观上包含着致人死亡的极大风险,扁某和毛某某仍然雇凶伤害被害人,结果导致李某故意杀死了被害人这一后果,扁某和毛某某应当承担故意伤害致人死亡的刑事责任,应当适用《刑法》第234条第2款规定的"致人死亡或者以特别残忍手段致人重伤造成严重残疾的,处十年以上有期徒刑、无期徒刑或者死刑"进行量刑。因此,人民法院判决雇凶者扁某和毛某某无期徒刑是合理的。

(八) 其他行为致人自杀的问题

这一问题可以分三种情况来分析。第一种情况,合法行为或者一般违法行为、错误行为引起他人自杀的情形,对行为人不宜定罪。例如:公民扭送犯罪分子致使被扭送人自杀的;民间纠纷致使他人自杀的。第二种情况,严重违法行为引起他人自杀的,应当具体分析构成什么犯罪(不一定构成故意杀人罪)。例如:捏造丑闻并张贴大字报,致使被害人自杀的,可以构成侮辱罪或者毁谤罪。第三种情况,犯罪行为引起他人自杀的情形:如果是过失致使他人自杀的,可以构成基本犯的严重情节或者结果加重犯(如强奸罪、非法拘禁、诬告陷害等);如果故意致使他人自杀的,可以构成牵连犯、想象竞合犯、结果加重犯(如绑架罪结果加重犯)、转化犯(如刑讯逼供罪转化为故意杀人罪)。

三、故意杀人罪的刑罚适用

根据《刑法》第232条的规定,犯故意杀人罪,处死刑、无期徒刑或者10年以上有期徒刑;情节较轻的,处3年以上10年以下有期徒刑。因此,故意杀人罪有两个法定刑档次。故意杀人罪的刑罚适用有以下两个问题值得注意。

(一) 死刑适用问题

醉酒状态下犯故意杀人罪的是否宜判处死刑立即执行?激情杀人的,是否宜判处死刑立即执行?器质性人格改变者杀人是否可以判处死刑立即执行?具有自首情节者是否可以判处死刑立即执行?因婚姻家庭、邻里纠纷而杀人的是否可以判处死刑立即执行?在雇凶杀人案中因造成极其严重后果而依法判处一人死刑立即执行时,该判雇凶杀人者还是受雇行凶者死刑立即执行?带着这些疑问,先看看以下几个真实判例。

【案例22】西安药家鑫撞人后刺死伤者案[①]

2010年10月20日23时许,西安音乐学院大三学生药家鑫驾驶小轿车从西安外国语学院长安校区返回西安,当行驶至西北大学长安校区西围墙外时,撞上前方同向驾驶电动车的张妙,药家鑫下车查看,因怕张妙以后找麻烦,就从背包中取出一把尖刀,对张妙连捅数刀,致张妙当场死亡。10月23日,药家鑫在其父母陪同下到公安机关投案。后西安市中级人民法院一审判处药家鑫死刑,陕西省高级人民法院二审维持死刑判决,并经最高人民法院核准对药家鑫执行了死刑。

【案例23】云南李昌奎强奸杀人案[②]

被告人李昌奎曾到王家飞(被害人,殁年19岁)家提亲遭到拒绝。2009年5月14日,李昌奎之兄李昌国与王家飞之母陈礼金又因琐事发生纠纷,李昌奎得知后从四川省西昌市赶回云南省昭通市巧家县。同月16日13时许,李昌奎在途经王家飞伯父王廷金家门口时遇见王家飞、王家红(被害人,殁年3岁)姐弟二人,与王家飞发生争吵并致扭打。李昌奎将王家飞掐晕后实施强奸,在王家飞醒后跑开时,又用锄头打击王家飞的头部致其倒地。随后,李昌奎提起王家红的手脚将其头部猛撞门上,并用绳子勒住二被害人颈

---

① 参见新华调查:《罪与罚的辩论 养与教的思考——药家鑫撞人后刺死伤者案庭审纪实》,载新华网(http://news.xinhuanet.com/legal/2011-03/25/c_121231122.htm),访问日期:2011年3月25日。
② 参见《李昌奎故意杀人、强奸案再审判处死刑》,载新华网(http://news.xinhuanet.com/legal/2011-08/23/c_121898056.htm),访问日期:2011年8月23日。

部后逃离现场。经法医鉴定,王家飞、王家红均系颅脑损伤伴机械性窒息死亡。同月 20 日,李昌奎到四川省普格县城关派出所投案。

2010 年 7 月 15 日,云南省昭通市中级人民法院数罪并罚判处李昌奎死刑,剥夺政治权利终身。2011 年 3 月 4 日,云南省高级人民法院以"有自首情节"为由,终审判处李昌奎死刑,缓期二年执行。

后因本案被害人家属不服以及舆情汹涌,2011 年 8 月 22 日,云南省高级人民法院依照审判监督程序对李昌奎故意杀人、强奸一案进行再审并当庭宣判:撤销原二审死缓判决,改判李昌奎死刑,剥夺政治权利终身,并依法报请最高人民法院核准。云南省高级人民法院再审改判李昌奎死刑立即执行的理由是:被告人李昌奎因求婚不成及家人的其他琐事纠纷产生报复他人之念,强奸、杀害王家飞后,又残忍杀害王家飞年仅 3 岁的弟弟王家红,其行为已分别构成强奸罪、故意杀人罪,且犯罪手段特别残忍,情节特别恶劣,后果特别严重,社会危害极大,虽有自首情节,但不足以对其从轻处罚。原二审判决认定事实清楚,证据确实、充分,定罪准确,审判程序合法,但对李昌奎改判死刑,缓期二年执行,剥夺政治权利终身,量刑不当。依照最高人民法院《关于执行〈中华人民共和国刑事诉讼法〉若干问题的解释》(现已失效——编者注)第 312 条第(二)项的规定,改判李昌奎死刑,剥夺政治权利终身,并依法报请最高人民法院核准。

【案例 24】河南驻马店侯卫春醉酒杀人案①

2008 年 3 月 18 日晚,被告人侯卫春邀请被害人侯党振(男,殁年 67 岁)到其家喝酒至深夜,后送侯党振回家。当行至侯军勇(侯党振之子,侯党振在其家居住)家大门口时,侯卫春对侯党振实施殴打,又从家拿来菜刀,对躺在地上的侯党振的头部、躯干部一阵乱砍后回家。次日凌晨 6 时许,侯卫春从家中出来查看侯党振的情况,并用人力三轮车将侯党振送到当地诊所,但侯党振已因钝性外力作用于头部、胸部、会阴部等处,锐器损伤头面部,造成颅脑损伤,胸部肋骨多发性骨折,最终因创伤性休克而死亡。

河南省驻马店市中级人民法院认为,被告人侯卫春故意非法剥夺他人生命,致人死亡,其行为已构成故意杀人罪。侯卫春酒后无故反复殴打他人,后又持刀朝被害人要害部位反复砍击,致被害人死亡,手段残忍、性质恶劣。侯卫春虽系酒后杀人,但有关司法精神病鉴定结论证实其在实施犯罪时系普通醉酒状态,具有完全刑事责任能力,应对其犯罪行为造成的后果承担责任,依法应予严惩。驻马店市中级人民法院判决如下:被告人侯卫春犯故意杀人罪,判处死刑,剥夺政治权利终身。

一审宣判后,侯卫春不服,提出上诉。认为一审量刑过重,其当时系因

---

① 参见《醉酒状态能否作为犯罪的酌定从轻处罚情节》,载正义网法律博客(http://lawyer168.fyfz.cn/art/751675.htm),访问日期:2010 年 10 月 10 日。

酒精刺激,在神志不清的情况下作案,没有杀人动机和目的,且对被害人有施救行为,并能积极配合公安人员调查,认罪态度好,请求法院予以从轻或减轻处罚。河南省高级人民法院经公开审理认为,原判认定事实清楚,证据确实、充分,定罪准确,量刑适当,审判程序合法。依照《中华人民共和国刑事诉讼法》(1996年修正)第189条第(一)项之规定,裁定驳回上诉,维持原判,并依法报请最高人民法院核准。

最高人民法院经复核认为,被告人侯卫春酒后无故殴打被害人,后又持刀反复砍击被害人要害部位,致被害人死亡,其行为已构成故意杀人罪,且手段残忍,后果严重,应依法惩处。一审判决、二审裁定认定的事实清楚,证据确实、充分,定罪准确,审判程序合法。但鉴于侯卫春犯罪时处于醉酒状态,对自己行为的辨认和控制能力有所减弱;其与被害人素无矛盾,案发后对被害人有施救行为,且归案后认罪态度较好,有悔罪表现,对其判处死刑,可不立即执行。依照《中华人民共和国刑事诉讼法》(1996年修正)第199条和最高人民法院《关于复核死刑案件若干问题的规定》(已失效——编者注)第4条的规定,裁定如下:①不核准河南省高级人民法院(2009)豫法刑一终字第7号维持第一审以故意杀人罪判处被告人侯卫春死刑,剥夺政治权利终身的刑事裁定;②撤销河南省高级人民法院(2009)豫法刑一终字第7号维持第一审以故意杀人罪判处被告人侯卫春死刑,剥夺政治权利终身的刑事裁定;③发回河南省高级人民法院重新审判。

【案例25】山东宋建峰故意杀人案[①]

宋建峰原为山东省滨州市沾化县电厂建安公司职工,因发生交通事故受伤并致股骨头坏死,于2008年起休岗。由于宋建峰对事故的发生及处理不能正确面对,心态逐渐失衡,对社会及有关人员产生怀疑、仇视心理,预谋对有关人员进行报复杀害,并最终将目标锁定与其同住沾化县电厂院内的沾化县公安局副局长张泽国和沾化某中学校长赵某等人。2011年8月初,宋建峰开始着手实施杀害张泽国的计划。8月23日19时30分,宋建峰将一根铁管事先藏匿于沾化县电厂院内礼堂东侧附近的冬青树丛内。8月24日晚,宋建峰在沾化县电厂院内守候张泽国。21时30分许,被害人张泽国独自从电厂单身公寓出来,向西朝院内人工湖方向走去,宋建峰发现后随即拿出铁管尾随至人工湖,见张泽国正站在该人工湖东岸人行道上打电话,遂上前手持铁管朝其头部猛击,将张泽国打倒在人行道下西侧平台上。随后又持铁管连续朝张泽国头部猛击数下,致被害人张泽国严重颅脑损伤当场死亡。后宋建峰将铁管扔弃于人工湖内逃离现场。其后,宋建峰继续伺机实施杀害赵某的计划。2011年9月30日晚,宋建峰携带菜刀窜至沾化县电

[①] 参见《男子杀死山东沾化公安局副局长案宣判被判死刑》,载新华网(http://news.xinhuanet.com/legal/2012-05/24/c_112023076.htm),访问日期:2012年5月24日。

厂院内东侧广场附近等候赵某,当日21时30分许,宋建峰发现赵某步行至该广场,宋建峰持刀上前朝赵某头部猛砍一刀,赵某转身逃脱。经法医鉴定,赵某损伤程度为轻伤。经烟台市精神疾病司法鉴定所鉴定,宋建峰系脑外伤所致器质性人格改变,具有完全刑事责任能力。滨州市中级法院一审认定宋建峰犯故意杀人罪,判处死刑,剥夺政治权利终身。

【案例26】上海市陈某某雇凶杀夫案①

39岁的上海人陈某某常与丈夫潘某因为家庭琐事争吵,心中积怨较深。2009年11月,陈某某经人介绍,支付20万元雇用唐某某杀害潘某。随后,唐某某纠集曹某某一同策划并实施行凶行动。2010年2月11日晚11点,唐某某、曹某某守候于上海市浦东新区川沙路1344号的建材店附近,并尾随潘某进入店内后院,由唐某某持木棍猛击潘某头部数下,曹某某则持装有毒化物质的针筒刺戳潘某背部。潘某因被钝器打击头部造成颅脑损伤致中枢神经功能衰竭而死亡。法院审理认为,陈某某雇凶杀人,是共同犯罪中的起意者和发起人,系起主要作用的主犯,应予严惩。但鉴于陈某某系因家庭矛盾而起意杀人,对其酌情从轻处罚。唐某某曾数次因犯罪被判刑,但仍不思悔改,为获取不法经济利益自愿受雇杀人。鉴于其犯罪主观恶性程度极深、社会危害极其严重,依法应予严惩。曹某某系共同犯罪中起次要作用的从犯,对其酌情从轻处罚。因此,法院判决雇凶者陈某某死刑缓期2年执行,判决行凶杀手唐某某死刑,判决曹某某期徒刑15年。

通过上面的案例,可以印证司法审判中故意杀人罪死刑适用的一些规律性的做法:醉酒故意杀人的,一般不判死刑立即执行;激情杀人的,一般不宜判处死刑立即执行;器质性人格改变者杀人的,可以判处死刑立即执行;具有自首情节者,一般不宜判处死刑立即执行(但现实存在较多例外判决);因婚姻家庭、邻里纠纷杀人的,一般不宜判处死刑立即执行(但现实存在部分例外);雇凶杀人的,雇主一般不判处死刑立即执行。那么,这些做法该如何认识和评价呢?

应当看到,《刑法》第232条之规定对故意杀人罪的法定刑的排列顺序值得注意,是由死刑到无期徒刑或者10年以上有期徒刑,因此在法条逻辑上(语言逻辑上)似乎是优先选择死刑适用。但是,这种法条逻辑与死刑政策存在一定的矛盾。事实上,司法实践中应当坚持少用、慎用死刑的政策精神,只能针对罪行极其严重的故意杀人罪适用死刑(尤其是死刑立即执行),而对于那些"可杀可不杀"的罪犯应当尽量不适用死刑立即执行。另外值得特别重视的问题还有证据问题。云南杜培武案、湖北佘祥林案、河北聂树斌案等案件,无不关涉证据问题,应当引以为戒,这也是死刑政策上应当坚持少用、慎用死刑的原因之一。因此,故意杀人罪的死刑适用问题,在某种意义上与死刑自身品格有关,与死刑所导致的生命被剥夺后就无法补救的特点有关,也与

---

① 参见《上海法院判决一起"雇凶杀夫"案》,载新华网(http://news.xinhuanet.com/legal/2010-09/16/c_12575096.htm),访问日期:2010年9月16日。

死刑案件的证据采信上存在重大风险有关,具有很大的特殊性。

因此,故意杀人罪死刑司法适用的现有做法(规律性与例外性)值得反思和研究:

第一,醉酒杀人的,不宜判处死刑立即执行。因为醉酒的人,其刑事责任能力有所降低,对其判处死刑立即执行,不符合责任刑法和责任主义的基本原理。

第二,激情杀人者,一般不宜判处死刑立即执行。但是,药家鑫故意杀人案依法不应认定为激情杀人。因为,激情杀人案的被告人应当是具有一定程度上的"正义感"意义上的激情,且突发性强;而在被害人没有任何过错的情况下,难以认定被告人属于激情杀人。

第三,器质性人格改变者故意杀人的,可以依法判处死刑立即执行。因为,法医学认为,器质性人格改变者,仍然具有完全刑事责任能力。"山东宋建峰故意杀人案"死刑判决即是适格案例。

第四,故意杀人案被告人具有自首情节的,一般不宜判处死刑立即执行(但现实存在较多例外判决)。最高人民法院认为"西安药家鑫撞人后刺死伤者案"是例外;云南省高级人民法院起先认可、后来否定这个原则做法,即也认为"云南李昌奎强奸杀人案"是例外。

第五,因婚姻家庭、邻里纠纷杀人的,一般不宜判死刑立即执行。有学者认为,李昌奎案不应适用相关司法解释性文件的规定精神;另有学者反对,认为李昌奎案符合免死规定。笔者倾向于认为,李昌奎案尽管在合法程序内可以依法判处死刑立即执行,但是,在合法程序内已经对其判处了死刑缓期执行,且判处死刑缓期执行也并不违反刑法规定,那么,通过法院自己启动再审程序改判死刑立即执行,确有违法不当,这种"翻烧饼"的做法不值得提倡。

第六,雇凶杀人的,雇主一般不判处死刑立即执行。在理论上有学者明确提出:不宜将雇主认定为主要的主犯,一般应将直接行凶杀人的行为人认定为主要的主犯。相应的,一般不应判处雇凶杀人案中的雇主死刑立即执行。

(二) 缓刑适用问题

总体上说,对犯故意杀人罪的罪犯适用缓刑应当特别慎重,不宜随意适用,因为故意杀人罪终究是一个特别的重罪,缓刑适用客观上具有一定的价值导向和行为导向作用。比如,"四川省彭州市姐姐捂死妹妹案",廖某某因犯故意杀人罪而被判处3年有期徒刑缓5年执行,是因为廖某某患病且被害人是患者近亲属,综合考虑案情所作出的选择;但是,即使如此,对廖某某是否应当适用缓刑,在司法界和社会上均有争议。

【案例27】四川省彭州市姐姐捂死妹妹案[①]

年仅19岁的廖某某和妹妹涓涓是双胞胎姐妹,两姐妹从小情同手足,父母虽然收入不高但全家人仍过着幸福的生活。2001年6月,涓涓患上脑

[①] 参见《姐姐捂死妹妹案尘埃落定 终审判决三缓五》,载人民网(http://pic.people.com.cn/GB/7562150.html),访问日期:2011年3月27日。

膜炎,发高烧昏迷了10多天,醒来后就留下了后遗症,常常精神失常,无端打人还砸东西,父母多次被她打伤。无奈之下,家人只好用大铁链将涓涓锁起来。但锁住了涓涓也等于锁住了全家人,家中不得不随时留人照顾被锁住的生活不能自理且随时可能再发疯的涓涓。为此,母亲不得不辞去工作,在家中专心照顾涓涓,只剩父亲一个人靠维修家电维系整个家庭的经济来源,这让原本不富裕的家庭雪上加霜。同时,为了治好涓涓的病,家人带着涓涓遍访名医。中医、西医、开颅手术、伽马刀手术,家人几乎尝试了所有已知的治疗方法,但涓涓的病情仍不见好转。为此,父母耗尽了全部积蓄,变卖了房子,还欠下大笔外债。2007年8月10日,不堪高昂医疗费用,家人把涓涓转到彭州一家精神病院接受治疗。为了照顾涓涓,姐姐廖某某随后赶到医院。2007年8月22日凌晨1点左右,廖某某看着熟睡的妹妹,想着妹妹和家人经受的苦难,以及妹妹的病没有希望治愈,廖某某拿起旁边的枕头,死死地捂在妹妹的脸上……在一阵挣扎后,妹妹再也不动了。事后,廖某某拨打了报警电话,向警方自首。彭州市人民法院判决:廖某某犯故意杀人罪被判处3年有期徒刑,缓刑5年。

成都市中级人民法院终审认为,原审被告廖某某采用捂口鼻的方式致涓涓死亡的行为已构成故意杀人罪,但廖某某因特殊的起因和动机而对家庭成员实施犯罪,与其他严重危害社会治安秩序的故意杀人犯罪有着明显的区别;同时,廖某某犯罪时患抑郁症,辨认和控制自己行为的能力较低,仅具备部分刑事责任能力;事后,廖某某也主动投案自首,依法可以从轻或者减轻处罚;综合以上情节,原审法院决定对其减轻处罚符合我国法律规定。成都市中级人民法院认为,考虑到原审被告廖某某的犯罪事实和法定的从轻或者减轻处罚情节,可以对其减轻处罚;廖某某具有无前科、认罪悔罪、被害人父母谅解等酌定从轻处罚的情节,且人身危险性相对较小,对其暂不执行所判刑罚不至于再危害社会,故可适用缓刑,维持"判三缓五"的原判。

【案例28】广东东莞未婚妈妈产后抑郁摔死亲生女获判缓刑案[1]

产后抑郁长达4个多月的小卉(化名)把怀中婴儿从阳台扔下摔死,这名刚满20岁的未婚妈妈在法庭上声泪俱下,不断向亲人哀求原谅。鉴于小卉有产后抑郁症,近日广东省东莞市第三人民法院判处其有期徒刑3年,缓刑4年。

【案例29】深圳"拔管杀妻案"罪犯获判缓刑[2]

2009年元宵节晚上,武汉籍女子胡菁忽然昏迷在深圳龙岗的自家别墅

---

[1] 参见《产后抑郁摔死亲生女,未婚妈妈被轻判缓刑》,载新华网(http://news.xinhuanet.com/legal/2010-12/21/c_12902606.htm),访问日期:2010年12月21日。

[2] 参见《深圳检察院称"拔管杀妻案"量刑畸轻提出抗诉》,载新华网(http://news.xinhuanet.com/legal/2010-12/24/c_12913484.htm),访问日期:2010年12月24日。

里,在被送往医院 ICU 病房重症监护后,一直靠呼吸机维持生命。事发 7 天后,丈夫文裕章称,为减轻妻子痛苦,强行拔去胡菁的氧气管,致其身亡。2010 年 12 月 9 日,该案由深圳市中级人民法院作出一审判决,认定被告人文裕章构成故意杀人罪,判处有期徒刑 3 年,缓刑 3 年。判决作出后,引发社会热议。被害人胡菁的母亲以量刑畸轻为由,请求深圳市人民检察院提出抗诉。

深圳市人民检察院的抗诉理由主要有三条:一是判决书认定本案属于故意杀人罪中的"情节较轻"有误。尽管被害人胡菁当时处于深度昏迷、有自主心跳而无自主呼吸的状态,但是所谓"脑死亡"只是医学概念,并未引入临床诊断,更没有被刑事立法和司法所认可。被告人却不顾多人劝阻,亲手剥夺了妻子的生命,让双方亲人饱受痛苦的折磨,社会影响恶劣。二是判决书认定本案被告人作案动机有误,导致量刑不当。判决书采信被告人供述,认定其犯罪是"眼见爱妻救助无望"的冲动之举,但被告人受过法律教育,知法懂法,却亲手将妻子置于死地,主观恶性明显,犯罪目的明确,杀人意志坚决,属于直接故意。被害人当时深度昏迷,根本无法感知医疗手术痛苦;且在治疗期间,被告人与另一女子通话频繁,短信暧昧,这些都使被告人"不想妻子再受苦"的说法难以成立。三是虽然被告人有自首、能积极赔偿被害人的近亲属经济损失等情节,但判决对被告人适用缓刑,社会效果不佳,且被告人方和被害人近亲属之间未达成和解协议。

这里的几个故意杀人案件在处罚上具有共同点:判决被告人构成故意杀人罪,但是仅判处有期徒刑缓刑。这种判决是否合理,有何根据,值得关注和讨论。

笔者曾经针对"四川省彭州市姐姐捂死妹妹案"发表过如下评论:

①本案一审法院对被告人廖某某以故意杀人罪"判三缓五"的判决结果进行了法理上的说理和阐释(即一审法院认为作出这种判决结果的主要理由有三:一是廖某某在犯罪时正患抑郁症,可以认定为情节较轻,应在 3 年以上 10 年以下量刑;二是廖某某有自首情节;三是廖某某犯罪后认罪态度好),一审法院的这种做法和态度是严肃认真的,符合公正司法的形式要求。

②本案一审人民检察院(公诉机关)因"认为法院的判决认定事实错误,适用法律不当,量刑畸轻"而依法提起抗诉,同时人民检察院也认定廖某某患有抑郁症和自首情节并"认为本案判刑的确可以从轻",一审人民检察院的这种做法和态度是严肃认真的,符合公正司法的形式要求。

③本案判决结果(主要是对被告人廖某某判处较轻刑罚并适用缓刑)之所以引起较大关注,可能有以下五点原因:其一,故意杀人罪作为"性质严重"的罪名与轻刑及缓刑的关联性十分引人注目;其二,本案总体上判断是否属于故意杀人"情节较轻的";其三,被告人廖某某患有抑郁症,在多大程度上影响了刑事责任能力;其四,综合本案全部情节,是否应对被告人廖某某减轻处罚;其五,综合本案全部情节,被告人廖某某是否符合缓刑适用条件。

④关于故意杀人罪作为"性质严重"的犯罪与轻刑及缓刑的关联性问题。笔者认为,从现行法律规定和法律逻辑上分析,从一般意义上讲,犯罪"性质严重"与犯罪"罪行严重"是两个概念,故意杀人罪的情况也千差万别,应当具体情况具体分析处理,其中对于犯故意杀人罪但情节较轻的、符合缓刑条件的被告人仍然可以依法宣告缓刑。因此,从现行法律规定和法律逻辑上分析,故意杀人罪与轻刑及缓刑在部分情节较轻的个案中具有关联性,即可以依法对那些情节较轻的故意杀人罪案件的被告人依法判处轻刑,并可以对那些符合缓刑适用条件的被告人依法宣告缓刑;对少数故意剥夺他人生命的行为,如果属于"情节显著轻微危害不大的,不认为是犯罪"的情况,甚至还可以依法宣告被告人无罪。比如,有些出于恶劣动机并以残忍手段进行的故意杀人,当然属于"罪行严重"的故意杀人罪,依法应当判处较重的刑罚,甚至可以依法判处死刑;有些出于防卫动机和目的的故意杀人犯罪(防卫过当),虽然也可能构成故意杀人罪罪名,但是应依法判处较轻的刑罚或者免除刑罚处罚;而有些故意剥夺他人生命的行为,如果符合《刑法》第20条规定的正当防卫法定条件,应当依法认定为合法行为;极个别情况下,即使行为人实施了故意剥夺他人生命的行为,但如果符合"情节显著轻微危害不大的"条件,也应依法"不认为是犯罪",如1986年"陕西汉中的夏某安乐死案",人民法院就在认定被告人蒲某实施了故意剥夺他人生命的行为的前提条件下,认定蒲某的行为属于"情节显著轻微危害不大的,不认为是犯罪"的情况,依法判决蒲某无罪。

第五章　强奸罪

一、强奸罪的法文化学分析[①]

我国《刑法》第236条规定了强奸罪。强奸罪是指违背妇女意志,以暴力、胁迫或者其他手段强制进行性交的行为。

强奸罪,一个古老而永恒的犯罪命题。当人类脱离原始的"男女杂游,不媒不聘"的蒙昧状态,确立起专偶制婚姻家庭后,两性生活就不再是本能的、盲目的、生物性的,而是有意识和意志选择的人的行为。强奸罪则作为这种文明进步的伴随产物成为犯罪中的一个永恒命题。

"一个字词的含义乃是它在语言中的使用。"[②]强奸罪自产生之日起,历史就赋予我们对这一特定语词的历史性解读,若干世纪以来,这种历史性解读成为沉淀于我们头脑中固有的观念。然而这一观念在今天似乎已受到了冲击。20世纪最后20年里,域外一些国家或地区对强奸罪进行了立法修订:一是重视个人权利,人们认识到强奸罪虽然有伤风化,但其侵害的最直接的、最主要的法益应是被害人的性自主权,基于此,强奸罪由原来侵害社会法益之犯罪改为侵害个人法益之犯罪;二是反映女权主义运动和性革命的成果,强奸罪中被害人由传统地仅指女性改为也包括男性;三是承认性交方式多样化的现实,扩大了强奸罪的行为方式,除男性生殖器插入女性阴道之外,还包括肛交、口交以及异物进入等性侵害行为方式;四是凸显女性人身自由权益,强调男女平等,承认婚内强奸可构成强奸罪。[③] 联系当前婚内强奸在我国成为热门话题这一事实,或许,我们亦有必要对强奸罪这一概念作新的诠释,对我国现有强奸罪立法模式重新进行审视。

(一) 强奸罪传统立法模式之解析

在对现实作出评判之前,让我们首先将视野回溯至历史的源头。强奸罪产生之初衷,并非基于对女性的关爱,其要义仅是保护"失贞"女人背后的另一个尊严受到侵

[①] 该论题为作者与倪永红合作成果。
[②] 〔美〕E. 博登海默:《法理学:法律哲学与法律方法》,邓正来译,中国政法大学出版社1999年版,第128页。
[③] 参见苏彩霞:《域外强奸罪立法的新发展》,载《法学杂志》2001年第2期。

犯的男人。传统上,强奸被看作一个男人对另一个男人的侵犯,是对"他的女人"的伤害。① 元代法律规定,"强奸有夫之妇者,死;无夫者,杖一百七",被告人在有夫奸与无夫奸中量刑殊然不同,说明女性对男性的"财产"意义,法律保护的主旨仅是男性的财产个人所有权。唐《永徽律》杂律规定:和奸徒一年半,强奸加一等,和奸男女同罪,强奸则妇女不坐。可见在婚姻外的两性行为中,具有暴力情节只是作为对男方加重处罚与对女方免予处罚的条件,作为被害人的女性本身,法律并不予以关注。这是因为我国古代社会,像历史上所有其他文明一样,是一个男权制社会。中国封建典籍《礼记·内则》中对"妇人"的解释是"妇人,伏于人也"。希腊神话中的经典的潘多拉盒子和《圣经》中的人类堕落的故事也是如此。女性邪恶、低下的自然观念通过文学、神话形式得到了充分的渲染。虽然随着文明的进步,这一状况有所改变,但从古至今,人们看待两性差异的观念亘古未变:女性是柔弱、顺从的代名词,而男性是力量、进取的表征。班昭《女诫》中言:"阳以刚为德,阴以柔为美,男以强为贵,女以弱为美。"② 这种文化所认可的态度和价值反映到强奸罪的立法模式上,最终决定了法律史上中西方对强奸罪这一概念内涵的传统理解。

第一,将强奸罪视为侵害社会法益的犯罪,规定在"侵犯公共道德和善良风俗罪"或"妨害社会风化罪"中。如1810年《法国刑法典》就把强奸罪规定在"妨害风化罪"中,1930年《意大利刑法典》在"侵犯公共道德和善良风俗罪"中规定了强奸罪。中国刑法史上,强奸是作为"奸非"罪中的一个类别与和奸、媒奸并存。这说明,女性只是强奸的犯罪对象而非法律所要保护的客体,法律关心的更多的是社会性秩序遭到破坏,善良风俗受到侵犯。法律对强奸罪的规定方式同时表明了社会的评价态度:"女人最污是失身",这种事情给女性带来的是一种"羞辱"。因而,女性不仅要承受强奸这种暴力行为于事中对身心的伤害,而且还必须于事后忍受传统名节观赋予的耻辱评价。注重"风俗""风化"的伦理化理解使女性无法超脱传统名节观的束缚,被强暴后不敢声张,刑法的保护范围实际上缩小化,个体的权利因为强调社会整体利益而被漠视。

第二,犯罪对象上,被害人仅限于女性。1975年《德国刑法典》的强奸罪明确规定"强迫妇女"发生性行为,1962年美国法学会起草的《模范刑法典》中规定:"一个男人……与一个不是他的妻子的女人性交,即构成强奸罪。"被害人仅限于女性体现了男权文化设定的"男强女弱"的性别二元观。由于女性是柔弱的代名词,而男性则富于进攻性和侵略性,因此强奸只可能是男性对于女性所施加的行为,性主动或加害人的角色只能由男性扮演,女性则是性暴力被动的承受者。

第三,犯罪客观方面,强奸罪是违背妇女意志,与之强行性交的行为。性交仅指男性生殖器插入女性阴道,为典型的"阳具中心性交观",除此以外的性接触均认为是猥亵或侮辱。这是由于传统上,人类一向以生殖为性行为的价值取向,从而形成对性

---

① 参见〔美〕凯特·米利特:《性政治》,宋文伟译,江苏人民出版社2000年版,第53页。
② 班昭:《女诫·卑弱》,转引自〔荷〕高罗佩:《中国古代房内考》,李零、郭晓惠等译,上海人民出版社1990年版,第139页。

交方式的单一理解。千百年来,人类性行为的表现方式就是单纯的"阳具"与阴道的交合。因此,人们一提到性交,自然就指可能引起妇女妊娠的男女生殖器的交合。如1865年《香港侵害人身罪条例》第53条"性交之定义"规定就是指"性器官进入",亦即男子性器官插入女子性器官。① 而判断一个女性是否"失贞",现实中也以是否被奸入为标准。

第四,犯罪主体上,强奸只能由男子构成。女子可以构成强奸罪的教唆犯或帮助犯,但不能构成强奸罪的实行犯。1956年《英国性犯罪法》规定强奸罪是"男子强奸妇女的犯罪行为"②。美国伊利诺伊州1961年《刑法典》规定:"14岁以上男子同……性交的,是强奸罪。"强奸只能由男子实施,成了强奸罪不言自明、约定俗成的语义之一。同时,强奸只在婚姻外的两性关系中发生,丈夫不构成强奸罪的主体。1857年马萨诸塞州最高法院在一份判决中宣称"存在婚姻关系始终是强奸罪的辩护理由",由此确立了美国强奸罪的婚内豁免权。到1977年为止,美国有29州的法律明确规定,丈夫不应因强奸妻子而被起诉。③ 1975年《德国刑法典》规定"以暴力或胁迫手段,强迫妇女与自己或他人实施婚姻外性交行为者"为强奸。在清朝小说《醒世姻缘传》中,妻子薛素姐不愿与丈夫性交,丈夫狄希陈对薛强行施暴。对此暴行不仅没有受到法律之制裁,反而为士大夫所称颂,亦为市井所传扬。④ 这是因为在男主女从的传统社会,妻子只被视为传宗接代的工具,必须"事夫如天"。在妇女依附于男性的大背景下,妻子是法定的性奴隶,因而,丈夫对妻子的性行为(即使采用暴力方式)被认为是天经地义之事,而无须取得妻子的同意,丈夫理所当然的享有强奸的"豁免权"。

(二) 发展中的变化:强奸罪立法新模式

一项法律制度的确定,总是与那个时代的文明状况相适应。由上可见,传统的强奸罪立法模式,是作为时代特征的男权制社会的产物。然而,历史是一条"永动的河流,随着它的奔腾,独特的个性不断被抛弃,并且总是在那个新的法律基础上形成新的个性结构"⑤。随着时代的发展,被认为"人类之天性"的男权制度开始受到质疑与挑战。1848年7月19日至20日在美国纽约州召开了第一次女权大会,大会中女性仿照《独立宣言》发表了《情感宣言》,这是女性首次向男权制社会公开挑战。随之,20世纪50年代末到70年代,西方社会掀起了席卷全球的女权运动。这场运动"爆发的实质是西方个体主义思想和个体主义社会结构的发展同继续维持妇女在传统父权制中的从属、依赖地位的矛盾深化的反映",文艺复兴、宗教改革为个体主义的确立鸣锣开道并成为其思想基础。⑥ 在经过若干世纪的沉寂以后,女性的自我意识开始苏醒,不再甘于作男性的附庸及边缘公民,要求在政治、经济、地位上与男性平分秋色。

---

① 参见宣炳昭:《香港刑法导论》,中国法制出版社1997年版,第269页。
② 〔英〕J. C. 史密斯,B. 霍根:《英国刑法》,李贵方译,法律出版社2000年版,第507页。
③ 参见李立众:《婚内强奸定性研究——婚内强奸在我国应构成强奸罪》,载《中国刑事法杂志》2001年第1期。
④ 参见周永坤:《婚内强奸罪的法理学分析》,载《法学》2000年第10期。
⑤ 转引自〔美〕E. 博登海默:《法理学:法律哲学与法律方法》,邓正来译,中国政法大学出版社1999年版,第80页。
⑥ 参见杜芳琴:《中国社会性别的历史文化寻踪》,天津社会科学院出版社1998年版,第208—209页。

《玩偶之家》中娜拉摔门出走则从文学的角度表明了这种革命的自然主义宣言。另外,20世纪60年代欧美国家出现的"性革命"将人人自由、平等的观念深入到性道德上,促使女性的性主体意识复苏,女性开始冲破传统宗教、文化所设定的性禁忌,性观念与行为方式均发生了巨大变化。在两性生活中,女性开始日愈重视性生活对自己的价值,而不仅仅是对丈夫和婚姻的意义①,女性不再总充当性行为的被动承受者,而开始以主动的性要求者姿态出现。

在女权运动和性革命中,妇女的解放是缓慢的、痛苦的,是部分的、有条件的,但这仍然对人类的思想意识产生了深刻的影响。它不仅让女性,也让男性思考传统制度的合理性。夏娃与亚当是平等的,起源说是一种空想。人文主义的传播向人们张扬了这样一种思想:"作为人,男人和女人是相同的。作为人,男人和女人是平等的。"②但许多传统法律制度的设计,都因无视占人类组成1/2的女性的独立人格而缺失了平等,从而让人们产生非正义的感觉。女性权利不断扩大的事实,社会性观念的改变,以及人类精神本能中对正义、平等的追求,这一切都要求"法律必须与日益变化的文明状况相适应,而社会的义务就是不断地制定出与新的情势相适应的法律"③。因此,域外一些国家或地区开始对强奸罪传统立法模式进行修订,形成新的强奸罪立法模式。

第一,将强奸罪规定为侵犯个人法益的犯罪。对强奸罪所侵害法益的这种理解直接反映出人们的价值趋向。随着个体权利的日益重视,对主体独立的人格的确认,人们认识到强奸不仅破坏了性秩序,更主要的是侵犯了个人的性自主权。因此,域外一些国家纷纷调整强奸罪的归属。如1994年《法国刑法典》将强奸罪由"妨害风化罪"节转至第二章"伤害人之身体或精神罪",意大利1996年12月15日颁布的66号法律也将性暴力犯罪从"侵犯公共道德和善良风俗罪"转至侵犯人身罪。④将强奸罪由侵害社会法益之犯罪归属于侵害个人法益之犯罪,剥离"风化""风俗"等语词所赋予的伦理色彩,有助于被害人及民众更清晰地认识强奸罪的实质,表明法律对受到侵害的被害人个体权利的关注,从而鼓励被害人勇于出面举发强奸犯,导正社会及公众观念,更有效地保护被害人。因此,将强奸罪放在侵害个人法益的犯罪中,成为世界立法潮流。

第二,犯罪对象上,被害人不仅包括女性,也包括男性。强奸不再仅是男性对女性施加的暴力行为,也可以由女性对男性、女性对女性或男性对男性实施。现行《意大利刑法典》第609条第2款规定:"采用暴力或威胁手段或者通过滥用权利,强迫他人实施或者接受性行为的,处以5年至10年有期徒刑。"这里强奸罪的主体和对象可以是任何男性和女性。⑤1998年新《德国刑法典》将1975年《刑法典》中的"强迫妇

---

① 参见李盾:《个体权利与整体利益关系——婚内强奸在中国的法律社会学分析》,载陈兴良主编:《刑事法判解》(第1卷),法律出版社1999年版,第409页。
② 〔法〕皮埃尔·勒鲁:《论平等》,王允道译,商务印书馆1988年版,第55页。
③ 〔美〕E.博登海默:《法理学:法律哲学与法律方法》,邓正来译,中国政法大学出版社1999年版,第142页。
④ 参见黄风译:《意大利刑法典》,中国政法大学出版社1998年版,第151页。
⑤ 参见周永坤:《婚内强奸罪的法理学分析》,载《法学》2000年第10期。

女"修改为"强迫他人",1994年重订《法国刑法典》第222—23条规定受害者为"他人",意即包括男性和女性。① 这主要是由于在女权运动和性革命的影响下,女性性主体意识开始苏醒,在任何时候都不再是性行为的被动承受者或受害者,女性强暴男性的事情开始发生。同时,性革命使"同性恋"事实公开化。1969年6月,在美国纽约的格林威治村发生"石墙暴动事件",这是"争取同性恋人权运动"的肇始。1991年6月30日,旧金山有25万多人参加的大游行,被称作全球最大的同性恋者集会。② 今天,人们看待同性恋的目光已日渐宽容,一些国家甚至以立法方式确认同性恋的合法性。在这种状况下,同性间性行为的比例在上升,男性遭受同性强迫发生性行为之事件屡有发生,而被强暴的男性身心所遭受的伤害并不亚于被奸女性,其性自主权同样遭到了侵犯。因此,基于社会生活现实,及对男性性自主权的同等保护,强奸罪的行为对象由女性扩大到包括男性。

第三,犯罪客观方面,强奸罪表现为违背被害人意志,强行与之性交的行为。虽然其字面表述与传统模式差异不大,但由于对"性交"的内涵理解扩大化,而使强奸罪的外延较以往宽泛。1994年《法国刑法典》第222—23条规定:"以暴力、强制、威胁或趁人无备,对他人施以任何性进入行为,无论其为何种性质,均为强奸罪。"③这里的"任何性进入行为"包括肛交、口交以及异物进入等性侵害行为。1999年3月,参考美国《模范刑法典》,我国台湾地区"刑法"第10条第五项增设性交定义:"称性交者,谓左列性侵入行为:一、以性器进入他人之性器、肛门或口腔之行为。二、以性器以外之其他身体部位或器物进入他人之性器、肛门或口腔之行为。"我国澳门特区现行《刑法》第157条规定,"强奸罪,是指以……或以同样的方法与他人肛交,或强迫他人与第三人肛交的行为",其中,肛交可以是发生在异性或同性之间的性行为④,从而扩大了强奸罪的行为方式。这是由于随着性观念的改变,人们不再视生殖为性行为的首要价值,而开始以性主体身份体验两性行为,性交方式随之多元化。同时,同性恋事实的存在,也使传统的"阳具中心性交观"已不足以涵盖现实生活中的性交方式,而口交、肛交以及异物进入等性侵害行为给被害人造成的伤害并不比传统的性交方式轻。因此立法扩大了强奸罪的行为方式,使传统上被认为是猥亵的一些行为纳入强奸的范畴。

第四,犯罪主体上,强奸行为既可以由男性实施,也可以由女性实施,女性可以构成强奸罪的实行犯。加拿大1983年强奸/性行法律改革时,就淡化了对强奸罪主体性别的要求。1996年《意大利刑法典》规定强奸罪的主体可以由女性构成。美国得克萨斯州的规定有奸淫男孩罪,其犯罪主体为妇女。⑤ 我国台湾地区1999年修订强奸罪后,强奸罪的主体已既可以是男子,也可以是女子。强奸罪被告人和受害人性

---

① 参见苏彩霞:《域外强奸罪立法的新发展》,载《法学杂志》2001年第2期。
② 参见欧阳涛主编:《当代中外性犯罪研究》,社会科学文献出版社1993年版,第18页。
③ 罗结珍译:《法国刑法典》,中国人民公安大学出版社1995年版,第64—65页。
④ 参见陈海帆、崔新建:《澳门刑法典分则罪名释义》,澳门基金会2000年版,第3页。
⑤ 参见欧阳涛主编:《当代中外性犯罪研究》,社会科学文献出版社1993年版,第117页。

别的淡化,意味着女子可以成为强奸罪的实行犯,它包括女性强暴男性及女性强暴女性两种情况,这与女同性恋事实之存在及女性由性行为的被动接受者到主动的性要求者之转变紧密相关。同时,在犯罪主体上,立法承认婚内强奸,对配偶也可犯强奸罪。美国传统的普通法承认婚内强奸豁免权,但20世纪70年代,《新泽西州刑法典》规定,"任何人都不得因年老或者性无能或者同被害人有婚姻关系而被推定为不能犯强奸罪",率先打破了普通法传统。到1993年,北卡罗来纳州成为全美最后一个废除婚内强奸豁免权的州。①1996年,修订后的《瑞士刑法典》第190条(强奸罪)第2款规定:"行为人是被害人的丈夫,且二人共同生活的,告诉乃论。告诉权的有效期限为6个月。"②1998年颁布的《德国刑法典》第177条废除了1975年《德国刑法典》强奸罪中"婚姻外性交"这一特征。③我国台湾地区1999年通过的"妨害性自主罪章"第229条规定,对配偶也可犯强奸罪,但告诉乃论。肯定婚内强奸,是将对主体性自主权的保护从婚外扩大到婚姻内。因为结婚登记并非丈夫强奸妻子(或妻奸夫)的法定许可证,而仅是从形式方面肯定性生活的合法性,婚姻承诺的是"爱"而不是忍受暴力,性行为合法的实质是双方之合意,婚内强奸的实质与婚外强奸并无不同④,因此,从尊重人权,凸显夫妻性权利平等的角度出发,立法承认婚内强奸这一事实状态。

强奸罪立法新模式建立在社会生活变化这一事实本身。由于其设立是以两性完全平等为假想前提的,因而从某种意义上说,它又是理想主义的结晶,是人类追求人权、平等、自由这些永恒价值的体现。然而,理想是一个闪光而遥远的梦想。从历史到今天,现实世界仍是一个男权制社会,尽管它确实发生了变化,但距离男女真正的平等,实现两性各自的亚文化一体化的理想仍很遥远。因而,从符合强奸罪的本来面目及对平等、人权价值的追求来看,强奸罪立法新模式代表着一种"应然",成为理想主义的结晶。

二、中国关于强奸罪的立法与理论

(一) 罪名设置及其含义

由于"两高"《关于执行〈中华人民共和国刑法〉确定罪名的补充规定》明确规定,取消了我国传统理论上和实践中所一贯坚持的"奸淫幼女罪"罪名。但是,针对这个司法解释,理论界还存在争议。例如,有学者指出,取消"奸淫幼女罪"罪名并不合理,因为,该罪名具有其独特的内涵、独立的构成要件和特殊的处罚原则。⑤

---

① 参见[美]哈里·D. 格劳斯:《家庭法》(第3版),法律出版社1999年版,第69页。
② 参见徐久生译:《瑞士联邦刑法典》(1996年修订),中国法制出版社1999年版,第69页。
③ 徐久生、庄敬华译:《德国刑法典》,中国法制出版社2000年版,第145页。
④ 参见李立众:《婚内强奸定性研究——婚内强奸在我国应构成强奸罪》,载《中国刑事法杂志》2001年第1期。
⑤ 参见刘明祥:《奸淫幼女若干问题探析》,载《国家检察官学院学报》2004年第1期;林号兵:《论应该设立奸淫幼女罪——评法释〔2002〕7号司法解释》,载中国法律信息网(http://www.law-star.com/cacnew/200606/25012381.htm),访问日期:2006年7月1日。

笔者认为,是否取消"奸淫幼女罪"罪名这个问题还值得研究,因为,针对幼女(其实还应该包括"幼男")的特殊保护,法律在理念上应当说是存在差异的,在犯罪的主观方面要件和客观方面要件设置上都存在特殊性,处罚原则也不同;在这个意义上,笔者认为应当保留"奸淫幼女罪"罪名。但是,从长远计,应当将男性儿童的性权利纳入刑法保护的范围,因此应当设置一个更具有包容性的保护未成年人性权利的罪名,以"奸淫未成年人罪"罪名来概括更加妥当。

同时,应当顺应时代发展变化的需要,将那些强奸男性的行为、同性之间的强奸行为等予以犯罪化,以扩张强奸罪的范围和包容量。基于这种立场,强奸罪的应然含义是指,违背他人意志,使用暴力、胁迫或者其他手段,强行与他人发生性交的行为。但应当明确的是:我国现行《刑法》并没有将"强奸男性"的行为规定为强奸罪,而是将其规定为强制猥亵罪。

(二) 强奸罪定性处理中的若干疑难问题

(1)犯罪客体问题。这个问题在理论界也存在许多见解,有各种主张。笔者认为,应将其定为"妇女性自由权利"。

(2)奸淫精神病人的行为是否构成强奸罪?有关司法解释规定要按照强奸罪处理,并不完全妥当。因为如此处罚并没有法律根据,从而违背罪刑法定原则。这里介绍一起真实的案件供分析讨论[①]:

【案例】刘某强奸弱智女案

2006年7月31日晚上,在江苏省苏州市金阊区打工的青年刘某在宿舍吃过饭后,便到附近打台球。打球期间他发现店门前有一个十八九岁的女孩子老是朝他微笑。刘某便主动上前搭讪,并试探着对那女孩说,想跟她交个朋友。让刘某惊喜的是,那女孩竟然马上表示同意了,交谈中,刘某得知女孩姓黄,见小黄老实巴交的,刘某提出一起出去散步,小黄欣然答应。刘某拉着小黄的手散步,把小黄带到一块空旷的草地上开始亲吻,并说自己属于一见钟情型的男孩,想娶小黄做老婆。小黄听了非常开心,迅速脱光了衣服并积极配合刘某的亲热行动。刘某顺利地同小黄发生了性行为,然后离开现场。当天晚上,小黄的父亲发现女儿有与人发生性行为的迹象,随即向警察机关报案。次日下午,刘某被警察抓获。经司法鉴定,小黄精神发育迟滞,缺乏性自我保护能力,据此,苏州市金阊区人民检察院以刘某涉嫌强奸罪提起公诉。面对公诉,年仅20岁的刘某想不通,他在庭审中申辩说:对方是自愿与他发生性行为的,他自己并没有采取任何暴力手段,怎么能说是强奸呢?

法院审理认为,刘某在晚上遇到小黄,互相不认识,但在刘某的要求下,小黄欣然答应跟他散步,然后脱下衣服与刘某发生性行为。种种迹象表明,刘某肯定知道小黄智力上存在障碍。小黄在与刘某发生性行为时虽然没有

---

① 参见《"艳遇"弱智女也属强奸》,载《法制文萃报》2007年2月5日,第13版。

反抗行为,但是经司法鉴定患有精神发育迟滞。而刘某明知小黄是弱智者,而与其发生性行为,视为违背妇女意志,其行为构成强奸罪。法院最终以强奸罪判处刘某有期徒刑4年零6个月。

笔者认为,这个案件对刘某的判决并不公正。因为,刘某的行为并不完全符合强奸罪的构成条件;尤其是法院在逻辑上把小黄欣然同意散步和脱衣服发生性行为等作为判断刘某实施强奸的重要依据,主观武断地推定刘某明知小黄弱智并违背妇女意志,以此定罪,不公正。

(3)应否承认婚内强奸行为构成强奸罪?

婚内强迫性行为在我国具有一定的普遍性。如北京的一份调查发现,43.3%被丈夫殴打的妇女紧接着受到性暴力的摧残;周美蓉先生对上海市的抽样调查表明,在夫妻性行为中,有8.5%是在妻子不同意的情况下发生的;而潘绥铭先生在全国范围的抽样调查发现,有17.5%的女性经常在自己没有性要求时为满足丈夫而性交。[①]

那么,丈夫可否成为强奸罪主体,对婚内强迫性行为应当如何定性处理?在我国,针对婚内强迫性行为的司法定性处理问题,不同的法院作出不同的判决。一种是无罪判决。如,1997年的辽宁省义县白俊峰婚内强迫性行为案[②],辽宁省义县人民法院判决被告人无罪;2000年的四川省南江县吴某某婚内强迫性行为案,四川省南江县法院判决被告人无罪。另一种是有罪判决。如,1989年的河南省信阳县靖志平婚内强迫性行为案[③],信阳县法院以强奸罪判处靖志平有期徒刑6年;2000年的上海市青蒲县王卫明婚内强迫性行为案[④],上海市青蒲县法院也以强奸罪对王卫明判处其有期徒刑3年,缓刑3年。

但是,针对婚内强迫性行为的定性处理问题,在理论上也一直是各执一词,其基本观点大致上可以归为以下四种:肯定说、否定说、他罪说、两罪说。[⑤]

肯定说认为,丈夫对妻子的强迫性行为构成强奸罪。主要理由是强奸罪的主体是一般主体,我国刑法并未将丈夫排除在强奸罪主体之外。在认定上又分为以下主张:①时间肯定说。时间肯定说主张构成婚内强奸的情形主要有三种:一是男女双方已登记结婚,但尚未按当地风俗习惯举行婚礼或同居,女方提出离婚的;二是夫妻感情确已破裂,并且长期分居的;三是一审法院已判决离婚的。[⑥] ②情节肯定说。这种学说主张通过具体情节的判断来认定是否构成婚内强奸。如果丈夫采用的是严重伤害妻子身体的暴力行为,且造成了严重的危害后果的;或未造成严重人身伤害,但有

---

① 参见李盾:《个体权利与整体利益关系——婚内强奸在中国的法律社会学分析》,载陈兴良主编:《刑事法判解》(第1卷),法律出版社1999年版,第395—418页。
② 参见《白俊峰强奸案——丈夫强奸妻子的行为应如何定罪》,载最高人民法院刑事审判第一庭编:《刑事审判参考》(总第3辑),法律出版社1999年版,第23—26页。
③ 参见李盾:《个体权利与整体利益关系——婚内强奸在中国的法律社会学分析》,载陈兴良主编:《刑事法判解》(第1卷),法律出版社1999年版,第395—418页。
④ 参见《王卫明强奸案——丈夫可否成为强奸罪的主体》,载最高人民法院刑事审判第一庭编:《刑事审判参考》(总第7辑),法律出版社2000年版,第26—29页。
⑤ 这里的观点归纳,部分内容借鉴和引用了四川大学刑法硕士朱建明、李秭漪的研究成果,特此说明并向作者致意。
⑥ 参见周琦、胡卫国:《王卫明强奸案》,载《判例与研究》2000年第2期,广东非凡律师事务所2000年自刊。

其他严重情节的,即婚内强迫性行为具有"严重的社会危害性"时,丈夫可以成为强奸罪的主体。

否定说认为,应当明确否定婚内强行性交行为构成强奸罪。具体理由有十二种主张:①妻子承诺论。这是理论界较为通行的观点。按照西方的传统观点,婚姻是男女双方自愿订立的以长久共同生活为目的的一种民事契约关系,根据婚姻契约,妻子已经事先承诺在婚姻关系存续期间服从丈夫的性要求,丈夫不需要在每一次性生活前都必须征得妻子的同意。②暴力伤害论。这种观点认为如果丈夫运用暴力或胁迫手段强行与妻子发生性行为,妻子所拒绝的并不是性生活本身,而是丈夫的暴力或胁迫行为。因此,婚内强奸不应针对性行为本身,而应惩罚丈夫在性行为过程中所实施的对妻子造成严重身心伤害的暴力或胁迫行为。③促使妻子报复论。这种观点认为允许妻子控告丈夫强奸,将使丈夫经常处于提心吊胆状态,容易造成性心理变异,并且有可能助长妻子歪曲或捏造夫妻生活的真相,使妻子的报复手段合法化。④道德规范调整论。这种观点认为合法的夫妻关系受法律保护,婚姻双方均有性生活的权利义务,因此丈夫不能成为强奸罪的主体。⑤同居义务说。⑥合法性行为说。⑦婚内无"奸"论。⑧婚姻家庭秩序论。⑨罪刑法定论。⑩客体不一致说。⑪不可操作性论。⑫刑法谦抑性说。

他罪说认为,婚内"有强无奸",对于婚内强迫性行为不能以强奸罪论处,若要作为犯罪处理,须另立罪名。丈夫强行与自己的妻子发生性行为,属于道德范畴问题,但是,对于丈夫在妻子拒绝的情况下,仍采取暴力胁迫手段强行与妻子发生性关系的行为,法律不应对此不作任何回应,应从丈夫所采取的暴力胁迫行为的实际定性,视情节以杀人、伤害、侮辱或虐待等相关罪名定罪处罚。可见,他罪说实质上是否定说(否定强奸罪)。

两罪说认为,对婚内强迫性行为应当具体问题具体分析。如果在夫妻长期分居期间,丈夫强行与妻子发生性关系;或者在夫妻离婚诉讼过程中,夫妻已经分居,丈夫强行与妻子发生性关系等,应当认定构成强奸罪。如果夫妻双方在并非处于办理离婚期间或分居期间,丈夫以暴力强迫妻子与其发生性关系,可以按照虐待罪处理,而不能认定为强奸罪。可见,两罪说实质上是肯定说(有条件地肯定强奸罪)。

笔者认为,从婚姻的本质和强奸罪的本质看,应当予以有限犯罪化,即应当从严掌握,可以限定在婚姻处于非正常状态下(如已经分居、处于离婚诉讼中等)的"婚内强奸"构成强奸罪。

(4) "先强奸后通奸"与"先通奸后强奸"案件的定性处理问题。司法实践中的做法是对前者宽、对后者严。对前者宽,是指对前者从宽处理,通常不轻易定罪处刑,但并不是说一律不作为犯罪处理,对于某些社会影响恶劣的先强奸后通奸行为依然应当依法定罪(强奸罪)处罚;对后者严,是指对后者从严处理,通常应当定罪处刑,但不是说对后者一律都作为犯罪处理,对于某些情节较轻的先通奸后强奸行为依法可以不定罪(强奸罪)处罚。

(5) 对"半推半就"案件的定性处理问题。对此,关键是要考查:行为人的行为方式是否采取了暴力、胁迫等方法;妇女的"推"与"就"的具体方式和情形。例如:如果行为人只是一般的要求发生性关系,带有一些主动性、挑逗性的行为,妇女就半推半就地同意发生性行为,对此,就不宜定强奸罪。

(6)利用"优势地位"奸淫妇女行为的定性处理问题。"优势地位"主要指利用教养关系、从属关系、职务上或者业务上的上下级关系。按照有关司法解释,并非都按照强奸罪处理;对于其中仅仅将优势地位作为一种单纯的引诱手段使用的情形,以及其中具有"互相利用"性质的情形,一般不能定强奸罪。但是,对于那些利用优势来单方面威胁、强制妇女就范的,可以定强奸罪。

(7)关于骗奸与"性的不当得利"问题。对此,一般不应以强奸罪论处。[①]

(8)奸淫幼女问题。一是行为人主观罪过问题。这涉及有关司法解释和学界的争议。有的学者主张,对奸淫幼女犯可以实行所谓的严格责任(或者无过失责任)。笔者认为不妥,因为在刑法领域实行严格责任,与刑法主客观统一原则背道而驰,与罪刑法定原则的精神实质严重冲突。因此,在奸淫幼女行为是否构成犯罪的判断中,必须以行为人主观上有认识(包括概括性认识)为前提;如果行为人确实不是明知故犯,不应构成强奸罪。二是将未成年男性的性权利保护纳入刑法视野,按照前面的设想将本罪的罪名扩张为"奸淫未成年人罪"。

(9)关于"二人以上轮奸的"情节的认识和理解问题。"轮奸"只能是一种客观事实,即必须在客观上存在某被害人已经实际被"二人以上"成功强奸"两次以上"的事实,才能认定成立"二人以上轮奸的"情节。例如,甲、乙、丙三人共谋共同轮奸丁,如果实际上只有甲奸淫成功,其余二人尚未成功奸淫,则只能成立强奸罪(既遂)的一般共同犯罪,但不能成立"二人以上轮奸的"情节;但假如甲、乙两人事实上已经成功奸淫,而只有丙没有成功奸淫,则可以成立"二人以上轮奸的"情节,且丙也应当按照"二人以上轮奸的"情节来认定,因为该三人属于共同犯罪,该种情形下的共同强奸罪已经在整体上具备了"二人以上轮奸的"情节,从而丙当然应当对"二人以上轮奸的"情节负责。

(10)关于强奸罪的既遂与未遂标准。对此,理论界有三种主张:接触说;结合说或者插入说;射精说或者性欲满足说。通说主张是:强奸罪的既遂标准采取插入说;奸淫幼女罪的既遂标准采取接触说。笔者认为,强奸罪的既遂标准应当统一采取结合说,即使在奸淫未成年人的场合,也应当以结合说为标准。

关于共同强奸的既遂问题,有学者认为,强奸罪属于亲手犯,如果某个共犯实际上并没有成功奸入,则即使其他共同犯罪人强奸既遂,该未成功奸入的共犯也只能成立强奸未遂。笔者认为这种看法不妥,其基本立场不符合共同犯罪理论的基本立场。其实,共同犯罪是一个整体,其犯罪性质应当进行整体性判断。因此在共同强奸中,其既遂标准也应当统一到客观上是否存在"结合"或者"插入"的事实:如果客观上存在这个事实,即使只有一行为人完成而其他人并没有完成,也应当认定共同强奸罪成立既遂,从而所有共同犯罪人都应当成立强奸罪的既遂。

[①] 参见魏东:《刑法各论若干前沿问题要论》,人民法院出版社2005年版,第135页。

第六章　侵犯财产罪的保护法益

我国刑法学界关于传统侵犯财产罪①的保护法益(犯罪客体)问题,目前主要有"所有权说"与"占有说"之争。所有权说主张侵犯财产罪的犯罪客体是他人财产所有权(亦即公私财产所有权,或者国家、集体和公民的财产所有权)。占有说主张侵犯财产罪的保护法益是占有,但并不否定他人财产所有权可以成为侵犯财产罪的保护法益(因所有权当然包含占有),而是认为单纯侵害了财产所有权四项权能之一的占有的也可以充足侵犯财产罪的保护法益。② 换言之,"所有权说"与"占有说"之争的焦点,不在于他人财产所有权是否可以成为侵犯财产罪的保护法益,而在于单纯的占有——如针对违禁品或者赃物以及暂扣物或者质押物等的单纯占有——是否可以成为侵犯财产罪的保护法益。占有说认为单纯的占有可以成为侵犯财产罪的保护法益;所有权说则认为单纯的占有不可以成为侵犯财产罪的保护法益,而只有他人财产所有权才能成为侵犯财产罪的保护法益。

这里对争议焦点的粗略梳理还有助于我们进一步明确:针对违禁品或者赃物以及暂扣物或者质押物等实施的侵害行为,以非法获取违禁品或者赃物的行为为例,其行为入罪的违法性根据与解释路径应该为何?所有权说因为主张侵犯财产罪保护法益必须是他人财产所有权,因而认为非法获取违禁品或者赃物的行为入罪的违法性根据仍然在于其侵害了他人财产所有权,而这里"他人财产所有权"应当实质化、教义学化地解释为行为所侵之财背后的合法所有人之财产所有权,从而可以进一步确定此种行为入罪的解释路径。我国传统刑法理论在解释非法获取违禁品或者赃物行为的入罪理由时,早在20世纪80年代初就已形成了"归根结底是对国家、集体或他人财产权利的侵犯"③这一通说,而这一通说直到当下仍然强势地成为中国刑法学中"有

---

① 我国《刑法》分则第五章"侵犯财产罪"之中规定的传统侵犯财产罪,主要指转移取得型侵犯财产罪和变占有为所有型侵犯财产罪(即侵占罪和职务侵占罪),但是不包括挪用资金罪、挪用特定款物罪、破坏生产经营罪和拒不支付劳动报酬罪等四罪。本章后面论述中所用"侵犯财产罪",在没有特别声明时均指传统侵犯财产罪。

② 占有说论者在坚持占有说这一总体立场之下尚有进一步区分,如"基于占有说的中间说"兼"以经济的财产说为基础的折中说"(张明楷)、"对财物的支配关系"亦即"所有权和占有权"(周光权)、"限定占有说"(胡东飞)等多种学说。上列观点分别参见:张明楷:《刑法学》(第四版),法律出版社2011年版,第838页;周光权:《刑法各论》,中国人民大学出版社2008年版,第93页;黎宏:《论财产犯罪的保护法益》,载《人民检察》2008年第23期;胡东飞:《财产犯罪的法益——以刑法与民法之关系为视角》,载赵秉志主编:《刑法论丛》(第38卷),法律出版社2014年版,第286—313页。

③ 高铭暄主编:《刑法学》,法律出版社1982年版,第480页。

约束力的教义学知识"与"法教义学语句"①,并且"可以形成有约束力的基础概念、意义模式,尤其是关于法律论证标准的秩序意见"②。尽管其在晚近若干年因为占有说的引入而受到批评,但是这些批评仍然难以撼动这一通说在中国刑法理论解释侵犯财产罪犯罪客体的主导地位。③ 而占有说因为主张侵犯财产罪保护法益既可以是所有权也可以是单纯占有,因而认为非法获取违禁品或者赃物的行为入罪的违法性根据可以认为仅在于其侵害了占有,并以占有说直接疏通此种行为入罪的解释路径。

一般认为,持占有说的学者是借鉴吸纳了德日刑法学的学术传统与刑法知识。在德国刑法学上,以诈骗罪为中心展开的是法律的财产说、经济的财产说及法律—经济的财产说的见解;而在日本刑法学上,以盗窃罪为中心展开的是本权说、占有说及各种中间说(包括基于本权说的中间说与基于占有说的中间说)的争论。④ 车浩教授指出,国内刑法学界的通说认为,财产犯罪的法益或者说客体是公私财产的所有权,但是,随着近年来国内引入了日本学界关于本权说与占有说的争论,以盗窃罪为基本的讨论平台,主张财产犯罪的法益包括占有的看法,日益成为一种有力的观点。⑤ 那么,占有说作为"一种有力的观点"相对于国内通说而言是挑战者,其挑战国内通说的"基点"是什么,其难以撼动国内通说的自身"痛点"又是什么?这种学术观察和逻辑梳理可能有助于我们明辨是非。

实质所有权说的核心和要旨是对于作为侵犯财产罪保护法益的"他人财产所有权"的实质化审查判断,其在将传统所有权说明确"升华"为实质所有权说的基础上,具有优于占有说及其他相关学说的实质合理性和强大逻辑解释力。

一、实质所有权说相对于占有说的比较优势

如前所述,占有说论者所针对并试图逻辑性地解决的主要问题是:获取违禁品或者赃物的行为入罪的违法性根据与解释路径,只能是占有权或者占有状态(占有说),而不能是所有权(所有权说)。占有说论者进一步指出,根据所有权说,"对于盗窃或者抢劫他人占有的违禁品的行为,难以认定为盗窃罪或抢劫罪",并且"所有权说难以回答抢劫他人用于违法犯罪的财物(主要包括犯罪工具与犯罪组成之物)的行为,是否构成抢劫罪的问题",以及"所有权说不能回答行为人(甲)骗取盗窃犯人(乙)所盗

---

① 德国学者尼尔斯·扬森指出,若缺乏这种有约束力的教义学知识,有意义的法律论证就不会出现。参见:〔德〕尼尔斯·扬森:《民法中的教义学》,吕玉赞译,载陈金钊、谢晖主编:《法律方法》(第18卷),山东人民出版社2015年版,第1—13页。
② 德国学者尼尔斯·扬森指出:"法教义学可以确定法律论证所需的特定的概念性、体系性或其他普遍认可的前提;可以形成有约束力的基础概念、意义模式,尤其是关于法律论证标准的秩序意见。"〔德〕尼尔斯·扬森:《民法中的教义学》,吕玉赞译,载陈金钊、谢晖主编:《法律方法》(第18卷),山东人民出版社2015年版,第1—13页。
③ 例如王作富教授认为,对于"抢劫其他违法犯罪分子手中的赃物"的行为应当定抢劫罪,其根据在于"这不是因为侵犯违法犯罪分子的所有权,而是因为按照法律规定,非法所得的赃物应当没收归国家。所以,上述行为实际上侵犯了国家所有权"。参见王作富主编:《刑法分则实务研究(中)》(第四版),中国方正出版社2010年版,第1024页。
④ 参见张明楷:《刑法学》(第四版),法律出版社2011年版,第834页。
⑤ 参见车浩:《占有不是财产犯罪的法益》,载《法律科学(西北政法大学学报)》2015年第3期。

窃的财物(丙所有)的行为,是否构成诈骗罪的问题"①;而认为占有说对此类问题的逻辑解释却可以达致"天衣无缝",并进而认为"此点"能够成为占有说挑战所有权说的"基点"。但是笔者认为,占有说恰恰在"此点"挑战中可能仍然难以获得超越所有权说的逻辑说理优势。

从实质上审查,获取违禁品或者赃物的行为,其入罪根据不可能是因为法律要保护违禁品或者赃物的相关占有人之"占有"(占有权或者占有状态),恰如占有说诘难所有权说之入罪根据,不可能是因为法律要保护违禁品或者赃物的相关占有人之"所有权"的逻辑说理一样,试图从"违禁品或者赃物的相关占有人"本身之占有或者所有权"这一点"来说明侵犯财产罪保护法益太过于机械而狭隘,此种机械说理的荒诞性显而易见,因而在"这一点"上占有说难以获得超越所有权说立论的"基点"。不但如此,彻底的实质审查恰恰可以发现,所有权说正是超越了"这一点"而获得足够空间进行逻辑说理——或者从刑法"保护"的法益实质,或者从侵犯财产行为"侵犯"的法益实质进行逻辑说理——而能够合乎逻辑地论证获取违禁品或者赃物的行为入罪的违法性根据与解释路径。如前所述,传统刑法理论通说阐明了:获取违禁品或者赃物的行为,从刑法"保护"的法益实质上看,该行为侵犯了犯罪对象"物"背后始终客观存在的"他人"——作为真正的犯罪被害人的"他人"——的财产所有权,这是刑法所必须保护的法益,因而具有侵犯财产罪所内含的违法性;从侵犯财产行为"侵犯"的法益实质上看,行为人针对违禁品或者赃物等非行为人自己所有的财物实施侵害行为,实质上恰恰是针对占有人背后的真正的被害人"他人"所有的财物实施侵害行为,当然具有"侵犯"他人财产所有权的法益实质,从而也具有侵犯财产罪所内含的违法性。但是占有说在此却毫无逻辑周旋的空间,缺失基本的逻辑力量,更谈不上超越所有权说。由此也可以发现一个重要现象,所有权说必须强调对"他人财产所有权"的实质化审查——主要是犯罪对象"物"之财产所有权与犯罪被害人之"他人"的实质化审查,才能获得更加稳固周全的逻辑解释力,因而有必要将传统所有权说"升华"为实质所有权说。

而占有说论者所面临的理论诘难是:所有权人从其他合法占有人处获取自己所有的财物的行为不入罪的法理基础与解释路径,只能采用背离占有说的"例外说"或者"排除说",即占有说在这个理论诘难面前被迫消退而采用例外不适用占有说(即"例外说")或者排除适用占有说(即"排除说"),深刻表明其"不能合乎逻辑地"解决显而易见的理论和实践问题,其根本原因可能正在于占有说忽略了占有背后的"实质"恰恰就是他人的财产所有权(实质所有权说)。由此,占有说在挑战所有权说的逻辑论辩中陷入了理论困境:不但挑战"基点"难保,而且挑战"痛点"难解。

关于占有说的逻辑悖论,在侵占罪的构成机理中表现得尤为明显。"占有"行为当其仅侵犯"占有"(即占有权或者占有状态)本身不构成侵犯财产罪,只有在其侵犯"所有"(即他人财产所有权)之际方能成立侵犯财产罪(即侵占罪),那么,侵占罪作

---

① 参见张明楷:《刑法学》(第四版),法律出版社2011年版,第837—838页。

为侵犯财产罪为何只有在行为人将"占有"变为"所有"才能构成侵犯财产罪,欠债不还为何不构成侵占罪?对此逻辑悖论与理论追问,占有说根本就无言以对。陈兴良教授指出:侵占代为保管的他人财物,是以占有权与所有权的分离为前提的,故而变占有权为所有权(所有权说)的行为才构成侵占罪;但是"欠债不还"为何不构成侵占罪呢?这是因为"对于货币来说,采用的是占有即所有这一原理",行为人在获得借款或者合同对价的同时即已经获得作为欠款的金钱的所有权,此时"占有即所有,因而不存在占有与所有的分离",当然不能成立侵占罪;只有在"基于他人的委托行为所受领的金钱,因为受领的金钱属于委托人所有,因此,如果受托人随意使用该金钱的构成侵占罪"①。陈兴良教授的这些论述,完全可以认为是在坦陈作为侵犯财产罪的侵占罪的保护法益只能是所有权。可见,占有说在诠释侵占罪的法理基础与解释路径时,也只能被迫消退而采用背离占有说的"例外说"或者"排除说"。而秉持占有说立场的张明楷教授在侵占罪问题上似乎巧妙地"回避"了占有说,称"盗窃罪的法益直接影响盗窃罪构成要件的解释与盗窃案件的认定。不仅如此,关于盗窃罪法益的观点,不仅适用于抢劫罪中的财产法益部分,而且也适用于抢夺罪、聚众哄抢罪乃至诈骗罪、敲诈勒索罪等取得罪"②。那么,作为非转移取得罪的侵占罪是否可以适用占有说呢?张明楷教授采用了"表面不说,暗中回避"的策略,这种立场在根本上就与"例外说"和"排除说"如出一辙,均属于对占有说的公然"背叛"。相映成趣的是,所有权说在此却获得了完美诠释:作为侵犯财产罪的侵占罪之保护法益"正是"并且"只能是"他人财产所有权,欠债不还不能成立侵占罪的根本原因"正是"并且"只能是"该行为没有侵犯他人财产所有权。

综上可以发现,当前质疑甚至反对占有说的学术见解渐占上风,不但有学者明确指出"占有不是财产犯罪的法益"③,而且占有说在"所有权人从其他合法占有人处获取自己所有的财物的行为不入罪的法理基础与解释路径"等理论诘难面前难以自圆其说,甚至被迫消退而"不能合乎逻辑地"内化解决显而易见的理论和实践问题,凸显了占有说缺乏理论解释力和逻辑自洽性。可以毫不客气地说,占有说在其与所有权说的理论竞争中明显呈现出颓废无为的态势。相对而言,所有权说比占有说更具有理论竞争优势,因为按照社科法学的方法论特征强调作为解决问题的手段的"理论的竞争和进步",对于"同一个现象或是问题,有两个或者两个以上的理论都可以对其进行解释或解决的话,我们该如何作出取舍:哪一个理论相对而言,是更可取的,或者是更'好'的"④;而"更好"的理论的选择判断标准,必须是解释力越强的、更容易得到实证检验的、表述更为精确的以及更保守的(即更能与原有的理论体系相容的)理论。⑤当然,公允地讲,传统所有权说也应当"升华"为实质所有权说,以增强其更加稳固周

---

① 〔日〕佐伯仁志、道垣内弘人:《刑法与民法的对话》,于改之、张小宁译,北京大学出版社2012年版,"译序"。
② 张明楷:《刑法学(下)》(第五版),法律出版社2016年版,第939页。
③ 车浩:《占有不是财产犯罪的法益》,载《法律科学(西北政法大学学报)》2015年第3期。
④ 吴义龙:《社科法学的方法论特征》,载陈金钊、谢晖主编:《法律方法》(第18卷),山东人民出版社2015年版,第37—50页。
⑤ 参见陈波:《奎因哲学研究——从逻辑和语言的观点看》,生活·读书·新知三联书店1998年版,第174页。

全的理论解释力和逻辑自洽性。

从保护法益的立场看,刑法作为法益保护法抑或秩序维护法,实质所有权说才能彻底反映刑法"保护"的法益实质。而占有说流于形式、疏离所有权实质,其在占有脱离于使用、收益和处分权能的关联性判断时,根本无法准确判断刑法保护的法益实质,因而缺乏实质合理性。无论是获取违禁品或者赃物的行为入罪,还是所有权人从其他合法占有人处获取自己所有财物的行为不入罪,都不能仅仅对占有状态进行形式审查,而必须实质化审查占有及其与使用、收益和处分三项权能的整体关联性,方能获得实质合理性。

同理,从被侵害法益的立场看,行为刑法和行为人刑法强调从行为本身造成法益侵害以及表征行为人危险性格的特点,实质所有权说才能周全反映侵财行为"侵害"的法益实质以及侵财行为人所具有的"侵财"法益的危险性格,而占有说无法反映侵财行为侵害所有权的法益实质以及侵财行为人所具有的"侵财"法益的危险性格。

刑法"保护"的法益实质与侵财行为所"侵害"的法益实质的完整统一,构成了侵犯财产罪保护法益(即他人财产所有权)的标识。侵犯财产罪的保护法益只能是他人财产所有权,即侵财行为通过排除所有权人或者占有人占有、使用、收益、处分的形式,最终在实质上侵害了他人财产所有权,这才是侵财行为入罪(侵犯财产罪)的违法性根据;相反,如果"表面的"侵财行为最终没有在实质上侵害他人财产所有权(如所有权人从其他合法占有人处获取自己所有的财物的行为),则由于其不具有侵犯财产罪的保护法益而不构成侵犯财产罪(但不排除构成他罪)。可见,侵财行为入罪的违法性根据,只能定位于审查侵财行为所侵害的他人财产所有权这一违法实质:如果某个行为并没有侵害所有权实质(尽管其可能侵害了其他法益),则该行为不构成侵犯财产罪(可能构成他罪);如果某个行为侵害了所有权实质,则该行为可以构成侵犯财产罪。

二、实质所有权说相对于法律—经济的财产说的比较优势

以上针对占有说与所有权说的学术之争展开的讨论,论证了实质所有权说的合理性。但有学者可能认为,实质所有权说还面临着"法律—经济的财产说"(德国刑法理论)和"中间说"(日本刑法理论,具体包括基于本权说的中间说和基于占有说的中间说)的挑战,因而这些关联性的理论问题有必要进一步检讨。

关于"法律—经济的财产说"。江溯教授和蔡桂生教授均主张此说。江溯教授认为,"从我国刑法典和司法实践可以看出,我国关于财产犯罪采取的是法律—经济的财产说"[1],而蔡桂生教授则进一步指出"按照法律—经济财产说的理解,只有被告人的行为侵犯了不违法的经济利益,被告人的行为才成立相应的财产犯罪"[2]。其实,德

---

[1] 江溯:《财产犯罪的保护法益:法律—经济财产说之提倡》,载《法学评论》2016年第6期。
[2] 蔡桂生:《刑法中侵犯财产罪保护客体的务实选择》,载《政治与法律》2016年第12期。

国刑法理论是在阐释诈骗罪的保护法益时才提出并采用了"法律—经济的财产说"，其目的在于弥补"经济的财产说"显而易见的缺陷。因为"经济的财产说"无法恰当诠释那些尽管具有经济价值但是不需要或者不应该获得法律保护的"财产"（如自由自在的空气和鸟粪）为何不能成为诈骗罪的保护法益这一疑问，进而在经济价值之外添加了应该获得法律保护的"财产"（如以容器包装后的空气和鸟粪）的限制之后才能成为诈骗罪的保护法益，从而形成了"法律—经济的财产说"。这里，蔡桂生教授使用的"不违法的经济利益"这一语词，到底有几层意思，可能包括蔡桂生教授本人在内的所有人都难以说明，但是无论如何，应当承认当且仅当该"不违法的经济利益"可以实质地转化为"他人财产所有权"时，该"不违法的经济利益"才可以成为侵犯财产罪的保护法益，因而，侵犯财产罪的保护法益仍然必须回归到"他人财产所有权"的实质化审查判断。

关于"中间说"。张明楷教授主张引进此说并进行本土化改造。张明楷教授认为，"盗窃罪的法益首先是财产所有权及其他财产权，其次是需要通过法定程序改变现状（恢复应有状态）的占有……就狭义的财物而言，这里的'财产所有权'可以根据民法确定，即包括财物的占有、使用权、收益权与处分权；'其他财产权'既包括合法占有财物的权利（如他物权），也包括债权以及享有其他财产性利益的权利；在合法占有财物的情况下，占有者虽然享有占有的权利，却不一定享有其他权利，尤其不一定享有处分权"①。从张明楷教授的阐释内容看，其在承认财产所有权是侵犯财产罪的保护法益的前提下，进一步指出"其他财产权"和"占有"也可以成为侵犯财产罪的保护法益。其中有关"占有"问题的讨论不再赘述。那么，如何看待"其他财产权"与侵犯财产罪保护法益之间的关联关系呢？笔者认为，"其他财产权"肯定需要刑法保护，但是仅凭此据难以确证"其他财产权"就是侵犯财产罪的保护法益这一结论的正确性。比如租赁权、质押权、著作权中的财产权等"其他财产权"（指财产所有权之外的其他财产权），尽管其应当获得刑法保护并且可以成为诸如非法经营罪或者侵犯著作权罪等犯罪的保护法益，但是，只有在这些"其他财产权"可以实质地转化为"他人财产所有权"并且被直接侵害时，该"其他财产权"才能够实质地成为侵犯财产罪的保护法益，从而侵犯财产罪的保护法益仍然必须回归到"他人财产所有权"的实质审查判断，其原理如同德国刑法理论中"法律—经济的财产说"一样。

应当说，侵犯财产罪保护法益的实质所有权说，既是侵犯财产罪的入罪立法论根据，刑法立法文本仅仅是将那些侵犯实质所有权的侵财行为规范为侵犯财产罪；也是侵犯财产罪的解释论根据，刑法解释论上仅仅可以将那些侵犯实质所有权的侵财行为解释为侵犯财产罪。侵犯财产罪保护法益的实质所有权说（即"他人财产所有权"的实质化审查），加上行为人主观上所具有的"非法占有目的"和故意责任的实质审查，有利于从法理上厘清司法实践中出现的众多疑难案件的定性问题。

---

① 张明楷：《刑法学（下）》（第五版），法律出版社2016年版，第942页。

三、侵财犯罪对象争议案件的司法裁判分析：基于犯罪对象物之"财产所有权"的实质化审查

在犯罪对象争议案件中，基于作为犯罪对象"物"之财产所有权的实质化审查尤为关键。按照侵犯财产罪保护法益的实质所有权说，在某一侵害行为针对"物"实施侵害时，该侵害行为是否可以评价具有侵犯财产罪所内含的违法性，关键在于犯罪对象"物"之财产所有权是否遭受侵害这一实质审查。若是，则该侵害行为具有侵犯财产罪所内含的违法性；若不是，则该侵害行为不具有侵犯财产罪所内含的违法性（但不排除其具有其他犯罪所内含的违法性）。具体讲，只有在该"物"之实质所有权——而非仅仅表现为该"物"之占有形式等——被侵害的条件下，才能认定该侵害行为侵害了侵犯财产罪保护法益（即犯罪客体），进而才能认定该侵害行为成立侵犯财产罪；相应的，在某一侵害行为针对"物"实施侵害时，若并不存在该"物"之实质所有权被侵害，即使表面上该"物"之占有形式被侵害，也不能认定该侵害行为侵害了侵犯财产罪的保护法益，因而不能认定该侵害行为成立侵犯财产罪。当然，若存在该"物"所体现之司法秩序等其他法益被侵害的，则可以认定为该侵害行为侵害了其他相关犯罪的保护法益，进而可以认定为其他犯罪（如非法处置查封、扣押、冻结的财产罪等）；若不存在该"物"所体现之任何法益被侵害的，则应承认该"侵害行为"在实质上不是侵害行为，依法不应对该行为定罪。

大致可以说，犯罪对象争议案件中，侧重于犯罪对象"物"之财产所有权的实质化审查判断，值得特别检讨的情形主要有以下三种：一是所有权人"获取"自有财物的行为；二是债权人"获取"到期债务人相当于到期债权价值财物的行为；三是拾荒者"获取"他人丢弃物的行为。

（一）所有权人"获取"自有财物行为的定性处理

如前所述，根据实质所有权说，所有权人实施"获取"（如"窃取""强取"等）他人占有的自己所有财物的行为，由于他人占有不能否定所有权人的财产所有权，因而没有侵犯他人财产所有权，只要行为人没有借此实施进一步勒索或者诈骗等后续侵犯财产行为，就不构成侵犯财产罪。这种解释结论现在基本上不存在争议，但是在具体案件中可能还需要注意以下两个问题：

其一，如果行为人有进一步的后续侵财行为（以下简称"后续行为"），如行为人隐瞒自己取回了自有财物的事实而向对方索赔或者扣抵债务，则其后续行为通常可定为侵犯财产罪。但是，此种后续行为在具体罪名的确定上可能还存在争议，值得进一步检讨。有的主张以先前实施的"获取"行为为据确定侵犯财产罪的具体罪名（如盗窃罪、抢夺罪或者抢劫罪），有的主张以后续行为为据确定侵犯财产罪的具体罪名（如诈骗罪或者敲诈勒索罪）。

【案例1】叶文言、叶文语等盗窃案①

2000年10月5日,被告人叶文言驾驶与叶文语、林万忠共同购买的桑塔纳轿车进行非法营运,轿车被浙江省温州市苍南县灵溪交通管理所查扣,存放在三联汽车修理厂停车场。后叶文言、叶文语与被告人王连科等合谋将该车开走并藏匿、销售。10月10日晚,几名被告人趁停车场门卫熟睡之机打开自动铁门,将轿车开走。2001年1月8日,被告人叶文言、叶文语以该车被盗为由,向灵溪交通管理所申请赔偿,后获赔11.65万元。苍南县人民法院以盗窃罪分别判处五名被告人有期徒刑4年6个月到10年6个月不等的刑罚。后被告人上诉,温州市中级人民法院经审理,裁定驳回上诉,维持原判。

最高人民法院刑事审判庭编发这一案件时载明的主要裁判理由是②:本人所有的财物在他人合法占有、控制期间,能够成为自己盗窃的对象,但这并不意味着行为人秘密窃取他人占有的自己的财物的行为都构成盗窃罪,是否构成盗窃罪,还要结合行为人的主观目的而定。如果行为人秘密窃取他人保管之下的本人财物是为了借此向他人索取赔偿,这实际上是以非法占有为目的,应以盗窃罪论处。相反,如果行为人秘密窃取他人保管之下的本人财物,只是为了与他人开个玩笑或逃避处罚,或者不愿将自己的财物继续置于他人占有、控制之下,并无借此索赔之意的,因其主观上没有非法占有的故意,不以盗窃罪论处。构成其他犯罪的,按其他犯罪处理。

关于"叶文言、叶文语等盗窃案"的定性处理,人民法院生效判决认定叶文言等构成盗窃罪,这一判决结果获得了最高人民法院的认可。理论界对此案件的定性处理,确实有支持定盗窃罪的观点,如有学者认为"自己的财物,不成为自己盗窃的对象","但是,窃取本人已被依法扣押的财物,或者偷回本人已交付他人合法持有或保管的财物,以致他人因负赔偿责任而遭受财产损失的,应以盗窃罪论处"③。

不过,笔者认为,尽管"叶文言、叶文语等盗窃案"的总体裁判立场采用了侵犯财产罪保护法益的实质所有权说,但是,最高人民法院对该案的裁判理由仍然存在一定问题,继而对叶文言等人的罪名认定可能存在疑问。就该案而言,叶文言等人在自己的轿车被交通管理部门扣押后,在深夜将被扣押车辆开出后藏匿、销售,进而以该车被盗为由向交通管理部门索赔,此时叶文言等人的"后续行为"具有侵犯他人财产所有权(即本案中的公共财产所有权)的违法性实质,而这种"后续行为"符合诈骗罪的构成特征但是并不符合盗窃罪的构成特征,因而依法应当以诈骗罪定罪处罚,而不应以盗窃罪定罪处罚。至于最高人民法院在裁判理由中指出"如果行为人秘密窃取他人保管之下的本人财物是为了借此向他人索取赔偿,这实际上是以非法占有为目的,应以盗窃罪论处",应当说这种解释存在一定错误,没有恰当运用侵犯财产罪保护法

---

① 参见陈民城:《叶文言、叶文语等盗窃案——窃取被交通管理部门扣押的自己所有的车辆后进行索赔的行为如何定性》,载最高人民法院刑事审判第一庭、第二庭编:《刑事审判参考》(总第43集),法律出版社2005年版,第37—44页。
② 参见十志刚、郭旭强:《财产罪法益中所有权说与占有说之对抗与选择》,载《法学》2010年第8期。
③ 高铭暄、马克昌主编:《刑法学》(第二版),北京大学出版社2005年版,第558页。

益实质所有权说对行为人先前的"盗窃行为"与盗窃之后的"后续行为"进行行为定性审查和具体的违法性审查,可能是该案混淆盗窃罪与诈骗罪之间界限的关键所在,仅仅根据行为人的主观目的而对行为人定性为盗窃罪缺乏法理依据。"盗窃"自己所有的被扣押的财物,尽管可能导致依法没收、收缴或者赔偿落空而至国家财产受损失或者行政管理秩序被破坏,但是该"盗窃"行为仍然不应定盗窃罪(但不排除构成其他罪),其重要法理正在于行为人"盗窃"自己所有的财产本身并不侵犯他人财产所有权,即并不侵犯侵犯财产罪的保护法益,因而不能构成盗窃罪;可能构成侵犯财产罪的行为只能是其盗窃之后的"后续行为",即行为人再向交通管理部门提出索赔这种"后续行为"才具有侵犯他人财产所有权的违法性实质,这种"后续行为"依法应构成诈骗罪,如此才能保持刑法解释逻辑上的一致性和合理性。

其二,如果行为人没有进一步的后续侵财行为,但是行为人窃取或者强取自有财物的行为本身就同时又触犯了其他罪名的,如非法处置查封、扣押、冻结的财产罪或者妨害公务罪、故意伤害罪甚至故意杀人罪等,则应依法定性为相应的其他罪名,但是依法不构成侵犯财产罪。

【案例2】王彬故意杀人案①

1997年3月28日上午10时许,被告人王彬驾驶自己的一辆简易机动三轮车在204国道上行驶,因无驾驶执照,其所驾车辆被执勤交通民警查扣,停放在交警中队大院内。当晚10时许,王彬潜入该院内,趁值班人员不备偷取院门钥匙欲将车开走。值班人员吕某发现后上前制止。王彬即殴打吕某,并用绳索将吕某手、脚捆绑,用毛巾、手帕、布条堵勒住吕某口鼻,致吕某窒息死亡。山东省青岛市中级人民法院以被告人王彬犯抢劫罪,判处死刑,剥夺政治权利终身。后王彬上诉,山东省高级人民法院经审理认为王彬构成故意伤害(致人死亡)罪,故撤销一审判决,以王彬犯故意伤害罪,判处死刑,缓期二年执行,剥夺政治权利终身。

最高人民法院刑事审判庭编发这一案件时载明的主要裁判理由是②:王彬主观上是想取回自己被公安机关查扣的车辆,也就是自己拥有所有权的财产,而不是非法占有自己不享有所有权的财产,不具有非法占有目的。因此,王彬盗取自己被扣机动车的行为不同于盗窃,这也就决定了其在盗取自己被扣车辆过程中致人死亡的行为不能认定为抢劫。

可以认为,"王彬故意杀人案"的裁判立场表明,我国司法实践中已采用侵犯财产罪保护法益的实质所有权说。因为毋庸置疑,若采用占有说,王彬因在侵害他人占有财物时采用暴力手段而致人死亡,就应被定性为抢劫罪。当然我们也注意到,坚持占有说的部分学者客观上也得出了王彬不构成抢劫罪的解释结论,但是其解释是在采

---

① 参见朱伟德:《王彬故意杀人案——对在盗取自己被公安机关依法查扣的机动车辆的过程中致人伤亡的行为应如何定性》,载最高人民法院刑事审判第一庭、第二庭编:《刑事审判参考》(总第16辑),法律出版社2001年版,第18—19页。
② 参见于志刚、郭旭强:《财产罪法益中所有权说与占有说之对抗与选择》,载《法学》2010年第8期。

用占有说的前提下,进一步采用"例外说"或者"排除说",这表明占有说的"理论正确性"在本案中存在例外或者排除,因而占有说并不妥当。

值得注意的是,最高人民法院关于王彬不构成侵犯财产罪(抢劫罪)裁判理由的阐释,主要是针对被告人的主观故意和目的来展开的,认为王彬"不是非法占有自己不享有所有权的财产,不具有非法占有目的",所以依法不予认定侵犯财产罪(抢劫罪)。而对于王彬的行为所侵害的犯罪客体是否包含他人财产所有权的问题,裁判理由只是在阐释其主观故意之中有"不是非法占有自己不享有所有权的财产"的内容,而并没有明确说明王彬的行为没有侵犯他人财产所有权,从而没有侵犯财产罪保护法益的实质内容,因而王彬不构成抢劫罪。就此而论,尤其是从判决说理的周全性看,裁判理由若在说明王彬主观上"不具有非法占有目的"的同时,进一步说明王彬客观上没有侵犯"他人财产所有权"的实质违法性,则更为精当。

【案例3】陆惠忠非法处置扣押的财产案[①]

2005年5月10日上午,因被告人陆惠忠未按时履行民事判决,江苏省无锡市开发区人民法院依法强制执行,扣押了陆惠忠所有的起亚牌轿车一辆,加贴封条后将该车停放于法院停车场。当天下午5时许,陆惠忠至法院停车场,趁无人之际,擅自撕毁汽车上的封条,将轿车开走并藏匿于无锡市某宾馆停车场内。无锡市南长区人民法院以陆惠忠犯非法处置扣押的财产罪判处有期徒刑1年。

最高人民法院刑事审判庭编发这一案件时载明的主要裁判理由是[②]:此案定性的焦点在于被告人是否具有非法占有的目的。如果有证据证明行为人窃取人民法院扣押的财物后,有向人民法院提出索赔的目的,或者已经获得赔偿,则应当以盗窃罪定罪处刑;反之,如果没有非法占有目的,把自己所有而被司法机关扣押的财产擅自拿走,则不能以盗窃罪处理。从案例3的证据来看,被告人主观上尚没有使法院扣押的财物遭受损失或非法索赔的目的,认定其具有非法占有目的的证据不足,因而其行为不构成盗窃罪。

同样可以认为,案例3的裁判立场表明,我国司法实践中已采用侵犯财产罪保护法益的实质所有权说。但是值得注意的问题仍有两点:一是最高人民法院在裁判理由中指出陆惠忠不构成侵犯财产罪(盗窃罪),认为"本案定性的焦点在于被告人是否具有非法占有的目的",这一点说理如同案例2的判决说理一样,只说明了主观的违法性要素和责任性问题而没有说明客观违法性问题,亦即并没有明确说明陆惠忠的行为没有侵犯他人财产所有权,从而没有侵犯财产罪保护法益的实质内容(因而陆惠忠不构成盗窃罪)。可见,案例3的判决说理仍然有失充分,其在说明陆惠忠主观上"不具有非法占有目的"的同时,还应当进一步说明陆惠忠的行为在客观上"没有侵犯

---

① 参见陈靖宇、陈利:《陆惠忠、刘敏非法处置扣押的财产案——窃取本人被司法机关扣押财物的行为如何处理》,载最高人民法院刑事审判第一、二、三、四、五庭主办:《刑事审判参考》(第51集),法律出版社2006年版,第26—32页。
② 参见于志刚、郭旭强:《财产罪法益中所有权说与占有说之对抗与选择》,载《法学》2010年第8期。

他人财产所有权"的实质违法性,方可堪称精准。二是最高人民法院认为,如果有证据证明行为人窃取人民法院扣押的财物后,有向人民法院提出索赔的目的,或者已经获得赔偿,则应当以盗窃罪定罪处刑,这一观点同样有所不当,理由如前所述:如果有证据证明行为人窃取人民法院扣押的财物后,有向人民法院提出索赔的目的,或者已经获得赔偿,应当承认陆惠忠将自己所有的轿车开走并藏匿的先前"盗窃行为"依法不构成盗窃罪,其根本原因就在于这一"先前行为"没有侵害他人财产所有权的违法内容(但是具有非法处置扣押的财产的违法内容),因而不能构成侵犯财产罪(但是构成非法处置扣押的财产罪);仅在其实施了"有向人民法院提出索赔的目的,或者已经获得赔偿"的"后续行为"时才具有侵犯财产罪所内含的侵害他人财产所有权的违法内容,因而其"后续行为"才可能被评判为侵犯财产罪,并且由于其"后续行为"更加符合诈骗罪的行为特征,因而也只能以诈骗罪定罪处刑,而不能构成盗窃罪。

【案例4】江世田等妨害公务案①

1999年11月间,被告人江世田与张信露等人合伙购买了卷烟机和接嘴机各1台用于制售假烟。后该设备被政府相关部门组成的联合打假车队查获。张信露与被告人江世田得知后,纠集数百名不明真相的群众拦截、围攻打假车队,将被查的载有制假烟机器的农用车上的执法人员董金坤等人拉出驾驶室进行殴打。被告人黄学栈与江传阳等人趁机开走3部农用车。随后,张信露与被告人江世田又聚集鼓动黄学栈、黄海兵等一群人,毁损、哄抢执法人员的摄像机、照相机等设备,并对执法人员进行殴打,直至公安人员赶到现场时才逃离。福建省漳州市中级人民法院以被告人江世田犯聚众哄抢罪,判处有期徒刑10年。后江世田等人上诉。福建省高级人民法院经审理认为江世田的行为构成妨害公务罪,故撤销一审判决,以江世田犯妨害公务罪,判处有期徒刑3年。

最高人民法院刑事审判庭编发这一案件时载明的主要裁判理由是②:此案被告人并不是要非法占有公私财物,而是不法对抗国家机关的打假执法公务活动,意欲夺回被国家机关工作人员依法查扣的制假设备。制假设备是犯罪工具,虽属不法财产,但毕竟为被告人所有,抢回自有物品与强占他人所有或公有财物显然不同。被告人不具有非法占有的目的,只有妨害公务的目的。因此,江世田的行为不构成抢劫罪或聚众哄抢罪,而构成妨害公务罪。

"江世田等妨害公务案"一审法院认定被告人构成侵犯财产罪(即聚众哄抢罪),大致可以认为其在侵犯财产罪保护法益问题上采用了占有说,因为"被告人江世田与张信露等人合伙购买了卷烟机和接嘴机各1台"已经被联合打假车队查获并占有,那

---

① 参见陈建安、汪鸿滨:《江世田等妨害公务案——聚众以暴力手段抢回被依法查扣的制假设备应如何定罪》,载最高人民法院刑事审判第一庭、第二庭编:《刑事审判参考》(总第28辑),法律出版社2002年版,第53—58页。
② 参见于志刚、郭旭强:《财产罪法益中所有权说与占有说之对抗与选择》,载《法学》2010年第8期。

么江世田等人聚众哄抢已被联合打假车队占有的卷烟机和接嘴机等财物,侵害了他人占有,所以认定江世田构成侵犯财产罪(聚众哄抢罪)。但是,二审法院撤销了一审法院认定江世田构成侵犯财产罪(聚众哄抢罪)的判决,认为江世田不构成侵犯财产罪(聚众哄抢罪),改判江世田只构成妨害公务罪。毫无疑问,江世田案终审判决的裁判立场再次表明,我国司法实践中采用侵犯财产罪保护法益的实质所有权说。

应当说,案例4中终审法院的生效判决是正确的。不过同样值得注意的问题是:从二审判决说理看,最高人民法院指出"制假设备是犯罪工具,虽属不法财产,但毕竟为被告人所有,抢回自有物品与强占他人所有或公有财物显然不同。被告人不具有非法占有的目的",仍然只说了主观责任性问题而没有说明客观违法性问题,并没有明确说明江世田的行为没有侵犯他人财产所有权,从而没有侵犯财产罪保护法益的实质内容,因而江世田不构成聚众哄抢罪。因而,从判决说理的周全性看,在说明被告人主观上"不具有非法占有目的"的同时,应当进一步说明其行为在客观上"没有侵犯他人财产所有权"的实质违法性。

(二) 债权人"获取"到期债务人相当于到期债权价值财物行为的定性处理

债权人"获取"到期债务人相当于到期债权价值财物的行为如何定性处理,在司法实践中存在较大分歧,有的主张定侵犯财产罪,有的主张不定罪。笔者认为,债权人对于债务人的到期债务,有要求债务人履行支付义务的权利,到期债务人财产所有权不能有效排斥债权人的到期债权。因此,债权人"窃取"与"强取"到期债务人相当于到期债权价值的财物的行为,依法应当认定为没有侵犯他人财产所有权(即到期债务人的财产所有权)的实质,并且同时也应当认定债权人主观上没有非法占有的故意和目的,对此行为依法不应定性为侵犯财产罪。当然,债权人若"窃取"与"强取"到期债务人超出其到期债务价值的财物,则可能具有侵犯他人财产所有权(即债务人的财产所有权)的实质违法性,进而债权人可能构成侵犯财产罪。

【案例5】但某强取质押汽车收回借款案①

2012年9月20日、10月18日,黄某、帅某从被告人但某处两次借款共计20万元,并以黄某一辆车牌号为川AR8R00的白色博斯特汽车作为抵押物进行抵押登记,后黄某、帅某在约定的还款期限到期后未能还款。2013年1月30日19时许,被告人但某伙同他人在四川省成都市双流县东升街办龙桥路奥特莱斯门口,将被害人黄某强行拉上所驾宝马车并胁迫其还钱;未果后,但某强行将其博斯特汽车开走。事后,但某伪造黄某的签字私自解除该车抵押登记后将该车过户到自己名下,并以42.6万元的价格将该车出售。其后,但某向黄某表示要归还超额部分钱款,但某与黄某及其律师也对此进行了多次磋商,终因双方在应付利息数额等问题上分歧过大而未果(黄某还主张其车内有苹果手机与1.7克拉的钻戒等财物需要但某赔偿)。经鉴定,

---

① 案例来源:四川省成都市双流县人民检察院(双检公诉刑诉〔2014〕363号刑事起诉书)。

该白色博斯特汽车价值人民币 52.820 8 万元。公诉机关指控但某犯抢劫罪。

该案公诉机关指控但某犯抢劫罪,其法理依据可能是采用了占有说(或者基于占有说的中间说)。但是,笔者认为,若采用侵犯财产罪保护法益的实质所有权说,则该案公诉机关的指控罪名值得探讨。

那么,但某作为抵押权人强取质押汽车收回借款的行为到底如何定性？笔者认为,但某的行为可以分为强取质押汽车并变卖汽车(第一个阶段)、处置汽车款(第二个阶段)这样两个阶段来具体分析其定性处理问题:

第一个阶段,但某为实现合法债权而强行开走依法质押的轿车并变卖的行为,依法不构成侵犯财产罪。理由在于:①但某将到期债务人黄某的汽车强行开走并变卖是行使合法抵押权的行为,客观上并没有侵犯他人(即黄某)财产所有权,主观上不具有非法占有他人财产的目的。虽然黄某、帅某只是欠但某 20 万元债务,而黄某的博斯特汽车实际鉴定价值为 52.820 8 万元。表面看来,但某通过强行开走汽车而控制的财物价值数额远远超过其债权数额,但由于汽车本身是不可分割物并且是作为抵押物整体设定抵押,债权人行使抵押权只能针对作为整体的抵押物,而不可能仅针对债权数额而分割抵押物来行使,因此,不能据此认定但某侵犯了黄某的财产所有权。②由于缺乏侵犯他人财产所有权的违法性实质,但某的行为不构成抢劫罪。2005 年最高人民法院《关于审理抢劫、抢夺刑事案件适用法律若干问题的意见》(法发〔2005〕8 号)第 9 条规定,"行为人为索取债务,使用暴力、暴力威胁等手段的,一般不以抢劫罪定罪处罚。构成故意伤害等其他犯罪的,依照刑法第二百三十四条等规定处罚"。这一规定的规范含义是:对于采取不法手段行使合法债权(索债)的行为,由于其并未侵犯他人财产所有权,不能以侵犯财产罪定罪(但是可以对其不法手段本身是否构成其他犯罪予以评价)。

第二个阶段,但某在处置汽车款时,在实现债权后未能及时向黄某返还超额钱款的"后续行为",应具体审查该"后续行为"是否具有侵犯他人财产所有权的违法性实质。黄某、帅某欠但某 20 万元债务,而但某以 42.6 万元的价格将该车出售,该车的实际鉴定价值为 52.820 8 万元。从民法上说,债权人在以变卖抵押物而获得的钱款实现了自己的合法债权后,应当及时将超额部分钱款返还给债务人(对于超额部分钱款,但某是实质上的保管人),但是但某并未如此处理,在此意义上说,但某的行为可能涉嫌违反《刑法》第 270 条第 1 款"将代为保管的他人财物非法占为己有,数额较大,拒不退还的"规定(侵占罪)。当然,但某在后续处置汽车款过程中没有及时将多余钱款返还给被害人的行为,若有证据证实但某的行为"一开始"就具有非法占有目的并且具有侵害他人财产所有权的违法性质,则依法可以定性为抢劫罪,但是在犯罪数额的认定上应当依法扣除其合法债权所对应的数额;若没有证据证实但某的行为"一开始"就具有非法占有目的并且具有侵害他人财产所有权的违法性质,而仅有证据证实但某在事后处置汽车款过程中的"后续行为"才具有非法占有目的并且具有侵害他人财产所有权的违法性质,则应当谨慎地将但某的该"后续行为"认定为侵占罪,并且同样在犯罪数额的认定上应当依法扣除其合法债权所对应的数额;若没有证据证实但某的行为具有非法占有目的并且具有侵害他人财产所有权的违法性质,则应依法认定但某无罪。

(三) 拾荒者"狄取"他人丢弃物行为的定性处理

这种行为在生活中时有发生,其中涉及的法理就有他人财产所有权的实质判断(保护法益的判断)、盗窃罪犯罪对象的属性判断(对象属性与状态的判断)等问题。①从侵犯财产罪保护法益的实质所有权说分析,拾荒者"获取"他人丢弃物的行为没有侵犯他人财产所有权的实质内容,因而依法不构成侵犯财产罪。

【案例6】腾彩荣捡拾高尔夫球案②

贵州村民腾彩荣在2007年6月至2008年11月间,将某高尔夫球场上的1249个高尔夫球(价值共计15513元)捡走并占为己有。贵阳市修文县人民法院认为,腾彩荣"以非法占有为目的,采取秘密窃取的手段盗窃数额巨大的公私财产",其行为构成盗窃罪,判处有期徒刑3年,缓刑4年,并处罚金10000元。

该案一审判决后,修文县人民检察院以"量刑畸轻"提起抗诉,腾彩荣也随之上诉到贵阳市中级人民法院。2009年8月13日,贵阳市中级人民法院作出裁定,撤销修文县人民法院的一审判决,发回重审。2009年12月20日,修文县人民法院作出判决,认定腾彩荣盗窃罪的证据不足,宣告无罪。同年12月22日,腾彩荣从修文县看守所无罪释放,退了10000元的罚金。此后,修文县人民检察院以腾彩荣构成盗窃罪再次向贵阳市中级人民法院提起抗诉。2010年3月22日,贵阳市中级人民法院作出裁定书,裁定驳回修文县人民检察院的抗诉,维持无罪的判决。这一裁定为终审裁定。该案后来经过抗诉、上诉、裁定、重审、再抗诉、再裁定的多轮法律程序,被羁押了401天的腾彩荣最终被宣告无罪,并获得国家赔偿16万元(其中精神损害赔偿4万元)。

这一真实案例比较典型,检察院与法院的意见分歧很大,原一审法院的认识也是先后不同,但是最终作出了无罪判决。而腾彩荣案之所以出现曲折反复并多次被判决构成盗窃罪,其错误的"法理根据"可能就在于采用了占有说(或者基于占有说的中间说)。但是,若坚持侵犯财产罪保护法益的实质所有权说,在认定腾彩荣捡拾的高尔夫球为丢弃物时,即可以认定腾彩荣捡拾高尔夫球的行为并没有侵犯他人财产所有权的违法性实质,没有侵犯盗窃罪的保护法益(即他人财产所有权),则在法理上就可以毫无争议地认定其行为依法不构成盗窃罪。

---

① 作为侵犯财产罪的犯罪对象之"财物",必须是在行为时正处于被他人所控制支配状态,否则不能成为侵犯财产罪的犯罪对象,例如"遗弃物"在法理上就不能成为盗窃对象。参见魏东:《刑法各论若干前沿问题要论》,人民法院出版社2005年版,第210页;董玉庭:《盗窃罪研究》,中国检察出版社2002年版,第22—23页。

② 参见《贵州捡高尔夫球卖村民经多轮法律程序被宣告无罪》,载新华法治(http://news.xinhuanet.com/legal/2010-08/17/c_12454193.htm),访问日期:2010年8月18日。

四、侵财犯罪被害人争议案件司法裁判分析:基于犯罪被害人之"他人"的实质化审查

被害人争议案件中,要特别注意作为犯罪被害人的"他人"之财产所有权的实质化审查。被害人争议案件主要涉及以下几种行为类型:一是代理人/代表人"获取"被代理人/被代表人财物的行为,要实质化审查被代理人/被代表人的财产所有权是否被侵害,如果是,则代理人/代表人可以构成侵犯财产罪;二是诉讼诈骗人"获取"被害人财物的行为,要实质化审查相对人的财产所有权是否被侵害,如果是,则诉讼诈骗人可以构成侵犯财产罪;三是单位人员"获取"本单位贷款的行为,要实质化审查本单位的财产所有权是否被单位人员侵害,如果是,则单位人员构成侵犯财产罪。

(一) 代理人/代表人"获取"被代理人/被代表人应得货款或者债权对价行为的定性处理

代理人/代表人诈骗在现实生活中出现得较多,但是有时存在这样一种争议:在被害人(通常是被代理人或者被代表人)与合同相对方之间,代理人/代表人直接从合同相对方取得财产并占为己有,于是有人就认为代理人/代表人并没有直接从被害人手中取得财产并占为己有,那么,这种情形下认定代理人/代表人构成诈骗罪是否"合法合理"?对此,笔者认为,代理人/代表人直接从被代理人/被代表人的相对方手中获得货款或者债权对价,在实质上是直接将被代理人/被代表人的应得货款或者债权对价占为己有,因而在实质上是直接侵犯了被代理人/被代表人的实质所有权,依法应当构成诈骗罪/合同诈骗罪。

可见,代理人/代表人诈骗的特殊性在于:"他人"财产所有权是否受到侵犯,必须进行实质审查,否则可能混淆视听。

【案例7】尤某某涉嫌诈骗案①

2013年7月1日,犯罪嫌疑人尤某某与A公司实际控制人罗某某、易某某签订合作协议书,三方合作成立A公司投资管理部,由尤某某负责投资项目信息资源和资金投资管理,所获净利润三人按比例分红。2014年5月28日,尤某某向罗某某提出由其经手办理A公司借款2 000万元给B公司归还HX银行W支行过桥的业务;同日,A公司通过本公司对公账户转款2 000万元给B公司在HX银行W支行账户为B公司还贷。第二天,尤某某将B公司及其关联公司C贸易公司的网银、支付密码器、公司及法人印章、空白支票拿到自己手中予以实际控制。第四天,尤某某向罗某某谎称HX银行给B公司的续贷业务出现了问题,HX银行W支行不再续贷2 000万元给B公司了,因而该2 000万元收不回来了。后查明,B公司于2014年6月20日向

---

① 该案系真实案例,但隐去其中所涉单位和人员的真实身份信息,仅限于法理研讨。

HX 银行 W 支行续贷 2 000 万元成功,该 2 000 万元续贷成功当日即被尤某某转至其本人私人账户上,随后又迅速分散转移赃款至其妻子、儿子、岳母等私人账户上(120 余个账号)。罗某某发现被骗后于 2015 年 8 月向公安局以诈骗案报案,公安局以涉嫌职务侵占罪立案侦查,检察院以职务侵占罪主体不符合而不予批捕。

该案的争议问题是:代理人/代表人尤某某直接将 B 公司归还过桥资金 2 000 万元转到自己私人账户的行为,由于其并没有从 A 公司转走该 2 000 万元,那么,认定尤某某侵犯了 A 公司 2 000 万元财产所有权是否妥当?笔者认为,对于侵犯财产罪保护法益"他人财产所有权"之"他人"应进行实质化审查,即该案应依法认定尤某某在实质上侵犯了作为"他人"的 A 公司的 2 000 万元财产所有权,尤某某的行为涉嫌诈骗罪。

【案例 8】杨永承合同诈骗案[①]

2006 年 4 月,上海威士文公司与被告人杨永承(上海承联商务咨询公司法定代表人)签订委托销售协议,约定由杨永承作为威士文公司代理人负责对外销售空调设备、业务洽谈、签订合同,并按威士文公司指定的账户进行货款结算。2007 年 8 月至 2009 年 9 月,杨永承私刻威士文公司印章和法人代表授权书等,以承联公司名义分别与四家公司签订了空调设备供应和安装合同,由威士文公司向四家公司提供价值 200 万余元的空调设备。期间,杨永承将四家公司支付给威士文公司的空调设备货款 154 万余元占为己有,用于个人还债、投资经营及开销等,后关闭手机逃匿。案发后,杨永承投案自首。

本案公诉机关指控杨永承犯职务侵占罪,法院判决杨永承犯合同诈骗罪。

表面上,案例 8 中公诉机关和审判机关的争议问题是杨永承是否具有单位人员的身份,从而杨永承是否构成作为身份犯的职务侵占罪,而对杨永承的行为具有侵犯他人财产所有权的问题似乎没有争议。对此,最高人民法院归纳本案判决的裁判要旨是:获得公司临时授权从事某项具体事务的代理人不能认定为公司工作人员,因此不是职务侵占罪。[②] 但从讨论侵犯财产罪的保护法益的问题来看,该案需要审查的实质问题可能正在于:根据侵犯财产罪保护法益的所有权说,对其侵犯他人财产所有权之"他人"应当进行实质化判断,亦即代理人杨永承从四家公司获得空调设备货款 154 万余元的行为,尽管表面上杨永承并非直接从上海威士文公司手中取得,但是按照实质所有权说,应当认定杨永承的行为实质上侵犯了上海威士文公司之财产所有

---

① 参见陈兴良、张军、胡云腾主编:《人民法院刑事指导案例裁判要旨通纂》(上下卷),北京大学出版社 2013 年版,第 266—267 页。
② 参见陈兴良、张军、胡云腾主编:《人民法院刑事指导案例裁判要旨通纂》(上下卷),北京大学出版社 2013 年版,第 266—267 页。

权,并且杨永承主观上具有非法占有目的,依法应当判决杨永承犯合同诈骗罪。

(二) 诉讼诈骗人"获取"被害人财物行为的定性处理

诉讼诈骗是一种较为典型的三角诈骗,而这种三角诈骗在现实生活中时有发生,应当予以依法认定和打击。所谓三角诈骗,是指诈骗行为人通过让第三人被骗并处分被害人的财产或者财产性利益,从而使被害人的财产所有权受到侵犯,诈骗行为人获得财产或者财产性利益。三角诈骗的显著特点是:一是存在诈骗行为人、被骗人、被害人三方;二是被骗人与被害人分离但存在关联关系,被骗人因被骗而处分了被害人财产或者财产性利益,被害人因其实质所有权被侵犯而遭受了财产损失。

诉讼诈骗,是指诉讼诈骗行为人通过捏造的事实提起民事诉讼,使法院作出有利于自己的民事裁判,从而获得财产或者财产性利益的行为。诉讼诈骗的特殊性在于三点:一是诉讼诈骗行为人捏造了事实,提起了民事诉讼,获得了财产或者财产性利益;二是法官成为被骗人与财产处分人;三是民事诉讼被告人成为被害人,其实质所有权被侵犯。作为三角诈骗的诉讼诈骗中,关键是对作为"他人"的被害人进行实质化审查。

张明楷教授认为,诉讼诈骗是典型的三角诈骗,依法成立诈骗罪。① 最高人民检察院法律政策研究室 2002 年 10 月 24 日《关于通过伪造证据骗取法院民事裁判占有他人财物的行为如何适用法律问题的答复》否定了诈骗罪的定性处理,认为"以非法占有为目的,通过伪造证据骗取法院民事裁判占有他人财物的行为所侵害的主要是人民法院正常的审判活动,可以由人民法院依照民事诉讼法的有关规定作出处理,不宜以诈骗罪追究行为人的刑事责任"。这一规定是欠妥的。其不妥处可能就在于其没有坚持实质所有权说,即其认为诉讼诈骗行为"所侵害的主要是人民法院正常的审判活动"而忽视了对被害人的实质所有权的侵害,最终导致误判。正确的判断应当是:诉讼诈骗行为不但侵犯了人民法院正常的审判活动,而且侵犯了他人的财产所有权,因而应当构成诈骗罪。

【案例9】浙江省衢州市汪育红诉讼诈骗案②

2003 年上半年,汪育红与杭州恒泰建设工程有限公司(以下简称"恒泰公司")商议成立了恒泰公司衢州分公司(以下简称"衢州分公司"),汪育红任衢州分公司总经理。后因汪育红未向恒泰公司交纳 10 万元的承诺金,恒泰公司收回了衢州分公司的营业执照及印章。衢州分公司因年检逾期于 2004 年 8 月 17 日被吊销营业执照。2006 年年初,汪育红为偿还其个人对陈金荣的 160 万元欠款,与陈金荣商定,虚构"衢州分公司在 2003 年 6 月至 2004 年 8 月期间为承揽工程而向陈金荣借款,尚欠 160 万元未归还"的事

---

① 参见张明楷:《刑法学》(第五版),法律出版社 2016 年版,第 1006—1007 页。
② 参见浙江省衢州市中级人民法院(2011)浙衢刑终字第 41 号刑事裁定书;浙江省衢州市柯城区人民法院(2011)衢柯刑初字第 9 号刑事判决书。

实,向衢州市中级人民法院提起民事诉讼,要求法院判处恒泰公司以及衢州分公司向陈金荣归还"借款"160万元,并支付相应的利息。2008年11月10日,衢州市中级人民法院判决驳回陈金荣的诉讼请求。陈金荣于2009年1月13日向浙江省高级人民法院提起上诉。二审期间,汪育红提供了虚假的证言,并以书面形式出具了虚假内容的情况说明,导致浙江省高级人民法院作出"恒泰公司归还陈金荣160万元,并支付相应的利息"的判决。后,恒泰公司及时报案,汪育红的诈骗行为未能得逞,恒泰公司也未遭受财产损失。汪育红被检察机关以诈骗罪诉至浙江省衢州市柯城区人民法院。

衢州市柯城区人民法院经审理认为:被告人汪育红以非法占有为目的,伪造证据、虚构事实,进行虚假的民事诉讼,骗取企业资金且数额特别巨大,其行为已构成诈骗罪。被告人汪育红在实施犯罪时因意志以外原因而未得逞,属犯罪未遂,依法可减轻处罚。其在归案后认罪态度较好,可酌情从轻处罚。衢州市柯城区人民法院判决:被告人汪育红犯诈骗罪,判处有期徒刑5年。

从案例9的客观方面的分析可以看出,汪育红虚构了"衢州分公司在2003年6月至2004年8月期间为承揽工程而向陈金荣借款,尚欠160万元未归还"的事实;受骗者是法官,陷入了认识错误(被害人恒泰公司未产生认识错误),且法官基于认识错误作出"恒泰公司归还陈金荣160万元,并支付相应利息"的判决,因为法官具有作出财产处分的权力,其作出的判决即财产处分行为;行为人取得财产与被害人遭受财产损失之间具有因果关系。该案中由于恒泰公司及时报案,汪育红的诈骗行为未能得逞,恒泰公司也未实际遭受财产损失,但这是汪育红意志以外的原因而未得逞,其行为符合诈骗罪(未遂)的客观构成。① 总之,诉讼诈骗人汪育红在客观上实施了虚构事实、隐瞒真相的行为;同时在主观上具有诈骗的故意与非法占有的目的。

综合案例9全貌看,诉讼诈骗人汪育红的行为完全符合诈骗罪的主客观方面的构成要件,应当构成诈骗罪。其中,从保护法益看,被害人恒泰公司160万元的实质所有权被侵犯(已侵害或者受到侵害威胁),完全符合诈骗罪的保护法益"实质所有权"的要求,应当对诉讼诈骗人汪育红认定为诈骗罪。

(三) 单位人员"获取"本单位贷款行为的定性处理

此类案件具有一定特殊性,为论述说理方便,先看一则真实案例。

【案例10】陈某以本单位名义贷款并私吞案②

四川省眉山市某驾校以土地使用权作抵押申请银行贷款,授权该校会计陈某办理信贷等事宜。驾校法定代表人张某与银行签订抵押额度为500万元的贷款合同。不久,张某与陈某一起到银行借款300万元。张某在银

---

① 参见周永敏:《以虚假诉讼骗取他人财物行为的定性——浙江衢州中院判决汪育红诈骗案》,载《人民法院报》2011年9月29日,第6版。
② 参见四川省眉山市中级人民法院(2013)眉刑终字第60号刑事裁定书。

行工作人员出具的空白《银行公司贷款(手工)借据》《小企业额度借款支用单》上签字、盖章备用。陈某得知张某已签字,便伪造驾校财务报表、建筑施工合同,将张某签名扫描在建筑合同上并加盖驾校公章,使用上述材料申请银行放贷余下的 200 万元。银行将 200 万元贷款转入驾校对公账户过账后,划入陈某指定的廖某账户。陈某将 200 万元贷款挥霍。本案公诉机关指控陈某犯贷款诈骗罪,而人民法院判决认定陈某犯职务侵占罪。

在案例 10 的生效判决作出之后,有关人员对其定性处理进行了法理分析并提出了以下两种意见:第一种意见认为,陈某的行为构成职务侵占罪,理由是:陈某利用其驾校会计身份以及受托办理驾校信贷事宜的便利条件,以驾校名义贷款 200 万元,利用职务便利将贷款非法占为己有并挥霍一空,其侵害的客体是驾校财产所有权,构成职务侵占罪;第二种意见认为,陈某的行为构成贷款诈骗罪,理由是:陈某以本单位名义骗取贷款并私吞的行为侵害的客体并非驾校财产所有权,而是银行对贷款的所有权和国家金融管理制度。[①] 可见,该案争议表面上是罪名适用上的争议,其实质在于被害人认定上的争议。

如前所述,在被害人争议案件中,确实需要特别注意基于犯罪被害人之"他人"的实质化审查。就案例 10 而言,如果被害人是银行,即认定银行的实质所有权受到侵犯,可能就应当定性为贷款诈骗罪(或者骗取贷款罪);如果被害人是行为人的本单位"驾校",即认定驾校的实质所有权受到侵犯,则可能应定性为职务侵占罪。

笔者认为,从实质上审查,陈某在驾校贷款额度之内向银行贷款并且提供了真实的"以土地使用权作抵押"的贷款担保,相关贷款文件上还盖有驾校的真实印章,银行贷款是"依约"转账到驾校对公账户上的,因而在法律上应当认定银行依约贷款给了驾校,银行并没有成为作为侵犯财产罪被害人的"他人",因而该案依法不应当定性为贷款诈骗罪(或者骗取贷款罪)。至于其后银行"依约"将驾校对公账户上的贷款"划入陈某指定的廖某账户",出现了"陈某将 200 万元贷款挥霍"的情况,属于陈某利用职务上的便利将本单位财物(驾校财物)非法占为己有,从而驾校成为侵犯财产罪被害人的"他人",亦即实质上是驾校的财产所有权被侵犯,或者说陈某的行为侵害的客体是驾校的财产所有权。根据侵犯财产罪保护法益的实质所有权说,综合分析陈某的行为性质,应当认定陈某构成职务侵占罪,而非贷款诈骗罪。

---

① 参见唐斌、罗关洪:《利用职务便利骗得贷款如何定性》,载《检察日报》2015 年 4 月 17 日,第 3 版。

第七章　盗窃罪

盗窃罪,是指以非法占有为目的,盗窃公私财物,数额较大的,或者多次盗窃、入户盗窃、携带凶器盗窃、扒窃的行为。我国《刑法》第264条规定:"盗窃公私财物,数额较大的,或者多次盗窃、入户盗窃、携带凶器盗窃、扒窃的,处三年以下有期徒刑、拘役或者管制,并处或者单处罚金;数额巨大或者有其他严重情节的,处三年以上十年以下有期徒刑,并处罚金;数额特别巨大或者有其他特别严重情节的,处十年以上有期徒刑或者无期徒刑,并处罚金或者没收财产。"其中,盗窃的数额标准问题,按照2013年4月2日发布的最高人民法院、最高人民检察院《关于办理盗窃刑事案件适用法律若干问题的解释》(以下简称《办理盗窃刑事案件解释》)第1条的规定,盗窃"数额较大"是指盗窃公私财物价值1 000元至3 000元以上;同时规定,各省、自治区、直辖市高级人民法院、人民检察院可以根据本地区经济发展状况和社会治安状况,在上述规定的数额幅度内,确定本地区执行的具体数额标准,再报最高人民法院、最高人民检察院批准。《办理盗窃刑事案件解释》第2条规定,具有以下若干情节之一的,只要盗窃数额达到前述"数额较大"标准的50%,也应当视为"数额较大":①曾因盗窃受过刑事处罚的;②一年内曾因盗窃受过行政处罚的;③组织、控制未成年人盗窃的;④自然灾害、事故灾害、社会安全事件等突发事件期间,在事件发生地盗窃的;⑤盗窃残疾人、孤寡老人、丧失劳动能力人的财物的;⑥在医院盗窃病人或者其亲友财物的;⑦盗窃救灾、抢险、防汛、优抚、扶贫、移民、救济款物的;⑧因盗窃造成严重后果的。"多次盗窃"的认定,《办理盗窃刑事案件解释》第3条规定为2年内有3次以上盗窃的。但对于有小偷小摸恶习,多次偷拿公私财物,但情节显著轻微的,不认为是犯罪。

关于盗窃罪,还需要特别注意刑法中的特别规定:①根据《刑法》第196条第3款的规定,盗窃信用卡并使用的,依照盗窃罪的规定定罪处罚;②根据《刑法》第210条第1款的规定,盗窃增值税专用发票或者可以用于骗取出口退税、抵扣税款的其他发票的,依照盗窃罪的规定定罪处罚;③根据《刑法》第253条的规定,邮政工作人员私自开拆或者隐匿、毁弃邮件、电报而窃取财物的,依照盗窃罪的规定定罪从重处罚;④根据《刑法》第265条的规定,以牟利为目的,盗接他人通信线路、复制他人电信码号或者明知是盗接、复制的电信设备、设施而使用的行为,按盗窃罪定罪处罚;⑤根据《刑法》第287条规定,以计算机为犯罪工具,窃取财物的,也构成盗窃罪。

根据《刑法》第264条的规定,犯盗窃罪的,处3年以下有期徒刑、拘役或者管制,并处或者单处罚金;数额巨大或者有其他严重情节的,处3年以上10年以下有期徒刑,并处罚金;数额特别巨大或者有其他特别严重情节的,处 10 年以上有期徒刑或者无期徒刑,并处罚金或者没收财产。

应当说,盗窃罪是最常见的犯罪,并且是一种较为典型的传统侵犯财产罪,因而研究盗窃罪具有重大理论价值和实践意义。关于盗窃罪的研究,本章重点讨论三个方面的问题:其一,盗窃罪犯罪对象的属性与范围;其二,单位盗窃、使用盗窃的定性处理;其三,盗窃罪的既遂标准。

一、盗窃罪犯罪对象的属性与范围

盗窃罪的保护法益是实质的财产所有权,作为盗窃罪的犯罪对象的"财物",就必须能够体现该财物所归属的主体的财产所有权,因此,必须首先检讨盗窃对象的属性问题。

(一) 盗窃罪犯罪对象的属性

盗窃罪的犯罪对象是财物。但是,作为盗窃罪的犯罪对象的财物,其属性是什么?

刑法理论上对财物属性的理解,大体有以下四种学说:一是有体性说,认为刑法上所指的财物必须是有具体形状的物体;而无体物不是财物,所以电能、热能煤气、天然气、核能等无体物不能成为盗窃罪的犯罪对象。二是效用说,认为财物无须具备有体性,只要有经济价值,具有效能和用途的物质都可以视为财物。三是持有可能性说,认为只要事实上可以支配的财物,都可以视为财物。四是管理可能性说,其进一步分为有体性管理可能性说与一般管理可能性说两种,有体性管理可能性说认为,只有可以管理的有体物才可作为财物;而一般管理可能性说认为,凡是有管理可能性的都是财物。[①]

关于我国刑法所规定的盗窃罪,作为其犯罪对象的财物到底应当具备哪些属性,理论上存在争议。例如,作为盗窃罪的犯罪对象的财物是否必须具有"经济价值性"的问题,就有经济价值不要说、客观经济价值必要说、主观经济价值必要说几种不同看法。经济价值不要说认为,作为盗窃罪的犯罪对象的财物,可以不具有经济上的价值,只要其具有管理可能性,就可以成为盗窃罪的犯罪对象。客观经济价值必要说认为,作为盗窃罪的犯罪对象的财物,必须具有经济上的价值,并且必须可以成为交易的标的。主观经济价值必要说认为,只要财物所有人或占有人主观上认为某种财物具有价值效用,不论该财物可否成为交易的标的,都可以成为盗窃罪的犯罪对象。

学者一般认为,可以成为我国刑法所规定的盗窃罪的犯罪对象的财物,必须同时具备以下三个特征:一是财物必须具有人力可支配性(如人力所不能支配的"阳光"等财物就不可能成为盗窃罪的对象);二是财物必须具有财产上的价值(但是不能将这种价值局限于市场的金钱交换价值,而应当对财产价值作广义的理解);三是财物被盗时必须正在被他人所控制支配(如"遗弃物"就不能成为盗窃对象)。[②]

[①] 参见董玉庭:《盗窃罪研究》,中国检察出版社 2002 年版,第 22—23 页。
[②] 参见董玉庭:《盗窃罪研究》,中国检察出版社 2002 年版,第 22—23 页。

(二) 盗窃罪犯罪对象的范围

1. 不动产

不动产能否成为盗窃罪的对象？对此，国外刑法理论主要有三种观点：肯定说、否定说、犹豫说(不表态)。中国刑法理论界主要有两种观点：肯定说与否定说。笔者认为应当对"窃占"不动产的行为另行作出规定。如《日本刑法》第235条之二规定"侵夺他人的不动产，处十年以下惩役"。

2. 违禁品

违禁品(如枪支弹药爆炸物、毒品、淫秽物品、伪造的货币等)能否成为盗窃罪的犯罪对象？对此，刑法理论界也有争议。笔者认为，违禁品可以成为盗窃罪的犯罪对象，因为违禁品完全具备作为盗窃罪对象的"财物"性质。

3. 无形财物

无形财物中的电能、热能、煤气、天然气、核能等无体物，当然能够成为盗窃罪的对象。知识产权，由于其本身已经公开，因而也不存在"秘密窃取"的问题，从而不能成为盗窃罪的对象。商业秘密，理论上可以成为盗窃罪的对象，只是在处理时，可以按照交叉竞合处理原则，以《刑法》第219条规定的侵犯商业秘密罪定罪处罚。

4. 人体与器官

分以下几种情况处理：①盗窃婴幼儿，可以构成绑架罪(以勒索财物为目的)、拐卖儿童罪(以出卖为目的)或者拐骗儿童罪(以非出于勒索财物与出卖目的的)；②盗窃与身体整体相分离的人体组成物如血液、毛发等，构成盗窃罪；③盗窃与身体整体分离前的人体器官，则可能构成有关侵犯生命健康权利的犯罪，如故意伤害罪、故意杀人罪；④盗窃死亡后的人体(尸体)，可能构成盗窃、侮辱尸体罪(侵犯社会管理秩序性质的犯罪)；⑤盗窃不再具有人格遗留体的尸骸(如木乃伊等)或者已经腐化分离的遗骨的，可以构成盗窃罪、盗掘古文化遗址、古墓葬罪或者倒卖文物罪。

5. 借条

借条能否成为盗窃罪的对象？理论界有肯定说与否定说的分歧。① 笔者认为，借条是可以成为盗窃罪的犯罪对象的。最典型的是，债务人以非法消灭债务为目的而盗窃借条时，行为人的行为应当构成盗窃罪。

二、单位盗窃、使用盗窃的定性处理

(一) 单位盗窃的定性处理

单位盗窃问题，在近年的生活实践中发生不少，由于我国刑法没有规定单位可以成为盗窃罪的主体，因而在实践中如何处理单位盗窃的问题显现出来。《办理盗窃刑

---

① 参见董玉庭：《盗窃罪研究》，中国检察出版社2002年版，第46—51页。

事案件解释》第 13 条规定:"单位组织、指使盗窃,符合刑法第二百六十四条及本解释有关规定的,以盗窃罪追究组织者、指使者、直接实施者的刑事责任。"简单说,就是对于单位盗窃的,可以认定为有关责任人员个人构成盗窃罪予以处理。

但是,在理论上,如何认定单位盗窃行为的性质和如何处理单位盗窃行为,存在比较大的分歧,有必要进一步加强研究。根据有关学者的意见,这个问题的出现,在一定意义上是由于刑法规定单位犯罪所引起的理论上的混乱和实践中的困惑;另外,在我国规定单位犯罪的大背景下,应否规定单位盗窃罪、单位抢劫罪的问题也值得探讨。

(二) 使用盗窃的定性处理

使用盗窃在生活中经常发生,如:窃占房屋、盗用耕牛、偷开汽车、盗用电话线路、盗用电话账号与号码,等等。有些使用盗窃由于其本身所具有的财物侵害性,可以直接造成财产所有权人的经济损失,如盗用电话线路、盗用电话账号与号码等,已经由刑法作出了明确规定。《刑法》第 265 条规定:"以牟利为目的,盗接他人通信线路、复制他人电信码号或者明知是盗接、复制的电信设备、设施而使用的,依照本法第二百六十四条的规定定罪处罚。"

关于偷开汽车问题,2013 年《办理盗窃刑事案件解释》第 10 条规定:"偷开他人机动车的,按照下列规定处理:(一)偷开机动车,导致车辆丢失的,以盗窃罪定罪处罚;(二)为盗窃其他财物,偷开机动车作为犯罪工具使用后非法占有车辆,或者将车辆遗弃导致丢失的,被盗车辆的价值计入盗窃数额;(三)为实施其他犯罪,偷开机动车作为犯罪工具使用后非法占有车辆,或者对车辆遗弃导致丢失的,以盗窃罪和其他犯罪数罪并罚;将车辆送回未造成丢失的,按照其所实施的其他犯罪从重处罚。"从该司法解释对偷开汽车行为的定性处理规定看,应当说是比较明确地坚持了盗窃罪保护法益"实质所有权说"的立场。该解释规定"偷开机动车,导致车辆丢失的,以盗窃罪定罪处罚"以及"偷开机动车作为犯罪工具使用后非法占有车辆,或者将车辆遗弃导致丢失的"才将被盗车辆的价值(即偷开的机动车的价值)认定为盗窃数额,其反面解释结论就是:偷开机动车"将车辆送回未造成丢失的,按照其所实施的其他犯罪从重处罚",由于没有实质地侵害车辆所有权人与相关权益人的所有权,并且行为人主观上也没有实质地侵害他人所有权的故意内容(主观违法性和有责性),所以不构成盗窃罪。

但是,针对窃占房屋、盗用耕牛、偷开汽车和飞机等行为的定性和处理,在理论和实践中存在许多矛盾和难题,理论界争议还很大,需要进一步加强研究。比如,针对汽车和飞机等具有重大财产价值的财物进行"盗用"的行为,客观上严重地侵犯了他人财产所有权中的使用权和收益权,其社会危害性很大,依据刑事政策原理是应该予以犯罪化的行为,但是在现行刑法框架内尚存在处罚漏洞,而且这种处罚漏洞是无法通过刑法解释来有效解决(即堵塞处罚漏洞)的,因此在今后进行刑法修正时应当考虑新增规定这方面的内容。根据韩国学者介绍,韩国就有专门的盗开汽车罪[1],还有其他部分国家也有对使用盗窃行为的犯罪化规定,这些情况表明我国有必要将使用盗窃行为犯罪化。

1. 理论界的研究情况

对使用盗窃问题,有些学者认为,对这类行为应当一律定性为盗窃罪予以追究。因为,行为人以秘密方法将属于他人的汽车开走,就非法占有了公私财物,而且被盗窃的财物数额巨大,具备了盗窃罪成立的全部构成要件;至于行为人后来又将所盗窃汽车遗弃,则属于盗窃行为实施完毕后对被盗财物的处置问题,不应当影响盗窃罪的成立。[2] 另有学者认为,使用盗窃不构成犯罪。因为使用盗窃的行窃者对权利人之物的支配权没有完全或终局的排除意思,那么使用盗窃对于所有权及其他本权的侵害就不能认定;另外,如果认为伴随着价值消费就构成盗窃罪,这等于盗窃罪可以脱离财物概念的制约,打开了通向利益盗窃的大门,而这与盗窃罪的一般观念是相矛盾的。[3] 除了这两种比较偏激的观点以外,许多学者主张对使用盗窃问题应该分别情形进行实事求是的分析处理。其中,吴大华教授和董玉庭教授的观点具有代表性。

吴大华教授针对偷开汽车的案件提出了以下处理原则[4]:①以非法占有为目的,偷开汽车的,定性为盗窃罪。至于行为人占有之后,是自己留用、送给亲友、变卖销赃、交给自己单位使用等,均不影响盗窃罪的成立。②为练习开车、游乐等目的,偶尔偷开汽车,情节轻微的,可以不以犯罪论;多次偷开汽车,并将汽车丢失的,应以盗窃罪论处。③偷开汽车是为了过瘾、兜风、取乐,意图用完后送回原处,但由于违反交通规则或者技术不过关,发生重大事故,致使他人重伤死亡或公共财产遭受重大损失的,以交通肇事罪从重处罚,并判处赔偿经济损失。④行为人在偷开汽车的过程中,如果明知可能会由于自己的驾驶技术不精或者其他原因,导致危害社会和公共安全的结果发生,但却置这种结果的发生于不顾,即其主观上具有危害公共安全的犯罪故意,则应当认为构成以危险方法危害公共安全的犯罪。⑤偷开汽车作为犯罪工具,进行特定的犯罪活动的,按照牵连犯的处理原则,从一重处罚。⑥以报复破坏为目的,将盗开的汽车加以破坏的,可按破坏交通工具罪论处。⑦行为人基于抢救伤员、送病员到医院、参加抢险救灾等,未经车主允许开出使用后送还,又没有造成其他后果的,可以不追究刑事责任。

董玉庭教授提出,使用盗窃问题的难点在于这种犯罪应否按盗窃罪进行处罚。根据《办理盗窃刑事案件解释》规定,以练习开车、游乐为目的,多次偷开机动车辆,并将机动车辆丢失的,以盗窃罪处罚。从这种规定可以看出,我国刑法实践对汽车等使用盗窃构成盗窃罪持有限承认的态度。但是,盗窃罪成立的前提是行为人盗窃他人财物必须以非法占有为目的,而使用盗窃的目的是非法使用。虽然非法使用目的与非法占有目的之间并非绝对矛盾,而是可以转化的,但是对使用盗窃一律定性为盗窃

---

[1] 参见魏东:《刑法各论若干前沿问题要论》,人民法院出版社 2005 年版,第 212 页。
[2] 参见赵永林:《我国刑法中盗窃罪的理论与实践》,群众出版社 1989 年版,第 131 页。
[3] 参见董玉庭:《盗窃罪研究》,中国检察出版社 2002 年版,第 107 页。
[4] 参见吴大华:《盗窃犯罪的惩治与防范》,西苑出版社 1999 年版,第 259—260 页。

罪却存在疑问。如果行为人以非法使用目的窃取到手后,其后续行为表明这种非法使用目的已经转化为非法占有目的,则按盗窃罪定罪处罚是可以的;但如果行为人窃取后其非法使用目的并没有转化,如使用后归还主人,则根据罪刑法定原则不能认定为盗窃罪。总体说,尽管使用盗窃情节严重的应该定罪,但是如何定罪处罚这个问题应该留给立法加以解决。①

2. 笔者立场:增设"使用盗窃罪"罪名及其法定刑

在使用盗窃问题上,最核心的问题是:针对不具有非法占有目的但具有非法使用目的而秘密窃取使用他人贵重财物的行为,如何定性和处罚。对于定性问题,由于行为人主观上不具有非法占有目的,因此,使用盗窃行为不符合典型盗窃罪的构成特征;但是,行为人的行为具有严重社会危害性而应当犯罪化,那么刑法上应该如何定性就成为一个重大问题。对于处罚问题,由于我国现行刑法没有关于使用盗窃的明确规定,那么,在立法上应当如何设计使用盗窃的法定刑也成为一个重大问题。因此,在基本立场上,笔者认为,根本的解决办法应当是完善、修订刑法立法,针对使用盗窃问题进行规定。在修订中需要着重解决以下几方面理论上的认识问题:

(1)设置"使用盗窃罪"罪名。

设置使用盗窃罪罪名的目的,就是为了解决实践中出现的使用盗窃行为的定性问题,因为其在基本特征上不完全符合典型盗窃罪的法律规定,在社会危害性方面也与典型盗窃罪相区别,但是由于其本身也具有严重社会危害性又不得不在刑法上予以反应,所以必须根据使用盗窃的基本性质和特征来设置一个新罪名。

(2)"使用盗窃"的含义。

关于"使用盗窃"的含义,学术界的认识并不统一。归纳起来主要有以下三种观点:第一种观点认为,使用盗窃是指以临时非法使用为目的,秘密窃取他人财物的行为。② 第二种观点认为,使用盗窃是指把他人之物随意加以临时使用后,将原物返还。③ 第三种观点认为,使用盗窃是指行为人以非法使用(非法获利)为目的窃取财物,使用后随意抛弃、毁坏而不归还的行为或使用后财物价值损失数额较大的行为。④

笔者认为,在界定使用盗窃含义的时候应当注意五个问题:第一,使用盗窃必须是行为人没有非法占有他人财物的目的。如果行为人具有非法占有目的,则应当认定为典型盗窃。第二,使用盗窃的行为人具有临时使用目的,而不是长期使用或者永久使用目的。因为,使用权是财产所有权的内容之一,如果行为人具有长期占有使用目的,其实质无异于非法占有目的。在一些特殊情形下,例如行为人刚刚着手盗窃机动车时被发现,行为人自称是为了临时使用机动车,没有其他充分根据证明行为人具有非法占有目的,根据刑法谦抑原则和相对合理性理念,应当认定行为人主观上具有非法使用目的。第三,行为人意图使用后归还所盗用的贵重财物,或者客观上行为人

---

① 参见董玉庭:《盗窃罪研究》,中国检察出版社2002年版,第107—111页。
② 参见董玉庭:《盗窃罪研究》,中国检察出版社2002年版,第107页。
③ 参见何鹏主编:《现代日本刑法专题研究》,吉林大学出版社1994年版,第389页。
④ 参见孙力:《论盗窃罪的犯罪构成》,西北政法学院1988年硕士学位论文。

使用后归还了所盗用的贵重财物。第四,设置使用盗窃罪的原因,在一定意义上是弥补典型盗窃罪立法上的不足或者疑难,针对有些行为不符合典型盗窃罪的特征,或者针对有些使用盗窃与典型盗窃区分不能而作出的相对合理的刑法选择。第五,使用盗窃的对象原则上应当限定为"贵重财物",因为非贵重财物不能体现财产所有权遭受严重侵害的社会危害性,从而不具有将使用盗窃行为犯罪化的充分根据。其理由如同典型盗窃罪的基本法理。

基于上述分析,笔者主张将使用盗窃的概念界定为:使用盗窃,是指行为人以非法临时使用为目的,或者无法查明行为人具有非法占有目的,秘密窃取并使用他人贵重财物,使用后加以归还的行为。其典型情况是偷开汽车、船只和飞机,盗用耕牛,窃占他人房地产等不动产的行为。

(3)使用盗窃与典型盗窃的竞合问题。

使用盗窃与典型盗窃可能发生竞合,这种竞合的原因就在于二者都有秘密窃取行为,都具有侵害财产所有权的性质(但侵害范围和程度不同)。对于一些已经具备完成形态的使用盗窃,例如已经使用完毕并且已经将财物归还的情形,认定二者的区别没有多大问题。但是,对于一些正在进行盗窃而被当场抓获的情况,以及窃取财物正在使用过程中的情况,如何认定行为人的行为是使用盗窃还是典型盗窃,存在疑问。对此,笔者认为,应当在坚持实事求是原则和刑法谦抑原则的指导下进行判断处理。如果根据社会一般经验可以认定行为人事实上已经非法占有财物,例如,秘密窃取一般财物并进行消费和处置的行为,就应当认定为典型盗窃;如果根据社会一般经验可以认定行为人并不具有非法占有目的,或者没有充分证据证明行为人具有非法占有目的,例如,行为人正在发动机动车时被抓获,行为人声称是临时使用机动车,而又无其他证据证明行为人具有非法占有机动车的目的,就只能认定行为人的行为构成使用盗窃。

另外有一种情况,就是行为人盗窃使用机动车之后,将机动车放回原处或者放置于其他场所而致该机动车丢失的情况,能否认定行为人的行为成立典型盗窃?笔者认为,这种情况下,仍然不宜认定行为人的行为构成典型盗窃罪,根本原因就是它不完全符合典型盗窃罪的构成特征。合理的处理办法可能是,按照使用盗窃罪定罪,并针对此时客观上已经造成被害人重大财产损失的实际,配置更重的法定刑,使其与典型盗窃罪的法定刑相当,以实现罪刑相当。

(4)使用盗窃的法定刑配置。

考查使用盗窃与典型盗窃两者的社会危害性,可以认为,一般情况下的使用盗窃行为的社会危害性小于典型盗窃行为,因此,针对使用盗窃所配置的法定刑在通常情况下应当轻于典型盗窃罪。但是,在客观上已经造成被害人重大财产损失的情况下,使用盗窃行为所产生的社会危害性可能与典型盗窃罪的社会危害性不相上下,相应的就应当对其配置与典型盗窃罪相当的法定刑,以体现刑法公正和刑法的矫正教育功能。

根据这种思路,可以将使用盗窃行为的法定刑进行如下配置:使用盗窃没有造成被害人较大财产损失但是情节严重的,处 1 年以下有期徒刑、拘役或者管制,并处罚金;造成被害人财产损失较大或者多次使用盗窃的,处 1 年以上 3 年以下有期徒刑,并处罚金;造成被害人财产损失巨大或者情节严重的,处 3 年以上 10 年以下有期徒刑,并处罚金;造成被害人财产损失特别巨大或者情节特别严重的,处 10 年以上有期徒刑或者无期徒刑,并处罚金或者没收财产。

三、盗窃罪的既遂标准

(一) 盗窃罪既遂标准的观点聚讼与批判性评析

现行《刑法》第 264 条所规定的盗窃罪,在要求具备"数额较大"的情形下应当属于结果犯,即行为人是否实际"盗窃"到数额较大的公私财物,是构成盗窃罪既遂的基本要件;否则,行为人的行为只能构成盗窃罪的犯罪未遂。① 但是,如何确定作为结果犯情形下的盗窃罪既遂的标准呢?对此,理论界众说纷纭。

1. 外国的学术见解

在德日等大陆法系国家,关于盗窃罪既遂标准的学术见解主要有接触说、取得说、转移说、隐匿说等四种。接触说认为,应当以行为人用手触及他人财物的时间为既遂标准。取得说认为,应当以行为人把财物转移给行为人自己或者第三人②占有的时间为既遂标准。转移说认为,应当以行为人把财物由其所在场所往他处转移为既遂标准。藏匿说认为,应当以行为人把财物隐藏在不易被人发现的场所为既遂标准。③

在上述各种见解中,取得说是通说。例如,日本刑法理论通说以及生效刑事判例都认为,盗窃罪以将财物达到为自己或者第三人占有为既遂;因此,仅仅单纯地以手接触财物(接触说)还不是既遂,也不一定要将财产转移场所(转移说)或者隐匿起来(隐匿说)。④ 但是,在行为人已经侵害他人对财物的占有而把财物转移给自己或者第三人占有,就可以认定为盗窃既遂;因此,行为人把较小或者容易携带的东西藏在身上固然是既遂,对体积较大搬运困难的财物在其移动过程中仍已属既遂。⑤

---

① 理论界一般认为,由于我国现行刑法对盗窃罪的犯罪构成标准,采取了"数额较大"与"多次盗窃""入户盗窃""携带凶器盗窃""扒窃"的双重规定方式,因此,对于盗窃罪是情节犯还是数额犯(结果犯)就存在争议。但是,盗窃犯罪在要求具备"数额较大"(结果犯)的情形下,不可否认可能存在盗窃罪的未完成形态。参见赵秉志主编:《犯罪停止形态适用中的疑难问题研究》,吉林人民出版社 2001 年版,第 470 页。

② 需要特别说明,这里的第三人与笔者后面所使用的第三人由于所使用的语境上的不同导致在含义上有所区分。这里的第三人指的是与盗窃行为人在利益立场上保持一致的第三人,而后文笔者所使用的第三人指的是与盗窃行为人在利益立场上相对立的第三人。

③ 参见周沛、何鹏:《外国刑法学》(下册),北京大学出版社 1984 年版,第 929—932 页;赵秉志主编:《侵犯财产罪研究》,中国法制出版社 1998 年版,第 653 页;赵秉志主编:《犯罪停止形态适用中的疑难问题研究》,吉林人民出版社 2001 年版,第 471—472 页;刘明祥:《财产罪比较研究》,中国政法大学出版社 2001 年版,第 190—191 页;[日]大塚仁:《刑法概说(各论)》,有斐阁 1992 年版,第 189 页。

④ 参见[日]木村龟二主编:《刑法学词典》,顾肖荣、郑树周译校,上海翻译出版公司 1991 年版,第 686 页。

⑤ 参见赵秉志主编:《侵犯财产罪研究》,中国法制出版社 1998 年版,第 653 页。

俄罗斯刑法也基本上采取了取得说的立场。例如,俄罗斯刑法学界认为,自犯罪人实际非法获得他人财物并且犯罪人有按照自己的意志当作自己的财物进行实际处分或使用的可能之时起,即为盗窃的既遂。"如果一个小偷带着偷窃的财物从他偷窃的住宅出来时即在楼梯间被值勤民警抓住,一个保密企业的工人在车间里偷窃了贵重的产品并将它藏在军工厂的保卫区里,则他们应该对偷窃未遂承担责任。"①

为什么西方国家以及俄罗斯等国家刑法关于盗窃罪既遂标准采取取得说呢?笔者认为,这是与其刑法理念有关,即在严格罪刑法定原则观念下尊重盗窃罪自身发展的客观规律并且更多地关怀被告人的人权保障。

2. 中国的学术见解

我国理论界在吸取外国学术观点的基础上,对盗窃罪既遂标准的学术见解进一步丰富和发展,大体上提出了接触说、转移说、藏匿说、失控说、损失说、刑法目的说、控制说、失控加控制说等八种观点。② 关于盗窃罪既遂标准的这些看法,应当说各自都有一定的合理性,但笔者认为它们都不同程度地存在不足,并不能完整合理地解释盗窃罪既遂的各种情形。对此,笔者分析如下:

(1)接触说、转移说、藏匿说的基本分析。

这三种观点可以说是比较古老的观点,因此本文将其放在一起讨论。接触说认为,应当以行为人是否接触被盗财物为标准,凡是实际接触财物的为盗窃既遂,未实际接触财物的为盗窃未遂。③ 转移说认为,应当以行为人是否已将被盗窃的财物转移离开原在场所为标准,凡是转移离开原在场所位置的为盗窃既遂,未转移离开原在场所位置的为盗窃未遂。④ 藏匿说认为,应当以行为人是否已将被盗财物藏匿起来为标准,凡是将被盗财物藏匿起来的为盗窃既遂,未藏起来的是盗窃未遂。⑤

笔者认为,接触说、转移说、藏匿说这三种看法都是机械主义方法论的产物,都存在明显的缺陷,因而都不能作为判断盗窃罪既遂的标准。

接触说以行为人是否接触到被盗财物作为区分盗窃罪既遂与未遂的标准,犯了机械主义的错误,抹杀了盗窃罪可能存在的各种停止形态之间的区别,不适当地扩大了盗窃罪既遂的范围。因为,"接触"一词,并不能从法律上正确地说明盗窃罪中财产所有权实际上被侵犯与否以及被侵犯的程度,不能说明盗窃罪构成要件是否完全具备,即犯罪对象是否已经被彻底地"非法占有"的事实。事实上,即使行为人已经接触到被盗财物,但是,也可能存在由于行为人及时悔悟而主动中止盗窃犯罪的情形,根

---

① 刘明祥:《财产罪比较研究》,中国政法大学出版社2001年版,第190—191页;〔俄〕斯库拉托夫等主编:《俄罗斯联邦刑法典释义》(下册),黄道秀译,中国政法大学出版社2000年版,第406页。

② 参见高铭暄主编:《新中国刑法学研究综述》,河南人民出版社1986年版,第641—643页;高铭暄、赵秉志主编:《刑法学参考资料》,中央广播电视大学出版社1994年版,第284页;赵秉志:《犯罪未遂的理论与实践》,中国人民大学出版社1987年版,第278—279页;赵秉志:《侵犯财产罪》,中国人民公安大学出版社1999年版,第179—182页;赵秉志主编:《犯罪停止形态适用中的疑难问题研究》,吉林人民出版社2001年版,第471—472页;董玉庭:《盗窃罪研究》,中国检察出版社2002年版,第160—164页;冯亚东、胡东飞:《犯罪既遂标准新论——以刑法目的为视角的剖析》,载《法学》2002年第9期。

③ 参见高铭暄主编:《新中国刑法学研究综述》,河南人民出版社1986年版,第641页。

④ 参见赵秉志:《犯罪未遂的理论与实践》,中国人民大学出版社1987年版,第278—279页。

⑤ 参见赵秉志:《犯罪未遂的理论与实践》,中国人民大学出版社1987年版,第278—279页。

据一般的刑法理论,这时行为人的行为应当构成犯罪中止;还有可能在存在行为人接触到被盗财物的同时,该财物所有人或保管人也控制着该财物,从而导致行为人不可能实际获得该财物并被迫停止犯罪的情形,显然,这时行为人的盗窃行为只能构成盗窃未遂。

转移说以行为人是否已经将被盗财物转移离开原在场所作为区分盗窃罪既遂与未遂的标准,仍然是一种机械主义的观点,并且犯了偷换概念的逻辑错误。从机械主义的观点看,被盗财物被转移离开原在场所,就可以肯定被盗财物的"财产所有权"受到了完全的侵犯,并可以肯定行为人也完全实现了对该被盗财物的"非法占有"。但是,财产位置的转移并不等于财产所有权或者占有权、控制权的转移,财产所有权、财产所在位置与财产占有和控制等概念并不能画等号。实际上,被盗财物是否转移离开现场,很多时候并不能成为判断"财产所有权"是否真正受到侵犯,以及盗窃犯是否已经实际"非法占有"该财物的标准。例如,盗窃犯在仓库内将被盗财物从一个角落移动至另一个角落,或者在被盗院内从前门移动到后门,还没来得及离开现场即被抓获,这种情形下就只能构成盗窃罪未遂,根本不能构成盗窃罪既遂。同时,转移说也不能说明:到底被盗财物要转移离开原在场所多远才算是盗窃既遂?对于一些盗窃无形财物如重要技术成果的犯罪,以及以盗接他人通信线路的方式进行盗窃犯罪的情形,转移说也无法对这些情形下的盗窃既遂、未遂问题予以科学的说明。

藏匿说以行为人是否已将被盗财物藏匿起来为标准来区分盗窃罪的既遂与未遂,同样是机械主义的观点,无法正确解决问题。表面上看,似乎行为人一旦将盗窃对象藏匿,就实际获得了该被盗财物的"财产所有权",并且财物的原有物主同时也丧失了财产所有权。但是,稍加分析就可以看出这种结论未免绝对化。从行为人角度来分析,行为人将被盗财物藏匿,并不能当然就获得该财物的完全控制权或者实现对该财物的非法占有;从被害人(物主)角度来分析,行为人将被盗财物藏匿,也不能当然地就导致被害人的财产所有权被实际侵害(仅仅有被侵害的重大危险)。例如,入室盗窃的行为人因为发现物主回家而慌忙将财物藏匿于现场某个隐蔽场所,本意等躲过物主后再取走,但是,行为人却被物主当场抓获并扭送至侦查机关,那么,这种情形下行为人将财物藏匿后被当场抓获,由于行为人没有离开现场而对被盗财物形成超现场控制,导致物主的财产所有权并没有因为行为人的盗窃行为而造成实害的损失,因此,应当认定行为人的盗窃行为构成未遂。

(2)失控说、损失说、刑法目的说的基本分析。

从这三种观点的基本内容来看,应当说它们所主张的基本立场是一致的,即都是单纯以受害人的财产所有权(尤其是其中的控制权、使用权)是否受到了实际侵害的片面性判断来作为区分盗窃罪的既遂与未遂的标准,而不考虑盗窃行为本身的进展是否彻底以及盗窃行为人是否实际地获得了对财物的实际控制权,因而笔者认为这几种观点都是具有显而易见的片面性。

这种片面性,在失控说中表现得最为明显。失控说认为,应当以财物的所有人或保管人是否丧失对财物的占有权即控制,作为判断盗窃罪既遂与未遂的标准。凡是盗窃行为已使财物所有人或保管人丧失了对财物的控制的,为盗窃既遂;而财物尚未脱离所有人或保管人的控制的,为盗窃未遂。[①] 其主要理由是:盗窃犯罪是对所有权的侵犯,首先是对占有权即控制权的侵犯。盗窃既遂,所有权并未随所有物占有权的转移而转移,在法律上,所有权仍属于财物的原合法物主。因此,划分盗窃既遂与未遂不能以盗窃犯是否获得财物所有权为标志,而应以盗窃犯罪的受害人是否丧失了对财物的占有权即控制权为标准。很明显,失控说是以被害人(物主)对财物的实际控制权是否丧失为基点来分析盗窃罪的既遂与未遂的。这种观点,抓住财产所有权中的实际控制权的既成状态来分析盗窃罪的既遂与未遂,具有相当的合理性,因为,事实上被盗财物的所有权并未随所有物占有权的转移而转移,在法律上所有权(归属性)仍属于财物的原合法物主,成为问题的只是所有权中的控制权、使用权(处置权)的实然状态:它到底是为物主所实然享有还是为行为人所实然享有。但是,这种观点仅仅以物主单方面对财物的实际控制权状态为判断标准,未考虑盗窃行为人是否实际获得对财物的控制权,就明显具有片面性。事实上,盗窃行为是否构成盗窃罪既遂,其着眼点不应该只考虑(但并不是说"不考虑")被害人对财物的实际控制权是否被实际侵害,而应该更多地考虑(但并不是说"唯一考虑")盗窃行为本身是否"实际完成",即盗窃行为是否使盗窃行为人切实获得了对被盗财物的控制权,因为,法律在这里更多关注的是"盗窃罪本身是否既遂"问题。因此,在确定盗窃罪既遂与未遂标准时,必须以盗窃行为本身的实际进程是否完成,行为人是否已经实际地、排他地获得了财物控制权这一事实为主,同时兼顾(以便从另一个侧面来说明"盗窃罪本身是否既遂"问题)被害人是否相应地也完全失去了对该财物控制权,两者结合才能作为判断盗窃罪既遂与未遂的标准。

损失说具有同样的片面性。该说认为,应当以盗窃行为是否造成公私财物损失为标准,盗窃行为造成公私财物损失的为既遂,未造成公私财物损失的为未遂。[②] 这种观点在1992年最高人民法院、最高人民检察院《关于办理盗窃案件具体应用法律若干问题的解释》(已失效)中得到了体现,该解释规定"已经着手实行盗窃行为,只是由于行为人意志以外的原因而未造成公私财物损失的,是盗窃未遂"。但是,在盗窃的场合,被害人的财物损失是否实际发生,并不当然与盗窃行为是否完成或者盗窃罪是否既遂完全对应。在某些特殊场合,即使被害人的财物没有损失,例如事后追赃完全挽回财物损失,也并不当然意味着盗窃罪不构成既遂;同样道理,即使被害人的财物损失了,例如,在盗窃行为人刚刚得手财物时被发现,被害人立即从行为人手中夺回财物,而被害人在夺回财物的一瞬间却因为激动等原因导致财物失手落地并致财物彻底损坏,或者在被害人当场夺回财物的争夺过程中而致财物彻底损坏,或者盗窃行为人因为惊慌失措而当场致使财物失手落地并彻底损坏,这些情形下盗窃行为

[①] 参见高铭暄主编:《新中国刑法学研究综述》,河南人民出版社1986年版,第642—643页。
[②] 参见高铭暄、赵秉志编:《刑法学参考资料》,中央广播电视大学出版社1994年版,第284页。

都已经造成公私财物损失,但是这些情形下盗窃行为应当说尚不构成盗窃罪既遂。

刑法目的说也没有解决上述片面性。该说认为,应以刑法目的为视角和根本出发点来研究并论证犯罪既遂标准问题。该说认为,犯罪的本质是侵犯合法权益,而刑法的目的是保护合法权益,因此,犯罪既遂理应以"犯罪行为给刑法所保护的合法权益造成实际损害"为根本标准;并且唯有这样,才能有效地维护既有刑法理论的统一性与完整性,同时也给刑事司法提供一种具有高度可操作性的辨析思路。① 在本质上,这种观点在基本思路上显然十分类似失控说与损失说,即片面地以犯罪行为在客观上是否已经侵害了刑法所保护的合法权益来区分犯罪的既遂与未遂。依据这种观点所得出的结论同样缺乏说服力。虽然在一般意义上可以说,盗窃行为当场没有给刑法所保护的合法权益即财产所有权造成实际损害(并且盗窃行为被迫停止下来)的,就是盗窃未遂;但是,却不能合乎逻辑地倒推出以下结论:只要犯罪行为在客观上已给刑法所保护的合法权益即财产所有权造成实际损害的,就必然是盗窃罪既遂。例如,如果行为人入室盗窃一件珍贵文物(假设价值10万元),刚刚伸手触及文物即被保安发现,由于保安呵斥使得行为人紧张,行为人慌乱之中失手将文物碰倒摔碎,导致巨大财产损失。这种情形下行为人的行为已经导致刑法所保护的合法权益被实然侵害,行为人是否构成盗窃罪既遂?如果按照刑法目的说,这种情形下行为人的盗窃行为应当构成盗窃罪既遂,但是这种结论却显然不具有合理性,其根本原因就在于刑法目的说片面理解了刑法目的,也片面地理解了合法权益。基本的问题是:刑法的目的不是单纯地、片面地着眼于惩罚犯罪,而是要着眼于公正地惩罚犯罪;刑法保护合法权益不是单纯地、片面地保护被害人的(包括社会的、国家的)合法权益,而是要全面周到地保护被害人的和被告人的合法权益;刑法所设定的犯罪既遂理论不是想当然单纯地遵循天马行空式的"人文态度",而是要尊重犯罪既遂的"科学态度",以盗窃罪本身的"客观规律"为基本依据来确定其既遂标准。

(3) 控制说的基本分析。

该说认为,应当以盗窃行为人是否已获得对被盗财物的实际控制权为标准区分盗窃罪既遂与未遂。即盗窃行为人已实际控制财物的为既遂,盗窃行为人未实际控制财物的为未遂。② 这种观点正好走到了失控说的反面,即脱离受害人的羁绊而单纯考查行为人之盗窃行为,以行为人所实施的盗窃行为本身的发展状况为依据来判断盗窃罪的既遂与未遂。应当说这种观点在基本方法上是具有科学性的,但遗憾的是它对"实际控制"本身所存在的样态多元性没有加以区分,因此仍然存在难以克服的缺陷。例如,在盗窃行为人得手财物时碰巧物主回来撞上并追赶,行为人夺路而逃,但是尚未逃出院门时即被抓获的情形,表面上看行为人已经实际控制了财物,但是由于时间和空间的特殊性(前后连贯性),此情景下的行为人表面上的"实际控制"并不彻底,因为它受到了同一时空中的被害人行为的制约,因此仍然应当构成盗窃罪

---

① 参见冯亚东、胡东飞:《犯罪既遂标准新论——以刑法目的为视角的剖析》,载《法学》2002年第9期。
② 参见高铭暄主编:《新中国刑法学研究综述》,河南人民出版社1986年版,第642—643页。

未遂。

可见,盗窃行为人实际控制了被盗财物这一事实本身,并不能当然地排除受害人在同一时空仍然没有完全丧失对该财物的控制,它在应然层面上包括以下三种情形:一是行为人实际控制财物当时并没有排除受害人在同一时空也在一定程度上实际控制该财物的情形;二是行为人实际控制财物当时并没有排除相关人如有关国家机关和第三人(例如公安人员和见义勇为者)在同一时空也在一定程度上实际控制该财物的情形;三是行为人控制财物当时已经完全排除了受害人、有关国家机关和第三人在同一时空对该财物的实际控制的情形。在第三种情形中,由于行为人控制财物当时已经完全排除了受害人、有关国家机关和第三人在同一时空对该财物的实际控制,从而盗窃行为人已经完全排他地获得了对该财物的完全控制,这时当然构成盗窃罪的既遂;而在前两种情形中,由于行为人实际控制财物当时并没有排除受害人、有关国家机关和第三人在同一时空也在一定程度上实际控制该财物,从而导致此情形下盗窃行为人无法获得对该财物的完全控制,只能构成盗窃罪未遂。

(4)失控加控制说的基本分析。

该说认为,应当以被盗财物脱离所有人或保管人的控制并且实际置于行为人控制之下为盗窃即遂标准,反之为盗窃未遂。[①] 其主要理由是:犯罪既遂是犯罪的完成,盗窃犯的目的是非法占有财物,财物既已脱离所有人或保管人的控制而为盗窃犯所实际控制,非法占有财物的目的即已实现,犯罪即告完成,当然应当认为是盗窃既遂。该说相对而言是"比较全面"的观点,对于认定盗窃罪的未遂具有更大的意义,但仍然存在漏洞,即漏掉了行为人实际控制财物当时并没有排除相关人如有关国家机关和第三人(例如公安人员和见义勇为者)在同一时空也在一定程度上实际控制该财物的情形,理由如前所述,此情形下盗窃罪仍然可以构成未遂,而不能构成盗窃罪既遂。

(二) 盗窃罪既遂"超现场控制标准说"的学理论证

前述分析表明,就作为结果犯的盗窃罪而言,单纯采取接触说、转移说、藏匿说、失控说、损失说、刑法目的说、控制说、失控加控制说等几种立场都无法准确界定盗窃罪的既遂标准,只有综合考虑盗窃罪本身客观方面的各种情况,以行为人所实施的盗窃行为本身发展到行为人已经实际地超越现场并且排他地(包括排除了被害人、有关国家机关和第三人的控制)完全控制了被盗财物,才能够认定盗窃罪构成犯罪既遂。这种认定盗窃罪既遂标准的立场,笔者将其概括为"超现场控制标准说"。

该说的合理性可以从以下几个方面论证:

第一,现代刑法的权利本位刑法观。

一般而言,现代刑法在基本立场上都是坚持权利本位刑法观。权利本位刑法观又叫民权主义刑法观、自由主义刑法观,主张刑法以保护国民(公民)的权利和自由为核心,因而应当严格限制国家刑罚权并使之成为公民个人自由的有力保障,其目的一

[①] 参见高铭暄主编:《新中国刑法学研究综述》,河南人民出版社1986年版,第642页。

是最大限度地保障公民自由,二是严格限制国家行为。可见,权利本位刑法观立足于刑法的人权保障机能,强调保障公民自由,它所针对的对象是国家(而不是公民),它所限制的侧重点是国家及其刑罚权(而不是公民的自由)。① 这种刑法观对于我们认识和分析盗窃罪既遂标准问题有重大指导意义。

权利本位刑法观首先强调的是刑法必须以保护公民权利和自由为核心,以保护公民权利和自由为出发点和归宿点,惩罚犯罪当然是以保护公民权利和自由为基点,其中包括保护犯罪人作为公民所应当享有的基本权利不能因为其犯罪而被剥夺。在这种意义上,宪法和刑法都是公民权利自由的"大宪章",也是犯罪人权利自由的"大宪章";尤其是刑法作为"犯罪人权利自由的大宪章"的理念应当得到更加突出的强调。为了保护公民权利和自由,以宪法为核心的国家法律系统确认和保护了一系列法律上的价值和利益,称之为法益;又因为一定的行为侵害了一定的法益,为了体现权利本位刑法观的基本精神,刑法才将这一系列"一定的行为"规定为"犯罪",所以刑法的犯罪化根据在基本层次上是保护公民权利和自由的价值权衡。但是,刑法的这种价值权衡并不是单方面的权利保护,而是要权衡守法公民(包括受害公民)和违法公民两个层面的权利保护,还要权衡秩序和公正两个方面的价值需要,因而刑法的价值权衡应当是也只能是法益价值的中道权衡。② 法益价值的中道权衡体现了刑法在保护全体公民权利和自由的基础上切实保护犯罪人权利和自由的重要思想,具体表现为罪刑法定原则、罪刑相适应原则、刑法人道主义原则等刑法基本原则所确认的基本精神:只有刑法规定为犯罪的行为才能够要求行为人承担刑事责任,同时行为人所承担的刑事责任应当与犯罪行为本身的"罪行"相当,而罪行本身又只能以其客观存在状态和刑法已然规定为准。显然,罪行本身的"客观存在状态"就包括犯罪既遂、犯罪未遂、犯罪中止、犯罪预备等犯罪的完成形态和未完成形态在内(当然还包括犯罪的共犯形态以及其他事实特征),从而,确定犯罪既遂的科学标准以正确认定犯罪的既遂与未完成形态就成为权利本位刑法观的基本要求。

但是,确定犯罪既遂的标准并不单纯是一个"人文"的问题,它同时也是一个"科学"的问题,甚至可以说,确定犯罪既遂的标准是否科学关涉权利本位刑法观是否彻底贯彻这样一个重大问题。从刑法立法的层面上看,刑法应当尽可能地科学化,应当将客观上并不构成犯罪既遂的行为实事求是地规定为犯罪的未完成状态,而不应当随意将犯罪的未完成状态规定为犯罪既遂。③ 从执法层面上看,应当以刑法规定为限,根据犯罪形态科学化和规范化的基本要求,只有对那些客观上达到犯罪既遂标准,同时法律上也规定为犯罪既遂的罪行才能认定为犯罪既遂,而对那些客观上并没

---

① 所谓刑法观,是指关于刑法基本问题如刑法的价值、机能、目的任务、基本原则等问题的根本观点与基本态度。在刑法史上,刑法观大致有权力本位刑法观与权利本位刑法观、国家主义刑法观与民主主义刑法观的区分。依一般的理解,权力本位刑法观又叫国权主义刑法观、权威主义刑法观,主张刑法是体现国家权力并且以实现国家刑罚权为核心的法律,其目的任务就是保护国家整体利益,其显著特点是以国家利益为出发点而限制公民自由,适用严酷刑罚尤其强调适用死刑。可见,权力本位刑法观立足于刑法的社会保护机能,强调国家利益,它所针对的对象就是公民个人,它所限制的侧重点就是公民的自由,公民只是刑法的客体与对象。

② 参见魏东:《论作为犯罪客体的法益及其理论问题》,载《政治与法律》2003 年第 4 期。

③ 关于这一点,刑法理论对于阴谋犯、危险犯等犯罪的既遂、未遂形态问题上的争议和解释具有代表性。

有达到犯罪既遂标准,同时法律上也没有规定为犯罪既遂的罪行就不能认定为犯罪既遂。只有这样,才能真正全面科学地体现权利本位刑法观的基本立场。如果仅仅以个人好恶或者以片面保护受害人利益(包括受害的国家利益、社会利益)为根据,将一些客观上并不构成犯罪既遂,同时法律上也没有规定为犯罪既遂的罪行通过所谓"人文"化立场的解释而将其作为犯罪既遂予以解释认定,势必不利于犯罪人权利保障,也有违法律的公正理性,当然就不能真正全面科学地体现权利本位刑法观的基本立场。

第二,结果犯理论的犯罪既遂标准。

结果犯理论所主张的犯罪既遂标准,应当是客观上出现了一定的犯罪结果。就作为结果犯的盗窃罪既遂而言,应当是以行为人实际超现场控制了财物为既遂标准,而不是单纯地以受害人遭受财产损失为标准。

第三,罪刑法定原则的内在要求。

犯罪既遂不但具有客观性,而且应当具有法定性,以及其与盗窃罪未遂具有可区分性。

第四,罪刑相适应原则的基本精神。

犯罪既未遂的刑事责任原则,并不必然是一一对应的硬性规定,即法律并没有硬性规定未遂犯的处刑一定比既遂犯的处刑要轻。因为法律明确规定对于犯罪未遂"可以"比照既遂犯从轻或者减轻处罚,而不是"必须"比照既遂犯从轻或者减轻处罚。

第八章 侵占罪

【案例】深圳梁某机场拾金案①

2008年12月9日8时许,一家珠宝公司的员工王某在深圳机场办理行李托运手续时中途离开,将一个装有14 555.37克黄金首饰的小纸箱放在行李手推车上方的篮子内,并单独停放在柜台前1米的黄线处。现场监控视频显示,王某离开33秒后,机场清洁工梁某出现在手推车旁。大约半分钟后,梁某将纸箱搬进机场一间厕所。王某约4分钟后返回,发现纸箱不见了,随即向公安机关报警。民警于当天下午前往梁某家中,将这只纸箱追回,尚有136.49克黄金首饰去向不明。经鉴定,纸箱内黄金首饰价值300万元。深圳市检察机关审查研究后认为,梁某的行为虽然也有盗窃的特征,但构成盗窃罪的证据不足,更符合侵占罪的构成特征。根据"刑疑惟轻"的原则,从有利于梁某的角度出发,检察机关认定梁某不构成盗窃罪。由于侵占罪不是检察机关管辖的公诉案件,属于自诉案件,即"不告不理"。检察机关于9月25日解除对梁某的取保候审,将本案退回公安机关,并建议公安机关将相关证据材料转交自诉人。

对于该案,较多学者认为梁某的行为既不构成盗窃罪,也不构成侵占罪。如赵秉志教授认为,虽然梁某在事后(即在知悉小纸箱内装的是黄金首饰后)产生了非法占有他人财物的意图,但应当把梁某此时(行为实施完成后)产生的非法占有的意图与其行为开始时(处理小纸箱时)的意图区分开来。而盗窃罪中非法占有的目的只能根据梁某实施行为时的意图来认定。因此,尽管梁某在事后将黄金首饰带回家中时其主观心态发生了转化,产生了非法占有的意图,但并不代表其在首次接触小纸箱时也具有非法占有的目的。这两者应当严格区分,不可混淆。由于对于装有黄金首饰的小纸箱,梁某主观上发生了认识错误,在行为时并未认为她处理的是他人合法控制的财物,不属于将公私财物转移到自己的控制之下并非法占为己有的行为,因而谈不上是盗窃罪中的秘密窃取。梁某在知悉小纸箱内装的是黄金首饰后,不但没有履行返还失主财物这一义务,反而将黄金首饰带回家中占为己有,显然是具有民事违法性的,但不应承担侵占犯罪行为的刑事责任。因为从《刑法》第270条关于侵占罪的规

---

① 参见《深圳检察机关:机场女工梁丽"捡"黄金 定性"侵占罪"》,载新华网(http://news.xinhuanet.com/legal/2009-09/25/content_12112350.htm),访问日期:2009年8月25日。

定来看,梁某的行为并不符合侵占罪客观方面的构成要件。侵占罪的客观方面表现为将代为保管的他人财物或者合法持有的他人遗忘物、埋藏物非法归为己有、拒不退还的行为。再如许兰亭教授认为,即便梁某一开始以为纸箱是别人的遗忘物,不知纸箱的价值,但当同事打开纸箱且经过鉴定,知道里面是贵重的黄金首饰后,仍将其拿回家而不上交,此时表明她已经产生了非法占为己有的故意,已经具备了侵占罪的构成要件。但是,当姓曹的同事下午四点钟告诉她,失主在找这个东西,她回答"明天上班送回去"又表明其不敢或不想非法占有该财物;当警察找到她时,她承认拿了纸箱,并将纸箱交出,而不是拒不交出,因此她也不构成侵占罪。王政勋教授认为,梁某的行为难以定性为盗窃罪和侵占罪,主要还是因为证据不足,尤其是能够证实其盗窃的证据不足。[1]

笔者同意上列学者的意见,梁某在机场拾金的行为,由于其主观上误认为那只装有黄金首饰的小纸箱是别人丢弃之物而拾得,后来才知道这些贵重财物是别人所有物,因此梁某在拾得之初其行为不能解释为"盗窃"行为,主观上也不具有盗窃"故意",从而不构成盗窃罪;其后梁某虽有占有故意,但是在警察找到梁某索要这些贵重财物时,梁某明确表示愿意归还并且已经实际归还,其行为不符合《刑法》第270条所规定的"拒不退还""拒不交出"之违法性要素,因此梁某的行为也不能构成侵占罪。当然,假设梁某在警察到家索要这些贵重财物时仍然拒不承认且"拒不退还""拒不交出"的话,则被害人(或者被害单位)依法可以向人民法院提起诉讼,并且依法认定其行为构成侵占罪。这些论述显然涉及侵占罪的刑法规定和刑法教义学原理。

关于侵占罪,主要研究以下三个问题:一是侵占罪的概念;二是侵占罪的构成特征;三是侵占罪的"告诉的才处理"问题。

一、侵占罪的概念

《刑法》第270条针对侵占罪分3款进行了规定。第1款规定:"将代为保管的他人财物非法占为己有,数额较大,拒不退还的,处二年以下有期徒刑、拘役或者罚金;数额巨大或者有其他严重情节的,处二年以上五年以下有期徒刑,并处罚金。"第2款规定:"将他人的遗忘物或者埋藏物非法占为己有,数额较大,拒不交出的,依照前款的规定处罚。"第3款规定:"本条罪,告诉的才处理。"

从刑法所规定的上述罪状出发,学者对侵占罪的概念进行了不同的概括,大致有三种。[2] 第一种界定方式,仅概括了《刑法》第270条第1款所规定的内容。如:将侵占罪的概念表述为"以非法占有为目的,将自己代为保管的他人财物非法占为己有,并且数额较大的行为";或者"以非法占有为目的,将代为保管的他人财物非法占为己

---

[1] 参见《有罪还是无罪?专家学者深度解读梁丽涉嫌盗窃案》,载新华网(http://news.xinhuanet.com/legal/2009-05/21/content_11411653.htm),访问日期:2009年10月12日。
[2] 参见刘志伟:《侵占犯罪的理论与司法适用》,中国检察出版社2000年版,第66—67页。

有,数额较大,拒不退还的行为"。① 第二种界定方式,是将《刑法》第270条第1款和第2款的内容都概括进去。如:将侵占罪的概念表述为"以非法占有为目的,将代为保管的他人财物或者他人的遗忘物、埋藏物非法占为己有,数额较大,拒不退还或者拒不交出的行为";或者"将自己代为保管的他人财物或者将他人的遗忘物、埋藏物非法占为己有,数额较大,拒不退还的行为";或者"将代为保管的他人财物非法占为己有,数额较大,拒不退还,或者将他人的遗忘物、埋藏物非法占为己有,数额较大,拒不交出的行为";或者"以非法占有为目的,将合法持有的他人财物或者将他人的遗忘物、埋藏物非法占为己有,数额较大,拒不退还或者拒不交出的行为"。② 第三种界定方式,是抛开《刑法》第270条的规定,将侵占罪的概念表述为"将自己所持有的他人之财物非法占为己有,数额较大,拒不交出的行为"③。对于上述看法,第一种看法是明显不当的;第二种看法,或者因为机械照搬刑法规定而不明确,或者因为擅自加上"合法持有"限制也不妥当;第三种看法因为缺乏主观限制,客观上行为对象也不明确,因而不当。

笔者认为,根据罪状和罪名的法定性以及犯罪概念的概括性、周全性和科学性的要求,应当将侵占罪界定为:所谓侵占罪,是指行为人以非法占有为目的,将客观上持有的代为保管的他人财物、遗忘物或者埋藏物非法占为己有,数额较大,拒不退还或者拒不交出的行为。可见,侵占罪的本质是由"客观上持有"(至于是否合法,则在所不问)转化为"非法占为己有"。

二、侵占罪的构成特征

根据犯罪构成基本原理,侵占罪构成特征的基本内容可以分析如下:

(一) 侵占罪的保护法益(即客体要件)

侵占罪的保护法益是"他人的财产所有权",包括自然人、单位、国家的财产所有权。侵占罪的犯罪对象是"代为保管的他人财物、遗忘物和埋藏物"。因此,侵占罪的犯罪对象涉及的"代为保管""他人""财物""遗忘物""埋藏物"等五个方面值得深入研究。

1. "代为保管"的含义

应当注意,在侵占罪中具有刑法意义的"代为保管",不能仅仅局限于民法意义上的合法的"委托保管",而是一种比民事法律关系中合法的委托保管内涵更加丰富、更

---

① 参见周其华:《新刑法各罪适用研究》,中国法制出版社1997年版,第305页;高西江主编:《中华人民共和国刑法的修订与适用》,中国方正出版社1997年版,第609页;刘志伟:《侵占犯罪的理论与司法适用》,中国检察出版社2000年版,第66—67页。

② 参见赵秉志主编:《新刑法教程》,中国人民大学出版社1997年版,第649页;李书芳主编:《新刑法简明教程》,中国人民公安大学出版社1997年版,第319页;周光权:《侵占罪疑难问题研究》,载《法学研究》2002年第3期;高铭暄主编:《刑法专论(下编)》,高等教育出版社2002年版,第748页。

③ 王作富主编:《中国刑法的修改与补充》,中国检察出版社1997年版,第200页。

加广泛的代为保管事实。大体上可以说,基于委托保管、委托租赁、借用、担保、无因管理、雇佣关系、居间关系,因发现并取得遗忘物、遗失物和埋藏物,因违法行为等原因而形成的各种事实上的保管他人财物的情形,都可以成为这里具有刑法意义的"代为保管"。① 其中,基于不法原因而形成的代为保管、基于行为人过错而形成的代为保管、因为不当得利而形成的代为保管、针对包装物的代为保管,具有相当的特殊性,需要分别加以分析。

(1)基于不法原因而形成的代为保管。

对于因为不法原因而形成的代为保管是否可以成立侵占罪,历来具有争议,存在否定说与肯定说的分歧。否定说认为,在不法给付的场合,从民事法律关系来分析,交付人与受托人双方均有不法行为,对于不法行为而为之交付,法律没有保护的必要,所以一方面委托人已经对委托之物失去了所有权,另一方面,受托人对委托人而言也不负返还义务。因此,对于这种在民法上没有返还义务的受托人,强制其不得处分不法交付财物,成为侵占罪的行为主体,破坏了法制的统一性。② 此外,侵占罪不只是侵犯财产所有权,在侵占代为保管财物的场合,它还具有破坏委托信任关系的一面,而不法委托人的委托与受托人的受托之间,并不存在一种法律上的委托信任关系③,因此,受托人将财物据为己有,不能构成侵占罪。肯定说认为,在不法委托的场合,应当区分民法上的法律关系和刑法意义。民法上因为不法原因而为的给付不能请求返还,所体现的只是对"不法债权"的法律否定(即不予法律保护),即交付人不能依法请求返还,但并非该财物即丧失任何意义上的所有权,因为在法律上它仍然有一个所有权的问题,可以认为它至少应当归属国家所有,从而还是存在一个所有权主体。交付人虽有不法委托行为,对其给付之物不能依法请求返还,但是取得持有的受托人并不能因此而当然取得对该物的所有权,从而受托人变持有为所有,自然可以成为侵占罪的行为主体。

现在的通说是肯定说,司法实务也基本上坚持肯定说的立场。笔者认为,肯定说更加合理。因为,对刑法上有无犯罪性的讨论,应当离开民法是否保护这一前提,尤其是针对重婚罪、合同诈骗罪与侵占罪的讨论必须如此。周光权教授举例说④,甲将盗窃所获电视机委托乙看管,并告诉乙该物为盗窃所得,而乙使用5个月后拒不退还甲,则乙是否在掩饰、隐瞒犯罪所得、犯罪所得收益罪之外还另成立侵占罪? 又如B受C之委托向A交付贿赂款,但B将该款占为己有,能否成立侵占罪? 针对这种情况,周光权认为乙和B都可以成立侵占罪。理由是:基于不法原因的委托和接受在法律性质上都是非法的,但是侵占行为人因此而占有该财物的事实是存在的;侵占罪的对象以非法占有他人之所有物为前提,而不以给付人在民法上有返还请求权为必要,该财物虽不再属于给付人,但总有给付人以外的第三人(如国家)对财物享有合法所

---

① 参见周光权:《侵占罪疑难问题研究》,载《法学研究》2002年第3期。
② 参见〔日〕木村龟二主编:《刑法学词典》,顾肖荣、郑树周译校,上海翻译出版公司1991年版,第729页。
③ 参见张明楷:《刑法学》(下),法律出版社1997年版,第784页。
④ 参见周光权:《侵占罪疑难问题研究》,载《法学研究》2002年第3期。

有权,而且在不法给付并不丧失所有权的情况下,接受者不法侵占时,与侵占自己持有的他人之物的行为相当;即使在这种不法委托的情况下,仍然应当认为存在委托信任的关系,至于委托信任的关系是事实上的关系还是法律上的委托关系,都可以在所不问。

针对"不法委托"问题,周光权教授还进一步区分了不法委托的类型,认为可以区分为"基于不法原因的给付"与"基于不法原因的寄托"两种情况。占有"基于不法原因的给付"之物,例如,甲给丙5万元,唆使其杀乙,丙收款后占为己有,但未实际实施杀人行为,又拒不将钱归还给甲,一律不能构成侵占罪;构成其他罪(如故意杀人罪的预备犯)的,依照其他罪定罪处罚,或者作其他处理。占有"基于不法原因的寄托"之物,例如,甲拟于次日给为其印刷黄色书刊的乙3万元书款,托丙当晚为其保管此款,而丙却将此款消费,则丙的行为可以构成侵占罪。

(2)基于行为人过错而形成的代为保管。

本来无信任可言,但是由于行为人过错而有意或者无意促成代为保管的事实存在。基于行为人过错而形成的代为保管可以具体分为三种情况:

①基于无认识的过错而形成的代为保管,指行为人并无认识和故意,但是由于自身一定程度上的过错而取得他人的财物,如错拿行李或者其他财物等,从而形成了一种事实上的代为保管。这时,行为人对自己所错拿之物具有保管义务和返还义务,即形成了事实上的代为保管关系;如果拒绝返还,可以成立侵占罪。

②基于有认识的过错而形成的代为保管,指行为人具有明确认识并出于故意,而恶意促成一种事实上的代为保管。例如,甲明知乙将其盗窃的财物藏于家中,即向其提出借用,并恐吓乙,如不出借,就将告发乙盗窃,乙基于恐惧将赃物借给甲,甲使用数月后拒绝返还。周光权教授认为,这种情况下,甲应当成立掩饰、隐瞒犯罪所得、犯罪所得收益罪和侵占罪,两罪并罚。[①] 当然,上述情况下,如果甲从一开始就出于非法占有目的而借口"借用",强迫乙交出赃物,则甲的行为同时触犯了掩饰、隐瞒犯罪所得、犯罪所得收益罪与敲诈勒索罪,属于想象竞合犯,应当从一重罪从重处罚。

③因为行为人误解而形成的代为保管,指委托保管关系并不存在,而行为人误以为存在并占有他人财物所形成的代为保管。周光权教授认为,这种情况属于行为人主观上误认为委托关系存在而擅自处理他人财物的情形,不能认定行为人侵占的是代为保管的他人财物,可以将其认定为"侵占遗忘物"的犯罪。例如,陌生人甲、乙偶然并排行走,甲扛两个大包裹,丙从后面突然上前抢走甲的一个包裹,甲无奈只得放下手中的另外一个包裹去追丙,临走时看了乙一眼。乙以为甲临走时看他一眼是向其传递眼神,托其保管包裹。待甲走远后,乙即扛起包裹就跑,试图将财物占为己有,后被抓获。而甲后来证实,自己不是随便看乙一眼,而是狠狠"瞪"乙一眼,叫他别拿自己的包裹,等自己追上丙之后,再回来取留下的这个包裹。这里,对乙应当如何定

[①] 参见周光权:《侵占罪疑难问题研究》,载《法学研究》2002年第3期。

性处理？周光权认为，对乙的行为应当认定为"侵占遗忘物"的犯罪。① 但笔者认为，这种情况类似于国外刑法所规定的侵占"脱离占有物"。根据我国现行刑法的规定，对于乙的行为定性处理，应当按照刑法学中的错误认识理论来处理。乙的认识错误属于构成要件上的认识错误，直接影响行为定性，即应当在乙的主观认识和客观行为范围内来认定乙的行为的性质，将乙的行为认定为因为行为人误解而形成的代为保管，构成侵占罪；而不是将乙的行为认定为"侵占遗忘物"情形下的侵占罪。

(3) 因为不当得利而形成的代为保管。

所谓不当得利，是指没有法律或者合同上的根据取得利益，而致他人受损害。因不当得利所发生的债，称为不当得利之债。在不当得利人拒绝返还的情况下，不当得利人是否构成侵占罪？对此，我国学术界存在分歧意见：多数学者主张否定说，认为不成立侵占罪；少数学者主张肯定说，认为可以构成侵占罪。肯定说认为，刑法上某些侵占行为就是从民法上的不当得利转化而来的，转化标志是数额是否达到了较大的程度。②

否定说学者指出，如果占有人可以返还金钱等替代物，则往往不属于刑法上的侵占，而是民事上的债权债务关系，其行为就不能用刑法加以评价。例如，甲某日存款时，银行工作人员在电脑上误将存款1万元写成10万元，后来甲偶然发现此事实，即大肆消费9万元，后被银行发现。这里的不当得利人甲不能构成侵占罪。虽然，不当得利事实出现以后，不当得利人和受损人之间形成了债权债务关系，不当得利人负有将全部不当利益返还给受损人的义务，受损人享有请求返还的权利，但不当利益的返还，并不以返还原物为必要，返还其所取得的利益就可以。我国《民法通则》就使用了"不当利益"字样，该法第92条规定，不当利益应当返还给受损失的人。不当得利人除返还其领受的利益外，如果基于该利益还有所得，应该一并返还。如果依其利益的性质或者有其他情形不能返还的，则应返还其价格。不当得利人有义务返还他人之物，但未返还前，其持有该利益不能认定为持有他人之物。所以应当充分看到不当得利行为和侵占行为之间的区别，在不当得利的情形下，不应当有侵占罪的成立空间；即使不当得利数额较大、受损人依民事程序主张债权被拒绝的情形下，受损人也不得向法院起诉要求追究不当得利人的刑事责任。③

笔者主张否定说。除了前述理由外，还由于不当得利在民法上属于"非违法行为"，一般而言，"侵害行为是侵害人实施的一种违法行为，而不当得利却不是受益人实施的违法行为"④，因此，在基本意义上，拒绝返还不当得利的行为缺乏犯罪化的充分根据。

---

① 参见周光权：《侵占罪疑难问题研究》，载《法学研究》2002年第3期。
② 参见陈兴良：《侵占罪研究》，载陈兴良主编：《刑事法判解》（第2卷），法律出版社2000年版，第27页。
③ 参见赵秉志主编：《新刑法教程》，中国人民大学出版社1997年版，第650页；周光权：《侵占罪疑难问题研究》，载《法学研究》2002年第3期。
④ 李由义主编：《民法学》，北京大学出版社1988年版，第285页。

(4)针对包装物的代为保管。

对加以特别包装并加锁或者封固的包装物,委托行为人保管或者运送,如何认定该包装物的代为保管关系的内容和范围?例如,使用移动式的微型保险箱,里面装有价值100万元的珠宝,委托人甲自己知道密码而没有告诉受托人乙,由受托人自成都市运送至重庆市,如何认定该包装物的代为保管内容和范围?

对此,理论上有四种学说:①分别占有说。该说认为,整个包装物归受托人持有,但是其包装内之财物,仍然归委托人持有并拥有现实支配力。因为委托人对包装物的内容特别加锁或者封固之后,表明委托人不愿意将包装物的内容交由受托人支配,而委托人对其内容物的支配手段有效存在,自然就对其内容物具有现实的支配力。日本和我国台湾地区的判例基本上都坚持这一立场,认为基于成立持有关系的事实上支配说,一般社会观念都认为委托人在事实上能够支配的情形,就不应该以事实上的管理和持有为必要。因此,受托人乙在保管、运送包装物的过程中,对整个包装物而言因运送业务本身需要而持有,但是对保险箱内的财物,仍然不能持有,而是由委托人甲所持有和支配。如果乙将保险箱打开窃取保险箱内的珠宝,就与侵占整个保险箱有所不同,应当成立盗窃罪而不是侵占罪;但是,如果受托人将整个保险箱占为己有,就构成侵占罪。②委托人占有说。该说认为,整个包装物和其内容物都由委托人持有,受托人侵占包装物整体或者抽取部分内容物,都构成盗窃罪。③受托人占有说。该说认为,整个包装物和其内容物都由受托人持有,受托人侵占包装物整体或者抽取其中部分内容物,都只能成立侵占罪。④"包装物体积大小"标准说。该说认为,针对包装物的代为保管问题应当区分情况分别进行认定。例如,在公民将贵重财物交金融、保险机构保管,而自己持有所租用保险箱的钥匙的情形下,虽然财物所有人并非每天直接控制该财物,但公民握有保险箱钥匙,持有钥匙就等于持有财物本身,所以,公民对保险箱内的财物具有实际的支配和控制力,应当看作该保险箱内财物的实际持有人。保安人员尽管天天守护保险箱,但保安人员无力单独打开或者移动体积硕大的保险箱体,更不能实际支配保险系数很高的保险箱内的财物,因而保安人员不是保险箱内财物的持有者;保安人员通过破坏保险箱体窃取保险箱内财物的行为,就不是职务侵占这种广义上的侵占行为,而应构成盗窃罪。可以说,在这种情形下是采取了委托人占有说的立场。但是,在另外的场合,如对租车托运包装物且委托人不跟车运送的情形,以及对乘坐飞机交寄托运行李的场合,又主张应当采取受托人占有说的立场,认为委托人虽然持有钥匙,但是委托人不是实际的持有人,这时受托人占有托运财物的,应当成立侵占罪。① 可见,这种观点实际上是分别不同情形兼采委托人占有说和受托人占有说,有学者评价这种观点有以"财物体积大小"论占有关系之虞,并不具有说服力。

笔者认为,分别占有说不合情理,而且导致罪刑关系失衡:受托人只抽取保险箱

---

① 参见黄祥青:《侵占罪适用问题探析》,载《人民司法》2001年第1期;周光权:《侵占罪疑难问题研究》,载《法学研究》2002年第3期。

内的部分财物,就构成盗窃罪;受托人将整个保险箱占为己有,反而只构成性质更轻的侵占罪,这显然不合理。委托人占有说不符合基本的事实真相,有违侵占罪的立法本意,也过于严苛,所以不可取。"包装物体积大小"标准说针对包装物的代为保管问题的判断,脱离"保管"事实本身另寻标准,缺乏基本的说服力,也不足取。因此,相对来说,笔者认为受托人占有说反映了受托人持有和支配整个包装物和其内容物的基本事实真相,该说能够体现侵占罪的立法本意,在确定罪刑关系上比较合乎情理,因而更为可取。

2."他人"的含义

在基本含义上,"他人"是指除本人以外的其他自然人、单位,还可以包括国家。因此,本人财物不能成为侵占罪的犯罪对象。但是,在判断"他人"问题时,应当进行实质的分析判断,不能只看表面现象。

一是针对已经依法作出法律处分的本人财物,如已经出卖、查封扣押而只是暂时归自己保管的财物,应当看作"他人"财物。如果行为人擅自进行处分加以侵占,仍然可以成立侵占罪。

二是针对"共同共有"的财物,如果没有征得其他共有人的同意,擅自处分"共同共有"的财物,必然侵害他人的权利,仍然属于将代为保管的他人财物非法占为己有的行为,可以成立侵占罪。

三是针对"对等的共同共有"的财物,(所谓"对等的共同共有",是指数人可以对某一财物给予共同的、相互对等的支配,只有数人的支配形成合力,才能成立持有某物的情形),例如,装有贵重物资的仓库配有两把锁,其钥匙分别由甲、乙二人各持一把,只有二人同时在场时才能将仓库打开,即二人居于对等地位共同持有仓库内财物,如果甲未经乙同意而擅自进入仓库将财物占为己有,则甲构成侵占罪还是盗窃罪?对此问题,学界存在不同看法,有的认为应当成立盗窃罪,有的认为应当成立侵占罪。[①] 笔者认为,定性为盗窃罪合理些。因为在对等的共同共有(财物)的场合,任何一个共有人均无法排除另一个共有人对共有财物的实际控制占有状态,那么,某个共有人单方面地取得对等的共同共有财物的行为就符合盗窃罪的行为类型和违法性特征。

3."财物"的含义

财物依其自然属性,有动产和不动产、有形财物和无形财物之分;依其法律性质,有合法财物和非法财物、私有财物和公共财物之分。一般而言,动产、有形财物、合法财物和私有财物等,都可以成为侵占罪的犯罪对象。存在争议的问题是,不动产、无形财物、非法财物和公共财物等,能否成为侵占罪的犯罪对象?

(1)不动产能否成为侵占罪的犯罪对象?

一般认为,不动产当然可以成为侵占罪的犯罪对象。有学者指出,"从财产的自

---

① 参见刘明祥:《财产罪比较研究》,中国政法大学出版社 2001 年版,第 49 页;周光权:《侵占罪疑难问题研究》,载《法学研究》2002 年第 3 期。

然性质来看,可以分为动产和不动产,二者都可以成为侵占的对象无疑"①,如伪造契约占有代管的他人房屋。

但是,另有学者指出,涉及不动产的"二重买卖"问题值得研究。例如,甲承诺将其住房卖给乙,但尚未登记过户,又将该房屋卖给丙并正式过户给丙,能否认定甲持有乙的财物,并构成侵占罪?论者指出,在这种所谓"二重买卖"的情况下,被转卖的财物如果是不动产,则出卖人将不能构成侵占罪;但是,如果行为人有严重的欺诈行为的,则可能成立诈骗犯罪。因为,在我国,不动产所有权的转移实行的是登记要件主义,非经登记,该不动产并未实际转移给他人,此时所有权人仍然可以自由处分其不动产,并且该不动产仍然由原所有人甲持有,而未由承买人乙持有,所以,就没有成立侵占罪的可能性。②

不过,在动产的"二重买卖"中有可能成立侵占罪。在日本,民法上买卖合同成立即承认物权转移,所以卖主在交付财物前又将其卖给第三人的就成立侵占罪;但日本的通说立场有所变化,认为买卖合同虽然成立,但是未实际付款或者交付标的物时,"二重买卖"行为并没有对所有权的实质造成侵害,从而不能成立侵占罪。③ 因此,只有在买卖相对人已经付款给出卖人,而由出卖人保管已经卖出的财物情形下,出卖人将该同一标的物又进行"二重买卖"时,才可以成立侵占罪。

(2)无形财物能否成为侵占罪的犯罪对象?

一般认为,作为无形财产的知识产权(专利权、商标权和著作权等)以及商业秘密等,除其有形的载体外,都不能成为侵占罪的犯罪对象;对它们的侵占使用,可能是经济纠纷性质,严重的可能构成有关侵犯知识产权的犯罪和侵犯商业秘密的犯罪。

至于电力、煤气等无形财物,我国也有学者认为,这些无形财物只能成为盗窃罪等犯罪的犯罪对象,不能成为侵占罪的犯罪对象。④ 但是,多数学者都认为,电力、煤气等无形财物当然可以成为侵占罪的犯罪对象。

(3)非法财物能否成为侵占罪的犯罪对象?

对于非法财物,如赃款赃物、犯罪工具等能否成为侵占罪的犯罪对象问题,在国内外学者中都存在争议。如日本刑法学界就有肯定说与否定说两种截然相反的立场。⑤ 我国绝大多数学者和司法实务者主张肯定说,认为无论是赃物还是用于犯罪的财物,都可以成为侵占罪的对象。这并不意味着承认委托人对该财物具有所有权和退还请求权,而是因为:其一,受托人对该财物没有所有权;其二,受托人主观上具有非法占有他人财物的目的,主观恶性是客观存在的,不处罚就不利于犯罪的预防;其三,上述财物按照有关法律规定,应当没收或者返还被害人,因此,对其侵占仍然是对公私财产所有权的侵犯。⑥

---

① 高铭暄主编:《刑法专论》(下编),高等教育出版社2002年版,第748页。
② 参见周光权:《侵占罪疑难问题研究》,载《法学研究》2002年第3期。
③ 参见周光权:《侵占罪疑难问题研究》,载《法学研究》2002年第3期。
④ 参见赵秉志:《侵犯财产罪》,中国人民公安大学出版社1999年版,第257页。
⑤ 参见〔日〕木村龟二主编:《刑法学词典》,顾肖荣、郑树周译校,上海翻译出版公司1991年版,第728—729页。
⑥ 参见高铭暄主编:《刑法专论》(下编),高等教育出版社2002年版,第750页。

（4）公共财物能否成为侵占罪的犯罪对象？

对此问题，我国学术界也存在争议，少数学者主张否定说，多数学者主张肯定说。

否定说认为，侵占罪的对象只能是公民的个人财产，不能包括公共财产。主要理由是：①《刑法》第270条规定的是"他人财物"，"他人"即是指个人。②非法占有受托保管的国有财产，依照《刑法》第382条的规定，构成贪污罪，不能定侵占罪。③《刑法》第270条还规定"本条罪，告诉的才处理"，刑法上规定的告诉才处理的犯罪，如侮辱、虐待、暴力干涉婚姻自由罪等，都是调整公民个人之间的刑事法律关系的，因此侵占罪也应当如此。①

肯定说认为，公私财物都可以成为侵占罪的犯罪对象。公共财物可以成为侵占罪的犯罪对象的原因在于：①侵占受委托保管的国有财产的现象事实上完全可能存在，因为不符合贪污罪特征，只能定侵占罪。例如，农村粮站收购农民粮食后，因粮库不够用，委托农民暂时保管该粮食。如果后来农民将该公粮占为己有，数额较大，拒不退还的，应定侵占罪，不宜定贪污罪。因为贪污罪是职务犯罪，《刑法》第382条第2款规定的受国家机关、国有公司、企业、事业单位、人民团体委托管理、经营国有财产，是以委托方式赋予被委托人一定的职责，而农民代粮站保管粮食的行为并没有任何职务可言。②《刑法》第270条第2款所规定的遗忘物、埋藏物，就包含有被遗忘的国有或者集体所有的财物，以及因物主不明而应收归国家所有的埋藏物。如果说侵占罪的犯罪对象不包括公共财物，那么，侵占上述财物该如何处理呢？一概不定罪显然是不适当的。③在法律上"他人"既可以包括个人，也可以包括单位，这样有利于保护公共财产。④对告诉才处理规定的理解不能狭隘和片面。事实上，单位财产被侵占，完全可以通过其法定代表人以单位名义进行告诉，这与法律规定并不矛盾。②

4."遗忘物"的含义

侵占罪中的"遗忘物"主要涉及以下两个问题：第一，遗忘物与民法上的遗失物之间的关系如何？第二，司法实践的现状与解决办法如何？

（1）侵占罪中的遗忘物与民法上的遗失物之间的关系如何？

对此，多数学者主张"区分必要论"，认为二者各自具有不同的含义；但也有少数学者主张"区分不必要论"，认为遗忘物与遗失物二者之间没有区别。

"区分必要论"指出，遗忘物是指财物的所有人或者持有人将所持有财物放在某处，因为疏忽忘记拿走；遗失物则是指失主丢失的财物。③ 有的学者解释得更具体，认为遗忘物是指财物占有人偶然遗忘于他人的车船、飞机、住宅等特定场所的物品，遗忘人对财物的控制能力并未完全丧失；遗失物是非出于遗失人自己的意思而丧失占有，同时又不为其他人占有的非无主财产，遗失人对财物的控制能力已经完全丧失。④

---

① 参见黄太云、滕炜主编：《中华人民共和国刑法释义与适用指南》，红旗出版社1997年版，第360页。
② 参见高铭暄主编：《刑法专论》（下编），高等教育出版社2002年版，第750页。
③ 参见郎胜主编：《〈中华人民共和国刑法〉释解》，群众出版社1997年版，第316页。
④ 参见张炳生：《遗失物拾得研究》，载《法律科学》1999年第1期；周光权：《侵占罪疑难问题研究》，载《法学研究》2002年第3期。

因此,遗忘物与遗失物二者含义各异,区分的主要标准是①:其一,财物原所有人或者持有人能否回忆其丧失财物的时间、地点等,遗忘物一般能够回忆起财物所在位置,也容易找回,而遗失物一般不知失落何处,也不易找回;其二,遗忘物一般尚未完全脱离物主的控制范围,而遗失物则完全脱离了物主的控制;其三,遗忘物一般脱离物主时间较短,而遗失物一般脱离物主时间较长。按照区分论的观点,占有他人的遗失物拒不退还的行为,不能构成侵占罪;而只能按照《民法通则》第79条第2款"拾得遗失物、漂流物或者失散的饲养动物,应当归还失主,因此而支出的费用由失主偿还"的规定处理。

"区分不必要论"者认为,遗忘物与遗失物二者词异义同,遗忘物也可以称为遗失物,都是指非出于财物占有人或者所有人之本意,偶然失去占有的动产,因此二者没有区分的必要。主要理由是②:其一,二者的区分没有法律根据。《民法通则》对二者没有作出区分,而是统称为遗失物,刑法上也没有区分。《民法通则》使用"遗失物"一词是科学的,它不仅是各国法律上的通用法律术语,而且从逻辑上说,遗失物完全可以包括遗忘物,但是遗忘物却无法包括遗失物。既然民法上规定捡拾遗失物应当归还失主,那么捡拾遗忘物又有什么理由可以不归还失主呢?在刑法上又有什么理由只规定侵占遗忘物构成侵占罪,而侵占遗失物却不构成侵占罪呢?其二,遗忘物与遗失物二者没有本质区别,也没有区分的必要。其三,侵占罪的本质特点是将自己持有的他人财物非法占为己有,从而构成对他人财产所有权的侵害。而其所侵占的对象无论是遗忘物还是遗失物,都具有相当的社会危害性,对于侵占罪的成立没有实质的影响。其四,遗忘物与遗失物的区分标准模糊,主观色彩浓厚,既不易把握,也很不合理。尤其是把财物丢失的时间、场所和丢失人的记忆能力等作为区分遗忘物与遗失物的标准并不科学,同时也不合理,对被告人是否定罪取决于被害人的记忆能力,被害人能够记忆起财物丢失的时间和场所等,就是遗忘物,就对被告人定罪,反之被告人就无罪,这违反了犯罪是危害行为的刑法学基本原理。例如,丢失于出租车内这一特定场所的财物当是遗忘物,但是所有人下车后记不清财物遗忘于哪一辆出租车内,连续寻找数月而无所得,实质上等于完全丧失了对财物的控制能力,则该物似乎又成了遗失物。所以即使按照区分必要论的时间标准、场所标准、记忆能力标准以及其他综合标准等都无法有效区分遗忘物与遗失物。其五,将遗忘物与遗失物等而视之,将会减少认定犯罪的困难,有实际意义。其六,以模糊而不合理的标准来区分遗忘物与遗失物,可能造成司法不公。在司法实践中,认定某人是否侵占了遗忘物,到底是以行为人的主观认识为标准还是以财物的实际性质为标准,应当说缺乏一个明确且合理的标准和法律规定,这样往往影响司法的公正性。比如,如果采用客观标

---

① 参见高铭暄主编:《刑法专论》(下编),高等教育出版社2002年版,第751页。
② 参见王钧柏:《侵占罪主要争议问题研究》,载《人民检察》1999年第4期;陈兴良:《刑法疏义》,中国人民公安大学出版社1997年版,第442页;陈兴良:《侵占罪研究》,载陈兴良主编:《刑事法判解》(第2卷),法律出版社2000年版,第19页;周光权:《侵占罪疑难问题研究》,载《法学研究》2002年第3期;高铭暄主编:《刑法专论》(下编),高等教育出版社2002年版,第751—752页。

准,就意味着只要事实上是遗忘物而不是遗失物,不问行为人是否有准确的判断,就可以以侵占罪论处;但如果采用主观标准,则意味着事实上是遗忘物,而行为人自以为是遗失物,则可以说行为人没有侵占遗忘物的主观故意,因而就不能以侵占罪论处。可见,从主观和客观相统一的定罪原则来分析,无论采取主观标准还是客观标准来区分遗忘物和遗失物,实际执行起来都是矛盾重重、困难重重,难以得出确定无疑的合理结论,极大地影响司法公正。尤其是对于作为"第三者"的行为人来说,要判断脱离物主控制的财物究竟是其遗忘物还是其遗失物,除非行为人亲眼目睹该财物脱离物主控制的整个过程,否则一般都无法进行正常判断。那么针对这样一种十分怪异难辨的行为对象(遗忘物与遗失物),行为人将其占为己有,拒不退还,是作有罪处理还是作无罪处理,到底应该如何进行判断,可以说是无所适从。这也说明,现行刑法采取遗忘物与遗失物相区分而不是二者相统一的做法,不仅不利于对财产所有权的全面合理的保护,而且会增加一些不应有的司法困难,妨害司法公正。

(2)司法实践的现状与解决办法如何?

目前司法实践中基本上是不严格区分遗忘物与遗失物,二者都可以成为侵占罪的犯罪对象。应当说,司法实践的这种做法是合理的,其基本立场是支持"区分不必要论"。

但同时,司法实践的这种做法却并不合法,尤其违背了刑法中的罪刑法定原则。也就是说,司法实践的这种做法存在一个重大的逻辑悖论,即合理但不合法(刑法)。正如有学者指出,我国现行刑法的立法本意应当说是将遗忘物与遗失物区分开来的,而且这种"区分必要论"并非没有任何根据。因为:第一,在1997年修订《刑法》颁行以前,我国司法实践中按照类推办法判决的侵占案件都只涉及遗忘物(例如顾客在购买商品时将手提包遗忘在柜台上没有拿走),而没有一件涉及侵占遗失物而被定罪的案例。现行《刑法》正是对这种司法实践做法的总结,规定只处罚侵占遗忘物,而不处罚侵占遗失物,这是可以理解的历史背景。第二,全国人大常委会法制工作委员会负责组织实施刑法起草工作的同志并非不知道民法上有遗失物的概念,而且在我国20世纪50年代以来的多个刑法草案中,也有过"侵占遗失物"的规定,那么,最终在1997年《刑法》中正式表述为"侵占遗忘物"显然是有所考虑的,而并不是立法者的疏忽或者随意而为。[①] 在这个意义上,侵占遗失物的被告人进行无罪辩护,应当说是于法有据的。

那么,为什么立法规定与司法实践存在上述悖论呢?笔者认为,问题还是因立法规定的不合理所致。当务之急是尽快修订刑法的规定,将侵占遗失物、漂流物、失散的饲养物以及其他所有"脱离占有物"的行为予以犯罪化[②],扩大侵占罪的犯罪对象,

---

[①] 参见高铭暄主编:《刑法专论》(下编),高等教育出版社2002年版,第752页。
[②] 目前理论界和司法实践中对于漂流物和失散的饲养物能否成为侵占罪的犯罪对象问题,在基本立场上存在分歧,多数主张肯定立场,少数主张否定立场。就肯定论立场而言,其肯定的理由又各有不同:一种观点是,基于对"遗忘物"进行扩张解释,将"漂流物"和"失散的饲养物"等纳入侵占罪的犯罪对象;另一种观点是,基于对"埋藏物"进行扩张解释,将"漂流物"和"失散的家畜"等纳入侵占罪的犯罪对象。参见高铭暄主编:《刑法专论》(下编),高等教育出版社2002年版,第755页;周光权:《侵占罪疑难问题研究》,载《法学研究》2002年第3期。

以全面有效地保护公私财产所有权,减少理论界和司法实践中针对区分遗忘物与遗失物界限所带来的分歧与迷惑。

在基本立场上,笔者认为应当反对通过司法解释(包括广义的法官解释刑法)的方式将侵占对象作扩张解释。将遗忘物的外延扩张解释为包括遗忘物和遗失物,这实际上是一种违背罪刑法定原则基本精神和刑法安定性品格的"司法犯罪化",破坏了只能进行立法犯罪化、不能进行司法犯罪化的基本规则。

在侵占罪的犯罪对象问题上,张明楷教授的刑法解释论值得关注。张明楷教授反对"攻击刑法规范不明确",主张"与其在得出非正义的解释结论后批判刑法,不如合理运用解释方法得出正义的解释结论;与其怀疑刑法规范本身,不如怀疑自己的解释能力与解释结论";呼吁要"相信立法者不会制定非正义的法律。当解释者对法条作出的解释结论不符合正义理念时,不要抨击刑法规范违背正义理念,而应承认自己的解释结论本身不符合正义理念";在解释刑法规定遇到麻烦和问题时,"不仅要想象'如果自己是当初的立法者,会得出何种结论',而且还要想象'如果自己是当今的立法者,会得出何种结论'"。同时,张明楷教授又强调指出,"解释者为了追求正义理念、实现刑法目的,必须敢于尝试罪刑法定原则所允许的各种解释方法";"不能离开刑法用语、法条文字去追求'正义'。法学解释的对象是成文的法律,完全脱离法律用语就是推测而不是解释","如果脱离刑法用语追求所谓'正义',人们在具体情况下便没有预测可能性,刑法本身也丧失安定性,国民的自由便没有保障,国民的生活便不得安宁。所以,刑法的正义,只能是刑法用语可能具有的含义内的正义","惟有如此,才能在实现刑法的正义性的同时,实现刑法的安定性"。① 可以看出,张明楷反对动辄批判刑法立法不合理、不明确、不正义,轻易论及刑法的修订与完善;另外,他还强调了刑法安定性的重要,并主张在刑法用语含义内合理解释刑法,在不修订刑法的前提下使解释合乎正义。

但是很明显,张明楷教授的刑法解释论在我国现行刑法所规定的侵占罪的犯罪对象问题上出现了悖论:刑法明文规定了侵占罪的犯罪对象包括遗忘物,而明确排斥遗失物,这种规定是明确的,但是非正义的;刑法解释论关于侵占罪的犯罪对象包括遗忘物和遗失物的解释是正义的,但是是违法(违反刑法的明确规定)的,严重破坏刑法的安定性,这样无论坚持哪一种做法都是非正义的。坚持在反对批判刑法规定和修订刑法的基础上"合理解释刑法"这样一种观念,是无法解决问题的。因此,笔者认为,在侵占罪的犯罪对象问题(遗失物问题)上,应当通过批判刑法并修订完善刑法规定的方式来实现刑法正义,即刑法应当明确将遗失物规定为侵占罪的犯罪对象;而不能通过"合理解释刑法"的方式来实现"刑法正义"。

5."埋藏物"的含义

侵占罪中的埋藏物的含义争议较多,学者间见解不同。这里列举三种有代表性的观点。一种观点认为,埋藏物是指埋藏于土地及他物中,其所有权归属不能判明之

---

① 张明楷:《刑法分则的解释原理》,中国人民大学出版社2004年版,"序说"。

动产。其主要特征是:埋藏于他物之中,不易由外部窥视或者目睹其实际状态;无他人持有;被偶然发现。① 另一种观点认为,刑法上作为侵占对象的埋藏物,是指不归行为人所有的埋藏于地下的财物,无论其所有者是否明知,埋藏时间多久,财物性质是什么,只要行为人不是出于盗窃的目的,在对地面挖掘时,偶然发现地下埋藏物,明知不归本人所有,应当交出而拒不交出,非法占为己有,数额较大的,就构成侵占罪。至于是在自己的宅院、自留地或者其他地方挖掘,也无论知道或者不知道谁是物主,都不影响本罪之构成。② 还有的观点认为:埋藏物是指埋藏于地下或者私人地方的财物,埋藏物不同于隐藏物,隐藏物是指用其他物品加以遮掩而不显露于外的财物。③

可见,关于侵占罪中的埋藏物问题争议中最关键的一点是:侵占罪中的埋藏物与民法上的埋藏物在概念和外延上是否一致?对此,有的学者主张二者同一(同一论),如周光权教授明确指出,"刑法上的埋藏物,应当与民法上的埋藏物具有相同的含义,均是指埋藏于土地及他物中,其所有权不能判明之动产"④。有的学者主张二者不同(区分论),如王作富教授指出,"刑法上的埋藏物与民法上的埋藏物概念和范围不尽相同。后者指埋藏于地下的所有人不明的财物,主要是为了解决其权利归属的问题。而刑法上所说的埋藏物,是为了解决侵占不归行为人所有的埋藏物的刑事责任问题"⑤。笔者认为,周光权教授的见解不尽合理,王作富教授的观点更加精当。

那么,如何妥当界定和理解侵占罪中的埋藏物?笔者认为应当强调以下几点:

(1)应当承认侵占罪中的埋藏物与民法上的埋藏物有所不同。

刑法规定侵占罪的精神实质,是要解决将埋藏物非法占为己有行为的刑事责任问题(而不是解决埋藏物的所有权归属问题),因此,即使是所有权归属明确的埋藏物(它不属于民法上的埋藏物)仍然可以成为侵占罪中的埋藏物。

(2)应当强调其隐蔽性。

埋藏物埋藏于地下或者其他物体之中,根据外表无法窥探和知悉,具有完全意义上的隐蔽性。

(3)应当强调其被偶然发现性。

这个问题既与埋藏物的隐蔽性特征相关,也涉及对行为人的主观认识和意志判断。刑法中的客观因素判断,必然都涉及主观意识和意志的相关考查,甚至还内含价值判断因素,这是很正常合理的。"被偶然发现性"特征,既是对行为人的行为对象特性所进行的客观具体判断,也是站在社会一般观念立场上对行为人发现和持有行为对象这一"事实"本身所进行的主观抽象性判断,更是对行为人在发现和占有对象物(埋藏物)时其主观认识状态的基本判断。因此,如果行为人在不知情的情况下进行挖掘而偶然发现的地下财物,不管其所有权归属是否明确,都可以成为侵占罪中的埋

---

① 参见周光权:《侵占罪疑难问题研究》,载《法学研究》2002年第3期。
② 参见高铭暄主编:《刑法专论》(下编),高等教育出版社2002年版,第754—755页。
③ 参见北京大学法学院《刑事法学要论》编辑组编:《刑事法学要论——跨世纪的回顾与前瞻》,法律出版社1998年版,第672页。
④ 周光权:《侵占罪疑难问题研究》,载《法学研究》2002年第3期。
⑤ 高铭暄主编:《刑法专论》(下编),高等教育出版社2002年版,第754页。

藏物,对其加以侵占可以成立侵占罪。

周光权教授还进一步设想:假如行为人在偶然发现地下埋藏物之后,推想附近肯定还有其他"埋藏物",进而在一种概然故意心理下继续在埋藏物四周进行挖掘,结果发现和占有了更多财物,则其后续行为可以成立盗窃罪或者盗掘古人类化石、古脊椎动物化石罪,理应与侵占罪并罚。① 笔者认为这个问题还值得进一步研究。行为人的后续行为是否成立盗窃罪,恐怕还是与该埋藏于地下的财物的"被偶然发现性"判断有关。虽然行为人出于概然故意继续挖掘行为,在主观认识上有所发展,但是其"恶性"判断是否具有实质上的重大差异却值得斟酌,应当说这时行为人的主观恶性并没有超出侵占罪所内含的主观恶性内容,与一般的侵占埋藏物行为在主观恶性上相当。另外,在行为对象性质的判断上,其是否仍然具有"被偶然发现性"也值得斟酌,应当说这时是否能够发现并占有新的"埋藏物"仍然是一个"谜",因而在实质上该后续行为"将要发现"和"果然发现"的财物,仍然在相当意义上具有"被偶然发现性"。从这两个角度进行分析,笔者认为,对行为人的后续发现和占有埋藏物行为是否成立盗窃罪,仍然值得进一步研究,可能按照侵占罪定性更合理。但是,后续行为如果是针对古人类化石、古脊椎动物化石,则情形有所不同。因为,刑法规定盗掘古人类化石、古脊椎动物化石罪,本身不考虑行为人是偶然意外发现后故意进行挖掘和占有,还是明知在先进而故意有针对性地进行挖掘和占有,应当说都可以成立盗掘古人类化石、古脊椎动物化石罪。

另外,周光权教授还针对偶然偷窥到他人埋藏财物于野外,或者偶然发现他人将财物放置在一个非特定场所,进而进行挖掘和占有该财物的行为,是成立盗窃罪还是侵占罪的问题进行了讨论,认为上述情形下的行为人都只能成立盗窃罪,而不成立侵占罪。② 但是,笔者认为上述这两种情况的定性还存在探讨空间。前者涉及埋藏物的偶然被发现性和是否脱离占有性质两个问题的判断,而后者不涉及埋藏物特征判断(它根本就不是埋藏物)但涉及财物是否脱离占有性质的判断。

①对于偶然偷窥到他人埋藏财物于野外,进而挖掘和占有该财物的行为定性问题。有学者指出,由于该财物在形式上仍然处于被他人所控制支配的状态,因此,行为人因为亲眼看到"他人"埋藏财物的整个过程,从而行为人有目的地挖掘和占有,在形式上类似于盗窃。表面上看学者对行为人行为性质的判断是有道理的。但是问题在于,这时的"他人"对于其埋藏于野外之财物在实质上是否具有控制支配力。这就涉及下文将要讨论的合法控制支配人对该埋藏于野外之财物进行有效控制持有的"风险性判断"问题。应当说,对于此种情形下的埋藏物,合法控制支配人面临重大的失控风险,因为该埋藏物随时可能被外人偶然发现而失控,并且在这种意义上该埋藏物类似于"失去占有"之物。那么,行为人有意识地占有这种类似于失去占有之物的行为,其基本性质应当按照占有"脱离占有物"情形的侵占来确定,从而对该种情形下

---

① 参见周光权:《侵占罪疑难问题研究》,载《法学研究》2002年第3期。
② 参见周光权:《侵占罪疑难问题研究》,载《法学研究》2002年第3期。

行为人的行为定性为侵占罪可能更为合理,而不宜定性为盗窃罪。

②对于偶然发现他人将财物放置在一个非特定场所,进而进行占有该财物的行为定性问题。由于此时财物并非被埋藏,从而其不是埋藏物;同时,由于此时财物只是被放置在一个非特定场所(例如距离住所或者合法控制人空间距离很远的野外),从而还是涉及下文将要讨论的合法控制支配人对其有意识放置于野外之财物进行有效控制持有的"风险性判断"问题,因此,该财物的基本存在状态本身就决定了其类似于失去占有之物。依这种逻辑来分析,占有该财物行为的基本性质仍然应当按照占有"脱离占有物"情形的侵占来确定可能更为合理,从而对该种情形下行为人的行为宜定性为侵占罪,而不宜定性为盗窃罪。

(4)应当强调其被发现时,没有被他人有效控制持有。

如果行为人对其进行占有(持有)之际,该财物正处于被他人有效控制持有,那么行为人的占有行为应当构成盗窃罪或者抢夺罪、抢劫罪,而不能成立侵占罪。如何判断财物是否"被他人有效控制持有"? 这是一个具有重大刑法意义的问题,一般来说可能没有问题。但是,在某些特殊情形下,判断财物是否"被他人有效控制持有"却可能很困难。例如,财物的合法控制人有意识将财物放置在一个非特定场所,或者将财物埋藏于野外。在这些特殊情形下,针对财物是否"被他人有效控制持有"问题进行判断就存在重大疑问。为此,可能存在这样一种怪异难辨的特殊情形,即在观念上该财物属于"被他人有效控制持有",但在实质上该财物并不"被他人有效控制持有"。笔者认为,这个问题的实质涉及有效控制持有财物的"风险性判断"问题,从而需要在理论上引入有效控制持有的"风险性判断"概念。

(5)应当强调有效控制持有的"风险性判断"。

这个问题主要是由埋藏于非特定场所的埋藏物,如埋藏于野外的所有权明确的埋藏物之有效控制持有性问题而引出。例如,所有权人或者保管人将标明所有权人的财物(如在埋藏物上用文字标示该埋藏物所有权人姓名)或者其他能够正常判断出所有权人的财物埋藏于野外荒地,被行为人偶然发现并占为己有的行为,是否成立侵占埋藏物? 从表面上看,该埋藏物的所有权人或者保管人将其埋藏,自己能够有效控制持有,发现人虽然属于偶然发现该埋藏物,但是行为人在发现之初就明知其所有权归属,并且明知其处于被所有权人或者保管人有效控制持有状态,而这时行为人仍然将其秘密据为己有并拒不交出,似乎既符合盗窃罪特征,又符合侵占罪特征。对此,是对行为人定盗窃罪合理,还是定侵占罪合理? 从综合全部情况和体现相对合理性而言,应当说定侵占罪才合理。如果该埋藏物所有人或者保管人知道后要求行为人归还,行为人事后归还了其偶然发现的该埋藏物,就不能对行为人定罪:这恰恰是侵占罪的重要构成特征。如果将行为人此种情形下偶然发现埋藏物并占为己有的行为定性为盗窃,则即使行为人在事后被发现和被要求之后将该埋藏物交出,也只能看作盗窃罪既遂之后的退赃,充其量可以作为量刑情节考虑。可见,这种情形下对行为人定性为盗窃罪显然不合理,但是定性为侵占罪却是合理的。

但是,如果行为人偶然在他人住宅内或者院内等特定场所发现埋藏物并将其非法占为己有,则行为性质有所不同。因为,该埋藏物由于其所处"特定场所"本身就足以表明该埋藏物仍被所有人或者保管人有效控制持有,行为人秘密将其非法占为己有行为本身就已经构成犯罪(盗窃罪),而不是一般的非法占有行为;即使事后经过追讨归还物主,理论上也只能成立事后退赃。

那么,比较上述两种情形下的行为定性问题,出现差异的关键因素就在于:形式上的场所不同(特定场所与非特定场所),实质上的有效控制持有的"风险性判断"不同,前者埋藏物的所有权人或者保管人有失去有效控制持有的重大风险,后者埋藏物的所有权人或者保管人没有失去有效控制持有的重大风险。可以看出,针对埋藏物所进行的有效控制持有的"风险性判断"具有重要刑法意义。如果在实质上进行客观判断,确实存在埋藏物的所有权人或者保管人有失去有效控制持有的重大风险这一事实,就应当认定其成为侵占罪中的埋藏物;确实不存在埋藏物的所有权人或者保管人有失去有效控制持有的重大风险这一事实,一般就不应当认定其成为侵占罪中的埋藏物。

还应当指出,针对埋藏物所进行的有效控制持有的"风险性判断",必须是一种实质性判断,不能只注重形式要件而忽略了实质内容;同时还必须是一种客观判断,不能毫无根据地进行主观臆想。

综上所述,笔者认为,可以将侵占罪中的埋藏物概念界定为:侵占罪中的埋藏物,是指埋藏于地下或者其他物体中,不能够从外表直接发现和判断,并且客观上原所有人或者保管人存在失去有效控制持有的重大风险,而被行为人所偶然发现并持有的财物。

(二) 侵占罪的行为定型(即客观方面要件)

侵占罪的客观方面表现为,行为人将自己客观上控制持有的代为保管的他人财物、遗忘物或者埋藏物非法占为己有,数额较大,拒不退还或者拒不交出的行为。这里需要正确理解和把握以下几个问题:

1."客观上控制持有"之状态

在一般意义上,我们可以把侵占罪的客观行为本质概括为:变"客观上控制持有"为"非法所有",即将原来已经客观上持有(有的学者将"客观上控制持有"表述为"客观上占有")的他人财物非法占为己有的行为。这是本罪区别于"转移占有"型的盗窃、抢劫、诈骗等其他财产犯罪的核心。

(1)"客观上控制持有"的含义。

针对"客观上控制持有"含义的认识理解,理论上有管有说、支配说、事实上支配说、事实及法律上支配说、处分可能状态说等不同。[①] 笔者认为,侵占罪中的客观上控制持有是一种事实状态,其含义应当是客观上、实质意义上的一种支配状态,可以是合法的法律上的支配事实,也可以是非法的客观上的支配状态,即只要依照一般的日

---

① 参见周光权:《侵占罪疑难问题研究》,载《法学研究》2002年第3期。

常生活观念来判断,其成立客观上、实质意义上的支配状态,就可以认定存在"客观上控制持有"。同时,从行为人的对立面(原财物所有人或者保管人)的角度来看,行为人对财物的"客观上控制持有"就意味着原财物所有人或者保管人对该财物的控制持有在事实上被排除;如果原财物所有人或者保管人对该财物的控制持有在事实上还没有被排除,则不能认定行为人对该财物的"客观上控制持有"。

(2)"客观上控制持有"的判断。

在实践中,判断行为人是否存在"客观上控制持有"的事实,应当注意以下两个特殊问题:

第一,原财物所有人或者保管人的控制持有力未被实际排除,则不能认定行为人存在"客观上控制持有"。因为,侵占罪的成立,是以行为人已经形成对该财物"客观上控制持有"的事实为前提,继而将该财物非法占为己有。换言之,本罪的成立,要求原财物所有人、占有人已经失去对该财物的控制权。如果在财物原所有人、占有人尚对财物享有占有权时,试图以不法方法非法占有该财物,则可能构成盗窃罪、诈骗罪或抢夺罪。例如,搬运工赵某在火车站为带着三个小孩的王某搬运行李,商定由赵某搬运四件行李、王某自己随身带一件行李,出站后由王某付给赵某15元作为报酬。赵某扛着行李到站口,王某被拦下检票。看到王某忙于出示车票,赵某遂产生非法占有王某四件行李的企图,趁王某无暇照顾之机将四件行李扛走。这时,赵某的行为就应当成立盗窃罪,而不能成立侵占罪。① 其原因是,虽然表面上看,赵某似乎是将代为保管的他人财物非法占为己有,应当成立侵占罪,但是实际上,王某始终尾随于赵某之后,赵某的一切举动都在王某的视野之内,财物仍为王某自己所实际控制支配,这时不但没有排除原财物所有人王某的控制持有力,而且王某本人的控制持有力很强,那么在这种情况下,赵某利用王某无暇顾及之机非法占有其所搬运的行李的行为,就应当成立盗窃罪。

但是,在某些具有公共性的特定场所,如银行营业大厅、车站售票厅、宾馆前台大厅等场所,行为人拾得他人遗忘物并非法占为己有的行为,是成立侵占罪还是盗窃罪? 这个问题不无讨论的余地。有学者认为,这种情况下,该物即使可以被看作遗忘物,但是由于其遗留在银行营业大厅等特定场所,则其同时又存在一个保管义务人即银行等,从而其并非真正意义上的遗忘物,因为"应当承认第三者对财物的事实支配",并且"对特定场所内的财物采取第三者占有说或者'双重控制说'是有道理的,所有人的控制丧失以后,特定场所内的有关人员被认为有概括、抽象、持续的占有意识,占有、支配关系也在事实上存在";那么从银行大厅悄悄取走的行为本身就是盗窃,因而应当成立盗窃罪。② 但笔者认为这里定盗窃罪可能不尽合理,定侵占罪可能更合乎情理。因为银行营业大厅、车站售票大厅等所谓特定场所,其实在相当意义上仍然具有公共场所的性质,基本上可以随意出入,并不完全同于封闭的私人场所或者

---

① 参见周光权:《侵占罪疑难问题研究》,载《法学研究》2002年第3期。
② 参见周光权:《侵占罪疑难问题研究》,载《法学研究》2002年第3期。

出入受限制的特有单位的场所,说它们类似于公园、校园和露天影剧院都不为过;在这种场所拾得他人遗失的财物其实就是一种拾得遗忘物的行为。银行等单位成为所谓保管义务人的说法,其实只不过是一种观念性的东西,恐怕多数"非法律人"并不认可,甚至连部分"法律人"也不赞同。例如,假设丢失财物人状告银行没有尽到"保管义务人"的保管义务而要求银行给予赔偿,法官未必会支持丢失财物人的诉求。因此可以说,在实质意义上银行等单位并不是该丢失财物的"保管义务人",那只是部分学者的一种观念性认识,而且这种认识并没有获得"公众认同"和当然的合法性。周光权教授在一篇论文的注释中指出,建筑物的形状、第三者支配力的强弱等对是否成立"第三者的占有"影响很大,例如,就银行大厅而言,银行对厅内财物支配力较强;而就火车而言,则列车员对车上财物支配力较弱。但是笔者认为,周光权教授在这个问题上的认识可能存在过于倚重"观念性、抽象性"思考,忽视"常情、常识、常理"与具体法理分析的疑问,不尽恰当。另外,行为人在偶然发现他人丢失于银行等公共场所的财物时非法将其占为己有,终究与那些积极盗窃他人财物的行为性质有所差异,无论从行为人的主观恶性还是从客观行为来看,都与盗窃有所不同,其应受谴责性程度也应当有所不同,所以,这种情况下行为人的行为定性为侵占罪更合理。

第二,在"上下主从关系"中,"下位关系人"一般不能排除"上位关系人"对财物的控制持有力。通说观点认为,这时的"上位关系人"对财物享有专属控制支配权,而"下位关系人"相当于"上位关系人"的工作"工具"而没有独立性,并且实际上,"下位关系人"没有排除"上位关系人"对财物的客观控制支配力,所以,"下位关系人"非法占有"上位关系人"财物的行为一般应当成立盗窃罪。例如,张某受李某聘请到以家代店的李某家商店帮助零售工作,张某将销售收入全部或者部分占为己有;再如,王某到李某家做保姆,非法占有主人家财物,则一般情况下,张某和王某的行为应当成立盗窃罪。

但是,通说观点也不能绝对化。尤其在明确授权"下位关系人"管理特定财物的情况下,例如,雇主让雇工销售并保管好销售款或者委托雇工到外地去收取销售款,如果雇工非法占有销售款,就应当认定为侵占(或职务侵占),而不能认定为盗窃;再如,雇主让保姆保管5 000元现金以备特殊需要,而保姆将其非法占为己有的行为,也只能认定为侵占。

2."非法占为己有"之行为

在财物已经处于行为人控制持有的情形下,行为人将财物"非法占为己有",是指行为人在主观上具有非法占有的故意,在客观上以财物所有人自居,对财物进行隐匿而拒不交出或者拒不退还,或者对财物进行实质性的所有权处分,如消费、出卖、赠与、有偿转让、加工等,导致在被要求交出或者退还时无法交出或者退还的行为。

如何合理界定"非法占为己有"的含义?理论上有"不法领得说"与"越权行为说"的分歧。国内外多数学者主张"不法领得说",反对"越权行为说"。

但是,笔者认为"越权行为说"更加合理。"领得"本身无法与"占有"相区分,在本质上类似于同语反复;但是"越权"的含义可以明确化,就是指行为人超越一般"保管人"与"持有人"的权利而行使了财物处分权。在这个意义上,可以将"越权行为说"进一步具体化为"越权处分行为说",即行为人公然拒绝交出或退还、私自隐匿、擅自处分,例如,擅自将不动产抵押或者卖出,将保管物擅自消费、毁弃等,都可以认定为侵占罪中"非法占为己有"。

如果行为人没有将财物毁坏和抛弃,而在被要求退还时谎称已经将财物毁坏或抛弃,其实只是以此为借口来拒绝退还和交出,对此显然应当按照侵占罪定性处理;如果行为人确实已经将财物毁坏或抛弃,从而在被要求退还或交出时无法退还和交出,这时行为人的行为本身已经表明其非法行使了所有权,对此定性为侵占罪比定性为毁坏财物罪更为合理。如果行为人自称已经将财物毁坏或抛弃,但是司法上又无法查明其真实情况是隐匿还是毁坏抛弃,如何定性处理才合理?在这种情况下,如果不做刑事处理显然是不合理的;如果听信行为人的单方面解释定毁坏财物罪,显然存在缺乏确实充分证据的问题,不但无法判明其是否具有客观真实性,而且无法判明其是否具有法律真实性,从而对行为人以毁坏财物罪定性处理有违法治原则;但是不管行为人自己如何解释,对其以侵占罪定性处理却可以体现法治精神和正当性。

当然,如果行为人擅自行使"使用处分",只是获取了使用财物所带来的收益,但是并没有影响财物的基本性状,而不影响交出与退还并且没有拒不交出与拒不退还的行为,则对于这种"使用型侵占"行为可以不认定为"非法占为己有"。

3."拒不退还""拒不交出"之地位

《刑法》第270条关于侵占罪的规定中,明确使用了"拒不退还""拒不交出"的限制性规定,这种限制性规定有无独立存在的价值,尤其是有无构成要件要素的价值,是否为侵占罪的"必备要件要素"?这是刑法理论界争议较大的问题。对于这个问题的判断,涉及"非法占为己有"与"拒不退还、拒不交出"二者之间的关系。

对此,理论界有两种具有代表性的见解:一种观点认为,"非法占为己有"与"拒不退还、拒不交出"二者之间的关系,是一种并列的、各自具有独立意义、需要相继判断的关系(独立并列关系说)。行为人主观上具有将持有的他人财物非法占为己有的目的,并以所有人身份对该财物进行非法收益、使用、处分,其行为就已经具有非法性,即使后来在被要求下退还或者交出占有物,其非法性质也不能改变。但是,这时行为人的行为尚未构成侵占罪;只有在行为人具备"拒不退还、拒不交出"的要件时,侵占罪的构成要件才完全具备。所以,对侵占罪的成立,需要先判断"非法占为己有"的事实是否存在,接着还要进一步判断持有人是否有"拒不退还、拒不交出"的意思和行为。[①] 另一种观点认为,"非法占为己有"与"拒不退还、拒不交出"二者之间的关系,是一种包容、相互印证关系(包容关系说)。前者是主要的,能够包容"拒不退还、拒不交出",即持有人以所有人自居,对财物加以处分,既表明了非法占有持有物的意图,也说明了"拒不退还、拒不交出"的事实存在。换言之,能够判明是非法占为己有,就足以说明是拒不退还、拒不交出,有前者就一定有后者,后者处于从属地位;"拒不退还、拒不交出"不是侵占罪中构成

[①] 参见刘志伟:《侵占犯罪的理论与司法适用》,中国检察出版社2000年版,第111页。

要件客观方面的内容,而只是对"非法占为己有"的强调和进一步说明,是为确认、固定持有人非法占为己有的意图提供充足的依据。所以,自持有人将自己暂时持有的他人财物不法转变为自己所有之时,"拒不退还、拒不交出"的意思已经昭然若揭,没有必要再在司法上证明"拒不退还、拒不交出"情节的存在与否,这样能够适度减轻司法证明的负担,也可以克服证明上的一些难题。①

笔者认为,"非法占为己有"与"拒不退还、拒不交出"二者之间采取独立并列关系说更恰当。应当说,行为人在已经控制持有他人财物的情况下,因为各种原因而使用、收益、处分他人财物,在主观恶性和客观社会危害性等方面的判断都具有或然性,尤其在无法明了原财物所有人事后是否追认的问题上一般都处于一种模糊待定状态:如果原财物所有人愿意事后追认行为人的处分行为,法律就没有理由对行为人的行为追究刑事责任;如果原财物所有人事后不愿意追认,行为人的非法处分行为的危害性才开始显露出来。因为,法律干预行为人非法处分行为的临界点只能够是在原财物所有人在事后表明态度之后。可以这样认为,《刑法》第270条关于侵占罪成立要件中规定"拒不退还、拒不交出"因素,主要体现的是严格限制犯罪圈的,对严厉刑法措施予以进一步"软化"的刑法谦抑主义政策。刑法规定"拒不退还、拒不交出"要素,不但是对"非法占为己有"的印证,更是对侵占罪成立时空条件的再限制、再软化。

坚持"非法占为己有"与"拒不退还、拒不交出"二者之间的关系问题上的独立并列关系说立场,还应该区分侵占特定物与侵占种类物等不同情形。在侵占特定物的情形下,行为人已经擅自对特定物进行处分,例如将特定物出卖给他人,而在被要求退还或交出的情况下,行为人愿意并且能够找回,最终将该特定物退还或交出,仍然应当认定行为人不构成侵占罪;但是,在被要求退还或交出时,行为人明确予以拒绝,或者行为人虽然在"态度上"表明愿意退还或交出,但是实际上已经无法退还或交出,则应当认定行为人"拒不退还、拒不交出",对行为人的行为可以以侵占罪论处。在侵占种类物的情形下,由于行为人对种类物行使处分权本身并不意味着该种类物不能退还或交出,因此,如果在被要求退还或交出时行为人不是明确予以拒绝,而是积极退还或交出,就不能对行为人的行为认定为侵占罪。当然,如果行为人经要求退还或交出而明确予以拒绝,则可以对行为人的行为认定为侵占罪。同时,为了防止行为人借口愿意退还但是无期限拖延而实质上等于拒不退还、拒不交出,以规避刑法制裁,立法上还应合理规定"拒不退还、拒不交出"的期限,例如可规定"在合理期限内"拒不退还、拒不交出的就成立侵占罪。这种限制性规定,可以阻止部分人借口"今后"(但实质上永无期限)归还而无法界定侵占行为的犯罪性质的问题。

4. 数额较大

根据刑法规定,如果行为人侵占财物数额尚未达到"较大",就不能构成侵占罪,而只能按照民事问题处理。"数额较大"的标准,应以司法解释为准。

---

① 参见周光权:《侵占罪疑难问题研究》,载《法学研究》2002年第3期。

（三）侵占罪的行为主体（即主体要件）

侵占罪的主体是一般主体，即具有刑事责任能力的、年满16周岁的自然人，都可以成为本罪的犯罪主体。单位不能成为本罪的犯罪主体。

（四）侵占罪的归责类型（即主观方面要件）

侵占罪的主观方面表现为直接故意，并且必须具有非法占有的目的，即行为人明知自己所持有的是他人财物、遗忘物、埋藏物，而仍然有意识地将其非法占为己有而拒不退还或者拒不交出。

应当注意，"以非法占有为目的"是构成侵占罪的必要条件；如果没有此目的，就不能构成侵占罪。这种目的，一般产生于行为人"客观上持有"行为之际或者之后，而不能是产生之前。因为，如果这种目的产生于"客观上持有"行为之前，就可能构成诈骗罪或者其他犯罪。但是，也有学者认为，这种非法占有的目的只能产生于"客观上持有"行为之后，而不能是在"客观上持有""之际"或者"之前"。[①] 例如，王作富教授举例说：某餐厅服务员甲，见一顾客用完餐立即离去，将装有万余元现金的手提包遗忘在座位上。甲见财起意，顺手将手提包拿走加以藏匿，据为己有。待失主来找时，甲否认见到该物，拒不交出。因此，甲应当构成侵占罪。[②] 笔者认为，此案中的甲，其非法占有的目的就是产生于"客观上持有"行为之际，但是其行为性质仍然成立侵占罪。

三、侵占罪"告诉的才处理"问题

侵占罪"告诉的才处理"问题，有两点需要强调：

第一，侵占罪，刑法明确规定告诉的才处理，是指被害人告诉的才处理，具体是指被害人向人民法院告诉的才处理，由人民法院进行定性处理。根据《刑法》第98条规定，如果被害人因受强制、威吓无法告诉的，人民检察院和被害人的近亲属也可以告诉。被害人是否可以向公安机关、检察机关告诉，以及公安机关、检察机关在被告诉之后是否可以行使侦查权、公诉权？在理论上还是存在一定争议的，有的学者持肯定的观点，有的学者持否定的观点。笔者认为，被害人通常只能是向人民法院告诉。被害人向公安机关、检察机关告诉的，虽然仍然应视为被害人告诉，但是公安机关、检察机关应当依法告知被害人直接向人民法院告诉，公安机关、人民检察院依法不宜行使侦查权和公诉权。人民检察院也可以依法向人民法院告诉，但是这里的告诉权不同于公诉权，人民检察院在行使告诉权之后，应由人民法院按照自诉案件进行依法处

---

① 参见刘志伟：《侵占犯罪的理论与司法适用》，中国检察出版社2000年版，第117—118页；高铭暄主编：《刑法专论》（下编），高等教育出版社2002年版，第759—760页。

② 参见高铭暄主编：《刑法专论》（下编），高等教育出版社2002年版，第760页。

理,而人民检察院作为公诉机关依法不宜出庭支持自诉。

第二,德国、瑞士、韩国等国的刑法,都规定"家庭成员或亲属之间犯本罪,告诉的才处理"。因此,我国刑法不作"内外分别",一律实行"告诉的才处理",是否恰当值得考究。笔者认为,应当限定一定范围内的侵占行为才实行告诉才处理;对于其他侵占行为,应当依法予以追究刑事责任。

第九章 职务侵占罪

【案例】成都快递分拣员杨某窃取快递物品案①

四川省成都市某快递公司分拣员杨某在上夜班分拣快递包裹时,将自己经手分拣的一个价值1 999元的手机的快递包裹秘密窃走并占为己有。原一审法院判决杨某构成盗窃罪,后二审法院改判杨某构成职务侵占但因尚未达到定罪标准而不构成犯罪。

针对本案的解释结论,理论界有盗窃论与侵占论之争,实务界观点有定罪与无罪之分歧。笔者倾向于侵占论,赞同人民法院针对本案所作出的无罪判决。

一、个案刑法解释与案例研究方法论

个案刑法解释是刑事案例研究中较为典型的一种,其得出的解释结论及其对个案裁判结果的法理评判,突出地体现了刑法解释论特色与司法公正观立场。"成都快递分拣员杨某窃取快递物品案"出现两种不同裁判结果的现象表明,职务侵占罪及其相关案件的刑法解释适用存在较为突出的理论分歧和实务差异,需要进行刑法解释论和司法公正观的立体审查。从刑法解释论看,职务侵占行为定型的刑法解释应当坚持"综合手段说"和"业务便利肯定说",亦即职务侵占行为是指行为人(单位人员)利用职务上和业务上的便利条件,包括利用自己主管、管理、经营、经手单位财物的便利条件,以侵吞、窃取、骗取或者其他方法将本单位财物非法占为己有的行为。② 从刑法司法公正观看,职务侵占罪的司法逻辑和刑法解释立场通常只能限定为基于刑法立法规定的司法公正观,而不能扩张为基于刑法立法目的(立法公正目的)的司法公正。就此而论,部分职务侵占行为和贪污行为因为司法解释规定的入罪和处罚标准较高而可能导致无法定罪或者无法重罚,这种现象的客观存在本身具有合理性,因而不能成为否定"综合手段说"并转而采用"侵占单一手段说"的理由。笔者认为,前述"成都快递分拣员杨某窃取快递物品案"二审法院改判杨某构成职务侵占但因尚未达到定罪标准而不构成犯罪这一裁判结论是正确的,既符合刑法解释论原理,也符合刑法司法公正观的特殊要求。

---

① 案例来源:四川省成都市中级人民法院(2014)成刑终字第293号刑事判决书。
② 参见毕志强、肖介清:《职务侵占罪研究》,人民法院出版社2001年版,第107—144页。

从"成都快递分拣员杨某窃取快递物品案"的个案刑法解释与司法公正的法理检讨可见,案例研究方法论上必须把握好以下两点:

其一,案例研究的基本立场,通常应限定为法律解释论和司法公正论。案例研究通常是为司法审判实践服务的,其主要研究内容是法律解释结论的合法性、客观性、正当性,促进个案司法裁判的公平合理,以实现"努力让人民群众在每一个司法案件中都能感受到公平正义"的法治目标,并为此积累法律解释规则和司法裁判经验;这就决定了案例研究的基本立场通常应限定为法律解释论和司法公正论。法律解释的对象包括法律规范文本和具体案情事实,通过法律解释使得法律规范文本的含义明确而具体,同时使得具体案情事实与法律规范文本含义之间的涵摄关系予以明确。针对法律规范文本的法律解释,主要是阐明法律规范文本的具体含义和立法目的,依次运用法律的文义解释方法、论理解释方法和法社会学解释方法,以求得一个符合法律规范文本的文义"射程"范围内的、符合法理和司法公正要求的、具有良好法律效果和社会效果的、确定的法律解释结论。就"成都快递分拣员杨某窃取快递物品案"的案例研究而言,将职务侵占行为定型的解释结论限定为(单位人员)利用职务上和业务上的便利,以侵吞、窃取、骗取或者其他方法将本单位财物非法占为己有的行为,这一刑法解释结论是被限定在刑法规范文义之内的,完全符合刑法的文义解释原理,也符合基于职务侵占罪的行为定型理论和"背信+财产损失说"的论理解释结论,还符合基于法社会学解释方法(以及刑事政策解释方法)所得出的法社会学解释结论(以及刑事政策解释结论),符合刑法司法公正的要求。

案例研究中是否可以进行立法论研究?笔者认为,立法论研究本身也有两个层面,一个层面是立法漏洞及其填补性研究(立法完善研究),另一个层面是立法原理阐释及其回顾性研究。由于案例研究绝大多数情况下是法律解释论和司法公正论研究,这就决定了案例研究中可以针对刑法解释结论进行立法原理阐释及其回顾性研究,而不是立法完善研究。这也表明,案例研究的基本立场尽管通常是法律解释论和司法公正论研究,但是并不完全排斥立法论研究,要视情况而定:在绝大多数情况下是法律解释论和司法公正论研究,可以适当展开针对刑法解释结论进行的立法原理阐释及其回顾性研究,目的是"印证"法律解释结论本身的合法性、客观性和正当性;在极少数情况下是立法完善建议研究,通过案例研究揭示立法漏洞及其填补方案(立法完善方案),目的是"完善"立法规定本身而不是"印证"法律解释结论。

其二,案例研究的学术特色,通常是问题性研究与建构性研究相结合。案例研究基于法律解释论和司法公正论的研究立场,通常需要针对具体的案情事实和法律规范之间的涵摄关系予以阐明,因而需要抽象概括出某种或者若干种法律解释论问题并予以明确回答,体现出问题性研究与建构性研究相结合的学术特色。以"成都快递分拣员杨某窃取快递物品案"的研究为例,其需要从刑法解释论上抽象概括出职务侵占罪司法认定上的两个法律解释性争议问题:一是职务侵占的行为定型,是否可以限定为基于职务和业务上的便利取得财物?对此疑问主要有"综合手段说"与"侵占单一手段说"之争。二是职务侵占罪的司法逻辑,是只能限定为基于刑法立法规定的司法公正还是可以扩张为基于刑法立法目的的司法公正？这就是问题性研究的适例。但是仅有问题性研究（即抽象概括出法律解释论问题）还不够，还需要进一步展开建构性研究，以期给出问题的适当答案。因此，"成都快递分拣员杨某窃取快递物品案"的案例研究就包括针对前述两个法律解释性争议问题所给出的明确答案，即明确提出职务侵占行为定型的刑法解释应当坚持"综合手段说"和"业务便利肯定说"，明确将职务侵占行为定型的解释结论限定为（单位人员）利用职务上和业务上的便利，以侵吞、窃取、骗取或者其他方法将本单位财物非法占为己有的行为，明确建构职务侵占罪的解释规则和司法裁判规则，并对此予以充分的法律解释论阐释和论证，从而体现出案例研究的建构性特色。

当然也应注意，案例研究并不是绝对地排斥体系性研究与解构性研究，相反，有时也需要予以适当解构或者体系化，从而形成某种具体的或者体系化的裁判规则。同时，案例研究由于其所涉部门法领域不同，可以区分为刑事案例研究、民事案例研究、行政案例研究、宪法案例研究以及综合性案例研究（如刑民交叉案例研究）等多种类别，因此案例研究有时还需要适当关照具体的部门法哲学特征。就刑事案例研究而言，必须充分关注刑法哲学和刑法司法公正观的特殊性。就"成都快递分拣员杨某窃取快递物品案"的案例研究而言，还涉及罪刑法定原则、刑法谦抑性原则以及职务侵占罪与盗窃罪（或诈骗罪）的法条竞合论及其处断原则的法理阐释；正确的部门法哲学及其具体法理的阐释运用，无疑也是得出正确的法律解释结论的关键因素。

二、职务侵占的行为定型：基于"业务便利肯定说"和"综合手段说"的解释结论

根据《刑法》第271条的规定，职务侵占罪的客观方面是指公司、企业或者其他单位的人员，"利用职务上的便利，将本单位财物非法占为己有"，数额较大的行为。亦即职务侵占的行为定型是"利用职务上的便利，将本单位财物非法占为己有"。

关于职务侵占的行为定型，目前理论界存在较大争议，主要有以下一些看法：①基于职务和业务上的取得财物说（简称"综合手段说"或者"全面肯定说"）。该说认为，职务侵占行为是指行为人（单位人员）利用职务上和业务上的便利条件，包括利用自己主管、管理、经营、经手单位财物的便利条件，以侵吞、窃取、骗取或者其他方法将本单位财物非法占为己有的行为。[①] ②侵占单一手段说。该说认为，职务侵占行为是指行为人（单位人员）利用职务上的便利侵占本单位财物的行为。根据侵占单一手段说，"职务侵占罪的行为手段只包含侵占，不包含盗窃、诈骗等，分拣员利用职务便利窃取邮包，只能成立盗窃罪"[②]。值得注意的是，有的侵占单一手段说者主张"利用

[①] 参见毕志强、肖介清：《职务侵占罪研究》，人民法院出版社2001年版，第107—144页。
[②] 苏云、张理恒：《快递公司分拣员窃取邮包行为定性分析——以杨某窃取邮包二审无罪案展开》，载魏东主编：《刑法解释》（第2卷），法律出版社2016年版，第246—264页。

职务上的便利"可以作广义的理解,即包括行为人(单位人员)利用职务上和业务上(劳务上)的便利(即广义的侵占单一手段说)①;有的单一侵占手段说者则主张"利用职务上的便利"只能作狭义的理解,即只包括行为人(单位人员)利用职务上的便利,但是不能包括利用"业务上(劳务上)"的便利(即狭义的侵占单一手段说),因而行为人(单位人员)"利用暂时接触、经手邮包的便利条件窃取"单位财物的行为应定性为盗窃罪。②

可见,职务侵占(行为定型)的解释争议,尽管可以简要概括为"综合手段说"与"侵占单一手段说"之争,但具体内容主要涉及"利用职务上的便利"和"将本单位财物非法占为己有"的解释争议。

(一)"利用职务上的便利":基于"业务便利肯定说"与广义说的解释结论

职务侵占罪中"利用职务上的便利",有的主张广义的理解,即认为包括行为人(单位人员)利用职务上和业务上(劳务上)的便利,此可谓"业务便利肯定说"、广义说③;有的主张只能作狭义的理解,即认为只包括行为人(单位人员)利用职务上的便利,但不包括利用"业务上(劳务上)"的便利,此可谓"业务便利否定说"、狭义说④。对此,笔者认为"业务便利肯定说"、广义说更符合法理,即应当将职务侵占罪中"利用职务上的便利"限定为包括行为人(单位人员)利用职务上和业务上(劳务上)的便利,其合理性可以从文义解释、体系解释、历史解释、目的解释等各种解释方法得到确认。

正如有学者指出⑤,就职务侵占罪的"职务"而言,它与一般意义上所指"职务"的相同之处在于它也是对"特定职位"的称谓,但是它与国家机关工作人员的"职务"确有不同:作为非国家机关的公司、企业或者其他单位的"单位人员",其"职务"是指其工作职责、工作任务甚至劳务,它"都是代表所在单位行使主管、管理、经手本单位财物的权利"。因此,职务侵占罪中"利用职务上的便利",是指利用根据法律法规、单位章程以及单位有关负责人赋予的特定权力与权利之便利条件,包括直接利用本人职务上的便利、直接利用本人和他人各自职权的合力便利、利用职务上的管理与被管理的制约关系之便利、利用单位其他工作人员的职权之便利等多种情形。

就前述"成都快递分拣员杨某窃取快递物品案"而言,杨某利用劳务上的便利可以被评价为"利用职务上的便利"(而窃取本单位财物),因为职务侵占罪主体包括像蓝领工人这类在非国有公司中从事劳务性工作的人员在内,由于蓝领工人属于职务

---

① 参见黎宏:《刑法学》,法律出版社 2012 年版,第 764 页;苏云、张理恒:《快递公司分拣员窃取邮包行为定性分析——以杨某窃取邮包二审无罪案展开》,载魏东主编:《刑法解释》(第 2 卷),法律出版社 2016 年版,第 246—264 页。
② 参见苏云、张理恒:《快递公司分拣员窃取邮包行为定性分析——以杨某窃取邮包二审无罪案展开》,载魏东主编:《刑法解释》(第 2 卷),法律出版社 2016 年版,第 246—264 页。
③ 参见黎宏:《刑法学》,法律出版社 2012 年版,第 764 页;苏云、张理恒:《快递公司分拣员窃取邮包行为定性分析——以杨某窃取邮包二审无罪案展开》,载魏东主编:《刑法解释》(第 2 卷),法律出版社 2016 年版,第 246—264 页。
④ 参见苏云、张理恒:《快递公司分拣员窃取邮包行为定性分析——以杨某窃取邮包二审无罪案展开》,载魏东主编:《刑法解释》(第 2 卷),法律出版社 2016 年版,第 246—264 页。
⑤ 参见毕志强、肖介清:《职务侵占罪研究》,人民法院出版社 2001 年版,第 107—118 页。

侵占罪的主体范围同时其通常从事的工作仅限于劳务性工作,所以职务侵占罪中"利用职务上的便利"不仅指利用自己职务形成的权力或从事管理性工作并主管、管理、经管、经手本单位财物的便利(狭义上的"利用职务上的便利"),而且包括利用自己从事劳务性工作并暂时经手本单位财物的便利(广义的"利用职务上的便利")。① 尽管《刑法》第271条采用的是"利用职务上的便利"的表述,但既然从事劳务者可以成为职务侵占罪主体,客观上也完全可能"经手"本单位财物,其也就具备了实施职务侵占的客观条件。在职务侵占罪的场合,一方面认为"经手"公共财物的方便条件也可以形成职务便利;另一方面又试图将"经手"限定为具有一定的权限和管理的属性,并不合理。这不仅因为贪污罪司法解释是将"经手"与"主管""管理"相并列,还因为从文义解释的角度来说,"经手"原本也缺乏"权限"和"管理"的属性,这样,对《刑法》第271条中的"职务"作较为宽泛的理解,将一些通常认为是"劳务"的情形也纳入"职务"内涵之中,符合实质解释论的法益保护追求。② 这里需要注意的是,职务侵占罪中"利用职务上的便利"采实质解释并作出广义的理解,即认为其包括行为人(单位人员)利用职务上和业务上(劳务上)的便利,不但符合文义解释结论,符合法益保护追求,而且由于这种解释结论不至于"增加"被告人刑事责任而有利于被告人的人权保障,因而在法理上和刑事政策上均具有妥当性。

(二)"将本单位财物非法占为己有":基于"综合手段说"的解释结论

职务侵占罪中"将本单位财物非法占为己有"的解释,"综合手段说"与"侵占单一手段说"在行为人(单位人员)盗骗本单位财物的案件中,直接关涉行为人违法(违法类型)和责任(责任轻重)的评价,甚至关涉行为人有罪与无罪之别,如"成都快递分拣员杨某窃取快递物品案"中,杨某就存在有罪与无罪两种判决结果,因而这是一个更为重要的法理问题。

针对"成都快递分拣员杨某窃取快递物品案"中杨某的行为定性,苏云检察长和张理恒博士明确主张职务侵占罪中"将本单位财物非法占为己有"的"侵占单一手段说",认为"职务侵占行为客观上表现为单位人员(公司、企业或者其他单位人员)将本人基于业务上占有的本单位财物、易占有为所有转变成自己所有的侵占行为,行为手段上只限于侵占一种手段;单位人员窃取、骗取原本不归本人占有的本单位财物,应分别成立盗窃罪、诈骗罪,不成立职务侵占罪"③。苏云和张理恒的这种解释与部分刑法学者一致,如张明楷教授主张"侵占单一手段说"(或"盗骗否定说"),认为为了使职务侵占罪、贪污罪与盗窃罪、诈骗罪保持协调关系,应当将窃取、骗取行为排除在

---

① 参见苏云、张理恒:《快递公司分拣员窃取邮包行为定性分析——以杨某窃取邮包二审无罪案展开》,载魏东主编:《刑法解释》(第2卷),法律出版社2016年版,第246—264页。
② 参见付立庆:《交叉式法条竞合关系下的职务侵占罪与盗窃罪——基于刑事实体法与程序法一体化视角的思考》,载《政治与法律》2016年第2期。
③ 苏云、张理恒:《快递公司分拣员窃取邮包行为定性分析——以杨某窃取邮包二审无罪案展开》,载魏东主编:《刑法解释》(第2卷),法律出版社2016年版,第246—264页。

职务侵占罪之外(刑法有特别规定的除外)。①陈洪兵教授也主张"侵占单一手段说"并反对"综合手段说",不赞成职务侵占罪的客观行为方式包括"窃取、骗取"之通说,认为我国刑法中的职务侵占罪相当于域外刑法中的业务侵占罪,仅限于狭义的侵占,故所谓利用职务之便窃取、骗取本单位财物的,应以盗窃、诈骗罪定罪处罚。②

但是,在"成都快递分拣员杨某窃取快递物品案"二审判决中,法官显然坚持了职务侵占罪中"将本单位财物非法占为己有"的"综合手段说"和"全面肯定说",即认为职务侵占行为包括(行为人利用职务上和业务上的便利条件)以侵吞、窃取、骗取或者其他方法将本单位财物非法占为己有的行为,并宣判杨某无罪。我国传统刑法理论是主张"综合手段说"的,认为《刑法》第270条侵占罪之"侵占"是狭义的,即仅指非法占有本人业已合法持有的财物③,但是职务侵占罪之"职务侵占"是广义的④,并不以合法占有为前提,认为"侵占的手段包括多种多样:利用职务之便窃取财物;以涂改账目、伪造单据等方法骗取财物;因执行职务而经手财物,应上交的不上交,加以侵吞"⑤;非法占有"可以采取侵吞、盗窃、骗取等各种手段"⑥。付立庆教授主张"综合手段说",认为职务侵占罪中"将本单位财物非法占为己有"包括侵吞、盗窃、骗取等各种手段,但是同时认为"至少在职务侵占罪和盗窃罪的关系上,在坚持职务侵占罪并非侵占的单一手段而是包括盗窃、诈骗在内的综合手段的前提下,就应该认为两者是法条竞合而非想象竞合关系"。⑦ 关于付立庆教授所提出的侵占罪与盗窃罪的竞合关系及其处理问题,后文再作分析。

笔者赞同"综合手段说"(或"全面肯定说"),即主张职务侵占罪中"将本单位财物非法占为己有"这一职务侵占行为定型,是指(行为人利用职务上和业务上的便利条件)以侵吞、窃取、骗取或者其他方法将本单位财物非法占为己有的行为。

1. 基于文义解释看"将本单位财物非法占为己有"

文义解释,又叫文理解释⑧,是指根据刑法用语的文义及其通常使用方式阐释刑法意义的解释方法。应当说,"综合手段说"主张将职务侵占行为解释为采用侵吞、窃取、骗取或者其他方法将本单位财物非法占为己有的行为,其解释在刑法规范文义之内,完全符合刑法的文义解释原理。当然,"综合手段说"在坚持其自身符合文义解释原理的前提下,并不否认"侵占单一手段说"也符合文义解释原理,而仅仅是要求确证

---

① 参见张明楷:《贪污贿赂罪的司法与立法发展方向》,载《政法论坛》2017年第1期。
② 参见陈洪兵:《体系性诠释"利用职务上的便利"》,载《法治研究》2015年第4期。
③ 需要指出的是,侵占罪之"侵占",是否以"合法"占有为条件尚有争议,有学者认为其并非必须以"合法"占有为条件,对于基于"不法原因给付"的场合是否成立侵占罪,在理论上存在肯定说与否定说的争议。参见周光权:《刑法各论》,中国人民大学出版社2008年版,第149页;魏东:《侵占罪犯罪对象要素之解析检讨》,载《中国刑事法杂志》2005年第5期。
④ 参见高铭暄、马克昌主编:《刑法学》(第二版),北京大学出版社、高等教育出版社2005年版,第572页;肖中华:《也论贪污罪的"利用职务上的便利"》,载《法学》2006年第7期;赵秉志主编:《刑法新教程》(第四版),中国人民大学出版社2012年版,第501页。
⑤ 高铭暄、马克昌主编:《刑法学》(第二版),北京大学出版社、高等教育出版社2005年版,第572页。
⑥ 赵秉志主编:《刑法新教程》(第四版),中国人民大学出版社2012年版,第501页。
⑦ 付立庆:《交叉式法条竞合关系下的职务侵占罪与盗窃罪——基于刑事实体法与程序法一体化视角的思考》,载《政治与法律》2016年第2期。
⑧ 我国有学者指出,文理解释,是对法律条文的字义,包括单词、概念、术语,从文理上所作的解释。参见高铭暄、马克昌主编:《刑法学》(第二版),北京大学出版社、高等教育出版社2005年版,第24页。

"其解释结论被限定在刑法规范文义之内"并且显然是名正言顺的解释结论。针对"侵占单一手段说",即使承认其也有一定的文义解释依据,有的学者甚至认为这种结论更具有平义解释的特征,但是笔者认为,刑法解释论并非绝对地强调"平义解释优先性",即不能简单地以此为据而否定"综合手段说"符合文义解释的要求。得出这种结论的解释论根据在于:语义解释的功能性定位仅限于确证"其解释结论被限定在刑法规范文义之内",或者说仅限于确证其解释结论没有超出"文义射程"和"语用解释限度",仅此即为已足。否则,如果坚持"平义解释优先性"的话,法律解释学将沦落为纯粹的语义学、训诂学甚至文字游戏,如此就显然贬低了法律解释学的学术品格。在刑法解释理论研讨和司法实践中,大量存在的现象并非是简单地采纳平义解释,而是主张在审查确证"其解释结论被限定在刑法规范文义之内"的基础上,进一步通过(狭义)论理解释和刑事政策解释以探求"更合理"的解释结论,这种"更合理"就是指更符合刑法规范法理和刑事政策原理,而不是简单地将平义解释视为"更合理"。

仅以侵占罪的刑法解释为例,其中"代为保管的他人财物""遗忘物"或"埋藏物"均涉及民事法与刑事法等不同意义上的文义差别。"代为保管的他人财物"的平义解释通常是指基于合法的委托保管关系所代为保管的他人财物,但是刑法解释论认为基于非合法委托的保管关系、非基于委托关系的实质保管关系之他人财物,均应解释为"代为保管的他人财物"。显然刑法解释论并没有坚持平义解释优先性。"遗忘物"最先规定于民法,因此"遗忘物"的平义解释是指暂时性遗忘于某特定场所之物,并且应区别于"遗失物",但是刑法解释论认为即使丢失时间较长、何时何地丢失都无法确认、丢失于非特定场所之物均可以解释为遗忘物,理论上和实践中均认可"广义的"遗忘物概念(即遗忘物与遗失物"区分不必要说"与"广义的遗忘物论")而反对"平义的"遗忘物概念(即"狭义的""纯粹民法意义上的"遗忘物概念)。"埋藏物"也是最先规定于民法,因此"埋藏物"的平义解释是指偶然发现的埋藏于地下或者其他物体之内、无法判明其所有权人之物(其民法意义在于"确权"),但是刑法解释论认为即使能够判明那些偶然发现的埋藏于地下或者其他物体之内的所有权人明确之物,仍然应当解释为埋藏物(其刑法意义在于"确认违法与责任")。[①] 如果以作为更接近平义解释的生活经验甚至民法原理来判断,难说较多刑法学者公认的上列刑法解释结论符合平义解释的要求,但是刑法解释论在这里却公然漠视平义解释结论。其根据何在呢?答案只能是刑法文义解释的功能性定位仅限于确证"其解释结论被限定在刑法规范文义之内",而不是必须恪守平义解释优先性。

更进一步观察可以发现,难说"侵占单一手段说"就比"综合手段说"更具有平义解释的特征。"侵占单一手段说"认为其解释结论更符合平义解释的特征,认为从《刑法》第270条(侵占罪)和第271条(职务侵占罪)二者之间的紧邻法条逻辑关系看(从立法体例上看),二者均表述为"非法占为己有,数额较大"这一罪状,既然侵占罪

[①] 参见周光权:《侵占罪疑难问题研究》,载《法学研究》2002年第3期;魏东:《侵占罪犯罪对象要素之解析检讨》,载《中国刑事法杂志》2005年第5期。

之"侵占"是无可争议的"侵占单一手段说",那么紧邻其后的职务侵占罪之"侵占"也应该是无可争议的"侵占单一手段说";其还认为从《刑法》第271条和第382条(贪污罪)二者之间的法条表述上看,《刑法》第271条的规定并没有像第382条那样表述为"利用职务上的便利,侵吞、窃取、骗取或者以其他手段非法占有本单位财物",因而也应当认为职务侵占罪之"侵占"只能采用"侵占单一手段说"。① 表面看上列论述有道理,但是仔细分析其解释方法,却可以发现其并非文义解释(从而也就无从谈起平义解释),而是体系解释(或者逻辑解释),尽管二者均以探求法条"妥当"含义为目标。② 不但如此,"侵占单一手段说"并非真正符合体系解释原理。以《刑法》第183条的提示性规定为例,该条第1款规定"保险公司的工作人员利用职务上的便利,故意编造未曾发生的保险事故进行虚假理赔,骗取保险金归自己所有的,依照本法第二百七十一条的规定定罪处罚",即明确提示并规定"骗取"行为属于职务侵占行为定型;该条第2款规定"国有保险公司工作人员和国有保险公司委派到非国有保险公司从事公务的人员有前款行为的,依照本法第三百八十二条、第三百八十三条的规定定罪处罚",也是明确提示并规定"骗取"行为属于贪污行为定型。那么,按照《刑法》第183条的提示性规定,"侵占单一手段说"论者就无法自证其平义解释结论的逻辑性,因为《刑法》第183条的提示性规定明显不符合"侵占单一手段说"而采用了"综合手段说"。由此可见,"侵占单一手段说"不但在其主张平义解释优先上有违刑法解释论原理,而且在其自诩平义解释(方法)的论断上也存在解释方法上的"误判",其采用的解释方法实质上并非文义解释(方法)而是体系解释方法,并且在其采用体系解释方法时仍然存在"体系性"漏洞(遗漏了《刑法》第183条的提示性规定)和逻辑悖论,从而"侵占单一手段说"主张其更具有平义解释的特征(以及"平义解释优先性")、更符合体系解释的逻辑等论断均不能自圆其说。

根据上列分析,"侵占单一手段说"基于其自身立场认为"综合手段说"是一种"扩张"文义内涵的论断,而"综合手段说"则基于其自身立场也认为"侵占单一手段说"是一种"限缩"文义内涵的论断,从而造成二者"各执一词"的局面。从刑法解释论立场看,文义解释方法本身仅能在"符合文义解释结论"这一层面上解决"侵占单一手段说"与"综合手段说"的合法性问题,而无法解决"孰优孰劣"和谁"更合理"这一价值判断层面上的问题。依据刑法解释原理,"侵占单一手段说"与"综合手段说"的价值合理性问题有待(狭义)论理解释和刑事政策解释来完成。在文义解释存在多种解释结论时,需要进一步进行(狭义)论理解释和刑事政策解释,以说明其中"某一个"解释在法理上的合理性和在刑事政策上的正当性,而不是简单地主张"平义解释优先性"。即使承认"侵占单一手段说"和"综合手段说"均在不同程度上符合文义解释结论,甚至即使承认"侵占单一手段说"更具有平义解释特征,那么仍然还需要进一步讨论,到底是采纳本原的文义解释结论还是被限缩的文义解释结论或者被扩张的

---

① 参见张明楷:《刑法学(下)》(第五版),法律出版社2016年版,第1021页。
② 参见王利明:《法律解释学导论——以民法为视角》(第二版),法律出版社2017年版,第292—295页。

文义解释结论更为妥当?对此争议,刑法解释论认为必须进一步运用刑法原理[即(狭义)论理解释方法]和刑事政策原理(即刑事政策解释方法)进行说理论证,方能得出更为恰当的刑法解释论。

2. 基于论理解释看"将本单位财物非法占为己有"

论理解释①,是指以刑法用语的文义为基础底线,运用刑法原理、其他相关法理以及刑事政策原理阐释刑法意义的解释方法。可见,论理解释方法不同于文义解释,它更多地被解释者赋予了法理考量、价值判断甚至刑事政策审查;"讲法理、讲道理"是论理解释的重要特征。这里有两个重要法理问题值得检讨和阐释。

(1)基于职务侵占罪的行为定型的法理阐释:地方性知识与历史文化性知识审查。

按照罪刑法定原则的要求和大陆法系国家三阶层犯罪论的逻辑,行为定型是由刑法规定的(罪刑法定原则)、作为构成要件该当性(三阶层犯罪论)的规范判断,这种规范判断既是首要的(第一阶层的)、基础性的判断,更是依法的(罪之法定的)、立法论的判断。按照我国传统犯罪构成四要件理论的逻辑,行为定型是犯罪客观方面要件的规范判断,必须以刑法分则条文的明确规定作为依据,亦即其同样是依法的(罪之法定的)、立法论的判断。可以说,行为定型的规范判断、依法判断、立法论判断已经成为基于罪刑法定原则要求的中外犯罪论的共识,是对某种具体行为类型予以定罪处罚的前提和基础,动摇不得。在此意义上讲,大陆法系国家传统的三阶层犯罪论体系,由于其将行为定型的规范判断、依法判断、立法论判断置于首要的基础性地位,充分关注了行为定型的功能性价值,所形成的构成要件该当性(行为定型性)、违法性、有责性三阶层判断体系,远比新近进一步抽象化和价值化之后的"违法、有责"二阶层判断体系更为妥当。三阶层犯罪论体系与二阶层犯罪论体系在是否需要行为定型理论这个"点"上存在的分歧,被部分二阶层犯罪论者过度价值化、实质化和抽象化地"化解"于无形,可能并不妥当。刘艳红教授指出,我国学者提倡的三阶层犯罪论体系是以经验论为研究范式、以法实证主义"分离命题"为基础构建的,而构成要件的发展史、犯罪认定中事实与价值二分法的崩溃以及现代法律思维从实证论到本体论的转换,使"分离命题"的前提不再存在、内容难以成立,其方法论也难以维系;"分离命题"的破解使以经验论为基础的三阶层犯罪论体系难以维持,而以规范论为基础的二阶层犯罪论体系则值得提倡。② 而某些场合,例如受贿罪的认定,将受贿罪"价值化、实质化和抽象化地"解释为(国家工作人员)利用职务上的便利获得非法利益,就可能将部分违规经商并获益的行为解释为受贿罪,其表面上的法理根据就是基于违法性和有责性的过度价值化、实质化和抽象化判断,其致命缺陷恰恰在于遮蔽了该当性判断,直接导致解释结论的违法和失当。当然,毋庸讳言,一般性地(即笼统而抽象地)讲"行为定型"理论及其规范价值可能并不能充分说明职务侵占行为定型的具体

---

① 我国有学者指出,论理解释,是按照立法精神,联系有关情况,从逻辑上所作的解释。高铭暄、马克昌主编:《刑法学》(第二版),北京大学出版社、高等教育出版社2005年版,第24页。
② 参见刘艳红:《我国犯罪论体系之变革及刑法学研究范式之转型》,载《法商研究》2014年第5期。

内容。这里可能存在的疑问是:如果说基于职务侵占罪的行为定型的法理阐释可以成为"综合手段说"的理由,难道不可以说行为定型理论也可以成为"侵占单一手段说"的理由?

为了回应这一疑问,刑法解释论应注意和进一步明确的重要法理在于:某种具体行为定型的规范判断、依法判断、立法论判断,并非是纯粹"概念法学"的抽象判断,而是并且必须是具体国别的法规范体系内的地方性知识判断(即文义解释和体系解释)、历史文化传统判断(即历史解释)。因此,就职务侵占罪的行为定型性而言,除前述文义解释结论和体系解释结论的分析判断外,尤其值得注意的是基于职务侵占罪立法论的历史解释结论。对此,有学者指出,旧中国刑法与国外刑法所规定的侵占罪包括三种类型,即委托物侵占、脱离占有物的侵占以及职务(业务)侵占,其中的侵占均指狭义的侵占,而不包括盗窃与诈骗。① 但是,这里"旧中国刑法与国外刑法"的立法立场并不能代替"中华人民共和国刑法"本身的历史解释,诚如我国学者指出,从现行《刑法》所规定的职务侵占罪的立法演变过程看,我国1979年《刑法》并没有规定职务侵占罪,1995年2月28日全国人大常委会制定的《关于惩治违反公司法的犯罪的决定》(已失效)中增设了职务侵占罪并将职务侵占罪从贪污罪中分化出来,现行《刑法》在此基础上进一步将非国有单位中主管、经手、管理公共财物的工作人员归入职务侵占罪的主体范围,非法占为己有的方式包括侵吞、盗窃、骗取以及其他手段等四种类型。因此"从职务侵占罪这一立法演变过程看,在刑法中,立法机关已将相当一部分原为贪污罪的主体划归职务侵占罪的主体范围之内,而对这些行为的方式却未加任何限制。根据立法精神,应当认为其行为方式仍然包括盗窃、侵吞、骗取等非法手段,而且从对非国有公司、企业、单位工作人员的职务侵占罪的行为方式的理解上看,有关司法解释以及刑法理论的通行观点也持此种见解"。② 可见,基于职务侵占罪的行为定型理论(以及违法类型理论),尤其是基于职务侵占罪立法论的历史解释,应当认为职务侵占行为定型的"综合手段说"(或"全面肯定说")更符合法理。

(2)基于职务侵占罪"背信+财产损失说"的法理阐释:周全性审查。

一种观点认为,职务侵占行为是一种相对于"单位"而言的背信行为(背信说),故而"单位"人员实施职务侵占行为就辜负了"单位"对其信任并致"单位"遭受财产损失(背信+财产损失说)。按照这一法理来解释单位人员"将本单位财物非法占为己有","侵占单一手段说"与"综合手段说"之中哪一种观点能够更周全地符合"背信+财产损失说"立场?笔者认为,应当是"综合手段说"更周全,即无论单位人员是采用侵吞、窃取、骗取的方法或者其他方法"将本单位财物非法占为己有",均符合职务侵占"背信+财产损失说"立场。当然笔者也注意到,采用"侵占单一手段说"的论者针对前述悖论提出了进一步的说理:因为盗取、骗取等其他方法"将本单位财物非法占为己有"的行为可能触犯了盗窃罪、诈骗罪等罪名,而司法解释规定的职务侵占

---

① 参见张明楷:《贪污贿赂罪的司法与立法发展方向》,载《政法论坛》2017年第1期。
② 参见毕志强、肖介清:《职务侵占罪研究》,人民法院出版社2001年版,第122—123页。

的罪责比盗窃罪和诈骗罪等罪的罪责更轻,这样就导致单位人员采用盗取、骗取等其他方法"将本单位财物非法占为己有"的行为所承担的罪责——如果对其定性为职务侵占的话——明显轻于盗窃罪、诈骗罪等罪的罪责,甚至还可能因为达不到职务侵占罪的定罪数额标准而不承担刑事责任(因为职务侵占罪的入罪数额标准高于盗窃罪、诈骗罪等罪),这种状况不合理。但是,针对"侵占单一手段说"论者的这种说理,值得更进一步注意的地方在于:司法解释规定职务侵占罪的入罪数额标准与盗窃罪、诈骗罪等罪的入罪数额标准之间存在的这种差异本身是否合理。笔者认为不能因为司法解释规定的入罪数额标准差异就否定职务侵占的行为定型,更不能为了入罪、加重罪责而人为地改变职务侵占的行为定型,否则既违背罪刑法定原则的要求,又损害刑法安定性。职务侵占罪的入罪数额标准相较于盗窃罪和诈骗罪的入罪数额标准来说更高,职务侵占罪也比盗窃罪和诈骗罪的责任更轻,是否有充分的法理依据?笔者认为,刑法规定和司法解释规定已经赋予了职务侵占行为定型"封闭的特权条款"属性[①]和"团结社会的连带关系"属性。

根据"封闭的特权条款"原理,应当认为"对于行为性质符合特别法条的构成特征,但因数额、数量未达到特别法条要求时,不能以普通法条定罪。此时,需要考虑立法上的预设、法益侵害原理、特别法条的立法必要性、特别法条定型化的构成要件观念、实质的刑法方法论等问题"[②]。这种理论阐释的实质更接近于法条竞合论,后文将具体展开。

根据"团结社会的连带关系"原理,应当注意到在机械团结社会里"集体人格完全吸纳了个人人格",而在有机团结的社会,个人通过构成社会的各个部分依赖于社会,与个体发生连带关系的社会是由一些特别而又不同的职能通过相互间的确定关系结合成的组织体、系统,从而"每个人都拥有自己的行动范围,都能够自臻其境,都有自己的人格"[③]。团结社会里,活动于特定社会组织(如有限责任公司和国家机关等"单位")的个人,其管理责任、社会责任均与特定社会组织具有一定连带关系和特别考量,可以说特定社会组织责任直接影响了该"个人"刑事责任的规范评价,这种责任评价的影响可以表现为责任减轻或者责任加重。这一原理可以较好地解释作为特定社会组织中"个人"的国家机关工作人员贪污入罪或者单位人员(即非国家机关工作人员)职务侵占入罪的数额标准高于普通侵犯财产罪(但是贪污罪最高法定刑高于普通侵犯财产罪,而职务侵占罪最高法定刑低于普通侵犯财产罪)的法理妥当性。至于贪污罪最高法定刑高于普通侵犯财产罪(贪污罪最高法定刑有死刑),其法理根据恰恰不能单纯地从"侵犯财产性"之中寻找,而应从团结社会遭受"特别重大损失"[即《刑法》第383条第1款第(三)项规定"数额特别巨大,并使国家和人民利益遭受特别重大损失的"]之中寻找。而职务侵占罪的最高法定刑(有期徒刑15年)低于普通侵犯财产罪的最高法定刑(如盗窃罪和诈骗罪的最高法定刑为无期徒刑),其法理根据同

---

① 参见张明楷:《法条竞合中特别关系的确定与处理》,载《法学家》2011年第1期。
② 周光权:《法条竞合的特别关系研究——兼与张明楷教授商榷》,载《中国法学》2010年第3期。
③ 〔法〕涂尔干:《社会分工论》,渠东译,生活·读书·新知三联书店2000年版,第89—183页。

样可以从"团结社会理论"中获得,即使其职务侵占数额特别巨大且可能致使"本单位"遭受特别重大损失,但是应当承认"本单位"基于单位人员管理责任、社会责任的连带关系及其特别考量,这种特别考量就使得职务侵占罪的责任区别于盗窃罪或者诈骗罪,因而仍然可以说职务侵占罪的最高法定刑低于普通侵犯财产罪的最高法定刑能够从团结社会理论中获得妥当法理解释。因此,单位人员职务侵占,无论是单纯的"(利用职务上的便利)变持有为所有"行为还是"(利用职务上的便利)窃取、骗取"等行为,法理上确认该职务侵占行为定型"封闭的特权条款"属性和"团结社会的连带关系"属性就具有妥当性,由此可以证成"综合手段说"的妥当性。当然,应当承认,欲更加深刻阐释"综合手段说"的法理妥当性,还需要从刑事政策论和法条竞合论上展开更进一步的释法说理。

3. 基于刑事政策解释看"将本单位财物非法占为己有"

有论者指出,当前快递行业盗窃案件呈现出逐渐增多甚至"井喷"的趋势,如果对这类行为适用职务侵占罪的规定,无疑会极大地放纵快递运输业的"小偷小摸"现象,所以需要对这类案件统一适用盗窃罪从而保持对快递行业盗窃案件严厉打击的态势,为快递运输行业健康稳定发展保驾护航。① 这种见解应当说是基于刑事政策解释方法的分析论证。但是,应当注意刑事政策解释方法的功能性价值是限定刑法解释结论的刑事政策正当性。刑事政策原理强调人权保障至上,反对犯罪防控至上,主张人权保障至上并兼顾犯罪防控,由此形成了现代刑事法治所公认的罪刑法定原则、刑法谦抑性原则、刑法不得已性和最后手段性原则。② 在职务侵占行为"综合手段说"与"侵占单一手段说"之争中,"侵占单一手段说"主张的一个重要理据是有利于惩罚犯罪而不至于放纵犯罪。其实,职务侵占罪的罪责轻于盗窃罪和诈骗罪等(其中包括职务侵占罪的入罪标准较高),是由于司法解释(文本)规定所致,那么在这种情况下,司法上(刑法解释论上)是否应当基于"有利于惩罚犯罪"而作出不利于行为人(被告人)的刑法解释?这是一个论理解释"本身"的妥当性问题,同时也是一个刑事政策解释方法需要审查的问题。笔者认为,基于前述文义解释、论理解释以及刑事政策原理(刑事政策解释方法)的分析,"综合手段说"既符合刑法的文义解释、论理解释,也符合刑事政策解释的正当性,而有利于被告人(行为人)不但不能成为证立"侵占单一手段说"的理据,反而应当成为质疑"侵占单一手段说"的理据。在立法论上,单纯的"有利于惩罚犯罪"并不能当然获得刑事政策正当性,而是在既有利于保障人权,又符合刑法的"最后手段性"与"不得已性"之限定下的,适度且合理的"有利于惩罚犯罪"才符合刑事政策正当性。在司法论上(解释论上),单纯的"有利于惩罚犯罪"同样不能当然获得刑事政策正当性,而是既符合罪刑法定原则和立法论原理,又符合司法逻辑,并且兼顾被告人权保障的"有利于惩罚犯罪"才符合刑事政策正当性。以此立法论和司法论审查,应当说"综合手段说"更符合刑事政策正当性的价值诉求。至于在

---

① 参见苏云、张理恒:《快递公司分拣员窃取邮包行为定性分析——以杨某窃取邮包二审无罪案展开》,载魏东主编:《刑法解释》(第2卷),法律出版社2016年版,第246—264页。
② 参见魏东:《刑事政策原理》,中国社会科学出版社2015年版,第92—95页。

某些场合,如在涉嫌职务侵占行为和贪污行为的场合,由于采用"综合手段说"可能导致某些涉案数额达不到司法解释规定的职务侵占罪和贪污罪之数额标准而不能定罪,从而导致被告人(行为人)被作出了"出罪"处理,是否符合刑事政策正当性呢?答案仍然是肯定的。因为在司法论上(刑法解释论上),刑事政策原理主张"单向出罪的"刑事政策校正功能,即使在刑法已有犯罪规定并且行为人已经构成犯罪时,若根据刑事政策审查行为人的综合情节,如未成年人、在校生、限制刑事责任能力人等在犯罪情节较轻且有一系列从宽情节等情况下,是可以依法、依刑事政策(如宽严相济刑事政策)而作出非罪处理,如不起诉等,这时刑事政策对刑法发挥了校正功能并且只能是"单向出罪的"刑事政策校正功能。但是,在司法论上(刑法解释论上),刑事政策对刑法的校正功能不能是逆向的、入罪的功能,亦即在刑法缺乏相应的犯罪规定或者已有规定中存在出罪规定时,刑事政策论是不准许以"有利于惩罚犯罪"为由而作出司法上犯罪化处理的,依法不能在缺乏刑法规定时通过单纯的刑事政策入罪。

如前所述,针对"成都快递分拣员杨某窃取快递物品案"中杨某是否被定罪的刑事政策审查中,就有一种观点认为如果不对分拣员杨某定罪,将不利于惩戒杨某本人也不利于教育其他分拣员,甚至不利于整个快递行业的健康发展,没有兼顾好审判的法律效果和社会效果。[①] 这种刑事政策审查结论其实是不合理的,刑事政策上并不主张超越法律规定进行特殊预防和一般预防,罪刑法定原则和刑法谦抑精神是不可突破的刑事法治理性;同时,预防违法犯罪的策略方法并不只有刑法,还可以依法动用行政的、经济的、民事的等多种手段来惩治违法犯罪行为,其中我国还有一种强有力的治安管理处罚法可以依法适用,完全能够满足特殊预防和一般预防的需要。难道不动用刑法手段就一定纵容了违法犯罪,就不能治理社会?显然不能得出这个结论。事实上,我国有较多的违法行为以及介于违法与犯罪之间的模糊行为,不一定非要动用刑法手段,只有将刑法之手严格限定于刑法所规定的犯罪之内,才符合刑事法治理性,否则,难以防止发生深重的法治灾难。

综上,职务侵占行为定型的刑法解释应当坚持"综合手段说"和"业务便利肯定说"立场,将职务侵占行为定型的解释结论限定为(单位人员)利用职务上和业务上(劳务上)的便利,以侵吞、窃取、骗取或者其他方法将本单位财物非法占为己有的行为。

三、职务侵占罪的司法逻辑:基于贪污罪的解释论比较与法条竞合论的阐释

司法公正可以有两种意义的界定:基于立法规定的司法公正与基于立法目的的司法公正。针对公权力的司法适用,应当强调公权法定并严格审查现行有效的法律

---

① 参见苏云、张理恒:《快递公司分拣员窃取邮包行为定性分析——以杨某窃取邮包二审无罪案展开》,载魏东主编:《刑法解释》(第2卷),法律出版社2016年版,第246—264页。

的明确规定,因而可以说其体现的司法公正是一种基于立法规定的司法公正。针对私权利的司法适用,应强调"法无禁止即自由",因而可以说其体现的司法公正是一种基于立法目的的司法公正。尽管我们说针对私权利的司法适用也必须"依法"司法,但是在缺乏法律明确规定的场合,司法适用(司法审判)中通常不得以法无明文规定为由而对私权利进行"法律解释性"的削减甚至剥夺,而只能依据立法目的予以"依法"确认和裁判。因此,作为公法,按其立法规定所关涉的公权力与私权利之规范内容与实质,即应适当注意公权法定与(私)权利自由的法理,分别采取"公权力司法基于立法规定的司法公正说"与"(私)权利司法基于立法目的的司法公正说"之不同立场。作为公法的刑法,基于刑法的特殊性即刑法惩罚严厉性所引发的人权风险和刑事政策理念所要求的罪刑法定原则,刑法解释和刑法司法的公正性通常只能是基于刑法立法规定的司法公正,而不能准许仅仅基于立法目的就超越立法规定而对被告人予以入罪认定(因为"予以入罪认定"是作为公权力的司法裁判权,且相应的其必然限制或者剥夺私权利),而仅可以准许基于立法目的而对被告人予以出罪认定(因为"予以出罪认定"尽管也是作为公权力的司法裁判权,但是其实质内容具有保障私权利的性质)。这种立场也是刑法安定性价值的内在要求,必须适当克制刑法妄动,以有效限定刑罚处罚界限并实现刑法的人权保障机能。

就职务侵占罪的司法逻辑而言,也存在这样两种司法公正观:一种是只能限定为基于刑法立法规定的司法公正,另一种是可以扩张为基于刑法立法目的的司法公正。按照前述作为公法的刑法之司法公正观,职务侵占罪的司法逻辑通常只能限定为基于刑法立法规定的司法公正观。这种司法逻辑必须考查和充分尊重职务侵占罪的立法原理,只有通过立法论来考查解释论,才可能得出合理的结论。基于职务侵占罪的立法论分析,如前述关于职务侵占的立法文义、立法历史沿革等的考察分析,职务侵占行为定型的解释应当限定为(单位人员)利用职务上和业务上(劳务上)的便利,以侵吞、窃取、骗取或者其他方法将本单位财物非法占为己有的行为。关于职务侵占行为定型的这一解释结论,应当说同贪污罪之贪污行为定型的解释结论是基本一致的,即贪污行为定型的刑法解释结论应当遵从《刑法》第 382 条规定的(国家工作人员)"利用职务上的便利,侵吞、窃取、骗取或者以其他手段非法占有公共财物"的立法文义,采用"综合手段说"是当然结论。

至于张明楷教授指出:"《关于办理贪污贿赂刑事案件适用法律若干问题的解释》大幅度提高了贪污、受贿、职务侵占等罪的数额标准,但其理由并不充分,而且必然导致贪污、职务侵占罪与盗窃、诈骗罪之间的不协调。当下,需要思考贪污贿赂罪的司法与立法发展方向。"[①]笔者认为张明楷教授提出的问题有一定道理,但是针对这个问题的解决方案却需要进行刑事法治理性和刑事政策观念的审查。从发展完善刑法立法的长远立场看,张明楷教授提出的解决方案中主张"从立法论上来说,将来应当将职务侵占罪与贪污罪合并成一个职务(业务)侵占罪,将其规定在侵犯财产罪中;应当

---

① 张明楷:《贪污贿赂罪的司法与立法发展方向》,载《政法论坛》2017 年第 1 期。

根据法益侵害程度设计不同的受贿罪类型,将其置于渎职罪中"①,具有一定合理性。但是张明楷教授所提出的解决方案的正确性仅限于"立法论"层面之立法完善,而司法论层面应当有所节制。因此,问题在于"当下",张明楷教授在其主张的立法完善建议尚未成为正式的刑法立法文本之前,其主张运用"活的法"原理而将现行刑法规范"解释"为"对于国家工作人员利用职务上的便利窃取、骗取公共财物,没有达到贪污罪的数额较大标准,但达到盗窃、诈骗罪的数额较大标准的案件,应当以盗窃、诈骗罪论处。为了使职务侵占罪、贪污罪与盗窃罪、诈骗罪保持协调关系,应当将窃取、骗取行为排除在职务侵占罪之外(刑法有特别规定的除外);对《刑法》第382条规定的利用职务上的便利的窃取、骗取行为,应当进行限制解释"②,是否符合刑法解释原理和刑法司法公正逻辑?即张明楷教授以"应然的立法公正"作为现实的"刑法司法公正逻辑"是否合理?基于前述关于职务侵占行为定型的解释原理和解释结论基本相同的法理,应当说张明楷教授主张采用"侵占单一手段说"立场不符合作为公法的刑法及其解释原理的特殊性,有僭越"公权法定"和罪刑法定原则之嫌,有违背刑法司法逻辑和刑法教义学之不当。因而笔者认为,张明楷教授以"应然的立法公正"、基于刑法立法目的的司法公正作为现实的"刑法司法公正逻辑"存在很大疑问,严重违背了基于刑法立法规定的司法公正之基本立场。

张明楷教授所讨论的问题还可以细化为职务侵占与贪污、职务侵占与侵占的类型性责难,盗骗与职务侵占的违法责任比例难题,刑事政策的责难(即不利于防控劳务侵犯财产行为),等等。但是,其一,值得注意的问题恰恰是职务侵占与贪污、职务侵占与侵占的类型性责难化解中将会产生新矛盾。针对职务侵占与贪污、职务侵占与侵占的类型性责难,总体上看存在以刑法的"立法完善论"代替刑法的解释论、以"应然的刑法"立法论代替"现实的刑法"立法论和罪刑法定原则的新矛盾。职务侵占与贪污,尽管我国现行《刑法》第382条和第271条的文字表述存在细微差异,但是正如前文所述,此两个法条的文义解释结论应当是一致的,在这种情况下将"盗窃"和"诈骗"从法条文义之中予以剔除是缺乏法律依据的,从而无法从"公权法定"和罪刑法定原则之中找到法理上的充分依据;尤其是这种"文义剔除"本身不但存在违背罪刑法定原则之硬伤,而且直接导致在对被告人可以解释为无罪时反而被解释为有罪、在对被告人可以解释为罪轻时反而被解释为罪重,其"追诉"色彩和重刑主义特点凸显,无法自证其正当性。至于职务侵占行为定型与侵占罪之侵占行为定型,有学者指出,将"窃取"与"骗取"从职务侵占罪客观行为方式中"踢出去",恰恰维持了侵占犯罪的定型性,因为国内外理论与实务无可争议地认为,作为不转移占有的典型的侵占犯罪,与盗窃、诈骗等夺取罪(即转移占有的犯罪)的本质区别正在于,对象是否属于行为人已经占有的财物,即将自己已经占有(不是基于非法方式取得占有)的财物非法占为已有的,是侵占犯罪,而通过盗窃、诈骗等方式夺取他人占有的,成立盗窃、诈

---

① 张明楷:《贪污贿赂罪的司法与立法发展方向》,载《政法论坛》2017年第1期。
② 张明楷:《贪污贿赂罪的司法与立法发展方向》,载《政法论坛》2017年第1期。

骗等夺取罪。① 但实际上,这种笼统针对"侵占犯罪"进行叙述的方法难以服人,因为针对职务侵占罪之职务侵占行为定型与侵占罪之侵占行为定型,本来在其各自立法论上就存在明显差别并且确定这种差别已有充足根据,即职务侵占罪之职务侵占行为定型在立法论上是指包含变业务上占有为行为人所有、窃取、骗取等综合手段将本单位财物占为己有,而侵占罪之侵占行为定型在立法论上本来就是指区别于盗窃和诈骗等取得罪之外的"变占有为所有"之行为定型,因此以侵占罪之侵占行为定型批驳职务侵占行为定型显然是无视立法论的解释,是没有道理的。其二,盗骗与职务侵占的违法责任比例难题化解中也会产生新难题。针对职务侵占与盗骗的违法责任比例难题,部分原因是立法规定造成的,再有部分原因是司法解释(文本)造成的,比如原有《刑法》第 382 条直接规定了贪污罪的定罪起点数额标准远远高于盗窃罪和诈骗罪的定罪起点数额标准,而在《中华人民共和国刑法修正案(九)》[以下简称《刑法修正案(九)》]修改了贪污罪的定罪量刑数额标准之后又由 2016 年最高人民法院、最高人民检察院《关于办理贪污贿赂刑事案件适用法律若干问题的解释》直接继承了原有"立法缺陷"(但本文如前所述并不完全认同这是一个"立法缺陷"),将贪污罪的定罪量刑数额标准"解释"为远远高于盗窃罪和诈骗罪的定罪量刑数额标准。因此"解铃还须系铃人",根本的解决办法还是有待于完善立法和恰当制定规范的司法解释文本。否则,通过违背传统刑法教义学、立法论和解释论的方法进行"再解释"来化解比例难题,难免将产生更多的解释难题和司法混乱,还会制造出更加严重的法治困境。其三,刑事政策论的责难实际上也难以成立。针对职务侵占"综合手段说"将导致实务上不利于防控劳务侵犯财产行为的刑事政策责难,存在防控犯罪价值至上而贬抑罪刑法定原则的人权保障机能、为避免(刑罚)处罚漏洞而忽略(犯罪)处断规则的价值误导。现代刑事政策原理并没有赋予片面追求犯罪防控的价值至上性,而是在犯罪防控与人权保障的价值权衡中赋予人权保障的价值至上性,主张"人权保障至上"并兼顾"犯罪防控"。以此而论,职务侵占"综合手段说"尽管可能导致部分职务侵占行为因财物数额尚未达到定罪标准不能依法被"解释"为犯罪(指职务侵占罪),同时因其行为定型被限定为职务侵占之后也不能被"解释"为盗窃罪与诈骗罪,如此一来确实可能造成某种意义上的"(刑罚)处罚漏洞",导致某种意义上的不利于犯罪防控和秩序维护。但是,这种局面的形成只能"归咎于"立法以及立法之下的解释论;由于其完全合乎罪刑法定原则和刑法解释原理,充分体现了刑事法治理性,因而这种局面的形成应当说具有合理性,并非不可接受;同时,这种局面不至于形成犯罪防控和秩序维护的"致命伤",因为其仅仅限制了"(刑罚)处罚漏洞"而不能适用刑法,但是其并没有限制非刑事法措施如民法的、行政法的,尤其是《中华人民共和国行政处罚法》和《治安管理处罚法》的适用以达致防控犯罪和秩序维护的价值诉求,并且综合运用刑事类措施与非刑事类措施以防控犯罪和维护秩序正是现代刑事政策原理和广义刑事政策观的基本主张。

---

① 参见陈洪兵:《体系性诠释"利用职务上的便利"》,载《法治研究》2015 年第 4 期。

还应指出,有刑法学者提出的"大竞合论"与绝对的重法优于轻法处断规则①,以及某些学者主张的对于特别关系的竞合采用"在一定条件下应当适用重法优于轻法的原则"(即相对的重法优于轻法处断规则)②,其解释思路也是值得警惕的。如张明楷教授主张:当特别法不利于定罪或者不利于重罚之时转而求助于适用有利于定罪或者重罚的一般法,提出"对于特别关系,原则上采用特别法条优于普通法条的原则,但在一定条件下应当适用重法优于轻法的原则;某种行为没有达到司法解释确定的特别法条的定罪标准,但符合普通法条的定罪标准时,应当适用普通法条定罪量刑"③。付立庆教授在确认职务侵占和贪污的行为定型应采用"综合手段说"的前提下也采用了"相对的重法优于轻法处断规则"及其"解释思路",指出:在行为同时符合职务侵占罪与盗窃罪时,由于在普通法条上关于盗窃罪的规定中并无"本法另有规定的,依照规定"的明文强制,就需要比较法定刑的轻重,按照重法优于轻法的原则处理;在行为不符合职务侵占罪这一特殊法条时,为了避免出现处罚上的漏洞,完全可以也应该按照盗窃罪(或者诈骗罪、侵占罪)等普通法条处理,这样的主张是罪责刑相适应原则(罪刑均衡原则)的要求,同时也不违反罪刑法定原则。④ 应当说,张明楷教授和付立庆教授所主张的对法条竞合关系可以采用"相对的重法优于轻法处断规则",与大竞合论所主张的"绝对的重法优于轻法处断规则"一样,均得出了可以适用作为重法的普通法条的结论,均可能存在防控犯罪价值至上而贬抑罪刑法定原则的人权保障机能、为避免(刑罚)处罚漏洞而忽略(犯罪)处断规则的价值误导。例如,当职务侵占单位财物行为、贪污行为尚达不到职务侵占罪或者贪污罪的定罪数额标准时转而将其"解释"为盗窃罪、诈骗罪;当合同诈骗行为尚达不到合同诈骗罪的定罪数额标准时转而将其"解释"为(普通)诈骗罪;当故意伤害行为尚达不到故意伤害罪的定罪结果程度时转而将其"解释"为寻衅滋事罪;当交通肇事行为尚达不到重罚预设目标时转而将其"解释"为过失致人死亡罪,诸如此类的解释逻辑及其结论,表面上看均可能在"大竞合论""绝对的重法优于轻法处断规则"与"相对的重法优于轻法处断规则"的口号下被赋予了某种"合法性"和"合理性",但实际上其法理根据却是存疑的,可能违背了刑法教义学并造成了刑法原理的体系性混乱,得不偿失,值得深思和检讨。

从刑法教义学原理看,"大竞合论""绝对的重法优于轻法处断规则"与"相对的重法优于轻法处断规则"之法理检讨,可以从刑法中的行为定型论与法条竞合论两种路径展开。⑤ 基于刑法中的行为定型论观察,在特别法对一般法所涵盖的行为作出特别的类型化规定之后,应当适用"特别法排斥一般法"的处断规则⑥,因为此时"一般

---

① 参见陈洪兵:《不必严格区分法条竞合与想象竞合:大竞合论之提倡》,载《清华法学》2012年第1期。
② 参见张明楷:《刑法学(上)》(第五版),法律出版社2016年版,第471—474页。
③ 张明楷:《法条竞合中特别关系的确定与处理》,载《法学家》2011年第1期。
④ 参见付立庆:《交叉式法条竞合关系下的职务侵占罪与盗窃罪——基于刑事实体法与程序法一体化视角的思考》,载《政治与法律》2016年第2期。
⑤ 有关刑法中的行为定型论与法条竞合论的深刻检讨有待另文专述,此处不作深入论述。
⑥ 参见魏东:《刑法理性与解释论》,中国社会科学出版社2015年版,第225页。

法所涵盖的行为"已经被内化为特别法的一部分并在相当意义上已丧失了作为一般法的独立的行为定型的资格和条件,只有特别法完整定型的行为才能成为特别法的评价对象,从而依法只能适用特别法而排斥一般法(即"特别法排斥一般法"的处断规则)。这是从行为定型论的立场来诠释法条竞合的特别关系及其处断规则所得出的基本结论。就法条竞合论而言,目前理论界对法条竞合的内涵界定及其处断规则确实存在较大争议①,确有必要进行简要检讨以正视听。

　　法条竞合,又叫法规竞合,是指一个行为同时符合数个法条规定的犯罪构成,但是数个法条之间在犯罪构成逻辑关系上存在单向包容的特别关系,只能适用特别法条而排斥适用其他法条的情形。因而法条竞合的基本特征是:存在一个完整的行为定型和犯罪构成事实;侵犯了特定的保护法益;表面上符合刑法分则的数个法条,但是数个法条之间存在单向包容的特别关系而不存在双向包容的互补关系;只能适用特别法条而排斥适用其他法条(即"特别法排斥普通法"处断规则)。基于法条竞合论的以上法理观察,可以得出以下结论:只有特别法与普通法之间、补充法与基本法之间的关系,属于单向包容的特别关系(即法条竞合关系)。② 也就是说,单向包容的特别关系(即法条竞合关系)只包括两种具体情形:一种情形是特别法与普通法之间的关系,属于典型的单向包容的特别关系(即"单向包容的特别关系论")与典型的法条竞合关系(即"法条竞合关系论"),如职务侵占罪与盗窃罪(或诈骗罪)之间、合同诈骗罪与诈骗罪之间的关系;另一种情形是补充法与基本法之间的关系,属于"可以被视为"的特别关系与法条竞合关系(即"可以被视为的特别关系论"),如《刑法》第114条与第115条第1款之间的关系。应当说,同属于单向包容的特别关系的这两种具体情形之间既有共通之处也有细微差异之处,需要细心体认。特别法与普通法之间的特别关系作为典型的法条竞合关系,由于其通常发生在数个法条及其对应规定的数个罪名之间(有时也可能发生在同一罪名内部的数个犯罪形态之间或者数个量刑情节之间),通常"只能"依赖法条竞合论来解决其处断规则(但对于发生在同一罪名内部的数个犯罪形态之间或者数个量刑情节之间的特别关系则可以同时运用犯罪形态论与加重犯论等理论来解决其处断规则),并且"只能"适用特别法排斥普通法处断规则,这才是符合逻辑并能够实现逻辑自洽性的法条竞合论。

　　值得注意的是,补充法与基本法之间的特别关系,如《刑法》第114条与第115条第1款之间的关系由于在法理上可以阐释为犯罪未完成形态(犯罪未完成形态论)与犯罪完成形态(犯罪既遂论)之间的关系,即实质上属于"同一罪名内部"的不同停止形态之间的关系,"与普通的结果犯相对应,第114条便是对第115条第1款的未遂犯的特别规定(也可谓对未遂犯的既遂犯化)"③,因而即使"没有"法条竞合论也可以依照"犯罪停止形态论"加以有效解决,如当作为补充法的犯罪未完成形态的行为(如

---

　　①　参见张明楷:《刑法学(上)》(第五版),法律出版社2016年版,第463—477页。
　　②　关于法条竞合的关系类型,大陆法系国家刑法理论认为其有特别关系、补充关系、吸收关系和择一关系四种,而我国刑法学界对此问题存在较大争议。参见魏东主编:《刑法》,中国民主法制出版社2016年版,第196页。
　　③　张明楷:《刑法学(上)》(第五版),法律出版社2016年版,第476页、第692页。

《刑法》第114条)与作为基本法的犯罪完成形态的行为(如《刑法》第115条)之间出现了"补充法与基本法"之竞合关系时,作为补充法的犯罪未完成形态的行为之法条适用规则"本来"就可以依照犯罪未完成形态论予以有效解决,即由此可以得出只能适用补充法(犯罪未完成形态)的结论。可见,这里"只能适用补充法(犯罪未完成形态)"这一处断规则本来是即使"没有"法条竞合论也可以依照"犯罪停止形态论"而得出的。那么,将补充法与基本法之间的关系作为"可以被视为"的特别关系与法条竞合关系的法理意义就在于,这种"可以被视为"的特别关系与法条竞合关系有助于"印证"犯罪停止形态论所得出的"只能适用补充法(犯罪未完成形态)"这一处断规则之正确性与合理性。因此,相较于特别法与普通法之间的特别关系,由于通常无法依据除法条竞合论之外的其他理论(如犯罪未完成形态论)获得有效解决办法,从而法条竞合论就在相当意义上成为有效解决特别法与普通法之间关系的"唯一"理论而具有典型性,因而我们将特别法与普通法之间的关系称为典型的特别关系(即"特别关系论")与典型的法条竞合关系,相应地将补充法与基本法之间的关系作为"可以被视为"的特别关系(即"可以被视为的特别关系论"),二者的共通之处在于均可以得出此种情形应适用"特别法排斥普通法处断规则"这一正确结论,只不过"特别法排斥普通法"这一处断规则在补充法与基本法之间的关系下还可以转换为"补充法排斥基本法处断规则"。实际上,《刑法》第114条与第115条第1款之间的关系,也可以被阐释为危险犯(危险犯论)与实害犯(实害犯论)之间的关系①;还可以被阐释为基本犯与结果加重犯(加重犯论)之间的关系②。当我们将危险犯和基本犯阐释为"基本法"时,那么相应的实害犯和结果加重犯就应当被阐释为"补充法",则仍然应坚持"补充法排斥基本法处断规则"。其法理逻辑相同于将《刑法》第114条与第115条第1款之间的关系阐释为犯罪未完成形态(犯罪未完成形态论)与犯罪完成形态(犯罪既遂论)之间的关系,完全可以"举一反三、触类旁通",不再赘述。

至于双向的互补关系、互斥关系均不属于特别关系与法条竞合关系。这两种关系有时被部分学者错误地解读为法条竞合关系③,引起了法理上的体系性混乱。双向的互补关系,由于其不是"单向包容的补充关系",不属于法条竞合关系而属于想象竞合关系。如《刑法》第140条与第141条至第148条之间的关系,由于"刑法第140条规定了生产、销售伪劣产品罪,以销售金额5万元为成立条件,第141条至第148条规定了生产、销售特殊伪劣产品的犯罪,但不要求销售金额达到5万元,在此意义上说,第141条至第148条是第140条的补充法条。同时,第141条至第148条规定的犯罪大多将侵害结果或者具体危险作为构成要件要素(第141条与第144条除外),而第140条没有将侵害结果或者具体危险作为构成要件要素,在此意义上说,第140条是第141条至第148条的补充法条"④,亦即第140条与第141条至第148条之间具有双

---

① 参见胡东飞:《危险犯的形态及其法条适用》,载《西南政法大学学报》2005年第6期。
② 参见张明楷:《刑法学(上)》(第五版),法律出版社2016年版,第692页。
③ 参见张明楷:《刑法学(上)》(第五版),法律出版社2016年版,第463—477页。
④ 参见张明楷:《刑法学(上)》(第五版),法律出版社2016年版,第475页。

向的互补关系而不同于"单向包容的补充关系",不属于法条竞合关系而属于想象竞合关系,从而《刑法》第 149 条规定了"依照处罚较重的规定定罪处罚"(从一重处断规则)。而有的学者简单地将《刑法》第 140 条与第 141 条至第 148 条之间的关系解释为补充关系或者特别关系①,而没有精准地辨识出其属于"双向的互补关系"而并非真正的补充关系或者特别关系,进而得出其属于法条竞合关系及适用"重法优于轻法"处断规则的法律依据②,就可能存在误读误判。

互斥关系,不属于法条竞合关系也不属于想象竞合关系,如《刑法》第 153 条与第 151 条和第 152 条之间的关系,其适用上应当各择其相应法条,不应存在法条适用上的争议。有的学者认为"第 153 条成为对各种走私犯罪的兜底规定",第 153 条与第 151 条和第 152 条之间的关系"并不是互相排斥的关系,而是补充关系",并且认为当某种行为表面上仅触犯第 151 条和第 152 条但是"偷逃关税的数额特别巨大,应当判处无期徒刑"时,"则应当否认补充关系,而应当认定为想象竞合"③,目的就是要"超越"第 151 条和第 152 条之明文规定并"认定为想象竞合"以便于适用第 151 条对行为人判处无期徒刑。这里将互斥关系"观念性地"解释为补充关系,然后又针对某些特殊情形将互斥关系"实质性地"解释为想象竞合关系,不但有违法条竞合论和刑法教义学原理的内在逻辑,而且给人制造了某种意义上的"动机不纯"(即为了给行为人判处无期徒刑)和"刑法恐怖主义"的印象,无端生发新的理论混乱,难说具有合法性与正当性。而事实上,当某种行为仅触犯第 151 条和第 152 条并且"偷逃关税的数额特别巨大,应当判处无期徒刑"时,完全没有必要主张"则应当否认补充关系,而应当认定为想象竞合",而可以将"偷逃关税的数额特别巨大"解释为第 151 条所明确规定的"情节特别严重"与第 152 条所明确规定的"情节严重"并适用无期徒刑,如此,既可以尊重"互斥关系不属于法条竞合关系也不属于想象竞合关系"这一客观实在的关系判断,又有利于维护法条竞合论和刑法教义学的内在逻辑,显然更好。

这里大费周章地讨论法条竞合关系判断,其意义在于有效防止职务侵占罪与盗骗犯罪(即盗窃罪和诈骗罪等具体罪)之间的关系判断中可能存在的误读误判。一是防止错误判断法条竞合关系及其处断规则,通过重申"只有特别法与普通法之间、补充法与基本法之间的关系,属于单向包容的特别关系(即法条竞合关系)",说明"双向的互补关系、互斥关系均不属于特别关系与法条竞合关系",阐明《刑法》第 140 条与第 141 条至第 148 条之间由于具有双向的互补关系而不同于"单向包容的补充关系",从而其不属于法条竞合关系而属于想象竞合关系。《刑法》第 149 条规定的"依照处罚较重的规定定罪处罚"(从一重处断规则)仅可以成为想象竞合处断规则的法律依据而不能成为法条竞合处断规则的法律依据,从立法依据上、根本法理上否定法条竞合存在"依照处罚较重的规定定罪处罚"(从一重处断规则)的合法性。二是防

---

① 参见周光权:《法条竞合的特别关系研究——兼与张明楷教授商榷》,载《中国法学》2010 年第 3 期。
② 参见时延安:《法条评价范围的重合与竞合法律规范的选择——以规范目的为视角对法条竞合问题的重新审视》,载赵秉志主编:《刑法论丛》(第 30 卷),法律出版社 2012 年版。
③ 张明楷:《刑法学(上)》(第五版),法律出版社 2016 年版,第 475 页。

止在将职务侵占罪与盗骗犯罪之间的关系确认为法条竞合关系之后,仍然主张"某种行为没有达到司法解释确定的特别法条的定罪标准,但符合普通法条的定罪标准时,应当适用普通法条定罪量刑"(张明楷语),或者主张"在行为不符合职务侵占罪这一特殊法条时,为了避免出现处罚上的漏洞,完全可以也应该按照盗窃罪(或者诈骗罪、侵占罪)等普通法条处理,这样的主张是罪责刑相适应原则(罪刑均衡原则)的要求,同时也不违反罪刑法定原则"(付立庆语),因为法条竞合只能适用"特别法排斥一般法"处断规则。因此,就职务侵占的行为定型而言,由于行为人利用职务上的便利而采取侵吞、窃取、骗取或者其他方法非法占有本单位财物的行为已经被特别地定型为职务侵占,其中利用职务上的便利窃取、骗取本单位财物的行为已经丧失了其成为盗窃罪、诈骗罪的行为定型的"资格",从而应当适用特别法并排斥盗窃罪和诈骗罪的适用,即应适用"特别法排斥一般法"处断规则。就职务侵占罪与盗窃罪(或诈骗罪)之间的法条竞合关系而言,职务侵占罪是特别法,盗窃罪(或诈骗罪)是普通法,依法条竞合论亦应适用"特别法排斥一般法"处断规则。以此而论,笔者也不赞成部分学者在主张职务侵占行为"综合手段说"的同时,又借用"大竞合论""绝对的重法优于轻法处断规则"与"相对的重法优于轻法处断规则"的思路而得出的一些解释结论。

四、结语

职务侵占和贪污的行为定型必须以刑法立法论及其之下的刑法解释论为据才能得出恰当合理的结论,尽管其中存在的疑难具有客观性,比如部分职务侵占行为和贪污行为因为司法解释规定的入罪和处罚标准较高而可能导致无法定罪或者无法重罚,但是这种现象的客观存在不能成为否定"综合手段说"并转而采用"侵占单一手段说""大竞合论""绝对的重法优于轻法处断规则"与"相对的重法优于轻法处断规则"的充足理由。在处理刑法立法公正与司法公正的关系问题上应当面对现实,理性从事。当刑法立法存在"真正的法律漏洞"[①]而有失公正时应当适时修订刑法,但在刑法修订之前应当遵从司法公正的相对性和合逻辑性。刑法解释适用必须尊崇应有的刑法司法逻辑和刑法教义学,尊重罪刑法定原则和刑事法治理性。当刑法立法本身是公正合理的但是由于司法解释文本规定引起新问题、新矛盾之时,应当反思、修改司法解释文本规定以求得司法公正,而不是固化司法解释文本规定,更不应当以固化的司法解释文本规定为据而"逆向解释"刑法立法甚至僭越罪刑法定,这样的刑法解释和理论探索只能说是"刻舟求剑"。

[①] 魏东:《刑法理性与解释论》,中国社会科学出版社 2015 年版,第 324—328 页。

下篇

侵犯公法益罪

第十章 以危险方法危害公共安全罪

【案例1】成都孙伟铭醉驾致人死亡案①

2008年5月28日,上诉人(原审被告人)孙伟铭购买了车牌号为川A43K66的别克牌轿车。在未取得合法驾驶资格的情况下,孙伟铭长期无证驾驶该车,并有多次交通违法记录。2008年12月14日中午,孙伟铭与其父母在四川省成都市成华区万年场"四方阁"酒楼为亲属祝寿,期间大量饮酒。16时许,孙伟铭驾驶川A43K66车送其父母到成都市火车北站搭乘火车,之后驾车折返至城东成龙路向成都市龙泉驿区方向行驶。17时许,行至成龙路"蓝谷地"路口时,孙伟铭驾车从后面冲撞与其同向行驶的川A9T332比亚迪牌轿车尾部。其后,孙伟铭继续驾车向前超速行驶,并在成龙路"卓锦城"路段违章越过道路中心黄色双实线,与对面车道正常行驶的川AUZ872长安奔奔牌轿车猛烈碰撞后,又与川AK1769长安奥拓牌轿车、川AVD241福特蒙迪欧牌轿车、川AMC337奇瑞QQ轿车发生碰撞及擦刮,致川AUZ872长安奔奔牌轿车内张景全及尹国辉夫妇、金亚民及张成秀夫妇死亡,另一乘客代玉秀重伤,造成公私财产损失共计5万余元。交通警察接群众报案后赶至现场将孙伟铭抓获。经鉴定,孙伟铭驾驶的车辆碰撞前瞬间的行驶速度为134~138公里/小时;孙伟铭案发时血液中的乙醇含量为135.8毫克/100毫升。本案一审和二审均认定孙伟铭构成以危险方法危害公共安全罪,原一审判决孙伟铭死刑立即执行,二审改判孙伟铭无期徒刑。

根据我国《刑法》第114条、第115条的规定,以危险方法危害公共安全罪,是指故意使用放火、决水、爆炸、投放危险物质或者以其他危险方法危害公共安全的行为。本罪的法定刑是:尚未造成严重后果的,处3年以上10年以下有期徒刑;致人重伤、死亡或者使公私财产遭受重大损失的,处10年以上有期徒刑、无期徒刑或者死刑。

成都孙伟铭醉驾致人死亡案的理论争议主要有两个方面:①定性上,孙伟铭是构成以危险方法危害公共安全罪还是交通肇事罪?即其争议焦点在于以危险方法危害公共安全罪之"危险方法"要素的内涵界定和解释论问题。②处罚上,对于以放任故意构成以危险方法危害公共安全罪的,依法是否应当判处死刑?

---

① 参见最高人民法院《关于印发醉酒驾车犯罪法律适用问题指导意见及相关典型案例的通知》(法发〔2009〕47号)。

但是,如何理解"危险方法"的相当性问题,法律并没有明确规定,因此刑法理论上(刑法解释论上)还存有争议,司法实践中还存有混乱状况。

一般认为,以危险方法危害公共安全罪仅仅是《刑法》第114条、第115条所明确规定的"兜底罪名",即所谓的"兜底条款""兜底规定""兜底罪状"。对于兜底条款的解释,应当坚持"同质解释"和"同类解释"的解释方法,将其作为"相当性犯罪条款"来对待,并应注意其"兜底范围"只能是针对具体的条款范围,如本罪作为兜底罪名就仅限于《刑法》第114条、第115条的"兜底规定"。因此,需要特别注意的问题是,以危险方法危害公共安全罪并非是《刑法》分则第二章所规定的全部罪名的"兜底罪名""兜底条款"[①],而只是针对第114条和第115条所规定的"放火、决水、爆炸以及投放毒害性、放射性、传染病病原体等物质"这样四个罪名的"相当性犯罪条款",因而不能将本罪作为新的"口袋罪"来认识和适用。

在确定兜底范围之后,才谈得上进一步特别注意本罪"危险方法"的同质性(或者等质性)、同类性与相当性问题(同质解释和同类解释),即本罪之"危险方法",在解释论上必须是与第114条和第115条规定的"放火、决水、爆炸以及投放毒害性、放射性、传染病病原体等物质"这些危险方法相当并且等质的"危险方法",只有具有这种同质性、同类性和相当性的危险方法并且以此方法实施危害公共安全的行为,才能依法认定为以危险方法危害公共安全罪。

综合观察目前我国司法审判中生效的刑事判决可以发现,下列几种行为通常被"解释"为以危险方法危害公共安全罪之"危险方法":一是驾车撞人的危险方法(醉驾与"碰瓷"),如成都孙伟铭醉驾致人死亡案、佛山黎景全醉酒驾车致人死亡案、韩某驾车"碰瓷"案;二是驾车在高速公路上逆行的危险方法,如重庆市张某驾车在高速公路上逆行案;三是抢夺行驶中的公交车方向盘的危险方法,如北京秦某抢夺行驶中的公交车方向盘案、成都蒋某某手拉公交车司机手臂案;四是驾船撞人的危险方法;五是私设电网的危险方法;六是不让瓦斯检测器报警并伪造瓦斯报表的危险方法,如河南五名矿长不让瓦斯检测器报警并伪造瓦斯报表案;七是非法制售含有三聚氰胺毒害性物质的危险方法,如河北张玉军非法制售含有三聚氰胺的"蛋白粉"案;八是以含有病菌的塑料注射器进行针刺的危险方法,如云南孙某某以含有病菌的塑料注射器进行针刺案;九是盗窃窨井盖的危险方法,如冯某某盗窃窨井盖案、邢某某盗窃窨井盖案;十是大规模制售盐酸克伦特罗(瘦肉精)的危险方法,如河南焦作市刘某大规模制售"瘦肉精"案。

下面列举几种重要的"危险方法"并构成以危险方法危害公共安全罪的具体案例,并加以简介。

---

① 参见张明楷:《刑法学》(第三版),法律出版社2007年版,第521页。

一、驾车撞人的危险方法(醉驾与"碰瓷")

【案例2】佛山黎景全醉驾致人死亡案①

2006年9月16日18时50分许,被告人黎景全大量饮酒后,驾驶车牌为粤A1J374的面包车由南向北行驶至广东省佛山市南海区盐步碧华村新路治安亭附近路段时,从后面将骑自行车的被害人李洁霞及其搭载的儿子陈柏宇撞倒,致陈柏宇轻伤。撞人后,黎景全继续开车前行,撞坏治安亭前的铁闸及旁边的柱子,又掉头由北往南向穗盐路方向快速行驶,车轮被卡在路边花地上。被害人梁锡全(系黎景全的好友)及其他村民上前救助伤者并劝阻黎景全,黎景全加大油门驾车冲出花地,碾过李洁霞后撞倒梁锡全,致李洁霞、梁锡全死亡。黎景全驾车驶出路面外被治安队员及民警抓获。经检验,黎景全案发时血液中检出乙醇成分,含量为369.9毫克/100毫升。被告人黎景全在医院被约束至酒醒后,对作案具体过程无记忆,当得知自己撞死二人、撞伤一人时,十分懊悔。虽然其收入微薄,家庭生活困难,但仍多次表示要积极赔偿被害人亲属的经济损失。本案一审和二审均认定黎景全构成以危险方法危害公共安全罪,一审判决黎景全死刑立即执行,二审改判黎景全无期徒刑。

成都孙伟铭醉驾致人死亡案和佛山黎景全醉驾致人死亡案之所以判决行为人醉驾致人死亡的行为构成"危险方法",其基本原理正是遵行了刑法解释论的同质解释和同类解释规则,当醉驾发生在人口密集的城市闹市区、超速并逆行的条件下,危害公共安全致人死伤客观上成为一个高概率事件,甚至在相当程度上成为不可避免的结果,但是孙伟铭和黎景全仍然如此行事,其主观心态上是"有认识"并且持有"放任"态度的,构成间接故意犯罪,而并非过失犯罪;因此,综合评价孙伟铭和黎景全醉驾致人死亡行为就应当将其认定为以危险方法危害公共安全罪。当然也应注意,如果行为人的醉驾致人死亡的行为发生在人口稀少的野外,由于其具有避免致人死亡结果发生的一定条件和现实可能性,但是最终仍然发生了交通肇事致人死亡的结果的,行为人对于醉驾致人死亡的结果只具有过失,则依法只能解释为交通肇事罪。所以,对于醉驾致人死亡行为,应当具体分析案发现场是否为人口密集区、醉驾行为是否严重超速或者逆行,以及是否具有避免交通肇事致人死亡结果发生的现实可能性及其可能性大小等综合因素所反映出的行为人主观心理态度进行综合评判,如果行为人对于交通肇事致人死亡的结果具有主观故意(包括直接故意和间接故意),就应当依法认定为以危险方法危害公共安全罪;如果行为人对于交通肇事致人死亡的结果不具有主观故

---

① 参见最高人民法院《关于印发醉酒驾车犯罪法律适用问题指导意见及相关典型案例的通知》(法发〔2009〕47号)。

意而是过失,则应当依法认定为交通肇事罪。

【案例3】韩某驾车"碰瓷"案

韩某等四人团伙经常通过"碰瓷"的方法敲诈外地货车司机,其惯用的方式是三人各开一辆车,前后依次行驶,明确诈骗对象后,三辆车相继急刹车,致使最后一辆车后面的货车来不及刹车,造成追尾事故,然后犯罪分子要求货车司机赔偿损失。通过这种方式,犯罪分子的"碰瓷"计划屡屡得手。可最后还是在一次"碰瓷"中出了岔子:犯罪分子的三辆车都急刹车,但后面的货车没来得及刹车瞬时撞上了前方车辆,最终致使"碰瓷"的这帮人中,两人死亡,一人重伤。本案中,"碰瓷"行为人的行为就构成了以危险方法危害公共安全罪和敲诈勒索罪,可以按照其中较重的犯罪即以危险方法危害公共安全罪定罪处罚。

我国有论者指出:"碰瓷"行为具有危害公共安全的性质,而事后未进行索财的,其行为单独成立以危险方法危害公共安全罪;如果碰瓷行为具有危害公共安全的性质,而事后又进行索财的,其行为同时触犯了以危险方法危害公共安全罪和侵犯财产犯罪,应当根据牵连犯的处罚原则处理。① 笔者认为这种看法是符合刑法规定的,应当将那些在危害公共安全严重性上相当于放火、爆炸、决水和投放危险物质的驾车碰瓷行为认定为以危险方法危害公共安全罪。

二、驾车在高速公路上逆行、将车辆停放在高速公路的行车道上的危险方法

【案例4】重庆市张某驾车在高速公路上逆行案②

2010年11月,"黑车"司机张某驾车行驶在沪蓉高速路上时见前边有执法车,为逃避检查,竟"将生死置之度外",以每小时90公里的速度在高速公路上逆行了10公里。重庆万州区法院对该案作出一审判决:张某犯以危险方法危害公共安全罪,判处有期徒刑二年。

高速公路很特殊,驾车在高速公路上逆行、将车辆停放在高速公路的行车道上、在高速公路上"碰瓷",这些行为通常都具有以危险方法危害公共安全的性质,对此定以危险方法危害公共安全罪是符合法律规定的。

---

① 参见许文辉、陈运红、孙菲:《汽车"碰瓷"行为定性研究》,载《法学杂志》2011年第9期。
② 参见陈保发:《高速路逆行10公里司机以危险方法危害公共安全获刑》,载《法制与经济(中旬)》2011年第2期。

三、抢夺行驶中的公交车方向盘、直接攻击正在开车的驾驶员的危险方法

【案例5】北京秦某抢夺行驶中的公交车方向盘案①

2014年8月的一个傍晚,秦某酒后乘公交车回家时和乘务员发生争执,要求司机立即停车被拒绝,即冲向驾驶座并伸手抢夺方向盘,公交车瞬间摇摆起来,所幸没有造成严重事故。秦某被北京市房山区人民法院以危险方法危害公共安全罪判处有期徒刑3年,缓刑3年。

【案例6】成都蒋某某手拉公交车司机手臂案②

2014年6月20日14时许,蒋某某于四川省成都市红星路二段乘上37路公交车,在车上与公交车驾驶员发生争吵,当车行驶至青羊区文武路时,突然用手拉驾驶员右手臂,致公交车失控,冲上街沿,撞到树木,导致公交车车头与过路电瓶车受损。法院认为,蒋某某用手拉驾驶员右手臂,致公交车失控,冲上街沿,撞到树木,导致公交车车头与过路电瓶车受损,其行为已构成以危险方法危害公共安全罪,判处有期徒刑3年零2个月。

上列两案中,北京秦某抢夺行驶中的公交车方向盘的行为以及成都蒋某某手拉司机手臂的行为,都是直接危害行进中的公交车交通安全的行为,并且这种公共安全危害已经达到了等同于放火、爆炸、决水、投放危险物质一样的严重程度,因此,将这些行为定性为以危险方法危害公共安全罪是正确的。

四、不让瓦斯检测器报警并伪造瓦斯报表的危险方法

【案例7】河南五名矿长不让瓦斯检测器报警并伪造瓦斯报表案③

2006年12月份以来,被告人李新军(新华区四矿矿长)、韩二军(新华区四矿技术副矿长)在明知井下瓦斯超标的情况下,为追求利润,仍然组织大量工人下井作业,并多次强调要求瓦斯超标时不准报警;被告人侯为民(新华区四矿安全副矿长)无视煤矿安全生产管理法规,要求瓦斯检测员想办法不能让瓦斯检测器报警,并指示伪造瓦斯报表;被告人邓树军(新华区四矿生产副矿长)明知井下瓦斯超标并且瓦斯检查员移动瓦斯探头的情况下,仍然违规组织大量工人下井生产;被告人袁应周(新华区四矿生产矿长

---

① 参见《醉酒小伙与公交乘务员起争执,抢方向盘获缓刑》,载新华网(http://news.xinhuanet.com/legal/2015-04/06/c_127659819.htm),访问日期:2015年4月6日。
② 参见四川省成都市青羊区人民法院(2014)青羊刑初字第489号刑事判决书。
③ 参见《河南检察机关首次以危害公共安全罪起诉5名煤矿矿长》,载新华网(http://news.xinhuanet.com/legal/2010-09/15/c_12572008.htm),访问日期:2010年9月15日。

助理)明知该矿在生产过程中存在重大安全隐患,仍组织大量工人下井生产。该矿瓦斯检查员在上述被告人的要求下,不按规定安设瓦斯探头,在瓦斯超限时不是采取停电撤人等安全措施,而是将瓦斯探头电源拔掉或者将瓦斯探头置于风筒新鲜风流中。2009年9月8日零时55分,平顶山新华区四矿发生瓦斯爆炸,导致76人死亡、15人受伤。2010年9月,平顶山市人民检察院以危险方法危害公共安全罪向法院起诉了五名被告人。

河南五名矿长不让瓦斯检测器报警并伪造瓦斯报表案中,客观上所发生的严重危害后果是十分令人痛心的,那么,对此案是定性为以危险方法危害公共安全罪,还是定性为一般性的重大责任事故或者重大劳动安全事故罪等犯罪?需要结合该案案情事实的全部内容进行法律审查。被告人在主观上是明知故犯,将瓦斯超标而故意不予以报警、伪造瓦斯报表、移动瓦斯检测器探头等行为认定为以危险方法危害公共安全罪是恰当的。

五、非法制售含有三聚氰胺毒害性物质的危险方法

【案例8】河北张玉军非法制售含有三聚氰胺的"蛋白粉"案①

2007年7月,被告人张玉军在明知三聚氰胺是化工产品,不能供人食用,人一旦食用会对身体健康、生命安全造成严重损害的情况下,以三聚氰胺和麦芽糊精为原料,在河北省曲周县河南瞳镇第二瞳村,配制出专供在原奶中添加、以提高原奶蛋白检测含量的含有三聚氰胺的混合物(俗称"蛋白粉")。后张玉军将生产场所转移至山东省济南市市中区党家庄村,购买了搅拌机、封口机等生产工具,购买了编织袋,定制了不干胶胶条,陆续购进三聚氰胺192.6吨、麦芽糊精583吨,雇佣工人大批量生产"蛋白粉"。至2008年8月,张玉军累计生产"蛋白粉"770余吨,并以每吨8 000元至12 000元不等的价格销售给张彦章(同案被告人,已判刑)及黄瑞康、张树河、刘继安、周全彬(均另案处理)等人,累计销售600余吨,销售金额6 832 120元。在此期间,张玉军生产、销售给张彦章的"蛋白粉"又经赵怀玉、黄瑞康等人分销到石家庄、唐山、邢台、张家口等地的奶厅(站),被某些奶厅(站)经营者添加到原奶中,销售给石家庄三鹿集团股份有限公司(以下简称"三鹿集团")等奶制品生产企业。三鹿集团等奶制品生产企业使用含有三聚氰胺的原奶生产的婴幼儿奶粉等奶制品流入全国市场后,对广大消费者特别是婴幼儿的身体健康、生命安全造成了严重损害,导致全国众多婴幼儿因食用含三聚氰胺的婴幼儿奶粉引发泌尿系统疾患,多名婴幼儿死亡。国家投入巨额资金用于患病婴幼儿的检查和治疗,众多奶制品企业和奶农的正常生产、

---

① 参见《石家庄对三鹿奶粉案2名主犯执行死刑》,载网易新闻(http://news.163.com/09/1124/16/5OT84GNB0001124J.html),访问日期:2009年11月25日。

经营受到重大影响,经济损失巨大。最高人民法院裁定核准河北省高级人民法院维持第一审以以危险方法危害公共安全罪判处被告人张玉军死刑,剥夺政治权利终身的刑事裁定。

本案中,三聚氰胺毒蛋白粉一旦用于生产奶粉就必然严重危害公共安全(婴幼儿食品安全),因此将制售含有三聚氰胺毒蛋白粉的行为解释为以危险方法危害公共安全罪是合理的。

六、以含有病菌的塑料注射器进行针刺的危险方法

【案例9】云南孙某某以含有病菌的塑料注射器进行针刺案①

2009年10月,孙某某在西湖幼儿园上课期间,为使入托的学龄前儿童服从管教,使用一只一次性塑料注射器在未经消毒处理的情况下,反复多次对幼儿园的学龄前儿童白某、李某等60余人的身体进行针刺,引起入托的学龄前儿童及家长的严重恐慌。2009年12月28日,经云南省蒙自市红河哈尼族彝族自治州第二人民医院司法鉴定所鉴定:孙某某具有完全刑事责任能力。后经医疗部门多次检查:被刺学龄前儿童的HIV、乙肝、丙肝抗体均为阴性。人民法院最终认定孙某某的行为构成以危险方法危害公共安全罪,判处其有期徒刑3年。

案例9中,孙某某以含有病菌的塑料注射器对幼儿园学龄前儿童进行针刺,具有随意性,客观上也具有一定的危害公共安全的性质,尤其是当这些注射器里含有炭疽病菌、艾滋病菌或者肝炎病菌等危害性物质时,将其行为解释为以危险方法危害公共安全罪就是妥当的。当然,值得注意的是,该案在"被刺学龄前儿童的HIV、乙肝、丙肝抗体均为阴性"的情况下,将孙某某的行为定性为以危险方法危害公共安全罪则存在一定疑问。

七、盗窃交通要道上窨井盖的危险方法

【案例10】冯某某盗窃窨井盖案②

2004年12月至2005年1月,被告人冯某某先后在四川省成都市新乐北街、南沿线北干道、南沿线三环路等交通要道盗窃窨井盖15个,价值共计3 000余元。法院认为,被告人冯某某的行为应以以危险方法危害公共安全罪定罪处罚。鉴于被告人认罪态度好,行为尚未造成严重危害后果,法院酌

---

① 参见《云南针刺幼儿女教师犯危害公共安全罪被判3年》,载新华网(http://news.xinhuanet.com/legal/2010-03/25/c_123159.htm),访问日期:2010年3月25日。
② 参见《偷了15个井盖 被判危害公共安全》,载天涯法律网(http://www.hicourt.gov.cn/homepage/show2_content.asp?id=9239),访问日期:2011年7月31日。

定从轻处罚,判处被告人冯富东有期徒刑3年。这是四川省成都市高新区人民法院在成都地区首次对盗窃道路中的窨井盖的行为以以危险方法危害公共安全罪定罪判刑。

【案例11】邢某某盗窃窨井盖案①

2006年1月2日21时许,被告人邢某某与郭某(在逃)预谋盗窃后,由邢某某提供豫AV7052机动三轮车,郭某携带管剪和撬杠,于2006年1月3日1时许来到河南省郑州市二七区万客来食品城东约400米处南三环路北辅道上,撬盗中国网通(集团)有限公司郑州市分公司正在使用的窨井盖5个。被告人邢某某在盗窃过程中,被该网通公司管线维护中心巡逻的工作人员当场抓获并报警,后被移交公安机关。上述5个窨井盖经郑州市涉案物品价格评估鉴定中心鉴定价值共计2 070元,现赃物已追回并发还被害单位。郑州市二七区人民法院审理认为,被告人邢某某以非法占有为目的,秘密窃取道路上正在使用的窨井盖,放任危害公共安全后果的发生,其行为符合以危险方法危害公共安全罪的犯罪构成要件,应当以以危险方法危害公共安全罪定罪处罚。故公诉机关指控被告人邢某某盗窃窨井盖的事实清楚,证据确实充分,但指控被告人的行为构成破坏交通设施罪的罪名不当,应当纠正。被告人邢某某的行为同时符合盗窃罪和以危险方法危害公共安全罪的构成要件,根据刑法"一个犯罪行为触犯数个罪名的,择一重罪处罚"的规则,应当以以危险方法危害公共安全罪追究其刑事责任。故辩护人提出被告人的行为应定性为盗窃罪的辩护意见,不予采信。辩护人提出的被告人认罪态度较好,应从轻处罚的辩护意见经查属实,该院予以采纳。根据我国《刑法》第114条之规定,判决:①被告人邢某某犯以危险方法危害公共安全罪,判处有期徒刑4年;②依法没收作案工具豫AV7052机动三轮车1辆,上缴国库。

在冯某某盗窃窨井盖案、邢某某盗窃窨井盖案中,二者的共同点在于行为人实施了盗窃行为,犯罪对象是窨井盖,通常情况下应当定性为盗窃罪。但是,该两案的情况十分特殊,突出表现在其犯罪对象"窨井盖"密切关联了公共安全,即交通要道上的窨井盖同车辆行人的安全是具有密切关联的,一旦盗窃交通要道上的窨井盖就必将直接威胁过往车辆行人的安全,其危害公共安全的程度与放火、爆炸、决水、投放危险物质等行为的危害程度是相当的、等值的,从而应当将盗窃交通要道上的窨井盖的行为解释为以危险方法危害公共安全罪。

---

① 参见叶泽永、张相卿、李娇:《盗窃窨井盖构成何罪?》,载《河南法制报》2007年11月29日,第13版。

八、大规模制售盐酸克伦特罗("瘦肉精")的危险方法

【案例12】河南焦作市刘某大规模制售"瘦肉精"案①

被告人刘某、奚某某明知国家禁止使用盐酸克伦特罗("瘦肉精")饲养生猪,且使用盐酸克伦特罗饲养的生猪流入市场后会严重影响消费者的身体健康。为攫取暴利,2007年年初,刘某与奚某某约定共同投资,研制、生产、销售盐酸克伦特罗用于生猪饲养,其中刘某负责研制、生产,奚某某负责销售。被告人肖某、陈某某明知盐酸克伦特罗对人体有害,仍在刘某研制出盐酸克伦特罗后联系收猪经纪人试用,并向刘某反馈试用效果好。随后,刘某大规模生产盐酸克伦特罗,截至2011年3月,共生产2 700余公斤,非法获利250万余元。奚某某、肖某、陈某某负责销售刘某生产的盐酸克伦特罗,其中奚某某非法获利130余万元,肖某非法获利60余万元,陈某某非法获利约70万元。此外,奚某某还单独从他人处购进盐酸克伦特罗230余公斤予以销售,非法获利30余万元。被告人刘某之妻刘某某明知盐酸克伦特罗的危害性,仍协助刘某进行研制、生产、销售等活动。五被告人生产、销售的盐酸克伦特罗经过多层销售,最终销至河南、山东等地的生猪养殖户,致使大量使用盐酸克伦特罗勾兑饲料饲养的生猪流入市场,严重影响广大消费者的身体健康,并使公私财产遭受重大损失。焦作市中级人民法院以以危险方法危害公共安全罪,判处被告人刘某死刑,缓期2年执行,剥夺政治权利终身;判处被告人奚某某无期徒刑,剥夺政治权利终身;判处被告人肖某有期徒刑15年,剥夺政治权利5年;判处被告人陈某某有期徒刑14年,剥夺政治权利3年。

河南焦作市刘某大规模制售"瘦肉精"案的定性处理在理论上还存在一定争议,有人认为应当定性为非法经营罪,有人赞同定性为以危险方法危害公共安全罪,此外还有其他一些看法。笔者认为,将刘某大规模制售"瘦肉精"(仅用于生猪饲料添加剂)的行为定性为以危险方法危害公共安全罪具有一定合理性。

笔者注意到:其一,上列几种行为案件的刑事判决,所陈述的理由可以概括为:上列几种行为在刑法解释论上可以认定为是与《刑法》第114条和第115条规定的"放火、决水、爆炸以及投放毒害性、放射性、传染病病原体等物质"具有相当性的"危险方法"行为,应当将故意实施这些危险方法并危害公共安全的行为依法认定为以危险方法危害公共安全罪。其二,上列案件的定性处理问题引起了学术界的高度关注,有的判决不乏分歧意见,因此针对以危险方法危害公共安全罪之"危险方法"界定问题和解释论问题,值得学术界深刻检讨。例如,制售含有三聚氰胺毒

---

① 参见魏东:《河南"瘦肉精"案的刑法解释论意义》,载《公诉人》2011年第8期(总第216期),第37—39页。

蛋白粉(仅用于生产奶粉)的行为,由于三聚氰胺毒蛋白粉本身就可以解释为"毒害性"物质,因此,制售这种"毒害性"物质的行为依法可以直接解释为投放危险物质罪,而不必将其作为"兜底条款"解释为以危险方法危害公共安全罪。再如,大规模制售"瘦肉精"(仅用于生猪饲料添加剂)的行为,已有判例认定"瘦肉精"本身属于"毒害性"物质,并将大规模制售"瘦肉精"行为解释为以危险方法危害公共安全罪,这种解释结论也有两点疑问值得研究:一是既然将大规模制售"瘦肉精"的行为认定为投放"毒害性"物质,那么为什么不直接将其解释为投放危险物质罪而要认定为以危险方法危害公共安全罪;二是将"大规模"制售"瘦肉精"的行为解释为"危险方法",那么到底如何确定"大规模"的界限,以及为什么"小规模"制售"瘦肉精"的行为不能解释为"危险方法"呢?需要进一步研究。再如,有的学者认为制售含有三聚氰胺毒蛋白粉、"瘦肉精"的行为均只能解释为非法经营罪。这种解释结论也存在一个明显的问题,就是对食品安全的评价不足的问题,因为我们无法否认含有三聚氰胺的毒蛋白粉和"瘦肉精"属于毒害性物质这一"常识"性判断,那么,仅仅将制售含有三聚氰胺毒蛋白粉和"瘦肉精"的行为解释为非法经营罪就较为明显地存在违法性评价不足的问题,这是值得思考的。

但是必须提出的是,有些案件中的行为,如上海肖永灵投放虚假炭疽病菌的行为,是否可以"解释"为以危险方法危害公共安全行为和"以危险方法危害公共安全罪",确实是存在很大疑问的。笔者认为,由于投放虚假炭疽病菌的行为根本就不属于《刑法》第114条、第115条规定的"放火、决水、爆炸以及投放毒害性、放射性、传染病病原体等物质"相当的、同质的、同类的危险方法,因而在刑法解释论上不宜将其认定为以危险方法危害公共安全罪。

【案例13】上海肖永灵投寄虚假炭疽病菌案①

2001年10月18日,肖永灵将家中粉末状的食品干燥剂装入两只信封内,在收件人一栏内书写上"上海市人民政府"与"东方路2000号(上海市东方电视台)"后,分别寄给上海市人民政府某领导和上海市东方电视台新闻中心陈某。同年10月19日、20日,上海市人民政府信访办公室工作人员陆某等人及东方电视台陈某在拆阅上述夹带有白色粉末状的信件后,出现精神上的高度紧张,同时也引起周围人们的恐慌,经有关部门采取大量措施后,才逐步消除了人们的恐慌心理。针对此案,公诉机关以"以危险方法危害公共安全罪"罪名(《刑法》第114条)向上海市第二中级人民法院提起公诉,法院于同年12月18日作出判决:以"以危险方法危害公共安全罪"判处肖永灵有期徒刑4年(被告人没有提出上诉)。

笔者认为,肖永灵投放虚假炭疽病菌的行为,按照同质解释和同类解释规则其不能被解释为以危险方法危害公共安全罪,因此上海市有关人民法院判决其构成以危

---

① 参见游伟、谢锡美:《罪刑法定的内在价值与外在要求》,载赵秉志主编:《刑事法判解研究》(第2辑),人民法院出版社2003年版,第77页。

险方法危害公共安全罪是不当的。肖永灵投放虚假炭疽病菌的行为仅具有危害社会管理秩序的性质,所以我国《刑法修正案(三)》将该类行为明确规定为投放虚假危险物质罪。从肖永灵案之后颁布施行的《刑法修正案(三)》的相关规定看,将肖永灵的行为定性为以危险方法危害公共安全罪也是不妥当的。

第十一章　交通肇事罪

【案例1】杭州胡某飙车肇事案①

　　2009年5月7日晚,被告人胡某驾驶经非法改装的红色三菱轿车,与同伴驾驶的车辆从浙江省杭州市江干区机场路出发,前往西湖区文二西路西城广场,想看该广场是否还在放映名为《金钱帝国》的电影。在途经文晖路、文三路、古翠路、文二西路路段时,被告人胡某与同伴严重超速行驶并时有互相追赶的情形。当晚20时08分,被告人胡某驾驶车辆至文二西路德加公寓西区大门口人行横道时,未注意观察路面行人动态,致使车头右前端撞上正在人行横道上由南向北行走的男青年谭某。谭某被撞弹起,落下时头部先撞上该轿车前挡风玻璃,再跌至地面。事发后,胡某立即拨打120急救电话和122交通事故报警电话。谭某经送医院抢救无效,于当晚20时55分因颅脑损伤而死亡。事发路段标明限速为每小时50公里。经鉴定,胡某当时的行车速度在每小时84.1至101.2公里之间,对事故负全部责任。案发后胡某亲属与被害人亲属已就民事赔偿达成协议,胡某亲属已赔偿并自愿补偿被害人亲属经济损失共计人民币113万余元。杭州市西湖区人民法院认为,被告人胡某违反道路交通安全法规,驾驶机动车辆在城市道路上严重超速行驶,造成一人死亡并负事故全部责任,其行为构成交通肇事罪。

　　该案定性中,有人认为,胡某的行为与成都孙伟铭醉驾致人死亡的行为具有相当性,因此主张对胡某定以危险方法危害公共安全罪。笔者认为,胡某的严重超速行为发生在交通要道上,在经过十字路口时没有尽到谨慎注意义务,结果导致交通肇事致人死亡,其行为定型属于较为典型的交通肇事,其主观心态是过失,因此只构成交通肇事罪。

　　关于交通肇事罪主要有以下五个方面问题需要研讨:一是交通肇事罪的概念与犯罪构成;二是交通责任事故认定与交通肇事罪认定的关系;三是交通肇事罪与以危险方法危害公共安全罪的界限;四是交通肇事罪与过失致人死亡罪的竞合关系;五是"因逃逸致人死亡"量刑情节的认定适用。

---

① 参见《杭州飙车案被告胡斌一审获刑3年》,载新浪网(http://news.sina.com.cn/c/2009-07-20/165318259141.shtml),访问日期:2011年4月6日。

一、交通肇事罪的概念与犯罪构成

根据《刑法》第133条的规定,所谓交通肇事罪,是指违反交通运输管理法规,因而发生重大事故,致人重伤、死亡或者使公私财产遭受重大损失的行为。

交通肇事罪的犯罪构成如下:

(一)违法性:交通肇事罪的行为定型与保护法益

违法性是根据刑法规定对行为定型与保护法益所进行的价值判断,其具体内容包括客观方面要件、行为主体、犯罪客体等。

1. 交通肇事罪的客观方面要件

本罪的客观方面要件,是违反交通运输管理法规,因而发生重大事故,致人重伤、死亡或者使公私财产遭受重大损失的行为。主要有两点:一是必须违反了交通运输管理法规,这是前提和基础。我国现阶段已出台的交通运输管理法规主要有:《中华人民共和国道路交通安全法》《中华人民共和国公路法》《铁路道口管理暂行规定》《中华人民共和国内河避碰规则》等。如果行为人没有违反这些法规,即使发生了重大事故,也不能构成本罪。二是必须在客观上已经发生了重大事故,致人重伤、死亡或者使公私财产遭受重大损失。这说明本罪是结果犯。如果行为人只有违章行为,而无重大事故结果,就不能构成本罪;如果仅仅是客观上发生了重大事故,但行为人没有违章,或者说行为人违章与重大事故之间没有因果关系,也不能构成本罪。可见,违章行为与重大事故之间必须具有因果关系,才能构成本罪。

2. 交通肇事罪的主体要件

本罪的主体要件是一般主体。应当注意,自行车等非机动车辆、农用拖拉机等机动车辆,当其被用作交通工具在交通道路上使用时,由于涉及公共交通安全,其驾驶人员也可以成为本罪主体。

【案例2】袁某骑自行车肇事案[①]

被告人袁某(23岁)于1997年2月7日8时许,骑自行车去郊区赶集,途中遇好友李某要其带一段路,袁某明知所骑自行车的后刹车失灵,带人有危险,但仍同意李某坐车后货架上。结果在下陡坡时刹车不及,将行人汪某撞倒,造成汪某头部受重伤,送医院抢救无效死亡。

对案例2中行为人的行为进行定性时出现了两种意见:一种意见是定交通肇事罪;另一种意见是定过失致人死亡罪。笔者认为应定交通肇事罪。因为,确定该案中行为人的行为性质的关键,在于其是否已经危害了交通运输安全,由于被告人袁某的行为在性质上属于危害交通运输安全,因而就应当认定其构成交通肇事罪。

---

① 参见魏东:《刑法各论若干前沿问题要论》,人民法院出版社2005年版,第365页。

3. 交通肇事罪的客体要件

本罪所侵犯的法益是交通运输安全。

有人认为,本罪还侵犯了正常的交通运输秩序,例如交通肇事会造成堵车、运输不畅等。笔者认为这种看法太笼统,而且本罪与"造成堵车、运输不畅"等影响交通运输秩序的严重后果并不具有必然联系,因而不宜将"交通运输秩序"作为本罪的直接客体。但任何情形下的交通肇事,都必然侵害交通运输安全,因而本罪所侵犯的直接客体应当是交通运输安全。

(二) 责任性:交通肇事罪的主观方面要件与可归责性

本罪的主观方面要件只能是过失,包括过于自信的过失和疏忽大意的过失。不过也有个别学者认为,本罪也可以由间接故意构成,但笔者不认同这种看法。

关于本罪的主观罪过(过失)与可归责性的认定,笔者认为,应当借鉴和运用现代刑法学理论中的"信赖原则""期待可能性""风险社会刑法"等理论来妥善解决。

1. "信赖原则"理论

信赖原则是英美、日本刑法中的概念,指人们在社会日常生活和工作中,相互信任对方会遵守注意义务、遵守有关规章制度、实行善良合法的行为,并以此判断为根据来指导自己的行为、确定双方责任的一种原则。因此,如果相关双方中的一方违反信赖原则,作出了不适当的行为,并导致了危害结果发生,则违反者就要承担相应的责任或者不利的后果。例如:汽车驾驶员与行人之间,就要适用信赖原则。

还应注意,信赖原则主张相信他人能够履行注意义务。但是,由于主体情况不同,往往"信赖程度"也不同。例如:对司机的信赖程度就高于对行人的信赖;对具有业务专长的人之信赖程度要高于对普通人之信赖程度。

更应注意的是,在特殊情况下,也可能不能适用信赖原则,即"信赖不能"。具体有以下五种情况:第一,行为人自己违反注意义务,不能以相信其他人会遵守注意义务为条件来免除责任。第二,已经发现对方有反常行为时,不能盲目相信对方会履行注意义务。第三,发现对方是儿童、老人、盲人或其他残疾人而无保护人陪同时,不适用信赖原则。第四,因某种客观条件限制(如在闹市区、居民区小巷行车),他人违反注意义务的可能性较大时,不适用信赖原则。第五,发现对方已经违反注意义务并且即将造成危害结果,行为人有时间、也有能力避免危害结果的,不适用信赖原则。例如,司机已经发现某人试图撞车自杀时,就必须停车或者更加小心驾驶,以防止伤人。

2. "期待可能性"理论

所谓期待可能性,是指行为人有能力且有条件依法选择合法行为的可能性。如果没有这种期待可能性,就不应该、也不能追究行为人的责任。例如:司机不超速行车,这是具有期待可能性的;因此,行为人(司机)超速行车,并因此而致他人伤亡的,就要负刑事责任。再例如:司机以正常速度行车,而某行人突然横穿马路或者突然碰车自杀,这时要求司机能够突然急刹车并停车,就不具有期待可能性,或者说就是期待不可能,即使致行人伤亡,也不能要求司机负责。再例如:受胁迫者在多数情况下仍然具有期待可能性,因此,胁从犯仍然要负刑事责任;而在特殊情况下,例如完全受强制者则没有期待可能性,因而就不应当负刑事责任。

3. "风险社会刑法"理论

根据风险社会刑法理论,刑法必须回应风险社会的客观需要,其中包括行为风险、主观认识、因果关系判断等的刑法规定与司法适用都应当适应风险社会防控风险之需要。

行为人只要认识到危害结果将不可避免或者发生的可能性极大,仍然实施此行为的,则应认定为间接故意(风险升高与概率提升理论);而一般的违章驾车行为,应当说行为人认识到存在避免危害结果发生的可能性或者危害结果发生的可能性不大(过于自信的过失),或者因为疏忽大意而没有预见到危害结果发生(疏忽大意的过失),仅成立过失(交通肇事罪)。前述"孙伟铭醉酒驾车致人死亡案"就属于前者,因此可以认定孙伟铭在主观上存在间接故意,以危险方法危害公共安全罪定罪量刑是合理的。

二、交通责任事故认定与交通肇事罪认定的关系

【案例3】长春市孟某、苑某、唐某交通肇事案①

2008年2月某日晚21时许,吉林省长春市某区发生一起交通事故。当时现场街道一侧有路灯,被害人身穿黑色夹克和蓝色牛仔裤,刚喝完酒横穿马路回家,此时孟某酒后驾驶汽车路过将被害人挂倒,孟某与同车朋友一起下车查看情况,被害人说自己喝高了,没事儿,让孟某离开,于是孟某就开车离开。被害人倒在路中央几分钟后,苑某驾驶出租车路过此路段时又从被害人身上开过,未停车就直接离去。又过几分钟后,唐某又驾驶出租车路过并以前车轮碾压被害人才刹住车,唐某下车将被害人从车下拖出后离去。后经路人发现报警并拨打120急救电话,当交警和急救人员赶到现场时被害人已经死亡。但据路人证实,当唐某(即第三位肇事司机)离开后,急救人员来到前被害人尚有呼吸。经法医鉴定,无法确定被害人致死原因系何人所为。根据上述事实,交警部门作出了交通事故责任认定,认定此次交通事故中孟某负主要责任,苑某和唐某负次要责任,被害人无责任。

案例3中,尽管交警认定驾驶员孟某应对醉酒被害人死亡后果负主要责任,但是在刑事责任上是否应该由孟某承担责任却有疑问。这是一个很棘手、很重要的问题,司法实践中并没有得到妥当解决,理论上值得深入研究。例如,本来是行人因为闯红灯并横穿马路而应对自己死亡后果负全责,但是汽车驾驶员也有酒后驾车或者无证驾车、肇事后逃逸等违章行为,从而交警认定驾驶员承担全部责任,那么,在这种情况

---

① 参见马宁:《从刑事责任角度看交通事故责任认定书》,载《中国检察官》2010年第8期。

下,驾驶员是否可以通过证据来证实自己不应承担刑事责任呢?从实质上审查,难说孟某(第一次肇事者)应负刑事责任(尽管在行政法上交警认定"此次交通事故中孟某负主要责任"),因为没有证据证实孟某实施的交通肇事行为直接导致了被害人死亡结果的发生。

三、交通肇事罪与以危险方法危害公共安全罪的界限

"孙伟铭醉酒驾车致人死亡案"发生后,最高人民法院及时组织召开了专家研讨会。媒体报道与会专家的一致见解是故意与过失难分。[①]

但是,上述案件中,被告人到底该如何定罪应该还有讨论的空间,笔者倾向于认为一审法院的定性更合理,即定性"以危险方法危害公共安全罪"更合理。

应当说,交通肇事罪与以危险方法危害公共安全罪之间的界限确实主要是故意与过失难分。间接故意与过于自信的过失(有预见的过失)并不好区分,从而导致事实认定难、法律适用难。但是,从逻辑上和客观立场上应当认为是可以区分的:行为人对于客观上是否存在避免危害结果发生的可能性以及可能性大小具有明确认识,如果行为人认识到存在避免危害结果发生的可能性或者发生危害结果的可能性不大,就成立过于自信的过失;相反,如果行为人认识到不存在避免危害结果发生的可能性或者危害结果发生的可能性极大,则成立间接故意。

如前所述,根据风险社会刑法理论,行为人只要认识到危害结果将不可避免或者发生的可能性极大,但是仍然实施此行为的,则应认定为间接故意,因此可以认定孙伟铭在主观上存在间接故意,以危险方法危害公共安全罪定罪量刑是合理的。

四、交通肇事罪与过失致人死亡罪的竞合关系

这里通过几则真实判例,简要探讨一下交通肇事罪与过失致人死亡罪之间的竞合关系。

【案例4】河北大学车祸"我爸是李刚"案[②]

2010年10月16日晚,一辆黑色轿车在河北大学校区内撞倒两名女生致一死一伤,司机不但没有停车,反而继续去校内宿舍楼接女友。返回途中被学生和保安拦下,该肇事者不但没有关心伤者,甚至态度冷漠嚣张,高喊"有本事你们告去,我爸是李刚"!后经了解证实,该男子名为李启铭。警方经对李启铭采血并对所驾车辆进行检测,鉴定为醉酒超速驾驶。案发后,李启铭家属对受害者家属积极赔偿,赔偿死者46万元,伤者9.1万元,取得对

---

① 参见《他的"醉驾"撞上了死刑》,载南方周末(https://www.infzm.com/contents/32193),访问日期:2009年7月30日。
② 参见《河北大学交通肇事案一审宣判 李启铭被判有期徒刑6年》,载新华网(http://news.xinhuanet.com/legal/2011-01/30/c_121041057.htm),访问日期:2011年1月30日。

方谅解。法庭鉴于李启铭认罪态度较好,其亲属积极赔偿被害人损失,酌情从轻处罚。河北省望都县人民法院以交通肇事罪判处犯罪嫌疑人李启铭有期徒刑6年。

人民法院判决本案李启铭的行为构成交通肇事罪,应当说定性准确,没有争议。

【案例5】湖南株洲邓云生在一端封闭的便道上交通肇事案①

2009年3月27日6时许,邓云生持C3型驾驶证,驾驶车牌号为"湘BHB041"农用六轮运输车,从湖南省茶陵县腰陂镇马加砖厂装运红砖至该镇石联村石联组便道尽头的陈朱苟家的建房宅基地。在与陈朱苟家的宅基地相隔一栋房屋的陈送苟家后门口撞死陈军明、龙小芳夫妇的儿子陈家祥。经茶陵县公安局交通警察大队勘查,出事地点为该村民小组3.5米宽的便道,一般无社会车辆通行,便认定"邓云生驾车起步前未察明车辆周围人员情况,未发现在便道内活动的陈家祥,致使车辆在起步行驶的过程中与陈家祥相挂,造成陈家祥经医院抢救无效死亡的重大交通事故,邓云生承担此事故的主要责任"。湖南省茶陵县人民法院以过失致人死亡罪判处邓云生有期徒刑3年,并赔偿附带民事诉讼原告人陈军明、龙小芳经济损失61 598.98元。宣判后,邓云生认为其行为不应认定为过失致人死亡罪,应认定为交通肇事罪,向湖南省株洲市中级人民法院提起上诉。二审期间,邓云生及其亲属已向附带民事诉讼原告人陈军明、龙小芳交付赔偿现金人民币4万元,附带民事诉讼原告人陈军明、龙小芳已向法院申请对上诉人邓云生从轻处罚。2010年6月1日,株洲中级人民法院二审维持原审判决民事赔偿部分和刑事部分的罪名,改判上诉人有期徒刑3年,缓刑3年。

案例5到底该定性为交通肇事罪还是过失致人死亡罪?生效判决认定邓云生构成过失致人死亡罪。笔者倾向于认为,该案邓云生的行为应当定性为交通肇事罪。本案在认定为"重大交通事故"的同时,仅仅因为交通肇事地点是农村"便道尽头",并且"一般无社会车辆通行",就认定为"在公共交通管理的范围外"并不合理,只要在机动车可以通行的地点发生重大交通事故就属于"在实行公共交通管理的范围内发生重大交通事故",就应当依法认定为交通肇事罪。

【案例6】佛山市"小悦悦事件"案②

2011年10月13日17时许,胡军驾驶机动车在广东省佛山市南海区广佛五金城内行驶时,不慎将两岁女童王悦碾轧致伤,后经抢救无效死亡。小悦悦被撞倒后,7分钟内18名路人路过但都视而不见,漠然而去,最后一名

---

① 参见秦飞雁、谢晓红:《在一端封闭的便道上交通肇事的性质认定——湖南株洲中院判决邓云生过失致人死亡案》,载《人民法院报》2010年8月26日,第6版。
② 参见毛芳云:《小悦悦案终审判决不是最终结局》,载中国法院网(http://www.chinacourt.org/article/detail/2012/12/id_804509.shtml),访问日期:2012年12月21日;《小悦悦案一审判决》,载凤凰网资讯(http://news.ifeng.com/gundong/detail_2012_10/19/18385543_0.shtml),访问日期:2012年11月16日。

拾荒阿姨陈贤妹上前施以援手。引发网友广泛热议，此谓"小悦悦事件"。2012年9月，佛山市南海区法院作出一审判决，认定肇事人胡某构成过失致人死亡罪，判处有期徒刑3年6个月。而胡军及其辩护人则认为应构成交通肇事罪，量刑亦应相应从轻，因而提起上诉。2012年12月18日，佛山市中级人民法院终审判决胡某犯过失致人死亡罪，判处有期徒刑2年6个月，比一审判决少了1年。

案例6中胡某的行为到底该定性为交通肇事罪还是过失致人死亡罪，也存在一定争议。生效判决认定胡某构成过失致人死亡罪。笔者倾向于认为，胡某的行为发生在机动车和行人均可以自由通行的公共场所（某五金城内），应当定性为交通肇事罪。

五、"因逃逸致人死亡"量刑情节的解释适用

现行《刑法》在1979年《刑法》的基础上提高了交通肇事罪的法定最高刑，1979年《刑法》规定的本罪的最低刑是拘役，最高刑是7年有期徒刑；现行《刑法》规定的本罪的最低刑也是拘役，但最高刑提高到了15年有期徒刑。《刑法》第133条规定了三个量刑幅度：①犯本罪，只具备基本情节的，处3年以下有期徒刑或者拘役。②犯本罪，交通肇事后逃逸或者有其他特别恶劣情节的，处3年以上7年以下有期徒刑。一般认为，"其他特别恶劣情节"是指：造成2人以上死亡的；造成直接损失6万元以上的；有意破坏、伪造现场、毁灭证据或者嫁祸于人的；酒后驾车、无证驾车、驾驶关键部件失灵的机动车且明知故犯的；等等。③犯本罪，因逃逸致人死亡的，处7年以上有期徒刑。

其中争议最大的问题，是"因逃逸致人死亡"情节的适用问题。目前理论界关于"因逃逸致人死亡"情节的理解，大致有以下八种不同看法[①]：

（1）认为"因逃逸致人死亡"，只适用于行为人交通肇事后逃跑，因过失致人死亡的情况，不包括故意致人死亡的情况。

（2）认为"因逃逸致人死亡"，既适用于交通肇事后逃跑、过失致人死亡的情况，也适用于因逃逸而间接故意致人死亡的情况；但不包括直接故意致人死亡的情形。例如：肇事者故意将伤者转移到不易被人发现之处，使其得不到救助，之后逃逸；或者在某些特殊情况下，如人烟稀少、天寒地冻，如不及时救助就必然死亡，但仍然逃逸的。此两种情况下，肇事者应构成故意杀人罪。

（3）认为"因逃逸致人死亡"，仅适用于交通肇事罪转化而成的故意犯罪。即行为人肇事后明知被害人会有生命危险，但为逃避法律追究却见死不救、逃跑而使被害人得不到及时救治而死亡；或交通肇事后，故意将有生命危险的被害人转移、抛弃，导致其死亡的。

[①] 参见魏东：《刑法各论若干前沿问题要论》，人民法院出版社2005年版，第367—370页。

(4)认为"因逃逸致人死亡"应仅限于过失致人死亡,即事实上发生了不止一次交通事故:已经发生交通事故后,行为人在逃逸过程中又发生交通事故致人死亡。显然,刑法对同种数罪规定了一个法定刑。但如果在逃逸过程中对致人死亡持故意态度,则应成立另一独立的犯罪,实行数罪并罚。

(5)认为"因逃逸致人死亡",可以是两次交通肇事。侯国云在其著作《过失犯罪》中指出,对于第一次肇事后逃跑过程中再次肇事的,行为人主观上既可以是过失也可以是故意(该论者认为交通肇事罪可以由过失也可以由间接故意构成),在这种情况下仍应以交通肇事罪定性。

(6)认为"因逃逸致人死亡"的情形,应该只包括如下两种情况:一种是发生交通事故后,行为人在逃逸过程中再次肇事而过失致其他人死亡的;二种是行为人交通肇事后因逃逸而致被撞者未得到及时救助而死亡,最终以交通肇事罪一罪定罪的。

(7)认为"因逃逸致人死亡"的范围,仅限于交通肇事后致人重伤(有死亡的现实危险性,而又没有当场立即死亡,但如果及时救助则可能挽回伤者的生命),肇事者为逃逸而遗弃被害人致使其未得到及时救助而死亡的情形。此种情形下,行为人之逃逸行为是交通肇事行为的自然延伸,构成交通肇事罪的结果加重犯。该论者认为,国外对于结果加重犯的规定大致有四种情况:一是基本犯是故意,重结果也是故意;二是基本犯是故意,重结果是过失;三是基本犯是过失,重结果也是过失;四是基本犯是过失,而重结果是故意(但实际上,最后一种情形有无实例还存有疑问)。根据上述分析,该论者还得出以下结论。其一,以下两种情形不属于"因逃逸致人死亡"的范围:一是交通肇事致被害人当场死亡,行为人为逃避罪责而逃逸的;二是交通肇事后驾车逃逸再次肇事又致人死亡的,这属于同种数罪问题。其二,交通肇事致被害人重伤后,行为人为逃避罪责,在逃逸过程中又实施了其他"故意加害"行为(如转移、隐藏),致使被害人丧失抢救机会而死亡的情形,就不属于"因逃逸致人死亡"的范围,而应构成故意杀人罪。因为,行为人因其"转移"或者"隐藏"之先行行为而非因其肇事行为,而负有救助被害人的作为义务(但可能存在的疑问是,肇事行为本身也产生救助义务——笔者注)。其三,如果被害人的死亡结果并非行为人之"另一"行为(如转移、隐藏)所引起,而仅仅是由行为人之单纯逃逸行为所导致,则不管其逃逸行为是多么恶劣(即使此刻行为人与被害人之间具有排他性的支配关系——引者注),该行为人也仅仅构成交通肇事罪一罪,无论如何都不能再构成一个间接故意杀人罪,否则就有"过分扩张处罚范围之虞"。

(8)认为"因逃逸致人死亡"这一规定的性质,是情节加重犯,而不是结果加重犯。该论者认为,下列两种观点都是错误的:其一,"因逃逸致人死亡"是交通肇事罪的结果加重犯;其二,该规定属于"带有一定结果加重色彩,并且其死亡结果本身又是该构成要件结果的一种复杂情节加重犯",因而它不是一种"单纯的情节加重犯"。该论者同时认为,"因逃逸致人死亡"的罪过形式仅限于过失,而不能是故意。并且认为,"因逃逸致人死亡"中的"人"的范围,既包括原初的被撞伤者,也包括肇事者在逃逸过程中撞死的其他人。"从立法意图来看,这里的'人'首先就是指原来的被撞伤者。同时,肇事者在逃逸过程中又撞死的其他人也应包括在内。从实践中此类案情来看,因逃逸导致死亡的既有原来的被撞伤者,又有后来逃跑过程中的新的受害人,无论是哪一种被害人,由于他们都是由行为人的逃逸行为引起的,都是死在行为人的逃逸过程中,两种行为的社会危害性都是相当的,理应适用同样的规定。"因此,该论者认为,"因逃逸致人死亡"这一规定的适用范围,包括以下三种情形:其一,出于过于自信的过失导致先前交通肇事中的被害人死亡的;其二,出于疏忽大意的过失导致先前交通肇事中的被害人死亡的;其三,在逃逸过程中因过失发生第二次交通事故并导致被害人死亡的。但是,以下几种情况不能适用"因逃逸致人死亡"的规定:一是行为人肇事后出于故意又撞死其他人的,即出于故意制造了第二次交通事故;二是行为人肇事后出于直接故意将先前肇事中的被害人杀死。三是行为人肇事后出于间接故意,致先前肇事中的被害人死亡。①

笔者关于"因逃逸致人死亡"的看法是:

其一,"因逃逸致人死亡"的基本含义,是指行为人在交通肇事后为逃避法律追究而逃跑,致使被害人因得不到救助而死亡的情形。(2000年最高人民法院《关于审理交通肇事刑事案件具体应用法律若干问题的解释》第5条)

其二,"因逃逸致人死亡"相对于《刑法》第133条所规定的第一、二量刑档次而言,它是第三量刑档次,因而可以将其理解为是结果加重犯(具有"因逃逸致人死亡"之结果与情节)。

尤其值得注意的是,在讨论这个情节的时候,确实需要考查一下"因逃逸致人死亡"情节所对应的法定刑配置,其最低法定刑为7年有期徒刑,即"因逃逸致人死亡的,处七年以上有期徒刑"(《刑法》第133条)。这一情节所对应的法定刑配置远高于过失致人死亡罪和过失以危险方法危害公共安全罪,后两者的法定刑配置是最高限度为7年有期徒刑,即"过失致人死亡的,处三年以上七年以下有期徒刑;情节较轻的,处三年以下有期徒刑"(《刑法》第233条),"过失犯前款罪的,处三年以上七年以下有期徒刑;情节较轻的,处三年以下有期徒刑或者拘役"(《刑法》第115条第2款)。这种法定刑对比具有一定刑法意义,表明"因逃逸致人死亡"情节可能包含有更加严厉的责任与谴责因素,尤其是可能包含了"间接故意"致人死亡的罪责,因为单纯的过失致人死亡的罪责应当以"七年以下有期徒刑"为基本的法定刑配置档次。这可以说是部分学者所提出的"以刑制罪"现象。

笔者认为,刑法应当明确规定:第一,交通运输肇事后因逃逸再次发生交通事故并致人死亡,或者因逃逸致人死亡的,处7年以上有期徒刑;第二,交通肇事后,因转移、隐匿受害人而故意致人死亡的,以故意杀人罪论处;第三,因醉酒驾驶机动车或者飙车而发生重大交通事故,因逃逸以继续醉酒驾驶或者严重超速并再次致人伤亡的,依照《刑法》第114条、第115条的规定定罪处罚。

---

① 参见刘艳红:《交通肇事逃逸致人死亡的个案研究》,载陈兴良主编:《刑事法判解》(第2卷),法律出版社2000年版,第417—434页。

第十二章　危险驾驶罪

【案例】北京庞某某飙车案①

　　2015年8月22日凌晨3点多,庞某某为寻求刺激,驾驶无牌照的雅马哈牌R1型摩托车,违反禁止标识,由北京市东城区玉蜓桥出发,仅用时13分43秒绕行二环主路外环一周,超过规定时速50%以上行驶,且多次违反禁止标线标识变道超车,摩托车迈速表显示最高时速达237km。经鉴定,其中部分路段的平均行驶速度为151km/h。庞某某在二环路上共超过了180多辆车,在此过程中,他利用安装在头盔上的运动摄像机记录下了整个行驶过程,回到入驻的酒店后,庞某某连夜将视频剪辑并上传至网络炫耀。北京市东城区人民法院以危险驾驶罪判处庞某某拘役3个月,并处罚金3 000元。

该案中,庞某某一人飙车,其严重超速并在北京二环路上共超过了180多辆车,构成"追逐竞驶,情节恶劣的"危险驾驶行为,被法院判决犯危险驾驶罪,这一判决是妥当的。当然,单车严重超速行驶的,并非一律要定危险驾驶罪,只有在其具有"追逐竞驶,情节恶劣的"情形下才构成危险驾驶罪。

危险驾驶罪作为《中华人民共和国刑法修正案(八)》[以下简称《刑法修正案(八)》]新增加规定的一个新罪名,后经过《刑法修正案(九)》进一步修正完善,其立法设置应当说具有相当的特殊性,因而在理论上和司法适用中均出现了比较多的问题和争议,备受社会各界关注。

一、危险驾驶罪的司法认定

　　危险驾驶罪,是指在道路上驾驶机动车追逐竞驶、情节恶劣,或者在道路上醉酒驾驶机动车,或者从事校车业务或旅客运输严重超过额定乘员载客或严重超过规定时速行驶,或者违反危险化学品安全管理规定运输危险化学品,危及公共安全的行为。

从这个定义分析,危险驾驶罪的犯罪构成是:①本罪的保护法益(即犯罪客体要件)是道路交通安全。②本罪的行为定型(即犯罪的客观方面要件),是行为人实施在

---

① 参见岳亦雷:《北京摩托二环十三郎被判拘役仨月 罚款3 000元》,载新浪网(http://news.sina.com.cn/o/2015-10-31/doc-ifxkfmhk6624772.shtml),访问日期:2018年8月18日。

道路上醉酒驾驶机动车,或者在道路上驾驶机动车追逐竞驶且情节恶劣;从事校车业务或旅客运输严重超过额定乘员载客或严重超过规定时速行驶;违反危险化学品安全管理规定运输危险化学品的行为。③本罪的行为主体(即犯罪主体要件)是一般主体,必须是年满16周岁以上的、具有刑事责任能力的自然人。④本罪的有责性(即犯罪的主观方面要件)是故意,包括直接故意或者间接故意。

在具体的司法认定中,本罪客观方面要件有以下三个问题值得讨论。

(一) 成立本罪的地域范围限制

成立本罪的地域范围限制,必须是"在道路上"。根据2011年4月22日新修订通过的《道路交通安全法》第119条的规定,道路是指"公路、城市道路和虽在单位管辖范围但允许社会机动车通行的地方,包括广场、公共停车场等用于公众通行的场所"。

对于《道路交通安全法》第119条"道路"的规定,笔者认为应当作出实质解释。应当看到,"在道路上"这一限制,既是地域性限制(表明其只能是在陆地上修筑的道路,而不能是水路或者空中航线),也是功能性限制(表明其只能是可以供机动车通行的地方),应当说,只要机动车有条件在该地域范围行驶,并且该地域范围具有一定程度上的公共安全性,就应当将该地域范围解释为"在道路上"。因此,本罪"在道路上"具体包括:在各种等级的公路上,在城市道路、社区巷道上,在城乡广场和农村机耕道上,甚至还包括在"铁路"上。

"在道路上"是否包括农村机耕道和铁路等地域范围的问题,可能会出现一些争议。笔者认为,农村机耕道和铁路等地域范围无论在法律上是否"允许社会机动车通行"或者"用于公众通行",但客观上都存在社会机动车在上面行驶、公众在上面行走的条件,那么,在这些地方醉酒驾驶机动车,或者驾驶机动车追逐竞驶且情节恶劣的行为,客观上严重危害了道路交通安全(如行人安全、机动车相互之间的安全以及通行火车的安全),是可以依法认定为本罪的。

不过应注意,在城市道路、社区巷道、城乡广场等地方,确实还是有一些不同于一般意义上的"道路"的特点。尤其是在人潮如海的特殊情形下,行为人在城市道路、社区巷道、城乡广场等地方醉酒驾驶机动车或者驾驶机动车追逐竞驶,那么,显然更加适合于认定为"以危险方法危害公共安全罪",尤其是在直接导致多人死伤的情况下,更是如此。

(二) 成立本罪的对象限制

成立本罪的对象限制,必须是"机动车"。根据《道路交通安全法》第119条的规定,机动车是指"以动力装置驱动或者牵引,上道路行驶的供人员乘用或者用于运送物品以及进行工程专项作业的轮式车辆"。笔者认为,本罪"机动车"这一对象限制也应作实质性的阐释,具体包括汽车、电车、拖拉机、机动三轮车以及通过改装并且行驶速度可以超过15km/h的电动自行车等。

需要说明的是,通常的电动自行车,由于有严格限速装置,因而一般不宜认定为作为本罪对象的"机动车";而只有对那些通过改装并且行驶速度可以超过15km/h 的电动自行车才可以解释为本罪的机动车。

(三) 成立本罪的行为方式限制

成立本罪的行为方式限制,必须是"醉酒驾驶机动车""驾驶机动车追逐竞驶,情节恶劣的"、从事校车业务或旅客运输严重超过额定乘员载客或严重超过规定时速行驶以及违反危险化学品安全管理规定运输危险化学品而危及公共安全的行为。这里重点讨论两个具体问题:一是如何诠释"醉酒驾驶机动车"的行为,二是如何诠释"驾驶机动车追逐竞驶,情节恶劣的"行为。

1. 关于"醉酒驾驶机动车"行为之认定

在具体诠释"醉酒驾驶机动车"行为时,应注意以下几个问题。

其一,"醉酒"标准的具体适用问题。根据国家质量监督检验检疫局发布的《车辆驾驶人员血液、呼气酒精含量阈值与检验》(GB 19522-2010)规定,驾驶人员每100毫升血液酒精含量大于或等于80毫克为醉酒驾车。可见,"醉酒"标准应当说是明确的。但是,在"醉酒"标准的具体适用上,学者间还存在分歧。一种看法是执行单一的量化标准,认为从法律上讲,"醉驾"本质还是"酒后驾车",按照法律或者有关规定来认定行为人是否达到了一定的饮酒量以及行为人的血液里的酒精含量,与人的意识清晰程度、控制能力无必然关系。① "车辆驾驶人员血液中的酒精含量大于或者等于80mg/100ml 的属于醉酒驾驶。故意在醉酒状态下驾驶机动车,即符合本罪的犯罪构成。本罪是抽象的危险犯,不需要司法人员具体判断醉酒行为是否具有公共危险。"② 而另一种看法是执行复合的量化标准与行为人标准,认为虽然酒精对机体神经的麻痹有必然的客观影响,但是每个人对酒精的反应不一致,对酒精的耐受程度也有较大差异,不能不考虑行为人对酒精的耐受程度,对于醉酒驾驶还应当出台更为完善的检验措施。③ 言下之意,就是现行规定不合理,需要改变。应当说,现在坚持这种看法的人可能还不在少数,既有部分学者也有部分司法实务人员坚持这种看法。那么,到底该如何看待这个问题呢?

笔者认为,司法上的"醉酒"认定应当坚持单一的量化标准。因为,危险驾驶罪作为一种风险犯罪、危险犯、行政犯,其抽象的(一般的)入罪标准应由刑法所确认的社会风险控制需要和行政法规制而定,其具体的标准就是汽车社会风险下禁止酒后驾驶并在达到一定风险标准与行政法规制标准时予以入罪(饮酒后人体血液中的酒精含量标准),因而行为人违反行政法规定并且实施一定行为,达到刑法所规定的条件,就应当依法认定为本罪。在我国现有行政法规制标准中没有设定个体人醉酒标准,而只设定一般人醉酒标准(饮酒后血液酒精含量标准)时,即应以由刑法所确认的行

---

① 参见莫洪宪、杨文博:《刑法修正案(八)"危险驾驶罪"之具体认定》,载《检察日报》2011年3月14日,第3版。
② 张明楷:《危险驾驶罪及其与相关犯罪的关系》,载《人民法院报》2011年5月11日,第6版。
③ 参见莫洪宪、杨文博:《刑法修正案(八)"危险驾驶罪"之具体认定》,载《检察日报》2011年3月14日,第3版。

政法规制的"单一的量化标准"为据。更何况,每个具体人的身体抵抗能力和其他条件,本身也是一个难于测试的问题,不应成为风险刑法适用中的一个变量。当然,正如后文将要讨论的,行为人即使达到醉驾标准,但是否将其醉驾行为定罪处罚,则还需要综合全案情节审查是否具备我国《刑法》第13条"但书"的规定,若符合"但书"规定则应依法不定罪处罚。

其二,"醉酒驾驶"是否需要"情节恶劣的"限制?"醉酒驾驶"入罪尽管立法上没有"情节恶劣的"这个情节限制,但是在理论界学者间还有一些分歧。有学者认为,醉酒驾驶不分情节"一律入罪"过于严厉,"对是否构成醉驾有必要进行数量和程度上的细化和限制,还要结合医学进行科学的考量"①。这种看法更多的还是从刑法谦抑性立场出发的考虑。《检察日报》上刊登过某位检察官的一篇文章,其标题就是《并非在醉酒状态下驾车即构成醉酒驾车罪》,专门谈论这个问题,其结论是,并非醉酒驾驶机动车的行为一律成罪。其提出的理由主要有两点②:①认定醉酒驾车犯罪须充分考虑到醉酒驾车行为的实际社会危害程度。《刑法》总则第13条关于犯罪的定义以但书的形式强调,情节显著轻微危害不大的,不认为是犯罪。因此如果机械理解法条认为《刑法修正案(八)》将所有醉酒驾车行为都作为犯罪来处理,显然没有辩证认识到不同情况下的醉酒驾车者的主观恶性和客观行为人身危险性之间的差异程度,也就无法对其行为作出客观全面的评估。②实践中,行为人醉酒的程度存在差异,醉酒后驾驶的环境也不尽相同,如果将所有醉驾行为一律认定为犯罪,显然没有考虑到实际情况的复杂多样性,将某些本应行政处罚的行为升格为刑事处罚,将导致刑事打击面过大。笔者赞同该检察官的观点。

其三,"因公醉驾""因紧急醉驾""隔夜醉驾"的问题。所谓因公醉驾,是指警方及其他国家机关或者公益机构的公务员或者公益人员等特殊人员出于公务或者公益原因而醉酒驾驶机动车的情形。所谓因紧急醉驾,是指普通公民因为紧急避险或者其他紧急情况而不得已实施的醉酒驾驶机动车的情形。这两种情况均值得特别考量,一律定罪处罚可能有失妥当。对于其中部分情形,如紧急情况下别无他法且能够得到社会公众情理上的理解和赞同,如警察追逃犯、公民见义勇为、公民急救病危病人等,尽管存在醉酒驾驶行为,但是如果符合《刑法》第13条"但书"规定或者《刑法》第21条"紧急避险"规定,则可以依法不作为犯罪处理。而所谓"隔夜醉驾",是指前一天醉酒但是没有驾驶机动车,时隔一个夜晚之后的第二天才驾驶机动车,但是仍然查明行为人客观上属于醉酒驾驶机动车的情形。对此问题,我国已有学者进行了讨论,认为对于"隔夜醉驾"不能搞客观归罪,在"隔夜醉驾"的情况下,机动车驾驶人认识不到自己是在醉酒驾车的,即驾驶人正常驾驶车辆且没有造成任何危害的,不应以危险驾驶罪追究刑事责任;但是,如果驾驶人明知自己仍处于醉酒状态而执意驾驶车辆的,则应按危险驾驶罪追究其刑事责任。③应当说,这种看法是有道理的,主要是需

---

① 参见林燕:《刑法专家剖析刑法修正案(八)热点问题》,载《法制日报》2011年3月3日,第3版。
② 参见曹坚:《并非在醉酒状态下驾车即构成醉酒驾车罪》,载《检察日报》2011年4月27日,第3版。
③ 参见洪常森:《危险驾驶罪的司法认定及刑事处理原则》,载《检察日报》2011年3月18日,第3版。

要查明行为人的主观心态,严格坚持主客观相统一的原则。如果行为人对于"隔夜醉驾"行为在主观上确实不是出于故意,就不应认定为本罪,因为本罪主观上只能是故意。

2. 关于"驾驶机动车追逐竞驶,情节恶劣的"行为之认定

驾驶机动车追逐竞驶的行为,俗称"飙车",是指驾驶机动车超速行驶并且同其他车辆进行追逐竞赛的行为。有以下几个问题值得讨论。

其一,"超速行驶"的犯罪论地位问题。是否驾驶机动车只要达到"超速行驶"就一定构成本罪?答案应当说是否定的。超速行驶本身可以区分为一般超速与严重超速,超过限定时速的50%以上是严重超速,通常情况下只宜于对达到严重超速以上的追逐竞驶行为情形认定为构成本罪,因为本罪有"情节恶劣的"之限制。但是这个限定不应该作太过于机械的诠释。比如,在闹市区或者其他人员聚集的场合,一般超速可能也能达到足以危害公共安全的程度从而也可以构成本罪。事实上,《刑法修正案(八)》中并没有使用"超速"或者"严重超速"等字眼,而仅仅使用了"追逐竞驶"与"情节恶劣"的限制。因此,如果行为人仅仅是超速或者严重超速,但是并没有"追逐竞驶"的情形,依法不应认定为本罪。

但是,还有一种看法认为:认定"追逐竞驶"不应以超速驾驶机动车为前提要件。[①]理由在于:一是法条本身没有规定构成追逐竞驶必须以超速行驶为前提;二是追逐竞驶本身是一种危险驾驶行为,在道路上超过规定时速追逐竞驶,是一种情节恶劣的表现;三是部分情况下,行为人没有超过规定时速追逐竞驶,但是具有其他恶劣情节,同样可以构成本罪,否则有违法律本意,放纵犯罪。笔者认为,认定"追逐竞驶"应当以超速驾驶机动车为前提条件。因为,如果没有超速,可能连认定驾驶违法违规的依据都难以成立,何以认定其为"追逐竞驶"且"情节恶劣"呢?再者,没有超速的追逐竞驶即使存在,其对于道路交通安全本身的风险和威胁应当说比较小,将其认定为危险驾驶罪根本就不符合本罪的立法本意;更何况,真正没有超速而能构成"追逐竞驶"的情况,在现实生活中根本就不好认定。

综上所述,关于"超速行驶"的犯罪论地位问题,笔者认为可以得出以下三个结论性意见:①"追逐竞驶"的认定必须以"超速行驶"为前提,因为不"超速行驶"的行为难以认定为"违法",难以成立作为犯罪成立条件之一的"追逐竞驶";②"追逐竞驶"并不等同于"超速行驶","超速行驶"仅仅是成立"追逐竞驶"的必要条件,而非充分条件,只有既"超速行驶"且又"追逐竞驶"的,才可能成立本罪条件之一的"追逐竞驶"行为;③"追逐竞驶"是否同时具备"情节恶劣"的认定,必须结合具体案情来分析,不能仅以是否构成严重超速为唯一的判断根据,因为刑法规定"追逐竞驶,情节恶劣的"才能构成危险驾驶罪。

其二,"追逐竞驶"的含义诠释。所谓"追逐竞驶",是指行为人驾驶机动车同其

---

① 参见于文广:《谈〈刑法修正案(八)〉第22条的理解与适用》,载法律博客(http://yuwen790217.fyfz.cn/art/975980.htm),访问日期:2011年5月5日。

他车辆进行追逐竞驶,危害道路交通安全的驾驶行为。其具体情形有两种:一是行为人两人或者多人共同商议相互追逐竞驶;二是行为人一人单方面同他人追逐竞驶。对于第一种情形,追逐竞驶的两人或者多人均构成本罪,应该没有争议。但是,对于第二种情形,行为人一人是否也可构成追逐竞驶并构成本罪呢?有人认为,在道路上驾驶机动车追逐竞驶的行为人应为两人以上,一个人无法单独成立追逐竞驶行为。[①]笔者认为,行为人一人单方面同他人追逐竞驶的情形是可以成立的,并且也是可以依法认定为危险驾驶罪的。因为,"只要产生了抽象的公共危险且情节恶劣,就值得科处刑罚"[②]。尽管其他车辆的驾驶人员可能没有意识到有人在同自己驾驶竞赛,但是,行为人的行为显然可以成立"追逐竞驶",其中"情节恶劣的"行为仍然可以成立本罪。再者,有时特种车辆如警车、军车、救护车等执行特殊任务的车辆,车速很快,而另外的行为人驾驶机动车对其进行追逐竞驶,同样也可以成立本罪。前述"北京庞某某飙车案"即是庞某某一人飙车,其严重超速并在北京二环路上共超过了180多辆车,构成"追逐竞驶,情节恶劣的"危险驾驶行为,被法院判决犯危险驾驶罪。当然,单车严重超速行驶的,并非一律要定危险驾驶罪,只有在其具有"追逐竞驶,情节恶劣的"情形下才构成危险驾驶罪。

其三,"追逐竞驶"行为必须达到"情节恶劣的"程度限制。驾驶机动车追逐竞驶的行为必须是"情节恶劣的"才能成立本罪。那么,哪些情形才能认定为"情节恶劣的"?笔者认为,驾驶机动车追逐竞驶是指以下情形:①因追逐竞驶发生交通事故,造成人员伤亡或者财产损失,尚未构成交通肇事罪的;②未取得机动车驾驶证或者机动车驾驶证被吊销、暂扣期间驾驶机动车的;③严重超速的;④饮酒后驾驶机动车的;⑤服用精神药物、麻醉药品驾驶机动车的;⑥驾驶改装、拼装或者报废机动车的;⑦驾驶运营载客车的;⑧使用伪造、变造的机动车号牌的;⑨故意遮挡、污损或者不按规定安装机动车号牌的;⑩因追逐竞驶而被查处两次以上的;⑪多次进行追逐竞驶的;⑫组织多人多车追逐竞驶的;⑬在车流量大或者人流量大的时间或者场所追逐竞驶的;⑭具有其他恶劣情节的。

其四,其他特殊情形下追逐竞驶行为的定性问题。根据目前刑法理论界的研究,结合生活体验,笔者认为有以下一些特殊情形的定性问题值得研究:①见义勇为者严重超速追逐违法犯罪者的行为,依法不应认定为本罪;②警察、军车、救护车等车辆严重超速的情形,尤其是其中警车追逃犯中的情形,依法不应认定为本罪;③特别紧急情况下的追逐竞驶行为不宜认定为本罪。如为了病危人员就医等情形严重超速,尽管可能也有两辆或者多辆汽车一起追逐竞驶,通常情况下,不宜认定为本罪。

[①] 参见于文广:《谈〈刑法修正案(八)〉第22条的理解与适用》,载法律博客(http://yuwen790217.fyfz.cn/art/975980.htm),访问日期:2011年5月5日。

[②] 张明楷:《危险驾驶罪及其与相关犯罪的关系》,载《人民法院报》2011年5月11日,第6版。

二、危险驾驶罪的刑罚适用问题

关于危险驾驶罪的刑罚处罚适用问题,需要高度关注"司法理性"的逐步回归。既往观察,醉驾入刑第一月(即2011年5月)的司法审判状况,总体上对于危险驾驶罪被告人的量刑比较适当,但是几乎普遍宣告了"处拘役,并处罚金"的实刑,鲜见缓刑、定罪免处,更少见依法作出"不起诉决定"(检察院)、"宣告被告人无罪"的判决。对于危险驾驶罪这样一个"轻罪"(其法定刑最高仅为拘役),在当时从严治理汽车社会风险的特殊时段,作出上列这样"严格"的司法处理可能具有一定合理性。但是,这种"一定合理性"本身具有一定的时段性、相对性,在将来这种"一定合理性"就将不复存在。

对于危险驾驶罪这样一个"轻罪",随着时间推移以及汽车社会风险好转,司法机关应当理性、谨慎、有步骤地对危险驾驶罪案被告人的定罪处罚状况逐渐予以改观,逐渐实现少定罪(少贴"犯罪标签")、少处刑、少羁押(少判拘役刑实刑),即应确立针对危险驾驶罪的"三少刑事司法政策"。应注意在危险驾驶罪司法实践中认真贯彻执行我国的宽严相济刑事政策,应清醒地认识到危险驾驶罪本身确实只是一个"轻罪",逐渐过渡到对本罪的依法从"宽"处理,逐渐实现对危险驾驶行为整体上的"三少刑事司法政策",对其中情节轻微的具体的一些行为不起诉、不定罪、不判刑(定罪免处)。

依据最高人民法院、最高人民检察院、公安部2013年12月18日印发的《关于办理醉酒驾驶机动车刑事案件适用法律若干问题的意见》(以下简称《醉驾意见》)第2条规定,具有下列情形之一的,从重处罚:①造成交通事故且负事故全部或者主要责任,或者造成交通事故后逃逸,尚未构成其他犯罪的;②血液酒精含量达到200毫克/100毫升以上的;③在高速公路、城市快速路上驾驶的;④驾驶载有乘客的营运机动车的;⑤有严重超员、超载或者超速驾驶,无驾驶资格驾驶机动车,使用伪造或者变造的机动车牌证等严重违反道路交通安全法的行为的;⑥逃避公安机关依法检查,或者拒绝、阻碍公安机关依法检查尚未构成其他犯罪的;⑦曾因酒后驾驶机动车受过行政处罚或者刑事追究的;⑧其他可以从重处罚的情形。《醉驾意见》第4条规定:"对醉酒驾驶机动车的被告人判处罚金,应当根据被告人的醉酒程度、是否造成实际损害、认罪悔罪态度等情况,确定与主刑相适应的罚金数额。"《刑法修正案(九)》第8条的内容。实施危险驾驶行为,同时又以暴力、威胁方法阻碍公安机关依法检查,或者又发生交通肇事,构成妨害公务罪、交通肇事罪等其他犯罪的,依照处罚较重的规定定罪处罚。

三、危险驾驶并发生严重后果时,危险驾驶罪与以危险方法危害公共安全罪之界限的刑法解释论问题

这个问题关涉的实质和核心是:《刑法修正案(九)》第8条规定的"有前两款行

为,同时构成其他犯罪的,依照处罚较重的规定定罪处罚"的理解与适用问题。这种立法规定与我国司法实践中对于非法侵入住宅罪的处理方式比较相似,即只要行为人的行为整体或者密切相关行为在构成"本罪"的同时还触犯了其他罪名的,均仅以其他犯罪论处,而不再以"本罪"论处。

但是,危险驾驶机动车发生致人死伤后果之后,到底在什么情况下定交通肇事罪,又在什么情况下定以危险方法危害公共安全罪?目前立法上对此并没有设置具体标准,因而是一个十分棘手而难于妥善解决的难题。出现这个问题的根本原因在于刑法规定本身,即危险驾驶罪的罪刑设置上存有严重漏洞——其在立法上是一个"半截子"罪名,其罪刑设置只有明确的上文(危险犯法条)而没有确定的下文(实害犯法条),并认为这是本罪立法上的一个"硬伤"。应当说,原先部分学者反对增设危险驾驶罪这个罪名,其理由之一正在于此。因为,如果说危险驾驶罪是一种相对于"(故意)以危险方法危害公共安全罪"的特别法规定(仅处拘役并处罚金),那么,对于危险驾驶造成严重后果的情形理应有相应的明确规定,并且在法定刑上也应该依次设置同拘役衔接的法定刑阶梯与量刑幅度;但是,立法上没有这种对应的规定,我们也无法找到恰当的罪名与法定刑,即立法上并没有直接规定"危险驾驶罪"造成严重后果时的罪名与法定刑,而是概括性地规定为"有前两款行为,同时构成其他犯罪的,依照处罚较重的规定定罪处罚"。可见,在某种意义上,危险驾驶罪确实是一个"半截子"罪名,其罪刑设置只有明确的上文而没有确定的下文。根据我国现有刑法规定,危险驾驶罪可能的"下文"有两个,一个是交通肇事罪,另一个是以危险方法危害公共安全罪,所以说其"下文"是不确定的(因为有两个罪名可供选择适用)。这种情况下,危险驾驶罪与危险驾驶机动车造成严重后果的其他犯罪之间就很可能存在某种意义上混乱的、不协调的情况。

《刑法修正案(九)》第8条关于"有前两款行为,同时构成其他犯罪的,依照处罚较重的规定定罪处罚"的规定到底应该如何理解与适用,是依照交通肇事罪定罪处罚,还是依照以危险方法危害公共安全罪定罪处罚?对此,各地做法难免不一致、不协调。实践中可能会出现以下不一致的做法:有的法院依照交通肇事罪定罪处罚,这时在法定刑设置上还可以说是大致协调的(但在逻辑上无法完全协调一致),但是在罪名使用上应当说很不协调(前者为故意犯罪而后者为过失犯罪);而有的法院依照以危险方法危害公共安全罪定罪处罚,那么这时不但与其他法院依照交通肇事罪定罪处罚的做法不协调,而且在罪名和刑罚适用上均不协调,因为以危险方法危害公共安全罪的法定刑设置是"尚未造成严重后果的,处三年以上十年以下有期徒刑",而造成严重后果的就必须"处十年以上有期徒刑、无期徒刑或者死刑"。可见,这样的规定应当说根本无法实现有效协调。对此,有学者呼吁赶快出台司法解释,统一司法适用。但本罪由于在立法逻辑上本身存在缺憾,无论怎样的司法解释,即使能够解决"司法统一"的问题,也无法有效解决"司法公正"的问题,因而这是一个"硬伤"。因而,危险驾驶罪这个"硬伤"本身的最终合理解决,有待于立法完善。

"有前两款行为,同时构成其他犯罪的"情形笔者认为可以归纳出以下三种情形:

一是危险驾驶并实施盗窃、抢夺、抢劫、强奸等其他犯罪行为,因而同时构成盗窃罪、抢夺罪、抢劫罪、强奸罪的情形。对此,依照盗窃罪、抢夺罪、抢劫罪、强奸罪定罪处罚。二是危险驾驶并发生交通肇事,同时构成交通肇事罪的情形。对此,依照交通肇事罪定罪处罚。比如,司法实践中大量的醉酒驾车、飙车肇事案,就是如此。三是危险驾驶并发生交通肇事,同时构成以危险方法危害公共安全罪的情形。对此,依照以危险方法危害公共安全罪定罪处罚。比如大家熟悉的成都孙伟铭案、蒋佳君案、佛山黎景全案等。

其中第一种情形没有多大争议,也没有太大疑问,这里不展开分析。但是,第二种情形和第三种情形就不同了,到底如何区分同时构成的犯罪是交通肇事罪还是以危险方法危害公共安全罪,有没有一个明确的标准与界限?笔者认为,可以从实务的立场对这个难题进行一些观察、归纳。

通过观察总结刑法修正案和现行刑法规定的内在逻辑,已有的相关司法解释及实践做法,笔者认为可以归纳出一些带有规律性的刑法解释论结论。其一,对于危险驾驶行为仅发生一次交通事故的情形,以交通肇事罪定性处理为原则,以以危险方法危害公共安全罪定性处理为例外。其二,对于危险驾驶行为连续发生第二次乃至多次交通事故的情形,以以危险方法危害公共安全罪定性处理为原则,以交通肇事罪定性处理为例外。这种刑法解释论结论的正确性,既有一定的刑法规范之形式逻辑依据,也有一定的司法判决之实证分析作支撑,同时还得到了相当一部分学者和司法人员的认同。比如有司法人员指出,醉酒驾驶肇事可以区分为"一次碰撞"和"再次碰撞"两种情形,那么,"在二次碰撞情形下,行为人醉酒驾车发生一次碰撞后……仍然继续驾车行驶,以致再次肇事,冲撞车辆或行人造成更为严重的后果。此种情形明显反映出行为人完全不计自己醉酒驾车行为的后果,对他人伤亡的危害结果持放任态度,主观上具有危害公共安全的间接故意,应定以危险方法危害公共安全罪"[1]。同时,有关学者对此认识也认同和支持[2],最高司法机关也以规范文件的形式予以确认。[3] 笔者也坚持这种刑法解释论立场,并且分述如下:

其一,对于危险驾驶行为仅发生一次交通事故的情形,以交通肇事罪定性处理为原则,以以危险方法危害公共安全罪定性处理为例外。

应注意,这个刑法解释论结论,主要是针对仅发生一次交通事故的情形而言的,并且主要是缘于立法上对于危险驾驶罪的形式逻辑规定,"在刑法第一百三十三条后增加一条,作为第一百三十三条之一"之形式规定的内在逻辑可以解释为,危险驾驶罪就是作为交通肇事罪的密切关联犯罪而存在的;同时,我国已有司法实践对于醉驾肇事案或者飙车肇事案的基本做法(实践逻辑),也主要是以交通肇事罪定性处理的。因此可以说司法实践中,对于危险驾驶行为仅发生一次交通事故的情形,以交通肇事

---

[1] 高贵君、韩维中、王飞:《醉酒驾车犯罪的法律适用问题》,载《法学杂志》2009年第12期。
[2] 参见阮齐林:《李启铭醉酒驾驶致人死伤案之我见》,载《中国检察官》2011年第4期(下)。
[3] 参见最高人民法院《关于印发醉酒驾车犯罪法律适用问题指导意见及相关典型案例的通知》(法发〔2009〕47号)。

罪定性处理为原则;而有确实、充分的证据证明行为人明显是直接故意或者间接故意以危险方法危害公共安全罪的情况除外。前章的杭州胡某飙车肇事案即为典型。以现有法律规定来分析,胡某的飙车行为应当说同时构成了危险驾驶罪和交通肇事罪,但依法应仅以一个交通肇事罪定罪处理。胡某的飙车肇事行为之所以只构成交通肇事罪而不构成以危险方法危害公共安全罪,除了有关法院判决书中所阐述的理由(最核心的理由)之外,在刑法解释论上就是因为其飙车肇事行为只发生了"一次"交通事故,且无证据证实其对于所发生的该"一次"交通事故在主观心态上具有故意(包括直接故意与间接故意),因而在犯罪论上符合交通肇事罪的犯罪构成而不符合以危险方法危害公共安全罪的犯罪构成,相应的,在司法上应将其行为解释(认定)为相对有利于被告人的交通肇事罪。

其二,对于危险驾驶行为连续发生第二次乃至多次交通事故的情形,以以危险方法危害公共安全罪定性处理为原则,以交通肇事罪定性处理为例外。

行为人危险驾驶机动车并因此发生交通肇事之后,在已经得到"实践确证"为以危险方法危害公共安全行为(在法律逻辑上有别于危险驾驶行为)的情况下,仍然为逃避责任而故意继续实施以危险方法危害公共安全行为,并因此再次或者多次发生交通肇事造成严重后果并致多人伤亡的情形,即在刑法解释论上可以将其后续危险驾驶并发生交通肇事严重后果的行为解释(认定)为故意以危险方法危害公共安全的行为与犯罪(以危险方法危害公共安全罪)。因此,这里顺便指出:《刑法》第133条关于"因逃逸致人死亡的"之加重法定刑情节,在刑法解释论上只宜严格限制解释为"只发生了一次交通肇事并致人受伤或者伤亡,因逃逸而致其中受伤者死亡的"。至于那些因发生交通肇事并致人伤亡之后,因逃逸而再次发生(连续发生)第二次或者更多次交通肇事并再次致使其他人员死亡的情形,通常不宜解释为《刑法》第133条之"因逃逸致人死亡的"。① 前述成都孙伟铭醉驾致人死亡案、佛山黎景全醉驾致人死亡案是典型适例这两个案件的共同特点,都是行为人在醉驾肇事之后不顾公共交通安全而高速逃逸,对于致人伤亡的危害后果明显抱着一种放任态度(比较明显地区别于过于自信的过失态度),因而,都应解释(认定)为间接故意的以危险方法危害公共安全罪。

笔者这里所提出的"危险驾驶并发生严重后果"情形下的处理原则与例外,就是要求在刑法解释论上严格遵行刑事立法有关两罪设置原理(犯罪构成论以及相关刑法原理)来判断具体案件之罪刑适用,同时还需要结合具体案情之特殊性与证据状况等综合情况来判断具体案件之罪刑适用,并没有"一刀切"地要求以交通肇事次数为绝对标准来判断罪刑适用问题。这里提出的罪刑适用之"原则",主要是针对现有司法实践中出现的杭州胡某飙车肇事案、成都孙伟铭醉驾致人死亡案和佛山黎景全醉

---

① 这个问题,学者间的争议很大。笔者过去也认为,"因逃逸致人死亡"的基本含义,是指行为人交通肇事后因逃逸而致被撞者未得到及时救助而过失致其死亡或者放任受害者死亡,或者行为人在逃逸过程中再次肇事而过失致其他人死亡,行为人最终只能以交通肇事罪一罪定罪的情形。(参见魏东:《刑法各论若干前沿问题要论》,人民法院出版社2005年版,第370页。)但是,这种看法因为出现了新的立法规定(形式逻辑)以及新的司法判决(实践逻辑)之故,笔者认为应当对于"因逃逸致人死亡的"情节作出新的法解释论结论。特此说明。

驾致人死亡案的司法判决所涉法解释结论的某种形式的"逻辑归纳";而这里所说的罪刑适用之"例外",则是指允许并且需要结合具体案情(主要是证据和事实)与犯罪构成论原理来依法判断。比如:醉驾肇事致人伤亡后,即使因逃逸而继续危险驾驶并再次或者多次撞人并致人伤亡的,但是对于该后续的危险驾驶并致人伤亡的行为,假如现有证据能够证实行为人在逃逸过程中本来就是"小心翼翼地""慢慢地"驾驶,最终仍然再次发生交通肇事并致人伤亡的,也可以例外地认定为(解释为)交通肇事罪。

第十三章　经济犯罪的刑法解释论*

刑法解释原理应适当关照刑法立法论,恰当阐释并运用刑法立法原理,并在此基础上充分借鉴吸纳法解释论的智识资源,有理有据地阐释刑法解释的一般原理和特别个性,方能确保刑法解释的理论正确性和实践合理性。卡尔·拉伦茨认为,法律解释的最终目标是探求法律在今日法秩序的标准意义,只有同时考虑历史上的立法者的规定意向及其具体的规范想法,才能确定法律在法秩序上的标准意义。① 应当说,拉伦次强调的正是立法论对于法律解释论的标准意义,法律解释论在相当意义上只有将其出发点定位于立法论才是正确的。由此可以说,经济犯罪的刑法解释原理应当以经济犯罪的立法论为出发点,诸如有关经济犯罪立法的刑事政策根据、一般立法原理和个性特点的合理阐释,以此展开经济犯罪作为行政犯的解释原理、二次违法性特征的解释原理、空白罪状和简单罪状的解释原理、兜底条款/兜底罪状的解释原理等。

我国在1997年对《刑法》进行修订时,增加了大量经济犯罪罪名,将原有的经济、行政法律规范中的附属刑法规范吸收并具体化入刑法文本,设置为具体的罪刑规范/罪刑条款,从而实现了经济/行政法律中附属刑法规范的刑法法典化。此后,全国人大常委会于1998年12月29日发布了《关于惩治骗购外汇、逃汇和非法买卖外汇犯罪的决定》,于1999年之后陆续发布《刑法修正案》《中华人民共和国刑法修正案(四)》《中华人民共和国刑法修正案(六)》《中华人民共和国刑法修正案(七)》[以下简称《刑法修正案(七)》]《刑法修正案(八)》,增设了新的经济犯罪的罪名与罪刑规范,修改、补充和完善了部分经济犯罪的罪状和法定刑。除此之外,最高人民法院、最高人民检察院以及公安部针对破坏社会主义市场经济秩序罪发布的司法解释和规范性文件多达50余个。通过修订完善刑法和发布司法解释性规范的方式,经济违法行为的犯罪化趋势明显,且法定刑设置越来越严厉,我国极大地强化了经济刑法的秩序维护功能。在这种背景下,为有效实现司法公正并彰显刑法的人权保障功能,司法实践

---

* 本章内容系作者和李红博士的合作研究成果,参见魏东、李红:《经济犯罪刑法解释的法律政策性限定》,载《人民检察》2017年第13期。

① 参见〔德〕卡尔·拉伦茨:《法学方法论》,陈爱娥译,商务印书馆2003年版,第199页。

中经济犯罪的适用解释①必须切实坚持保守的刑法解释立场②,对经济犯罪刑法条文的规范含义和适用外延进行适当的法律政策性限定。

一、经济犯罪的二次违法性特征与刑法解释的法律政策性限定

经济犯罪作为典型的行政犯具有典型的二次违法性特征,即前置行政违法性与刑事违法性之统一。随着我国经济的快速发展,政治、经济和社会结构进入调整和转型时期,国家运用各种经济、行政手段对国民经济进行干预和调控,制定了一系列经济、行政法规和政策。经济、行政法律规范一方面通过对经济主体的权利、义务进行规制和调整,来建立和完善经济秩序和制度;另一方面,针对违反经济、行政法律禁止性规范、破坏市场经济秩序的行为,规定了相应的经济和行政责任,其中部分条款以简单概括的方式,规定不法行为可能承担刑事责任后果。在此前提下,《刑法》分则第三章"破坏社会主义市场经济秩序罪"根据经济、行政法律规范中所规定的经济不法行为类型,设置了相应的经济犯罪类型。刑法规范对经济犯罪的规定,是针对违反经济、行政法律规范,且具备刑事违法性的经济不法行为,再进行的补充性规定。行政违法性是经济犯罪的刑事违法性之前提,刑事违法性在相当程度上依赖于行政违法性,这就是经济犯罪的二次违法性特征;而刑法作为最后的法律保障手段,必须体现其谦抑性和补充性,经济犯罪之刑事违法性与一般的经济不法行为的行政违法性相比,不仅存在量的区别,也存在质的区别,从而经济犯罪刑法规范在整体法律评价体系中体现出其特殊性。

鉴于经济犯罪的二次违法性特征,其立法模式也有特殊之处。随着经济发展的日新月异,国家的经济政策在不断变化或调整。为保证刑事法律规范与经济、行政法律规范中的违法违规条款的衔接、协调与统一,我国刑法一直在不断修正经济犯罪个罪的犯罪构成要件,这就使得大量的经济犯罪刑事法律规范相对不稳定,经济刑事法网日益严密,犯罪化趋势明显。尽管如此,刑法规范和非刑事法律规范之间仍然存在某些不协调和矛盾冲突之处,以致在司法实践中,对于个罪的刑法解释适用及定性处理存在较大差别。

以非法吸收公众存款罪为例。2010年12月13日,最高人民法院公布《关于审理非法集资刑事案件具体应用法律若干问题的解释》(以下简称《非法集资刑事案件解释》),其中规定的非法吸收公众存款罪的客观方面构成要件"四性"(即违法性、公开性、利诱性、社会性),成为司法实践中判断是否构成非法吸收公众存款罪的重要条件。该解释第3条规定"非法吸收或者变相吸收公众存款,主要用于正常的生产经营活动,能够及时清退所吸收资金,可以免予刑事处罚;情节显著轻微的,不作为犯罪处

---

① 关于适用解释,详细论述参见蔡蕤洁:《刑法适用解释的立场方法与具体标准》,载魏东主编:《刑法观与解释论立场》,中国民主法制出版社2011年版,第63—88页。
② 关于保守的刑法解释立场,详细论述参见魏东:《刑法解释保守性命题的学术价值检讨——以当下中国刑法解释论之争为切入点》,载陈金钊、谢晖主编:《法律方法》(第18卷),山东人民出版社2015年版,第220—236页。

理",亦即吸收资金用于正常生产经营的行为如果符合"四性"条件,就可以构成非法吸收公众存款罪。但是值得注意的是,2015年7月14日,中国人民银行、工业和信息化部、公安部等部门联合颁布的《关于促进互联网金融健康发展的指导意见》提出了鼓励创新、防范风险、趋利避害、健康发展的总体要求,并具体明确了P2P网络借贷的合法性;2016年8月17日,银监会、工业和信息化部、公安部、国家互联网信息办公室四部门联合发布《网络借贷信息中介机构业务活动管理暂行办法》,该暂行办法第10条规定的网络借贷信息中介机构的禁止行为共13项,第13条规定的借款人的禁止行为共5项。其中,该暂行办法第10条第(十一)项禁止事项为"向借款用途为投资股票、场外配资、期货合约、结构化产品及其他衍生品等高风险的融资提供信息中介服务"。根据法不禁止即为允许的原则,网络借贷只要不涉及上述禁止性规定,均为合法行为。也就是说,借款用途为这些明文规定禁止内容的行为是违法的;反之,其他用途的借款行为则是被允许的。这与《非法集资案件解释》第3条规定中吸收资金用于正常生产经营活动应当定罪的规定出现了较为明显的矛盾。尤其是现在已有案例依照《网络借贷信息中介机构业务活动管理暂行办法》之规定,对于网络借贷信息中介机构进行了不定罪处理。这样就导致了司法实践中,针对网上(线上)与网下(线下)投资理财或借贷行为的定性处理出现了截然不同的认定标准与裁判结果。张明楷教授认为,"只有行为人非法吸收公众存款,用于货币和资本的经营时(如发放贷款),才能认定为扰乱金融秩序,可能认定为非法吸收公众存款罪。如果将吸收公众存款用于货币、资本经营之外的生产经营活动,认为是吸收公众存款罪,实际上意味着否定部分民间借贷行为的合法性。许多民营企业的发展多是依靠民间借贷,如果将这种行为认定为犯罪,显然不利于经济发展"[1]。该观点即是对"存款"的实质性解释,应当说《网络借贷信息中介机构业务活动管理暂行办法》的规定实际上支持了该解释结论,这是值得充分肯定的。但是,《非法集资案件解释》所规定的"四性"定罪条件显然与该暂行办法矛盾,而且这一矛盾至今没有得到合理解决。

笔者认为,基于经济犯罪具有前置行政违法性的特征,在出罪的场合,对刑事法律规范中经济犯罪的解释,依附于非刑事法律规范对经济不法行为的排除和阻却。

一方面,如果经济、行政法律规范中缺乏禁止性规定,或者甚至允许实施该行为,则该行为由于不具备行政违法性,因而当然就不具备刑事违法性,不能解释为刑法规范规定的犯罪行为。以司法实践中对经营工业盐行为的定性处理为例。1995年,原国家计委、原国家经贸委发布的《关于改进工业盐供销和价格管理办法的通知》(计价格〔1995〕1872号文)(已失效)明确规定,取消工业盐准运证和准运章。2002年,国务院法制办在《关于对国家经贸委〈关于审理行政复议案件中有关法律适用问题的请示〉的复函》中表示,地方政府规章与该1872号文的规定不一致的,按照该文件的规定执行。尽管如此,还是有诸多地方政府规章仍然规定了经营工业盐行为必须办理行政许可,否则为违法行为,从而导致一部分无证经营工业盐的企业被行政处罚,相

---

[1] 张明楷:《刑法学》(第四版),法律出版社2011年版,第687页。

关负责人以涉嫌非法经营罪被刑事拘留或逮捕,甚至定罪处罚。2008年,最高人民法院在《关于被告人缪绿伟非法经营一案的批复》中指出,工业盐已不再属于国家限制买卖的物品,经营工业盐不构成非法经营罪。自此,对于经营工业盐的行为才被认定为合法行为,因为不具备行政违法性,故也不具备刑事违法性。

另一方面,当经济、行政法律规范或经济、行政政策发生变更,之前具备刑事违法性或者刑事违法性界定不明的经济不法行为此时已经不具备行政违法性质,那么,毫无疑问,刑事规范对该具体的经济犯罪的规定就已经失去了前提基础,该行为也不再具备刑事违法性。此时,对刑法规范的解释应当坚守客观解释和实质解释之立场,理应对原有解释进行相应修改或变更,从而承认前置行政规范的修改或变更,为经济犯罪设置了特殊出罪路径。比较典型的罪名是虚假出资罪、虚假注册资本罪、抽逃出资罪解释之变更。2013年12月28日,全国人大常委会对《中华人民共和国公司法》(以下简称《公司法》)进行了全面的修正,公司注册资本由实缴登记制转为认缴登记制。2014年4月24日,全国人大常委会通过了《关于〈中华人民共和国刑法〉第一百五十八条、第一百五十九条的解释》:"刑法第一百五十八条、第一百五十九条的规定,只适用于依法实行注册资本实缴登记制的公司。"这一变更就是依据经济法律规范的修改,通过立法解释部分改变了经济犯罪的成立条件并提高了入罪门槛,缩小了经济犯罪刑事法律规范的适用范围,使之前司法实践中较为常见的三项公司犯罪大大降低。

在行刑衔接问题上,不仅要注重前置行政违法性,还应当注意,经济犯罪的刑事违法性还有相对独立于行政违法性的特质。一方面,对于经济、行政法规规定"构成犯罪,应当追究刑事责任"的行为,如刑法中无相应罪名或对应罪状予以对照衔接,则该行为不具备刑事违法性,不能以犯罪处理;另一方面,根据法益保护理论,犯罪的实质违法性在于对法益的侵害,如行为仅具有形式违法性,但缺乏法益侵害这一违法实质,也不应定罪处罚。在司法实践中,对于具体的经济不法行为能否认定为经济犯罪,不仅应当考查其行政违法性以及形式上的刑事违法性,还应当从实质上考查行为是否具备实质违法性和刑事可罚性。以《刑法》第205条规定的虚开增值税专用发票、用于骗取出口退税、抵扣税款发票罪为例,有观点认为,从罪状内容来看,该法条没有对特定主观目的和客观结果要件作出明文规定,故该行为属于行为犯;似乎无论是否造成危害税收的结果,均应当定罪处罚。但是,从我国刑法将虚开增值税专用发票、用于骗取出口退税、抵扣税款发票罪规定在《刑法》分则第三章第六节"危害税收征管罪"的体系性设置来看,该罪惩治和打击的对象,是那些利用虚开增值税专用发票、用于骗取出口退税、抵扣税款发票来偷税、骗税,并给国家税款征收造成损失的行为;而对于行为人主观上不具有偷、骗税主观目的,客观上也没有造成国家税款流失的开票行为,依法不宜以虚开增值税专用发票、用于骗取出口退税、抵扣税款发票犯罪论处。虚开增值税专用发票、用于骗取出口退税、抵扣税款发票罪的犯罪客体是复杂客体,必须同时危害国家增值税专用发票管理秩序和国家税收征管秩序,二者缺一不可。针对只危害国家增值税专用发票管理秩序,但是没有危害国家税收征管秩序的行为,依法应当认定为不完全具备该罪的犯罪客体,未侵犯刑法规范保护的法益,不符合该罪的犯罪构成要件,从而不宜认定为犯罪。陈兴良教授运用短缩的二行为犯原理论证了虚开增值税专用发票、用于骗取出口退税、抵扣税款发票罪系目的犯,且属于非法定的目的犯,并认为,"在一般虚开发票的案件中,行为人虽然实施了虚开行为,但主观上没有抵扣税款的目的,其行为不构成虚开发票罪"①。最高人民法院业务庭法官也认为:"对于不具有严重社会危害性的虚开增值税专用发票行为,可适用目的性限缩的解释方法,不以虚开增值税专用发票、用于骗取出口退税、抵扣税款发票罪论处。"②笔者辩护的多起涉嫌虚开增值税专用发票案都存在类似情况,司法机关也普遍采纳了辩护观点,对被告人作出了无罪处理,这印证了本罪解释方法和解释结论的正确性。

法律体系是一个有机整体,经济、行政法律规范中的行政违法性条款和附属刑法条款与刑法中的经济犯罪条款存在紧密联系,在立法和解释时,均应当保持协调和统一;并且,这种协调性与刑法的独立性和谦抑性并不矛盾,在考查刑事处罚必要性的基础上,应当依据犯罪必须侵犯刑法保护法益这一违法性本质,对刑法条文进行实质的限缩解释。

二、经济犯罪空白罪状和简单罪状之刑法解释的法律政策性限定

鉴于经济社会极速发展与刑法规范的相对滞后性和稳定性存在一定的矛盾和紧张关系,刑法规范中语言表述要求简练通俗,与部分经济行为的专业性术语不能完全融合,以及经济犯罪自身具备二次违法性特征,因而在经济犯罪的罪状设置上,经济犯罪刑法规范大量采用空白罪状或简单罪状,这是一种较为特别的立法技术,其本身并不违反刑法的明确性原则,因为刑法不可能实现绝对的明确性,我们只能在对刑法规范条文进行解释的过程中,尽力达到相对的明确性。那么,经济犯罪空白罪状与简单罪状在刑法解释论上如何达致相对的明确性呢?其中十分重要的技术方法就是要注意运用特定时期经济法规范、行政法规范和经济政策指导对经济犯罪进行限定解释。

(一) 空白罪状与刑法解释的法律政策性限定

空白罪状是指对构成要件未作规定或者只作部分规定,参照其他法律、法规对构成要件加以规定。③ 针对空白罪状,需要运用其他法律、法规规定予以补充,因此,刑法规范与相关法律法规之间的协调尤为重要,必须广泛运用体系解释方法。最为典型的例子是"违反国家规定"。《刑法》第96条明确规定了"违反国家规定"中"国家规定"的范围,仅限于全国人大及其常委会制定的法律和决定,国务院制定的行政法

---

① 陈兴良:《判例刑法学(上卷)》,中国人民大学出版社2009年版,第260页。
② 最高人民法院刑事审判第一庭等主编:《中国刑事审判指导案例(破坏社会主义市场经济秩序罪)》,法律出版社2009年版,第693页。
③ 参见陈兴良:《刑法的明确性问题:以〈刑法〉第225条第4项为例的分析》,载《中国法学》2011年第4期。

规、规定的行政措施和发布的决定和命令。针对经济犯罪空白罪状的补充规范之解释与适用,有如下几个问题值得注意:

第一,《刑法》分则法条中对于类似空白罪状的表述并不完全相同,对于补充规范的范围有时并不明确,这时需要运用特定时期经济法规范、行政法规范和经济政策指导对经济犯罪进行明确和限定解释。有的表述为"违反国家规定",如《刑法》第186条规定的违法发放贷款罪和第225条规定的非法经营罪;有的表述为"违反规定",如《刑法》第188条规定的违规出具金融票证罪;有的表述为"违反……法规",如《刑法》第228条规定的非法转让、倒卖土地使用权罪,该罪状表述为"违反土地管理法规";有的表述为"违反……法的规定",如《刑法》第230条逃避商检罪,表述为"违反进出口商品检验法的规定"。针对第二种情况(即表述为"违反规定"的情况),补充法律规范的范围具体包括哪些,学界存在争议。有观点认为,"违反规定"除了《刑法》第96条规定的"国家规定"之外,还应当包括部门规章和其他规范性文件[1];也有观点认为,"违反规定"只是立法的表述疏漏,其实应该就是"违反国家规定"[2]。笔者支持第二种观点,理由在于:"违反规定"这一表述仅从文义上理解,其范围过于宽泛,确实存在立法技术上的疏漏,对该罪状应当坚持严格解释和体系解释原则。以《刑法》第188条违规出具金融票证罪为例。其一,从体系解释的规则来看,《刑法》总则规定应当贯穿于《刑法》分则,对于《刑法》分则的解释必须以《刑法》总则为指导[3],"违反规定"与《刑法》第96条"违反国家规定"具有同质性,应当受到"违反国家规定"规定之限制,其"规定"的范围从属于《刑法》第96条的"国家规定"。其二,该罪名与《刑法》第186条规定的违法发放贷款罪同属银行或其他金融机构工作人员的业务犯罪,且法条内容相近,罪状设置相似,参照违法发放贷款中的"违反国家规定"来解释违规出具金融票证罪中的"违反规定",符合体系解释的规则,具有合理性。其三,如果将金融机构内部制定的业务规则或规章制度等规范性文件也作为规定理解,无异于将无法律效力的文件上升到法律的高度,那么,必定导致刑法适用和处罚范围的不当扩张,有违罪刑法定原则和刑法的谦抑性。因此,违规出具金融票证罪中"违反规定"中的"规定"就是指《刑法》第96条规定的"国家规定"。而针对"违反……法规""违反……法的规定"之空白罪状填补,因其指向对象明确,仅限于某行政法规或法律规定,如《土地管理法》或进《出口商品检验法》,而不可能将其范围扩展至国务院规定的行政措施和发布的决定和命令,以及部门规章或其他规范性文件。除此之外,经国务院批转的部门规章如果有法定授权,可以作为"准国家规定"参照适用,但前提条件是,该具体规定本身有上级位阶的法律法规相关概括性规定作为依据,否则不能参照适用。

第二,补充规范之规定本身存在不明确的客观情况,这时同样需要运用特定时期经济法规范、行政法规范和经济政策指导对经济犯罪进行明确和限定解释。这体现

---

[1] 参见涂龙科、秦新承:《空白罪状补充规则的适用》,载《法学》2011年第10期。
[2] 参见蒋玲:《刑法中"违反国家规定"的理解和适用》,载《中国刑事法杂志》2012年第7期。
[3] 参见张明楷:《刑法分则的解释原理(上)》(第二版),中国人民大学出版社2011年版,第112页。

在,刑法规定的罪状中设置了"违反国家规定"这一具体构成要件要素,但是,没有相应的补充规范规定予以参照。如2009年2月28日通过的《刑法修正案(七)》在《刑法》原第253条规定中,增设了出售、非法提供公民个人信息罪,其罪状中有"违反国家规定"这一空白罪状,但是,在此前并无明确的国家规定对公民隐私权进行直接保护;直至2009年12月26日《侵权责任法》公布,其中第2条规定:"侵害民事权益,应当依照本法承担侵权责任。本法所称民事权益,包括生命权、健康权、姓名权、名誉权、荣誉权、肖像权、隐私权、婚姻自主权、监护权、所有权、用益物权、担保物权、著作权、专利权、商标专用权、发现权、股权、继承权等人身、财产权益。"此时法律规定才第一次明确将公民的隐私权纳入保护范围,并规定侵犯隐私权应当承担侵权责任;也正是此时,出售、非法提供公民个人信息罪才有了前置补充规范依据。另外,有的补充规范规定本身不明确,或者规范与规范之间存在矛盾,也可能无法得出统一确定的结论。

【案例】某企业生产、销售莱克多巴胺涉嫌非法经营罪案①

该企业为一家生物科技国有公司,经营范围为药物中间体及原料物、药物制剂等的研究与试验发展,药物中间体的生产、销售等。莱克多巴胺是由美国著名制药公司礼来公司1984年发明,美国FDA在1999年批准,允许作为饲料添加剂。作为一种化学品,最初引入中国时,相关行政主管部门未对其进行管制。该企业于20世纪90年代向中科院申报莱克多巴胺研制课题获得立项,并获得专利证书。2003年至2009年,该企业共生产、销售莱克多巴胺11 737.3公斤,其中有3 062.3公斤系销售给进出口公司。2009年该公司停止生产和销售莱克多巴胺,2012年公安机关对该企业立案侦查。公诉机关指控认为,被告人违反国家关于药品限制经营的规定,非法生产和销售莱克多巴胺。而该案相关的规范性文件除了刑法规定外,主要有以下规定:2002年2月9日,农业部、卫生部、国家药品监督管理局联合发布《禁止在饲料和动物饮用水中使用的药物品种目录》,将莱克多巴胺列入该目录之中;2002年8月16日,最高人民法院、最高人民检察院发布《关于办理非法生产、销售、使用禁止在饲料和动物饮用水中使用的药品等刑事案件具体应用法律若干问题的解释》,其中第1条规定:"未取得药品生产、经营许可证件和批准文号,非法生产、销售盐酸克仑特罗等禁止在饲料和动物饮用水中使用的药品,扰乱药品市场秩序,情节严重的,依照刑法第二百二十五条第(一)项的规定,以非法经营罪追究刑事责任。"但是,在此司法解释出台之前,卫生部并未对莱克多巴胺生产和销售设置生产或经营许可,而且,莱克多巴胺是属于药品、饲料添加剂还是化学品,本身也存在一定争议。2009年12月4日,商务部、海关总署《关于禁止进出口莱克多巴胺和盐酸莱克多巴

---

① 案例来源:成都市中级人民法院(2012)成刑初字第92号刑事判决书、四川省高级人民法院(2014)川刑终字第559号刑事裁定书。

胺的公告》发布,才明确禁止进出口莱克多巴胺。2011年12月5日,国家工信部、农业部、商务部、卫生部、工商行政管理总局、质量监督检验检疫总局六部门发布2011年第41号《关于禁止生产和销售莱克多巴胺的公告》,才明确规定在我国境内正式全面禁止生产和销售莱克多巴胺。2013年5月2日,最高人民法院、最高人民检察院《关于办理危害食品安全刑事案件适用法律若干问题的解释》发布,其中第11条规定:"违反国家规定,生产、销售国家禁止生产、销售、使用的农药、兽药,饲料、饲料添加剂,或者饲料原料、饲料添加剂原料,情节严重的,依照前款的规定定罪处罚。"

该案涉及三个问题:其一,在缺乏明确禁止生产和销售莱克多巴胺的国家规定时,最高人民法院、最高人民检察院的司法解释可否将生产和销售行为直接规定(认定)为非法经营罪?其二,在国务院各部门发布的公告等规范性文件禁止生产和销售莱克多巴胺的时间先后不一致,且对本案定性处理有直接影响时,可否依据最终发布的行政规范性文件,对被告单位作出有利判决?其三,2013年5月2日《关于办理危害食品安全刑事案件适用法律若干问题的解释》对该企业2003年至2009年的生产和销售行为是否具有追溯力?就这些问题而言,笔者认为存在以下法理值得检讨:

首先,《关于办理非法生产、销售、使用禁止在饲料和动物饮用水中使用的药品等刑事案件具体应用法律若干问题的解释》和《禁止在饲料和动物饮用水中使用的药物品种目录》均不属于国家规定,违反该司法解释和目录的规定并不属于违反国家规定的行为。该司法解释和目录是明确对莱克多巴胺的生产、销售和使用进行了限制性规定,但是,该两份文件并非完全禁止生产和销售莱克多巴胺,而只是明确限制将其添加到饲料和动物饮用水之中用于动物养殖,在缺乏明确禁止生产和销售莱克多巴胺的国家规定,也缺乏国家规定将其纳入行政许可范围时,司法解释直接将该行为认定为"违反国家规定"并进而定性为非法经营罪,有越权嫌疑,有违罪刑法定基本原则。

其次,在该案中,行政政策发生了较大变化,对于莱克多巴胺由放任不管到限制再到完全禁止,有一个逐步发展的过程,而被告单位生产和销售莱克多巴胺的行为,恰好发生在国家对其进行限制这一时间节点上。该企业生产的部分莱克多巴胺在2003年至2009年期间销售给进出口公司用于出口,而直至2009年年底,海关总署才发文禁止出口莱克多巴胺。针对该部分销售行为,一审法院采纳了辩护意见,认为不属于非法经营,将该部分金额从指控金额中予以扣除,体现了有利于被告人的精神。

再次,按照从旧兼从轻的原则,司法解释施行后尚未处理或正在处理的案件,如果适用新的司法解释对被告人有利的,可以适用新的司法解释。但是值得研究的问题是:该案根本不能适用前述2002年《关于办理非法生产、销售、使用禁止在饲料和动物饮用水中使用的药品等刑事案件具体应用法律若干问题的解释》,或者说,适用2002年《关于办理非法生产、销售、使用禁止在饲料和动物饮用水中使用的药品等刑事案件具体应用法律若干问题的解释》,不能得出有罪结论;而适用2013年《关于办理危害食品安全刑事案件适用法律若干问题的解释》明显对被告人不利,在此情况下,该案一审判决却适用了2013年《关于办理危害食品安全刑事案件适用法律若干问题的解释》对被告单位作出了有罪判决,一定程度上违背了从旧兼从轻的原则。

可见,要解决经济犯罪空白罪状补充规范不明确的问题,应当从刑法的保守解释立场出发,在入罪场合,对于空白罪状的补充应当坚守严格解释的立场,空白罪状只能由立法制定的国家规定予以补充,而不能由司法解释予以填补;在出罪场合,允许运用非国家规定的规范性文件对行为作出有利于被告人的实质解释;在补充规范规定本身不明确的情况下,如果依据现有规范不能得出有罪结论的,应当最大限度发挥刑法的人权保障机能,对被告人作出无罪的解释结论。

(二) 简单罪状与刑法解释的法律政策性限定

简单罪状是指罪刑式法条对具体犯罪构成特征进行了简单描述,而没有超过罪名的概括。① 如伪造货币罪的罪状是"伪造货币的……",非法吸收公众存款罪的罪状是"非法吸收公众存款或变相吸收公众存款"。基于简单罪状对于具体犯罪构成要件只进行简单、概括的表述,在司法适用过程中,需要对其中的罪状和部分概念进行进一步解释。

简单罪状中构成要素的涵义具有抽象性、概括性特征,对简单罪状的解释,较多运用到文义解释和目的解释方法。根据前述经济犯罪立法原理,刑法解释论上对于简单罪状的解释适用,应当注意运用以下规则和方法:

第一,对简单罪状的文义解释首先应当考虑用语的常用含义,这种常用含义是依据一般的社会观念和法律政策性限定而得出的合理和客观的解释结论。以伪造货币罪为例,借鉴刘宪权教授对伪造货币罪的定义,该罪是指仿照货币的图案、形状、色彩等,使用各种方法,非法制造足以使普通人误认为正在流通或兑换的人民币或者境外货币,冒充真货币,并意图进入流通的行为。② 在该定义中,首先应当把握两个概念的含义,其一是"伪造",其二是"货币"。"伪造"从文义上理解,是指编造、以假乱真。而"货币"的含义则比较丰富多元,从经济学上定义,货币本质上是一种所有者与市场关于交换权的契约③,但这个定义明显过于宽泛。还有人认为,货币除包括人民币和外币之外,包括金属货币和银行券;但是,这一定义同样不能作为刑法规定的伪造货币罪的含义之依据,因为其解释已经超出了一般的社会观念,即普通民众所理解的"货币"之外延范围。因此,对于伪造的货币应当注意必须是正在流通或兑换的仿照真人民币或外币,与真币相似的假币。金属货币或银行券均不属于伪造货币的犯罪对象,现在网络上流通的虚拟货币也不属于该范畴,如伪造金属货币、古币、虚拟货币甚至不存在的货币并欺骗谋利的,可以诈骗罪定罪;而伪造银行券或其他金融票证的,可以伪造、变造金融票证罪定罪,均不宜认定为伪造货币罪。

---

① 参见陈兴良主编:《刑法各论的一般理论》(第二版),中国人民大学出版社2007年版,第134页。
② 参见刘宪权:《货币犯罪若干司法疑难问题的探析》,载《犯罪研究》2008年第2期。
③ 参见百度百科词条"货币",载百度百科(http://baike.baidu.com/link?url=-4LtFvZUfzYfwsxSJdC869iOSvq9WyiOQuJT47bTl_pq-uulCKyOH5O2fq3LAL5gUQrX5YUdoYWntrEqyfs0JeZb8dCtSXU95MSo_VPy5-_),访问日期:2016年11月30日。

第二,对简单罪状进行文义解释时要注意结合其他解释方法,尤其是体系解释和目的解释,以尽量准确解释其内涵和外延,以实现在定罪适用时能区分罪与非罪、此罪和彼罪的目的。再以伪造货币罪为例,广义的伪造本身包含变造,但是,为区分伪造货币罪与变造货币罪,应当将伪造限定在狭义范围内,以把握"伪造"与"变造"的区别。"变造"是指对真货币采用剪贴、挖补、揭层、涂改、移位、重印等方法加工处理,改变真币形态、价值的行为;如果同时采用伪造和变造手段,将真币和假币混合拼凑制造出新的假币的,应以伪造货币罪定罪处罚。与虚开增值税专用发票、用于骗取出口退税、抵扣税款发票罪类似,现在理论界有学者认为,危害货币管理制度犯罪的主观方面应具有"意图进入流通"的目的[1],伪造货币罪也属于非法定的目的犯,根据目的性限缩解释方法,主观上不以"意图进入流通"为目的的伪造货币行为不应定性为伪造货币罪。

三、经济犯罪兜底条款之刑法解释的法律政策性限定

刑法的兜底条款是指,刑法对犯罪的构成要件在列举规定之外,采用"其他……"这样一种概然性方式所作的规定。[2] 经济犯罪中最为典型的兜底条款就是《刑法》第225条规定的非法经营罪第(四)项:"其他严重扰乱市场秩序的非法经营行为。"而实际上,兜底条款除了"其他……"表述方式外,还包括"等""变相"(规定于非法吸收公众存款罪之罪状中)等表述方式。兜底条款的最大功能就是"堵漏",立法者意图通过概括性的语言将所有不能穷尽和周延的同类型行为方式或方法囊括其中。但是,这种立法方式在相当程度上增加了刑法条文内容的不确定性,也在相当程度上破坏了刑法条文本身应当具备的相对稳定性和可预测性,必须进行适当的限制解释。

目前学界对于兜底条款进行限制解释适用的最主要规则就是同质性解释规则,又称"同类解释规定""只含同类规则",是指当刑法语词含义不清时,对附随于确定性语词之后的总括性语词的含义,应当根据确定性语词所涉及的同类或者同级事项予以确定。[3] 该规则还引申出类似情形说、相当说、同一类型说、实质相同说、语词类同说、等价说等不同观点。这些学说都是从限制兜底条款的强大囊括功能角度出发,对兜底条款解释规则的有益探索,其本质是将兜底条款与前置的列举式条款进行类比,以列举式条款中的行为方式和方法来限定兜底条款的内容。在适用这些解释规则时,还应当注意参照罪状中前置的补充规范之规定,如非法经营罪中的"违反国家规定";综合运用文义解释、体系解释、目的解释等解释方法,使兜底条款的解释对象和范围尽量明确;如不能明确被告人行为方式或方法符合兜底条款之行为方式或方法,以及不能确定被告人的行为与参照罪状规定之行为具备相当的社会危害性和刑

---

[1] 参见刘宪权:《货币犯罪若干司法疑难问题的探析》,载《犯罪研究》2008年第2期。
[2] 参见陈兴良:《刑法的明确性问题:以〈刑法〉第225条第4项为例的分析》,载《中国法学》2011年第4期。
[3] 参见梁根林:《刑法适用解释规则论》,载《法学》2003年第12期。

事处罚必要性,则应当作出对被告人有利的解释。近年来,最高人民法院对相关案件的处理结果,也适用了同质性解释规则。如 2016 年内蒙古自治区巴彦淖尔市临河区人民法院审理的农民王力军涉嫌非法经营罪一案,以非法经营罪判处王力军有期徒刑 1 年,缓刑 2 年;该案宣判后,引起了社会广泛关注,最高人民法院于 2016 年 12 月 16 日决定对该案再审①,理由为,《刑法》第 225 条第(四)项是在前三项规定明确列举的三类非法经营行为具体情形的基础上,规定的一个兜底性条款,在司法实践中适用该项规定应当特别慎重,相关行为需有法律、司法解释的明确规定,且要具备与前三项规定行为相当的社会危害性和刑事处罚必要性,严格避免将一般的行政违法行为当作刑事犯罪来处理。就本案而言,王力军从粮农处收购玉米卖与粮库,在粮农与粮库之间起了桥梁纽带作用,没有破坏粮食流通的主渠道,没有严重扰乱市场秩序,且不具有与《刑法》第 225 条规定的非法经营罪前三项行为相当的社会危害性,不具有刑事处罚的必要性。②该解释对于"同质"中"质"的界定更为明确,并不限于兜底条款文义本身所表达的含义,而是从一般行政违法行为与刑事犯罪的区分角度出发,对非法经营罪的兜底条款进行了实质解释,进一步确定将"同质"界定为相当的社会危害性和刑事处罚必要性,这对于兜底条款解释规则的学理研究具有启发意义。

非法吸收公众存款罪中"变相吸收公众存款"中的"变相",也是具有强大涵盖功能的兜底性表述。《非法金融机构和非法金融业务活动取缔办法》第 4 条对"变相吸收公众存款"的含义进行了如下解释:"变相吸收公众存款,是指未经中国人民银行批准,不以吸收公众存款的名义,向社会不特定对象吸收资金,但承诺履行的义务与吸收公众存款性质相同的活动。"而 2010 年发布实施的最高人民法院《非法集资刑事案件解释》第 2 条规定,以列举方式对非法吸收公众存款和变相吸收公众存款进行了进一步的解释,其中第(十一)项规定"其他非法吸收资金的行为"再次采用了兜底性条款。用"其他"再解释"变相"这种"双重兜底条款"的司法解释方法,使得非法吸收公众存款的行为方式似乎无穷无尽,凡是吸收资金的行为,无论行为人以何种名义融资,只要其行为最终可以归结为返本付息,均可认定为非法或变相吸收公众存款,这使得资本市场乃至民间借贷领域一片风声鹤唳,已经影响经济自由竞争和发展。如前所述,2016 年 8 月 17 日,银监会、工信部、公安部、国家网信办四部门联合发布的《网络借贷信息中介机构业务活动管理暂行办法》也许正是对这一兜底条款的限制。如果说该暂行办法具有行政法性质(行政规章),按照经济犯罪二次违法性原理和司法权不得侵蚀行政权的法理,非法吸收公众存款罪的刑法解释适用就必须尊重该暂行办法,不得将那些并不违反行政法规和规章的借贷融资行为"解释"为犯罪。应当说,这是经济犯罪兜底条款解释的法律政策性限定的典型例证。

---

① 参见最高人民法院(2016)最高法刑监 6 号再审决定书。
② 参见《内蒙农民王力军收购玉米被判非法经营罪案进入再审》,载腾讯新闻(http://news.qq.com/a/20170109/038154.htm),访问日期:2017 年 1 月 16 日。

第十四章　非国家工作人员受贿罪

非国家工作人员受贿罪,是指公司、企业或者其他单位的工作人员利用职务上的便利,索取他人财物或者非法收受他人财物,为他人谋取利益,数额较大的行为。公司、企业或者其他单位的工作人员在经济往来中,利用职务上的便利,违反国家规定,收受各种名义的回扣、手续费,归个人所有的,以本罪论处。

一、非国家工作人员受贿罪的构成特征

(一) 犯罪直接客体

非国家工作人员受贿罪的保护法益,是公司、企业或者其他单位的工作人员职务活动的廉洁性。这种犯罪,在多数情况下还同时妨害了公司、企业或者其他单位的正常业务活动;但本罪构成并不以此为必备条件。

欲正确界定本罪的直接客体,须解决两个基本问题:一是直接客体的确定性;二是本罪客体与(国家工作人员)受贿罪客体的联系与区别。

所谓直接客体的确定性,是某种犯罪行为一旦实施,在任何情况下都确定无疑地具有直接侵害某种特定法益的性质。直接客体的确定性要求,在研究和界定具体罪的直接客体时,必须确定具体罪与某种具体法益之间具有固定的、内在的、直接的联系,只有在此情况下才能判定该具体法益是该具体罪的直接客体;相反,如果具体罪与某种法益之间没有这种联系,而是有时有联系,有时无联系,则不能判定该具体法益是该具体罪的直接客体。在现实生活中,具体罪的表现形式多种多样,林林总总。例如伤害罪,如果是用刀伤人的情况,则直接侵害了他人身体健康;如果是伤害致死的情况,则在直接侵害他人身体健康法益的基础上,又直接侵害了他人的生命法益;如果是聚众斗殴致人重伤而构成伤害罪的情况,则在直接侵害他人身体健康的同时又直接侵害了社会管理秩序,等等,不一而足。显然,与伤害罪具有直接的、固定的、内在的联系的法益只有他人身体健康;而他人生命法益、社会管理秩序法益等与伤害罪并不具有直接的、固定的、内在的联系,因而伤害罪的直接客体只能是他人身健康,而不能把他人生命法益、社会管理秩序法益等确定为伤害罪的直接客体。再例如,杀人罪必定直接侵害他人的生命法益,这是一种直接的、固定的、内在的联系,任何时候、任何地方、任何条件下都是如此,概莫能外,则生命相对于杀人罪具有确定性,据

此可以判定生命法益是杀人罪的直接客体。

根据直接客体的确定性要求,如何界定非国家工作人员受贿罪的直接客体呢?先讨论几种争鸣观点。一种观点认为,本罪的直接客体是公司、企业或者其他单位的正常业务活动和公司、企业或者其他单位工作人员业务活动的廉洁性;第二种观点认为,本罪侵犯的客体是公司、企业或者其他单位职务行为的公正性和不可收买性;第三种观点认为,本罪客体是公司、企业或者其他单位的工作人员职务活动的廉洁性;第四种观点是,本罪侵害的客体是公司、企业或者其他单位的正常管理秩序和商业信誉;等等。

首先应当指出,上述几种观点中所列"公司、企业或者其他单位工作人员业务活动的廉洁性""公司、企业或者其他单位职务行为的不可收买性""公司、企业或者其他单位的工作人员职责的廉洁性"等,基本含义是相同的,都是指公司、企业或者其他单位工作人员职务活动的廉洁性,只是语言表述上存在细微差异。笔者认为,公司、企业或者其他单位工作人员职务活动的廉洁性法益是非国家工作人员受贿罪的直接客体。这是因为,其一,任何职务活动都具有神圣不可收买、保持廉洁忠诚的性质,这既是职业道德的要求,也是法律的要求,对于国家机关工作人员和公司、企业或者其他单位工作人员都如此;其二,任何情形下的公司、企业人员受贿行为,都肯定无疑、毫无例外地侵害公司、企业或者其他单位工作人员职务活动的廉洁性,二者之间具有直接的、固定的、内在的联系,符合犯罪直接客体的确定性要求。

那么,是否可以把"公司、企业或者其他单位的正常业务活动""公司、企业或者其他单位职务行为的公正性""公司、企业或者其他单位的正常管理秩序和商业信誉"等都列为本罪的直接客体呢?笔者认为不可以。理由是,非国家工作人员受贿罪并不必然侵害上述所列法益;尽管本罪有时可能侵害上述法益,但只是一种可能性,且多数情况下具有间接性、伴随性、偶然性。例如,公司、企业工作人员受贿,但仅为他人谋取合法、合理的利益,并且不损害本公司、企业利益的情形,则很难说侵害了本公司、企业的"正常业务活动""职务行为的公正性"或者"正常管理秩序"。换句话说,本罪并不以侵害公司、企业或者其他单位的正常业务活动、正常管理秩序、公正性等为必要条件。当然,从受贿本身就意味着不正常、不公正角度讲,二者似乎具有直接性、确定性,但此时的"正常、公正"与否,正是从"职务活动的廉洁性"这一职业道德的意义上讲的,是以此为根据所作的进一步道义评价,是二次间接的评价。至于"商业信誉",更具有或然性。如果这种受贿行为被揭露,可能影响"商业信誉";但如果没有被揭露,则不可能影响"商业信誉"。显然,商业信誉与本罪之间也不具有直接的、固定的、内在的联系,从而不能成为本罪的直接客体。

关于本罪客体与受贿罪客体的联系与区别。公务员与公司、企业工作人员的联系是,二者都具有需要公正廉洁地履行一定职责的特点;区别是,公务员以国家工作人员身份履行公务职责,而公司、企业人员是以公司、企业经营管理人员身份履行公司、企业所赋予的一定的经营活动职责。行为主体的这一联系与区别,反映在犯罪客体上也是既有联系又有区别。如前所述,非国家工作人员受贿罪侵害的客体是公司、企业或者其他单位工作人员职务活动的廉洁性。同理,受贿罪侵害的客体是国家工作人员公务活动的廉洁性,这是我国乃至海外许多学者的共同看法。二者都是侵害职务活动的廉洁性。二者的区别是:非国家工作人员受贿罪侵害的职务活动的廉洁性是针对公司、企业工作人员的职务活动而言的,而受贿罪则是针对国家工作人员的职务活动而言的。可见,两罪客体的联系与区别正好同行为主体的联系与区别相对应,从另一个侧面印证了我们的观点,即非国家工作人员受贿罪侵害的客体是公司、企业或者其他单位工作人员职务活动的廉洁性。

(二) 客观方面要件

非国家工作人员受贿罪的客观方面,表现为利用职务上的便利,索取他人财物或者非法收受他人财物,为他人谋利益,数额较大的行为。这里有几层含义,必须同时具备。其一,行为人必须是利用职务上的便利。所谓利用职务上的便利,是指行为人利用自己主管、经管或者参与经手公司、企业具体业务所形成的便利条件,并且一般而言,没有此职务上的便利条件,行为人无法为他人谋取利益。如果行为人没有利用职务上的便利条件,即使收受他人财物并为他人谋取利益,也不构成本罪。例如,如果行为人仅仅利用本人职权或地位形成的便利条件,通过其他人员职务上的行为为请托人谋利,则即使收受他人财物,也不能构成本罪。可见,行为人利用职务上的便利,是构成本罪的决定性因素之一。其二,行为人必须索取他人财物或者非法收受他人财物。"索取"与"收受"是两种既有联系又有区别的行为,是受贿的两种主要行为方式。所谓索取他人财物,是指主动以明示或者暗示等方式向请托人索取财物的情形。所谓收受他人财物,是指被动接受请托人主动赠送财物的情形。行为人受贿,无论是主动索取的情形,还是被动收受的情形,都可能构成本罪。其三,行为人必须为他人谋取利益。至于请托人是否实际获得利益,不影响本罪的成立。其四,行为人必须是受贿数额较大,才能构成本罪。

此外,根据《刑法》第163条第2款的规定,公司、企业或者其他单位的工作人员在经济往来中,利用职务上的便利,违反国家规定,收受各种名义的回扣、手续费,归个人所有的,也构成本罪。关于公司、企业或者其他单位的工作人员非法收受各种名义的回扣、手续费归个人所有以受贿罪论的情形,基本上与国家工作人员非法收受各种名义的回扣、手续费归个人所有以受贿罪论的情形相同,不详论。

(三) 主体要件

非国家工作人员受贿罪的主体,是公司、企业或者其他单位的工作人员。所谓公司,在我国是指有限责任公司和股份有限公司;所谓企业,则是指公司以外的其他企业,如国有企业、集体企业、私营企业、中外合资企业、中外合作企业、外资企业、外国公司在我国境内设立的分支机构等。因此,公司的工作人员,是指有限责任公司、股份有限公司中非国家工作人员的董事、监事以及职工。公司的董事、监事,是指根据公司法的规定,经过有限责任公司的股东会、股份有限公司的创立大会、股东大会选举产生的董事会、监事会的成员。公司的职工,是指除董事、监事之外的人员,包括公司经理、会计等行政人员、业务人员和其他受公司聘用从事公司业务的人员。而企业或者其他单位的工作人员,则是指公司以外的企业或者其他单位中非国家工作人员的职工,如行政人员、业务人员以及其他受企业聘任从事企业具体事务的人员。须再次强调指出,本罪主体不包括以下人员:国有公司、企业中从事公务的国家工作人员和国有公司、企业委派到非国有公司、企业从事公务的国家工作人员。这些国家工作人员利用职务上的便利受贿,应构成受贿罪,按《刑法》第385条、第386条的规定处罚。

(四) 有责性(主观方面要件)

非国家工作人员受贿罪的主观方面是故意,过失不能构成本罪。本罪的故意包括直接故意与间接故意两种,涉及认识因素与意志因素两方面。认识因素表现为,行为人明知其利用职务上的便利索取他人财物或者非法收受他人财物,为他人谋取利益的行为是损害其职务活动廉洁性的行为。本罪的意志因素表现为,行为人希望或者放任损害职务活动廉洁性的危害结果发生。可见,本罪的故意是行为人明确认识到其利用职务上的便利索取他人财物或者非法收受他人财物,为他人谋取利益的行为是损害其职务活动廉洁性的行为,而希望或者放任这种危害结果发生的主观心理态度。

二、非国家工作人员受贿罪的认定

(一) 非国家工作人员受贿罪与非罪的界限

确定非国家工作人员受贿罪与非罪的界限标准是我国刑法明确规定的非国家工作人员受贿罪的犯罪构成,符合犯罪构成,即成立本罪;反之,则不成立犯罪。具体应注意区分以下几种界限:

1. 受贿与接受馈赠的界限

从表现上看,二者都表现为接受他人财物的行为;但从性质上看,受贿是一种违法犯罪行为,而接受馈赠则是一种正当的联络人与人之间的感情的行为。在区分受贿行为与接受馈赠行为时,可以从以下三个方面考查:一是双方关系是纯友情还是相互利用或有商业往来。受贿多发生于商业往来过程中,并有利用职务之便为他人谋利的条件;接受馈赠则多发生于朋友、亲戚之间,是基于私人之间的感情和友谊。二是财物的价值,是体现"礼轻情义重"在情理之中的还是超乎寻常的。馈赠财物的价值和数量,往往是有限的;而贿赂则多数额较大或者巨大。当然,不能仅就财物数量来定行为性质,还要综合案件情况具体分析。三是馈赠方式。一般而言,公开的馈赠多是出于友情关系;而秘密的馈赠则可能是钱权交易。当然这只是一般情况,不能仅以此为根据认定某行为是受贿还是接受馈赠,必须综合具体案情来认定行为性质。

2. 利用职务之便利与利用工作之便的界限

非国家工作人员受贿罪的构成,必须具备"利用职务上的便利"的要求,这是渎职犯罪的一个显著特征。所谓利用职务上的便利,是指利用公司、企业或者其他单位工作人员主管、经管或者参与经手具体业务所形成的便利条件。如果行为人不是利用这种职务之便,而是仅利用工作之便,例如利用对工作环境的熟悉、在工作过程中人际关系、在工作单位偶然获得的与职务行为无关的某种信息等为他人谋取利益,并收受他人财物的情形,就不能认定为受贿。如,某企业工作人员李某,在工作中得知本单位要搞基建项目,需要购进大量建材和物色建筑单位的信息,就将此信息告诉昔日战友、现为某建筑公司经理的王某,并催王某去单位承揽业务;后王某承包建筑业务,获得可观利润,并自愿从其收入中拿出1.5万元感谢李某。显然,本案中李某收受数额较大的现金的行为不构成非国家工作人员受贿罪,理由是李某没有利用职务之便谋利,而仅仅是利用了工作上的方便,这种方便与其职务没有联系,不构成渎职性质的犯罪。

3. 受贿与合法报酬的界限

所谓合法报酬,是指所获取的报酬有法律根据或者不违背法律,如正常职业收入、正常劳务报酬等。而受贿则是为法律所禁止的非法收入。二者的界限通常明显易辨,但有时也存在模糊难辨的情况。在区分受贿与合法报酬时,应着重把握两个因素:一是行为人是否利用了职务上的便利;二是行为人是否付出了劳务。如果行为人没有利用职务上的便利,同时也付出了一定劳务,在为他人谋取利益后,索取或接受他人一定财物,应视为合法报酬,不能以本罪定罪处罚。

(二) 非国家工作人员受贿罪与他罪的界限

1. 与职务侵占罪的界限

《刑法》第271条规定了职务侵占罪。所谓职务侵占罪,是指公司、企业或者其他单位的人员,利用职务上的便利,将本单位财物非法占为己有,数额较大的行为。非国家工作人员受贿罪与职务侵占罪的界限,在通常情况下较好确定:①从犯罪客体看,前者侵害的法益是公司、企业或者其他单位的工作人员职务活动的廉洁性;后者侵害的法益是公司、企业或者其他单位的财产所有权。所以,相应的前者属于公司、企业或者其他单位的工作人员的渎职犯罪,后者属于侵犯财产犯罪。②从客观方面看,前者表现为公司、企业或者其他单位的工作人员利用职务上的便利,索取或者非法收受他人财物并为他人谋取利益,数额较大的行为;后者表现为公司、企业或者其他单位的人员利用职务上的便利,将本单位财物非法占为己有,数额较大的行为。可见,查明"财物"的性质状态是至关重要的。如果行为人非法据为己有的财物是"他人财物"而非本单位财物,那么就可能构成非国家工作人员受贿罪;但是如果行为人非法据为己有的财物是本单位所有的财物,则构成职务侵占罪。③在主观方面两者都是故意,但在具体内容上不同。非国家工作人员受贿罪的具体内容是公司、企业或者其他单位的工作人员不但有利用职务上的便利非法占有他人财物的故意,还有"为他人谋取利益"的目的;但职务侵占罪则只有非法占有本单位财物的故意,而没有"为他人谋取利益"的目的。

2. 与受贿罪、贪污罪的界限

《刑法》第385条规定了受贿罪,第382条规定了贪污罪。所谓受贿罪,是指国家工作人员利用职务上的便利,索取他人财物,或者非法收受他人财物并为他人谋取利益的行为。所谓贪污罪,是指国家工作人员利用职务上的便利,侵吞、窃取、骗取或者以其他手段非法占有公共财物的行为。

非国家工作人员受贿罪与受贿罪的区别有:①侵害的客体不同。非国家工作人员受贿罪侵害的客体是公司、企业或者其他单位的工作人员职务活动的廉洁性;而受贿罪的客体是国家工作人员公务活动的廉洁性。②在客观方面的要求有差异。就非国家工作人员受贿罪而言,无论是"索取"或者是"收受"他人财物,都有"为他人谋取利益"和"数额较大"的要求,否则不能构成本罪。但构成受贿罪的条件要宽得多,表现在:其一,如果是"索取"他人财物,即使没有"为他人谋取利益"的要求,也可以构成受贿罪;其二,无论是"索取"还是"非法收受"他人财物,原则上都没有"数额较大"的限制,即使"数额"尚未达到"较大",但有其他严重情节的,也可以构成受贿罪。③犯罪主体的差异是明显的。非国家工作人员受贿罪的主体只能是公司、企业或者其他单位的工作人员;受贿罪的主体是国家工作人员,也包括国有公司、企业中从事公务的国家工作人员和国有公司、企业委派到非国有公司、企业从事公务的国家工作人员。

非国家工作人员受贿罪与贪污罪的区别有:①侵害的客体不同。非国家工作人员受贿罪侵害的客体是公司、企业或者其他单位的工作人员职务活动的廉洁性;而贪污罪侵害的客体是复杂客体,既侵害了国家工作人员职务活动的廉洁性,又侵害了公共财物所有权。②客观表现不一样。非国家工作人员受贿罪在客观上表现为利用职务之便"索取"或者"非法收受"他人财物,为他人谋取利益,数额较大的行为;而贪污罪在客观上表现为利用职务之便"侵吞、窃取、骗取或者以其他手段非法占有"公共财物的行为。如果公司、企业或者其他单位的工作人员利用职务之便,非法占有本单位财物,数额较大的,则构成职务侵占罪。③犯罪主体不一样。非国家工作人员受贿罪的主体是公司、企业或者其他单位的工作人员。贪污罪的主体是国家工作人员和受委托从事公务的人员,具体包括以下五类:其一,国家机关工作人员;其二,国有公司、企业、事业单位、人民团体中从事公务的人员;其三,国家机关、国有公司、企业或者其他国有单位委派到非国有公司、企业以及其他单位从事公务的人员;其四,其他依照法律从事公务的人员;其五,受国家机关、国有公司、企业、事业单位、人民团体委托管理、经营国有财产的人员。

(三) 认定非国家工作人员受贿罪的一些新问题

1. 如果理解"利用职务上的便利"

"利用职务上的便利"一直是一个容易引起歧义,但在认定受贿罪时又不可回避的问题。自1995年《关于惩治违反公司法的犯罪的决定》(已失效)设置企业职工受贿罪或商业受贿罪至1997年修订《刑法》正式设置非国家工作人员受贿罪,这一问题始终困扰着理论界和司法实践部门,实在是一个既旧且新的问题。笔者认为,出现这一问题的原因有二:一是缺乏法律上的明确规定,也没有明确的司法解释;二是现实生活中各种利用职务上的便利进行谋利的现象五花八门,林林总总,不好准确判断。

尽管没有针对非国家工作人员受贿罪"利用职务上的便利"的司法解释,但却有一个"参照",这就是"两高"于1989年11月6日针对受贿罪所作的《关于执行〈关于惩治贪污罪贿赂罪的补充规定〉若干问题的解答》(已失效),该司法解释明确规定:"受贿罪中的'利用职务上的便利',是指利用职权或者与职务有关的便利条件。'职权'是指本人职务范围内的权力。'与职务有关'是指虽然不是直接利用职权,但利用了本人职权或地位形成的便利条件。"有的学者认为,非国家工作人员受贿罪"利用职务上的便利"的判断标准可以适用此司法解释,有的则认为不能。笔者认为,不宜完全适用此司法解释性文件。一则因为公司、企业或者其他单位的工作人员与国家工作人员在工作性质、权力特点、生活保障、影响力大小等诸多方面有较大差异,两者在"允不允许兼职""允不允许获取额外酬劳"等问题上的要求也有明显不同;二则本罪主要是侵害公司、企业或者其他单位的工作人员职务活动的廉洁性,而上述司法解释中的有些情形,如仅仅利用本人地位形成的某些便利条件谋利的情形,在许多情况下并不影响公司、企业或者其他单位的工作人员职务活动的廉洁性。例如某企业职工甘某,利用其为高级工程师并在本企业享有崇高威望的便利条件,向企业经理建议与另一私营企业的业主李某合作,经理表示同意,事后甘某接受李某数额较大的财物的情形。尽管甘某利用了本人地位形成的便利条件,但并不影响其职务活动的廉洁性,显然不能构成本罪。因此,笔者认为,对本罪中"利用职务上的便利"的理解应严格限制在以下范围内:公司、企业或者其他单位的工作人员利用自己主管、经管或者参与经手公司、企业具体业务所形成的便利条件。

2. 如何认定"为他人谋取利益"

"为他人谋取利益"是非国家工作人员受贿罪的必要构成要件之一。但如何认定是本罪在司法适用中出现的一个新问题,其实质就是"为他人谋取利益"是本罪的客观要件,还是主观要件?对此问题,理论界的见解不一,有的认为是客观要件,有的认为是主观要件。笔者认为,应将"为他人谋取利益"作为主观要件来把握。因此,在主观上,本罪必须出于故意,并且具有为他人谋取利益(包括合法利益与非法利益)的目的;在具体考虑个案时,只要行为人承诺、着手或者实现了为他人谋取利益的行为,不论"他人"是否已经实际获得利益,均可认定为具备了"为他人谋取利益"的要件。理由是:本罪侵害的客体是公司、企业或者其他单位的工作人员职务活动的廉洁性,因此只要行为人出于故意,意图为他人谋取利益,在客观上利用职务上的便利索取或者非法收受他人数额较大的财物,则其行为就侵害了本罪客体,就成立本罪;至于实际上是否已为他人谋取利益,不影响本罪成立。

3. 怎样界定非国家工作人员受贿的范围

从理论上讲,受贿的范围主要包括三种情况:一是财物;二是财产性利益;三是非财产性利益。根据法律规定,本罪对受贿的范围明确限定为"财物"。那么,对于司法实践中大量出现的索取或接受各种财产性利益与非财产性利益的行为如何处理?笔者认为,应坚持以下两个原则:其一,对于索取或接受非财产性利益(如无原则的新闻媒体吹捧、性服务等),一律不得纳入受贿的范围;其二,对于财产性利益,例如设定债权、免除债务、提供出国旅游费用、提供劳务等,只要能够准确量化,应该视同财物,纳入受贿的范围,因为索取或接受这些财产性利益与索取或接受财物两者在本质上毫无二致。

4. 怎样处理受贿虽不具备"数额较大"条件,但造成重大损失的行为

针对现实生活中,某些公司、企业或者其他单位的工作人员利用职务上的便利,索取或者非法收受他人财物并为他人谋取利益,虽然数额不大,但是由于该公司、企业或者其他单位的工作人员严重渎职而致重大损失的情况,有学者提出应以受贿"情节严重"取代受贿"数额较大"作为本罪构成的必要条件来规定,只要受贿情节严重的就可以构成本罪,而不一定要求具备受贿"数额较大"条件,因为本罪的社会危害性还可以具体表现在对公司、企业或者其他单位的利益的损害、社会影响的大小、受贿次数的多少、滥用职权与否等许多方面。笔者认为,对此问题的处理不可一概而论,要具体问题具体分析。①对于公司、企业或者其他单位的工作人员受贿虽不具备"数额较大"条件,但已造成重大损失的行为,原则上仍不能定非国家工作人员受贿罪。原因是对这种行为定本罪,不但不符合法律规定,甚至与立法本意相悖。我国《刑法》对非国家工作人员受贿罪与受贿罪的规定是有很大差异的,突出表现在客观方面的要求不同,对受贿罪客观方面外延范围的规定要宽泛得多,如对受贿罪没有数额限制规定,对受贿罪有堵塞漏洞的概然性规定即可根据受贿所得数额"情节"来定罪处罚,等等。可以说刑法为非国家工作人员受贿罪所织之法网要"疏松"得多,而为受贿罪所织的法网要"严密"得多。因此,在《刑法》未作出正式修改之前,前述受贿数额不大的行为不宜定本罪。②刑法对非国家工作人员受贿罪的规定有过于"疏松"之不足,特别是对于一些多次受贿但仍非"数额较大"的行为,刑法不能熟视无睹,袖手旁观,但是这个"立法漏洞"只能通过刑法立法完善来解决,而不能通过司法解释来解决。③正如《刑法》规定了非法经营同类营业罪,为亲友非法牟利罪,签订、履行合同失职被骗罪,以及徇私舞弊造成破产、亏损罪等罪,以严格维护国有公司、企业利益并规范国家工作人员行为一样,刑法也应该设置类似罪名或者修订前述罪名构成要件,以同等保护非国有公司、企业利益,规范其工作人员的行为,尽量避免出现刑法"黑洞"。这确实是在建设社会主义市场经济过程中刑事实体法需要进一步研究和完善的方面。

5. 关于本罪的犯罪形态问题

这也是从各国刑法通常以一定的刑罚作为重罪与轻罪的标准的角度来讲,本罪在一定意义上属于重罪,因为其最高法定刑为15年有期徒刑。既如此,实践中乃至理论上就有以下几个涉及犯罪形态的问题值得讨论:其一,本罪是否存在以及如何认定犯罪的预备、未遂形态?当然,本罪存在既遂形态是无需强调的。其二,本罪是否存在以及如何处理共同犯罪形态?其三,在实施本罪过程中的罪数形态问题。

(1)停止形态问题。从纯理论上讲,本罪可能存在犯罪的预备、未遂形态;但在实践中,除极个别、极重大的情况下,本罪的预备缺乏可处罚性,因此主要是犯罪未遂的认定问题。根据刑法原理,未遂在客观上表现为已着手实行犯罪但尚未全部实现犯罪构成或者尚未达既遂的行为,在主观上是因为行为人"意志以外的原因"。就本罪而言,对于"已着手实行犯罪"的问题比较好理解,但对于何谓"尚未全部实现犯罪构成亦即如何可认定尚未达既遂"的问题却有争议。对此,笔者认为,非国家工作人员受贿罪的本质是索取或收受他人的贿赂,如果是因为行为人意志以外的原因而没有实际索取到或者实际收受他人贿赂的,就构成本罪的未遂。

(2)共同犯罪问题。本罪是身份犯,只有具有公司、企业或者其他单位的工作人员身份的人才能独立构成非国家工作人员受贿罪,其他任何人不能单独构成本罪。但依共同犯罪理论及我国刑法关于共同犯罪的规定,不具有公司、企业或者其他单位的工作人员身份的人,也可能成为本罪的共犯。在实践中,不具有公司、企业或者其他单位的工作人员身份的人可能构成本罪的教唆犯和帮助犯。例如,不具有公司、企业或者其他单位的工作人员身份的人"劝说""指使""开导"公司、企业或者其他单位的工作人员受贿的,就构成非国家工作人员受贿罪的教唆犯;不具有公司、企业或者其他单位的工作人员身份的人积极帮助公司、企业或者其他单位工作人员受贿,如献计献策、事先通谋受贿后转移赃款赃物、协助索取或者收受他人财物等,就构成本罪的帮助犯(一般情况下是从犯)。至于同时具备公司、企业或者其他单位的工作人员身份的数人共同实施本罪,当然构成本罪的共同犯罪,按照共同犯罪规定直接进行处理。

(3)罪数形态问题。关于本罪的罪数形态问题,主要有两种情况:第一种情况是牵连犯问题。牵连犯是指为了实施某一犯罪,其方法行为或结果行为同时又触犯其他罪名的情形。对于牵连犯的处罚,往往交叉采取"从一重罪处断"或者数罪并罚的办法。就本罪而言,公司、企业或者其他单位的工作人员收贿赂后为行贿人谋取利益的行为又触犯其他罪名,即是牵连犯的情形。参考1988年《关于惩治贪污罪贿赂罪的补充规定》(已失效)的有关规定的精神,对于因受贿而进行违法犯罪活动构成其他罪的,即使构成牵连犯,也实行数罪并罚。例如,某公司、企业或者其他单位的工作人员李某接受张某贿赂后,利用职务上的便利挪用本单位巨额资金供张某使用,则李某同时构成非国家工作人员受贿罪和挪用资金罪,应以该两罪实行数罪并罚。第二种情况是不具有牵连关系的普通并合罪。所谓并合罪,是指未经确定裁判的数罪。对于并合罪,按照我国《刑法》第69条规定的以限制加重原则为主、以吸收原则和并科原则为辅的折中原则进行处罚。例如,某公司工作人员某甲在受贿的同时,又利用职务之便非法占有自己所保管的本单位财物,同时构成非国家工作人员受贿罪和职务侵占罪,应以该两罪实行数罪并罚。

此外,有关非国家工作人员受贿罪的刑罚处罚的问题根据《刑法》第163条的规定,犯本罪的,处5年以下有期徒刑或者拘役;数额巨大的,处5年以上有期徒刑,可以并处没收财产。此处不再赘述。

第十五章　虚开增值税专用发票、用于骗取出口退税、抵扣税款发票罪

【案例1】宜宾何某某被控虚开增值税专用发票案①

被告人何某某系四川省宜宾市高县甲煤矿（系一般纳税人）、乙煤矿（系一般纳税人）、丙集团公司的实际控制人。2012年5月，甲煤矿因故停止生产。2012年5月至9月、2013年2月至6月期间，何某某安排人员从乙煤矿运煤，以甲煤矿的名义过关及销售给丙集团公司，先后安排人员以甲煤矿名义向丙集团公司开具增值税专用发票105份，开票金额共计1 167万余元，其中，增值税额共计169万余元，涉及煤炭4万余吨。2012年5月至2013年6月甲煤矿申报缴纳增值税181万余元（含往其他公司的增值税款11万余元）。丙集团公司将上述105份增值税专用发票全部向高县国税局申报认证抵扣，共计抵扣税款169万余元。公诉机关指控何某某犯虚开增值税专用发票罪。

高县人民法院于2016年3月18日作出（2015）宜高刑初字第85号判决：被告人何某某让甲煤矿为丙集团公司开具增值税专业发票及安排人员利用甲煤矿向丙集团公司开具增值税专用发票，并对涉案增值税专用发票进行了申报抵扣，共计1 695 912.5元，甲煤矿在开具增值税专用发票后，如数缴纳了相关增值税款1 695 912.5元。被告人何某某主观上不具有偷、骗税目的，客观上也不会造成国家税款流失的虚开增值税专用发票行为。因此，被告人何某某不构成虚开增值税专用发票罪。公诉机关指控被告人何某某犯虚开增值税专用发票罪的罪名不能成立。被告人何某某的辩护人的辩护意见中正确的部分，本院予以采纳。根据《刑事诉讼法》第一百九十五条第（二）项、最高人民法院《关于适用〈中华人民共和国刑事诉讼法〉的解释》第二百四十一条第一款第（三）项的规定，判决被告人何某某无罪（该判决为已生效判决）。

案例1主要涉及以下两个法理观点：

法理观点一：行为人主观上不具有偷、骗税目的，客观上也不会造成国家税款流失的虚开增值税专用发票的行为，依法不应以虚开增值税专用发票犯罪论处。

---

① 案例来源：四川省高县人民法院（2015）宜高刑初字第85号刑事判决书。

案例1中,公诉机关指控,被告人何某某让他人为自己虚开增值税专用发票并用于抵扣税款的行为构成虚开增值税专用发票罪。但是从法理上(以及在案证据证实)审查可见,该案依法不属于"让他人为自己虚开增值税专用发票"的情形,行为人主观上不具有偷、骗税目的,客观上也不会造成国家税款的流失,依法不应以虚开增值税专用发票犯罪论处。甲煤矿虽于2012年5月停止生产,但客观上仍有真实的煤炭经营行为。何某某在丙集团公司内部进行生产经营组合,将乙煤矿超能生产的煤炭调配至甲煤矿,并以甲煤矿的过关票过关销往丙集团公司的行为虽然存在不规范之处,但并不能否认甲煤矿与丙集团公司之间的确存在4万余吨煤炭交易的真实性。因此,甲煤矿向丙集团公司如实开具与交易煤炭数量、金额一致的增值税专用发票,依法不应认定何某某"让他人为自己虚开增值税专用发票";丙集团公司受票后依法抵扣,不存在国家税收款项的流失,没有社会危害性,依法不构成虚开增值税专用发票罪。

法理观点二:行为犯、短缩的二行为犯、目的犯的基本法理及其运用。

关于案例1指控罪名虚开增值税专用发票罪是行为犯的问题,公诉人认为,只要实施了虚开增值税专用发票的行为即构成本罪。针对公诉人提出的行为犯问题,辩护人当庭对行为犯原理进行了严谨的学术阐释,提出本罪属于短缩的二行为犯,行为犯也必须遵循法益保护原则等刑法原理,同时当庭展示了最高人民法院公布的相同观点和典型案例,有效地说服了高县人民法院依法采纳了辩方提出的辩护意见。

虚开增值税专用发票、用于骗取出口退税、抵扣税款发票罪,是指以骗取出口退税、抵扣税款为目的,违反增值税专用发票管理规定和税收法规,为他人虚开、为自己虚开、让他人为自己虚开、介绍他人虚开增值税专用发票或者用于骗取出口退税、抵扣税款发票的行为。

本罪的犯罪构成是:①犯罪客体要件,是国家对增值税专用发票和用于骗取出口退税、抵扣税款发票的管理秩序以及国家税收的征管秩序。后者有时被办案机关忽略了,直接导致定性处理错误。其犯罪对象,是增值税专用发票、用于骗取出口退税、抵扣税款发票(主要包括运输发票、废旧物品收购发票、农产品收购发票等"三票")。②犯罪客观方面要件,是违反增值税专用发票管理规定和税收法规,为他人虚开、为自己虚开、让他人为自己虚开、介绍他人虚开增值税专用发票或者用于骗取出口退税、抵扣税款发票的行为(四种虚开行为后面会专门阐述)。③犯罪主体要件,是一般主体,包括单位与个人、纳税人与非纳税人。④犯罪主观方面要件,是故意,且必须具有骗取税款的目的。即明知受票方是为骗取抵扣增值税等税款或者出口退税的目的,而故意为其虚开增值税专用发票或者用于骗取出口退税、抵扣税款发票。否则,若行为人不是明知、且不具有骗取税款的目的,则不具有本罪的主观方面要件。

其中客观方面要件,《刑法》第205条第3款规定:"虚开增值税专用发票或者虚开用于骗取出口退税、抵扣税款的其他发票,是指有为他人虚开、为自己虚开、让他人为自己虚开、介绍他人虚开行为之一的。"这里规定了四种虚开行为:①"为他人虚开",是指行为人在与他人有商品交易活动的情况下用自己的增值税专用发票或者可用于骗取出口退税、抵扣税款的其他发票为他人多开，或者在与他人没有商品交易活动的情况下为他人开具增值税专用发票或者用于骗取出口退税、抵扣税款的其他发票。②"为自己虚开"，是指行为人在没有购买货物或者接受应税劳务的情况下，虚设货物销售方或者应税劳务提供方为自己虚开进项增值税专用发票、用于骗取出口退税、抵扣税款发票的行为。行为人虚设货物购买方或者应税劳务接受方为自己虚开销项增值税专用发票的行为，由于其不但没有造成国家税收损失且反而为国家税收作了"贡献"，不属于"为自己虚开"。③"让他人为自己虚开"，是指行为人没有购买货物或者接受应税劳务而让他人开具增值税专用发票、用于骗取出口退税、抵扣税款发票，或者即使购买了货物或者接受了应税劳务而让他人开具数量和金额不实的增值税专用发票、用于骗取出口退税、抵扣税款发票的行为。在逻辑上，"让他人为自己虚开"（受票方）是与"为他人虚开"（开票方）相对应的、并存的行为，开票方与受票方均属于虚开。④"介绍他人虚开"，是指行为人为开票方和受票方之间实施虚开增值税专用发票、用于骗取出口退税、抵扣税款发票犯罪进行中间介绍的行为。实践中，"介绍他人虚开"行为人通常具有自己从中获取非法利益的特点，一般表现为两种情况：一种情况是，行为人介绍开票方与受票方双方直接见面，自己从中获取非法利益；另一种情况是，行为人指使开票方将发票开具给指定的受票方，自己从中获取非法利益。在法理上，有学者指出，"介绍他人虚开"属于一种帮助行为，具有从属性，仅有介绍者的介绍行为而无具体实施虚开行为者的虚开行为的，不能成立虚开增值税专用发票、用于骗取出口退税、抵扣税款发票罪；只有在介绍人与开票方、受票方双方或者一方有偷骗税款的意思联络，并实际侵害国家税收的情况下，介绍人才应当与他人构成虚开增值税专用发票、用于骗取出口退税、抵扣税款发票罪的共同犯罪，才能按其作用大小确定主从地位。①

上列规定的四种"虚开"行为是常见的虚开增值税专用发票、用于骗取出口退税、抵扣税款发票行为。但是值得注意的是，法律规定明确列举的四种"虚开"行为中，恰恰没有"代开""对开""环开"三种行为，下面就谈一谈这三种行为的定性处理及本罪定性处理中的其他相关问题。

一、"代开""对开""环开"增值税专用发票、用于骗取出口退税、抵扣税款发票的定性处理

2009年最高人民法院刑事审判第一、二、三、四、五庭主编的《中国刑事审判指导案例（破坏社会主义市场经济秩序罪）》主张："对于确有证据证实行为人主观上不具有偷、骗税目的，客观上也不会造成国家税款流失的虚开增值税专用发票行为，不以虚开增值税专用发票罪论处，构成其他犯罪的，以其他犯罪定罪处罚。据此类推，在

---

① 参见周洪波：《危害税收征管罪立案追诉标准与司法认定实务》，中国人民公安大学出版社2010年版，第160—166页。

货物销售中,一般纳税人夸大销售业绩,虚增货物的销售环节,虚开进项增值税专用发票和销项增值税专用发票,但依法缴纳增值税并未造成国家税款损失的行为,不应以虚开增值税专用发票犯罪论处。"

2010年人民法院出版社出版的《最高人民法院司法观点集成》第447页中,最高人民法院法官明确指出:"一般说来,对于为虚增营业额、扩大销售收入或者制造企业虚假繁荣,相互对开或者循环虚开增值税专用发票等行为,由于行为人主观上不以偷逃、骗取税款为目的,客观上也不会造成国家税款流失,不应以虚开增值税专用发票罪论处。"

这表明对"三开"行为定性处理的两个司法裁判规则是:只惩处代开有损失行为(有犯罪客体)、不惩处代开无损失行为(无犯罪客体);只惩处开票方/制造损失方、不惩处受票方/无辜方。

(一)"代开"

"代开",是指为他人开具增值税专用发票、用于骗取出口退税、抵扣税款发票的行为。代开的性质是否属于虚开,在立法上缺乏规定;但是,最高人民法院《关于适用〈全国人民代表大会常务委员会关于惩治虚开、伪造和非法出售增值税专用发票犯罪的决定〉的若干问题的解释》(1996年)、公安部经济犯罪侦查局《关于在侦办虚开可抵扣税款发票案中如何适用"国税函〔2002〕893号文件"的批复》等文件中则明确规定:对于"有货物购销或者提供或接受了应税劳务但为他人、为自己、让他人为自己、介绍他人开具数量或者金额不实的增值税专用发票"、对于"进行了实际经营活动,但让他人为自己代开增值税专用发票"、对于"自己未进行实际经营活动但为他人经营活动代开增值税专用发票"的行为,均属于"虚开增值税专用发票",构成犯罪的应当依法处理。[①]

上列规定对"代开"的行为性质问题,基本上均主张属于"虚开增值税专用发票",都强调构成犯罪的应当依法处理;同时,理论界也有人赞同和支持这种做法。但是,这种规定和理解可能存在缺陷。

【案例2】上海于某虚开增值税专用发票案[②]

被告人于某在担任上海市某购物中心有限公司(以下简称"购物中心")总部食品采购部采购员期间,为本单位向广东省某食品进出口集团世界名酒行(以下简称"名酒行")订购价值73万元的进口名酒,由于名酒行经理黄某某提出价格偏低而不开具增值税发票,于某称在征得本单位副总经理席某某同意后(没有席某某证言)(于某辩护人还提出了证人李某和证人钱某某的证言以证实是单位行为),指使某公司法定代表人江某某"代开"增

---

① 参见周洪波:《危害税收征管罪立案追诉标准与司法认定实务》,中国人民公安大学出版社2010年版,第172—174页。
② 参见周洪波:《危害税收征管罪立案追诉标准与司法认定实务》,中国人民公安大学出版社2010年版,第170—172页。

值税专用发票价税合计74万元,购物中心已将该虚开的税款10.8万元予以抵扣。

一审判决:本案属于单位犯罪,且于某为谋取个人利益,犯罪情节轻微,根据《刑法》第205条第3款(现为第2款),判决于某犯虚开增值税专用发票罪(单位犯罪),免予刑事处罚。

二审判决(因检方抗诉):本案不属于单位犯罪,而属于自然人犯罪,根据《刑法》第205条第1款,判决于某犯虚开增值税专用发票罪,判处有期徒刑5年,并处罚金10万元。

案例2中,于某作为请求"代开"的受票方(同时也是实际购货方的经办人员),被法院判决犯虚开增值税专用发票罪。对此,有学者指出,这种判决有所不当,不应该判决有真实购货的一方和受票方有罪(因为"于某并没有虚开,而是如实代开"),而应当依法判决开票方构成虚开增值税专用发票罪(因为其"未进行实际经营活动但为他人经营活动代开增值税专用发票")。该学者同时还指出,名酒行没有就自己这笔销售申报纳税,"也可追究其逃税的法律责任"①。

笔者的意见是:其一,赞同不追究代开行为中受票方的刑事责任(即不构成虚开增值税专用发票罪)。其二,对于开票方某公司江某某的"代开"行为是否定本罪,应当依照"只惩处代开有损失行为(有客体)、不惩处代开无损失行为(无客体);只惩处开票方/制造损失方、不惩处受票方/无辜方"的定性处理规则,来具体分析处理。如果江某某是偶尔为之、没有因此谋取非法利益、且国家税收并没有实际损失,笔者认为依法也不应当构成本罪;但是,如果江某某及其所在公司长期以此为业并谋取非法利益(如有些开票公司长期以此为业并收取一定比例的手续费),直接导致国家税收损失的,应当依法定本罪。其三,应当依法审查名酒行是否构成逃税罪。

【案例3】安徽省宿州市崔孝仁虚开增值税专用发票案②

被告人崔孝仁,系安徽省宿州市机械电子有限公司经理。因河南省云阳钢铁总厂等单位欠该公司增值税专用发票没有开具,为了"平衡"公司账目,于1999年年初找到山西省某焦化厂厂长李某某为其开具增值税专用发票。为此,崔孝仁和李某某签订了债权债务转让协议和"工矿产品购销合同"等手续,李某某向崔孝仁开具山西省增值税专用发票10张、合计价税款644万元、税款额93万余元(数额在崔孝仁实际经营额之内),该税款已在宿州市国税局申报抵扣。被告人崔孝仁以管理费名义按价款5%的比例给李某某汽车三台。本案公诉机关指控崔孝仁犯虚开增值税专用发票罪。

宿州市甬桥区人民法院一审判决:崔孝仁犯虚开增值税专用发票罪,判处有期徒刑7年。

安徽省宿州市中级人民法院二审判决:崔孝仁无罪。

---

① 周洪波:《危害税收征管罪立案追诉标准与司法认定实务》,中国人民公安大学出版社2009年版,第170—172页。
② 参见陈兴良:《判例刑法学(教学版)》,中国人民大学出版社2012年版,第81—83页。

从法理上讲,案例3是比较典型的"代开"行为,一审法院判决有罪,而二审法院改判无罪。尽管该案有其自身的一些特殊性,但是,其核心原理主要还是在于"三开"行为的两个定性处理规则,亦即本案"代开"属于"代开无损失行为(无客体)",依法不应定罪。

从侦查取证角度看,对于"代开"案,应当全面查证是否存在以下事实:购销货物数量和价税金额是否存在多开票、重复开票;开票方是否多次代开、谋取非法利益;国家税收是否存在损失;主观方面的故意和骗取国家税款目的等具体内容。如前述宜宾何某某被控虚开增值税专用发案,何某某由于购销货物数量和价税金额是真实的并且不存在多开票、重复开票的行为,何某某主观上没有骗取国家税款的主观故意和非法目的,客观上国家税收也不存在损失,因而依法不构成虚开增值税专用发票罪。

(二)"对开"和"环开"

"对开",是指在行为双方没有货物交易的情况下,互相开具的增值税专用发票、用于骗取出口退税、抵扣税款发票价格相同,税款一致,而方向相反,双方增值税的进项税额和销项税刚好可以完全抵消。"环开",是指几家单位或者个人相互串开,形同环状。[①]

"对开"和"环开"的共同点在于:行为人主观上均不是以骗取国家税款为目的,而是以提高营业额和纳税额等假象为目的动机(不符合本罪犯罪目的);国家税收没有损失(无犯罪客体)。

二、虚开增值税专用发票、用于骗取出口退税、抵扣税款发票罪与逃税罪的界限与竞合关系

根据《刑法》第201条规定,逃税罪,是指采取欺骗、隐瞒手段进行虚假纳税申报或者不申报,逃避缴纳税款,情节严重的行为。可见,可以说针对任何逃税行为都可能定这个罪。而虚开增值税专用发票、用于骗取出口退税、抵扣税款发票罪的行为中可能也有逃税,而且本罪必须以偷逃税款为目的,那么,本罪与逃税罪就可能出现竞合。理论上,本罪与逃税罪的关系,存在牵连犯说、法条竞合说等多种观点。

笔者的看法是:其一,本罪与逃税罪之间是法条竞合关系,本罪是特别法,应当适用"特别法排斥普通法"的适用规则,即一般应定本罪。其二,如果虚开行为本身不能构成虚开增值税专用发票、用于骗取出口退税、抵扣税款发票罪,但是构成逃税罪,那么当然应定逃税罪。其三,如果行为人有多个行为,有的行为构成本罪,有的行为构成逃税罪,那么应当依法实行数罪并罚。

---

① 参见周洪波:《危害税收征管罪立案追诉标准与司法认定实务》,中国人民公安大学出版社2010年版,第165页。

【案例4】浙江省宁波市卢兴才案①

卢兴才以某公司名义经营运输业务期间,为少缴应纳税款,先后从其他运输企业虚开表明营业支出的联运发票等运输发票共53张,价税合计600万余元,并将上述发票全部入账,用于冲减其经营运输业务的营业额,合计偷逃税款50万余元,且偷逃税额占其应纳税额的30%以上。为帮助其他企业偷逃税款,卢兴才还将50余张运输发票提供给其他运输企业,这些企业将这些发票用以冲减营业额,合计偷税30万余元。

宁波市人民检察院指控:运输发票具有抵扣税款的功能,卢兴才虚开具有抵扣功能的发票,其行为构成虚开用于抵扣税款发票罪。

宁波市中级人民法院一审判决:卢兴才犯偷税罪(逃税罪),判处有期徒刑6年,并处罚金若干。

二审法院在宁波市人民检察院提出抗诉后判决:维持原判。

案例4中两级人民法院之所以判决卢兴才不构成虚开增值税专用发票、用于骗取出口退税、抵扣税款发票罪而只构成偷税罪(逃税罪),理由是:卢兴才采用虚开运输发票的手段,尽管具有偷逃税款的目的,但是其虚开的运输发票均未直接用于抵扣税款,而是"用于冲减其经营运输业务的营业额"并逃税,其行为不符合虚开用于抵扣税款发票罪的构成要件(主要是客观方面要件),因此应构成逃税罪;而《刑法》第205条规定的虚开用于抵扣税款发票罪中,"抵扣税款"具有特定含义(是指直接抵扣税款),但是卢兴才的主观意图不是用于抵扣税款,客观上也没有去抵扣税款,而是为了其他目的(非直接抵扣税款目的)使用虚开的发票,显然不能以虚开用于抵扣税款发票罪定罪。

【案例5】浙江省宁波市郑时杰案

1997年至1999年期间,郑时杰与宁波市某县汽车运输公司签订承包合同,以每年上交承包基数3000元的形式经营该公司的江北托运部并取得联运发票及有关印章,单独核算。期间有以下行为:①郑时杰先后从宁波市某机床厂劳动服务公司等单位虚开运输发票58张,共计金额为450万余元,偷逃营业税22万余元、城建税1万余元、企业所得税8万余元。②为帮助其他联运企业,郑时杰将"江北托运部"的联运发票的发票联69张提供或者虚开给宁波市某机床厂劳动服务公司等单位,虚开金额共计519万余元,并偷逃营业税25万余元、城建税2万余元、企业所得税25万余元。③郑时杰将联运发票52张提供给宁波市北仑区某托运部,虚开发票金额合计379万余元,并偷逃营业税17万余元、城建税1万余元、企业所得税24万余元。

公诉机关宁波市人民检察院指控郑时杰犯虚开用于抵扣税款发票罪。

宁波市中级人民法院一审判决:郑时杰犯偷税罪(逃税罪),判处有期徒

---

① 参见最高人民法院刑事审判第一庭、第二庭编:《刑事审判参考》(总第17辑),法律出版社2001年版。

刑6年6个月,并处罚金140万元。

浙江省高级人民法院二审判决(因检察院抗诉):郑时杰犯虚开用于抵扣税款发票罪,判处有期徒刑5年,并处罚金45万元;犯偷税罪(逃税罪),判处有期徒刑4年6个月,并处罚金100万元,决定数罪并罚执行有期徒刑8年,并处罚金145万元。

案例5中,郑时杰的行为分别定虚开用于抵扣税款发票罪、逃税罪,实行数罪并罚。郑时杰的部分行为不是直接用于抵扣税款而只是偷逃税款,因此构成逃税罪;另一部分行为帮助非运输企业虚开用于抵扣税款发票,因此构成虚开用于抵扣税款发票罪,并且实行数罪并罚。陈兴良教授分析道:"可以推定,在接受郑时杰虚开发票的企业中有些是非运输企业,这些企业可以用于抵扣税款,因而郑时杰为其虚开的行为构成虚开用于抵扣税款发票罪。"①

可见,郑时杰案比较典型地说明了本罪与逃税罪的界限以及二者竞合时的处理办法,即可以实行数罪并罚。

三、虚开增值税专用发票、用于骗取出口退税、抵扣税款发票罪与骗取出口退税罪的界限与竞合关系

根据《刑法》第204条规定,骗取出口退税罪,是指以假报出口或者其他欺骗手段,骗取出口退税款,数额较大的行为。

虚开增值税专用发票、用于骗取出口退税、抵扣税款发票罪与骗取出口退税罪,应当是一种牵连犯关系或者想象竞合关系,均应按照"从一重处断"的规则进行处理。但是,在实践中,如果行为人只是将虚开作为一种手段行为,而将骗取出口退税作为一种目的行为,最终是以骗取出口退税的行为获得利益,应当依法认定为骗取出口退税罪。

【案例6】北京于某骗取出口退税案②

被告人于某为骗取国家出口退税款,于1998年3月至2000年间假借为某公司办理出口业务的名义,利用虚假企业广东省某服装厂、虚构的外商及香港某公司,与某公司分别签订内、外贸合同,使用虚开的增值税专用发票假报出口,后将共计人民币1 000万余元的虚假出口退税凭证通过某公司向税务机关申报退税,骗取出口退税款合计人民币602万余元,剩余部分因被发现骗税而未得逞。于某非法获利共计人民币887万余元,大部分无法追回。

公诉机关北京市人民检察院第一分院指控于某犯骗取出口退税罪。

北京市第一中级人民法院一审判决:于某犯虚开增值税专用发票罪,判处无期徒刑,剥夺政治权利终身,并处没收个人全部财产。

---

① 陈兴良:《判例刑法学(教学版)》,中国人民大学出版社2012年版,第80页。
② 参见周洪波:《危害税收征管罪立案追诉标准与司法认定实务》,中国人民公安大学出版社2010年版,第180—181页。

北京市高级人民法院二审判决(因被告人上诉):于某犯骗取出口退税罪,判处无期徒刑,剥夺政治权利终身,并处没收个人全部财产。

这个判例二审罪名改变,量刑完全一样。但是在法理上,该判例提出了一个问题:于某的行为到底应当如何定罪,如何理解和处理虚开增值税专有发票、用于骗取出口退税、抵扣税款发票罪与骗取出口退税罪的界限和竞合关系?笔者认为,二审法院的判决更为合理,因为于某最终是以骗取出口退税的行为获得利益,应当依法认定为骗取出口退税罪。

四、个人犯罪与单位犯罪的界限区分

这里有必要回到前面提到的案例2"上海于某虚开增值税专用发票案"。该案讨论中出现了两种定性处罚意见:一审法院认为是单位犯罪,对直接责任人员(自然人)于某定罪免予处罚;二审法院认为不是单位犯罪,而是自然人犯罪,对于某定虚开增值税专用发票罪,处5年有期徒刑并处罚金10万元。

笔者"基本同意"二审法院的定罪量刑意见。之所以"基本同意"二审判决,是因为笔者认为该案在定性证据方面有几个突出问题值得研究:①该案定自然人犯罪可能没有排除本案实质上是单位犯罪的"合理怀疑"。因为,于某是代表单位而实施的履职行为,为单位谋取利益且单位已实际获得利益(单位已抵扣税款10.8万元),单位尤其是在其后抵扣税款时仍然可能存在"故意",在案证据缺乏证明。②关键证据即单位副总席某某证言缺失,是一个重大疑问。因为,若有席某某知情和同意(包括默许),该案均应认定为单位犯罪而不是自然人犯罪(同时对自然人处刑要轻得多)。③重要证据即辩方证人李某和钱某某的证言到底是什么内容不详,需要仔细斟酌、审查。④进一步审查还要注意,身份犯(如逃税罪)与非身份犯(如虚开增值税专用发票罪)的区分,对于区分自然人犯罪与单位犯罪也有重要影响。

前面三个问题均涉及侦查机关的侦查取证问题,第四个问题主要涉及法律规定和法理解释问题。这里,结合区分自然人犯罪与单位犯罪的一般法理,重点谈以下两点:

(一) 刑法和司法解释已经将单位犯罪明确规定为"法人犯罪",全面侦查取证对具体个案的定性处理意义重大

在我国《刑法》"危害税收征管罪"规定的涉税犯罪中,除第202条规定的抗税罪外,其余各罪均可以构成单位犯罪。

最高人民法院《关于审理单位犯罪案件具体应用法律有关问题的解释》规定:

第一条 刑法第三十条规定的公司、企业、事业单位,既包括国有、集体所有的公司、企业、事业单位,也包括依法设立的合资经营、合作经营企业和具有法人资格的独资、私营等公司、企业、事业单位。

第二条 个人为进行违法犯罪活动而设立的公司、企业、事业单位实施犯罪的,

或者公司、企业、事业单位设立后,以实施犯罪为主要活动的,不以单位犯罪论处。

第三条 盗用单位名义实施犯罪,违法所得由实施犯罪的个人私分的,依照刑法有关自然人犯罪的规定定罪处罚。

由此可见,单位犯罪的成立必须把握好三点:其一,单位犯罪必须是"法人"犯罪;其二,单位犯罪必须是在单位同意(或者默许)、授权或者命令下实施的行为;其三,单位犯罪必须是为本单位谋取非法利益。但是理论界有人认为,这个解释性规定还存在很多问题,值得注意,有时会导致司法疑难,甚至司法不公。

就危害税收征管罪的单位犯罪而言,对其中自然人的处罚规定有两种情况:

第一种情况是,规定自然人的法定刑在自然人犯罪与单位犯罪中完全同一。如,《刑法》第211条规定:"单位犯本节第二百零一条、第二百零三条、第二百零四条、第二百零七条、第二百零八条、第二百零九条规定之罪的,对单位判处罚金,并对其直接负责的主管人员和其他直接责任人员,依照各该条的规定处罚。"再如,《刑法》第205条之一(虚开发票罪)、第210条之一(持有伪造的发票罪),均规定"单位犯前款罪的,对单位判处罚金,并对其直接负责的主管人员和其他直接责任人员,依照前款的规定处罚"。

第二种情况是,规定自然人的法定刑在自然人犯罪与单位犯罪中严格区分,即自然人的法定刑在单位犯罪中要比在自然人犯罪中轻。主要有两个法条:

《刑法》第205条第2款规定单位犯虚开增值税专用发票、用于骗取出口退税、抵扣税款发票罪,与第1款规定自然人犯本罪相比而言,单位犯罪时对自然人不判处罚金。

《刑法》第206条第2款规定单位犯伪造、出售伪造的增值税专用发票罪,与第1款规定的自然人犯本罪相比而言,单位犯罪时对自然人不判处罚金。

现在回转来看"上海于某虚开增值税专用发票案",就明白为什么会出现一审、二审判决的巨大差异:一审法院认为是单位犯罪,对直接责任人员(自然人)于某定罪免予处罚;二审法院认为不是单位犯罪,而是自然人犯罪,对于某定虚开增值税专用发票罪、处5年有期徒刑并处罚金10万元。

(二) 要注意身份犯(如逃税罪)与非身份犯(如虚开增值税专用发票罪)的不同,全面侦查取证对于区分自然人犯罪与单位犯罪、甚至是否定罪均具有重要影响

有的涉税罪案,如果是身份犯,如《刑法》第201条规定的逃税罪,其犯罪主体只能是纳税人、扣缴义务人(特殊主体与特殊身份),如行为人不具有这一特殊身份,就不可能构成逃税罪。如果说"上海于某虚开增值税专用发票案"所涉罪名虚开增值税专用发票罪是非身份犯,其犯罪主体是一般主体,因而到底是自然人犯罪还是单位犯罪的问题通常只涉及对自然人的量刑轻重(法定刑轻重),不影响定罪;那么,对于逃税罪这样的身份犯来说,由于要求行为人必须具有特定身份,因而,到底是自然人犯罪还是单位犯罪的问题就很可能直接影响是否能够依法定罪。因此,对于这些身份

犯(特殊主体)来说,在侦查取证中就要特别注意具体案件中的案情事实与证据状况,否则就可能直接影响案件定性,甚至无法定罪处罚。

【案例7】淮安市某运输站张某偷逃税案①

2000年3月,淮安市地税局查实该市某运输站人员张某,以运输站名义开出96份大头小尾发票,其发票联金额合计51万余元,而存根联金额合计仅有8万余元,发票联均加盖运输站发票专用章,该站以存根联申报纳税,共计逃税额2万余元,占应纳税额的98%。经查,开票人张某承认大头小尾发票是背着单位领导开的,非法收益已被其据为己有。该运输站法定代表人李某称其对张某的行为事前并不知晓,表示接受税务机关对该运输站作出的追缴所偷逃税款的税务处罚决定,并对失职行为承担相应责任。淮安市公安机关和检察机关经研究后认为,开票人张某有偷税故意和事实,且达到偷税罪(逃税罪)的定罪标准,但是张某不是纳税人,而运输站法定代表人李某对张某开具大头小尾发票的行为事前并不知晓,因而最终认定该案中纳税人和开票人均不构成偷税罪(逃税罪)。

这个案件本身也有一定的特殊性,现行《刑法》第201条第4款规定:"有第一款行为,经税务机关依法下达追缴通知后,补缴应纳税款,缴纳滞纳金,已受行政处罚的,不予追究刑事责任;但是,五年内因逃避缴纳税款受过刑事处罚或者被税务机关给予二次以上行政处罚的除外。"即使排除这一除外条款的规定,在自然人不具有"纳税人、扣缴义务人"这一特殊身份的情况下,这种案件在准确区分单位犯罪与自然人犯罪中也有十分重要的影响。事实上,淮安市办案机关正是以自然人不具有"纳税人、扣缴义务人"这一特殊身份为由,才决定对该案不作犯罪认定的。这表明,有的案件中,追究自然人构成逃税罪的刑事责任的前提条件就是必须构成单位犯罪,否则,就可能无法追究自然人逃税罪的刑事责任,由此可见,具体案件的全面侦查取证在定罪量刑中具有重要意义。

当然,从法理上讲,这种规定也存在明显的不合理之处。有学者就指出,比如,甲、乙二人分别是两个公司的会计人员,都分别在公司决策人员的授意下为公司进行虚假纳税申报并偷逃税款,即使偷逃税款金额都一样,都达到了定罪标准,但是,甲所偷逃税款全部归公司所有,而乙将所偷逃税款全部归自己私人占有,那么,甲及其所在公司均构成逃税罪,而乙及其所在公司反而均不构成逃税罪,这显然是不公平的。出现这种不公平的原因,一是司法解释规定把谋取非法利益的最终归属作为划分单位犯罪与自然人犯罪的一个标准存在不足,二是单位中的自然人盗用单位名义为谋取个人非法利益实施犯罪的规定存在不足,"还要另行规定刑事责任,否则难以适用刑法来惩处这类犯罪",主张进行刑法立法上的补充完善。②

---

① 此判例来源,请参见周洪波:《危害税收征管罪立案追诉标准与司法认定实务》,中国人民公安大学出版社2010年版,第48页。
② 参见周洪波:《危害税收征管罪立案追诉标准与司法认定实务》,中国人民公安大学出版社2010年版,第50页。

(三) 新思考:全方位保护国家税收、全方位惩治涉税犯罪、全面侦查涉税罪案的税侦工作原则

就案例7"淮安市某运输站张某偷逃税案"而言,笔者不太赞成淮安市公安机关和检察院的定性处理意见,也不太同意前面部分学者的看法。

笔者认为,"淮安市某运输站张某偷逃税案"中张某的行为依法应当定罪处罚,可以考虑的方案有两个:

方案一:张某构成职务侵占罪。理由在于:张某利用职务之便,骗取了本单位应当依法纳税的税款2万余元,在上交国家税收之前该2万余元的所有权仍然属于单位所有;且最终该2万余元需要由本单位向国家补缴纳税,因而单位存在相应的财产损失(甚至更大的财产损失,如罚款)。

方案二:张某构成诈骗罪。理由在于:张某以非法占有为目的,实施了隐瞒真相、弄虚作假以骗取公私财物,数额较大的行为。其中应向国家交纳税款而未缴纳的行为,可以进行"实质解释"并解释为"骗取"。

在这两个处理方案中,笔者比较倾向于采用第二个方案,即依法应认定张某的行为构成诈骗罪。

【案例8】河南时军锋、时建峰偷逃天价过路费案①

2011年12月15日上午,平顶山"天价过路费案"在河南省平顶山市鲁山县人民法院再审,经过4个多小时的庭审,法院当庭宣判,时军锋犯诈骗罪(诈骗数额由一审认定的368万元减少至49万元),判处有期徒刑7年(原审法判处无期徒刑),罚金5万元。时建峰犯诈骗罪,判处有期徒刑2年6个月,罚金1万元。另两名涉案人员时留申、王明伟犯伪证罪,判处有期徒刑1年,缓刑1年。4名被告均表示不再上诉。

这就需要全面侦查取证。由此提醒大家注意的问题是:《刑法》第210条第1款规定:"盗窃增值税专用发票或者可以用于骗取出口退税、抵扣税款的其他发票的,依照本法第二百六十四条的规定定罪处罚。"(定盗窃罪)第2款规定:"使用欺骗手段骗取增值税专用发票或者可以用于骗取出口退税、抵扣税款的其他发票的,依照本法第二百六十六条的规定定罪处罚。"(定诈骗罪)

《刑法》第210条和"淮安市某运输站张某偷逃税案"表明,税侦案件的侦查工作不能"就税论税"地局限于税收犯罪,必须注意全方位保护国家税收、全方位惩治涉税犯罪、全面侦查取证,其中第一道关口就是经侦工作,必须切实做好全面侦查取证工作,通过全面侦查取证工作,然后才能够全方位审查具体个案中被告人的行为,进而准确定性处理,涉及罪名除纯粹的税收犯罪外,还要注意审查适用其他的相关罪名,如盗窃罪、诈骗罪、职务侵占罪等。

---

① 参见《河南天价过路费案昨宣判 时军锋获刑7年罚5万》,载新华网(http://news.sina.com.cn/0/p/2011-12/16/0750236420.htm),访问日期:2011年12月16日。

第十六章　非法集资犯罪*

　　非法集资犯罪直接影响到国家的经济发展、社会稳定和相关当事人的合法权益，是一个广受社会关注的重要问题，因而研究、归纳非法集资犯罪司法实务疑难问题，提出有针对性且切实可行的解决办法，具有重大现实意义。通过调研发现，司法实践中出现的非法集资犯罪，主要包括我国现行《刑法》分则第三章规定的集资诈骗罪，非法吸收公众存款罪，擅自发行股票、公司、企业债券罪，欺诈发行股票、债券罪，虚假广告罪，合同诈骗罪，组织、领导传销活动罪，非法经营罪等八个具体罪名，其中以非法吸收公众存款罪和集资诈骗罪占绝大部分，两罪占据了同期该类犯罪案件总数的80%以上。以四川省为例，该省在2006年至2012年期间总共新收的133件非法集资犯罪案件中，由人民法院判决认定被告人构成非法吸收公众存款罪和集资诈骗罪的案件数合计109件，占比高达81.95%，其中，以非法吸收公众存款罪判处的案件69件，占比51.88%；以集资诈骗罪判处的案件40件，占比30.08%；以集资诈骗罪、合同诈骗罪等多罪名判处的案件8件，占比6.02%；非法经营案件11件，占比8.27%；组织领导传销案件3件、合同诈骗案1件、擅自发行股票案1件，共占3.76%。① 基于非法集资犯罪案件的上述特点以及专题研究"策略"上的特殊考虑，本章以非法吸收公众存款罪和集资诈骗罪两罪为重点展开相应的实证调研和学理探讨，仅在个别必要的场合才适当论及其他相关犯罪。

　　集资诈骗罪，是指以非法占有为目的，使用诈骗方法非法集资，数额较大的行为。其行为定型和客观方面违法性要件表现为，使用诈骗方法非法集资，且数额较大。首先，行为人采用虚构事实、隐瞒真相的诈骗方法，如虚构集资用途、集资单位，提供虚假的证明文件，以良好的经济效益和高回报率为诱饵，或者采取其他欺诈手段骗取他人集资款。其次，行为人实施了非法集资的行为。所谓非法集资，是指个人或者单位未经有权机关批准，向社会公众募集资金的行为。最后，非法集资数额较大。所谓数额较大，根据最高人民法院《关于审理非法集资刑事案件具体应用法律若干问题的解释》的规定，是指个人进行集资诈骗，数额在10万元以上的，或者单位进行集资诈骗，数额在50万元以上的。同时，需要注意，集资诈骗的数额以行为人实际骗取的数额计算，案发前已归还的数额应予扣除。行为人为实施集资诈骗活动而支付的广告费、

---

* 本章部分内容系作者和钟凯博士的合作研究成果。
① 参见魏东、白宗钊主编：《非法集资犯罪司法审判与刑法解释》，法律出版社2013年版，第3页。

中介费、手续费、回扣,或者用于行贿、赠与等费用,不予扣除。行为人为实施集资诈骗活动而支付的利息,除本金未归还可予折抵本金以外,应当计入诈骗数额。根据《刑法》第192条、第200条的规定,犯本罪的,处5年以下有期徒刑或者拘役,并处2万元以上20万元以下罚金;数额巨大或者有其他严重情节的,处5年以上10年以下有期徒刑,并处5万元以上50万元以下罚金;数额特别巨大或者有其他特别严重情节的,处10年以上有期徒刑或者无期徒刑,并处5万元以上50万元以下罚金或者没收财产。单位犯本罪的,对单位判处罚金,并对其直接负责的主管人员和其他直接责任人员,处5年以下有期徒刑或者拘役,可以并处罚金;数额巨大或有其他严重情节的,处5年以上10年以下有期徒刑,并处罚金;数额特别巨大或者有其他特别严重情节的,处10年以上有期徒刑或者无期徒刑,并处罚金。

非法吸收公众存款罪,是指违反国家有关规定,非法吸收公众存款或者变相吸收公众存款,扰乱金融秩序的行为。本罪的保护法益,是国家的金融管理秩序。犯罪对象只能是公众存款。公众存款,是指社会上多数人或者不特定的人群的储蓄资金。如果不是面向公众吸收存款,而是仅向特定的少数人,如某企业为了扩大再生产,在本企业内部吸收职工存款入股,则不构成本罪。根据最高人民法院《非法集资刑事案件解释》的规定,违反国家金融管理法律规定,向社会公众(包括单位和个人)吸收资金的行为,同时具备下列四个条件的,除刑法另有规定的以外,应当认定为"非法吸收公众存款或者变相吸收公众存款":①未经主管机关批准或者借用合法经营的形式吸收资金;②通过媒体、推介会、传单、手机短信等途径向社会公开宣传;③承诺在一定期限内以货币、实物、股权等方式还本付息或给付回报;④向社会公众及社会不特定对象吸收资金。但是,未向社会公开宣传,在亲友或者单位内部针对特定对象吸收资金,不属于非法吸收或者变相吸收公众存款。[①] 本罪的主观方面要件只能是直接故意,且不能具有非法占有的目的,否则不成立本罪。本罪与集资诈骗罪的区别关键在于主观目的不同,集资诈骗罪的行为人主观上具有非法占有他人财物的目的,根本没有还本付息的打算;而本罪的行为人主观上并没有非法占有的目的,而只具有非法牟利等其他目的,对于所吸收的存款是打算到期还本付息的。根据《刑法》第176条的规定,犯本罪的,处3年以下有期徒刑或者拘役,并处或者单处2万元以上20万元以下罚金;数额巨大或者有其他严重情节的,处3年以上10年以下有期徒刑,并处5万元以上50万元以下罚金。单位犯本罪的,对单位判处罚金,并对其直接负责的主管人员和其他直接责任人员,依照上述规定处罚。

通过调研还发现,非法集资犯罪案件中存在的司法实务疑难问题主要涉及两个方面:一是行为定性上,罪与非罪以及此罪与彼罪的界限争议较大;二是量刑裁判上,量刑情节和刑罚处罚的适用争议突出。因此,本章从促进司法公正和建设社会主义法治大局的立场出发,充分运用刑法解释论的原理方法,重点分析研讨这两方面重要疑难问题及其解决办法,提出我国下一步非法集资犯罪司法完善的具体意见。

---

① 参见张明楷:《刑法学》(第三版),法律出版社2007年版,第584页。

一、行为定性争议与刑法解释论分析

非法集资犯罪案件在行为定性上的界限争议,主要有两方面:一是非法吸收公众存款罪、集资诈骗罪罪与非罪之间的界限争议;二是非法吸收公众存款罪与集资诈骗罪之间的界限的争议。①

通过调研发现,非法集资犯罪案件中较大比例的案件客观上存在罪与非罪、此罪与彼罪界限模糊、认识分歧较大的特点。通过对全国各地审理非法集资犯罪案件情况的随机抽样调查分析发现,非法集资犯罪案件中有超过60%的案件存在行为定性上的界限争议,其中有50%左右的案件在罪与非罪的界限问题上存在较大争议,往往是公诉机关指控被告人涉嫌集资诈骗罪、非法吸收公众存款罪等犯罪,但是辩护人却认为被告人无罪。另外有相当一部分案件则在此罪与彼罪的界限问题上存在明显分歧,突出的分歧在于,一些案件中公诉机关指控被告人涉嫌集资诈骗罪,而辩护人提出了被告人仅构成非法吸收公众存款罪的辩护意见。更为重要的现象是,非法集资犯罪案件在行为定性上的界限争议并非仅仅存在于承办案件的国家机关(公、检、法三机关)与辩护律师(以及被告人本人)之间,而是也广泛地存在于承办案件的侦查机关、公诉机关与审判机关之间。我们对四川省承办案件的三机关之间在行为定性上的界限争议现象进行了统计分析,结果发现,在非法集资类犯罪案件中,行为定性上的界限争议不但较多地存在于公、检、法三机关之间,甚至还较多地存在于人民法院内部(同一人民法院内部审判人员之间以及不同层级的人民法院之间)。四川省在2006年至2012年期间由人民法院新收非法集资犯罪案件133件,其中公安机关侦查时指控的涉嫌罪名与人民检察院起诉时指控的涉嫌罪名不一致的有21件,占比15.79%,而人民法院判决改变起诉罪名的10件(其中部分改变的3件),占比7.52%。同期,由人民法院审结的新收案件75起,被告人上诉的46件,上诉率高达61.33%,二审人民法院维持原判的41件,改判的3件,发回重审2件,发改率为10.87%。② 同时,部分非法集资犯罪案件的被集资人或者"被害人"也有其特有的判断立场,有的被集资人基于让集资人可以继续经营企业实体并返还集资款的良好愿望,明确要求公安和司法机关对集资人不以犯罪论处,较多地出现了办案机关与"被害人"对具体案件中行为人的行为性质认识不一致的情形,从而进一步增添了案件处理上的复杂性。更有甚者,部分案件的被害人对该类案件的侦查、逮捕、起诉和审判产生了抵触情绪,直接影响案件的依法公正处理。比较典型的如"芝元投资有限公司和张蓉蓉等19人

---

① 非法集资犯罪案件中罪与非罪的界限争议,主要是非法吸收公众存款罪、集资诈骗罪罪与非罪之间的界限的争议,此外还有其他相关犯罪如虚假广告罪、非法经营罪等罪与非罪界限的争议,但是基于集中研究重要问题的考虑,本章主要研究非法吸收公众存款罪、集资诈骗罪与非罪的界限争议及其解决办法。同理,非法集资犯罪案件中此罪与彼罪的界限争议,也主要是非法吸收公众存款罪与集资诈骗罪之间的界限的争议,此外还有该两罪与其他相关犯罪如虚假广告罪、非法经营罪之间的界限的争议,但是本章主要研究非法吸收公众存款罪与集资诈骗罪之间的界限争议及其解决办法。特此说明。

② 参见魏东、白宗钊主编:《非法集资犯罪司法审判与刑法解释》,法律出版社2013年版,第5页。

集资诈骗案",因该案是公安机关在工作中发现大量资金异动从而介入并侦破,破案时集资人尚处在能用后期吸收的资金来支付前期投资人返利的阶段,因此众多投资者(被集资人)并未切身地感受到非法集资行为所带来的经济损失风险,并不认为集资人的行为违法甚至构成犯罪,反而对公安机关的侦查行为产生了较大的抵触情绪,影响案件证据收集、赃款赃物的扣押等工作的开展,甚至以上访等形式对侦查机关施加压力。

笔者从四川省调查了解到,绝大多数市、州人民法院审结的非法集资犯罪案件均存在行为定性上的界限争议,有的地方甚至出现了"全争议"现象。如四川省资阳市,100%的非法集资犯罪案件的辩护人提出了对被告人行为定性指控存在异议的辩护意见,其中有50%的非法集资犯罪案件的辩护人提出了被告人无罪的辩护意见,另有50%的非法集资犯罪案件的辩护人则提出了罪名适用不当的辩护意见。该市2011年和2012年总共审结了郑小光涉嫌集资诈骗罪案、曾小红涉嫌非法吸收公众存款罪案、吴桂涉嫌集资诈骗罪案、李兵涉嫌集资诈骗罪案4起案件,其中,辩护人提出无罪辩护意见的有2起案件(郑小光案和曾小红案),辩护人提出应将集资诈骗罪变更为非法吸收公众存款罪的辩护意见的有2起(吴桂案和李兵案)。再如四川省攀枝花市,对非法集资犯罪案件的司法审理情况与资阳市的情况大同小异,该市2/3的非法集资犯罪案件的辩护人提出了被告人无罪的辩护意见。该市2011年和2012年总共审结了伍文军涉嫌非法吸收公众存款罪案、颜晓娟涉嫌非法经营罪案、刘斌涉嫌非法吸收公众存款罪案3起案件,其中辩护人提出无罪辩护意见的有2起(伍文军案和颜晓娟案),辩护人提出情节较轻辩护意见的有1起(刘斌案)。[①]

全国其他省市区发生的非法集资犯罪案件的司法审理情况也有类似现象。就我们收集并分析比对的数百件非法集资犯罪案件,尤其是一些具有全国影响的重特大案件来看,如浙江省杭州市吴英集资诈骗案、浙江省丽水市"小姑娘"杜益敏集资诈骗案等,我们发现,竟有高达80%以上的非法集资犯罪案件存在行为定性上的界限争议。如浙江省吴英集资诈骗罪案中,承办该案的侦查机关、公诉机关和审判机关均认定吴英构成集资诈骗罪,但承办该案的辩护律师却认为吴英无罪,而部分法学专家认为吴英构成非法吸收公众存款罪[②],可以说该案在行为定性上的界限争议尤为典型。

为此,我们归纳梳理了非法集资犯罪案件中罪与非罪界限的争议要点、集资诈骗罪与非法吸收公众存款罪界限的争议要点,并针对这些行为定性上的界限争议要点进行刑法解释论分析和研讨具体的解决办法。

(一) 罪与非罪界限的争议要点及其刑法解释论分析

非法集资犯罪案件审理中较多地存在罪与非罪的争议,同我国现有金融法律法规、《刑法》第176条(非法吸收公众存款罪)和《刑法》第192条(集资诈骗罪)的规

[①] 参见魏东、白宗钊主编:《非法集资犯罪司法审判与刑法解释》,法律出版社2013年版,第5页。
[②] 参见《吴英被控集资诈骗获死刑案》,载川大刑事法律网(http://www.cdcriminallaw.com/NewsDetail/35/13.aspx),访问日期:2013年1月1日。

定、最高司法机关的相关司法解释规定等存在一定程度上的概括性、模糊性有关。我们首先梳理归纳非法集资犯罪与非罪界限的争议要点,然后针对这些争议要点进行刑法解释论分析。

1. 罪与非罪界限的争议要点

非法集资与民间借贷的界限模糊不清,应当说是非法集资犯罪案件审理中产生全部争议问题的总根源。尽管最高人民法院《非法集资刑事案件解释》第1条明确规定了成立非法集资须同时具备非法性、公开性、利诱性、社会性等四个特征(成立条件),并对"不属于非法吸收或者变相吸收公众存款"的具体情形作了提示性规定,但是人们对此问题的认识理解还存在很大争议。非法集资罪与非罪界限的争议主要集中在作为非法集资成立条件的"四性"特征上;同时,由于非法吸收公众存款罪的成立条件还有"扰乱金融秩序的"限制,集资诈骗罪的成立条件还有"数额较大的"限制,因而,非法集资犯罪与非罪界限的争议还存在于对"扰乱金融秩序"与"数额较大"的判断上。

(1)非法性的争议。

在现实生活中,民间借贷非常普遍,不仅有公民之间相互借贷,而且有企业及其他组织之间在开展集资建房、修路、企业改制过程中职工出资入股等情形。有些也体现为吸收资金并且也有利益回报,对象范围也可能不特定。特别是公民之间的借贷一般都约定有利息但并不违法,也不需要银行管理机构的批准,而且这些借贷行为还受到《合同法》的保护。但这样的合法借贷行为到底应以向多少个公民借贷作为合法范围,在什么条件下又属于非法集资并构成犯罪,标准模糊。比较典型的如王永华非法吸收公众存款一案。王永华以月息3%～10%不等分别向罗某某借款35万元、向某借款32万元、林某某借款10万元、卢某某借款3万元,共借款80万元。在案发前向被借款人罗某某支付利息23.5万元,案发后向罗某某支付25万元、归还向某5万元、归还林某某1.9万元,因而其借款中仅有24.6万元不能归还。对于此案中王永华的行为是否应当认定为非法吸收公众存款罪存在较大争议,尽管王永华最终仍被以非法吸收公众存款罪判处有期徒刑2年,缓刑4年,并处罚金3万元。

在非法集资类犯罪刑事案件的审判中,同时又有与之相关的民事案件在不同法院审判。如果犯罪分子采用了同样的方式集资,因沟通协调不畅,可能会产生民事审判中认定为民事行为并作出偿还债务的判决,这种判决与其他法院的刑事判决相冲突的应该如何处理,存有疑问。如果民事判决偿还债务已开始履行,或者已经履行完毕,是否要重新审判;如果不重新审判,导致同一事实性质认定不一致,同时,在刑事判决中事实认定部分是否要将民事判决中的集资款扣除,目前各地法院对此做法不一,存有疑问。

(2)公开性的争议。

关于公开性特征,最高人民法院《关于审理非法集资刑事案件具体应用法律若干问题的解释》第1条规定为"通过媒体、推介会、传单、手机短信等途径向社会公开宣传"。但如何理解这一特征,标准是什么,尚存疑问。如有的案件被告人通过"口口相传"的方式进行宣传,没有利用媒体、推介会等;还有的案件,是在被害人主动"借款"给被告人后,被害人自己又自行对外以口头的形式向亲友、其他人传播,是否属于公开宣传,普遍认为存有疑问。与此相关的问题是,单位内部开展集资活动,决策时仅要求单位内部职工集资,但是单位内部人员自行对外宣传单位集资的好处,导致集资向社会扩散,单位仅仅是没有制止而接受了他人的集资参与行为,这种情形是否符合公开性的特征,也存有疑问。

  调查中还发现,少数民族地区非法集资带有特殊的民族文化特点,为依法认定集资行为性质带来了新的困境。如在四川省凉山彝族自治州发生的非法集资类犯罪行为,就带有本民族家支特征。家支的产生是由于在奴隶制社会,被统治阶级"为自己争取一些自由或不要被过分的奴役利益存在,家支成员之间具有相依为命的认同意识,谁也不可能自愿脱离这个组织"①,因此,家支成员之间的高度互信、互助就成为其文化特征之一。在凉山州昭觉县的莫色拉惹非法吸收公众存款案中,犯罪分子莫色拉惹就是利用其家支作为支点,以同一家支的成员相互信任为信用纽带,在同家支的成员中以高额利息利诱大量非法集资。被害人由于带有家支家族特征,涉及凉山州西昌市、昭觉县、德昌县、普格县、喜德县群众 1 368 户,同一家支的人占多数。在同一家支的部分成员将钱借给莫色拉惹获得高额利息后,该家支的成员间通过"口口相传",将"钱借给莫色拉惹能获得高额回报"的错误信息迅速传播,导致更多家支成员的将钱直接或者间接"借"给莫色拉惹,其非法吸收的公众存款额迅速达 5 731.961 万元。同时,该案犯罪人员莫色拉惹及其妻与二子也带有突出的家族特征。这种本民族的文化特征还带来证据收集困难的问题。由于同一家支中以互信为文化基础,因此,在同一家支的人将钱借给犯罪分子时,通常采取口头约定,没有或者很少有书面材料证实借款的存在。在莫色拉惹非法吸收公众存款案中,检察机关起诉涉案金额为 7 061.15 万元,因证据收集困难,法院最终能够依法认定的非法吸收公众存款金额只有 5 731.961 万元,另有近 1 700 万元非法集资款因证据不足而无法认定。

  (3)利诱性的争议。

  一般认为,利诱性特征包含有偿性和承诺性两个方面的内容,但是,由于法律并未明确禁止民间借贷上的有偿性和承诺性,从而导致在利诱性特征判断上存在争议。即便有的情况下集资人向被集资人约定并承诺的利息回报过高,但此情形是否成立非法集资仍有争议。

  (4)社会性的争议。

  到底向社会上多少人集资具有社会性,以及向特定的多数人集资是否具有社会性,向亲朋好友"借款"但亲朋好友又向其他非亲非故的多人筹款的情形是否具有社会性,这些疑问在现行法律和司法解释文本中都没有明确规定,导致产生了较大争议。

---

① 家支是汉语对彝语"此伟"的意译。按照彝语对"此伟"准确定义是:同一个文系血缘,并且同属一个等级而相互不能通婚的彝族,由于家支内部随着人口的不断繁衍和扩大,这个家支还将划分成"家支、分支、房、户"的社会单位。参见瓦渣克已:《凉山彝族新旧社会家支的特征和社会作用》,载《四川文物》1999 年第 4 期。

而有的民间借贷与变相吸收公众存款之间的界限尤为模糊难辨,其核心就是社会性判断存在争议。如被告人通过签署借款合同的方式,向数量较多的人"借款"并付息,且借来的资金全部用于企业生产经营,后因资金周转问题,不能按期支付利息,应解释为非法吸收公众存款还是民间借贷?与此相关联的问题是:如果将借来的资金用于高风险行业或者进行资本和货币经营,其行为性质是否改变?如果不按借款合同约定的方式使用借来的资金,其行为性质是否改变?这些问题在现实生活中经常出现。

(5)"扰乱金融秩序"与"数额较大"的争议。

实践中,针对非法吸收公众存款罪的成立条件之"扰乱金融秩序"的限制、集资诈骗罪的成立条件之"数额较大"的限制,在具体认定上也不无争议。

就非法吸收公众存款罪的"扰乱金融秩序"的条件认定上的争议而言,通常与其"非法性"特征、同民间借贷之间的界限认定相关联,如果行为不具有"非法性"特征或者可以将行为解释为民间借贷,那么通常就可以认定该行为无罪。此外,对于某些行为已经可以认定为具有"非法性"特征的,是否还需要以及如何进一步审查其行为是否"扰乱金融秩序",在实务中存在一定争议。非法吸收公众存款罪实际上也存在犯罪数额问题,那么,其犯罪数额应该如何计算和认定,尤其是行为人在案发前向被集资人退还的投资款本金与支付的部分本息是否应从犯罪数额中扣除,实务中存有争议。

就集资诈骗罪"数额较大的"条件认定上的争议而言,通常需要进行单独审查判断,其中争议焦点集中在具体案件中对各种数额类型的判断上。非法集资案涉及的非法集资数额、犯罪数额、损失数额三者本身及其相互关系如何判断,存有疑问。如果犯罪分子先是向社会不特定多数人吸收资金,同时也支付了高额回报,吸收的部分资金确实投入了生产经营,但是随着吸收资金量的增加,又有部分被挥霍,那么,其涉案金额及其具体分类如何认定就存有疑问,进而其行为性质是应认定为非法吸收公众存款还是集资诈骗也存有疑问。再有,在犯罪分子集资后向前期被害人支付了高额回报,被害人将收到的高额回报又作为集资款交给犯罪分子希望获得更高的收益的,那么,犯罪分子的集资数额、被害人的集资款数额等各自应该如何认定,存有疑问。还有,最高人民法院《非法集资刑事案件解释》第1条规定"未向社会公开宣传,在亲友或者单位内部针对特定对象吸收资金的,不属于非法吸收或者变相吸收公众存款"。但在司法实务中,被告人常同时向特定亲友与不特定社会公众进行集资。这种情况下,有人认为特定亲友不属于不特定的社会公众这个范畴,因而向其亲友借款的金额不应计入非法集资的数额;但另有人认为,社会不特定对象本身就包含各种特定的人,是否向不特定社会公众集资,本质是审查集资人的主观意图是否仅仅指向特定人,审查其具体集资行为是否可控,因而,如果其主观意图不仅仅指向特定人,而且还指向了不特定人,那么就应当将其全部资金认定为非法集资金额。两种观点到底应该如何合理选择,在司法实务中并没有统一规定和得到合理解决。

通过调研还发现,"扰乱金融秩序"与"数额较大"的争议在较多的场合实际上体现在非法集资犯罪案件证据收集和判断上的争议。非法集资犯罪案件的证据收集比较困难,也是产生争议的重要原因之一。由于非法集资的涉众性、隐蔽性、地域广等特点,侦查机关很多时候无法全面收集证据。如在讯问被告人、询问被害人时未结合银行交易凭证去核实;虽然调取了部分交易凭证,却未让被告人、被害人对账户中的流水交易逐笔确认;没有找到所有被害人讯问等现象。同时,由于当事人间非法集资的不规范性,几乎没有健全的财务制度,使司法会计鉴定也无法进行,有的案件在案的司法会计鉴定,也仅仅是对侦查机关收集的财务资料的简单加减,无法达到鉴定意见准确性的要求,有的鉴定甚至相关性都比较差。如陈稷等二人犯集资诈骗罪一案中,二被告以股权转让的方式非法集资,但在案的鉴定意见中,各被害人所购股权数量、被骗金额、资金流转过程等在鉴定中均未说明之间的关联性,银行统计金额与报案材料中反映的数额、通过言词证据统计的数额有较大差距。这就导致办案时几乎无法准确查清数额,三机关之间认识分歧也比较大,而这又是侵财类犯罪的关键,直接关系办案质量。为避免这些问题,有的法院在审理这类案件时,只在犯罪事实中表述了涉案数额,但是裁判理由中不对认定数额进行表述。如张维新犯非法吸收公众存款罪一案中,在审理查明的事实中表述为"对外向社会公众 130 人吸收存款 1 937 300.00 元,已归还本金 911 970.00 元,偿付利息 457 001.93 元,其中 1994 年 4 月至 1995 年 6 月 29 日吸收 4 人存款 12 000.00 元,已全部归还本金 12 000.00 元及约定利息"。[①] 在裁判理由中,未对哪些属于犯罪金额、哪些不属于犯罪金额、吸收每笔资金的行为性质如何认定等进行阐述。

同时,非法集资犯罪案件中的书证、被害人陈述、被告人供述客观性不强,证据判断难度较大。在非法集资案中,一是书证往往表现为欠条、借条等形式。但这些书证有存在虚假的情况;实践中,常出现书证记载的数额与实际非法集资数额不一致,这是因为非法集资者向被集资者集资时,有的会先将利息扣除,但书证记载的是未扣除利息的数额,这样,书证所体现出来的非法集资额将大于实际集资数额。如,实际给了 8 万元,但书证中记载为 10 万元,这里就包含了约定返还的利息 2 万元。二是被告人、被害人出于利己的考虑,更容易减少或者夸大非法集资支付利息和本金的数额,同时,也存在被害人将所获得的利息又投入集资的情况,这时被告人和被害人之间就会对"本金"的范围产生不同看法,客观上也产生了陈述差异,特别是在没有其他证据佐证时,对这种主观性较强、客观性不足的证据更难判断。比较典型的案件是宣汉县忠信房地产开发有限公司、张自斌等非法吸收公众存款一案,该案中,因借据反映的数额与审计核实的数额有差距,因此在法律文书中出现了事实表述为"……向社会不特定公众 635 户吸收存款借据金额 63 392 977 元。审计核实本金 59 151 922 元,核实已退还 4 661 275 元,目前未退还本金 54 490 647 元"的情况。显然,从刑事司法立场来看,这种表述其实是事实不清的表现,对此问题如何妥当解决存有疑问。

2. 非法集资罪与非罪界限的刑法解释论分析

无论是非法吸收公众存款罪还是集资诈骗罪,都有一个"非法集资"的共同特点,

[①] 魏东、白宗钊主编:《非法集资犯罪司法审判与刑法解释》,法律出版社 2013 年版,第 11 页。

而非法集资需同时具备非法性、公开性、利诱性、社会性四个特征。因此可以说,非法集资罪与非罪界限的基本判断标准,就是看具体案件中行为人的行为是否符合非法集资的四性特征,若符合且具备"扰乱金融秩序"或者"数额较大"条件的即构成犯罪(非法吸收公众存款罪或者集资诈骗罪),若不符合则不构成犯罪。由此,非法集资罪与非罪界限的刑法解释论分析,主要内容就是针对"非法性""公开性""利诱性""社会性""扰乱金融秩序"与"数额较大"的解释与认定。

(1)"非法性"的解释与认定。

"非法性"特征,是指违反国家金融管理法律规定,未经有关部门依法批准或者借用合法经营的形式吸收资金。因此,非法集资之"非法性"具体表现为未经有关部门依法批准吸收资金(非法吸收)与借用合法经营的形式吸收资金(变相吸收)两种情形。

其一,非法吸收。"非法吸收"通常较容易认定,即违反国家金融管理法律规定,未经有关部门依法批准直接以吸收存款的方式来吸收资金。

所谓违反国家金融管理法律规定,主要是指违反包括《中华人民共和国银行业监督管理法》《中华人民共和国商业银行法》(以下简称《商业银行法》)、《中华人民共和国证券法》(以下简称《证券法》)、《公司法》《中华人民共和国保险法》《中华人民共和国证券投资基金法》(以下简称《证券投资基金法》)、《企业债券管理条例》等融资管理法律法规规定以及《信托公司集合资金信托计划管理办法》等部门融资管理规章。只有明确违反上列国家金融管理法律法规规定的吸收资金行为才有违法性,而并非任何融资行为都构成非法吸收资金,如民间借贷、私募基金、委托理财等吸收资金的行为并不构成违法。

有学者强调指出,非法集资违反的是融资管理法律法规规定,而不能是其他法律法规规定。对于其他法律法规规定的违反,在一定情况下对于判断是否违反融资管理规定具有一定的参考意义,但不能以对其他法律法规规定的违法性判断替代融资管理规定的违法性判断。比如,《商品房销售管理办法》规定:商品房预售实行预售许可制度;房地产开发企业不得采取返本销售或者变相返本销售的方式销售商品房,不得采取售后包租或者变相售后包租的方式销售未竣工商品房;商品住宅按套销售,不得分割拆零销售;但是,违反这些规定的房产销售行为并不直接意味着就是非法集资。只有实质上实施了向社会公众融资的行为,而又未依法履行相关融资法律程序的,才具有非法集资所要求的非法性。正是基于此,最高人民法院《非法集资刑事案件解释》第2条规定以返本销售、售后包租、约定回购、销售房产份额等方式实施非法集资时,要求此种行为不具有房产销售的真实内容或者不以房产销售为主要目的,并且还需满足非法集资相关特征要件。① 这是十分正确的。

所谓未经有关部门依法批准,通常是指设立商业银行、证券交易所、证券公司、保险公司、基金管理公司,从事公开发行股票、公司、企业债券,发售证券投资基金份额

---

① 参见刘为波:《非法集资特征的理解与认定》,载《中国审判》2011年第2期。

等活动,没有获得有关部门依法批准,因而具有非法性。违反《证券法》《公司法》《中华人民共和国信托法》《证券投资基金法》《企业债券管理条例》等法律法规,骗取批准发行股票及公司、企业债券的发行资格并实施发行行为的,可构成非法吸收资金。依照我国法律规定,即使具有发行股票及公司、企业债券的主体资格,但具体融资业务未经有关部门依法批准或者核准的,同样构成非法吸收资金。比如,《证券法》第183条规定:"证券公司承销或者销售擅自公开发行或者变相公开发行的证券的,责令停止承销或者销售,没收违法所得,并处以违法所得一倍以上十倍以下的罚款;没有违法所得或者违法所得不足一百万元的,处以一百万元以上一千万元以下的罚款;情节严重的,并处暂停或者撤销相关业务许可。给投资者造成损失的,应当与发行人承担连带赔偿责任。对直接负责的主管人员和其他直接责任人员给予警告,并处以五十万元以上五百万元以下的罚款。"《商业银行法》第47条规定,商业银行不得违反规定提高或者降低利率以及采用其他不正当手段,吸收存款,发放贷款。《商业银行法》第74条还规定,商业银行违反规定提高或者降低利率以及采用其他不正当手段,吸收存款,发放贷款的,由国务院银行业监督管理机构责令改正,有违法所得的,没收违法所得,违法所得50万元以上的,并处违法所得1倍以上5倍以下罚款;没有违法所得或者违法所得不足50万元的,处50万元以上200万元以下罚款;情节特别严重或者逾期不改正的,可以责令停业整顿或者吊销其经营许可证;构成犯罪的,依法追究刑事责任。

其二,变相吸收。"变相吸收"是指借用合法经营的形式变相吸收资金。变相吸收主要是针对非法吸收公众存款的吸收方式进行的扩充,即采取间接的行为方式来吸收公众存款,最高人民法院《非法集资刑事案件解释》第2条即是对"变相吸收"方式的列举性描述。

变相吸收公众存款的行为在形式上更具有隐蔽性和复杂性,在司法实践中既要认定"变相"之本质,也要注意区分其与合法的民间借贷、委托理财等行为之间的界限,防止打击扩大化。

关于委托理财问题。委托理财是指专业管理人接受资产所有者委托,代为经营和管理资产,以实现委托资产增值或其他特定目标的行为。委托理财对委托人而言是一种风险性投资,受托人的行为系代理行为,其投资风险应当由委托人承担,委托理财不能保证委托人的本金不受损失,而存款却能保证银行必须归还本金并支付利息。另外,委托理财中资金的使用必须按照委托人指示,而银行对于存款的使用则不需要经存款人的同意。

笔者认为,要区分委托理财和非法吸收公众存款罪的界限,除了把握具体的委托理财是否具备非法吸收公众存款罪的一般特征外,还必须明确以下两点:①委托理财是否承诺保底,即还本付息。如果在委托理财合同中有类似保底条款,则委托人的投资行为实质成为储蓄或借贷行为,受托人的行为有吸收存款之嫌。当然,如果受托人只承诺保底,但是不向社会不特定对象吸收存款,则只能认定其行为为民事行为,委托理财合同中保底条款为无效条款。②委托理财资金是否为委托人利益并用于约定的投资经营活动。如果受托人向委托人承诺保底,并将资金用于归还自身债务或其他经营活动,且其特征符合非法吸收公众存款罪的基本特征或条件,则其行为可依法定性为非法吸收公众存款罪。如果以上行为只是单纯的挪用资金为己用,则可能涉嫌其他犯罪,不能定性为非法吸收公众存款罪。

(2)"公开性"的解释与认定。

公开性,是指通过媒体、推介会、传单、手机短信、口口相传等公开与半公开的途径或方式在社会公众中集资的特性。至于行为人是仅使用了媒体、推介会、传单、手机短信等几种典型的公开宣传途径还是使用了司法解释中未列举的如标语、横幅、宣传册、宣传画、讲座、论坛、研讨会等形式,是使用了上述手段中的一种还是数种,对于非法集资的定性都不产生影响。

最高人民法院《非法集资刑事案件解释》将集资行为的公开性特征以列示的方式限定为公开宣传,实践中,非法集资活动也一般都会向社会公众公开,以便使公众知晓,从而获取更广的集资来源。笔者认为,公开宣传只是认定非法集资公开性的一种辅助手段或者充分条件,但不是必要条件。有之,则必具有公开性,无之,则未必具有公开性。[①] 事实上,许多非法集资活动常常是在熟人间进行的,且多是以亲友或同事为媒介逐步展开,在集资的过程中也多是以口口相传等的半公开方式进行,若对此一概不以犯罪论处,可能导致对非法集资犯罪的放纵。

有人认为,口口相传不是一个严谨的词,其涵义也不确定,而且,口口相传通常不是集资人直接实施的行为,是否属于公开宣传,能否将口口相传的效果归责于集资人,需要根据主客观相一致的原则进行具体分析,区别对待,故最高人民法院《非法集资刑事案件解释》未对此专门作出规定;对于通过口口相传进行宣传的行为,实践中可以结合"集资人"对此是否知情、对此态度如何,有无具体参与、是否设法加以阻止等主客观因素,认定是否符合公开性特征要件。[②] 笔者基本赞同这种观点,因为口口相传客观上已经成为较多非法集资犯罪活动的有机组成部分,且其作为一个生活用语在含义上是比较明确的,完全可以作为一种体现非法集资公开性特征的行为方式予以明确肯定。

(3)"利诱性"的解释与认定。

利诱性,是指集资人向集资群众承诺以货币、实物、股权等方式对初始投入的资本增值或承诺在一定期限内给付回报。利诱性特征包含有偿性和承诺性两个方面的内容。首先,非法集资是有偿集资,对于非经济领域的公益性集资,不宜纳入非法集资的范畴;其次,非法集资具有承诺性,即实现资本增值或给付回报,这种增值或回报一般都是对未来的某种收益的承诺。回报的方式,既包括固定回报,也包括非固定回报;给付回报的形式,除货币之外,还有实物、消费、股权等形式;具体给付回报的名

[①] 参见彭冰:《非法集资行为的界定——评最高人民法院关于非法集资的司法解释》,载《法学家》2011年第6期。
[②] 参见刘为波:《非法集资特征的理解与认定》,载《中国审判》2011年第2期。

义,除了较为常见的利息、分红之外,还有所谓工资、资金、销售提成等。①

(4)"社会性"的解释与认定。

社会性,是指向社会公众即社会不特定对象吸收资金。社会性是非法集资的重要特征,禁止非法集资的重要目的在于保护公众投资者的利益。社会性特征包含三个层面的内容:广泛性、多数性、不特定性。广泛性表现为集资行为的社会辐射力较强,往往不受某一特定的单位、地域、职业或人群的限制。多数性表现为集资行为的参与人在量上所呈现出来的规模化特征。司法解释对于行为对象人数的立案标准进行了明确规定。参与人往往跨越不同的族群、年龄、职业、性别、党派和宗教信仰等,且人数众多。不特定性,即指对象的不确定,排除了单位内部员工、家属集资、朋友间借款或采取行政摊派方式募集资金的情况。但是,如果行为人一方面通过亲友或单位内部员工吸收存款,另一方面又向社会不特定对象吸收存款,这种情况应当认定具有"社会性"。但如果单位或个人没有采取向社会不特定对象公开宣传的方式,而只是在单位内部或亲友之间进行宣传,且最终吸收的资金主要来源于单位内部员工或亲友的,则不应认定为非法集资。

(5)"扰乱金融秩序"与"数额较大"的解释与认定。

如前所述,非法吸收公众存款罪的成立条件有"扰乱金融秩序"的限制,集资诈骗罪的成立条件有"数额较大"的限制,因而在刑法解释论上必须合理解决这两个限制条件的解释与认定问题。

其一,"扰乱金融秩序"的认定。对于"扰乱金融秩序"的理解存在两种观点:一种观点认为,非法吸收公众存款罪是行为犯,"扰乱金融秩序"是对行为属性的描述;另一种观点认为,非法吸收公众存款或变相吸收公众存款只有造成了扰乱金融管理秩序的后果才构成犯罪,即本罪是结果犯。② 笔者赞同本罪属于结果犯的观点。从相关司法解释看,吸收存款的数额、行为对象人数、行为所造成的经济损失、社会影响及其他严重后果都是评判行为是否达到"扰乱金融秩序"危害后果的具体标准。

那么,将所吸收存款用于正常经营是否属于"扰乱金融秩序"? 这是一个存在较大争议的问题。张明楷教授认为:"只有当行为人非法吸收公众存款,用于货币资本的经营时(如发放贷款),才能认定扰乱金融秩序,才能以本罪论处。"③ 这一观点在理论界也得到了部分学者支持。另有人认为,非法吸收公众存款罪应当考虑融资目的,如果融资的目的是用于正常生产经营活动,则不能定性为非法吸收公众存款罪。④ 并由此引发非法吸收公众存款罪是否目的犯的讨论。

笔者认为,从非法吸收公众存款罪的概念与法律规定来看,并非以一定的主观目

---

① 参见刘为波:《〈关于审理非法集资刑事案件具体应用法律若干问题的解释〉的理解与适用》,载《人民司法》2011年第5期。
② 参见舒慧明主编:《中国金融刑法学》,中国人民公安大学出版社1997年版,第246页;刘建:《金融刑法学》,中国人民公安大学出版社2008年版,第330页。
③ 张明楷著:《刑法学》(第四版),法律出版社2011年版,第687页。
④ 参见刘健、李辰辰:《非法吸收公众存款罪之辨析——兼评〈最高人民法院关于审理非法集资刑事案件具体应用法律若干问题的解释〉》,载《法治研究》2012年第3期。

的为构成特征,将本罪认定为目的犯有悖于立法精神和罪刑法定原则。同时,非法吸收公众存款罪中,资金的用途并非本罪的构成要件之要素,无论是将资金用于借贷等货币经营,还是用于归还借款,或者是用于正常生产经营,均不影响本罪的成立。但用于正常生产经营的,可作为量刑情节考虑。最高人民法院《非法集资刑事案件解释》第 3 条第 4 款规定:"非法吸收或者变相吸收公众存款,主要用于正常的生产经营活动,能够及时清退所吸收资金,可以免予刑事处罚;情节显著轻微的,不作为犯罪处理。"该规定实质上也认可了非法吸收公众存款罪并非目的犯的观点,并对定罪免刑或不作为犯罪处理的情形增设了一个附加条件,就是能归还所吸收资金,一方面体现了刑法的谦抑性,另一方面也体现了罪刑法定的基本原则。

其二,"数额较大"的认定。"数额较大"作为一种定罪情节,是集资诈骗罪成立的条件之一。《刑法》第 192 条明确规定,集资诈骗只有达到数额较大的标准才能定罪处罚。据此可以认为集资诈骗罪属于典型的数额犯。有论者认为:"对于集资诈骗罪,除了犯罪数额满足刑法规定可以构成犯罪以外,只要行为具有'其他严重情节'或者'其他特别严重情节'也可以构成犯罪。因此,集资诈骗罪既是数额犯,也是情节犯。"[1]这种看法不当。因为根据《刑法》192 条的描述,集资诈骗行为构成犯罪在结果上只有一个标准,即数额较大;而"其他严重情节"或者"其他特别严重情节"作为与"数额巨大""数额特别巨大"相并列的法定刑升格事由,只能作为量刑情节予以考量。也就是说,在"数额较大"同时具有"其他严重情节"时,可按照"数额巨大"的法定刑幅度予以裁量,而在"数额较大"同时具有"其他特别严重情节"时,则可按照"数额特别巨大"的法定刑幅度予以裁量,该两类情节在集资诈骗罪中并不具有独立的定罪意义,只是法定的量刑事由而已,本罪不是情节犯。

上述观点之所以将集资诈骗罪的情节作为入罪事由,原因还在于误解了定罪情节与量刑情节的概念。一般来说,定罪情节就是对定罪起决定作用的情节,量刑情节是指在行为已构成犯罪的前提下,决定是否需要对行为人判处刑罚以及判刑轻重的情节。[2] 作为定罪基本内容的定罪情节,决定了行为的罪与非罪、此罪与彼罪以及构成何种犯罪形态等问题。也就是说,定罪情节决定了犯罪的成立与否,其往往不需要关注与犯罪构成相关联的全部细节,而仅需要关注犯罪构成事实的基本方面。在集资诈骗罪中,行为是否构成犯罪,在客观方面只需要关注是否使用诈骗方法非法集资和数额是否较大,只要满足数额较大这一要素,就意味着具备了集资诈骗罪客观方面的最低限度要求,也即具备了犯罪成立的充足条件。至于因犯罪所造成的社会影响乃至投资者的心理、生理承受状况,都不是定罪时所应关注的内容。但是,这些内容对于司法裁判仍具有意义,因为是否具备这些情节,直接说明了行为的社会危害性程度以及行为人的主观恶性程度,而这会直接影响裁判者在法定刑幅度内对具体刑罚的选择,这恰恰是量刑情节所需要发挥的功能。量刑情节和定罪情节相比,其关注的

---

[1] 张勇:《存贷犯罪刑法理论与实务》,上海人民出版社 2012 年版,第 198 页。
[2] 参见李洁:《定罪量刑情节若干问题研究》,载《北华大学学报(社会科学版)》2001 年第 1 期。

范围更广,"不仅是与犯罪构成事实有关的部分,其他的包括犯罪构成事实以外的对行为的社会危害性与人身危险性有关的所有事实,无论是罪前事实、罪中事实、罪后事实,都有可能成为量刑情节的内容"①。那么,集资诈骗罪犯罪过程中乃至犯罪发生后所引发的如各类社会问题、导致的被害人因集资款无法追回而出现的自杀、精神紊乱等失常表现,都只能说明行为人的集资诈骗犯罪较一般的集资诈骗犯罪恶性更大,应受到更为严厉的刑罚处罚。若是将这些情节作为定罪的要素,则意味着刑法要么轻纵了犯罪人,要么过分严厉。若在数额之外还要添加情节这一定罪要素,则意味着只要不把"事情闹大",行为人即便实施了集资诈骗行为,也取得了较大数额的被害人的财产,仍不构成集资诈骗罪。若仅以情节是否恶劣、严重作为定罪标准而不考虑数额,则意味着行为人哪怕骗取的集资款金额较小,在遭遇个别心理极其脆弱的被害人时,也可构成本罪。行为人是否构成犯罪,不取决于危害结果,而更多地依赖行为人的"运气",如此理解自然显得非常荒谬。

数额较大,是对集资诈骗行为人实际取得的集资款项数额的要求。但在数额标准问题上,司法实务和理论上存在以下分歧意见:其一,犯罪总额说,即认为行为人使用欺骗手段非法集资将他人财物骗到手即构成既遂,应以总集资额来定罪。其二,犯罪损失说,即以受骗单位或个人因行为人的诈骗行为实际遭受损失的数额认定。其三,实际损失说,即认为应以行为人适用诈骗手段非法集资案发后,经追偿赃款,最终实际给被害人造成的损失数额来定罪。其四,犯罪所得说,即以行为人使用诈骗手段非法集资总额减去案发前行为人返还投资人本金和利息数额后得到的数额定罪。②

笔者认为,在数额标准的确定上,应选择能够直接反映集资诈骗犯罪社会危害程度的数额标准类型。犯罪的可罚性在于其社会危害性程度,而非法获利或非法所得数额的大小在集资诈骗罪中与犯罪客体遭受损害的程度是一致的,也只有通过犯罪人获得利益的大小才能说明集资诈骗犯罪的客观危害程度。基于此,最高人民法院《非法集资刑事案件解释》第5条第3款规定:"集资诈骗的数额以行为人实际骗取的数额计算,案发前已归还的数额应予扣除。行为人为实施集资诈骗活动而支付的广告费、中介费、手续费、回扣,或者用于行贿、赠与等费用,不予扣除。行为人为实施集资诈骗活动而支付的利息,除本金未归还可予折抵本金以外,应当计入诈骗数额。"

案发前已归还被害人的数额不应计入犯罪数额的理由,在于集资诈骗罪有其特殊性,案发前行为人返还被害人一部分本金的,对于集资人而言,其并未实现对该部分财产的非法占有目的,也即并未取得,即便行为人返还该部分本金是为了骗取被害人的信任从而实现更大规模的非法集资目的;对于被害人而言,其该部分本金也未发生实际损失,也即行为人并未对该部分财产转移占有。从责任上来看,如果将行为人并未实际取得的这部分财产也纳入其犯罪的数额,也不公平,属于人为加重其刑事责任。至于诈骗成本是否应计入犯罪数额的问题,行为人为实施集资诈骗而产生的"运

---

① 李洁:《定罪量刑情节若干问题研究》,载《北华大学学报(社会科学版)》2001年第1期。
② 参见崔楠:《集资诈骗罪"数额"的罪量刑量分析》,载《中国检察官》2010年第12期。

营"成本,如公开宣传时的广告费、场地租赁费等费用,若该部分费用来源于被害人的集资款,行为人在使用这些集资款时就意味着行为人在对诈骗所取得的财物进行处分,这和诈骗成功后挥霍他人财物的行为并无区别,故应当将之纳入行为人取得的数额部分。

(二) 集资诈骗罪与非法吸收公众存款罪界限的争议要点及其刑法解释论分析

非法集资犯罪案件审理中较多地存在此罪与彼罪的界限争议,其中最为突出的问题是集资诈骗罪与非法吸收公众存款罪之间的界限争议,且这种争议对于具体案件是否能够获得公平合理的审判意义重大,对被告人和其他当事人的影响也特别巨大。下面首先梳理归纳集资诈骗罪与非法吸收公众存款罪界限的争议要点,然后针对这些争议要点进行刑法解释论分析。

1. 集资诈骗罪与非法吸收公众存款罪界限的争议要点

集资诈骗罪与非法吸收公众存款罪虽然分别设置在金融诈骗罪和破坏金融管理秩序罪两个不同的小节之中,但作为典型的非法集资类犯罪,由于两罪主体都是一般主体,主观上都是直接故意,在客观上都有非法募集资金的行为,而且在实践中,两罪的客观表现均可能存在行为人因为各种原因导致不能归还募集资金的后果,因此,两罪的界限在审判实践中仍然极容易混淆,存在界限争议。一般认为,对于非法集资行为,如果行为人主观上具有非法占有目的(以非法占有为目的),客观上使用了诈骗方法,即应将该非法集资行为定性为集资诈骗罪;而如果非法集资行为不具有非法占有目的、没有使用诈骗方法,则应将该非法集资行为定性为非法吸收公众存款罪。因此,集资诈骗罪与非法吸收公众存款罪的界限争议主要在两个问题上:一是非法占有目的的认定;二是诈骗方法的认定。

(1) "以非法占有为目的"的争议。

尽管我国已有司法解释对于集资诈骗罪之"以非法占有为目的"的认定作出了规定,但在实践中还是有许多具体情形无法准确认定,存在较大争议。如被告人以房地产开发、工厂技术改造、开办职业学校等为由向社会筹集资金,客观上将所筹集的部分资金用于购买高档汽车、装修办公楼等用途,最后造成集资款的损失,是否可以直接判定为"肆意挥霍集资款",存有疑问。再如,被告人无法还本付息,离开集资地,是否可以直接认定为"逃匿",进而是否可以认定被告人具有"以非法占有为目的",也存有疑问。尤其是在被告人在庭审中辩解为外出筹集资金时,该如何认定,存有疑问。在认定"携带集资款逃匿的"时,携带集资款如何判断,存有疑问。这些疑问及其判断,均直接影响实践中对非法占有目的的认定。

还有一种特殊情况,即行为人非法集资后,将集资款投入高风险的行业中,如股市、炒黄金、期货等,如果在不亏损的情况下,行为人可能按期支付被害人的回报,这时是否可以认定行为人在主观上具有"以非法占有为目的";如果不能支付被害人的回报,甚至造成巨额损失,这时是否可以直接认定行为人在主观上具有"以非法占有为目的",存有疑问。

(2)"使用诈骗方法"的争议。

根据我国相关司法解释的规定,作为一种比较典型的情形,集资人在集资方法上既有采取虚构集资用途,又有以虚假的证明文件和高回报率为诱饵的,应将其认定为"使用诈骗方法"。但是,在司法实践中,绝大多数集资行为在募集资金的方法上可能都存在以高回报率为诱饵的情形,许多投资者也正是看中高回报率才将大量资金借给集资人,那么这时是否可以认定为"使用诈骗方法",存在争议。再有,很多集资人在宣传方式中都可能存在虚报经营业绩、虚构集资用途,相应地还出具虚假的证明文件,对此情形是否一律认定为"使用诈骗方法",也存在争议。

2. 集资诈骗罪与非法吸收公众存款罪界限争议要点的刑法解释论分析

对集资诈骗罪与非法吸收公众存款罪的界限的正确解释,需要根据刑法和司法解释的相关规定,并结合相关刑法原理来展开。根据前面的分析,该两罪最主要的区别在于行为人实施的非法集资行为是否具有"以非法占有为目的"和"使用诈骗方法"两个要点上,如果有,即构成集资诈骗罪;如果没有,则构成非法吸收公众存款罪。因此,下面针对"以非法占有为目的"和"使用诈骗方法"的认定问题,分别提出刑法解释论分析和解决办法的意见。

(1)"以非法占有为目的"之解释与认定。

集资诈骗罪是法定的目的犯,犯罪的成立要求行为人必须存在"以非法占有为目的"要素。占有是一个民法上的概念,并和使用、收益、处分一起构成了民法上所有权的四项权能。所谓占有,是指主体对物在事实上的占领、控制。① 占有分为合法占有和非法占有,合法占有是指根据法律规定或其他合法原因占有他人财产;非法占有是指非所有权人没有法律上的根据而占有他人的财产。集资诈骗罪中的占有肯定是非法占有,那么这种占有和民法上的占有有没有区别呢?有论者指出,民法上的"非法占有"仅仅是对民法上所有权四项权能中"占有"权能的侵害,不包括使用、收益、处分的权能。刑法上的"非法占有"是指明知是他人的财产,而将其转归自己或第三人非法所有并排除权利人所有的一种主观愿望。② 笔者认为这种理解是合理的,显然,刑法上的占有较民法上的占有外延要更宽,其不仅仅局限于占有这一项权能,使用、收益和处分这三项权能同样归属于刑法上的占有。这种理解是符合行为人的犯罪目的的。因为行为人在实施集资诈骗犯罪时,其目的绝不仅是为了民法上的转移占有,转移占有只是其实现犯罪目的的前提,其最终目的还是在于通过这种占有实现对财物的更进一步的处分,如挥霍、消费等,从而排除原财物所有人对该财物行使所有权的可能,而这些内容显然不是民法上的占有所能囊括的。因此,刑法上的占有事实上所指称的应是民法上的所有,只是基于约定俗成,在刑法学理论和实务上我们一直以占有来对其予以描述。

---

① 参见魏振瀛主编:《民法》,北京大学出版社、高等教育出版社2000年版,第291页。
② 参见王延祥:《如何认定诈骗罪中的"以非法占有为目的"》,载《政治与法律》2003年第3期。

那么集资诈骗罪的"以非法占有为目的"具体含义是什么呢？有观点认为，以非法占有为目的，是指行为人在主观上具有将非法募集的资金据为己有的目的。所谓据为己有或称"非法占有"，既包括将非法募集的资金置于个人的控制之下，也包括将非法募集的资金置于本单位的控制之下。① 也有观点认为，以非法占有为目的，是指将非法募集的资金置于个人或者单位的控制下，将非法募集的资金的所有权转归自己所有，或任意挥霍，或占有资金后携款潜逃，等等。② 还有观点认为，集资诈骗罪的"以非法占有为目的"实质上具有两层含义：其一，行为人主观上具有非法占有投资者资金的意图；其二，行为人主观上根本没有回报投资者的意图。第二点是决定性的，即行为人主观上具有不给投资者任何回报而将所募集的资金彻底据为己有的目的。③

笔者认为，"以非法占有为目的"是指集资人在主观上具有将非法集资款置于自己控制占有之下，并且最终不予归还被集资人的主观意图。因此，集资型金融犯罪的行为人一般都存在对集资款进行控制的意图，但这种意图并不等于集资诈骗罪中的非法占有目的。如果行为人实施了非法集资行为，但不是出于非法占有集资款的目的，而是将集资款用于正常的生产经营活动，并由于生产经营不善、市场风险等意志以外的原因导致在约定的还本付息期限届满时无法归还的，并不能简单地认定为行为人主观上具有"以非法占有为目的"。应当说，在司法实践中，因为现实的多样性及复杂性，如何准确判断行为人主观上是否具有"以非法占有为目的"仍然是一个难题。由于对行为人主观心理活动无法取证，司法实践中往往是通过客观行为来推定行为人主观上是否"以非法占有为目的"。

为此，最高人民法院在有关司法解释和指导性文件中对非法集资行为人主观上"以非法占有为目的"的一些比较典型的情形进行了规定。如1996年最高人民法院《关于审理诈骗案件具体应用法律的若干问题的解释》（以下简称"1996年解释"，已失效）第3条④，曾经将"以非法占有为目的，使用诈骗方法非法集资"解释为以下四种情形：①携带集资款逃跑的；②挥霍集资款，致使集资款无法返还的；③使用集资款进行违法犯罪活动，致使集资款无法返还的；④具有其他欺诈行为，拒不返还集资款，或者致使集资款无法返还的。2001年《全国法院审理金融犯罪案件工作座谈会纪要》在对"金融诈骗罪中非法占有目的的认定"中进一步丰富了可以认定为非法占有为目的的客观情形："根据司法实践，对于行为人通过诈骗的方法非法获取资金，造成数额较大资金不能归还，并具有下列情形之一的，可以认定为具有非法占有的目的：（1）明知没有归还能力而大量骗取资金的；（2）非法获取资金后逃跑的；（3）肆意挥霍骗取资金的；（4）使用骗取的资金进行违法犯罪活动的；（5）抽逃、转移资金、隐匿财产，以逃避返还资金的；（6）隐匿、销毁账目，或者搞假破产、假倒闭，以逃避返还资金的；

---

① 参见曹子丹、侯国云主编：《中华人民共和国刑法精解》，中国政法大学出版社1997年版，第175页。
② 参见胡康生、李福成主编：《中华人民共和国刑法释义》，法律出版社1997年版，第259页。
③ 参见陈甦：《析集资诈骗罪罪状中的"以非法占有为目的"》，载《河北法学》1998年第6期。
④ 该解释文件已由最高人民法院《关于废止1980年1月1日至1997年6月30日期间发布的部分司法解释和司法解释性质文件（第九批）的决定》（法释〔2013〕2号）予以明确废止，其废止原因是"依据已被修改，刑法及相关司法解释已有明确规定"；但是，笔者认为其解释内容仍然具有学术研究上的参考意义。

(7)其他非法占有资金、拒不返还的行为……"最高人民法院《非法集资刑事案件解释》第4条的规定,只有在下列情形中,行为人一般才存在非法占有的目的:①集资后不用于生产经营活动或者用于生产经营活动与筹集资金规模明显不成比例,致使集资款不能返还的;②肆意挥霍集资款,致使集资款不能返还的;③携带集资款逃匿的;④将集资款用于违法犯罪活动的;⑤抽逃、转移资金、隐匿财产,逃避返还资金的;⑥隐匿、销毁账目,或者搞假破产、假倒闭,逃避返还资金的;⑦拒不交代资金去向,逃避返还资金的;⑧其他可以认定非法占有目的的情形。

笔者认为,虽然上述司法解释为司法实践操作提供了便捷有利的途径,但是,在适用上述司法解释时不能一概而论,而应该审慎分析案件具体情况,尤其是应当分析行为人不能归还集资款项的具体原因,而不能简单机械地以此来认定行为人"以非法占有为目的",以客观行为或事实推定主观目的在理论上本身存在硬伤,有违背主客观相统一原则之嫌,在实践中可能落进客观归罪的陷阱。在我国,虽然刑法或刑事诉讼法条文中没有直接规定运用推定方法认定主观目的,但刑法学界和司法实务中均普遍肯定或使用了该方法。陈兴良教授曾提出:"从被告人已经实施的违法行为的事实中,推定被告人是自愿犯罪或者具有犯罪意图的,如果被告人未作任何辩解,推定便成立。"① 高铭暄教授认为:"在司法实践中,需要根据证据即客观事实来认定行为人的非法占有目的,或者可以根据客观事实来推定行为人具有非法占有的目的。"② 张明楷教授也认可应当运用推定方法认定行为人是否具有非法占有目的。③ 值得注意的是,上述学者在肯定该方法的同时,基本都指出了这一方法存在不足之处,只能在没有直接证据证明被告人主观目的的情况下使用,尤其应重视被告人辩解,并综合全案情况予以认定。这是因为,这种事实推定的方法只是一种假设的逻辑推理过程,其推理存在或然性和局限性,而且其推理的前提条件就是办案机关首先已经假设被告人具有非法占有目的,在这个前提之下,办案机关在收集证据时难免会带有倾向性,而不愿收集对被告人有利的证据。而且,在司法实践中,被告人的取证权利往往被限制,被告人的辩解被审判机关采纳的机会微乎其微。在这种情况下,上述几位学者所提出的"如果被告人未作任何辩解,推定便成立"的理论在实践中存在被滥用的风险。

同时,《全国法院审理金融犯罪案件工作座谈会纪要》规定:"在处理具体案件时要注意以下两点:一是不能仅凭较大数额的非法集资款不能返还的结果,推定行为人具有非法占有的目的。二是行为人将大部分资金用于投资或生产经营活动,而将少量资金用于个人消费或挥霍的,不应仅以此认定具有非法占有的目的。"但是,现实中也有很多集资后确实用于生产经营,在经营过程中,由于管理不善,导致公司出现资金链断裂、无法正常经营、投资者的钱无法回笼,最终导致投资者情绪波动、控告事发;因案件中涉及的不能返还的非法集资款项数额巨大,为平息社会影响,最终法院定罪时没有考虑被告人确实将部分募集资金投入生产经营的事实,而以集资诈骗罪

---

① 陈兴良:《论金融诈骗罪主观目的的认定》,载《刑事司法指南》2000年第1辑。
② 高铭暄、孙道萃:《论诈骗犯罪主观目的的认定》,载《法治研究》2012年第2期。
③ 参见张明楷:《诈骗罪与金融诈骗罪研究》,清华大学出版社2006年版,第411—412页。

定罪处罚。以吴英案为例,公诉机关曾在庭审举证过程中大量举证吴英将所募集资金用于购买豪车等个人开支,以此证明吴英有"肆意挥霍"的行为,而导致集资款不能归还的结果,但实际上,吴英所募集资金的绝大部分都用于投资经营,个人花费实际上只占很小一部分,但仍然被认定为集资诈骗罪。

综上所述,笔者认为,在依法判断非法集资人主观上是否具有"以非法占有为目的"时应注意把握好以下几点:

第一,行为人是否具有利用他人财产的意思。该种意思要求行为人在没有合法根据的情况下,意图取得对他人财产的现实控制或支配地位,也即意图利用、处分被害人的财产。在集资诈骗犯罪中,行为人由于存在该种意思,在转移占有了投资人的集资款后,并不会按集资时与投资人的约定将财产用于生产经营活动,即便用于生产经营活动,生产经营所用资金与筹集资金在规模上也不相一致,这说明行为人并不想通过管理集资款的活动来保护投资人的财产,而是单纯地想通过非法集资活动直接获得利益、享受利益。

关于行为人将集资款用于高风险行业能否认定为行为人主观上具有非法占有的目的的问题,应当结合行为人的抗风险能力,如自有资金、亏损程度、负债情况、对资金的管理等因素,综合考虑,结合案件具体情况认定。对行为人明知自己没有偿还能力,仍然开展集资活动,存有侥幸心理,并造成严重后果的,可以认定行为人具有非法占有故意。

第二,行为人是否具有排除意思。该种意思要求行为人在控制或支配他人财产后,还意图使财产完全脱离权利人的控制。关于排除意思的认定,日本学者山口厚进行了归纳,认为在以下三种情形下,行为人具有排除的意思:①行为人虽然只有一时使用的意思,但没有返还的意思,相反,具有在使用后弃毁、放置的意思;②行为人虽然具有返还的意思,但具有侵害相当程度的利用可能性的意思时,由于存在可罚的法益侵害的危险,应肯定排除意思的存在;③行为人虽然具有返还的意思,而且对被害人的利用可能性的侵害相对轻微,但具有消耗财物中的价值的意思时,由于对作为所有权内容的利益造成了重大侵害,应认定具有排除意思。[①] 在集资诈骗犯罪中,行为人基于自保动机,一般不会承认自己具有占有的意思,而会以使用的意思作为脱罪的理由。相应的,司法实践中对行为人是否具有占有的意思的证明就只能借助于其客观行为来进行推定,如行为人是否有挥霍集资款、抽逃转移资金等消耗投资人财产价值的行为;这些行为反映了行为人具有逃避返还的意思,因此也就能够证明行为人意图排除权利人对其财产价值的占有和利用,也就具有了可罚的法益侵害危险,应按集资诈骗罪论处。

关于任意处置集资款的行为如何定性处理的问题,任意处置集资款多表现为行为人并未将集资款用于挥霍、归还个人债务或者从事非法活动,而是将集资款用于生产经营性项目,但对投资项目又不作进一步管理,听之任之,放任自流,或者投资时上

---

① 转引自张明楷:《论财产罪的非法占有目的》,载《法商研究》2005年第5期。

当受骗,或者投资高风险项目,使大量集资款亏损。对于这种情况,如果能证明行为人在随意投资时对亏损的后果是明知的,且已不具备归还集资款的能力,则可判断行为人放任损失发生的主观故意,可以认定为具有非法占有的目的,以集资诈骗罪处理。但如果集资人对投资履行了适当的管理义务,损失是因为商业风险导致的,则不能认定其具有非法占有目的,对非法集资行为可以以非法吸收公众存款罪定罪处罚。

第三,在具体判断"以非法占有为目的"要素时,除了查明具体案件中资金的用途与流向之外,还应当考虑案件中是否存在以下两项事实:一是行为人筹集资金后是否有真实的立项或经营活动;二是行为人是否具有偿还募集资金的能力、意图以及实际行为。如果行为人对于募集资金确实有真实立项,且指控不能证明行为人不具备偿还资金的能力、意图或行为,则即便行为人当时未能归还资金,但在定性时仍不宜认定为集资诈骗罪,而应认定为非法吸收公众存款罪或者其他犯罪,更符合罪刑法定的基本原则,如广东省高级人民法院审理的一起非法集资犯罪案件就比较典型。[①] 2000年8月,被告人阳松均、杨平与同案人王宝森、周乃扬、吕向荣、方海燕密谋,以投资开发金矿为名向社会公众非法募集资金,并利用广州市金山兴乔有限公司名义发行受益凭证和以高回报率为诱饵,先后与202名被害人签订合同,从中吸收资金共计5 778 600元,造成被害人损失5 657 703元,广州市人民检察院指控被告人阳松均、杨平犯集资诈骗罪,向广州市中级人民法院提起公诉,广州市中级人民法院经审理,判决二被告人成立非法吸收公众存款罪。之后,广州市人民检察院提出抗诉,广东省高级人民法院对该案进行了二审。在二审中,公诉机关认为:①被告人实质上没有将集资款用于开发金矿的投资经营活动;②被告人在明知没有归还能力的情况下,以投资金矿高额回报为诱饵,在大量骗取公众的投资款后,瓜分和挥霍集资款,足以证实两被告人具有非法占有的故意;③被告人客观上实施了非法集资的犯罪行为,且被告人在案发后携款潜逃。二审法院经审理查明,从募集资金的用途来看,该案证据反映,金矿公司确实存在,联营协议也是真实的,被告人有将吸收款项用于金矿投资的客观行为,不能认定被告人虚构了主要的客观事实;从涉案资金的流向来看,被告人不存在非法占有或挥霍集资款的情形,且无证据证明被告人是携款潜逃或隐匿财产,故无法认定被告人主观上具有非法占有的目的。在该案二审期间,广东省人民检察院认为广州市人民检察院抗诉不当,撤回抗诉。

人民法院在以上案件的审理过程中,没有认可公诉机关主张的关于被告人主观上具有"以非法占有为目的"的推定,而是从证据角度出发,审慎查明了被告人在该案中的客观行为,以此公正地认定被告人不具有非法占有的主观目的,坚持了"疑罪从无"的基本原则。

(2)"使用诈骗方法"之解释与认定。

我国现行有效的司法解释性文件均没有专门针对"使用诈骗方法"非法集资行为进行解释,参考已被废止的最高人民法院1996年《关于审理诈骗案件具体应用法律

---

① 参见刘慧卓、王一民:《非法吸收公众存款罪与集资诈骗罪的区别》,载《人民司法》2010年第12期。

的若干问题的解释》第 3 条的规定,"诈骗方法"是指行为人采取虚构集资用途,以虚假的证明文件和以高回报率为诱饵,骗取集资款的手段。"虚构集资用途"和"以虚假的证明文件"的行为方式作为诈骗方法的类型无可厚非,但关于"以高回报率为诱饵"吸引投资者投资是否属于诈骗方法,以及通过司法解释限定本罪的诈骗方法是否合理则存在不同的观点。有论点认为,实践中存在罪犯仅抛出高息诱饵,而并不存在隐瞒真相、虚构事实的情形,以"使用诈骗方法非法集资"论处在理论上尚欠周密。① 也有论点认为,就集资诈骗而言,只要某种行为足以使对方陷入"行为人属合法、正当募集资金""行为人的集资获得了有权机关的批准""出资后会有回报"等认识错误,足以使对方"出资",那么,这种行为就属于集资诈骗罪中的"诈骗方法"。② 因此,上述司法解释的内容实际上不恰当地缩小了"诈骗方法"的应有含义。③

对于"以高回报率为诱饵"的争议,认为,若行为人仅以高回报率方式非法集资,似乎不具有欺诈内容,对于集资人明显超过投资规律的回报率,一般投资者因缺乏基本知识,通常也难以识别,但集资者对投资行为的实际回报情况却是明知的,以明显违背金融投资规律的回报率进行集资,本身是无法实现的,因而"以高回报率为诱饵"的方法符合"诈骗方法"所规定的行为。④ 因为集资者在明知不可能产生高额收益甚至根本不可能产生任何收益的情况下,还承诺高额的回报率,实际上就是对一般投资者所不明知的真相的隐瞒,又或是一种杜撰式的虚构,这种行为本身就是符合虚构事实、隐瞒真相的特征的,最高人民法院的司法解释无非是在隐瞒真相、虚构事实之外,另行列举了一个可能兼具二者特征的诈骗方法而已,在笔者看来并无不妥。

至于认为司法解释缩小了"诈骗方法"范围的争议,笔者认为,上述司法解释的意旨在于使本罪中的诈骗方法界限更为明晰,从而方便司法实务部门准确认定犯罪,就其所列举的三类诈骗方法而言,应理解为是对《刑法》第 192 条"使用诈骗方法"的列举。事实上,集资诈骗犯罪中的诈骗方法的列举也不可能穷尽,那么,对于行为人使用的是列举的诈骗方法的情形,依照司法解释的规定定性处理即可;若是不属于列示的诈骗方法,则须按照《刑法》的规定予以定性处理,因为相较于司法解释而言,《刑法》所具有的位阶决定了其有超越司法解释的适用效力。当然,也应注意到,《刑法》作为法典的精简价值决定了其更倾向于对诈骗方法采用概括式的描述,以免在立法上出现挂一漏万,因此,通过司法解释对典型的行为方式采取明确列举的方式加以规定,既是对抽象条文的一种细化和说明,也有利于司法者对其他类型行为方式的性质进行对比分析,故没有必要过度否定该司法解释的积极意义。

---

① 参见李邦友、高艳东:《金融诈骗罪研究》,人民法院出版社 2003 年版,第 60 页。
② 参见张明楷:《诈骗罪与金融诈骗罪研究》,清华大学出版社 2006 年版,第 492 页。
③ 参见李晓强:《论集资犯罪的刑事立法及其完善》,载《江西社会科学》2011 年第 5 期。
④ 参见魏昌东、胥宁:《刑法规范合理性视角中的集资诈骗罪》,载《南京政治学院学报》2005 年第 2 期。

二、量刑裁判争议与刑法解释论研讨

非法集资犯罪案件的量刑裁判上也存在较多争议,通过调研发现,这些争议主要集中在宽严相济刑事政策、具体犯罪数额等量刑情节的把握上。

(一) 非法集资犯罪案件量刑裁判上宽严相济刑事政策把握

非法集资犯罪案件量刑裁判上出现的一些偏差和争议问题,应当从认真贯彻执行并恰当把握宽严相济刑事政策方面进行检讨,部分案件的定性处理(尤其是量刑裁判)存在超越法律规定并违背刑事政策的现象,应当予以适当纠偏和规范。

"严打"思维可能还是非法集资犯罪刑事司法领域的惯性思维。近年来,全国严厉打击非法集资犯罪,公安部经济犯罪侦查局一位副局长介绍,全国公安机关近几年年平均立案2 000多起,2011年11月至2012年2月,在全国开展整治非法集资专项行动期间,全国公安机关立案43起,抓获110多名犯罪嫌疑人。① 这种以"严打"运动方式出现的打击犯罪行为在一定程度上有助于暂时遏制非法集资犯罪的发展趋势;但是,在追求打击效果的同时,也容易造成犯罪打击扩大化的风险;从长远来看,更有可能造成民间借贷与资本市场的萎缩。而且,从前几年对于非法集资犯罪的连续"严打"来看,每年的案件发生率并未减少,这也证明了"严打"对减少和规制犯罪的效果未达到预期目的。这表明,国家和社会治理非法集资犯罪仍然必须回归到宽严相济刑事政策和依法治理的正确轨道上来。

同时,由于非法集资犯罪往往涉及的受害人数众多,易于出现群体性事件,有不少受害人因相关款项无法收回而向党政部门上访,影响社会稳定。办案机关在办理案件过程中,因此承受着巨大压力。另外,在具体处理案件时,行为人是否归还吸收款项成为是否定罪以及量刑轻重的重要标准,从而导致案件的审判结果出现较大差异。在办理案件时,一方面应做好群众的安抚工作,另一方面,应当严格依法审理,如行为人的行为构成非法吸收公众存款罪的,对于案发前已经归还的款项,仍应当计入犯罪金额中,但是,可依法从轻处罚;而对于不能归还的款项,在积极劝导被告人归还款项的同时,不能将该情节作为从重处罚的依据。

(二) 非法吸收公众存款罪案件量刑裁判上的刑法解释论研讨

非法吸收公众存款罪量刑裁判上存在的问题,主要是在非法集资数额和"其他严重情节"的认定上,以及罚金刑适用上存在一定程度的混乱,需要进一步规范。

最高人民法院《非法集资刑事案件解释》第3条第1、2款对非法吸收公众存款罪的具体量刑标准作了细化的明确规定:"非法吸收或者变相吸收公众存款,具有下列

---

① 参见《公安部:非法集资有六大特点 容易滋生其他犯罪》,载中国新闻网(http://www.chinanews.com/gn/2013/04-26/4767690.shtml),访问时间:2013年5月5日。

情形之一的,应当依法追究刑事责任:(一)个人非法吸收或者变相吸收公众存款,数额在 20 万元以上的,单位非法吸收或者变相吸收公众存款,数额在 100 万元以上的;(二)个人非法吸收或者变相吸收公众存款对象 30 人以上的,单位非法吸收或者变相吸收公众存款对象 150 人以上的;(三)个人非法吸收或者变相吸收公众存款,给存款人造成直接经济损失数额在 10 万元以上的,单位非法吸收或者变相吸收公众存款,给存款人造成直接经济损失数额在 50 万元以上的;(四)造成恶劣社会影响或者其他严重后果的。具有下列情形之一的,属于刑法第一百七十六条规定的'数额巨大或者有其他严重情节':(一)个人非法吸收或者变相吸收公众存款,数额在 100 万元以上的,单位非法吸收或者变相吸收公众存款,数额在 500 万元以上的;(二)个人非法吸收或者变相吸收公众存款对象 100 人以上的,单位非法吸收或者变相吸收公众存款对象 500 人以上的;(三)个人非法吸收或者变相吸收公众存款,给存款人造成直接经济损失数额在 50 万元以上的,单位非法吸收或者变相吸收公众存款,给存款人造成直接经济损失数额在 250 万元以上的;(四)造成特别恶劣社会影响或者其他特别严重后果的。"

从以上规定来看,在对非法吸收公众存款罪量刑时,主要衡量的标准为吸收存款的数额、吸收存款对象的人数和直接经济损失以及社会影响或后果。

1. 关于行为人所吸收资金数额的认定

最高人民法院《非法集资刑事案件解释》第 3 条第 3 款规定:"非法吸收或者变相吸收公众存款的数额,以行为人所吸收的资金全额计算。案发前后已归还的数额,可以作为量刑情节酌情考虑。"该解释第一次对非法吸收公众存款罪数额的认定标准进行了明确规定,并将行为人在案发前归还的金额计入犯罪数额;而且,该"吸收的资金全额"不应扣除行为人已经支付的利息及投资回报等。

司法实践中,行为人吸收资金时计算利息或收益的方式存在以下几种情况:第一种是行为人向客户实际收取的资金与合同金额相等,在收取资金后再还本付息;第二种是行为人先给予客户约定保本付息的固定收益,然后在一定期限内向客户收取合同约定的金额;第三种是行为人实际向客户吸收的资金少于合同约定金额,不足部分以行为人承诺保本付息的收益作为客户已经缴纳的金额直接冲抵。① 第一种情况属于常见情况,其吸收的资金全额与客户实际缴纳的金额一致,不存在计算问题。在第二种情况中,行为人已经先行支付了收益或利息,这部分收益或利息是否应当从后来实际收取的金额中减去?笔者认为,这部分收益或利息无论是在收取资金之前支付还是在之后支付,均不能从吸收金额中减除。因为承诺还本付息是非法吸收公众存款罪的典型特征,行为人所支付的收益或利息是行为人营利的一种重要方式,只要行为人吸收了资金,且达到了司法解释规定的标准,就构成既遂。如将行为人已经支付的收益或利息金额扣减,则不利于对已经构成既遂的行为进行定罪处罚。当然,行为

---

① 参见涂龙科、胡建涛:《非法委托理财的涉罪问题研究——以非法吸收公众存款罪的认定为中心》,载《中国刑事法杂志》2008 年第 1 期。

人如支付了较多利息或收益,可作为量刑情节予以考虑。而在第三种情况中,虽然行为人实际收取的金额少于合同约定的金额,但是行为人实际已经变相向客户支付了收益,同理,吸收的资金全额应当加上已经抵扣的收益,即以合同实际金额计算。

2. 关于吸收存款对象的人数的认定

在计算吸收存款对象的人数时,是否应当将向亲友及单位内部员工吸收存款的人数减扣?如前所述,当吸收存款对象中既包括亲友及单位内部员工,同时也包括社会不特定对象时,只要行为符合非法吸收公众存款罪的基本特征,亲友与单位内部员工也应当计入"公众"的范围,向其吸收存款的金额也应计入犯罪金额。以四川省高级人民法院审理的德阳市政通置业有限公司(以下简称"政通公司")及肖安宁涉嫌非法吸收公众存款罪一案为例,该案中政通公司在单位内部并同时面向社会集资160万余元,但最终该部分款项均计入非法吸收公众存款数额之中。

3. 关于直接经济损失的认定

直接经济损失应当以案发前不能归还的金额来认定,如案发后退还所有款项并符合适用缓刑条件的,可适用缓刑。

4. 关于社会影响或严重后果的认定

由于本规定属于弹性概念,无法具体量化,可操作性较差,在司法实践中应谨慎适用,只能在行为未达到前三个标准时予以适用,并应当全面考量行为给金融秩序带来的危害后果。在实践中,非法吸收公众存款案件往往系因行为人无法归还款项或实现还本付息的承诺而导致案发,且普遍存在群体性事件,如果行为人的行为没有达到立案标准或没有达到严重扰乱金融秩序的后果,不能只考虑社会影响而对其定罪处罚。

第十七章　内幕交易、泄露内幕信息罪

我国《刑法》第180条规定了内幕交易、泄露内幕信息罪,迄今为止该条已经历了两次刑法修正:第一次是1999年12月25日全国人大常委会通过的《刑法修正案》,该修正案将本罪的犯罪对象由"证券和证券交易内幕信息"扩大为"证券、期货和证券、期货交易内幕信息",将犯罪领域由"由证券内幕交易"扩展为"证券、期货内幕交易";第二次是2009年2月28日全国人大常委会通过的《刑法修正案(七)》,该修正案增加规定了"或者明示、暗示他人从事上述交易活动"这一情形,并将此作为本罪客观方面违法性要件,其他方面如本罪的罪名、法定刑等则没有变化。① 另外,2017年3月1日修改后的国务院《期货交易管理条例》对期货内幕信息的范围、知情人员的范围以及期货内幕交易行为等进行了明确规定。2019年12月28日修改的《证券法》也对内幕信息作出了一定修改。

鉴于内幕交易、泄露内幕信息罪在司法认定上存在众多疑难与歧见,加之犯罪对象和犯罪领域的扩张,有必要对之进行再研究,以深化理论,服务实践。

一、内幕交易、泄露内幕信息罪的概念和构成特征

根据《刑法》第180条规定,内幕交易、泄露内幕信息罪,是指证券、期货交易内幕信息的知情人员或者非法获取证券、期货交易内幕信息的人员,在涉及证券的发行,证券、期货交易或者其他对证券、期货交易价格有重大影响的信息尚未公开前,买入或者卖出该证券,或者从事与该内幕信息有关的期货交易,或者泄露该信息,或者明示、暗示他人从事上述交易活动,情节严重的行为。该罪在犯罪构成上具有以下特征:

(一) 内幕交易、泄露内幕信息罪侵害的客体要件

内幕交易、泄露内幕信息罪侵害的客体,是复杂客体,即包括证券、期货交易正常秩序和有关投资者、交易者的合法利益。内幕交易、泄露内幕信息行为,违反了证券、期货法规所规定的公平、公正、公开和诚实信用等原则,破坏了国家对证券、期货交易市场的正常管理秩序,妨害了证券、期货市场的有效、正常和有序运行;同时,内幕交

---

① 《刑法修正案(七)》还新增规定了一个罪名,即利用未公开信息交易罪。

易、泄露内幕信息行为也是一种欺诈行为和过度投机行为,内幕信息知情人员以及非法获取内幕信息人员由此获得非法利益,但其他投资者和交易者则相应地遭受了损失。有学者认为,期货内幕交易侵害的客体具体包括以下三个方面的内容:一是期货市场的公开、公平、公正的交易原则;二是投资者的合法权益;三是其他投资者平等的知情权。① 笔者认为,"平等的知情权"其实是"期货市场的公开、公平、公正的交易原则"的内容之一,没有必要再单列出来。另有学者认为,内幕交易罪侵害了证券市场的公正性、健全性和证券市场的秩序②,这种观点把"证券市场的公正性、健全性"与"证券市场的秩序"相并列实有不当,前者可以看作证券市场正常秩序的有机组成部分,而后者不但包含了前者,而且在外延上也超出了"证券交易正常秩序"的范畴,故不妥。此外还有学者认为,内幕交易侵害了投资者对证券市场的信赖③;或者认为,内幕交易侵害了对该上市公司股票交易的信用④。这两种看法用"信赖"和"信用"来概括内幕交易罪的犯罪客体,显得片面和表面化,没有揭示出该罪的本质特征。至于用"公私财产所有权"代替"投资者的合法权益"的看法,存在以偏概全的不足,没有准确、全面反映本罪的特征,也不妥。

(二) 内幕交易、泄露内幕信息罪的客观方面要件

内幕交易、泄露内幕信息罪的客观方面,表现为证券、期货交易内幕信息的知情人员或者非法获取证券、期货交易内幕信息的人员,在涉及证券的发行,证券、期货交易或者其他对证券、期货交易价格有重大影响的信息尚未公开前,买入或者卖出该证券,或者从事与该内幕信息有关的期货交易,或者泄露该信息,或者明示、暗示他人从事上述交易活动,情节严重的行为。

1. "内幕信息"的含义

所谓内幕信息,是指涉及证券的发行,证券、期货交易或者其他对证券、期货交易价格有重大影响的尚未公开的信息。

(1)证券交易中的"内幕信息"。

我国《证券法》第52条、第80条第2款和第81条第2款明确规定了证券法上的"内幕信息"。《证券法》第52条第1款规定:"证券交易活动中,涉及发行人的经营、财务或者对该发行人证券的市场价格有重大影响的尚未公开的信息,为内幕信息。"可见,证券交易的内幕信息有以下两个基本特征:

其一,内幕信息必须是"重大信息",即这种信息涉及或者影响证券的发行、交易或者证券价格等重大问题,《证券法》第52条第2款规定。"本法第八十条第二款、第八十一条第二款所列重大事件属于内幕信息。"《证券法》第80条第2款规定:"前款所称重大事件包括:(一)公司的经营方针和经营范围的重大变化;(二)公司的重大

---

① 参见陈文飞:《期货犯罪透视》,法律出版社1998年版,第163、164页。
② 参见黄华平、杜卫东:《试论内幕交易罪》,载《公安大学学报》2000年第1期。
③ 参见黄华平、杜卫东:《试论内幕交易罪》,载《公安大学学报》2000年第1期。
④ 参见〔日〕神山敏雄:《日本的经济犯罪》,日本评论社1996年版,第5页。

投资行为,公司在一年内购买、出售重大资产超过公司资产总额百分之三十,或者公司营业用主要资产的抵押、质押、出售或者报废一次超过该资产的百分之三十;(三)公司订立重要合同、提供重大担保或者从事关联交易,可能对公司的资产、负债、权益和经营成果产生重要影响;(四)公司发生重大债务和未能清偿到期重大债务的违约情况;(五)公司发生重大亏损或者重大损失;(六)公司生产经营的外部条件发生的重大变化;(七)公司的董事、三分之一以上监事或者经理发生变动,董事长或者经理无法履行职责;(八)持有公司百分之五以上股份的股东或者实际控制人持有股份或者控制公司的情况发生较大变化,公司的实际控制人及其控制的其他企业从事与公司相同或者相似业务的情况发生较大变化;(九)公司分配股利、增资的计划,公司股权结构的重要变化,公司减资、合并、分立、解散及申请破产的决定,或者依法进入破产程序、被责令关闭;(十)涉及公司的重大诉讼、仲裁,股东大会、董事会决议被依法撤销或者宣告无效;(十一)公司涉嫌犯罪被依法立案调查,公司的控股股东、实际控制人、董事、监事、高级管理人员涉嫌犯罪被依法采取强制措施;(十二)国务院证券监督管理机构规定的其他事项。"《证券法》第81条第2款规定:"前款所称重大事件包括:(一)公司股权结构或者生产经营状况发生重大变化;(二)公司债券信用评级发生变化;(三)公司重大资产抵押、质押、出售、转让、报废;(四)公司发生未能清偿到期债务的情况;(五)公司新增借款或者对外提供担保超过上年末净资产的百分之二十;(六)公司放弃债权或者财产超过上年末净资产的百分之十;(七)公司发生超过上年末净资产百分之十的重大损失;(八)公司分配股利,作出减资、合并、分立、解散及申请破产的决定,或者依法进入破产程序、被责令关闭;(九)涉及公司的重大诉讼、仲裁;(十)公司涉嫌犯罪被依法立案调查,公司的控股股东、实际控制人、董事、监事、高级管理人员涉嫌犯罪被依法采取强制措施;(十一)国务院证券监督管理机构规定的其他事项。"

其二,内幕信息必须是"尚未公开的",即这种重大信息尚没有被证券市场上所有投资者获悉并据以进行证券交易。

如何认定信息公开的标准?实践中,大致有两种认定标准:一是以市场消化了该消息为标准;二是以公司召开新闻发布会公开该项消息为标准。① 现在一般采用第一种标准,即以市场消化该信息为标准。② 至于应以多长时间为限,才可以认为是市场消化了公开的重大信息,内幕人员才可以合法地进行证券交易,不同的国家或地区有不同的做法。在我国,《证券法》及有关法律法规对市场消化信息的时间期限作出了规定。有学者认为,原则上,从信息公布时起,消化该信息,从而引起证券价格变动这一段时间内,都应视为尚未达到"公开化"的程度;在此期间,如果内幕人员利用该信息进行证券交易,可构成内幕交易。但应由法律或立法、司法解释规定具体的时限,以便司法操作的统一。③ 这种观点是有道理的。笔者认为,鉴于股市的敏感性,以及

---

① 参见顾肖荣主编:《证券犯罪与证券违规违法》,中国检察出版社1998年版,第80页。
② 参见马克昌:《论内幕交易、泄露内幕信息罪》,载《中国刑事法杂志》1998年第1期。
③ 参见王新:《金融刑法导论》,北京大学出版社1998年版,第203页。

现代通讯传媒手段的便捷和大众(尤其是投资者)对股市的极大关注,市场消化信息的能力强、速度快,因而是可以为市场消化信息确定一个适当的时间限制的,而且证券交易实践也积累了一些经验可资借鉴。例如,我国沪、深两地交易所在遇有上市公司有重大信息公布时,即采取该股票暂停交易 1 日,以促使市场消化该信息。① 那么,市场消化信息的时间应确定为多长为宜? 笔者认为,可以 5 日为限,即规定当消息公布后经过 5 日,就认为市场已消化该信息。如《证券法》第 42 条规定:"为证券发行出具审计报告或者法律意见书等文件的证券服务机构和人员,在该证券承销期内和期满后六个月内,不得买卖该证券。除前款规定外,为发行人及其控股股东、实际控股人,或者收购人、重大资产交易方出具审计报告或者法律意见书等文件的证券服务机构和人员,自接受委托之日起至上述文件公开后 5 日内,不得买卖该证券。实际开展上述有关工作之日早于接受委托之日的,自实际开展上述有关工作之日起至上述文件公开后五日内,不得买卖该证券。"

(2)期货交易中的内幕信息。

期货交易中的内幕信息是指内幕人员所知悉的、尚未公开的、可能影响期货市场价格的重大信息。

根据《期货交易管理条例》第 81 条规定,(期货交易)内幕信息是指可能对期货价格产生重大影响的尚未公开的信息,包括:国务院期货监督管理机构以及其他相关部门制定的对期货交易价格可能产生重大影响的政策,期货交易所作出的可能对期货交易价格发生重大影响的决定,期货交易所会员、客户的资金和交易动向以及国务院期货监督管理机构认定的对期货交易价格有显著影响的其他重要信息。

2."内幕交易"的含义

"内幕交易"既可以是买入或者卖出该证券,或者从事与该内幕信息有关的期货交易;也可以是明示、暗示他人从事上述交易活动。《证券法》第 50 条规定:"禁止证券交易内幕信息的知情人和非法获取内幕信息的人利用内幕信息从事证券交易活动。"该法第 53 条第 1 款规定:"证券交易内幕信息的知情人和非法获取内幕信息的人,在内幕信息公开前,不得买卖该公司的证券,或者泄露该信息,或者建议他人买卖该证券。"《期货交易管理条例》第 69 条规定,"期货交易内幕信息的知情人或者非法获取期货交易内幕信息的人,在对期货交易价格有重大影响的信息尚未公开前,利用内幕信息从事期货交易,或者向他人泄露内幕信息,使他人利用内幕信息进行期货交易的",均属于违法并应依法追究相关行为人的法律责任。

3."泄露内幕信息"的含义

所谓泄露内幕信息,是指知悉内幕信息的人员将内幕信息泄露给不应知悉内幕信息的人员。泄露内幕信息具有社会危害性,在单纯泄露内幕信息的场合,可能导致获悉者进行过度的证券、期货买卖投机,妨害正常的证券、期货交易秩序和侵害其他投资者合法利益;在以使他人共同进行内幕交易为目的的泄露内幕信息的场合,则泄

---

① 参见王新:《金融刑法导论》,北京大学出版社 1998 年版,第 203 页。

露行为无异于内幕交易准备行为,同时具有泄露内幕信息的性质和内幕交易的性质。

4."情节严重"的含义

作为构成本罪的定罪情节,2012年3月29日,最高人民法院、最高人民检察院《关于办理内幕交易、泄露内幕信息刑事案件具体应用法律若干问题的解释》第6条规定"情节严重"指以下五种情形:①证券交易成交额在50万元以上的;②期货交易占用保证金数额在30万元以上的;③获利或者避免损失数额在15万元以上的;④3次以上的;⑤具有其他严重情节的。

可见,本罪客观方面的特征表现为,行为人实施了进行内幕交易、泄露内幕信息情节严重的行为。必须准确认定"内幕信息""内幕交易""泄露内幕信息"和"情节严重"等的基本含义,在此基础上才能正确认定本罪客观方面的基本特征。但是,根据2012年3月29日最高人民法院、最高人民检察院《关于办理内幕交易、泄露内幕信息刑事案件具体应用法律若干问题的解释》第4条的规定,具有下列情形之一的,不属于从事与内幕信息有关的证券、期货交易:①持有或者通过协议、其他安排与他人共同持有上市公司5%以上股份的自然人、法人或者其他组织收购该上市公司股份的;②按照事先订立的书面合同、指令、计划从事相关证券、期货交易的;③依据已被他人披露的信息而交易的;④交易具有其他正当理由或者正当信息来源的。

(三) 内幕交易、泄露内幕信息罪的主体要件

内幕交易、泄露内幕信息罪的主体是特殊主体,即"证券、期货交易内幕信息的知情人员或者非法获取证券、期货交易内幕信息的人员";同时,本罪的主体还可以是单位。

《证券法》第51条对证券交易内幕信息的知情人员作出了如下规定:"证券交易内幕信息的知情人包括:(一)发行人及其董事、监事、高级管理人员;(二)持有公司百分之五以上股份的股东及其董事、监事、高级管理人员,公司的实际控制人及其董事、监事、高级管理人员;(三)发行人控股或者实际控制的公司及其董事、监事、高级管理人员;(四)由于所任公司职务或者因与公司业务往来可以获取公司有关内幕信息的人员;(五)上市公司收购人或者重大资产交易方及其控股股东、实际控制人、董事、监事和高级管理人员;(六)因职务、工作可以获取内幕信息的证券交易场所、证券公司、证券登记结算机构、证券服务机构的有关人员;(七)因职责、工作可以获取内幕信息的证券监督管理机构工作人员;(八)因法定职责对证券的发行、交易或者对上市公司及其收购、重大资产交易进行管理可以获取内幕信息的有关主管部门、监管机构的工作人员;(九)国务院证券监督管理机构规定的可以获取内幕信息的其他人员。"

《期货交易管理条例》第81条对期货交易内幕信息的知情人员作出了如下规定:"内幕信息的知情人员,是指由于其管理地位、监督地位或者职业地位,或者作为雇员、专业顾问履行职务,能够接触或者获得内幕信息的人员,包括:期货交易所的管理人员以及其他由于任职可获取内幕信息的从业人员,国务院期货监督管理机构和其他有关部门的工作人员以及国务院期货监督管理机构规定的其他人员。"

至于可以成为本罪主体的单位,同样必须是内幕信息的合法知情或者非法获取者,在实践中大多为从事证券发行、证券、期货交易及相关活动的单位,如证券交易所、证券经营公司、证券发行人、证券服务中介机构以及期货交易所、会员单位、期货经营机构、单位客户等。

(四) 内幕交易、泄露内幕信息罪的主观方面要件

内幕交易、泄露内幕信息罪的主观方面是故意。

关于本罪的主观方面,目前理论界的认识不一,分歧较大。主要有以下几种观点:第一种观点是本罪在主观方面必须是出于故意,而且一般具有为本人或他人谋取非法利益的目的[①];第二种观点是本罪在主观方面是直接故意,即明知是内幕信息而故意利用该信息进行证券交易,或者故意将该信息泄露给他人进行证券交易[②];第三种观点是本罪主观方面具体分两种情况,即内幕交易罪的主观方面只能是直接故意,并且是以为自己或者他人牟取非法利益为目的,而泄露内幕信息罪的主观方面可以是故意、也可以是过失[③];第四种观点是本罪在主观方面可以是故意,也可以是过失[④]。

笔者认为,本罪在主观上只能是故意,包括直接故意和间接故意。针对目前理论界的前述几种观点,笔者认为应注意弄清以下几点:

其一,立法上并没有特别规定构成本罪的目的要件,亦即构成本罪,并不需要行为人主观上具有为自己或者他人牟取非法利益的目的。但许多论著认为,本罪只能由直接故意构成,并且行为人在主观上具有为自己或者他人牟取非法利益的目的。如有学者认为,尽管《刑法》第180条并未规定牟取非法利益为本罪的要件,但《禁止证券欺诈行为暂行办法》(该办法已废止)第3条规定:"禁止任何单位或者个人以获取利益或者减少损失为目的,利用内幕信息进行证券行为、交易活动。"这里即明确指出,内幕交易是以获取利益或者减少损失为目的的,因此,新《刑法》第180条虽然没有规定牟取非法利益为目的。但也并没有否定上述所引用的内容,因而应当承认本罪具有为自己或者他人牟取非法利益的目的。[⑤] 笔者认为这种看法不妥。理由是:第一,虽然不能否认在现实社会生活中绝大多数情况下的内幕交易、泄露内幕信息行为,其目的都是为自己或者他人牟取非法利益,但也不可否认,在现实社会生活中也确实存在不以牟利为目的的内幕交易、泄露内幕信息行为,而且这种不以牟利为目的的内幕交易、泄露信息行为同样具有很大的社会危害性,同样需要予以犯罪化并予以刑事制裁。第二,当立法上没有明确要求本罪主观上必须具有牟利目的时,在研究本罪的构成要件时不能随意增加目的要件。只有当法律为限制某种犯罪的范围,特别是指明构成某种犯罪必须具有一定目的时,犯罪目的才成为该罪的构成要件[⑥],这也

---

① 参见赵秉志主编:《新刑法教程》,中国人民大学出版社1997年版,第487页。
② 参见周道鸾等主编:《刑法的修改与适用》,人民法院出版社1997年版,第297页。
③ 参见周道鸾等主编:《刑法的修改与适用》,人民法院出版社1997年版,第297页。
④ 参见严军兴、肖胜喜主编:《新刑法释义》,中共中央党校出版社1997年版,第212页。
⑤ 参见马克昌:《论内幕交易、泄露内幕信息罪》,载《中国刑事法杂志》1998年第1期。
⑥ 参见高铭暄主编:《刑法学原理》(第二卷),中国人民大学出版社1993年版,第121页。

是罪刑法定原则的基本要求。当某种犯罪在立法上被规定为以某种"目的"作为其犯罪构成的必要条件时,我们可以将该犯罪称为"目的型"犯罪。因此,一般情况下,如果立法没有明确要求某罪主观上必须具有某种目的,就说明其不是"目的型"犯罪[①],不能随意增加一个目的要件,否则就会导致无法正确区分罪与非罪、此罪与彼罪的后果。第三,对一些严重犯罪规定不以具有牟利目的为必要构成要件,更有利于有效打击犯罪,提高司法机关办案效率。由于犯罪目的属于主观范畴,而且比其他主观问题更加核心、更难于准确判断,因此在立法上特别突出犯罪目的的立法例并不多见,并且明确规定必须具有某种目的才构成犯罪的"目的型"犯罪数量很少。

其二,间接故意也可以构成本罪。内幕交易、泄露内幕信息罪在多数情况下是出于直接故意,但也不能排除在少数情况下可以出于间接故意。例如,当行为人向他人谈及其所知悉的证券交易行情时,明知自己的行为会发生泄露内幕信息并使他人利用该信息进行内幕交易,从而危害证券交易正常秩序和投资者的合法利益,却放任这种结果发生的情形,即属于在间接故意下构成的内幕交易、泄露内幕信息罪。

其三,过失不构成本罪。《刑法》第15条第2款规定:"过失犯罪,法律有规定的才负刑事责任。"而对于本罪,刑法并没有明确规定可以由过失构成。因而,对过失泄露内幕信息的行为不能定为本罪。一般只能作为普通违法违规行为,按《证券法》第183条的规定处理。

二、内幕交易、泄露内幕信息罪的司法认定

(一) 内幕交易、泄露内幕信息罪罪与非罪的界限

正确划分本罪罪与非罪的界限,主要是分清本罪与一般违法行为的界限。对此应从以下几个方面把握。

其一,分析行为人是否具备内幕交易、泄露内幕信息罪的主体资格。亦即分析行为人是否为"证券、期货交易内幕信息的知情人员或者非法获取证券、期货交易内幕信息的人员"或者单位。

其二,分析行为人主观上是否出于故意。如果行为人主观上不是出于故意,而是由于过失或者完全不知情,则对其非法买卖相关证券的行为和泄露内幕信息的行为不能定罪,而只能作为一般违法违规行为处理。

其三,分析行为人的违法违规行为是否"情节严重"。如果行为人所实施的内幕交易、泄露内幕信息的行为尚不具备"情节严重"的情形,则不能认定为本罪,而只能作为一般违法行为处理。

---

① 但对于抢劫罪、盗窃罪、抢夺罪、敲诈勒索罪等而言,依社会通识都具有"非法占有目的",所以它们属于"目的型"犯罪,在立法上不重申。

(二) 泄露内幕信息罪与故意泄露国家秘密罪的界限

泄露内幕信息罪与泄露国家秘密罪二者的联系是:泄露的内容都可以是国家秘密;犯罪主体都可以是国家机关工作人员或者知悉秘密的人员;在主观上都故意。因此,当行为人故意泄露的内幕信息同时又是国家秘密时,行为人的行为就同时触犯泄露内幕信息罪和故意泄露国家秘密罪,构成想象竞合犯,应择一重处罚。

泄露内幕信息罪与故意泄露国家秘密罪的区别是:第一,客观表现存在差异。泄露内幕信息罪在客观上表现为违反《证券法》及相关法律法规而泄露内幕信息的行为;故意泄露国家秘密罪在客观上表现为违反保守国家秘密法规的规定而泄露国家秘密的行为。第二,犯罪主体存在差异。泄露内幕信息罪的主体是内幕人员或者其他非法知情人员,还可以是单位;而故意泄露国家秘密罪的主体只能是自然人,包括国家机关工作人员和非国家机关工作人员。第三,主观方面的具体内容有差异。泄露内幕信息罪在主观上明知自己泄露的是内幕信息,并且绝大多数情况下具有谋取非法利益的目的;而故意泄露国家秘密罪在主观上明知自己泄露的是国家秘密,其动机目的更加多样化,如基于政治、经济、军事、报复等各种动机目的,而不一定如泄露内幕信息罪那样主要是基于牟利目的。

此外,关于内幕交易、泄露内幕信息罪的刑罚处罚问题,根据《刑法》第180条第1款的规定,犯本罪的,处5年以下有期徒刑或者拘役,并处或者单处违法所得1倍以上5倍以下罚金;情节特别严重的,处5年以上10年以下有期徒刑,并处违法所得1倍以上5倍以下罚金。单位犯本罪的,对单位判处罚金,并对其直接负责的主管人员和其他直接责任人员,处5年以下有期徒刑或者拘役。此处不再赘述。

第十八章 合同诈骗罪

【案例1】成都张某被控合同诈骗案①

2009年11月13日,成都某房地产公司法定代表人张某同成都市龙泉驿区政府就"洪安二期项目"(BT项目,拟投资3亿元)签订《龙泉驿区重大项目BT投资建设意向书》。2010年2月,张某公司通过竞标获得承包建设权并收到《中标通知书》,同建设方签订《BT投资建设合同》,明确载明"洪安二期安居工程BT项目招商(第三标段)""总建筑面积约5万平方米""依法通过招投标自主选择施工单位""在甲方(龙泉驿区人民政府)指导下依法办理立项、招标核准等手续"等内容。张某委托某融资担保公司向建设方出具金额为400万元的履约保证函。随后,告知张某因该BT项目的规划手续等尚未办理妥当,暂时不能开工。2010年3月,张某公司同广东某建设公司签订《建设工程施工合同》并收取对方履约保证金1 300万元,约定将洪安二期项目发包给广东某建设公司施工,施工量"暂按15万平方米计算",开工日期2010年7月26日。此后由于该建设项目始终没有正常启动,广东某建设公司多次要求张某公司退还履约保证金,张某公司因流动资金困难不能及时退还全部履约保证金而多次同对方签订《还款计划》,其中约定还款日期为2011年8月30日。2016年3月,建设方正式向张某公司发出书面函件解除《BT投资建设合同》。广东某建设公司于2011年8月24日向公安机关报案称被张某诈骗,张某被羁押。成都市中级人民法院于2014年11月21日作出(2012)成刑初字第482号刑事判决,认定张某犯合同诈骗罪;四川省高级人民法院于2015年9月8日作出(2015)川刑终字第6号刑事裁定,撤销原判,发回重审;成都市中级人民法院于2016年6月12日作出(2015)成刑初字第212号刑事判决,认定张某犯合同诈骗罪;四川省高级人民法院于2017年8月1日作出(2016)川刑终字第357号刑事判决,撤销原判,判决张某无罪。

根据《刑法》第224条的规定,合同诈骗罪是指以非法占有为目的,在签订、履行合同过程中,骗取对方当事人财物数额较大的行为。这一概念比较明确,但是,对于本罪行为定型及其违法性、主观上非法占有目的及其有责性等具体内容,理论界所作

---

① 案例来源:四川省高级人民法院(2016)川刑终字第357号刑事判决书。

的分析均过于粗略,司法实践中亦存在较大争议。本罪的主要争议点通常集中于以下两方面:一是行为人客观上是否蒙骗合同相对方而实施了《刑法》第224条所规定的合同诈骗行为;二是行为人主观上是否具有非法占有目的。如果行为人客观上没有蒙骗合同相对方,亦即合同相对方已经了解事实真相而没有受到蒙骗,则行为人通常不成立合同诈骗罪;如果行为人主观上没有非法占有目的,亦即行为人没有将从合同相对方取得的财物进行肆意挥霍或者用于违法犯罪活动,则行为人通常也不能成立合同诈骗罪。成都张某被控合同诈骗案最终由四川省高级人民法院宣判张某无罪,其根本原因就在于人民法院根据在案证据认定张某客观上没有实施隐瞒真相、弄虚作假的诈骗行为,合同相对方客观上了解事实真相而没有受蒙骗,并且张某主观上没有非法占有合同相对方财物的主观故意和非法目的,其行为依法不符合合同诈骗罪的法律规定。

一、合同诈骗罪的犯罪客体

理论上一般认为,合同诈骗罪的保护法益,包括市场交易秩序和公私财产所有权(复杂客体)。合同诈骗行为必然造成市场经济运行活动混乱,破坏正常的市场流转和交易秩序;同时,合同诈骗行为也必然损害正常的债权债务关系,直接侵害公私财产所有权。

关于合同诈骗罪的犯罪对象,一般都认为是"财物"。因此,生活资料与生产资料,动产、有形财产、合法取得的财产、非违禁品,以及多数无形财产如电、煤气、天然气等,当然可以成为合同诈骗罪的对象。问题是:不动产、无形财产中的知识产权、非法取得的财产、违禁品等,能否成为合同诈骗罪的对象呢?这在理论上存在分歧,需要提出来讨论。[①]

(一) 不动产:可以成为合同诈骗罪的对象

所谓不动产,是指不能移动的财产,如土地、房屋及附着于土地、房屋上的树木、设备等不可分离之物。这个问题自古以来就有争议,但现代刑法的发展趋势越来越多地将不动产作为财产犯罪的对象。在我国,有学者提出,盗窃、抢劫罪的犯罪对象一般说来不能包括房屋等不动产;而诈骗罪、侵占罪的犯罪对象则可以包括不动产。笔者认为,从理论上说,合同诈骗罪的对象应当包括不动产。因为,刑法并没有明确将不动产排除在合同诈骗罪的犯罪对象之外;而且,从本罪的立法意图上看,也应当认为其对象是包括不动产在内的。例如:行为人通过签订和履行合同骗取他人的房产,后又转手出售,再携款潜逃的行为,就应当认定该行为是合同诈骗。

[①] 参见陈兴良主编:《刑事法判解》(第3卷),法律出版社2001年版,第172—174页。

(二) 知识产权:除商业秘密外的其他知识产权可以成为合同诈骗罪的对象

所谓知识产权,既包括公开的知识产权,如专利权、商标权、著作权,也包括秘密的知识产权,如专有技术。有学者认为,由于现行《刑法》明确规定了"假冒专利罪、假冒商标罪、侵犯著作权罪、侵犯商业秘密罪",其中利用合同诈骗这些知识产权的行为,只是属于上述犯罪的一种表现形式而已,显然应当认定为上述犯罪,不应当作为合同诈骗罪论处。笔者认为,专利权、商标权、著作权可以成为合同诈骗罪的对象;但是,商业秘密不能成为合同诈骗罪的对象。因为,"以其他不正当手段获取权利人的商业秘密"属于侵犯商业秘密罪的一种形式,应当构成侵犯商业秘密罪。例如:行为人通过签订、履行合同,骗取权利人的注册商标使用权、专利使用权、著作权的行为,不构成侵犯知识产权犯罪,但构成合同诈骗罪。

(三) 非法取得的财产:可以成为合同诈骗罪的对象

所谓非法取得的财产,主要是指因为违法犯罪所取得的财产,如赃款、赃物、赌资等。对此,有肯定说与否定说两种观点。笔者认为,肯定说的看法是正确的,即公民个人所持有的财产无论是合法的还是非法的,都可以成为合同诈骗犯罪的对象。因为,根据国家法律规定,虽然对于持有人而言是非法财产,但是该非法持有的财产或者是属于另外的人的合法财产,或者是应当没收归国家所有的财产,无论如何该非法持有的财产仍然有其合法的所有人。因此,非法占有他人非法取得的财物,实质上仍然是对他人财产或者国家财产的侵犯。

(四) 违禁品:可以成为合同诈骗罪的对象

所谓违禁品,是指依照国家法律规定,禁止公民私自留存、使用的物品,如枪支、弹药、毒品等。对于违禁品,从理论上讲,违禁品尽管为法律所禁止,不允许非法持有与擅自流通,但是这种禁止并不意味着任何人都可以任意非法取得和占有;而且,违禁品仍然存在合法的所有人(如国家、医院等)。因此,利用合同诈骗违禁品,仍然侵犯了一定的所有权关系,可以构成合同诈骗罪。

二、合同诈骗罪的客观方面特征

理论上一般认为,合同诈骗罪客观方面的特征表现为,在签订、履行合同的过程中,行为人实施了骗取合同对方当事人财物,且数额较大的行为。

其中值得研究的问题有:其一,合同诈骗罪中的合同形式问题;其二,合同诈骗罪中合同内容的限定问题;其三,合同诈骗行为的具体表现形式问题;其四,骗取财物的数额问题。

(一) 合同诈骗罪中的合同形式问题

合同诈骗罪中的合同形式,是否必须是书面合同?也即,口头合同形式可否构成合同诈骗罪?还有没有其他合同形式也可以构成合同诈骗罪?

对于这个问题,此前理论界多数人认为,只有书面合同才能构成合同诈骗罪,并且司法实践中也是这么做的。但是,现在理论界多数人认为,此前仅限于书面合同形式的看法和做法不是很妥当。因为:其一,这种观点没有刑法依据。《刑法》第224条只是规定了在签订、履行"合同"过程中进行诈骗就可以构成合同诈骗罪,但是并没有明确规定只有利用书面合同进行诈骗才能构成合同诈骗罪。其二,这种观点与合同法的规定相矛盾。《合同法》第10条明确规定:"当事人订立合同,有书面形式、口头形式和其他形式。法律、行政法规规定采用书面形式的,应当采用书面形式。当事人约定采用书面形式的,应当采用书面形式。"其三,这种观点不适应市场经济社会的现实状况。在实践中,客观存在许多口头合同、实践合同等合同形式。例如:生活中就有一些传真、电子邮件、即时性交易,仍然属于合同行为。其四,这种观点可能加重涉嫌合同诈骗的行为人的刑事责任,造成刑法执法不公正。因为,合同诈骗罪的数额起点要比普通诈骗罪的数额起点高得多。在司法实践中,甚至还有一部分具有书面合同形式的合同诈骗也不按照合同诈骗罪来认定,而被认定为普通诈骗罪,就更加不公正。例如:采取以虚假或者冒用的身份证办理移动电话通信手续,恶意拖欠手机服务费的案件,实质上应当按照合同诈骗进行认定,如果数额达不到合同诈骗罪所要求的"数额较大"的要求,就不应当构成合同诈骗罪。但是,由于普通诈骗罪的数额起刑点比合同诈骗罪的数额起刑点要低得多,因而在有些本不构成合同诈骗罪的场合,如果按照普通诈骗罪来认定,数额就足够追究行为人的刑事责任。

因此,合同诈骗罪中的合同形式,既可以是书面形式,也可以是口头形式或者其他形式,应当对合同内容进行实质审查,只要能够反映市场经营活动的实质内容,任何合同形式均可。

(二) 合同诈骗罪中合同内容的限定问题

合同诈骗罪中的合同内容也是一个值得斟酌的问题。如果说合同诈骗罪中的合同包括现实生活中的一切内容,例如冒充国家机关工作人员进行招摇撞骗骗取"财产性利益",利用会道门、邪教组织或者利用封建迷信骗取"财产性利益",甚至包括日常生活中使用骗术骗取"财产性利益",则由于它们都属于广义上的利用"合同"(即有一个签订、履行合同的过程,有的甚至还有书面合同的外在形式)进行诈骗的行为,势必导致无法区分普通诈骗罪与合同诈骗罪。鉴于此,笔者认为应当对合同诈骗罪中的合同内容进行适当限制,比如说可以将其限定为"市场经济活动中的交易合同行为"(以下简称"市场交易合同"),这样才可能将合同诈骗罪与普通诈骗罪相区别。因此,前述冒充国家机关工作人员进行招摇撞骗骗取"财产性利益"等行为,即使行为人利用了广义上的"合同"形式,都属于普通诈骗行为,而不是合同诈骗行为;只有发生在市场交易中的合同诈骗行为,才属于合同诈骗罪,这也与合同诈骗罪所侵害的客体包括正常的市场交易秩序相照应。

归纳起来,合同诈骗罪中"合同内容"的限定问题上有以下几点值得注意:

第一,"婚姻、收养、监护等有关身份关系的协议",依法不应解释为合同诈骗罪的"合同"。① 因为,《合同法》第2条明确规定:"本法所称合同是平等主体的自然人、法人、其他组织之间设立、变更、终止民事权利义务关系的协议。婚姻、收养、监护等有关身份关系的协议,适用其他法律的规定。"可见,有关"婚姻、收养、监护等有关身份关系的协议"(合同),并不直接侵害市场经济秩序。

第二,在《合同法》明确规定的15种有名合同中②,不附条件的赠与合同、无偿的保管合同、无偿的仓储合同、无偿的委托合同、民间借款合同,由于其不属于市场经济活动中的合同,因而也不宜解释为合同诈骗罪的"合同"。③ 所以,如果行为人利用这些合同骗取他人财物的,应以普通的诈骗罪论处,不宜认定为合同诈骗罪。

第三,行政合同是否可以解释为合同诈骗罪中的"合同",不可一概而论,应该以其是否直接侵害市场经济秩序为标准进行具体分析。当行为人借助行政合同来实现其骗取国家财产的目的时,如果其行为同时侵害了市场经济秩序,那么,依法可以将其认定为合同诈骗罪;如果其行为没有侵害市场经济秩序,则应该以普通的诈骗罪定罪处罚。④ 可见,行政合同兼具行政与合同(特指民事合同)的特点,从而合同诈骗罪可以通过行政合同进行⑤,其判断标准应该是某种利用合同行骗的行为是否同时侵害了市场经济秩序。

【案例2】B公司利用行政合同骗取国家动迁款案⑥

> 1997年12月,B公司受西藏北路——和田路辟通工程指挥部委托,代理区政府实施该地段居民动拆迁工作。为牟取利益,B公司总经理贺某授意其下属人员将已作并户安置的4户动拆迁居民仍另外以1户向工程指挥部谎报,并于1998年3月以该动拆迁户居民名义骗取工程指挥部人民币32万余元。人民法院认为,B公司以非法占有为目的,在履行合同过程中,采用伪造或者虚报居民动拆迁户的手法,骗取国家动拆迁款,数额巨大,其行为已构成单位合同诈骗罪,依法应予以惩处;被告人贺某作为B公司直接负责的主管人员,授意其下属积极参与实施上述行为,构成合同诈骗罪,依法应予以惩处。

这个案例即属于行为人借助于行政合同来实现其骗取国家财产的目的,其行为

---

① 参见聂立泽:《扰乱市场秩序罪立案追诉标准与司法认定实务》,中国人民公安大学出版社2010年版,第64页。
② 我国《合同法》"分则"规定的15种有名合同是:买卖合同,供用电、水、气、热力合同,赠与合同,借款合同,租赁合同,融资租赁合同,承揽合同,建设工程合同,运输合同,技术合同,保管合同,仓储合同,委托合同,行纪合同,居间合同。
③ 参见沙君俊:《合同诈骗罪研究》,人民法院出版社2004年版,第64页。
④ 参见聂立泽:《扰乱市场秩序罪立案追诉标准与司法认定实务》,中国人民公安大学出版社2010年版,第64—65页。
⑤ 参见最高人民法院中国应用法学研究所编:《人民法院案例选》(2003年第1辑),人民法院出版社2003年版,第6页。
⑥ 参见聂立泽:《扰乱市场秩序罪立案追诉标准与司法认定实务》,中国人民公安大学出版社2010年版,第65页。

同时侵害了市场经济秩序,依法应认定为合同诈骗罪。

(三) 合同诈骗行为的具体表现形式问题

合同诈骗行为的具体表现形式,根据《刑法》第224条的规定,大致有以下五种情况:

1. 主体欺诈

所谓主体欺诈,是指以虚构的单位或者冒用他人名义签订合同进行诈骗的情形。主体欺诈具体又包括两种具体情形:一是主体虚构;二是主体冒用。对此,需要进行实质审查和解释适用。

一是主体虚构。所谓"主体虚构",是指"虚构的单位",即单位根本不存在,或者单位在签订合同之前存在,但在签订合同时已经不存在了。根据法律规定的基本精神,主体虚构不包括虚构自然人的情形(但自然人可以"冒用"他人名义)。

这里有一个问题值得思考:介于"虚构的单位"与"实际合法成立的单位"之间的单位性质如何认定,即正在筹建中的,或者已经实际成立但还没有获得法律上正式认可的"单位",这时的主体资格和性质如何认定?笔者认为,应当坚持以法律标准为主、兼顾客观实际的原则,综合考虑合同性质、履行能力、履行行为、处理货物货款的方式,以及该"单位"最终是否经过工商登记、是否属于"四无公司"(即无经营场地、无自有资金、无技术设备、无固定从业人员的公司)等多方面因素,进行认定处理。对于其中一部分确属正在筹建中的,或者已经实际成立但还没有获得法律上正式认可的"单位",当其具有签订、履行合同的诚实表现和努力,一般不宜认定为"主体虚构"。

相关的另一个问题是:如果上述介于"虚构的单位"与"实际合法成立的单位"之间的单位构成合同诈骗犯罪,是以单位犯罪论处还是以自然人犯罪论处?对此笔者认为,应当以案发时是否进行工商备案登记、是否属于"四无公司"等综合情况进行认定。如果确属单位行为,并且在案发时确已进行工商备案登记,公司确有自己固定的办公场所、固定的工作人员、实际合法的注册资本和正当的经济来源、相当的技术条件的,就应当认定为单位犯罪;相反,如果确属个人利用单位名义进行合同诈骗,或者有证据证明该单位本来就没有或不打算进行工商登记,属于"四无公司",或者有证据证明该单位自成立时起就是以实施犯罪为目的的,则对此就应当认定为自然人犯罪。

二是主体冒用。所谓"主体冒用",是指"冒用他人名义",即行为人隐瞒自己的真实身份、姓名、单位名称,而在签订、履行合同时使用他人(包括单位)的真实身份、姓名、单位名称。这里的"他人",包括自然人、单位或者其他组织。关于主体冒用,也有一个问题值得注意:随意臆造一个行为人根本不知道的、实际上根本不存在的自然人的姓名,或者使用一个根本不存在的公司名称来签订合同,算不算"冒用他人名义"?对此,笔者认为应当认定为"冒用他人名义"。如行为人利用他人的身份证、单位介绍信、营业执照、空白合同书等证明文件,与对方当事人签订合同的行为,就构成主体欺诈。

主体欺诈是否成立,如前所述应进行实质判断,避免断章取义或者恶意滥用。

【案例3】云南玉溪市徐某某涉嫌合同诈骗案①

徐某某,系南宁市某建筑劳务分包有限公司(以下简称"某建筑分包公司")副总经理。2004年12月,某建筑分包公司授权段某某以公司名义投标玉溪市泛华商业广场——沃尔玛商场项目,某建筑分包公司中标后,徐某某代表某建筑分包公司与中国某置业有限责任公司(以下简称"某置业公司")签订了一份建筑劳务分包合同。合同签订后,段某某带领500多人进沃尔玛商场工地施工。施工过程中,某置业公司因资金不到位,无法购买建材,工程被迫停工,参与施工的部分工人散去,工地上只有200多名工人留下。

2005年3月,某置业公司资金到位后,沃尔玛商城项目重新开工。此时,因某置业公司与沃尔玛约定的竣工期限临近,工地上留下的工人满足不了施工的需要。为赶工期,某置业公司玉溪泛华广场——沃尔玛商场项目项目部经理杜某某发函给某建筑分包公司,要求某建筑分包公司在劳务方面给予紧急支持。某建筑分包公司经研究决定,特别授权副总经理徐某某全权代表某建筑分包公司于2005年4月到玉溪市与某置业公司协商工程前期和后期工程事宜以及工程劳务费的问题。经双方公司友好协商,某置业公司同意补助给某建筑分包公司前期误工费、远征费、辅助材料费等50万元。协商好后,徐某某立即回南宁市带了300多名工人并调集120万元现金到玉溪市。为了赶工期和不影响前期工人思想情绪,徐某某用自己带来的120万元资金补发了工人2005年1—4月的工资和部分材料款。由于工期非常紧,徐某某又以每人100元/天的工资从南宁和昆明调来了200多名工人赶到玉溪市工地参加抢工,由此还导致某建筑分包公司亏损29万元。

徐某某带领工人赶工期间,经与某置业公司协商,对2004年12月某建筑分包公司与某置业公司所签订的劳务合同部分条款予以变更和完善,重新签订了一份补充劳务合同:双方约定合同工程款暂定为1000万元,并对工程竣工时间及双方的权利义务进行了重新约定。签订补充合同后,因徐某某全权代表某建筑分包公司负责工地上的一切事宜,赶工时间紧,脱不了身回南宁盖公司公章,经某置业公司杜某某提议并经双方协商一致同意后,由杜某某临时刻制了某建筑分包公司公章,盖在补充劳务合同上。同时,为了赶工,某置业公司承诺只要徐某某按合同约定时间完成任务,奖给其个人奖金20万元、集体奖金30万元。同时,徐某某还与某置业公司杜某某等人协商了工程总价款问题,包括前期工程的误工费、赶工费、远征费、设计图纸更改费、劳务费、辅材费、奖金等费用,经双方协商一致同意,双方口头约定某置业公司应付给某建筑分包公司工程款1350万元。随后,双方就后续工

---

① 案件来源:云南省玉溪市红塔区人民检察院玉红检刑不诉(2006)第14号不起诉决定书。

程继续协商。其中,后续工程已确认工程款46万元,待确认工程款60多万元。

2005年7月,沃尔玛项目主体工程完工。2005年8月,徐某某回到南宁,后续工程由段某某、罗某在工地负责管理。

但是,2005年8月以后,某建筑分包公司与某置业公司因对工程款数目存在分歧。某置业公司不愿按口头协议约定的1 350万元支付工程款,就向玉溪市红塔区公安分局报案,称徐某某在履行合同过程中诈骗财物。玉溪市红塔区公安分局根据某置业公司报案及工程结算材料,以某置业公司结算的工程款总额为960多万元为依据,认定徐某某涉嫌诈骗数额为430多万元,并于2005年11月10日对徐某某立案侦查并予以刑事拘留。2005年12月14日徐某某被逮捕。

2006年2月11日,徐某某因涉嫌合同诈骗罪被移送至云南省玉溪市红塔区人民检察院审查起诉,其间分别与同年3月14日、5月25日退回公安机关补充侦查,最后于同年6月25日第四次移送至云南省玉溪市红塔区人民检察院审查起诉。

根据上述情况,笔者认为,案例3明显属于经济纠纷,不涉嫌合同诈骗。该案中,徐某某虽然有同意杜某某刻公章的违规行为,且双方在结算工程款总价数额问题上存在很大分歧,但徐某某客观上没有实施在履行经济合同过程中骗取某置业公司财物的行为,主观上更没有非法占有对方财物的目的,依法不应认定为合同诈骗罪中的"主体欺诈"。具体理由如下:①从某建筑分包公司与某置业公司签订合同的全过程看,在签订、履行合同过程中,徐某某没有利用"主体欺诈"实施骗取合同对方当事人财物的行为。该案中,由某建筑分包公司授权的段某某经过正当、合法的程序投标,中标得到玉溪市泛华商业广场——沃尔玛商城项目,并由徐某某代表某建筑分包公司与某置业公司签订了正式的劳务分包合同,在合同上加盖了某建筑分包公司的公章。2005年5月,徐某某代表某建筑分包公司与某置业公司签订了补充合同,虽然在补充合同上所盖的公司公章是临时刻的,但作为合同一方主体的某建筑分包公司是真实存在的,而且也确实是合同一方的当事人,因而徐某某没有虚构单位或冒用他人名义签订合同。更为重要的是,徐某某及由其带领的某建筑分包公司施工队伍全面履行了劳务分包合同中约定的合同义务,合同已经履行完毕。在合同已经履行完毕的情况下,合同双方已经进入了工程款结算阶段,这时候根本不可能存在合同诈骗。因为根据《刑法》第224条的规定,合同诈骗罪只能发生"在签订、履行合同过程中",而不可能发生于合同履行完毕之后,这是一个基本常识。②从某建筑分包公司与某置业公司签订合同的全过程看,徐某某没有利用"主体欺诈"以非法占有对方财物的目的。该案中,徐某某虽然在补充合同上盖的是临时刻的公司公章,但从其履行合同的全部情况来看,他本人及他所代表的某建筑分包公司都是以真诚履行全部合同以赚取利润为目的,而不是以非法占有对方财物为目的,这是一个最基本的事实。尤其是在履行合同期间,徐某某为了赶工期,在2005年5月份不惜以每天每人100元的高价从昆明、南宁调工人进工地施工,并使得某建筑分包公司为此承担了 29 万元的亏损;徐某某还主动借债 120 万元先垫付工人工资及建材款,带领 800 多工人日夜奋战在工地。徐某某的行为,表明了其主观上确实努力全面履行合同义务。事实上,正是由于徐某某的努力,沃尔玛项目主体工程才得以提前完成,从而徐某某及某建筑分包公司全面履行了自己所承担的劳务合同义务,也充分表明了徐某某主观上没有非法占有他人财物的目的。因此,不能认为徐某某同意在补充劳务合同上盖了临时刻的公司公章,就认定其主观上存在非法占有对方财物的目的。徐某某在签订补充劳务合同之后,既没有携款潜逃,也没有拒绝履行合同义务,而是严格按照合同约定履行了所有义务。因此,第二份合同的公章虽然不是某建筑分包公司的真实公章,而是临时刻的,但徐某某在代表某建筑分包公司履行合同过程中,其主观上没有诈骗的故意;徐某某客观上认真履行了合同约定义务的行为,也充分说明了其主观上没有非法占有对方当事人财物的主观故意与目的。

综上所述,笔者认为,徐某某主观上没有诈骗的故意与非法占有对方当事人财物的主观目的,客观上也没有实施合同诈骗的行为,从而徐某某行为的性质实质上只是合同纠纷,即某建筑分包公司与某置业公司之间的工程款结算纠纷,徐某某的行为不是合同诈骗行为。因此,云南省玉溪市红塔区人民检察院认定徐某某不构成合同诈骗罪,于 2006 年 8 月 4 日依法对徐某某作出不起诉决定并予以无罪释放。[①]

2. 担保欺诈

所谓担保欺诈,是指以伪造、变造、作废的票据或者其他虚假的产权证明作担保,诱骗对方当事人签订、履行合同的行为。因此,担保欺诈主要有两种情形:一是票据虚假;二是产权证明虚假。

一是关于"票据虚假"问题。所谓票据虚假,是指所用于作担保的票据是伪造、变造、或者作废的。

所谓票据,是指出票人依法签发的,约定由自己或者指定他人无条件支付一定金额给收款人或者持票人的一种有价证券。根据《票据法》的规定,票据有汇票、本票、支票三种。汇票,是指出票人签发的,委托付款人在见票时或者在指定日期,无条件支付确定的金额给收款人或者持票人的票据。本票,是指出票人签发的,承诺自己在见票时,无条件支付确定的金额给收款人或者持票人的票据。支票,是指出票人签发的,委托办理支票存款业务的银行或者其他金融机构,在见票时无条件支付确定的金额给收款人或者持票人的票据。

所谓伪造的票据,是指行为人仿造真实的票据而非法制造的票据,或者假冒他人名义(即伪造票据上的签名)而提供的票据。

所谓变造的票据,是指行为人在真实的票据上,通过剪接、挖补、覆盖、粘贴、涂改等方法,对票据的主要内容(主要是数额)进行非法改变、加工而成的票据。

所谓作废的票据,是指票据因付款、超过有效期、法院判决裁定无效等原因,而失

[①] 案件来源:云南省玉溪市红塔区人民检察院玉红检刑不诉(2006)第 14 号不起诉决定书。

去效力的票据。票据失效作废,主要有三种情况:一是票据过期,即票据超过了兑付期限。二是票据被宣布作废,如:国家规定更换票据版本而宣布旧版票据作废;人民法院根据当事人申请而宣布所丧失的票据作废等情况。三是无效票据。《票据法》第8条规定:"票据金额以中文大写和数码同时记载,二者必须一致,二者不一致的,票据无效。"第9条第2款规定:"票据金额、日期、收款人名称不得更改,更改的票据无效。"第22条规定:"汇票必须记载下列事项:(一)表明"汇票"的字样;(二)无条件支付的委托;(三)确定的金额;(四)付款人名称;(五)收款人名称;(六)出票日期;(七)出票人签章。汇票上未记载前款规定事项之一的,汇票无效。"第75条规定:"本票必须记载下列事项:(一)表明'本票'的字样;(二)无条件支付的承诺;(三)确定的金额;(四)收款人名称;(五)出票日期;(六)出票人签章。本票未记载前款规定事项之一的,本票无效。"第84条规定:"支票必须记载下列事项:(一)表明'支票'的字样;(二)无条件支付的委托;(三)确定的金额;(四)付款人名称;(五)出票日期;(六)出票人签章。支票上未记载前款规定事项之一的,支票无效。"

因此,使用上述"虚假票据"作担保进行合同诈骗的,可构成本罪。但是,如果行为人使用上述"虚假票据",直接骗取他人(自然人和单位)钱财的(而不是将"虚假票据"用作为合同担保),则可能构成票据诈骗罪或者普通诈骗罪。如果行为人使用上述"虚假票据"到金融机构进行贷款,则可以同时构成合同诈骗罪、贷款诈骗罪和票据诈骗罪。这种情况看起来比较复杂:首先,合同诈骗罪与贷款诈骗罪之间在基本性质上属于法条竞合,应当适用"特别法排斥适用普通法原则",由于贷款诈骗罪相对于合同诈骗罪来说是特别法,因此应当按照贷款诈骗罪论处;其次,由于贷款诈骗罪与票据诈骗罪在这里属于牵连犯(方法与目的牵连),应当适用"从一重处罚原则",因此,应当选择适用重法,即以票据诈骗罪论处。

当然,如果是单位进行贷款诈骗,依据现行法律的规定,单位不能成为贷款诈骗罪的主体,但可以构成合同诈骗罪,因此应当以合同诈骗罪论处。这也符合有关司法解释的规定。但是,现行法律为什么没有规定单位可以成为贷款诈骗罪的主体,理由并不清楚,应当说这是现行法律规定上的一个不足。法律应当规定单位可以构成贷款诈骗罪。

二是关于"产权证明虚假"问题。所谓产权证明虚假,是指采用伪造或者通过其他手段获取的,证明对某项财产享有处置权的虚假证明文件,如房屋产权证、土地使用权证、股权证、其他资信证明文件等。如果行为人以这些虚假的产权证明来作合同担保,可构成本罪。需要说明的是,如果行为人以此虚假的产权证明作担保来诈骗贷款,则可以同时构成贷款诈骗罪,二者之间具有"法条竞合"性质,应当适用"特别法排斥普通法原则",即应当以贷款诈骗罪论处;但是,如果是单位实施这一行为,由于单位不能成为贷款诈骗罪的主体,只能以合同诈骗罪论处。

担保欺诈也必须进行实质判断,不得恶意滥用担保欺诈条款随意出入人罪。如以下张敏某涉嫌合同诈骗案。

【案例4】张敏某涉嫌合同诈骗案[①]

张敏某系成都市某投资集团有限公司(以下简称"成都公司")董事长、法定代表人。2006年1月9日,深圳某集团有限公司(以下简称"深圳公司")以4 500万元从成都公司龚某某、廖某等六名自然人股东处收购了成都公司62.69%的股份。深圳公司成为成都公司控股股东后,从成都公司转款5 300万元给成都某科技有限公司(以下简称"科技公司")。并于同年4月29日以6 300万元将所购成都公司股份转让给广州某集团有限公司(以下简称"广州公司"),广州公司以广州某实业有限公司(以下简称"实业公司")名义与深圳公司订立了转让股份协议,并就付款方式达成了由广州公司向成都公司付款1 000万元,另5 300万元以广州公司代替科技公司承担对成都公司的债务来体现的四方债权债务协议。同日,广州公司还承诺给予成都公司3 000万元用于支付其逾期债务、解除成都某实业发展有限公司(以下简称"发展公司")1.18亿元担保、借款解决成都某股份有限公司自然人股份问题等。在签署协议前,广州公司请广州某房地产开发有限公司开立了以成都公司为收款人的3 000万元银行承兑汇票,但该票未用退回。在签署协议后,广州公司向深圳公司支付转让款500万元人民币,并用其土地使用证抵押以解除发展公司的担保。

2006年4月29日,广州公司以实业公司持有成都公司62.69%的股份、张敏某为成都公司法定代表人和董事长为内容进行了工商变更。同年5月9日,成都公司按广州公司指示,接受实业公司委托某电能计量设备公司3 000万元的转款,并在同日开出以四川某教育投资有限公司为收款人的银行承兑汇票,该汇票经背书最终由襄城县农村信用联社贴现。

2006年10月23日,实业公司将成都公司的股份转让给成都公司原自然人股东之一廖某。

2006年8月22日,成都市公安局以涉嫌合同诈骗罪将张敏某刑事拘留,同年9月28日,经成都市人民检察院批准逮捕。2006年12月21日,本案经成都市公安局侦查终结,移送至成都市人民检察院审查起诉,期间延长审查起诉期限一次。2007年2月2日,成都市人民检察院经过审查后正式作出了不起诉决定,被告人张敏某获释。

案例4涉嫌合同诈骗罪的重要原因之一,就是其中"3 000万元银行承兑汇票"出现了以下问题:①在签署协议前,广州公司请广州某房地产开发有限公司开立了以成都公司为收款人的3 000万元银行承兑汇票,但该票未用退回。②2006年5月9日,成都公司按广州公司指示,接受实业公司委托某电能计量设备公司3 000万元的转款,并在同日开出以四川某教育投资有限公司为收款人的银行承兑汇票,该汇票经背书最终由襄城县农村信用联社贴现。但实际上,该"3 000万元银行承兑汇票"根本就

[①] 案件来源:成都市人民检察院成检(二)刑不诉(2007)2号不起诉决定书。

不存在担保欺诈问题,以此做文章,显属不当。

3. 履行欺诈

所谓履行欺诈,是指没有实际履行能力,以先履行小额合同或者部分履行合同的方法,诱骗对方当事人继续签订和履行合同的情形。这就是所谓的"钓鱼术"。对此,许多学者认为可分为两种情形:

一是行为人在没有实际履行能力的情况下,为骗取他人数额更大的财物,因担心对方因数额大而不敢与其签订合同,于是就先与对方当事人签订数额较小的合同并主动积极地履行,以此骗取对方的信任;然后再与其签订行为人根本无实际履行能力的数额更大的合同,借以骗取对方当事人的财物。

二是行为人本无实际履行能力而与他人签订合同,在签订合同后,为防止对方产生怀疑而主动履行部分合同义务,从而使对方确信行为人有履行全部合同义务的能力和诚信,以达到骗取财物的目的。

这里涉及"实际履行能力"的问题。在理论上,履行能力可以分为完全履行能力、无履行能力、部分履行能力三种。对于第一、第二种情况,比较好处理;而问题就出在第三种情况,即行为人具有部分履行能力的情况应当如何判断和处理。理论界一般认为:只要行为人具有履行能力的现实可能性,就应当视为"有实际履行能力";否则,太苛刻的话,就有违市场经济规律。因为,让每一个市场主体在签订合同时都有数十万元、数百万元、数千万元、甚至上亿元财产作保证,是不妥当的,也不可行。

如何判断行为人是否具有"实际履行能力"呢? 笔者认为,一般应当考虑以下因素:①行为人的资信程度;②资金来源;③相关的、可信的,并且在相当期限内是可以实现的"连环合同";④客观行为与主观努力表现。

有一种特殊情况,即行为人在签订合同时有实际履行能力,但行为人明知在将来特定期限内无履行能力的,是否应当视为没有实际履行能力? 对此,笔者认为,在一定条件下可以将行为人视为没有实际履行能力,即在此情形下行为人也可能构成合同诈骗罪。例如,德国的判例就认为以下情形可以构成诈骗罪:企业主某甲请某乙为其公司安装暖气设备,耗资数百万欧元。某甲在签订合同时有实际履行能力,但是某甲明知自己的企业在2个月后因赔偿另一企业的产品责任事故损失而可能破产并导致没有实际付款能力。在此情形下,某甲故意同某乙签订合同,并约定于2个月以后付款。对此,某甲的行为是否构成合同诈骗? 德国的判例认为,某甲可以构成合同诈骗罪。判决理由是:某甲没有履行"告知义务",并具有骗财的故意。

总体上说,在判断行为人的"实际履行能力"的时候,如果综合行为人的各方面情况,可以判断行为人不具有"履行能力的现实可能性",行为人也不具有创造履行能力的主观努力,就应当认定行为人"没有实际履行能力";相反,如果综合行为人的各方面情况看,他具有"履行能力的现实可能性",就不宜认定为"没有实际履行能力"。

【案例5】张某被控合同诈骗案①

张某是一家经营房地产公司的法定代表人,拥有较强的资金实力。在承建某贸易市场开发项目的过程中,又同另一建材商李某签订了价值1 000万元的购销合同,约定在收货后15日内付清货款(到时张某的开发项目完工结算)。结果,张某承建的开发项目因为发生工程事故导致无法按期完工,无法进行资金回笼。在李某交货后15日内仅向李某支付了现金200万元,无法及时支付余额800万元。直到6个月以后张某濒临破产的边缘,张某仍然无法全部付清余款。于是,李某向公安机关报案,告发张某合同诈骗。

在案例5中,张某是否构成合同诈骗罪?笔者认为,张某不构成合同诈骗罪,因为,从张某所具有的"履行能力的现实可能性"、张某的"主观故意"内容、张某的"行为趋向"等方面进行分析,应当认为张某具有"履行能力的现实可能性",并且张某并不具有非法占有的目的和故意,其无法履行合同的结果是由于一系列意外因素所致。

4. 给付欺诈

所谓给付欺诈,是指行为人收受对方当事人所给付的货物、货款、预付款或者担保财产后逃匿的情形。例如:行为人与对方当事人签订合同后,收受对方当事人给付的货物、货款、预付款或者担保财产后,不履行或者不完全履行自己的合同义务,携款潜逃致使对方当事人无法追回款物,从而达到非法骗取合同对方当事人财物的目的。这种合同诈骗行为具有相当的隐蔽性:表面上看,在行为人携款潜逃前,合同的签订、履行都似乎处于正常适法的状态,合同主体真实,合同内容真实有效;直到行为人最终携款潜逃后,其诈骗意图才暴露无遗,但被骗财物已经无法追回。

在认定是否构成给付欺诈时,应当注意两点:

一是行为人必须逃匿。如果没有逃匿行为,则不能视为诈骗。当然,对逃匿行为应当作实质性的、广义的理解。如行为人虽然仍然在社会上公开露面和活动,但是不与合同对方当事人见面和接触,对方当事人也无法找到他,从而不让对方当事人有机会、有条件收回其款物,对此应当认定为"逃匿"。

二是行为人必须是携款物逃匿。如果行为人逃匿,但并没有携带款物逃走,从而对方当事人仍然可以合法地追回其款物,则也不应当认定为本罪。

另外,履行欺诈和给付欺诈须谨慎斟酌。表面上看,这两种情况的主体真实、担保真实,只是在履行过程中或者在收到给付物之后才出现问题。因此,这两种情况的具体适用条件必须周全考量。综前所述,履行欺诈的要点是对"实际履行能力"的判断;给付欺诈的要点是"收受财物后逃匿"。

5. 其他形式的合同欺诈

其他形式的合同欺诈可能包括以下情形:标的欺诈、违约金(赔偿金)欺诈等。

(1)标的欺诈问题。生活中,有的行为人伪造虚假的标的,或者采取"掉包"方

---

① 参见魏东:《刑法各论若干前沿问题要论》,人民法院出版社2005年版,第244页。

法,对标的物的真实性、合法性等弄虚作假,以骗取对方当事人钱财的,应当构成本罪。例如,某公司与外省某公司进行电缆、导线交易,以普通白酒"掉包"(冒充电缆和导线),骗取数百万元的行为,就属于以标的欺诈的形式进行合同诈骗的情况。

(2)违约金(赔偿金)欺诈问题。有的行为人故意在签订、履行合同过程中隐瞒事实真相,欺骗对方当事人,并以其违约为借口,骗取对方当事人财物的,也可以构成本罪。例如:行为人在接受对方当事人货物后,故意采取欺诈手段,将合格产品作为不合格产品,并伪造有关单据、证明文件,涂改有关合格证明文件,谎称对方违约,从而骗取对方当事人违约金、赔偿金的行为,由于该行为发生在合同履行过程中,因此,仍然可以构成本罪。

此外,关于合同诈骗的客观方面的行为,还有以下几个问题值得注意:

第一个问题是,合同诈骗行为可否以不作为的方式实施?对此,有的学者认为可以,而有的学者认为不可以。笔者认为,鉴于合同诈骗行为的特殊性,合同诈骗行为不可能是纯正的不作为犯;但是,合同诈骗罪可以成立不纯正的不作为犯。所谓不作为犯,是指负有特定作为义务,能够履行该义务而不履行所构成的犯罪。所谓纯正的不作为犯,是指行为人单纯地违反法定作为义务,即可构成的犯罪,如遗弃罪。所谓不纯正的不作为犯,是指通常是以作为方式实施的犯罪,如杀人罪,而行为人以不作为方式来实施的犯罪。就合同诈骗罪而言,不履行给付义务的行为、不履行告知义务的行为,本身就是不作为,因此,合同诈骗罪可以构成不纯正的不作为犯。

以不作为方式构成合同诈骗罪,必须具备以下几个条件:其一,行为人必须具有告知义务和履约义务。一般认为,根据合同法规定、契约约定或交易习惯,行为人都具有告知义务。其二,行为人必须是在有能力、有条件履行这种告知义务和履约义务的情况下而没有履行,以致对方当事人产生错误认识。如果行为人仅有告知义务和履约义务,但是因为客观条件的限制而无法履行这种作为义务,则不应当负刑事责任。其三,行为人必须是利用了对方当事人的认识错误而骗取了对方当事人财物。

第二个问题是,如果他人错误在先,行为人利用他人错误认识而取得财物的,可否构成本罪?对此,学者的意见有分歧。有的学者认为,不应当按照本罪认定,而应当作为民事纠纷处理,如认定合同无效、返还财物等措施。另有的学者认为,对此应当具体分析,其中有些情形可以认定构成本罪。如对于行为人继续虚构事实或者隐瞒真相而导致他人错误认识延续或程度加深的,可以构成本罪。笔者认为,他人的错误认识并不能排除行为人诈骗目的与诈骗行为的违法性,因此,应当可以构成本罪。例如:他人误认为行为人具有履行能力(但行为人实际上并没有履行能力),或者他人误认为行为人的身份真实、担保物的合法有效等,而被"欺骗"签订合同的情况,可以认定为合同诈骗罪。

第三个问题是,"先真后骗"、金蝉脱壳式的合同行为,可否构成本罪?例如:行为人开始具有履约诚意、履约能力,而且身份真实、担保真实、前期履约真实,但是后来由于情势变化,又产生了非法占有他人财物的故意,而拒不履约的,如何定性?笔者认为,应当主要考虑行为人的主观故意内容和所实施的客观行为的情况而定。如果行为人其后采取了欺诈行为,由于仍然属于"在履行合同过程中"的行为,因而可以认定为本罪;如果行为人其后并没有实施欺诈行为,而只是单纯地拒不履行相关义务,那么一般应当按照合同纠纷处理,不能轻易定罪;即使拒不交付财物,一般仍然应当按照合同纠纷处理,个别情况需要追究刑事责任的,也只能按照侵占罪处理,不能认定为本罪。

第四个问题是,"拆东墙补西墙"式的合同行为、"玩空手套"的合同行为,可否构成本罪?对此,笔者认为,主要看行为人的主观故意的具体内容和客观行为内容而定。从主观故意内容来看,行为人必须具有"非法占有的目的";从客观行为内容来看,行为人的行为必须具有《刑法》第224条所规定的几种行为之一,如主体欺诈、担保欺诈、履行欺诈、给付欺诈等行为,这时,才可以认定为合同诈骗罪。如果不符合上述两个方面的特征,就不能认定为本罪。

(四) 骗取财物的数额问题

关于合同诈骗罪中的骗取财物数额问题,主要涉及以下两个问题:

一是数额种类问题。合同诈骗罪所涉及的数额种类有多种:合同标的数额、行为人获利数额、被害人实际损失数额、被骗财物数额。其中,只有"被骗财物数额"才能作为本罪的定罪数额。但在量刑时,还要考虑其他数额。

二是数额档次问题。根据法律规定和司法解释,本罪的数额档次分为三档:数额较大、数额巨大、数额特别巨大。

最高人民检察院、公安部《关于公安机关管辖的刑事案件立案追诉标准的规定(二)》第77条规定:"以非法占有为目的,在签订、履行合同过程中,骗取对方当事人财物,数额在二万元以上的,应予立案追诉。"

再如,四川省高级人民法院《〈关于常见犯罪量刑指导意见〉实施细则(二)》规定:合同诈骗罪"数额较大"的标准是自然人诈骗2万元以上不满20万元、单位诈骗10万元以上不满100万元。

三、合同诈骗罪的行为主体

合同诈骗罪的主体是一般主体,包括自然人和单位。其中,在认定单位犯本罪时,一般来说必须同时具备下列三方面要素:一是必须是经单位集体研究决定或者由负责人员决定实施的;二是必须是以单位名义实施的;三是必须是为单位谋取利益,并且非法所得基本归单位所有的。

关于本罪的犯罪主体要件,还要注意以下具体情形的分析处理:

一是自然人"中饱私囊"行为的定性问题。如果主管人员和责任人员以单位名义实施合同诈骗行为,但行骗目的是为了个人或者少数几个人的利益,骗取的财物全部或者大部分归个人所有的,如何定性?对此,笔者认为应当认定为自然人犯罪。反之,如果全部或者大部分归单位所有的,应当认定为单位犯罪。

二是私营企业的合同诈骗行为的定性问题。如果该企业为法人单位,应视为单位犯罪;否则,应视为自然人犯罪。

三是"皮包公司"的行为的定性问题。"皮包公司"又称"四无公司",即无经营场地、无自有资金、无技术设备、无固定从业人员的公司。由于它不是法人单位,因此,应当视为自然人犯罪。

四是个人承包或者租赁经营国有或者集体所有的企业,并以单位名义实施的合同诈骗行为的定性问题。对此,有学者提出了这样的处理意见:如果是个人定额上缴承包,承包人进行合同诈骗的,一般应认为是自然人犯罪;如果是责任制承包,承包人只根据企业效益提成和按比例提取奖金,这种情况下承包人进行合同诈骗的,一般应按照单位犯罪定性处理;如果是租赁承包,企业在租赁期间实际上已经改变了原有的性质,因此承包人进行合同诈骗的,应视为自然人犯罪。但是,上述这些看法有违法律规定,并不妥当。笔者认为,个人承包或者租赁经营国有或者集体所有的企业,并以单位名义实施的合同诈骗行为,只要该企业是具有法人资格的单位,符合单位犯罪的特点的,就应当认定为单位犯罪;不具有法人资格的,才可以视为自然人犯罪。

四、合同诈骗罪的主观故意与非法占有目的

合同诈骗罪的主观故意应当是直接故意,并且具有非法占有他人财物的目的;间接故意和过失都不能构成本罪。因此,合同诈骗罪属于"目的犯"。可以说,"具有非法占有的目的",是包括合同诈骗罪、金融诈骗罪在内的一切诈骗犯罪的本质特征。

就合同诈骗罪而言,可以通过行为人的一系列客观行为来认定(或推定)行为人主观上是否具有非法占有的目的。如,根据1996年最高人民法院《关于审理诈骗案件具体应用法律的若干问题的解释》(已失效)的规定精神,在行为人客观上实施了刑法所规定的欺诈行为的前提下,可以推定下列情形的行为人"具有非法占有的目的":①采取欺诈手段签订合同后,携带对方当事人交付的货物、货款、预付款、定金、保证金等逃匿的。②故意挥霍对方当事人交付的款物,致使无法归还对方当事人的款物的。③使用对方当事人交付的款物进行违法犯罪活动的。④隐匿对方当事人的款物,拒不返还的;等等。

针对合同诈骗罪的主观故意问题,还需要注意以下问题。

1. 应当注意行为人产生或者具有非法占有财物目的的"时间"问题

笔者认为,行为人产生非法占有目的的时间不同,对于认定是否构成合同诈骗罪具有重要意义。如果行为人在签订合同之前或者在签订合同的过程中,就具有非法占有财物的目的,可以构成合同诈骗罪;如果行为人只是在签订合同之后才产生非法占有财物的目的,并且在签订合同的时候没有欺诈成分,那么,对此,不宜认定为合同

诈骗罪,而应当作为合同纠纷处理;个别情况下拒不返还财物数额较大、符合侵占罪特征的,只能认定为侵占罪。但是,在现行刑法规定的界限内,单位不能构成侵占罪;对单位侵占的,只能按照合同纠纷处理。

2. 如果行为人在主观上确实不具有非法占有目的,应当如何定性处理?

行为人在主观上并不具有非法占有的目的,只是在客观上具有欺诈行为,主要是想通过合同行为谋取"合同利益"或者"借鸡生蛋",则不能构成本罪,一般应作为合同纠纷处理。合同纠纷,是指签订合同的当事人之间,在履行合同、实现各自的合同利益的过程中,对于实现合同所约定的权利义务所发生的争议和纠纷。例如:行为人在签订合同时具有欺诈成分,如在经济生活中大量存在的夸大自己的履行能力,使用不真实的担保证明等;但是证据能证明行为人并不具有非法占有财物的目的,而是想通过履行合同,谋取合同利益,之后也有真诚履行合同的努力和表示,只是由于客观条件的限制而无法履行合同、无法返还财物的,不应当作为合同诈骗罪论处。可见,合同诈骗与合同纠纷最根本的区别在于行为人的主观故意内容不同,是否具有非法占有财物的目的。合同诈骗必须"具有非法占有财物的目的",即具有直接骗取对方当事人的财物(包括标的物、担保物、定金等)的目的。而合同纠纷(还包括民事欺诈)的行为人则不具有直接骗取对方当事人的财物的目的。例如:民事纠纷与欺诈的行为人的主观目的,虽然可能也是为了谋取不法利益或者不正当利益,但是,行为人是想通过合同的履行来获取利益;而且,行为人为获取对方当事人的利益,行为人往往要想办法履行自己的义务并支付一定的对价,只不过行为人的履行存在一定的瑕疵而已。对此,要综合考虑行为人的主观故意和客观行为,进行综合判断。尤其应当重点考查以下因素:一是行为人在签订合同时,有无履约能力;二是行为人在签订和履行合同过程中,有无严重的欺诈与诈骗行为;三是行为人在签订合同之后,有无履行合同的实际行为和努力;四是合同标的物、担保物、定金等款物的去向;五是行为人是否携带款物逃匿;六是行为人违约或者未履行合同义务的原因;七是行为人违约以后,是否努力避免损失、是否愿意承担责任;等等。通过对这些因素的综合分析,才能比较准确地判断行为人主观上是否"具有非法占有财物的目的"。

五、合同诈骗罪的刑罚适用

根据《刑法》第224条的规定,合同诈骗罪的刑事责任分三种情况:①骗取对方当事人财物数额较大的,处3年以下有期徒刑或者拘役,并处或者单处罚金;②数额巨大或者有其他严重情节的,处3年以上10年以下有期徒刑,并处罚金;③数额特别巨大或者有其他特别严重情节的,处10年以上有期徒刑或者无期徒刑,并处罚金或者没收财产。

其中,在认定情节加重犯的"其他严重情节"与"其他特别严重情节"时应当考虑是否具有以下情形:①是合同诈骗集团的首要分子或者其他主犯;②诈骗他人急需的生产经营资料,严重影响生产或者造成其他严重损失的;③诈骗救灾、抢险、防汛、优抚、救济、医疗款物,并造成严重后果的;④挥霍诈骗财物,导致无法返还的;⑤使用诈骗的财物实施违法犯罪活动的;⑥曾因合同诈骗受过刑事处罚的;⑦导致被害人死亡、精神失常或者其他严重后果的;⑧严重损害国家机关形象的;⑨除上述情形以外的其他严重情况。

第十九章 非法经营罪

【案例1】内蒙古王力军收购玉米案①

2014年11月至2015年1月期间,王力军未办理粮食收购许可证,未经工商行政管理机关核准登记并颁发营业执照,擅自在临河区白脑包镇附近村组无证收购玉米,将所收购的玉米卖给巴彦淖尔市粮油公司杭锦后旗蛮会分库,经营数额218 288.6元,非法获利6 000元。案发后,王力军主动到公安机关投案自首,并退缴获利6 000元。巴彦淖尔市临河区人民检察院以非法经营罪对王力军提起公诉,临河区人民法院于2016年4月15日作出刑事判决,以非法经营罪判处王力军有期徒刑1年,缓刑2年,并处罚金人民币2万元,其退缴的非法获利人民币6 000元由侦查机关上缴国库。一审宣判后,王力军未上诉,检察机关未抗诉,判决发生法律效力。2016年12月16日,最高人民法院依照《刑事诉讼法》第243条第2款规定的"最高人民法院对各级人民法院已经发生法律效力的判决和裁定,上级人民法院对下级人民法院已经发生法律效力的判决和裁定,如果发现确有错误,有权提审或者指令下级人民法院再审",作出再审决定,指令内蒙古自治区巴彦淖尔市中级人民法院对本案进行再审。巴彦淖尔市中级人民法院依法组成合议庭,于2017年2月13日公开开庭审理了本案。2017年2月17日,内蒙古自治区巴彦淖尔市中级人民法院公开宣判,依法撤销原审判决,改判王力军无罪。

卢建平教授针对案例1指出:在王力军行为当时,国务院制定的《粮食流通管理条例》依然有效,个人如果无粮食收购资格而从事粮食经营行为当然违法。而2016年2月6日《国务院关于修改部分行政法规的决定》开始施行,特别是2016年9月14日国家粮食局发布的经过修订的《粮食收购资格审核管理办法》第3条明确规定,农民、粮食经纪人、农贸市场粮食交易者等从事粮食收购活动,无须办理粮食收购资格。这就等于将实行了十多年的针对个人的粮食收购许可制度废止了。其理据显然是为了贯彻十八届三中全会全面深化改革的要求,切实使市场在资源配置中起决定性作用和更好地发挥政府作用,深入推进"放管服"改革,切实保护粮食生产者、消费者和

---

① 参见《内蒙古农民王力军非法经营案再审改判无罪》,载内蒙古自治区高级人民法院网(http://nmgfy.chinacourt.org/article/detail/2017/02/id/2545988.shtml),访问日期:2017年2月17日。

经营者的合法权益。依据"新法",王力军的行为自然不违法。问题是,在上述行政法规和规章修改之前,王力军已然被定罪处刑,判决已经生效了。因此,根据行为时的法律,应该判定王力军行为违法。当然,判定其违法并不等于判定其构成犯罪,定罪量刑仍然需要全面分析评判犯罪的诸特征和构成要件。① 就该案的法理而论,王力军收购玉米的行为属于"违反国家规定"的非法经营行为,但是不属于"扰乱市场秩序,情节严重的"情形,依法不构成非法经营罪。

笔者认为,就王力军案而言,刑法解释论关心的问题是:王力军收购玉米的行为无罪(不构成非法经营罪)的刑法解释原理是什么?承办检察官认为,"王力军的行为虽具有行政违法性,但不具备与《刑法》第225条规定的非法经营行为相当的社会危害性和刑事处罚的必要性,不构成非法经营罪";其辩护人认为"王力军无证照收购玉米的行为不具有社会危害性、刑事违法性和应受惩罚性,不符合刑法规定的非法经营罪的构成要件";承办法官认为"没有办理粮食收购许可证及工商营业执照买卖玉米的事实清楚,其行为违反了当时的国家粮食流通管理的有关规定,但尚未达到严重扰乱市场秩序的危害程度,不具备与《刑法》第225条规定的非法经营罪相当的社会危害性和刑事处罚的必要性,不构成非法经营罪"。按照检察院和法院的意见,王力军收购玉米的行为属于"违反国家规定"的非法经营行为,但是不属于"扰乱市场秩序,情节严重的"情形,依法不构成非法经营罪。这种刑法解释原理可以归属于刑法的实质解释和客观解释:以在实质上是否具有值得科处刑罚的必要性(大陆法系刑法原理)、是否具有社会危害性(中国刑法学原理)来解释是否定罪的理由,均属于实质解释;以当下中国社会经济发展现状来解释是否具有值得科处刑罚的必要性与社会危害性,属于客观解释。不过,就案例1原一审判决的法律适用错误而言,到底是因为适用《刑法》第225条第(一)项不当还是第(四)项不当,似乎还存在争议。

刑法的实质解释论认为,对于形式上符合犯罪构成的部分非法行为,可以根据《刑法》第13条"但书"的规范实质(即实质上不具有值得科处刑罚的必要性)进行出罪解释。例如,对于形式上符合故意杀人罪的安乐死行为,可以根据"但书"进行出罪解释(如陕西省汉中市夏某某安乐死案)。再如,醉酒型危险驾驶罪的刑法解释,理论上争议最大的问题是是否可以《刑法》第13条"但书"对形式上的醉酒型危险驾驶行为作出罪解释,有的学者认为可以,而有的学者认为绝对不可以。从刑法的实质解释观察,醉酒型危险驾驶行为当然可以根据其"但是情节显著轻微危害不大的,不认为是犯罪"的规范实质进行出罪解释,并且这一结论的实践合理性获得了广泛认同。当然,如果某种非法行为不但在形式上符合犯罪构成,而且在实质上具有值得科处刑罚的必要性,则应当认定其不符合"但书"的规范实质,从而不得以《刑法》第13条"但书"作为其出罪解释的根据。

非法经营罪,是指实施了违反国家规定的非法经营行为,扰乱市场秩序,情节严重的行为。本罪的保护法益是市场秩序,具体讲就是国家对市场交易的管理秩序;本

---

① 参见卢建平:《王力军改判无罪的深层次逻辑》,载《人民法院报》2017年2月18日,第3版。

罪的客观方面要件是实施了违反国家规定的非法经营行为,情节严重的行为;本罪的行为主体是一般主体,包括具有刑事责任能力的自然人和单位。对于非法经营罪的违法性审查,需要具体结合行为时和解释时我国有关经济政策和刑事政策的具体规定和实质精神进行判断,如果行为本身就符合相关经济政策和法律规定,则依法应认定没有"违反国家规定",不构成本罪;对于某些行为尽管可以认定为"违反国家规定",但还需要进一步对其是否具有"扰乱市场秩序,情节严重的"违法性实质进行判断,若有才可以定本罪,若没有则不能定本罪。本罪的主观方面要件是故意,且限于直接故意。

我国《刑法》第225条规定:"违反国家规定,有下列非法经营行为之一,扰乱市场秩序,情节严重的,处五年以下有期徒刑或者拘役,并处或者单处违法所得一倍以上五倍以下罚金;情节特别严重的,处五年以上有期徒刑,并处违法所得一倍以上五倍以下罚金或者没收财产:(一)未经许可经营法律、行政法规规定的专营、专卖物品或者其他限制买卖的物品的;(二)买卖进出口许可证、进出口原产地证明以及其他法律、行政法规规定的经营许可证或者批准文件的;(三)未经国家有关主管部门批准非法经营证券、期货、保险业务的,或者非法从事资金支付结算业务的;(四)其他严重扰乱市场秩序的非法经营行为。"非法经营罪的解释适用至少有以下诸问题值得研究。

一、非法经营罪的客观方面要件

非法经营罪的法定违法行为,可以概括为:实施了违反国家规定的非法经营行为,扰乱市场秩序,且情节严重。这个解读,明显包括了我国传统犯罪构成理论中的犯罪客体和客观方面这样两个构成要件。其中,"扰乱市场秩序"是对法定违法行为的实质判断,其价值就是促使对法定违法行为的规范判断更加准确无误,由于在传统犯罪构成论体系中已将其放在犯罪客体要件里进行了阐述,因此,这里主要阐释"违反国家规定""非法经营行为""情节严重"三个问题。

1."违反国家规定"的阐释

《刑法》第96条规定:"本法所称违反国家规定,是指违反全国人民代表大会及其常务委员会制定的法律和决定,国务院制定的行政法规、规定的行政措施、发布的决定和命令。"这是认定非法经营罪"违反国家规定"的刑法依据。

我国《刑法》中直接规定"违反国家规定"的犯罪只有几个法定犯,如第222条规定的虚假广告罪,第225条规定的非法经营罪,第355条规定的非法提供麻醉药品、精神药品罪,第396条规定的私分国有资产罪等。对这些法定犯的认定,都必须以《刑法》第96条规定的"违反国家规定"为前提,并且必须进行严格解释,不得随意扩大"违反国家规定"中"国家规定"的范围。

"违反国家规定"的这种阐释具有重要意义。据此,我们在司法实践中,就必须注意要排除那些"非违反国家规定"的非法经营行为构成犯罪的可能性。所谓"非违反国家规定"的非法经营行为,是指非违反全国人大及其常委会制定的法律和决定、国务院制定的行政法规、规定的行政措施、发布的决定和命令等,而只是违反了其他规定的非法经营行为。如,违反国务院各部委、地方各级国家机关或者其他组织制定的有关规定,而实施的经营行为,就不属于非法经营罪所要求的非法经营行为。

但是,也值得注意:《刑法》第96条规定"违反国家规定",是一个严格的法律用语,是一个不可更改的固定词语搭配,不得分解开来随意解释,不得将其中的"国家规定"作为一个独立语词随意扩张套用,即不能将刑法条文中出现的任何"国家规定""国家规定的""国家规定管制的"或者"依照国家规定"等用语中的"国家规定"完全等同于"违反国家规定"中的"国家规定",进行套用解释并限缩解释。这是十分重要的一个解释论发现。

以我国《刑法》第355条的规定为例(非法提供麻醉药品、精神药品罪):"依法从事生产、运输、管理、使用国家管制的麻醉药品、精神药品的人员,违反国家规定,向吸食、注射毒品的人提供国家规定管制的能够使人形成瘾癖的麻醉药品、精神药品的,处三年以下有期徒刑或者拘役,并处罚金;情节严重的,处三年以上七年以下有期徒刑,并处罚金……"该法条就出现了两处"国家规定",但是应注意其细微差别。前者是"违反国家规定"这一固定用语,属于《刑法》第96条规定的含义;后者不属于"违反国家规定"固定用语(即没有"违反"二字),而是单独使用了"国家规定"(管制),那么,后者的"国家规定"的含义解释就不得引用《刑法》第96条的规定。细言之,单独使用的"国家规定",并非仅限于《刑法》第96条所规定的全国人民代表大会及其常务委员会制定的法律和决定,国务院制定的行政法规、规定的行政措施、发布的决定和命令,还可以是其他国家机关组织所作出的规定。

就非法经营罪而言,非法经营行为"违反国家规定"之中的"国家规定",大致可以划分为以下几类:①

(1)关于进出口许可证制度方面的法律、行政法规。如:《外商投资企业法》《对外贸易法》《专利法》《商标法》《企业法人登记管理条例》《企业法人登记管理条例施行细则》《个体工商户条例》《货物进出口管理条例》《进出口货物原产地条例》《对于违反进出口许可证管理制度的处罚规定》等。

(2)关于医药卫生和文化出版的许可证制度方面的法律、行政法规。如:《药品管理法》《食品安全法》《文物保护法》《期刊出版管理规定》《印刷业管理条例》《报纸出版管理规定》《关于实行电视剧制作许可证制度的暂行规定》《关于对文艺演出经纪机构实行演出经营许可证的规定》等。

(3)关于公共安全和秩序的许可证制度方面的法律、行政法规。如:《枪支管理法》《道路交通安全法》《民用爆炸物品安全管理条例》《危险化学品安全管理条例》等。

(4)关于土地使用和城乡建设许可证制度方面的法律、行政法规。如:《土地管理

---

① 前面五类列举的内容,主要参见黄京平主编:《扰乱市场秩序罪》,中国人民公安大学出版社1999年版,第165—166页。

法》《城乡规划法》《城市房地产管理法》等。

(5)关于环境资源保护许可证制度方面的法律、行政法规。如:《森林法》《矿产资源法》《渔业法》《野生动物保护法》《海洋环境保护法》等。

(6)关于金融、证券、期货、保险经营许可证制度方面的法律、行政法规。如:《证券法》《证券投资基金法》《商业特许经营管理条例》《金融违法行为处罚办法》《股票发行与交易管理暂行条例》《期货交易管理条例》等。

(7)其他许可证制度方面的法律、行政法规。如:《烟草专卖法》《烟草专卖法实施条例》《种子法》《金银管理条例》《食盐专营办法》《电信条例》《互联网上网服务营业场所管理条例》《禁止传销条例》《工业产品生产许可证管理条例》等。

2."非法经营行为"的阐释

值得注意的是,作为非法经营罪客观方面内容之一的"非法经营行为",必须要时刻同"违反国家规定"紧密结合起来进行判断。根据我国《刑法》第225条的明确规定,非法经营罪的非法经营行为可以分为四类:前三类是明示"非法经营行为",第四类是"其他严重扰乱市场秩序的非法经营行为"。

(1)未经许可经营法律、行政法规规定的专营、专卖物品或者其他限制买卖的物品的。

所谓专营、专卖物品,是指法律、行政法规明确规定由获得许可的专门机构经营的物品,如烟草、食盐等。所谓限制买卖的物品,是指法律、行政法规明确规定国家在一定时期实行限制性经营的物品,如化肥、农药、农膜等。

目前,我国法律、行政法规规定的专营、专卖物品或者其他限制买卖的物品主要有以下几种:①烟草;②食盐;③化肥、农药、农膜;④种子;⑤药品、药材;⑥金银及其制品;⑦专用钢材。

(2)买卖进出口许可证、进出口原产地证明以及其他法律、行政法规规定的经营许可证或者批准文件的。

根据这一规定,进出口许可证、进出口原产地证明、经营许可证或者批准文件,均不得买卖,否则均有可能构成非法经营罪。其中,进出口原产地证明,是指用来证明进出口货物、技术的原产地的有效证明。

(3)未经国家有关主管部门批准非法经营证券、期货、保险业务的,或者非法从事资金支付结算业务的。

【案例2】王丹等七人非法经营证券业务案[①]

法院审理查明,王丹、沈玮婷是夫妻关系,原均系某传媒公司员工。2005年11月,王丹、沈玮婷出资300万元以他人名义在深圳注册成立深圳金海岸公司。2009年5月王丹、沈玮婷决定将该公司注册资本增至1 000万元,经商定通过找社会上的中介人垫付700万元资金取得验资报告并在工

---

① 参见《非法经营股票咨询获利三千余万 主犯王丹获刑12年罚金130万》,载央视网(http://jingji.cntv.cn/20110930/111828.shtml),访问日期:2020年8月20日。

商局办理变更登记后再由中介人取走其所垫付的款项,从而虚报注册资本700万元。2008年4月至2009年7月,王丹、沈玮婷等人利用"深圳金牛王公司""湖南智盈公司""湖南金诚公司"非法经营股票咨询业务,采取制作股评节目到多家省级电视台播放、建立"金牛财经网"等手段,对外宣传公司拥有专业的证券分析专家团队,可以为股民提供股票咨询,并通过所谓的"400专家免费咨询热线"获取股民资料信息,夸大公司、股评师实力,然后指派公司业务员用"话术"和股民联系,给股民灌输只要交钱与他们公司合作炒股就能赚钱,引诱股民成为公司客户,并收取股民数千元甚至数万元的高额咨询费用,还以升级方式诱使股民反复缴费。案发时非法经营额达3 300万元,受骗股民3 400余人,涉及28个省市区。

法院认为,被告人王丹、沈玮婷在增加深圳金海岸公司的注册资本时,采取欺诈手段虚报注册资本700万元,数额巨大且情节严重,其行为已构成虚报注册资本罪。王丹等七人违反《证券法》等有关法律规定,未经国家有关主管部门批准,非法经营证券业务,严重扰乱了市场秩序,情节特别严重,其行为均已构成非法经营罪。王丹系主犯。法院判决:王丹犯虚报注册资本罪,判处有期徒刑1年,并处罚金10万元;犯非法经营罪,判处有期徒刑12年,并处罚金120万元。数罪并罚,决定执行有期徒刑12年6个月,并处罚金130万元。沈玮婷犯虚报注册资本罪、非法经营罪,数罪并罚,决定执行有期徒刑6年6个月,并处罚金70万元。其他五名被告人犯非法经营罪分别被判处2年2个月至5年不等的有期徒刑,并处10万元至40万元不等的罚金。

【案例3】郭某某组织炒金771亿元案①

香港人郭某某在京设立公司,组织卢某、吴某某、雷某某等7人,以付出低廉手续费即可进行黄金期货产品交易为诱饵行骗。在两年的时间里,上千名炒金者掉进陷阱,他们在郭某某公司提供的虚拟交易软件里进行交易,资金没有进入真正的市场,而是被后台控制最终不知去向,造成的直接损失达到7 000万余元。据了解,被骗的炒金者累计投资达到771亿元,此案成为国内最大的非法黄金期货交易案。

北京市第二中级人民法院一审以非法经营罪判处卢某、吴某某二人有期徒刑9年,各处罚金200万元;判处香港人雷某某等五人有期徒刑1年半至4年不等,并处罚金10万元至40万元不等(郭某某在逃)。

(4)"其他严重扰乱市场秩序的非法经营行为"的阐释。

根据目前我国司法审判实践的归纳,大致有以下情形可以阐释为非法经营行为

---

① 参见《中国史上最大非法黄金期货案宣判 千人被骗771亿》,载 http://www.360doc.com/content/10/1221/23/2042607_80244264.shtml,访问日期:2020年8月20日。

并构成非法经营罪。①

一是在国家规定的交易场所以外非法买卖外汇的非法经营行为。2019年1月31日最高人民法院、最高人民检察院《关于办理非法从事资金支付结算业务、非法买卖外汇刑事案件适用法律若干问题的解释》第2条规定:"违反国家规定,实施倒买倒卖外汇或者变相买卖外汇等非法买卖外汇行为,扰乱金融市场秩序,情节严重的,依照刑法第二百二十五条第四项的规定,以非法经营罪定罪处罚。"1998年最高人民法院《关于审理骗购外汇、非法买卖外汇刑事案件具体应用法律若干问题的解释》第3条规定:"在外汇指定银行和中国外汇交易中心及其分中心以外买卖外汇,扰乱金融市场秩序,具有下列情形之一的,按照刑法第二百二十五条第(三)项[应为现行《刑法》第225条第(四)项——笔者注]的规定定罪处罚:(一)非法买卖外汇二十万美元以上的;(二)违法所得五万元人民币以上的。"第4条规定:"公司、企业或者其他单位,违反有关外贸代理业务的规定,采用非法手段,或者明知是伪造、变造的凭证、商业单据,为他人向外汇指定银行骗购外汇,数额在五百万美元以上或者违法所得五十万人民币以上的,按照刑法第二百二十五条第(三)项[应为现行《刑法》第225条第(四)项——笔者注]的规定定罪处罚。居间介绍骗购外汇一百万美元以上或者违法所得十万元人民币以上的,按照刑法第二百二十五条第(三)项[应为现行《刑法》第225条第(四)项——笔者注]的规定定罪处罚。"

二是非法从事出版物的非法经营行为。1998年最高人民法院《关于审理非法出版物刑事案件具体应用法律若干具体问题的解释》第11条规定:"违反国家规定,出版、印刷、复制、发行本解释第一条至第十条规定以外的其他严重危害社会秩序和扰乱市场秩序的非法出版物,情节严重的,依照刑法第二百二十五条第(三)项[应为现行《刑法》第225条第(四)项——笔者注]的规定,以非法经营罪定罪处罚。"第15条规定:"非法从事出版物的出版、印刷、复制、发行业务,严重扰乱市场秩序,情节特别严重,构成犯罪的,可以依照刑法第二百二十五条第(三)项[应为现行《刑法》第225条第(四)项——笔者注]的规定,以非法经营罪定罪处罚。"

三是非法从事电信业务的非法经营行为。2000年最高人民法院《关于审理扰乱电信市场管理秩序案件具体应用法律若干问题的解释》第1条规定:"违反国家规定,采取租用国际专线、私设转接设备或者其他方法,擅自经营国际电信业务或者涉港澳台电信业务进行营利活动,扰乱电信市场管理秩序,情节严重的,依照刑法第二百二十五条第(四)项的规定,以非法经营罪定罪处罚。"(第2条和第3条还对有关情节问题作了明确规定。)第5条规定:"违反国家规定,擅自设置、使用无线电台(站),或者擅自占用频率,非法经营国际电信业务或涉港澳台电信业务进行营利活动,同时构成非法经营罪和刑法第二百八十八条规定的扰乱无线电通讯管理秩序罪的,依照处罚较重的规定定罪处罚。"

---

① 部分归纳内容参考了聂立泽:《扰乱市场秩序罪立案追诉标准与司法认定实务》,中国人民公安大学出版社2010年版,第114—117页。

【案例4】周某某非法经营案①

2005年12月，被告人周某某通过互联网认识了日本人草野，草野授意周某某在中国境内申请安装几门固定电话，秘密加装上语音网关后通过网络连接至草野架设在日本的服务器。由草野负责组织国际话源，通过互联网向中国境内的语音网关上发送话务，继而由网关通过所接的固定电话进行拨号通话。双方口头约定从中套取的资费由草野按每分钟0.2~0.5元人民币提成给被告人周某某。同年同月22日，周某某使用假身份证在某区租了房子一间，并使用假身份证在某市电信分公司申请安装了8门电信固定电话，开通了宽带。2006年1月2日、15日，周某某在该房间将语音网关连接到电话线上，由草野在日本负责组织国际话源，并套取了某市电信分公司的国际话务资费。截至2006年2月14日周某某被抓获时，周某某的行为共造成电信公司损失国际长途电话费799 881元人民币。

某区人民法院认为，周某某的行为构成非法经营罪，判处其有期徒刑1年6个月，并处罚金人民币15万元。

四是生产、销售"瘦肉精"的非法经营行为。2002年最高人民法院和最高人民检察院《关于办理非法生产、销售、使用禁止在饲料和动物饮用水中使用的药品等刑事案件具体应用法律若干问题的解释》第1条规定："未取得药品生产、经营许可证件和批准文号，非法生产、销售盐酸克伦特罗等禁止在饲料和动物饮用水中使用的药品，扰乱药品市场秩序，情节严重的，依照刑法第二百二十五条第(一)项的规定，以非法经营罪追究刑事责任。"第2条规定："在生产、销售的饲料中添加盐酸克伦特罗等禁止在饲料和动物饮用水中使用的药品，或者销售明知是添加有该类药品的饲料，情节严重的，依照刑法第二百二十五条第(四)项的规定，以非法经营罪追究刑事责任。"

【案例5】河南韩文斌等7人非法经营"瘦肉精"案②

被告人韩文斌、张建国、冯满成、张俊森、史国营、张玉军、程保成分别从2009年至2011年2月非法经营瘦肉精稀释粉。他们购买瘦肉精原粉，经过淀粉稀释后，以每包110元至140元的价格卖给生猪养殖户，导致含有瘦肉精的生猪流向市场。人民法院经审理后认为：被告人韩文斌等人明知盐酸克伦特罗(瘦肉精)是国家禁止用于喂养生猪的药品，明知食用喂养瘦肉精的猪肉对人体有害，但为牟取利益，在未取得药品经营许可证件和批准文号的情况下，仍非法经营销售瘦肉精及含有瘦肉精成分的稀释粉，将其出售给生猪养殖户并传授饲喂方法，违反了我国对有关国计民生、人民生命健康安

---

① 参见聂立泽：《扰乱市场秩序罪立案追诉标准与司法认定实务》，中国人民公安大学出版社2010年版，第115—116页。

② 参见《河南第二批瘦肉精案一审7名被告人获刑》，载新华网(http://news.xinhuanet.com/legal/2011-08/10/c_121839347.htm)，访问日期：2011年8月10日。

全及公共利益的药品实行限制经营的规定,并造成重大影响,引起严重不良后果,其行为构成非法经营罪。判决:被告人韩文斌犯非法经营罪,判处有期徒刑10年,并处罚金2.8万元;判处被告人张建国犯非法经营罪,判处有期徒刑9年,并处罚金1.2万元;被告人冯满成犯非法经营罪,判处有期徒刑8年,并处罚金3 000元;被告人张俊森犯非法经营罪,判处有期徒刑6年,并处罚金7 000元;被告人史国营犯非法经营罪,判处有期徒刑6年,并处罚金1 000元;被告人张玉军犯非法经营罪,判处有期徒刑5年,并处罚金3 000元;被告人程保成犯非法经营罪,判处有期徒刑1年,缓刑2年,并处罚金1 000元。

五是特定时期哄抬物价、牟取暴利的非法经营行为。2003年最高人民法院和最高人民检察院《关于办理妨害预防、控制突发传染病疫情等灾害的刑事案件具体应用法律若干问题的解释》第6条规定:"违反国家在预防、控制突发传染病疫情等灾害期间有关市场经营、价格管理等规定,哄抬物价、牟取暴利,严重扰乱市场秩序,违法所得数额较大或者有其他严重情节的,依照刑法第二百二十五条第(四)项的规定,以非法经营罪定罪,依法从重处罚。"①

【案例6】成都市刘某某大地震后冒充红十字会销售帐篷案②

2008年"5·12"汶川大地震发生后,不少成都市民选择购买帐篷、睡袋、充气床垫等物品外出避震。蜀山行户外用品店老板刘某某从中看到了"商机"。5月14日,刘某某来到成都市锦江区红十字会,谎称要给灾区捐赠救灾物资,骗取了红十字会出具的两份运送救灾物资证明。第二天,刘某某又谎称其中一份证明过期,委托朋友黄某到红十字会重新开具证明。就这样,她又骗到一张证明。"通关文牒"到手,刘某某将证明先后传真给浙江宁波市某户外用品有限公司、江苏丹阳市某旅游用品有限公司。根据证明,两家公司安排发货方在相关铁路运输部门办理了运送救灾物资的手续后,给刘某某发送了价值994 101元的帐篷、睡袋等物品。同年5月16日,刘某某将其中一份证明篡改后,传真给广州市金淘贸易有限公司。该公司也深信不疑,给刘某某发送了价值255 624元的空气床、充气泵等物品。很快,这些货物通过赈灾绿色运输通道运抵成都。刘某某安排前夫黄某签收贴有"赈灾帐篷""救灾物资"标记的部分货物,然后将货物送到成都市某户外用品经营店。货物到店后,刘某某安排店员将帐篷、睡袋等货物包装箱上粘贴的"赈灾帐篷""救灾物资"标记撕掉,然后大肆销售获利。东窗事发后,刘某

---

① 这个司法解释出台的背景是,针对2003年春季国家在防治非典型肺炎期间,一些不法商人垄断资源、囤积居奇、散布谣言、哄抬物价,扰乱社会秩序和市场秩序的行为,国务院颁布了《突发公共卫生事件应急条例》,明确规定对于上述情节严重的行为应当依法追究刑事责任。参见聂立泽:《扰乱市场秩序罪立案追诉标准与司法认定实务》,中国人民公安大学出版社2010年版,第116页。
② 参见《震区女老板冒充红十字会售帐篷获刑5年罚百万》,载新华网(http://news.xinhuanet.com/legal/2008-10/26/content_10252898.htm),访问日期:2008年10月26日。

某落网。据检方指控,其经营额达80万余元。

2008年10月20日,成都市锦江区法院以非法经营罪判处刘某某有期徒刑5年,并处罚金100万元。

六是擅自发行、销售彩票的非法经营行为。2005年最高人民法院和最高人民检察院《关于办理赌博刑事案件具体应用法律若干问题的解释》第6条规定:"未经国家批准擅自发行、销售彩票,构成犯罪的,依照刑法第二百二十五条第(四)项的规定,以非法经营罪定罪处罚。"

七是利用网游代练升级牟利的非法经营行为。

【案例7】南京夫妇网游代练升级牟利案①

被告人董杰、陈珠在玩网络游戏过程中了解到,利用非法"外挂"程序可以为游戏玩家"代练升级"并从中牟利,遂通过互联网向他人(网名"拉哥")购买名为"冰点传奇"的"外挂"程序,并与该程序卖家"拉哥"协商合作利用"外挂"进行游戏代练,由"拉哥"提供"外挂"程序,由二被告负责代练及收费。2007年3月以来,被告人董杰、陈珠陆续购置了九十多台电脑,申请了电信宽带,并冒用"蔡×""曾×"的身份办理了银行卡、客服电话,用于和游戏玩家联系及收取代练费。二被告人先后雇佣了12名员工,在其家中以"土人部落工作室"的名义,不断在上海盛大网络发展公司(以下简称"盛大公司")经营的《热血传奇》游戏中做广告,以80元/周、300元/月等价格帮助游戏玩家使用"冰点传奇"的"外挂"程序代练升级。董杰、陈珠将雇佣来的员工分成客服组和代练组,利用"外挂"软件"冰点传奇"日夜经营代练,并适时与"外挂"程序卖家"拉哥"联系进行版本升级,以对抗盛大公司游戏保护措施。至案发时止,已先后替1万多个《热血传奇》游戏玩家的账户代练升级。自2007年3月至12月7日,二被告人收取了全国各地游戏玩家汇入的巨额代练资金,其二人仅通过户名为"张××"的银行账户向"冰点传奇""外挂"程序卖家"拉哥"汇去的费用就达130万余元。

另查明,"土人部落工作室"的"外挂""冰点传奇"是使用"外挂"程序直接连接游戏服务器,同一台计算机可同时运行多个"冰点传奇"程序。利用"冰点传奇"程序可同时登陆多个《热血传奇》网络游戏账号。该"外挂"程序通过游戏封包的加密与解密算法的破解、游戏指令与数据结构的筛查、游戏地图文件的破解与转换等方法,通过发送网络数据包攻击、入侵游戏服务器,以达到增加和修改使用用户游戏的参数数据库里生存和成长的过程体验。该"外挂"程序修改了盛大公司《热血传奇》游戏的使用用户在服务器上的内容,帮助《热血传奇》游戏的使用用户完成自动化循环操作。因董杰、陈珠使用的"冰点传奇""外挂"程序绕过了正常的游戏客服端与服务器端

---

① 参见《南京"网游代练案"二审宣判 年轻夫妇被判刑》,载新华网(http://news.xinhuanet.com/legal/2011-05/23/c_121447304.htm),访问日期:2011年5月23日。

之间的通讯协议,使盛大公司计算机系统中正常的客户认证功能受损,从而干扰了《热血传奇》游戏的正常运行,同时破坏了网络游戏规则,严重影响了盛大公司的生产经营秩序。

人民法院审理后认为:被告人董杰、陈珠以牟利为目的,违反国家规定,未经国家主管部门批准,也未获得盛大公司许可和授权,将明知是破坏了他人享有著作权的互联网游戏作品技术保护措施并修改他人游戏作品数据的非法互联网出版物……"外挂"软件使用到盛大公司享有著作权的游戏程序上,进行有偿代练经营活动,牟取了巨额非法利益,侵害了盛大公司的合法权益,属于出版非法互联网出版物的行为,具有严重社会危害性,构成非法经营罪。在共同犯罪中,被告人董杰起主要作用,是主犯,应当按照其所组织、指挥的全部犯罪处罚。被告人陈珠起次要、辅助作用,是从犯,依法应当减轻处罚。

人民法院依法判决如下:

(1)被告人董杰犯非法经营罪,判处有期徒刑6年,罚金人民币160万元。

(2)被告人陈珠犯非法经营罪,判处有期徒刑3年,缓刑4年,罚金人民币140万元。

八是利用POS机套现牟利的非法经营行为。

【案例8】北京市祁某某利用POS机套现3 000万元案①

2009年3月至2010年6月间,祁某某在朝阳区建国门外"大北写字楼"内,在没有实际交易的情况下,使用以北京旧宫仟信隆超市、北京亚信通宇通讯器材批发部、北京世捷顺达票务代理服务中心、华艺联合装饰工程(北京)有限公司、北京天鸿金航票务代理中心五商户的名义申请的POS机,为信用卡持卡人套取现金,刷卡数额达3 000万元左右,祁某某从中收取手续费,获利30万元。

朝阳法院认为,祁某某为牟私利,使用POS机以虚构交易的方式向信用卡持卡人直接支付现金,情节特别严重,其行为触犯了刑法,已构成非法经营罪,依法判处被告人有期徒刑5年6个月,罚金40万元。

九是利用居间介绍人体器官买卖牟利的非法经营行为。

应注意,"组织他人出卖人体器官的",构成组织出卖人体器官罪。(《刑法》第234条之一)。

---

① 参见《男子刷POS机套现3 000万,获利30万元被判刑》,载新华网(http://news.xinhuanet.com/legal/2011-03/31/c_121253766.htm),访问日期:2011年3月3日。

【案例9】北京刘某某居间介绍人体器官买卖牟利案①

2009年1月,被告人刘某某在北京友谊医院内,居间介绍"供体"董某某与患者刘某进行了肾脏移植手术,非法经营额为15万元。此后短短3个月时间内,刘某某还伙同他人居间介绍了两起器官买卖,分别促成两位"供体"与患者进行了肝脏和肾脏移植手术,非法经营额为31.8万元。

法院认为,刘某某和董某某已构成非法经营罪,鉴于董某某在此案中属于从犯,应从轻处罚。另外,两人在审理时自愿认罪,可从轻处罚。判处刘某某有期徒刑7年,罚金10万元;董某某有期徒刑2年缓刑2年,罚金3万元。

十是利用群发短信牟利、倒卖重大赛事门票牟利的非法经营行为。

【案例10】何某倒卖奥运会门票牟利案②

江苏无锡人何某与广州一家律师事务所达成协议,为其申购数百张奥运比赛门票赠送给员工和客户,约定何某按总订票款的50%、开闭幕式门票的60%收取报酬,并随后收取64万元票款。后来,何某如法炮制,又为北京某空调销售公司及孙某等申购奥运门票,并收取4万元定金。为了获取网上订票所需的大量身份证件,何某通过朋友付某在某建筑公司的方便条件,谎称承包工程需要证件,骗来了500余份身份证复印件,又通过其他途径搜集了2 000余条身份证信息,随即在银行开设了920个账户,又通过某电脑学校的校长找了十几名学生到网吧进行申购,何某则在现场"指导"网络申购。在取得价值54万余元的各类奥运门票的购买资格后,何某支付了23万余元,购得其中的527张。由于奥运门票需要持身份证到银行领取,何某便制作了大量相应的假身份证到银行骗取门票,但都被银行工作人员审查发现,后来"转战"大连也没有得逞。何某通过网上某跑腿公司鄢某等人,雇用两名男子携带10张假身份证在中国银行一网点购买9张奥运门票,被银行工作人员发现异常。警方连夜将何某和付某等人抓获。

北京西城区人民法院以非法经营罪分别判处何某有期徒刑2年半,并处罚金44.7万余元。

3."情节严重"的阐释

按理讲,"情节严重"应放在"当罚性"之中来讨论(主要内容是《刑法》第13条但书与刑事政策考量),但是这里,照顾传统犯罪构成四要件理论的做法,在客观方面对此作一阐释。

情节严重的判断根据,主要是非法经营额和非法获利额等因素,同时又要考虑其

---

① 参见《多起人体器官买卖案集中进入审理,买卖为何畅行》,载新华网(http://news.xinhuanet.com/legal/2011-02/17/c_121093772.htm),访问日期:2011年2月17日。
② 参见《奥运会最大倒票案两名案犯获刑并处罚金44万》,载人民网(http://www.022net.com/2008/11-16/516667263211505.html),访问日期:2008年11月16日。

他因素。根据司法实践经验,情节严重大致包括以下一些情形:①非法经营数额或者非法获利数额较大的;②多次进行非法经营活动的;③非法经营经行政处罚后不思悔改而再犯的;④非法经营活动造成严重后果或者恶劣社会影响的;⑤组织犯罪集团进行非法经营活动的;⑥利用职权进行非法经营活动的;⑦抗拒检查、毁灭或者伪造证据、嫁祸于人的;⑧其他情节严重的。

二、非法经营罪的主观方面要件

非法经营罪的主观方面要件,是直接故意,即行为人明知其实施的违反国家规定的非法经营行为会造成扰乱市场秩序的危害结果,希望并且积极追求这种危害结果发生的心理态度。

"违法性认识"是否应作为罪过认定的前提,存在较大争议。一般认为,非法经营罪作为行政犯,只要法律、行政法规明确规定了一段时间之后,都应当推定行为人知法或者具有违法性认识;只有对于极特殊、极少数的情况,因为法律法规刚刚施行不久,行为人因为某些客观原因或者特殊情况而对法律规定缺乏认识的时候,才能以缺乏违法性认识为由影响主观故意的认定。

所谓违法性认识,是指行为人对于某一行为属于法所禁止或者法所不容许的性质的一种主观认识。如果行为人不知某一行为被法所禁止,那么,行为人就不具有违法性认识。

违法性认识与法律认识错误之间既有区别也有联系。法律认识错误主要存在三种情况:一是对某一行为是否为法律所禁止存在认识错误;二是对某一行为构成此罪与彼罪的问题存在认识错误;三是对某一行为构成重罪与轻罪的问题存在认识错误。那么,只有第一种法律认识错误与违法性认识具有直接联系。[①] 因此,行为人误以为某一行为合法而实际上不合法的法律认识错误,就应当判断为缺乏违法性认识。

三、非法经营罪的刑罚处罚

非法经营罪的刑罚分两个法定刑档次:①情节严重的,处 5 年以下有期徒刑或者拘役,并处或者单处违法所得 1 倍以上 5 倍以下罚金;②情节特别严重的,处 5 年以上有期徒刑,并处违法所得 1 倍以上 5 倍以下罚金或者没收财产。

---

① 参见陈忠林主编:《违法性认识》,北京大学出版社 2006 年版,第 11 页。

第二十章　网络犯罪[*]

网络犯罪有广义和狭义之分。狭义的网络犯罪主要是指我国《刑法》第285条、第286条、第286条之一、第287条之一、第287条之二所规定的下列7种犯罪：

(1)非法侵入计算机信息系统罪,是指违反国家规定,侵入国家事务、国防建设、尖端科学技术领域的计算机信息系统的行为。

(2)非法获取计算机信息系统数据、非法控制计算机信息系统罪,是指违反国家规定,侵入国家事务、国防建设、尖端科学技术领域计算机信息系统以外的计算机信息系统或者采用其他技术手段,获取该计算机信息系统中存储、处理或者传输的数据,或者对该计算机信息系统实施非法控制,情节严重的行为。

(3)提供侵入、非法控制计算机信息系统程序、工具罪,是指提供专门用于侵入、非法控制计算机信息系统的程序、工具,或者明知他人实施侵入、非法控制计算机信息系统的违法犯罪行为而为其提供程序、工具,情节严重的行为。

(4)破坏计算机信息系统罪,是指违反国家规定,对计算机信息系统功能进行删除、修改、增加、干扰,造成计算机信息系统不能正常运行,或者对计算机信息系统中存储、处理或者传输的数据和应用程序进行删除、修改、增加的操作,或者故意制作、传播计算机病毒等破坏性程序,影响计算机系统正常运行,后果严重的行为。

(5)拒不履行信息网络安全管理义务罪,是指网络服务提供者不履行法律、行政法规规定的信息网络安全管理义务,经监管部门责令采取改正措施而拒不改正,致使违法信息大量传播、用户信息泄露并造成严重后果、刑事案件证据灭失且情节严重的,或者有其他严重情节的行为。

(6)非法利用信息网络罪,是指非法利用信息网络,设立用于实施违法犯罪活动的网站、通讯群组,发布有关制作或者销售违禁物品、管制物品或者其他违法犯罪信息,为实施违法犯罪活动发布信息,情节严重的行为。

(7)帮助信息网络犯罪活动罪,是指明知他人利用信息网络实施犯罪,为其犯罪提供互联网接入、服务器托管、网络存储、通讯传输等技术支持,或者提供广告推广、支付结算等帮助,情节严重的行为。

---

[*] 本章内容系作者和金燚博士合作研究成果。

一、网络犯罪概貌:概念变迁与类型化分析

(一) 网络犯罪的概念变迁

网络犯罪是随着时代的发展而逐渐产生的,在具备自身特点的同时,与传统犯罪之间也有着千丝万缕的联系。几十年来,国内外都根据本国的实际情况提出过不同的名称,主流称谓有电子计算机犯罪、电脑犯罪、网络犯罪和网络信息犯罪等,各名称的含义也不尽相同。对网络犯罪的定义可谓是一个动态变迁的过程,国外对网络犯罪的概念大致有四种学说:一是工具说,认为计算机网络犯罪就是利用电子数据处理设备作为作案工具,这种说法来自德国犯罪学;二是数据说,认为网络犯罪是以非法的手段进入数据库进行的破坏或者盗窃数据信息的行为,这种说法来自法国刑法;三是涉及说,认为凡是在犯罪过程中涉及计算机、网络等要素,就可以称为计算机犯罪;四是技术说,认为成功起诉的涉嫌违法行为中,计算机技术和知识起到了基础的作用,就可以称之为计算机犯罪,这种说法来源于美国法律。[①]

国内关于网络犯罪的概念主要有以下几种定义方式:

一是信息说。我国学者皮勇认为,"网络犯罪是指利用计算机、网络技术等信息技术或者特性,危害计算机、网络和数据安全,危害社会信息安全,社会危害性严重的行为"。[②] 这种学说强调网络犯罪的信息性。信息本身是一个比较宽泛的概念,程序、数据这些概念都被包含在信息的概念之中。

二是工具说。有学者认为,"网络犯罪系行为人通过计算机、通信等技术手段,或者利用其所处的特殊地位,在网络环境中实施的侵害或者威胁法律所保护的利益的行为"。[③] 该观点从犯罪工具的角度对网络犯罪进行界定,认为只要犯罪嫌疑人利用了网络作为犯罪的工具或者方法,就可以认为是网络犯罪。这种说法扩大了网络犯罪的概念,现在的传统犯罪在整个犯罪过程中基本上都可以将电脑作为工具使用。

三是对象说。有学者认为,"计算机网络犯罪是利用计算机技术对计算机网络的完整性或者正常运行造成的损害性的危害行为"。[④] 此定义并未将网络作为重要工具的犯罪包括进来,过于片面地定义了网络犯罪,忽视了以网络作为工具的犯罪对于网络的巨大依赖性。

综观关于网络犯罪的概念界定,可以发现,网络犯罪的概念在不同发展阶段具有鲜明的时代特征,各有所指,不甚全面。对于网络犯罪概念的认定需要结合网络犯罪发展的历程,既要符合当前的实际情况,也要具有一定的前瞻性。

就我国而言,通过对网络犯罪发展阶段的分析,我国网络犯罪经历了从最初的

---

① 参见徐云峰、谢丽丽、贺滢睿、郑帅编著:《网络犯罪心理》,武汉大学出版社 2014 年版,第 19 页。
② 皮勇:《网络犯罪比较研究》,中国人民公安大学出版社 2005 年版,第 12 页。
③ 孙景仙、安永勇:《网络犯罪研究》,知识产权出版社 2006 年版,第 23 页。
④ 孙铁成:《计算机与法律》,法律出版社 1998 年版,第 50 页。

"计算机犯罪"转变为以网络作为"犯罪对象""犯罪工具""犯罪空间"的网络犯罪的历史过程,并且现阶段这三种类型处于共存的状态。[①] 在互联网1.0时代,个人与系统之间的"冲突"是网络犯罪的主要表现形式,所现出来的主要是针对计算机信息系统所实施的犯罪,如《刑法》第286条规定的破坏计算机信息系统罪;2000年左右,中国进入了一个以"互"为主的互联网2.0时代,"点对点"的互动交流是网络的基本特征,网民之间"点对点"地利用网络为工具的侵害成为犯罪的标准模式,如利用网络实施的金融诈骗、盗窃、窃取国家秘密等犯罪。随着网络的迅速发展和网络社会的快速形成(整体互联网应用于信息获取、商务交易、交流沟通、网络娱乐等),人类社会进入了网络社会和现实社会并存的"双层社会"阶段,网络空间成为一个全新的犯罪场所,转变为某些犯罪行为独有的温床,如网络上传播淫秽物品、网络造谣等。

因此,为全面反映我国网络犯罪的演变历程和未来发展趋势,可以对网络犯罪的概念作出如下界定:网络犯罪是指行为人利用计算机信息技术和设备,借助于互联网对计算机信息系统或信息进行攻击,以及以网络技术为工具或者以网络为犯罪空间所实施的犯罪。

(二) 网络犯罪的类型化分析

对于网络犯罪的分类,国内外的专家学者没有形成统一的观点。法国学者尼埃尔·马丁根据法国立法实际提出将网络犯罪分为"以信息技术为犯罪对象的犯罪"和"以信息技术为实施犯罪的方法的犯罪";又如,国外理论界根据网络在犯罪中所扮演的角色,将其分为:以网络作为犯罪目标(Object)的犯罪,如盗取硬件等;以网络作为犯罪主体(Subject)或环境(Environment)的犯罪,如电子转账欺诈、网络间谍刺探机密等;以网络作为犯罪象征(Symbols)的犯罪,如网络侵入信息系统或滥用行为。[②] 为了更好地对网络犯罪进行学术研究,从而有效打击这一违法犯罪行为,国内学术界也依照不同标准作出了相关的学理分类:

1. 按照侵犯客体分类

2000年12月28日,全国人民代表大会常务委员会通过《关于维护互联网安全的决定》(2009年已修订),从侵犯客体的不同,将网络犯罪分为:

(1)妨害网络运行安全的网络犯罪;

(2)妨害国家安全和社会稳定的网络犯罪;

(3)妨害市场经济秩序和社会管理秩序的网络犯罪;

(4)妨害人身权利、财产权利的网络犯罪及其他网络犯罪。

此种分类实际上是按照网络犯罪所侵害的法益进行划分,任何集合类型的犯罪(如恐怖主义犯罪、经济犯罪)都可以按照此种方法进行笼统的分类,在学理上并不能反映网络犯罪的本质和全貌。

---

① 参见于志刚:《网络犯罪立法与法学研究契合的方向》,载《重庆邮电大学学报(社会科学版)》2015年第6期。
② 参见刘会霞等编著:《网络犯罪与信息安全》,电子工业出版社2014年版,第19页。

2. 按照犯罪客观行为分类

刘会霞等在其编著的《网络犯罪与信息安全》一书中指出,网络犯罪按照犯罪客观行为可以分为侵犯网络经营秩序、侵犯网络信息系统、侵犯计算机资产、滥用网络等四类行为①:

(1)侵犯网络经营秩序的行为。其犯罪行为特征是犯罪不一定通过网络进行,但都与网络相关,其行为直接影响到网络的正常运转以及网络资源的合理使用。如网络广告代理商资助色情网站的行为。

(2)侵犯网络信息系统的行为。包括未经许可非法进入网络信息系统,即黑客行为;以及破坏信息系统,使其功能不能正常运行的行为。这两种行为被认为是原始意义上的网络犯罪行为。

(3)侵犯计算机资产的行为。广义上的计算机资产,包括计算机及其网络的硬件设备、所存储的数据,以及其他可以量化的资料等。在实践中,通过网络侵犯计算机资产的行为主要有以下几个方面:一是破坏计算机网络硬件及数据的行为;二是非法使用网络服务的行为;三是非法窃取、使用他人的数据资料,包括侵犯他人知识产权、财产权等。

(4)滥用网络的行为。是指利用计算机网络实施的侵犯非计算机网络本身及其资源的其他非法使用网络的行为。实施上,这是一种纯粹的网络工具犯,因为该犯罪行为并不涉及任何网络本身的安全问题,而只是利用网络实施了传统的犯罪而已。例如利用信息网络建立恐怖活动组织、宣扬恐怖主义思想的行为。

正如互联网技术发展日新月异,网络犯罪的行为形态也变幻莫测、推陈出新。以犯罪客观行为为标准的分类方式对于司法实务来说固然直截了当,但是当网络犯罪进一步发生转变进而脱离了现有的规范体系之后,理论和实务都难免捉襟见肘。于是又有学者提出了涉网络犯罪相关行为的概念以填补此空缺。张巍认为,所谓"涉网络犯罪相关行为",是指实质性地利用网络技术,为一些传统手段不能为的犯罪,或者在行为特征、危害结果等方面与传统手段犯罪具有明显区别的犯罪。② 例如传统手段不能为的网络"翻墙"行为、滥用深层链接的行为;又如与传统手段犯罪特征具有显著区别的"人肉搜索"行为、"网络水军"行为等。因此,通过以上对主要网络犯罪行为的分类,加上涉网络犯罪相关行为概念的提出,更能严密打击网络犯罪的刑事法网。

3. 按照网络在犯罪中发挥的作用分类

于志刚教授认为,网络犯罪可以按照网络在犯罪中发挥的作用为标准,将网络犯罪分为三类:以网络为犯罪对象、以网络为犯罪工具、以网络为犯罪空间的网络犯罪。③

(1)以网络为犯罪对象。包括《刑法》第 285 条、第 286 条规定的各类犯罪,如非法侵入计算机信息系统罪、非法获取计算机信息系统数据罪、破坏计算机信息系统罪

---

① 参见刘会霞等编著:《网络犯罪与信息安全》,电子工业出版社 2014 年版,第 24 页。
② 参见张巍:《涉网络犯罪相关行为刑法规制研究》,法律出版社 2015 年版,第 17 页。
③ 参见于志刚、郭旨龙:《网络刑法的逻辑与经验》,中国法制出版社 2015 年版,第 1—27 页。

等。此类犯罪多以计算机、信息网络为攻击目标,表现为对计算机网络进行攻击或破坏活动,因此又可谓以"计算机信息系统"为"犯罪对象"。

(2)以网络为犯罪工具。传统犯罪如诈骗、盗窃、贪污等以网络为工具而实施,进而发生了传统犯罪的网络化,网络因素几乎介入所有传统犯罪当中。行为人通过网络侵犯传统现实空间已然承载的人身、财产、秘密等传统法益的内容,"助力"传统物理社会行为在网络空间中迅速"穿越"至"落地"传统空间。如《刑法》第287条规定:"利用计算机实施金融诈骗、盗窃、贪污、挪用公款、窃取国家秘密或者其他犯罪的,依照本法有关规定定罪处罚。"但是,如果没有网络,这些犯罪依然会通过其他方式实现,其实质并未发生根本变化,但其危害性与发案率可能有指数增长。

(3)以网络为犯罪空间。此类犯罪是利用网络空间这一虚拟场所,于其中提供一定的服务来引诱他人参与进行的犯罪活动。不断发展成熟的网络空间孕育出真正的、具体的、全新的法益种类(如数据等网络财产)和犯罪类型(信息战、网络恐怖主义、垃圾邮件),同时网络空间本身承载着同样重要的各种社会管理秩序,这些法益在网络空间就能够被侵害,行为结果不需要"落地"就能达到传统现实空间类似行为的同等效果。例如网络色情、网络造谣等。

此种分类较好地概括了网络犯罪的发展历程和各阶段的显著特征,目前三种类型处于共存的状态,且发案比例各不相同。"犯罪对象"类网络犯罪日渐式微,"犯罪工具"类网络犯罪占绝大多数,"犯罪空间"类网络犯罪开始增多。对以将网络作为"犯罪工具"的网络犯罪而言,《刑法》第287条的地位日益重要和突出。但是由于网络因素的介入,传统犯罪内部的构成要件要素、犯罪形态等产生了不同于过去的新的表现形式,并使传统的刑法理论、刑事立法和司法规则处于难以适用的尴尬境地。[①]对于以网络作为"犯罪空间"的犯罪类型而言,在立法和理论上更是需要进行及时和深入、系统的探索。本章特以网络犯罪"资助"行为、网络恐怖活动犯罪、网络平台责任为例,分析网络犯罪变化过程中出现的新特征以及刑法理性对此的合理应对。

二、帮助行为正犯化:以网络犯罪"资助"行为为例

帮助行为一般情况下在共犯论中进行考查。但是,鉴于近年来某些帮助行为逐渐从共犯形态中脱离而被赋予独立性,具备独立的类型化特征和法益侵害性,例如明知他人利用信息网络实施犯罪,为其犯罪提供广告推广、支付结算等帮助,变相与实施犯罪行为的网站结成利益共同体,造成严重社会危害的行为,现行刑事立法逐渐将其入罪。所谓帮助行为的正犯化入罪,一般是指将原本属于其他犯罪的帮助行为拟制为实行行为并予以正犯化,使其独立成罪,成为新的犯罪的实行行为。[②] 帮助行为正犯化在刑法理性中早已存在,但是在网络犯罪的转变中得以迅速发展和壮大,被认

---

① 参见于志刚:《传统犯罪的网络异化研究》,中国检察出版社2010年版,第1页。
② 参见张小虎:《犯罪实行行为之解析》,载《政治与法律》2007年第2期。

为是应对网络犯罪变化的一剂良药。

(一) 帮助行为正犯化的立法概况和类型解读

1. 帮助行为正犯化的立法概况

有学者将帮助行为正犯化作狭义和广义上的区分。狭义上一般是指帮助犯的正犯化,即刑法将原本属于刑法分则条文规定的正犯行为的帮助行为,直接规定为正犯行为,并设置独立法定刑的一种立法模式。例如《刑法》第120条之一的帮助恐怖活动罪。这一入罪思路克服了狭义共犯从属性说对于共犯刑事责任认定的困境,也解决了共犯限制从属性对那些正犯不成立犯罪的情况下,已具有独立类型化和法益侵害性的帮助行为的犯罪化认定困难的问题。广义帮助行为正犯化一般泛指刑法分则中所有帮助行为的正犯化入罪,即对于违法、犯罪行为的帮助行为,通过新增罪名或者罪名修正的形式予以入罪的一种立法模式。[1] 刑法分则规定的某些非典型意义上的帮助犯正犯化,甚至都不存在正犯行为和共犯形态,例如容留卖淫行为、容留吸毒行为等。此种情况下的犯罪化处理,往往并非是对共犯理论的突破,而是刑法犯罪圈扩张的一种表现。

现行《刑法》自1997年颁布以来,历经多次修正,不断地对具备独立类型化和法益侵害性的帮助行为入罪化的探索和尝试,逐步形成了帮助行为正犯化的罪名体系和立法模式。笔者在此从狭义的帮助行为正犯化的角度(因为广义的帮助行为正犯化,是刑法根据相关帮助行为的社会危害性直接入罪化,并非全部属于当前刑法理论界争议的帮助行为正犯化问题),梳理当前立法中帮助行为入罪的行为类型。当前《刑法》及修正案中涉及的狭义帮助行为正犯化的罪名一共有16个,分别规定在危害国家安全罪,危害公共安全罪,破坏社会主义市场经济秩序罪,侵犯公民人身权利、民主权利罪,妨害社会管理秩序罪,贪污贿赂罪等各章当中,尤其是妨害社会管理秩序罪一章的帮助行为正犯化立法,占了所有罪名的近50%,由此可见立法对社会法益的重视。实际上,帮助行为正犯化立法近年来逐渐重点制裁产业链化的犯罪,并且反映在妨碍社会管理秩序罪中,这也是今后帮助行为正犯化的立法方向。

2. 帮助行为正犯化的类型解读

狭义的帮助行为正犯化又可以分为帮助犯的绝对正犯化和帮助犯的相对正犯化。

帮助犯的绝对正犯化,是指刑法将帮助犯通过分则条文直接提升为正犯,具备同其他正犯一样的犯罪构成与法定刑。[2] 从行为类型上看,帮助犯的绝对正犯化包括:①资助型犯罪,如《刑法》第107条资助危害国家安全犯罪活动罪和第120条之一帮助恐怖活动罪;②帮助介绍型犯罪,如第392条介绍贿赂罪,第205条虚开增值税专用发票罪中介绍他人虚开的行为等;③提供特殊服务型犯罪,如《刑法》第284条之一的

---

[1] 参见于冲:《帮助行为正犯化的类型研究与入罪化思路》,载《政法论坛》2016年第4期。
[2] 参见张明楷:《〈刑法修正案(九)〉若干条款的理解与适用——论帮助信息网络犯罪活动罪》,载《政治与法律》2016年第2期。

非法出售、提供试题、答案罪,第 375 条非法提供武装部队专用标志罪等。

帮助犯的相对正犯化,是指根据主观是否明知、情节是否严重等作为入罪条件的有限的正犯化,即使不存在正犯,但如果帮助行为已经具有严重的法益侵害性,仍然作为正犯处理。包括有:①协助型犯罪,如《刑法》第 358 条协助组织卖淫罪以明知存在组织卖淫的人为前提,第 244 条强迫劳动罪中的帮助行为以明知存在强迫劳动犯罪行为为前提;②提供特定帮助型,如《刑法》第 287 条之二的帮助信息网络犯罪活动罪和第 363 条为他人提供书号出版淫秽书刊罪,均以主观上明知他人实施犯罪行为为前提。但是值得注意的是,为了预防刑法过度介入,立法对此类帮助行为设定了较高的入罪条件,即均要求主观明知和情节严重,在正犯未实施相应犯罪时,帮助行为必须独立具有较严重的法益侵害性时才能够成立犯罪。

(二) 网络犯罪帮助行为的特征

信息技术支持是网络犯罪得以有效实施所必需的、也是最为重要的因素,网络空间大量的帮助行为的社会危害性已经远远超过了实行行为的危害性,为犯罪行为提供网络技术帮助的行为越来越重要,已经逐渐占据了主导地位,开始突破帮助行为在犯罪中的从属地位,并主导犯罪和引领犯罪。

1. 帮助行为的危害超越了实行行为的危害

主要体现在两个方面:

首先,帮助行为是突破网络犯罪技术阻碍的关键因素。随着网络技术的发展和普及,网络空间出现了大量的向一般公众提供用于实施网络犯罪技术支持的行为,使得一般公众实施网络犯罪成为可能,有的帮助网络犯罪活动的行为成为网络犯罪链条最关键的一环,甚至成为其经济支柱和技术根基,是当前网络犯罪泛滥的主要推动力之一。[1]

其次,帮助行为借助网络特性实现"一对多"帮助,帮助行为人只需要将相关犯罪方法、技术、程序等信息发布到网上,很快就会有不计其数的个体获得该信息,从而跨越了网络犯罪的技术门槛,给大范围的潜在犯罪人提供了实施犯罪的资源,给法益带来危险和现实损害。[2] 例如,甲与乙吵架后,丙以为甲欲杀乙,便将一把长刀交给甲,结果甲未实施杀害行为。此时一般认为,丙的帮助行为不可罚。[3] 但是,在网络空间,假设丙向 1 000 个人提供了可以侵入计算机信息的破坏性程序,但以上 1 000 人均未实施相关犯罪,此时的帮助行为是否可罚值得研究。

2. 帮助行为独立性突破了传统的从属地位

传统刑法理论和司法实践一般认为,帮助行为依托于实行行为而存在。然而,这种对共犯行为的习惯性认定标准,在网络空间却产生了一定的变化,甚至在一定程度上超越了共同犯罪的框架。因此,虽然为网络犯罪提供支持的行为在性质上属于网

---

[1] 参见于志刚:《网络空间中犯罪帮助行为的制裁体系与完善思路》,载《中国法学》2016 年第 2 期。
[2] 同上注。
[3] 参见张明楷:《共同犯罪的认定方法》,载《法学研究》2014 年第 3 期。

络犯罪实行行为的帮助行为,但实际上,它并不依附于实行行为,更多的情况下是以独立的状态存在。这种独立性主要表现在:首先,帮助行为人主观上独立于实行行为人。由于网络空间的虚拟性,帮助行为人和实行行为人往往都隐藏在各自的虚拟身份之后,通过网络的资源和信息共享机制实行犯罪行为,虽然客观上都参与到犯罪中,但二者的目的和动机往往不同,前者可能是出于谋取经济利益或者单纯的技术炫耀,而后者的目的一般是直接侵害特定的法益获取特定的非法利益。① 其次,帮助行为客观独立于实行行为。网络犯罪中,帮助行为和实行行为客观上关系极为松散,二者的实施不具有同时性,且两者的共同配合并不具有必然性。

3. 帮助行为具备了类型化的特征

正犯与共犯的划分在于是否实施了实行行为。帮助行为正犯化,实质上是具有刑法独立评价意义和类型化特征的部分帮助行为,被赋予新的实行行为的内涵,与以往被帮助的实行行为并列。② 帮助行为本身具有法益侵害的可能性,受外界条件变迁的影响,使得曾经不具备独立的社会危害性或者居于从属地位的行为类型,在技术变革、社会分工等因素的影响下,自身具备了独立的社会危害性,或者在犯罪中开始发挥主导作用。因此,帮助行为的社会危害性是否一定小于实行行为,不可一概而论。以伪造证照犯罪为例,网络背景下证照信息均已实现了全国联网,仅依靠证件造假在多数情况下并无实际意义,此时进入信息系统增加或者篡改信息数据,对于犯罪的主导性超越了伪造证照这一实行行为本身。③ 因此帮助行为与实行行为的界限不是一成不变的,对于社会危害性程度也是随着网络犯罪的转变而不断变化,并逐渐具备独立的类型化特征。帮助行为正犯化可以更好地实现刑法中构成要件的类型化和定型化。

近年来,随着网络信息技术、电子商务的发展,网络背后所承载的价值利益也与日俱增,导致通过网络攫取各种灰色利益的行为层出不穷。其中网络广告代理商在不法网站投放广告、电信网络服务商参与非法增值业务分成等行为逐渐引起社会公众和司法机关的关注。网络犯罪"资助"行为开始成为亟待解决的现实问题。"资助"行为无疑也是一种帮助行为,2011年9月1日生效的最高人民法院、最高人民检察院《关于办理危害计算机信息系统安全刑事案件应用法律若干问题的解释》,对资助网络犯罪的网络犯罪共犯追究刑事责任,这对于严厉打击网络犯罪的上游犯罪行为发挥了重要作用。但是随着此类"资助"行为的社会危害性日益增大,类型化趋势愈加明显,将"资助"行为单独入罪也越来越有必要。

不过值得注意的是,我国有学者指出,网络中立帮助行为是信息时代下中立帮助行为领域的新课题,既具有一定的特殊性,又根植于传统的中立帮助行为理论。对于是否应当限制网络中立帮助行为,我国和德国、日本有着完全相反的态度。我国采取的是逐步肯定网络中立帮助行为的可罚性,而德国则是通过一系列的理论限制(网

---

① 参见于志刚:《网络空间中犯罪帮助行为的制裁体系与完善思路》,载《中国法学》2016年第2期。
② 参见于冲:《帮助行为正犯化的类型研究与入罪化思路》,载《政法论坛》2016年第4期。
③ 同上注。

络)中立帮助行为的可罚空间。通过与德国刑法的实务和理论相对比,可知我国目前所采取的态度根源于我国传统的入罪思维,而极端地将网络中立帮助行为入罪化将会阻碍网络技术的发展,因而值得反思。[①]

(三) 网络"资助"行为的内涵、现状及其危害性

1. 网络"资助"行为的内涵

资助型的帮助行为并不是一种新的不法行为,考虑到恐怖主义犯罪、危害国家安全犯罪的严重危害性,各国普遍把资助恐怖主义的犯罪行为纳入刑法半径之内。我国对于资助型犯罪也有明确的规定,传统刑法中的资助他人犯罪的行为主要包括两类:①典型的资助型犯罪,包括《刑法》第107条"资助危害国家安全犯罪活动罪"和第120条之一"帮助恐怖活动罪";②非典型的资助他人犯罪的罪名,刑法并未对此明确设定为资助型犯罪,如《刑法》第112条"资敌罪",第310条"窝藏、包庇罪"等。在这两类罪名中,"帮助恐怖活动罪"等纯粹的资助型犯罪,其行为的本质即在于支持犯罪人实施特定严重犯罪,关键在于"资"。在信息时代背景下,一种新的对于网络犯罪的资助行为在网络环境中产生,并逐步与下游网络犯罪结为一体形成一条灰色产业链,成为网络犯罪的重要帮凶,给网络犯罪的实行提供了资金支持。这种新型资助型犯罪,间接助长了网络犯罪的嚣张气焰。

值得注意的是,有学者指出,网络犯罪的"资助"行为并不同于传统意义上的资助恐怖主义犯罪等典型意义上的资助型犯罪,而是伴随着网络犯罪而新产生的一种犯罪形态,又由于目前对于网络犯罪"资助"行为已经被司法解释所规定,因此对于这一术语的定义和适用有必要予以厘定。

一类犯罪类型及其定义的确定,应当有其实际存在的意义并且应当准确把握其本质特征。对网络犯罪"资助"行为的定义的准确概括,应当抛弃在犯罪中只要涉及资金支持即为"资助"的看法,而应紧紧抓住其实质进行考查,即在网络犯罪"资助"行为中,其本质目的不在于对犯罪的推动,而在于通过"资助"行为人实施网络犯罪谋求自己利益的最大化,至于行为人是否实施网络犯罪,"资助"人根本不予关注。从这个层面上讲,"资助"人主观上既可以是直接故意,也可以是间接故意。因此,网络犯罪"资助"行为本质上是对网络犯罪的资金支持,在刑法尚无明确界定的情况下,从刑法理论层面可以理解为对具体网络犯罪的共犯行为,但考虑到"资助"行为一般具有较强的独立色彩,主观上并不在乎对方是否实施网络犯罪,其"资助"行为的实施仅仅是为了牟取更大的利益,这种"资助"行为更像是一种"投资"。因此,应当严格划清此类"资助"行为与单纯的"资助型"犯罪行为的界限,更应该厘定此类行为与具体网络犯罪共犯行为的界限。[②]

基于此,有学者提出具体网络犯罪资助行为的概念,即明知行为人实施网络犯

[①] 参见刘艳红:《网络中立帮助行为可罚性的流变及批判——以德日的理论和实务为比较基准》,载《法学评论》2016年第5期。
[②] 参见于志刚、于冲:《网络犯罪的罪名体系与发展思路》,中国法制出版社2013年版,第93—97页。

罪,仍然通过委托推广软件、投放广告等方式向网络犯罪人提供资金数量较大的行为①,其主体主要包括软件商、广告商等网络服务业主体,主要类型包括:①明知淫秽色情网站仍然投放广告进行推广获利的;②明知淫秽色情网站仍然提供网上支付、手机代收费的;③为网上淫秽色情信息传播提供非法牟利渠道的移动增值服务商和第三方支付平台;④在淫秽色情网站上发布广告牟利的"网站推广联盟""WAP 联盟""短信联盟"等网络广告服务商。②

2. 网络"资助"行为的现状及其危害性

目前网络犯罪"资助"行为,主要包括明知是实施犯罪的网站仍投放广告进行推广获利的广告投放行为和软件推广行为。

在此过程中,互联网广告联盟、移动互联网增值业务提供商和 WAP 网站分工明确,承担不同的责任。以手机淫秽色情网站为例,网站背后庞大的利益链条清晰可见:增值服务提供商,可以给用户提供包括短信、彩信、彩铃、游戏在内多达几十种手机增值业务,越来越多的增值业务提供商,将广告交给广告联盟去推广。广告联盟又将广告发到色情网站上。反过来,手机用户花钱下载了色情网站上的增值业务后,色情网站和广告联盟可以拿到一份手机增值业务提供商的广告费,而提供商的增值业务被下载,相当于产品卖给了用户,自然也得到收益。另一个重要方面是,基础电信运营商既为手机 WAP 网站提供接入服务,又为增值服务商提供代收费服务,并从增值服务中获取利益分成。③ 有关专业人员表示,一些广告联盟与色情网站相勾结,已经成为行业内的潜规则。

网络空间的资助行为,不仅给网络犯罪提供了资金支持,还在某种程度上诱发了网络犯罪的进一步扩大。例如,色情网站为了赚取更多的广告费而继续扩大网站规模和数量,某种程度上进一步刺激了传播淫秽物品犯罪的高发态势。网络空间的资助行为已经与网络犯罪进一步狼狈为奸,互相成为对方实施犯罪的助推力量,给惩治网络犯罪斗争提出了新的挑战。

(四) 对当前网络犯罪"资助"行为的刑法反应模式考查

1. 司法反应模式体系:片面共犯和共犯正犯化的引入

网络犯罪的初期,司法机关对于网络犯罪帮助行为的回应方式是通过司法解释明确网络帮助行为的犯罪性质。④ 此种做法其实是司法解释文本规定的一种提示性规则,并没有在传统帮助行为的评价模式之外创制新的规则。而随着网络犯罪帮助

---

① 参见于志刚、于冲:《网络犯罪的罪名体系与发展思路》,中国法制出版社 2013 年版,第 94 页。
② 参见张景勇:《公安部等 9 部门严打网络淫秽色情》,载新华网(http://news.xinhuanet.com.cn/c/2009-07/31/101216045483s.shtml),访问日期:2020 年 8 月 20 日。
③ 参见仇玉平:《研究表明网络广告费是色情 WAP 网站主要收入》,载新浪网(http://news.sina.com.cn/c/sd/2010-01-19/145419500303.shtml),访问日期:2020 年 8 月 20 日。
④ 例如,2004 年最高人民法院、最高人民检察院《关于办理利用互联网、移动通讯终端、声讯台制作、复制、出版、贩卖、传播淫秽电子信息刑事案件具体应用法律若干问题的解释(一)》第 7 条规定:"明知他人实施制作、复制、出版、贩卖、传播淫秽电子信息犯罪,为其提供互联网接入、服务器托管、网络存储空间、通讯传输通道、费用结算等帮助的,对直接负责的主管人员和其他直接责任人员,以共同犯罪论处。"

行为异化的日益明显,司法机关开始通过司法解释对网络犯罪"资助"行为进行差异化评价和制裁。

第一,网络犯罪"资助"行为成立片面共犯的司法确认。为了有效回应网络帮助犯由于缺乏意思联络引发的共同犯罪评价困难,最高司法机关有限度地承认了为传统刑法理论所排斥的片面共犯。[①] 例如2010年2月2日最高人民法院、最高人民检察院颁布的《关于办理利用互联网、移动通讯终端、声讯台制作、复制、出版、贩卖、传播淫秽物品电子信息刑事案件具体应用法律若干问题的解释(二)》中首次承认了网络帮助行为可以缺乏"双向意思联络",仅以"单向明知"与实行行为人成立共同犯罪。其第7条规定:"明知是淫秽网站,以牟利为目的,通过投放广告等方式向其直接或者间接提供资金,或者提供费用结算服务,具有下列情形之一的,对直接负责的主管人员,依照刑法第三百六十三条第一款的规定,以制作、复制、出版、贩卖、传播淫秽物品牟利罪的共同犯罪处罚:(一)向十个以上淫秽网站投放广告或者以其他方式提供资金的……(六)造成严重后果的。"随后,最高人民法院、最高人民检察院、公安部在2010年发布的《关于办理网络赌博犯罪案件适用法律若干问题的意见》第2条中分别又在特定犯罪领域认可网络犯罪"资助"行为可以成立片面正犯。

第二,需要注意的是,上列司法解释对"片面共犯"是一种有限的承认立场,即根据传统的共同犯罪理论,共同犯罪的刑事责任是以实行行为为主、危害后果为辅的"部分行为全部责任",帮助行为、帮助程度的大小一般不能影响是否成立共同犯罪,而只能影响量刑,而上述司法解释在承认"片面共犯"的同时,又规定必须"情节严重",不同于普通共犯帮助行为。[②]

2. 立法反应模式体系:正犯责任的确立

现有的司法解释虽然可以通过扩张解释,以"片面共犯"的思路对于网络犯罪"资助"行为进行一定的回应,但网络犯罪"资助"行为人的刑事责任依然要依托于实行行为人实现,无法充分回应网络犯罪帮助行为"一对多"特性引发的"资助"行为整体危害性巨大和单独"资助"的实行行为人行为危害性有限的差异问题。[③] 因此《刑法修正案(九)》在《刑法》第287条之二增设了帮助信息网络犯罪活动罪,规定:"明知他人利用信息网络实施犯罪,为其犯罪提供互联网接入、服务器托管、网络存储、通讯传输等技术支持,或者提供广告推广、支付结算等帮助,情节严重的,处三年以下有期徒刑或者拘役,并处或者单处罚金。"帮助信息网络犯罪活动罪可以视为所有为网络犯罪提供信息、技术、资金支持行为的兜底性罪名,是立法对网络犯罪帮助行为的整体性回应。

而较为权威的《刑法修正案(九)》的立法解读中亦明确了该罪名是遵循了理论界多次倡导的共犯正犯化的立法思路:"一方面,网络犯罪通常具有跨地域特点,主犯往往分散在全国各地,甚至境外,抓获主犯十分困难,在主犯不能到案的情况下,对帮

---

① 参见丁芯刚:《网络空间中犯罪帮助行为制裁体系与完善思路》,载《中国法学》2016年第2期。
② 同上注。
③ 同上注。

助犯追究就会陷入被动。另一方面,传统共犯一般是'一对一'的关系,而网络共犯通常表现为'一对多'的关系。由于帮助对象的数量庞大,网络犯罪利益链条中的帮助行为实际上往往成为获利最大的环节,按照共犯处理,也难以体现其独特危害性。鉴此,《刑法修正案(九)》第29条创设性地提出了网络帮助行为正犯化的处理规则。"[1]

(五) 立法远景:网络犯罪"资助"行为单独入罪化

有学者认为,在未来的刑事立法中,构建独立的网络犯罪评价体系,增设单独的网络犯罪"资助"罪名,越来越有必要。从法理上讲,在涉及网络犯罪的整个罪名体系中,一个合乎逻辑的脉络应该是,具体的网络犯罪是原来刑法打击的重点,"资助"行为本来是网络犯罪的上游行为,其总是作为某类或者某个严重犯罪的犯罪链的上游行为阶段而存在,打击"资助"行为,就能够在第一个阶段破解这个犯罪链,摧毁其经济来源,因此,正常的立法发展阶段,是将原本属于"帮助行为"的"资助"行为加以"正犯化"处理,将其提升为独立的犯罪,这是一个正常的立法进步和合理的发展阶段。但是,"资助"行为独立入罪也面临着一个理论怀疑:运用刑法来评价和制裁此类行为是否有紧迫必要性?有学者对此持保守的态度,强调刑法的谦抑性。但也有学者认为,面对汹涌澎湃的网络犯罪浪潮和快速增加的网络犯罪"资助"行为,如果还固守在田园时代反复强调以刑法的安定性、最后性为目的的非犯罪化,不仅与当下的时代不合拍,而且有违民众的一般法感情。正如日本著名学者井田良所说:在老百姓看来,反复强调只有在民法、行政法不足以保护法益的场合才能适用刑法,不过是将保护民众安全的任务推卸给其他法领域而已,是公权力在法律专家之间的私相授受。[2]

基于此,于志刚等学者认为,应当增设专门罪名,以严厉惩罚网络犯罪"资助"行为。在"资助"行为单独入罪化的价值取向上,应当注意与共同犯罪的冲突与整合,具体体现在[3]:

第一,资助行为之主观要素应包括间接故意。有些法域明确规定资助行为入罪化的主观因素,只包括直接故意,例如我国澳门特别行政区《预防及遏止恐怖主义犯罪》第7条规定,"资助恐怖主义",是指"意图全部或者部分资助作出恐怖主义行为,而提供或收集资金者"。这种立法模式意味着,资助行为的主观要素,仅限于直接故意。然而,涵盖间接故意是国际社会的较多立法选择。例如,澳大利亚刑法将资助恐怖主义定义为提供或募集资金,而且不顾该资金是否被用于促成或者参与实施恐怖主义行为。此时的"不顾后果",是指一个人明知该后果将产生重大危险,以及根据该已知的情况,冒这种风险是没有道理的。印度2002年《预防恐怖主义法》"为恐怖主义组织筹集资金将成为一项罪行"的第22条中,明确规定"放任"行为等同于"明知"等。因此,对于资助行为的主观要素应界定为直接故意(追求型的"意图")和间接故

---

[1] 参见胡云腾:《谈〈刑法修正案(九)〉的理论与实践创新》,载《中国审判》2015年第20期。
[2] 参见曹菲:《刑事法、行政法统一化之提倡——兼论涉及行政法规范的犯罪的故意认定》,载《时代法学》第2009年第1期。
[3] 参见于志刚、于冲:《网络犯罪的罪名体系与发展思路》,中国法制出版社2013年版,第107—111页。

意(放任型的"明知"),向网络犯罪行为人提供资助的主观要素包含两个层面:①必须是故意所为;②犯罪人必须有意将资金用于资助网络犯罪或者知晓这些资金将用于此种目的。就第②点而言,"意图"和"知晓"是可互换的要件。也即是说"意图"和"知晓"是两个相并列的但是不相同的主观罪过类型,即直接故意和间接故意。

第二,资助的基本行为模式:投放广告或者提供增值业务分成。如前所说,网络犯罪的"资助"行为有别于典型的"资助型"犯罪(即通过任何手段直接或者间接、非法和故意地提供或募集资金)。但是网络犯罪"资助"行为的典型体现为向网络犯罪行为人投放广告或者提供可以参与分成的增值业务,其共同特性在于通过"共同获利"的投资方式向网络犯罪人提供资金。

第三,资助的性质不要求无偿性。一般的理解,"资助"行为应当是指无偿提供或者义务型的募集。但是客观上讲,"资助"行为在本质上要求的是对网络犯罪人在物质上的支持和帮助,而不一定绝对要求物质帮助的无偿性,如果过于要求无偿性,则很可能导致有罪不能罚。有些国家在制裁资助恐怖主义犯罪的立法方面也已经注意到了这些问题,例如印度 2002 年《预防恐怖主义法》中"为恐怖主义组织筹集资金将成为一项罪行"的第 22 条明确提出,资助是否以无偿的形式出现在所不问。[①] 因此,本罪名中所称"资助"行为指的是给予、借出或者以其他方式提供,而不论是否有对价。

三、预备行为实行行为化:以网络恐怖主义犯罪为例

预备行为的实行行为化,是指立法者将预备行为作为独立犯罪加以规定的场合,即以既遂形式出现的实质为预备行为的犯罪。[②] 恰如帮助行为正犯化在刑法理性中早已存在,预备行为实行行为化在刑法理性中也是早有出现,同样在网络犯罪转变中得以迅速发展和壮大,被认为是应对网络犯罪转变的另一剂良药。

(一) 网络恐怖主义犯罪的概念界定

要有效地预防和准确地打击网络恐怖主义犯罪,首先要明确什么是网络恐怖主义,否则容易缺乏针对性,有失偏颇,不利于反恐工作的进行。网络恐怖主义的概念和范围,随着信息技术的发展而不断扩大,通过总结国内外学者的观点,网络恐怖主义的定义可分为狭义说和广义说两种。

狭义说认为,网络恐怖主义在本质上属于"目标型网络主义",即恐怖分子对计算机系统、网络和信息设施发起的网络袭击。例如美国联邦调查局官员马克·波利特认为,"网络恐怖活动是非政府团体或者秘密组织实施的有预谋的、有政治动机的针

[①] 参见于志刚、于冲:《网络犯罪体系与发展思路》,中国法制出版社 2013 年版,第 107—111 页。
[②] 参见劳东燕:《论实行的着手与不法的成立根据》,载《中外法学》2011 年第 6 期。

对信息、计算机系统、计算机程序和数据的袭击,引起对非战斗目标的暴力活动"①。美国乔治城大学的多罗西·邓宁(Dorothy Denning)将网络恐怖犯罪界定为"是恐怖主义向信息网络领域的蔓延。它是以网络系统和信息数据为袭击目标,并对国家安全和政府稳定构成威胁,使得袭击目标造成巨大的损失,并制造舆论和社会恐慌"②。

广义说认为,对网络恐怖主义犯罪采用对计算机系统、网络和信息设施进行网络恐怖主义犯罪应该采取较为宽泛的理解,即"不仅应当包括对计算机系统的袭击,还应当包括为完成某种目标的恐怖分子,利用网络对现实世界制造影响的所有行为"③。此外,联合国的反恐执行工作组将网络恐怖主义犯罪界定为四类行为:"一是利用互联网通过远程改变计算机系统上的信息或者干扰计算机系统之间的数据通信以实施恐怖袭击;二是为了恐怖活动的目的将互联网作为其信息资源进行使用;三是将使用互联网作为散布与恐怖活动目的有关信息的手段;四是为了支持用于追求或支持恐怖活动目的的联络和组织网络而使用互联网。"④广义说的本质其实是"工具型恐怖主义",即将网站、网络软件等作为犯罪工具,以及在网络空间实施的煽动、招募、筹资、策划和培训等恐怖活动。

综上所述,结合狭义说和广义说的定义,可以将网络恐怖主义犯罪界定为:网络恐怖主义犯罪是指非国家组织或者个人有预谋、有政治目的的针对信息、网络和计算机系统等实施网络袭击,以及将网站、网络软件等作为犯罪工具而实施煽动、资助、组织、宣传、策划等活动,以最大限度危害社会公共安全的行为。

(二) 网络恐怖主义犯罪预备行为实行行为化的理论依据

《刑法修正案(九)》对恐怖主义犯罪的犯罪圈进一步扩大,如新增的第120条之二规定了准备实施恐怖活动罪,将为实施恐怖活动策划、准备工具,组织、参加恐怖活动培训等预备行为规定为犯罪,其保护的不仅仅是个人法益,还包括不特定多数人的生命、健康和财产安全。法益保护前置化成为此次修法的显著特征。虽然传统刑法关注的核心在于实行行为及其危害结果,但在网络恐怖主义犯罪的视角下,将法益保护的时间提前,是风险社会中刑法功能转变和集体法益出现后的必然结果。

1. 风险社会理论

"风险社会"的概念首次出现在德国社会学家乌尔里希·贝克出版的《风险社会》一书中。根据风险社会理论,我们生活的现代社会正在向风险社会转化,工业化创造便利的同时,也带来了诸如恐怖主义、生态危机等足以对全人类社会造成危害的巨大风险。风险社会中"风险"的最大特征是人为的不确定性和难预测性,一旦发生,

---

① Mark M. Pollitt,"Cyberterrorism: Fact or Fancy",*Computer Fraud & Security*, No. 2(1998).
② 参见 D. Denning, Cyberterrorism. Testimony before the Special Oversight Panel of Terrorism Committee on Armed Services, US House of Representatives, 23 May, 2000,载乔治城大学网(www.cs.georgetown.edu/~denning/infos-ec/cyberterror.html),访问日期:2016年11月14日。
③ S. Gordon & R. Ford, "Cyberterrorism?", *Computer Security*, no 7(2002).
④ United Nations Counter-Terrorism Implementation Task Force Working Group, Report on Countering the Use of the Internet for Terrorist Purposes, 2009: 5.

将会造成巨大的损害。因此在风险社会的背景下,人们出于不安情绪,更加注重预防会对人身和财产权利产生紧迫现实危险的风险,例如科学技术带来的风险,食品药品风险和恐怖犯罪风险等。由此,刑法从事后镇压统治模式转为预防性调整模式,传统的报应刑法观念被预防刑法观念所取代。将法益保护前置化,将刑事处罚的界限沿着犯罪行为实施的时间段向前推置,增加了诸多实质预备犯和抽象预备犯,以更周全地保护法益。①

2. 集体法益理论

随着风险社会带来的具有预防主义色彩的现代刑事立法的出现,刑法对于特定领域的介入早期化,在离侵害结果出现还较远的时候就予以规制,导致法益的模糊化、抽象化,强烈冲击了作为传统刑法基石的法益理论。但是在恐怖活动犯罪及其他严重危害国家安全犯罪的场合,由于法益的重要性、犯罪结果的全球性以及不可挽回性,刑法通常对相关的重大法益予以超前保护,此时,集体法益理论可以作为对法益保护前置化的正当化途径之一。集体法益又被称为"超个人法益",当前学术界主要有两种观点:一种观点主张集体法益并不是作为具有自身目的存在,而是应被看作个人法益的集合体,或者是作为这些利益的保护机构而为刑法所保护,因而集体法益的存在在于其能向个人法益还原;另一种观点认为集体法益在个人法益的基础上具备独立的特征和性质,具有不可分割性以及根源上的特殊性,保护集体法益是将集体法益作为个人法益保护的前阶,而使得刑法提前介入。② 德国著名刑法学家罗克辛认为:"法益概念不仅限于个人法益,还包括公众法益,但只有当它最终服务于个体的国民时,这种公众法益才是合法的。"③

不论以上哪种观点,都是法益内涵扩张的产物。在风险社会中,一旦作为集体法益的秩序或者基础受到破坏,最终必然会导致个人法益受到侵害。例如我国《刑法》第120条规定的组织、领导、参加恐怖组织罪,其保护的法益是不特定多数人的生命、健康和财产安全,即社会公共安全。显然,保护公众安全是为了保护公民个人的安全,在恐怖组织对公民个人造成实害之前提前加以刑法保护,这种做法无疑增加了个人安全保护的有效性。

(三) 网络恐怖主义犯罪预备行为实行行为化的现实必要性

2014年第68届联合国大会通过的《联合国全球反恐战略》,根据中国提出的修改建议,首次将打击网络恐怖主义犯罪纳入全球反恐战略框架内。网络恐怖主义犯罪已经成为威胁国家安全、政治、经济、军事等方面的不稳定因素,打击网络恐怖主义犯罪是世界各国不容忽视、亟待解决的现实难题。对此,可以从网络恐怖主义犯罪的现

---

① 参见张晓驰:《犯罪预备行为的实行化研究——以恐怖活动犯罪为视角》,吉林大学2016年硕士学位论文,第7—8页。
② 参见张晓驰:《犯罪预备行为的实行化研究——以恐怖活动犯罪为视角》,吉林大学2016年硕士学位论文,第9—12页。
③ 参见〔德〕克劳斯·罗克辛:《刑法的任务不是法益保护吗?》,樊文译,载陈兴良主编:《刑事法评论》(第19卷),北京大学出版社2006年版,第152页。

状、类型化特征、危害性三个方面具体阐述网络恐怖主义犯罪预备行为实行行为化的现实必要性。

1. 网络恐怖主义犯罪的现状

随着互联网信息技术的发展,恐怖主义犯罪与网络结合的趋势不可逆转。网站、网络软件逐渐成为恐怖活动犯罪的第二空间,恐怖组织越来越擅长利用互联网传媒技术作为宣传极端主义意识形态、实施招募成员、煽动、筹资、策划恐怖活动的得力工具。据不完全统计,2000年至2014年全球具典型性的网络恐怖袭击战、宣传战、心理战便多达26起。① 例如,ISIS将恐怖活动的阵地从现实世界转移到网络空间,充分利用社交网站、网络应用软件、网络音视频等互联网工具发动网络袭击、散布恐怖主义思想,实施恐怖活动培训和招募人员、筹集恐怖活动资金、制造恐怖气氛等活动。

并且,恐怖活动的组织形态也逐渐由传统的金字塔结构向网络节点式结构转变,一种扁平、独立、分散的"独狼式网络恐怖主义"逐渐崛起。正如有的学者指出,特定的网络恐怖活动犯罪可能并不能归责于特定的恐怖活动组织,网络恐怖活动的行为可能包括国家、非国家行为人、公司、个人。②根据统计数据显示,网络恐怖活动犯罪的整体状况和发展趋势主要体现在四个方面:①网络恐怖活动犯罪涉及的恐怖组织分布呈现多样化;②网络恐怖活动犯罪涉及国家和地区分布的模糊化;③网络恐怖活动犯罪纵向时间分布的爆发增长态势③;④网络恐怖活动犯罪的目的日益复杂化,犯罪手段日益高科技化。网络恐怖主义犯罪呈现出的新特征不仅突破了网络恐怖组织的传统定义,其不可预测性和残忍性更是增加了各国反恐的难度。

2. 网络恐怖主义犯罪的类型化特征

以网络在暴力恐怖主义犯罪中的地位和作用,可以将网络恐怖主义犯罪分为目标型网络恐怖主义犯罪和工具型网络恐怖主义犯罪两类。就目标型网络恐怖主义犯罪而言,有学者将其进一步细化分为两类,主要表现为:①针对关系国计民生的关键设施的计算机系统,如高速铁路、金融中心、核电站核设施、水坝等的计算机控制系统发动网络袭击或物理攻击。该行为一旦实施,就会给国家安全、社会公众安全造成严重威胁,或者发生直接的现实性危害。例如2013年4月23日,黑客组织"叙利亚电子军"盗取美联社官方推特账号,谎称"白宫发生两起爆炸,奥巴马受伤",美国股市应声大幅波动,损失约2 000亿美元。②以整个互联网为目标进行的网络袭击,主要是通过袭击互联网域名管理系统,或者通过使用更改计算机病毒,对官方网络系统或民众网络进行入侵,对其数据信息实施删除、修改、增加、干扰等攻击行为。④ 例如,最为典

---

① 参见程聪慧、郭俊华:《网络恐怖主义的挑战及其防范》,载《情报杂志》2015年第3期。
② Yaroslaw Shiryaev, Cyberterrorism in the Context of Contemporary International Law, 14 San Diego Int' l L.J.139 2012-2-13, P.139.
③ 参见于志刚、郭旨龙:《网络恐怖活动犯罪与中国应对——基于100个随机案例的分析和思考》,载《河南大学学报(社会科学版)》2015年第1期。
④ 参见皮勇:《全球化信息化背景下我国网络恐怖活动及其犯罪立法研究——兼评我国〈刑法修正案(九)(草案)〉和〈反恐怖主义法(草案)〉相反反恐条款》,载《政法论丛》2005年第1期。

型的是利用分布式拒绝服务对政府、企业网站系统的漏洞发起大规模袭击,造成网络服务的崩溃、数据信息的大量泄漏。

工具型网络恐怖主义犯罪,随着互联网信息技术成为得力工具,将会成为网络恐怖主义犯罪的主流。由于互联网的智能性、匿名性、便捷性等特点,导致工具型网络恐怖主义犯罪呈现出非直接暴力性、隐蔽性、高智能性、低成本高效能性、手段与主体多样性、袭击目标与攻击范围的广泛性等特点。① 关于工具型网络恐怖主义犯罪的表现形式,有学者将其总结为以下四种:一是加剧恐怖主义威胁,进行网络恐怖宣传战;二是大肆制造社会混乱,施展网络恐怖心理战;三是窃取国家安全机密,开展网络恐怖情报战;四是营造信息资源体系,实施恐怖组织网络扩张战。② 还有学者将其总结为两方面:一是以网络作为媒介,传播恐怖信息活动、收集信息、接收获取信息;二是以网络为基地,联络、招募恐怖成员。③ 例如,2013年发生在肯尼亚首都内罗毕维斯盖特购物中心的恐怖袭击事件,就是来自索马里、英国等多国的恐怖分子利用社交网站组织、策划并实施的。

未来网络恐怖主义犯罪发展的趋势将会是目标型逐渐向工具型转化,利用网络空间的网络恐怖主义犯罪与传统恐怖主义犯罪的结合将会更加紧密。

3. 网络恐怖主义犯罪的危害性

网络恐怖主义犯罪之于普通网络犯罪和传统恐怖主义犯罪而言,具有更大程度的危害性。网络恐怖主义犯罪的目的和动机与普通网络犯罪存在极大差异,彰显了犯罪人不同的人身危险性,预示了更为严重的社会危害性。正如邓宁教授所说:"一个网络袭击要被定义为网络恐怖袭击,不仅要具有足够的破坏性或毁灭性,并能制造出与物理性恐怖主义活动相当的社会恐慌,并且要出自于政治或社会目的。"④网络恐怖主义犯罪的恐怖分子往往带有政治目的、宗教目的或者其他社会目的,企图通过对信息网络的攻击、进行恐怖信息散布和激进思想的宣传等实施方式,造成社会恐慌,引起国家和最广泛人群的关注,造成国家安全和社会秩序的破坏,造成直接或者间接经济损失。网络恐怖主义犯罪与传统恐怖主义犯罪的不同主要在于恐怖效应和危害后果方面。网络恐怖活动的危害相对于传统恐怖主义而言,危害更广、深,具有跨地区和跨国界等特点,而且危害后果一旦造成,短期内很难恢复,甚至是灾难性的,造成的恐怖效应也更持久。⑤

通过以上对信息时代下网络恐怖主义犯罪的现状、类型、特征、法益侵害性进行简要阐述,可以看出,无论是立法还是司法层面,都应该对网络恐怖主义犯罪的实害行为以及对公私法益具有高度危险性的预备行为进行严厉规制,严密刑事法网。

---

① 参见刘建:《网络恐怖主义的兴起及其发展趋势探析》,外交学院2012年硕士学位论文,第11—14页。
② 参见北京市公安局西城区分局课题组:《网络恐怖主义发展趋势及其打击防范对策》,载《公安研究》2010年第9期。
③ 参见高铭暄、李梅容:《论网络恐怖主义行为》,载《法学杂志》2015年第12期。
④ Dorothy E. Denning, "A View of Cyberterrorism Five Years Later", in *Internet Security: Hacking, Counterhacking, and Society*, ed. K. Himma. (Sudbury: Jones and Bartlett Publishers, 2007), 124.
⑤ 参见龙正凤:《网络恐怖主义的现状、原因及应对策略》,载《凯里学院学报》2016年第1期。

(四) 网络恐怖主义犯罪立法的概况和评析

1. 国外及国际立法的概况和评析

从英国通过的《反恐怖主义法案》来看,英国对于工具型网络恐怖主义犯罪的刑法规制并非采取单一的定义模式,而是同时结合了定义模式和清单模式,例如英国2000年《反恐怖主义法案》第1条规定,恐怖主义包括"故意严重干扰或瓦解一个电子系统"的恐怖活动行为。而关于目标型网络恐怖主义犯罪,主要适用英国在1990年通过的《计算机滥用法》第3条规定的"非法修改计算机程序或数据罪"。根据该条款的规定,行为人故意损毁、破坏或修正计算机资料或程式的,可判处5年以下监禁或罚金。[①]

在"9·11事件"之前,《德国刑法典》中就有涉及预备行为实行行为化的规定,例如,《德国刑法典》第129条规定了建立恐怖组织罪,规定了创立恐怖组织、作为成员参与恐怖组织、给恐怖组织提供支持、为恐怖组织招募成员或为其宣传等行为均应受处罚。其后又逐渐将处罚范围扩大到为恐怖主义分子提供恐怖活动技能训练和参与恐怖活动技能训练;生产、自制、转让或保管武器或特定物品,出于制造犯罪活动需要的武器、物质及前期预备的目的,自制或保管对犯罪行为起根本作用的物品或基本物质;为恐怖袭击提供资金。[②] 这些条款,同样适用于网络恐怖主义犯罪。通过对威胁公共安全的涉恐预备行为入罪化,体现了德国刑法对分散的恐怖活动的打击和预防。而关于网络恐怖袭击犯罪,《德国刑法典》并没有进行专门的规定,而是将其作为普通的网络犯罪适用计算机犯罪的相关条款。

同样,俄罗斯在其刑法典中也建立了较为完善的反恐罪名体系,同时还出台了俄罗斯《联邦反恐怖主义法》以应对民众对公共安全的要求。例如《反恐怖主义法》第3条第1款将恐怖主义定义为"暴力的意识形态,是以恐吓居民或者其他的暴力威胁方法,影响国家权力机关、地方自治机关或国际组织决策的实践"。第3条第2款采用列举的方法将恐怖主义活动界定为如下行为:①组织、策划、预备、资助和实施恐怖主义活动;②煽动恐怖主义活动;③以实施恐怖主义活动为目的组建非法武装、犯罪集团或有组织犯罪团伙,并参与其中;④招募、装备、训练和利用恐怖分子;⑤以提供信息或其他方式参与策划、准备或实施恐怖主义活动;⑥宣传恐怖主义思想,散布煽动恐怖主义活动的资料或信息,或者散播证明恐怖主义活动必要性的资料或信息。与德国一样,《俄罗斯刑法》针对网络恐怖袭击,并没有设置相应的条款进行规制,而是适用第273条"编制、使用和传播有害的电子计算机程序罪"。[③]

对工具型网络恐怖主义犯罪进行规制的国际公约主要有:①欧洲理事会《防止恐

[①] 参见赵秉志、于志刚:《计算机犯罪比较研究》,法律出版社2004年版,第54页。
[②] 参见申柳华:《德国刑法计算机犯罪修正案研究》,载明辉、李昊主编:《北航法律评论》2013年第1期,法律出版社2014年版,第240—241页。
[③] 参见《俄罗斯联邦刑事法典》,赵路译,中国人民公安大学出版社2009年版,第197页。

怖主义公约》①,其第 5 条至第 9 条规定了煽动恐怖主义、招募恐怖分子、培训恐怖分子,赞美、宣传恐怖主义精神和恐怖犯罪的行为;②联合国安理会第 1624 号决议②,对煽动实施恐怖行为作出规定,强调了各国在禁止煽动恐怖主义行为时应承担的义务。而欧洲理事会的《网络犯罪公约》③被称为现行关于网络犯罪最全面的国际公约,对目标型网络恐怖主义犯罪也进行了相应的规制。其第 4 条和第 5 条将行为人故意在无权限的情况下对电脑资料进行损毁、删除、变更性质、篡改或者隐匿的行为,通过输入、传输、损毁、删除、变更、篡改或者隐匿计算机数据,严重妨碍计算机系统运行的行为,认定为刑事犯罪,为惩治网络恐怖袭击这一恐怖活动类型提供了依据。

综上所述,我们可以看出无论是英国、德国、俄罗斯还是欧洲理事会、联合国安理会,对工具型网络恐怖主义犯罪和目标型网络恐怖主义犯罪都采用分别立法的模式,且都倾向于将利用网络实施的恐怖主义活动的预备行为实行行为化,提前刑法介入的时间,对法益进行前置保护,变被动为主动。但是关于目标型恐怖主义犯罪,以上各国都没有对其进行特别规定,而是比照普通网络犯罪的条款进行处理。欧洲理事会制定的《网络犯罪公约》虽然初具惩治目标型网络恐怖主义犯罪的雏形,却没有明确"网络袭击"的概念,导致缺乏指导性和实践性。

2. 国内立法的概况和评析

我国 1979 年《刑法》没有"恐怖活动犯罪"的专门规定,1997 年《刑法》算是我国反恐刑事立法的开端,其第 120 条规定了"组织、领导、参加恐怖活动组织罪",实现了反恐刑事立法"从无到有"的过程。从 2001 年到 2015 年,我国三次修正刑法,对恐怖主义犯罪立法进行了充实和完善。2015 年 12 月 29 日通过了《反恐怖主义法》,对具有恐怖主义目的而攻击或者利用网络的行为提供了相应的行政或刑罚处罚指引。2018 年又对《反恐怖主义法》进行了修正。

2001 年 12 月 29 日通过的《刑法修正案(三)》对《刑法》进行了以下修改:①增设了"资助恐怖活动罪";②在第 291 条的基础上增设"投放虚假危险物质罪""编造、故意传播虚假恐怖信息罪";③将"恐怖活动犯罪"增列为洗钱罪的上游犯罪;④提高了第 120 条"组织、领导、参加恐怖活动组织罪"的法定刑。2011 年《刑法修正案(八)》主要增加了"特别累犯制度"适用于恐怖活动犯罪分子的规定,对恐怖活动犯罪集团的首要分子不再适用缓刑。2015 年《刑法修正案(九)》是我国对恐怖主义犯罪的又一次重大的修改:①对《刑法》第 120 条增加了财产刑;②将"资助恐怖活动罪"改为"帮助恐怖活动罪",并将"资助恐怖活动培训"的行为和"为恐怖活动组织、实施恐怖活动或者恐怖活动培训招募、运送人员的"行为纳入规制范围;③扩大了恐怖主义犯罪的犯罪圈,在《刑法》第 120 条之一之后又增设了 5 个条款,对教唆、帮助、准备实施恐怖活动的行为进行了刑法规制;④在《刑法》第 311 条规定的"拒绝提供间谍犯罪证据罪"中增加规定了"拒绝提供恐怖主义犯罪证据罪"的内容;⑤在《刑法》第 322 条

---

① Council if Europe Convention on the Prevention of Terrorism of 16.5.2005(ETS No.196)
② UN Security Council Resolution 1624(2005) of 14.9.2005.
③ Convention on Cybercrime of the Council of Europe of 23.11.2001(ETS No.185)

规定的"偷越国(边)境罪"后补充规定"为参加恐怖活动组织、接受恐怖活动培训或者实施恐怖活动,偷越国(边)境的"行为。

纵观我国刑法的立法历程,虽然还没有专门就网络恐怖主义犯罪设置单独的条款,但是各法律文件使我国在打击网络恐怖主义犯罪方面基本摆脱了"捉襟见肘"的困境。然而,随着恐怖主义犯罪新特征、新方式的出现,现行的反恐刑事立法逐渐暴露出如下缺陷:

(1)犯罪界定不明确。

有学者提出,我国《刑法修正案(九)》主要是一种应急性立法,是为了避免恐怖犯罪活动新情况、新形式出现时法律"缺位"的尴尬。但是这种立法缺乏系统性构思和整体性布局,导致在具体的实践应用中往往出现操作性不强、随意性扩大的问题。①而笔者认为,这种结构体系的弱势主要是由于对犯罪界定不明确导致的,我国《刑法》中涉恐条款散落在不同章节,各条款之间无法利用体系解释的方式得到正确的适用。例如,《刑法修正案(八)》规定了恐怖活动犯罪分子适用特别累犯,但是特别累犯的适用依赖于对恐怖活动犯罪的准确界定,以实现罪刑法定;而遗憾的是我国《刑法》尚未对恐怖活动犯罪进行定义,而造成了司法适用上的困难。虽然《反恐怖主义法》定义了"恐怖主义"和"恐怖活动",但在刑罚处罚效力上远不及《刑法》,因此其也只具有参考价值。

(2)规制范围待完善。

结合国内外立法和反恐现状,我国的反恐立法体系在以下两个方面还有待完善:其一,我国现行反恐罪名无法涵盖个体式恐怖主义犯罪。这些个体恐怖犯罪分子没有加入任何恐怖组织,实施犯罪时没有与他人的犯意联络,可能是由于其他恐怖分子的煽动和蛊惑,或者浏览恐怖主义网站而萌发犯意,总之,从产生动机、预谋到实施都是由恐怖分子独立完成。例如"独狼式""人肉炸弹式"已成为恐怖犯罪的重要形式。虽然从《反恐怖主义法》第3条第4款规定来看(即规定了"本法所称恐怖活动人员,是指实施恐怖活动的人和恐怖活动组织的成员"),实施恐怖主义活动的犯罪人既可以是不归属于任何犯罪团体的个人,也可以是恐怖组织的成员,但是从《刑法》的规定来看,并不一定能得出相同的结论。虽然《刑法修正案(九)》对犯罪圈进一步扩大,预备行为实行行为化、法益保护前置化,但是仍然无法包含上述个体式的恐怖主义犯罪,此乃未来涉恐条款完善的方向。其二,在我国,目标型网络恐怖主义犯罪(也有学者称之为网络袭击)亦未得到刑法合理的评价。虽然网络恐怖袭击犯罪目前在我国造成的危害不明显,甚至有学者认为《刑法》第285条、第286条规定的非法控制计算机信息系统罪,破坏计算机信息系统罪,提供侵入、非法控制计算机信息系统程序、工具罪足以处罚网络恐怖袭击犯罪,立法的完备程度超过了被广泛认同的国际立法标准,并在多方面已经达到了高于欧洲理事会《网络犯罪公约》的立法水平②;但是不可

---

① 参见梅传强:《我国反恐刑事立法的检讨与完善——兼评〈刑法修正案(九)〉相关涉恐条款》,载《现代法学》2016年第1期。

② 参见皮勇:《关于中国网络犯罪刑事立法的研究报告》,载《刑法论丛》2011年第3期。

否认的是,包括上文所列举的英国、德国、俄罗斯以及欧洲理事会在内的国家或国际机构,都未对网络恐怖袭击行为进行专门的刑法规制。当前我国并未发生大规模严重的网络恐怖袭击事件,一是由于我国相关行业完成信息化、网络化的时间较晚,另一方面是由于我国一直以来对网络安全的严格监控。但是从国外反恐的经验看,网络恐怖袭击仍然是当前和未来需要引起足够重视的行为,随着我国信息化的深入,民生领域网络化是不可逆转的趋势,"互联网+"甚至是"传统行业+人工智能"已经使行业格局发生了翻天覆地的变化,因此,网络恐怖主义犯罪分子未来极有可能利用计算机和互联网技术发起恐怖袭击。立法应该具有一定的预见性和前瞻性,至少在网络恐怖袭击初露端倪的时候有与之相适应的处罚依据,而非一贯套用普通网络犯罪(《刑法》第285、286条)的规定。

(五) 网络恐怖主义犯罪立法的完善策略

1. 工具型网络恐怖主义犯罪的刑法规制

《刑法》及其修正案对工具型网络恐怖主义犯罪的规制已相对完善,但还需要将个体式网络恐怖主义犯罪纳入打击圈。《刑法》第120条规定了"组织、领导、参加恐怖组织罪",为恐怖主义犯罪预设了一个前提:即实施恐怖活动的必定是恐怖组织成员。如果行为人既归属于恐怖组织,又实施了杀人、爆炸、绑架等普通犯罪,则按照第120条第2款的规定数罪并罚;但是如果行为人并未组织、领导、参加恐怖组织,却实施了恐怖主义性质的犯罪,就只能按照普通犯罪进行处罚。这不仅模糊了恐怖主义犯罪和普通犯罪的界限,淡化了恐怖主义性质,其在罪责上也不适当,导致恐怖活动造成的社会危害得不到应有的评价。① 要解决这个问题,可以考虑在《刑法》危害公共安全罪一章中增设"实施恐怖活动罪",将具有恐怖主义性质的犯罪行为单独以"实施恐怖活动罪"定罪处罚。与此同时,对实施恐怖活动罪必须结合行为人的主观动机和行为性质加以认定,以避免将打击恐怖活动犯罪的触角肆意延伸到其他普通犯罪。

2. 目标型网络恐怖主义犯罪的刑法规制

总体上看,《刑法修正案(九)》对计算机犯罪的立法修正,仍然以保护计算机系统和数据为主,并重点打击利用计算机和网络实施的相关犯罪,而网络恐怖袭击犯罪都没有被当作计算机犯罪的特殊类型进行专门规定。就打击网络恐怖袭击犯罪而言,只能适用《刑法》第285条、第286条规定的罪名。网络恐怖袭击犯罪兼具有网络犯罪和恐怖袭击的特征,其袭击对象虽然是计算机系统、程序和数据,手段方式与普通计算机犯罪相差不大,但其主观目的与普通计算机犯罪相比具有本质的区别。就对网络发起恐怖袭击而言,行为人主观上追求的不再是对计算机信息安全的损害,而是通过破坏计算机系统功能、数据、程序等防护来实现恐怖主义目的。由此可见,网络恐怖袭击犯罪在结果上侧重于对社会公共安全的损害,而普通的网络攻击犯罪追求的是对计算机信息安全的损害,二者在犯罪客体方面差别很大。因此,现行《刑法》

---

① 参见王志祥、刘婷:《网络恐怖主义犯罪及其法律规制》,载《国家检察官学院学报》2016年第5期。

规定对网络恐怖袭击犯罪统一适用计算机犯罪条款,会淡化网络恐怖袭击犯罪的恐怖主义性质。并且从法定刑上看,《刑法》第285条为非法侵入计算机信息系统等类型的犯罪配置的最高法定刑幅度是"三年以上七年以下有期徒刑,并处罚金";第286条为破坏计算机信息系统等类型的犯罪配置的最高法定刑幅度是"五年以上有期徒刑"。然而,无论就犯罪性质还是犯罪后果而言,网络恐怖袭击犯罪的严重性都要远远高于普通犯罪,而计算机犯罪的法定刑配置则并不能满足对网络恐怖袭击犯罪的评价要求。因此,可以在《刑法》危害公共安全罪一章之下增设"实施恐怖活动罪",以对目标型网络恐怖主义犯罪进行定罪处罚。①

四、行为主体聚合化:以网络犯罪背景下的平台责任为例

随着互联网络空间的代际更迭和转变,网络平台逐渐形成和发展成为群魔乱舞的戏台,你方唱罢我登场。如果说行为主体结构演变中的帮助行为正犯化、预备行为实行行为化是网络犯罪规模化的集中体现和规范化的主要支点,那么行为主体的聚合化则是技术高度发展的必然结果和刑法规制的重中之重。如果能够结合民事、行政和刑事手段规范网络平台责任,严密刑事打击法网,将会助力网络空间的长治久清和提高网络犯罪的治理效果。

(一) 网络服务提供者的含义

《刑法修正案(九)》在《刑法》中增设了拒不履行信息网络安全管理义务罪,规定"网络服务提供者不履行法律、行政法规规定的信息网络安全管理义务,经监管部门责令采取改正措施而拒不改正,有下列情形之一的,处三年以下有期徒刑、拘役或者管制,并处或者单处罚金:(一)致使违法信息大量传播的;(二)致使用户信息泄露,造成严重后果的;(三)致使刑事案件证据灭失,情节严重的;(四)有其他严重情节的"。此次修法,使我国《刑法》上首次出现了"网络服务提供者"这一新名词,因此有必要对其进行适当的定义和解释。有学者认为,所谓"网络服务提供者",是指通过信息网络向公众提供信息或者为获取网络信息等目的提供服务的机构,包括网络上的一切提供设施、信息和中介、接入等技术服务的个人用户、网络服务商以及非营利组织。根据其提供的"服务"不同,网络服务提供者的类型可以分为三种:①网络连接服务提供者,是指为信息传播提供光缆、路由、交换机等基础设施,或者为用户上网提供接入服务的主体,如电信、网通;②网络内容服务提供者,是指自己组织信息通过互联网向公众传播的主体,如各行业的电商;③网络平台服务提供者,是指提供电子档案传送服务、聊天室、新闻讨论组、全文搜索、资料库代理乃至网络拍卖市场经营等平台

---

① 参见王志祥、刘婷:《网络恐怖主义犯罪及其法律规制》,载《国家检察官学院学报》2016年第5期。

服务提供者,通过平台服务使用户取得咨询或者进行网上信息交换。① 网络犯罪平台责任的视角下所指称的网络服务提供者是第三类,即网络平台服务提供者,简称网络平台服务商。而本章所要探讨的网络平台责任,主要是指对网络平台服务商行为的规范责任。

(二) 网络平台的现实挑战

不可否认,网络平台作为信息共建共享的基地和摇篮,为人们的生活提供了极大的便利,但同时也向刑法理论和司法实践提出了现实挑战。近年来,网络平台成为各类犯罪滋生的温床,层出不穷的犯罪行为如果离开了网络平台,要么根本无法进行,要么不可能爆发出强大的破坏力。例如"网络水军"等诽谤类和开设网络赌场等赌博类的危害公民人身财产权利和社会公共秩序的行为即如此。网络平台与"一对一"提供服务的网通、电信等网络服务商不同,其向双方的、多数的主体全面开放,从而实现了"一对多"甚至是"多对多"的传播形态。因此伴随网络平台所产生的是一种跨界思维,而跨界思维意味着平台服务商作为网络服务提供者所提供的是整体化的信息传播资源和集合化的媒介途径,网络平台服务就是以信息交互连接为主要形式的管理服务,服务内容可以涉及刑法所保护的多种法益。网络平台上的犯罪往往不再局限于单一罪行或者单一罪种,而是跨越数罪和数罪种的聚合,例如网络空间可以同时成为赌场、淫秽视频集散地和非法吸收公众存款的平台,各种犯罪实际上触犯了刑法的不同罪名,涉及社会公共秩序、市场经济秩序,危害众多个人的人身、财产权益,甚至还可能危及国家公共安全。②

(三) 网络平台责任的确立

因为信息通讯技术使组织"扁平化",即网络的引入造成了等级级别数目的减少,因而网络"自身"就承担了监察人员的部分协调任务。③ 因此,法律对于互联网活动仅有微弱的直接控制,政府越来越多地借助于互联网服务商、硬件生产商和软件机构等市场因素,尝试着运用间接控制。④ 这表明,在网络空间,网络服务商作为重要的共治主体,起着"二政府"的作用,承担着网络社会部分管理职能,因此也应当承担相应的治理责任。⑤ 对于纵容甚至是帮助规模化、链条化网络违法犯罪行为的服务商,应当给予严厉的制裁。网络空间治理需要以网络平台责任落实为规范重点,实现民事、行政规范与刑事规范的实体化对接。

---

① 参见孟传香:《关于网络服务提供者不作为刑事责任问题的探讨》,载《重庆邮电大学学报(社会科学版)》2012年第6期。
② 参见左坚卫:《网络贷款中的刑法问题探讨》,载《法学家》2013年第5期。
③ 参见〔荷〕简·梵·迪克:《网络社会:新媒体的社会层面》,蔡静译,清华大学出版社2014年版,第116页。
④ 参见〔荷〕简·梵·迪克:《网络社会:新媒体的社会层面》,蔡静译,清华大学出版社2014年版,第141页。
⑤ 参见于志刚:《网络开设赌场犯罪的规律分析与制裁思路——基于100个随机案例的分析和思索》,载《法学》2015年第3期。

1. 民事责任

对网络平台服务商民事责任的认定标准主要借鉴的是版权立法中的"避风港"原则和"红旗标准"。按照"避风港"原则,当平台服务商不明知、也没有明显意识到侵权行为的事实或情况时,在接到权利人的合理通知后,如果及时删除侵权内容,则不承担责任。"红旗标准"作为"避风港"原则的例外,认为如果平台服务商"明知"或"有理由知道"侵权活动的存在而不主动采取行动制止,则将失去"避风港"的保护。在中青文传媒公司诉百度公司百度文库侵权案中,法院判定百度文库构成帮助侵权。法院认为网络服务提供商具有一定的审查能力,在适当的情况下要对网友上传至其提供的信息存储空间的内容履行审查义务,要采取积极的措施减少侵权行为。[①] 2011年优朋普乐公司诉TCL集团和迅雷公司案中,法院采用的过错认定标准已经超越了"红旗标准",将重点放在考查服务提供者采用特定商业模式的主观意图,以及是否可以通过合理的技术手段避免侵权。[②]

刑法的谦抑性决定了刑法只能作为底线性防御手段,只有在民事、行政的法律措施无法抗制违法行为时才能够动用,以保护社会公共法益和追究行为人的刑事责任。因此民事侵权和刑事违法的行为特征应当有所区别,形成漏斗式、过滤式、层级式的评价方式。在网络平台责任的视角下,网络民事侵权与网络犯罪最主要的区别存在于以下三点。①对行为人主观过错的要求不同。在民事领域,无论网络平台服务商主观是故意或者过失,只要侵害到权利人权益,就要承担损害赔偿责任;然而在刑事领域,只有《刑法》明确规定过失可以构成犯罪的,行为人才承担过失犯罪的罪责,否则网络平台服务商的入罪要以主观故意为要件。②对损害结果的要求不同。在民事领域,民事侵权损害事实由侵害行为和侵害结果两个要素构成,这意味着只要网络平台服务商的不作为行为侵害了权利人的权益且造成损害结果,网络平台服务商就要承担民事侵权责任;但是在刑法领域,即使没有造成严重的损害结果,行为的预备、未遂、中止也可能符合修正的构成要件,也就是说即使网络平台服务商的不作为行为没有造成严重后果,也有可能成立不作为犯罪。③是否具有严重的社会危害性。网络平台服务商的不作为即使侵害了法益,但是不具有严重的社会危害性,仍然不值得刑法科以处罚。

2. 行政责任

关于网络不良信息的传播,行政法规对此早有规制。2000年国务院发布的《互联网信息服务管理办法》(2011年修订)第16条规定:"互联网信息服务提供者发现其网站传输的信息明显属于本办法第十五条所列内容之一的,应当立即停止传输,保存有关记录,并向国家有关机关报告。"由此规定了网络平台服务商"停止传输"和"报告"的责任。2012年全国人大常委会《关于加强网络信息保护的决定》第5条规定:"网络服务提供者应当加强对其用户发布的信息的管理,发现法律、法规禁止发布或

---

① 参见张昊:《四种新型网络服务模式引发侵权之争》,载《法制日报》2014年4月26日。
② 参见王迁:《超越"红旗标准"——评首例互联网电视著作权侵权案》,载《中国版权》2011年第6期。

者传输的信息的,应当立即停止传输该信息,采取消除等处置措施,保存有关记录,并向有关主管部门报告。"2014年国家互联网信息办公室发布的《即时通信工具公众信息服务发展管理暂行规定》第5条规定:"即时通信工具服务提供者应当落实安全管理责任……及时处理公众举报的违法和不良信息。"以上行政法规明确了网络平台服务商的平台责任,即由之前的"停止传输+报告"发展为"消除、处理+报告",强调其管理责任,网络平台服务商的责任逐渐独立化。

3. 刑事责任

关于网络平台服务商的不作为刑事责任,学术界存在"肯定说"和"否定说"两种观点。"肯定说"认为,网络平台服务提供者不同于网络连接服务提供者,其拥有的是对平台内容进行编辑的权利,如果发现网上的不良信息却不及时删除,必然会导致危害范围的扩大,因此,网络平台服务提供者拥有的是一种排他性支配的权利,成为其作为义务来源。持"否定说"的学者认为,首先,在网络空间自由表达思想、发布信息,是宪法赋予人们的权利,其发表内容合法与否,与网络平台服务提供者无关;其次,网络平台服务提供者并非新闻、出版机构,并不具有审查的义务和能力,因此,信息发布者的行为触犯刑法,与网络平台服务提供者无关,而应该由其本人承担。刑法上的不作为犯罪分为纯正的不作为犯和不纯正的不作为犯,其区别主要在于该行为是否违反了刑法的诫命性规范。在增设"拒不履行信息网络安全管理义务罪"之后,刑法规定在"网络服务提供者应当改正而拒不改正,情节严重"的情况下成立犯罪。因此,对网络平台服务商的刑事责任应该持"肯定说",平台服务商的管理责任与《刑法》第411条放纵走私罪中的放纵行为、第294条包庇、纵容黑社会性质组织罪中的纵容行为,有很大的相似之处,是因为其特殊地位而产生的责任。从平台治理的角度看,平台服务商也可认为对平台信息的发布、筛选、编辑具有一定的管理权。从刑法理论上讲,即使刑法未将其规定为不作为犯罪,依据平台管理者的保证人地位,违反作为义务亦要承担刑事责任。

网络平台涉及人们生活的方方面面,小到滴滴、优步等打车软件,大到百度、谷歌等信息检索平台,近年来,"互联网+"的蓬勃发展催生出一大批新兴的电商行业。平台日益生活化、综合化和移动化,其不良信息也威胁和侵害到多种法益,网络平台提供的服务与犯罪行为紧密结合,爆发出巨大的社会危害性,其责任也不止于民事、行政责任,刑事责任呼之欲出。网络平台与网络恐怖主义相结合,已经成为危害网络安全、国家安全的毒瘤;网络平台与网络广告提供者相结合,已经成为传播淫秽信息、危害青少年身心健康和社会道德秩序的媒介。因此,有必要以恰当的方式规定网络平台服务商的刑事责任。

(四) 网络平台责任的强化

虽然"平台责任"已经以法律的方式予以确定,但是现行的刑事、民事、行政法律法规对网络平台服务提供者规范责任的实体对接并不严密,还存在诸多的问题,亟待出台司法解释,运用刑法理性对其作出合理的解释。

1. 主观要件方面:是否承认平台的过失责任

"不履行信息网络安全管理义务""经监管部门责令采取改正措施而拒不改正""造成严重后果"是成立"拒不履行信息网络安全管理义务罪"需要同时满足的三项要素。此罪是结果犯,第一项要素是成立犯罪的行政违法前提,最后一项是成立犯罪所需要的特定危害后果,这两项要素比较清晰。但是"经监管部门责令采取改正措施而拒不改正"这一要素却兼具主观和客观双重属性:从客观上看,"拒不改正"的行为属于典型的不作为犯罪;从主观上看,"拒不改正"又被多个司法解释确立为主观推定明知的情形。例如《关于办理网络赌博犯罪案件适用法律若干问题的意见》第2条规定:"实施本条第一款的行为,具有下列情形之一的,应当认定行为人'明知',但是有证据证明确实不知道的除外……"又如《关于办理利用互联网、移动通讯终端、声讯台制作、复制、出版、贩卖、传播淫秽电子信息刑事案件具体应用法律若干问题的解释(二)》第8条规定"实施第四条至第七条规定的行为,具有下列情形之一的,应当认定行为人'明知',但是有证据证明确实不知道的除外"。

因此,根据"拒不改正"的双重属性,可以推出"拒不履行信息网络安全管理义务罪"的主观心态是"明知",但"明知"是一种"故意"还是"过失",抑或兼而有之,不甚明确。对网络平台服务商的"明知"还可以有两种解释:①明知未履行信息网络安全管理义务,出于过于自信或者疏忽大意的过失,经由监管部门责令改正后仍然不履行义务,造成特定危害后果;②明知自己不履行信息网络安全管理义务的行为会造成严重的社会危害后果,却出于积极追求或者消极放任危害结果发生的故意,在被监管部门责令改正后仍然不履行义务,造成危害结果发生。由此,可以把第一种解释理解为网络平台的"过失责任",而后一种解释则可理解为"故意责任"。两种不同的解读不仅将会造成此罪在刑法适用中的肆意,也不利于刑法与民法、行政法漏斗式、递进式、有层级地打击网络犯罪。例如,如果仅仅将"网络平台责任"理解为"故意责任",那么假如网络平台服务商过失的不作为没有造成严重后果,即使具有高度危险性,在现行刑法及其司法解释的框架下也不会作为犯罪处理,甚至也不用承担任何民事侵权责任。在风险社会中,正是由于恐怖主义犯罪的高度危险性,对其实现了法益保护的前置;同理,网络平台与传统的恐怖主义犯罪相结合,网络恐怖组织或个人进驻网络平台,而网络平台管理者由于过于自信或疏忽大意的过失而未将其清除,继续为其提供网络服务,将其培育为极具危险性和破坏力的毒瘤,即使当前未造成损害后果,但已经开放了恐怖主义、极端主义思想的传播途径、恐怖主义犯罪的犯罪方法以及为其网络招募提供了可能性,社会公共安全的危险性无异于传统犯罪中的抽象危险犯。因此,将"过失责任"纳入"平台责任"实属必要。

我国《刑法》当前对网络犯罪的责任追究大致采用了三种进路:共犯责任(如某种传统犯罪网络异化后的帮助犯或教唆犯)、正犯责任(如《刑法》第287条之二"帮助信息网络犯罪活动罪")和平台责任(如《刑法》第286条之一"拒不履行信息网络安全管理义务罪")。笔者认为,可以将平台责任看作共犯责任和正犯责任的深入和强化,这也是刑事立法分别设立帮助信息网络犯罪活动罪和拒不履行信息网络安全管理义务罪的意义所在。如果依然将后罪视为一种"故意责任",那么前罪将会成为全面包含后罪的"一般罪名",而两者的法定刑又完全相同,如此一来则后罪的设立不再具有价值。① 因此,应该有条件地将"过失责任"纳入《刑法》第286条所规定的"网络平台责任"当中。

2. 客观要件方面:"情节严重"是何标准

成立拒不履行信息网络安全管理义务罪以情节严重为必要,但是刑法条文对"情节严重"的认定不明确,在适用时还面临如下问题。其一,关于"违法信息""大量传播"的界定。对于"违法信息",目前可以《互联网上网服务营业场所管理条例》第14条规定的10种不得在互联网上传播的信息为指导,但是对于"大量传播",《刑法修正案(九)》却没有给出明确的标准,在相关司法解释出台之前,暂可参照最高人民法院、最高人民检察院2013年颁布的《关于办理利用信息网络实施诽谤等刑事案件适用法律若干问题的解释》中的有关转发量、浏览量和点击次数的规定来判断。笔者认为,"量"不仅仅只作形式判断,转发、浏览、点击的次数只是情节严重的表征,"量"更应该从转发、浏览、点击的内容和造成的影响作实质判断。例如转发、浏览、点击对公众宣扬恐怖主义视频、图片、资料所造成的影响要远远大于对个人侮辱诽谤的言论。又如在某些出国留学交流平台设立深层淫秽视频链接,如果此种平台的服务对象大多是未成年人和青年人,淫秽视频对其身心造成的影响远远超过成年人。因此,在上述情况下,即使对转发浏览点击次数不足,也应该作实质判断,承认其严重后果。其二,"致使用户信息泄露"中的虚假信息泄露的情况是否同样适用该条规定,则需要有详细的司法解释跟进出台。"致使刑事案件证据灭失,情节严重"中"灭失"的认定,可选情形有两种,一是信息被删除但仍然可恢复,二是不可恢复永久消失。这些均期待司法解释进一步明确。

(五) 网络附加刑的建立

一方面在犯罪认定上,刑法应该强化网络平台责任,另一方面也需要通过适当的刑罚来达到对犯罪特殊预防的效果。因此,笔者建议创设性地建立网络附加刑这一资格刑,在主体资格上设限,以达到预防犯罪的效果。

《刑法修正案(九)》规定,在《刑法》第37条后增加一条,作为第37条之一第1款:"因利用职业便利实施犯罪,或者实施违背职业要求的特定义务的犯罪被判处刑罚,人民法院可以根据犯罪情况和预防再犯罪的需要,禁止其自刑罚执行完毕之日或者假释之日起从事相关职业,期限为三年至五年。"这一立法思路为网络平台处遇制度提供了契机,司法实践应当不断丰富其内容。例如,有学者提出刑法中的禁止令应当延伸至网络空间,禁止网络平台犯罪人进入特定网络平台、从事特定网络服务。② 我们姑且将其称之为网络附加刑(实质为网络犯罪中的资格刑)。我国的部分地方性

---

① 参加于志刚:《网络空间中犯罪帮助行为的制裁体系与完善思路》,载《中国法学》2016年第2期。
② 参见郭旨龙:《网络空间"禁止令"的适用——以微博为主例的分析》,载《犯罪与改造研究》2014年第8期。

规范文件在"创设"与网络附加性相类似的制裁措施方面业已首先迈出了脚步。比如,2009年6月1日开始实施的《徐州市计算机信息系统安全保护条例》第28条规定,单位和个人利用计算机系统实施条例中规定的违法行为情节严重的,"可以给予6个月以内停止联网、停机整顿的处罚,必要时可以建议许可机构吊销经营许可证或者取消联网资格"。2009年5月1日施行的《杭州市计算机信息网络安全保护管理条例》第41条也规定:"单位或者个人违反本条例……情节严重的给予六个月以内停业整顿、停机联网的处罚……"不过值得注意的是,这类行政性规范文件一方面位阶太低,另一方面适用范围有限,并且其显然不是一种刑罚措施。因此,对于那些具有严重社会危害性并应受到刑法惩处的网络犯罪,我国刑法应当通过网络附加刑的方式,参考上述行政性条例的规定进行规制。① 鉴于此,笔者强烈建议尽快研究制定网络附加刑,以更加有效地应对网络平台犯罪。

---

① 参见刘品新主编:《网络时代刑事司法理念与制度的创新》,清华大学出版社2013年版,第165页。

第二十一章 涉黑犯罪

【案例1】四川刘汉黑社会性质组织案①

1993年,被告人刘汉在四川省广汉市开办圣罗兰赌博游戏机厅,谋取非法利益。之后,刘汉与孙某某(另案处理)通过经营建筑材料、从事期货交易等业务,逐步积累经济实力。其间,被告人孙华某(孙某某的哥哥)先后网罗被告人缪某、李某、刘某、车某某等小弟混社会,并将缪某、李某、刘某、车某某等人送到刘汉、孙某某开办的经济实体工作。与此同时,以刘维(曾用名刘勇,刘汉的弟弟,另案处理)为首的另一股黑恶势力也在刘汉的扶持下不断发展壮大。1994年,刘汉将赌博游戏机厅交给刘维经营,并出资为刘维开办餐饮、娱乐场所。刘维有了经济基础后,开始带小弟混社会,发展成员多名,不断为刘汉、孙某某聚敛钱财、排除异己提供暴力支持。

刘汉、刘维兄弟与孙某某、孙华某兄弟以亲情为纽带,以合作经营为手段,以四川汉龙(集团)有限公司(以下简称"汉龙集团")、四川省广汉市某实业发展有限公司(以下简称"某实业公司")等经济实体为依托,互相支持,共同发展,逐步形成了以刘汉、刘维、孙某某为领导,被告人唐某某、孙华某、缪某和曾某某、文某某、旷某某、陈某某、詹某、旷晓某(均另案处理)等为骨干成员,被告人刘某、李某等二十余人(均另案处理)参加的犯罪组织。该组织内部分工明确,刘汉主要负责决策和指挥整个组织的运转,孙某某主要负责执行刘汉指示及汉龙集团日常经营管理,刘维亦开办了某实业公司等经济实体,通过汉龙集团、某实业公司及其关联企业的经营活动聚敛钱财,"以商养黑"。刘维还和孙华某各自带领一帮手下,充当打手或保镖,为该组织排挤、打击对手,铲除异己,"以黑护商"。该组织宣扬"为公司利益要敢打敢冲""打架要打赢""表现好的有重用""小弟服从'哥佬倌'(混社会的大哥)指挥"等不成文的规约和纪律;通过有组织地实施违法犯罪活动或者其他手段获取经济利益,具有很强的经济实力,所获利益部分用于购买枪支、弹药和车辆等作案工具,为组织成员提供逃跑经费、给予经济补偿、发放工资奖金、偿还赌债、购买住房等;大肆实施故意杀人、故意伤害、非法拘禁、非法买卖枪支、非法持有枪支、弹药等违法犯罪活动,造成8人死亡,多人受伤

---

① 案例来源:湖北省高级人民法院,(2014)鄂刑一终字第00076号刑事判决书。

等严重后果;通过实施违法犯罪活动及利用国家工作人员的包庇和纵容,为非作恶,欺压、残害群众,称霸一方,在四川省广汉市、绵阳市、什邡市等地造成恶劣影响,并对广汉市的赌博游戏机行业形成垄断,严重破坏了上述地区的经济秩序和社会生活秩序。

湖北省高级人民法院(二审)判决:刘汉犯骗取贷款、票据承兑、金融票证罪,判处有期徒刑4年,并处罚金人民币1000万元,与原审判决对其犯组织、领导黑社会性质组织罪判处有期徒刑15年,并处没收个人全部财产;犯故意杀人罪判处死刑,剥夺政治权利终身;犯故意伤害罪判处有期徒刑13年;犯非法拘禁罪判处有期徒刑10年;犯非法买卖枪支罪判处有期徒刑3年;犯非法持有枪支、弹药罪判处有期徒刑5年;犯敲诈勒索罪判处有期徒刑5年;犯故意毁坏财物罪判处有期徒刑3年;犯妨害公务罪判处有期徒刑2年;犯开设赌场罪判处有期徒刑5年,并处罚金人民币200万元;犯寻衅滋事罪判处有期徒刑2年;犯窝藏罪判处有期徒刑2年并罚,决定执行死刑,剥夺政治权利终身,并处没收个人全部财产。(针对其他同案犯的判决内容省略)

该案中,刘汉犯组织、领导黑社会性质组织罪、故意杀人罪等13罪,最终对刘汉"决定执行死刑,剥夺政治权利终身,并处没收个人全部财产"。这里重点讨论该案相关的两个罪名:组织、领导、参加黑社会性质组织罪和包庇、纵容黑社会性质组织罪。这两个罪名均涉及的一个重要概念是"黑社会性质组织"。对照刑法规定的"四个特征"进行审查,刘汉集团符合该"四个特征",依法认定其为黑社会性质组织。

我国"涉黑犯罪"主要是指我国《刑法》第294条所规定的组织、领导、参加黑社会性质组织罪,入境发展黑社会组织罪,包庇、纵容黑社会性质组织罪。从最近20余年司法审判和理论研究的基本情况看,我国"涉黑犯罪"解释适用中出现的一些争议,主要集中在黑社会性质组织[①]四个特征和涉黑犯罪行为人主观明知的具体认定上。[②] 还可以进一步追问:这些争议问题的实质是什么,根源是什么?应当说目前理论界对此的观察思考还不是很到位,还远未达成应有的理论共识,从而也在一定程度上加剧了司法实践中的混乱状况。笔者认为,涉黑犯罪解释适用上出现的重要争议问题在实质上均属于刑法解释性争议范畴;在根源上部分是由于我国涉黑犯罪的立法规定和司法解释性规定存在一些特殊性所决定的,部分是由于理论研究不到位、理论共识尚未形成所导致的。这些根源性问题具体表现在以下三方面:其一,我国刑法规定了"黑社会性质组织""境外黑社会组织"等法定概念,但是并没有明确而严格界定这些法定概念的具体内涵;而作为"准立法"形式的司法解释中又出现了"恶势力""恶势力犯罪集团""黑恶势力"等非严格法定的政策性概念,形成了法定概念与政策性概念

---

① 本章在同一意义上使用"黑社会性质组织""黑社会性质的组织"这两个概念,特定场合和特别声明除外。
② 参见蔡军:《我国有组织犯罪刑法立法20年的回顾、反思与展望》,载《河南大学学报(社会科学版)》2017年第6期;李勤:《办理黑社会性质组织犯罪法律适用研究》,中国政法大学2017年博士学位论文。

并存的局面,在一定程度上强化了相关法定概念的解释性争议。其二,关于黑社会性质组织的法定特征尽管明文规定为四个特征,即组织特征、经济特征、行为特征、非法控制社会性特征(危害性特征),但是对四个特征之间的功能定位和逻辑关系均缺乏应有的关注和充分的研究,其在法条中的排序也明显具有随意性,这些特殊性在相当程度上决定了解释适用上不可避免地出现争议。其三,关于黑社会性质组织的认定程序缺乏明确规定和规范指引,部分理论研究成果并没有引起立法者重视,立法上借鉴吸纳国外"扫黑"经验并不充分,加上国内少数学者和部分实务人员对于故意犯罪"明知"的误解误用,也成为解释适用中出现争议的不可忽视的因素。

找准原因是解决问题的重要前提。笔者认为,围绕我国涉黑犯罪立法规定和司法解释的上述三方面特殊性,理论上展开深入细致的立法论检讨、解释论分析和刑法教义学阐释,可以获得某种较为妥当的解决方案,能够为当前我国全国范围内轰轰烈烈开展的"扫黑除恶"专项斗争提供理论支撑和裁判指引。

一、涉黑犯罪中法定概念与政策性概念的立法论检讨

如前所述,我国立法上出现了"黑社会性质的组织""境外的黑社会组织"等法定概念(刑法概念)与"恶势力""恶势力犯罪集团""黑恶势力"等非严格法定的政策性概念并存局面,出现了黑社会性质组织四个特征简单列举而没有明确其内在逻辑关系和认定程序的立法缺位状况,这种立法现状影响甚至在相当程度上决定了司法面貌,直接导致我国涉黑犯罪的司法实践中出现解释性争议,应当说这些观察检讨均是基于较为宏观的立法论立场所展开的。不可回避的问题是:这种立法论检讨有何价值? 笔者认为,对黑社会性质组织犯罪的刑事立法论检讨主要有以下两方面的重大价值:其一,刑法解释论价值(司法论价值)。这是立法论检讨的最重要、最现实的价值,因为,刑法解释是对刑事立法的解释,其解释对象是刑事立法(文本),因此刑法解释论必须以刑法立法论为基础和前提,只有把刑法立法原理搞清楚了,才可能合理解释刑法和公正司法;否则,刑事司法和刑事立法就可能脱节,就可能形成立法与司法的"两张皮"现象,而这样的刑事司法很难说是公正合理的。其二,立法完善论价值(立法论价值)。这是立法论检讨的最深刻、最长远的价值。因为,"良法之治"是我们最根本的法治理想,也是最深刻、最长远的法治建设目标,而"良法之治"的基础和前提是要有较为完备的立法(文本),一部漏洞百出甚至十分落后的立法(文本)是难以实现"良法之治"的。而立法论的基本任务,就是分析现行立法的利弊得失,获得完善立法的良方,完善立法并使之成为"良法"。针对立法论检讨的以上两方面价值,我们在研究时可以有所侧重。本章内容侧重于挖掘和发挥其刑法解释论价值(司法论价值),为当前办理涉黑犯罪案件依法司法、公正司法提供更为充分的立法论依据。

(一) 法定概念与政策性概念的关系论检讨

我国刑法明确规定了"黑社会性质的组织""黑社会组织"法定概念(概念法定

化),但是具体问题在于:我国刑法并没有明确界定"黑社会性质的组织""黑社会组织"的法定内涵(内涵界定缺位);我国刑法明确规定了"黑社会性质的组织"的法定特征为四个特征,即组织特征、经济特征、行为特征、非法控制社会性特征/危害性特征①(特征法定化),但是并没有明确规定"黑社会组织"的法定特征(法定特征缺位),也没有明确规定"黑社会性质的组织"与"黑社会组织"之间的逻辑关系(组织逻辑关系缺位);我国刑法在明确列举规定"黑社会性质的组织"的四个法定特征时,并没有明确规定四个特征之间的逻辑关系(特征逻辑关系缺位)。这些具体问题可以简化为:"黑社会性质的组织""黑社会组织"的法定内涵缺位与组织逻辑关系缺位、黑社会组织的法定特征缺位、黑社会性质的组织的特征逻辑关系缺位。

由于"黑社会性质的组织"存在法定内涵缺位问题,理论上对"黑社会性质的组织"是否需要进行概念界定,以及如果需要概念界定,应该如何界定,还存在分歧。有以下两种立场:一是在2011年《刑法修正案(八)》颁行之前,学术界比较一致的做法是结合《刑法》条文规定给出了概念,如高铭暄、马克昌主编的《刑法学》(第二版)指出:"所谓黑社会性质组织,根据我国《刑法》第294条的规定,是指以暴力、威胁或者以其他手段,有组织地进行违法犯罪活动,称霸一方,为非作恶,欺压、残害群众,严重破坏经济、社会生活秩序的犯罪组织。"②二是在2011年《刑法修正案(八)》通过之后,学术界比较多地做法是不给出概念(而只给出四个特征),如高铭暄、马克昌主编的《刑法学》(第八版)③、张明楷《刑法学(下)》(第五版)④均没有对"黑社会性质的组织"的概念界定,而只有对四个特征的简单列举。仅有少数学者结合刑法修正内容给出了"黑社会性质组织"概念,如刘艳红主编的《刑法学(下)》(第二版)指出,"所谓黑社会性质组织,根据《刑法》第294条的规定,是指以暴力、威胁或者以其他手段有组织地进行违法犯罪活动,称霸一方,为非作恶,欺压、残害群众,严重破坏经济、社会生活秩序的犯罪组织"⑤。因此可以说,学术界在《刑法修正案(八)》颁行之前对"黑社会性质的组织"进行概念界定是比较通行的做法,其概念界定也是比较一致的,主要做法是结合《刑法修正案(八)》之前《刑法》第294条的规定对黑社会性质组织的概念进行界定。而在《刑法修正案(八)》颁行之后,我国较多学者不再研究、不再界定黑社会性质组织的概念。

那么,理论上还有无必要再研究、再界定黑社会性质组织的概念呢?笔者对此持肯定的观点,认为学术界有责任研究确立比较完备、合理的"黑社会性质的组织"的概念。结合我国《刑法》第294条的规定以及相关司法解释性规定,可以将"黑社会性质

---

① 特别说明:关于"黑社会性质组织"的四个特征,我国《刑法》第294条作出了明确规定,此外,最高人民法院、最高人民检察院、公安部、司法部2018年1月16日《关于办理黑恶势力犯罪案件若干问题的指导意见》、最高人民法院2015年发布《全国部分法院审理黑社会性质组织犯罪案件工作座谈会纪要》和最高人民法院、最高人民检察院、公安部2009年《办理黑社会性质组织犯罪案件座谈会纪要》均反复多次明确规定了黑社会性质组织的"四个特征",具体包括"组织特征""经济特征""行为特征"和"危害性特征"。
② 高铭暄、马克昌主编:《刑法学》(第二版),北京大学出版社、高等教育出版社2005年版,第601页。
③ 参见高铭暄、马克昌主编:《刑法学》(第八版),北京大学出版社、高等教育出版社2017年版,第547—549页。
④ 参见张明楷:《刑法学(下)》(第五版),法律出版社2016年版,第1071—1072页。
⑤ 刘艳红主编:《刑法学(下)》(第二版),北京大学出版社2016年版,第370—371页。

组织"的概念界定如下:所谓黑社会性质组织,即具备黑社会基本性质的犯罪组织,是指已经形成较大规模、较稳定、有明确组织者和领导者且骨干成员基本固定,具有一定经济实力,有组织地多次进行违法犯罪活动,在一定区域或者行业内形成非法控制或者重大影响的犯罪组织。这一概念界定,基本反映了我国《刑法》第 294 条和有关司法解释性规定的基本内容,在这个意义上讲,这是一个比较"接近法定"的概念;同时,这一概念界定也揭示了我国黑社会性质组织与国外黑社会(组织)的关联关系,因而是比较合理的。

但是,值得注意的是:这一概念界定是基于刑法规定的黑社会性质组织"四个特征"(法定特征)所作的归纳抽象,实际上理论界对黑社会性质组织的认识论还存在三个方面的模糊性。其一,我们还无法准确理解黑社会性质组织的重要内涵,亦即我们对"黑社会性质组织"本身的概念界定可能还存在一些模糊认识;其二,我国刑法规定中也出现了"黑社会(组织)"这一法定概念,但是同样也没有明确规定"黑社会"的确切内涵,那么,"黑社会性质的组织"与"黑社会(组织)"之间是一种什么样的关系可能还存有一些模糊认识;其三,司法解释性规定中还出现了"恶势力""恶势力犯罪集团"与"黑恶势力"等政策性概念,那么,黑社会性质组织与这些政策性概念之间是一种什么样的关系可能也存在一些模糊认识。这三方面的模糊认识,需要我们进一步审查黑社会性质组织的名与实之间的关系问题。

而关于黑社会性质组织的名与实之间的关系论,首先只有界定清楚了黑社会(组织)的概念之后,才可能为讨论黑社会性质组织与黑社会(组织)之间的关系论问题提供一个参照标准。我国《刑法》第 294 条出现了"境外的黑社会组织"的概念,但是没有明确规定"黑社会(组织)"的具体内容。我国学者对"境外的黑社会组织"的概念界定,通常只给出了一个形式主义的概念,即认为所谓"境外的黑社会组织",是指被境外国家或者地区有关权威机关确定为黑社会的组织,包括外国的黑社会组织以及我国香港、澳门、台湾地区的黑社会组织。[①] 但是这里实际上只界定了"境外的"(黑社会组织)这一修饰性概念,而没有界定"黑社会组织"这一关键概念,所以并没有从根本上解决"境外的黑社会组织"的概念界定问题。根据笔者的学术观察,理论界对"黑社会(组织)"的概念界定和特征描述大致有以下内容:所谓黑社会组织,是指以从事违法犯罪活动为基本手段、非法控制一定区域或行业并与主流社会相对抗,从而具有自己独特的文化传统和管理制度的较为稳定成熟的犯罪组织。黑社会的基本特征主要有以下诸方面:①非法控制社会性(这是其首要的、最本质的特征);②稳定成熟的犯罪组织性;③地域性及地缘感;④不择手段获取经济利益或者政治利益;⑤严苛"黑色法制"、科层制和鲜明的犯罪亚文化。[②] 符合这一概念界定和基本特征的境外黑社会组织,典型的适例有意大利"黑手党",日本"山口组",美国"山本社"(即日本山口组美国分社),美国"三 K 党",我国台湾地区"竹联帮""四海帮""天道盟"(并称

---

① 参见张明楷:《刑法学(下)》(第五版),法律出版社 2016 年版,第 1072 页。
② 参见魏东:《论黑社会的基本内涵与刑事政策》,载《河南省政法管理干部学院学报》2004 年第 3 期。

为台湾三大黑帮),我国香港特区"三合会"等。这些黑社会(组织),有助于我们对照我国规定的黑社会性质组织,增强对相关法理的理解和阐释。

在基本界定清楚黑社会性质组织与黑社会的概念之后,才具备讨论黑社会性质组织与黑社会之间的关系。黑社会性质组织是我国有组织犯罪中最具备"黑社会(组织)"性质的最完备形态(有的称为"最高形态")的犯罪组织,最接近于国外的黑社会(组织);它既是黑社会(即基本具备黑社会的"稳定成熟的组织性""多次进行违法犯罪活动性""非法控制社会性"三个核心特征),又不是典型的黑社会(不完全具备黑社会的其他特征)。因此,二者的关系判断是:一是同质性,二者都属于"黑社会性质的"犯罪组织,尤其是在上述三个核心特征上二者具备完全的一致性;二是差异性,黑社会(组织)是完全具备"黑社会性质的"犯罪组织,黑社会性质组织是基本具备上述三个核心特征,但是不完全具备其他特征(如经济特征)的犯罪组织,因此黑社会是比黑社会性质组织更为完备的"黑社会性质的"犯罪组织。由此还可以得出刑法解释结论:其一,黑社会(组织)在我国也可以解释为"黑社会性质的组织",因为二者具有同质性。因此,我国刑法所规定的部分涉黑犯罪并不存在处罚漏洞,如,我国公民在境内组织、领导、参加黑社会(组织)的行为,完全可以直接解释为"组织、领导、参加黑社会性质组织罪"而予以定罪处罚,而不能说对此情形无法定罪。再如,我国的国家机关工作人员包庇、纵容黑社会(组织)的行为,完全可以直接解释为"包庇、纵容黑社会性质组织罪",同样不能说对此情形无法定罪。笔者认为,这是正确认识黑社会性质组织与黑社会(组织)关系的一个最重要的刑法解释论价值。其二,黑社会性质组织与黑社会这种关系论判断所具有的另一个重要的刑法解释论价值在于,有利于我们在司法实践中正确认识和认定我国的黑社会性质组织,既要依法认定,又要防止扩大化的错误认定。一方面,应当把"黑社会性质的组织"作为具有中国特色的黑社会(组织)来看待和处置,以借鉴吸纳国外"扫黑"的斗争经验和法治成果,比如,要处罚组织、领导、参加黑社会组织的行为,要对黑社会(组织)实行特别的司法处遇制度、涉黑资产特别没收制度、严厉打击保护伞。另一方面,要在适当注意"中国特色"的前提下,把黑社会性质组织作为黑社会来认定,需要借鉴吸纳国外认定黑社会的实践经验和理论成果;人数众多并形成"地下社会",有能力同主流社会相对抗,存续时间较长甚至有较长久的历史,有相当的经济实力、行动能力、内部控制能力、非法控制社会能力等,这些重要特征基本上已经被借鉴吸纳为我国法律规定的黑社会性质组织的法定特征(四个特征)。对于那些不具备这些显著特征、尤其是不具备"稳定成熟的组织性""多次进行违法犯罪活动性""非法控制社会性"等三个核心特征的犯罪组织,则依法不能以黑社会论处,而只能依法作为一般的"有组织犯罪组织"予以刑法惩治。

如果说黑社会性质组织和黑社会组织是法定概念,那么,我国有关司法解释规定的"恶势力""恶势力犯罪集团"与"黑恶势力"就属于政策性概念。大致可以说,"恶势力"与"恶势力团伙""恶势力违法犯罪团伙"属于同一概念,具有相同含义,是指三人以上经常纠集在一起并且纠集者相对固定,以暴力、威胁或者其他手段,在一定区域或者行业内多次实施违法犯罪活动,为非作恶,欺压百姓,扰乱经济、社会生活秩序,造成较为恶劣的社会影响,但尚未形成黑社会性质组织的违法犯罪组织。也就是说,"恶势力"(以及"恶势力团伙"、"恶势力违法犯罪团伙"),泛指违法犯罪势力、团伙,其可能构成犯罪,也可能只构成违法,因而可以广义地称为"恶势力""恶势力团伙""恶势力违法犯罪团伙";如果其构成犯罪,则依照共同犯罪原理甚至犯罪集团原理(若构成犯罪集团)进行定性处理,适当从严处理,但是均不得将其作为"黑社会性质组织"犯罪论处。

"恶势力犯罪集团"是"犯罪集团"中的一种具体类型,但是尚不构成"黑社会性质组织"。所谓"恶势力犯罪集团",是指符合犯罪集团法定条件的恶势力犯罪组织,有3名以上的组织成员,有明显的首要分子,重要成员较为固定,组织成员经常纠集在一起,共同故意实施3次以上恶势力惯常实施的犯罪活动或者其他犯罪活动。所谓犯罪集团,其概念和处罚原则由我国《刑法》第26条作出了明确规定,即"三人以上为共同实施犯罪而组成的较为固定的犯罪组织,是犯罪集团";"组织、领导犯罪集团进行犯罪活动的或者在共同犯罪中起主要作用的,是主犯";"对组织、领导犯罪集团的首要分子,按照集团所犯的全部罪行处罚"。可见,"恶势力犯罪集团"是"犯罪集团"中的一种特殊类型,对"恶势力犯罪集团"的处罚应当适当从严处理(相对于一般的犯罪集团而言),但是又不同于"黑社会性质组织"犯罪。

"黑恶势力"的含义具有模糊性。根据我们对最高人民法院、最高人民检察院、公安部、司法部2018年1月16日发布的《关于办理黑恶势力犯罪案件若干问题的指导意见》相关规定的观察,可以发现"黑恶势力"是一个含义较为模糊的概念,其含义有以下几种可能:一是平义的理解,特指"黑社会性质组织"和已经构成犯罪的"恶势力";二是最广义的与理解,是指"黑社会性质组织"(黑)和作为违法犯罪组织的"恶势力"的总称;三是最狭义的理解,特指"黑社会性质组织",因为其已经"黑"了,那么"黑恶势力"就是指"黑社会性质组织"。从法理上讲,平义的理解较为合理,因为《关于办理黑恶势力犯罪案件若干问题的指导意见》毫无例外地规定了"黑恶势力"犯罪的定罪处罚问题,这些规定都表明"黑恶势力"特指"黑社会性质组织"和已经构成犯罪的"恶势力"。

通过以上分析,"黑社会性质的组织"这一法定概念与其他相关的政策性概念之间的关系可以界定如下:

(1)黑社会性质组织与"恶势力""恶势力犯罪集团"的关系。由于"恶势力"是尚未形成黑社会性质组织的违法犯罪组织,其首先不是"黑社会性质的组织",但是其既可能是一般违法组织形态(即"恶势力"违法组织),也可能是"恶势力"犯罪组织形态(即"恶势力犯罪集团",是介于一般的犯罪集团与黑社会性质组织之间的有组织犯罪组织的中间状态)。尽管"恶势力""恶势力犯罪集团"具有逐步发展为"非法控制社会性"的明显趋势,但是其尚不具备黑社会(组织)所要求的"非法控制社会性"这一最本质特征。因此,在司法实践中,即使我们认定某个组织是"恶势力""恶势力犯罪集团",但是依法都不得将"恶势力"直接认定为"黑社会性质的组织"。换言之,"恶势力""恶势力犯罪集团"是不能等同于"黑社会性质的组织"的,不能将其认定为黑社会性质组织;只不过应当依法严格处理"恶势力""恶势力犯罪集团",尤其是对"恶势力犯罪集团"必须按照犯罪集团的法律规定依法予以严格惩治(但是不能按照黑社会性质组织来定罪处罚),因为他们有发展成为"黑社会性质的组织"的较为明显的趋向。所谓"有黑扫黑、无黑除恶、无恶治乱",后面两句话就是指"恶势力""恶势力犯罪集团",也就是说后面两句话本身就表明"恶势力""恶势力犯罪集团"不是黑社会性质组织(即不属于"有黑扫黑"的范畴)。

(2)黑社会性质组织与"黑恶势力"的关系。由于"黑恶势力"的含义具有模糊性,既可以是"黑"势力(即黑社会性质组织),也可以是"恶"势力(即包括"恶势力"违法组织与"恶势力"犯罪组织)。因此,黑社会性质组织与"黑恶势力"之间的关系是:"黑社会性质的组织"是一个严格的法定概念(《刑法》第294条),而"黑恶势力"是一个非法定概念(但是属于司法解释规定的政策性概念),黑社会性质组织的范围小于"黑恶势力"的范围;相应地,"黑恶势力"可以包括"黑社会性质的组织"、非黑社会性质组织的其他"恶势力"违法组织、"恶势力"犯罪组织(即"恶势力犯罪集团")等三种情形,从而"黑社会性质的组织"只是"黑恶势力"中的一种情形。

(二) 法定概念与政策性概念的刑事政策论检讨

作为法定概念的黑社会性质组织和黑社会组织,与作为政策性概念的"恶势力""恶势力犯罪集团"与"黑恶势力",理论上需要进行刑事政策论检讨。

1. 称谓问题:黑社会性质组织的名与实

关于"黑社会性质组织"的称谓问题,我国学术界存在一些认识上的分歧。多数学者认为,黑社会性质组织这一称谓是中国的首创,具有重要的历史意义、鲜明的中国特色和重大的现实意义。黑社会性质组织的存在根据主要表现在:一是黑社会性质组织与典型的黑社会组织相似但又有区别;二是黑社会性质组织与一般的犯罪集团相区别;三是明确界定并打击黑社会性质组织,可以将打击黑社会组织的时间提前推进到黑社会组织的发展初期,有利于阻止黑社会组织的最终形成。但是,也有少数学者认为,黑社会性质组织这种称谓既不科学也无必要,因而主张应取消"黑社会性质组织"这种称谓。[①] 其理由在于:其一,"黑社会性质组织"这种称谓名不符实。在我国现阶段基本上还不存在典型的黑社会组织的历史条件下,刑法所规定的所谓"黑社会性质组织"的称谓就名不符实,其打黑政策依据不足(因为打黑中执行特别政策措施)。其二,"黑社会性质组织"这种称谓存在逻辑悖论。因为"黑社会性质"应当是指其组织"在本质上"就是黑社会,应当将"黑社会性质组织"与"黑社会(组织)"在同等意思看待和理解,但是我国主流看法却将二者区别看待和理解,存在逻辑悖论。其三,"黑社会性质组织"这种称谓存在刑事政策正当性问题。比如,将"黑社会性质组织"直接当作"黑社会(组织)"进行刑事处遇和行政处置,将构成其他具体犯罪的人全部进行重复评价以及将不构成其他具体犯罪的人直接"抹黑",以及在具体认定

[①] 参见魏东:《论黑社会的基本内涵与刑事政策》,载《河南省政法管理干部学院学报》2004年第3期。

"黑社会性质组织"时存在较多模糊性和较为突出的刑事政策正当性问题。其四,"黑社会性质组织"这种称谓也不利于学术交流和国际刑事合作。因为在学术上,某种理论必须经得起逻辑推敲和法理论证,不应该模棱两可、似是而非,尤其是在强调刑事法治理性的当下,对"打黑"中所存在的刑法问题、人权保障问题必须严肃对待。在国际刑事合作上,打击有组织犯罪以及其他有关国际公约、其他国家的国内刑法规定,客观上都需要我国规范刑法用语、明确刑法规定,以消除不必要的法律障碍。

笔者认为,"少数学者"的看法可能过于极端,其主张取消"黑社会性质组织"这种称谓,而直接采纳"黑社会(组织)"这一称谓,可能欠妥。应当正视我国刑法所明确规定的"黑社会性质组织"这一法定概念,保留我国"黑社会性质组织"这一法定概念和称谓。同时,承认"黑社会性质的组织"与"黑社会组织"之间在本质上的一致性(同质性),亦即,"黑社会性质的组织"在本质上就是具有中国特色的、非典型的"黑社会组织",可以进行如下描述:一是"黑社会性质的组织"具备黑社会(组织)的三个核心特征/最本质特征,即在"较为稳定成熟的组织性"(组织特征)、"多次进行违法犯罪活动性"(行为特征)、"非法控制社会性"(危害性特征)上基本具备黑社会(组织)的特征,这三个核心特征必须进行较为严格的限定,而且不可或缺;二是"黑社会性质的组织"在具备黑社会(组织)核心特征的基础上,初步具备了黑社会(组织)的经济特征,这里"初步具备"表明并非完全、完整地具备,因而在认定时可以有所宽松、缓和。总之一句话:黑社会性质组织必须在上述三个核心特征上基本具备黑社会(组织)一样的特征,但是在其他附随性特征上(如经济特征)可以是并非完全、完整地具备。

2. 程序论问题:黑社会性质组织的身份确认程序(与国外扫黑比较)

从比较法学立场观察,黑社会(组织)的身份确认程序主要有两种做法:一种做法是"审判前"的独立确认程序,具体包括"审判前司法确认"和"审判前行政确认"两种;另一种做法是"审判时"依附型确认程序(仅限于司法确认)。我国对黑社会性质组织的(组织)身份的确认程序,通常仅限于案发后司法审判过程中(审判时)予以"依附型司法确认"(审判时依附型司法确认程序),是一种"行为后"的依附型司法确认,而不是"行为前"的独立确认。在这个问题上,境外立法较为通行的做法是实行"审判前"的独立确认程序[①],包括"审判前独立的司法确认程序"和"审判前独立的行政确认程序",如前所述境外较为有名的黑社会(组织),如意大利"黑手党",日本"山口组",美国"山本社",美国"三K党"等黑社会(组织),都是"审判前"的独立确认程序,由国家权威部门予以认定、公布。在黑社会(组织)确认公布之后,任何人自称或者声称是其成员,或者以其成员身份出现,或者保管其账簿、旗帜、徽章等,都属于黑社会犯罪。可见,这种黑社会确认程序是很有意义的,特别是黑社会经过确认公布之后,自然可以孤立黑社会、警醒全社会。

---

① 参见陈兴良:《关于黑社会性质犯罪的理性思考》,载《法学》2002年第8期;魏东:《论黑社会的基本内涵与刑事政策》,载《河南省政法管理干部学院学报》2004年第3期。

相比较而言,我国实行的这种涉黑组织身份的"审判时依附型司法确认程序"存在一定的司法疑难问题。其一,对于行为人(尤其是"参加"行为人)而言,存在一定程度上的"不教而诛"性质。部分涉黑案件中,行为人(被告人)声称自己主观上并不明知其参加的犯罪组织是涉黑组织,在刑法理论上就涉及主观认识上的犯罪对象认识错误问题(或者犯罪事实认识错误问题)、违法性认识错误问题(或者法律性质认识错误问题),而且严格按照我国犯罪故意规定、犯罪故意理论、认识错误理论以及违法性认识理论来分析,依法、依理是可以影响定罪处罚的。换言之,行为人(被告人)的犯罪事实辩护、法律定性辩护具有相当的法理依据,应当予以重视,需要我们在审理涉黑具体个案中慎重对待这种辩护理由并予以妥当处理,后面将专门谈这个问题。其二,我国应当借鉴吸纳国外扫黑的理论成果和法治经验,尽快研究制定涉黑组织身份的审判前确认程序(或者行为前确认程序),为依法扫黑除恶、有效扫黑除恶打下坚实基础。为此,我国理论界早就呼吁尽快研究制定涉黑组织身份的审判前独立确认程序(或者行为前独立确认程序),主张在认定黑社会性质组织的犯罪时,首先应建构一种黑社会性质组织的确认程序,确认以后予以公布①,而不能像目前所做的那样,在具体个案中认定犯罪的同时才确认黑社会性质组织。这种理论见解值得重视和认真对待。

3. 政策论问题:黑社会性质组织"打早打小"与"打准打实"的关系论

首先是"打早打小"与"打准打实"的关系问题。刑事政策上"打早打小"存在一定的法治底线、法治风险问题,所以必须进一步限定为"打准打实"。即在刑事政策上贯彻"打早打小"精神,可能存在将并非真正的黑社会性质的犯罪组织直接当作"黑社会(组织)"进行刑事处遇和行政处置的正当性危机,因为一旦将某种组织认定为"黑社会性质的组织",其组织体的全部资产将面临特殊的处置措施,其组织内人员的人身自由和刑罚处罚将面临"重复评价",这种特别的刑事处遇和财产处置措施即使对于"真正的"黑社会性质组织具有合理性,但是对于"非真正的"黑社会性质组织而言就可能存在法治底线问题和正当性危机。

其次是"重复评价"与"过度评价"问题。理论上认为,黑社会性质组织犯罪存在立法与司法上的重复评价和过度评价问题。关于重复评价问题,我国有学者指出,若可以把刑法上的禁止重复评价原则理解为"对同一事实的同一属性或侧面进行定性处罚上的二次或二次以上的法律评价"的话,则黑社会性质组织犯罪在定性和处罚上均存在三种类型"重复评价"(即"三次重复评价")问题:一是数罪并罚型重复评价,表现为行为人实施的所有具体犯罪都需要与组织、领导、参加黑社会性质组织罪并罚;二是酌定从重型重复评价,表现为在数罪并罚等处罚基础上还要对其酌定从重处罚;三是实质累加型重复性评价,表现为在前述处罚基础上还要适用诸多贯彻从重处罚精神的处罚制度。涉黑犯罪存在"三次重复评价"问题,既源于重刑主义观念下对

---

① 参见陈兴良:《关于黑社会性质犯罪的理性思考》,载《法学》2002年第8期;魏东:《论黑社会的基本内涵与刑事政策》,载《河南省政法管理干部学院学报》2004年第3期。

刑事政策的片面理解和适用,也缘于立法技术问题造就黑社会性质组织犯罪相关规定的冲突。要有效解决以上问题,在立法上须基于罪责刑相适应原则对刑法相关规定进行系统性改造,在司法上要避免作出罪责刑不相适应的定罪处罚。[①]"重复评价"问题的学术检讨是值得司法审判中予以重视的,不但要求我们在具体处置"真正的"黑社会性质组织时要谨慎考虑"三次重复评价"问题的客观存在,而且尤其要求我们在"扫黑除恶"斗争中要特别注意"打准打实",切实防止将一般的有组织犯罪予以违法"抹黑"并予以过度评价。关于过度评价问题,是指将其他一般的有组织犯罪予以违法"抹黑",不但存在重复评价问题,而且存在过度评价甚至滥施刑罚问题。当被评价为"黑社会性质的组织"的人员实施了其他具体犯罪时,该被"抹黑"人员就面临着增加适用一个"组织、领导、参加黑社会性质组织罪"(对此问题有的学者同时认为"本罪具有重复评价的性质"[②]);当被评价为"黑社会性质的组织"的人员没有实施其他任何犯罪时,该被"抹黑"人员仍然面临着因为被"抹黑"而额外承担"参加黑社会性质组织罪"这一罪名及其刑事责任,从而存在过度评价的问题,可能严重危及司法公正和法治底线。可见,切实防止违法"抹黑",是扫黑除恶"打准打实"的基本要求,二者的基本精神是完全一致的。

二、黑社会性质组织的核心特征与附随性特征的解释论阐释

黑社会性质组织的四个特征(法定特征),即组织特征、经济特征、行为特征、非法控制社会性特征(又叫危害性特征),其解释适用表面上没有太多问题,而实际上在理论上和司法实务中均存在不少争议,需要仔细斟酌和谨慎认定。因此,在具体阐释四个特征的具体内容之前,有必要特别检讨四个特征之间的关系原理与解释原理。对此,理论界已有一些研究成果值得重视,大致可以2011年《刑法修正案(八)》为分水岭。

《刑法修正案(八)》颁行之前,刑法学界专门讨论过黑社会性质组织的基本特征与最本质特征问题。其一,基本特征问题。黑社会性质组织的"四个特征"的理论共识已经基本形成,但是对"四个特征"的具体内容还存在较大争议,其中最为突出的争议是"保护伞"是否是必要特征的问题,当然这个问题现在已经没有争议了,即"保护伞"仅仅是选择性内容而非必要特征。其二,核心特征或者最本质特征问题。对此理论界争议较大,笔者归纳其主要看法有四种:一是认为最本质特征是高度严密的组织性,二是认为最本质特征是巨大的犯罪能量性,三是认为最本质特征是通过各种手段非法获取经济利益性,四是认为核心特征或者最本质特征是非法控制社会性,其中绝大多数学者认为"非法控制社会性"是黑社会(组织)与其他组织严密的犯罪组织之

---

① 参见石经海:《黑社会性质组织犯罪的重复评价问题研究》,载《现代法学》2014年第6期。
② 张明楷:《刑法学(下)》(第五版),法律出版社2016年版,第1072页。

间的根本区分点。① 如阮方民教授在中国刑法学研究会2002年年会上指出,黑社会性质组织的重要特征具有两个层次性:其初级阶段的行为目的是经济性的,即非法牟取经济利益,而其高级阶段的行为目的是政治性的,即非法获取对社会的全面控制。其行为方式也伴随着其行为目的的层次性而表现出阶段性的特点。在其初级阶段,为实现最大化的非法经济利益而往往毫无顾忌地采取各种暴力、胁迫以及其他直接与主流社会相冲突和对抗的行为方式;而在其高级阶段,为实现对社会的非法全面控制而对行为的方式力图应变,尽可能以非强制手段寻求与主流社会系统的"共存"并逐渐控制主流社会系统,因此,更多地实施走私、贩毒、贩运军火、组织非法移民、伪造货币、传播淫秽物品等现代型的违法犯罪活动,而且表现得更加内在化和隐蔽化。②

《刑法修正案(八)》颁行之后,随着国家刑法立法的逐步修订完善和理论研究的深化,理论界逐步形成更为明确具体的共识,黑社会性质组织具有组织特征、经济特征、行为特征、非法控制社会性特征等四个特征,这四个特征是一个相互联系的有机整体。但是,理论界和实务界对于"四个特征"的相互关系问题和解释适用问题仍然存在一些争议,仍然需要深入研究。正如2018年《关于办理黑恶势力犯罪案件若干问题的指导意见》指出,"由于实践中许多黑社会性质组织并非这'四个特征'都很明显,在具体认定时,应根据立法本意,认真审查、分析黑社会性质组织'四个特征'相互间的内在联系,准确评价涉案犯罪组织所造成的社会危害,做到不枉不纵"。那么,黑社会性质组织四个特征的关系原理与解释原理是什么?

笔者认为,黑社会性质组织四个特征的关系原理与解释原理可以归纳为两句话:其一,宏观上观察四个特征之间的关系,是核心特征(即根本特征)与附随性特征的关系,即组织特征、行为特征和非法控制社会性特征是三个核心特征/根本特征。组织特征限定其存在方式是强有力的较为稳固的犯罪组织;行为特征限定其非法控制社会性特征所内含的行为方式及其非法性;非法控制社会性特征限定其存在目标就是非法控制社会;经济特征仅仅是附随性特征,即经济特征仅仅是诠释其组织特征必须具有一定的经济基础。当然,微观上进一步观察三个核心特征/根本特征内部之间的关系,则是存在方式、行为方式与存在目标之间相辅相成的关系。其二,刑法解释论上,核心特征/根本特征即组织特征、行为特征与非法控制社会性特征必须严格解释适用;附随性特征即经济特征可以宽松解释适用。法律解释学认为,所谓严格解释,是指按照法律规定的字面含义对法律规范所作的解释。③ 严格解释的要求是,其解释结论与字面含义相同,并且"要实现这些解释结果,就必须借助于各种法律解释方法"④,即法律的文义解释、论理解释和社会学解释。所谓宽松解释,是指与严格解释相对的扩张解释和限缩解释。扩张解释,是指按照狭义法律解释方法确定的法律条

---

① 参见魏东:《论黑社会的基本内涵与刑事政策》,载《河南省政法管理干部学院学报》2004年第3期。
② 参见阮方民:《惩治黑社会性质组织犯罪对策研究》,载《中国法学会刑法学研究会2002年年会论文集》(下),第994—1001页。
③ 参见孔祥俊:《法律方法论》(第二卷),人民法院出版社2006年版,第724页。
④ 王利明:《法律解释学导论——以民法为视角》(第2版),法律出版社2017年版,第150—151页。

文的含义,较之于其字面含义比较宽泛;限缩解释,是指按照狭义法律解释方法确定的法律条文的含义,较之于其字面含义比较狭窄。① 宽松解释也跟严格解释一样必须借助于文义解释、论理解释和社会学解释等法律解释方法。可见,表面上看,严格解释与宽松解释的区别似乎仅仅在于是否是"其解释结论与字面含义相同",严格解释是,而宽松解释不是。但是这种表面理解可能存在疑问。笔者认为,刑法解释论之严格解释,有三个方面的问题需要特别说明:一是,当文义解释结论(即字面含义)存在多样性时,(刑法的)严格解释当然主张需要进一步进行论理解释和社会学解释以选择确定其中"一种"更为合理的文义解释结论;二是,当文义解释结论(即字面含义)存在歧义性时,基于语用论和实质刑事法治理性的要求,(刑法的)严格解释应当主张需要进一步进行论理解释和社会学解释以纠正其歧义并确定其中"一种"更为合理的用语解释结论;三是,当文义解释结论(即字面含义)存在常识性错误时,(刑法的)严格解释主张依据严格的刑法教义学原理和相关科学原理进行论理解释和社会学解释以纠正常识性错误并确定"一种"更为科学合理的用语解释结论。

根据黑社会性质组织四个特征的关系原理与解释论原理,笔者下面依次探讨四个特征的解释适用问题。

(一) 核心特征:组织特征、行为特征和非法控制社会性特征的严格解释

如前所述,黑社会性质组织的核心特征是组织特征、行为特征和非法控制社会性特征,在刑法解释论上必须是严格解释。

1. 黑社会性质组织的组织特征

我国《刑法》第294条规定黑社会性质组织的组织特征是"形成较稳定的犯罪组织,人数较多,有明确的组织者、领导者,骨干成员基本固定"。对此规定进行严格解释时,应注意进行以下三方面底线标准的实质审查和形式审查(双重审查规则):一是"形成较稳定的犯罪组织",达到一定存续时间底线标准;二是组织成员"人数较多",达到一定的犯罪组织规模底线标准;三是"有明确的组织者、领导者,骨干成员基本固定",骨干成员必须达到一定数量底线标准。

(1)"形成较稳定的犯罪组织",达到一定存续时间底线标准。

对"形成较稳定的犯罪组织"进行实质审查和形式审查(双重审查规则)的具体要求是:在实质上必须是"形成较稳定的犯罪组织",并且在形式上还必须达到一定存续时间底线标准,必须同时具备上列实质和形式才能认定为"形成较稳定的犯罪组织"。因此,有以下两方面问题需要具体研究:

其一,在实质上必须是"形成较稳定的犯罪组织"。

在实质上"形成较稳定的犯罪组织"是指较长时间内有相当规模人数和骨干成员的情况下,有制度化的纪律约束机制和社会团结机制的犯罪组织,这是其在实质上所必须具备的文化制度性特征和社会学特征。因此,在审查黑社会性质组织作为一种

---

① 参见王利明:《法律解释学导论——以民法为视角》(第2版),法律出版社2017年版,第150页。

"较稳定的"犯罪组织的组织特征时,必须透过现象看本质:组织程度较严密,组织"对内"控制程度较严格而残酷,形成了以暴力意识以及帮派思想为核心的鲜明的犯罪亚文化和群体凝聚力,而不能被一些表面现象所迷惑而作出错误判断。

  黑社会性质组织作为一种接近最高级别的犯罪组织(理论上黑社会组织是最高级别的犯罪组织),可以从社会团结理论、社会组织理论(次级群体理论)进行理论观察和诠释。①社会团结理论由法国社会学家涂尔干首次提出,将社会团结的类型划分为来源于个人之间相似性的机械团结(mechanical solidarity)与来源于社会劳动分工的有机团结(organic solidarity)两种基本类型。在机械团结社会中,个人无需中介直接系属于社会,社会在某种程度上由所有群体成员的共同感情和共同信仰来体现,"所有社会成员的共同观念和共同倾向在数量和强度上都超过了成员自身的观念和倾向","集体人格完全吸纳了个人人格";在有机团结的社会中,个人通过构成社会的各个部分依赖于社会,与个体发生连带关系的社会是由一些特别而又不同的职能通过相互间的确定关系结合成的组织体、系统,从而"每个人都拥有自己的行动范围,都能够自臻其境,都有自己的人格"。① 应当说,合法社会和黑社会(性质组织)都可以从"社会团结理论"中获得理论解释。黑社会(性质组织)作为"形成较稳定的犯罪组织",可能主要体现为有机团结同时兼有机械团结的社会团结特征。②社会组织理论认为,社会组织是次级群体的表现形式,而次级群体(又叫间接群体或者次属群体)指的是其成员为了某种特定的目标集合在一起,通过明确的规章制度结成正规关系的社会群体,其区别于作为以感情为基础结成亲密关系的社会群体的初级群体(又叫直接群体或者首属群体)。社会组织理论中的次级群体理论认为,社会群体的结构模式中包含规范、地位、角色、权威及成员间的关系等要素,其中次级群体的群体凝聚力(又叫群体内聚力)主要是成员对规范的遵从并将群体的目标自觉地看成是自己的目标,通过分析"社网图""轮型"和"Y型"等集中式沟通网络可以确定核心人物(又叫中心人物)和群体凝聚力的形成机理。② 因此,根据社会组织理论中的次级群体理论,黑社会性质组织作为一种高层次的、"较稳定的"犯罪组织,其组织严密性、"对内"控制性和强大的群体凝聚力是其实质内核。

  黑社会性质组织不同于普通犯罪集团的一个重要特点就是其具有更成熟的组织性和更加稳定的组织结构(组织程度最高)③,有其组织体内部的系统结构与"法律"。黑社会较稳定成熟的犯罪组织性最鲜明、最突出地表现在其具有细致严密的科层结构和严酷苛刻的"黑色法制"。如果说"非法控制社会性"是黑社会性质组织的"对外"核心特征,即主要指的是黑社会性质组织"对外"社会面的控制,那么可以说,黑社会性质组织"对内"组织面进行严格而残酷的控制就是其"对内"核心特征。黑社会对外与对内都是以非法极端方法进行控制,其控制手段可以简单地概括为两方面:一是严苛的"黑色法制"(包括对内对外);二是科层制(仅仅对内而言)。黑社会性质组

---

① 参见〔法〕埃米尔·涂尔干:《社会分工论》,渠东译,生活·读书·新知三联书店2000年版,第89—183页。
② 参见郑杭生主编:《社会学概论新修》(第三版),中国人民大学出版社2003年版,第146—193页。
③ 参见魏东、郭理蓉:《论犯罪集团及其司法认定》,载《犯罪与改造研究》2000年第7期。

织的"黑色法制",具体体现为其所谓行为习惯、"帮规""家法""规章制度"等,其内容主要是规定内部结构、行为方式和组织纪律等。例如,明确规定组织的宗旨、目标、纪律以及奖惩措施等内容,同时也可能涉及对外行动、对外部人员的处世方式等内容。黑社会所谓科层制,是指作为一种"政治上层建筑",其内部建立起了层次分明、等级有序并且自成一体的管理架构:在纵向上,整个组织系统有如金字塔,其底部为绝对被支配的基本成员,而顶部则是最高权威和绝对领导者,中间层次为中层领导者,上下等级森严不可逾越,下级服从上级,上级拥有对下级的绝对权力;在横向上,黑社会内部组织分工严密,职能机构较为齐全,有权力机构和执行机构,严格实行分工负责、各司其职、各负其责,能够保证黑社会组织生存及其活动有效运转。[①]

黑社会性质组织结构具有更大的规模、更高的犯罪效率、更大的影响范围和更强的反追诉能力,它往往以企业、公司、宗教、团体、帮会等名义出现。在其内部,有至高无上的首领,上下等级森严,还有严格的"家法",作为组织运行的规范。[②]并且,黑社会性质组织还形成共同的犯罪亚文化习俗,而普通犯罪集团虽有较强的组织性和相当的稳固性,但其内部不一定有制度规范,更谈不上形成共同的犯罪亚文化习俗。所谓犯罪亚文化,是指全体犯罪人(包括个人和团体)在日常生活与犯罪活动中逐渐形成的与主流文化相对立的价值观念、行为方式以及其他文化现象的总和。有学者认为,在我国,犯罪亚文化主要有两个方面:一是中国传统的以游民文化为中心、以近代中国帮会文化为典型代表的犯罪亚文化。游民文化又称"江湖文化",是指中国传统上由武侠、艺人、术士、强盗、绿林以及帮会、秘密教派等所谓游民或者江湖人物在其日常活动过程中所产生的犯罪亚文化。在中国传统文化观念中,"江湖人物"就是游民,而"江湖"则是游民生活奋斗的空间,并且往往含有"与主流社会相对立、相抗衡的地下社会或隐形社会"之意。近代中国帮会组织发展演变过程中形成了独具特色的帮会文化,帮会内部具有严密的等级制度、严格的入会手续、烦琐的帮规和严酷的惩罚制度[③],帮会团体构成分为首领、骨干、一般成员和协从人员,组织结构模拟传统的封建家族制度,将旧式忠义孝悌伦理道德观念、宗法等级观念融入其中。[④]二是以暴力和色情为中心的当代犯罪亚文化。暴力和色情是当代文化中最腐朽的部分,它主要通过电视电影和报纸杂志等大众媒体传播扩散。正如英国怀特豪夫人所说"充斥于大众传媒的也会充斥于人间",暴力色情无疑会诱发、煽动人的淫秽和暴力的潜能。因此,大致可以说,犯罪亚文化的核心是暴力意识和帮派思想。黑社会组织之所以能够存在,是因为犯罪人从两种犯罪亚文化中意识到只有组织起来并且拥有暴力,才能形成一种与主流社会相抗衡的独立力量,并且只有凭借力量才能获得财富、权力和名誉,迅速提高自己的社会地位。正是这种意识,促使单个的犯罪人组成黑社会组织。

[①] 参见阮方民:《惩治黑社会性质组织犯罪对策研究》,载《中国法学会刑法学研究会2002年年会论文集》(下),第994—1001页。
[②] 参见高克强、孙义刚:《黑社会犯罪概念辨析》,载《中国刑事杂志》1999年第3期。
[③] 参见江豪:《漫谈旧上海的帮会》,载《20世纪上海文史资料文库》(第10册),上海书店出版社1999年版,第124页。
[④] 参见王牧、张凌、赵国玲主编:《中国有组织犯罪实证研究》,中国检察出版社2011年版,第5页。

因此可以说,暴力意识和帮派思想是黑社会组织存在和发展的决定性精神力量。① 此外,这种犯罪亚文化还包括其独特的文化生活习俗,如沉溺于吃喝嫖赌和追求变态刺激的生活观念,以及经常性地使用"黑话""隐语"等黑社会化的独特语言文化等。犯罪亚文化具有鲜明的反社会性和同化联结性特征。其反社会性造就了这样一种文化鼓动,即教唆犯罪亚群体对抗和否定社会主流文化所肯定的社会共同价值和规则,实施越轨行为甚至犯罪行为。同时,其同化联结性对犯罪亚群体极具凝聚力和感召力,极容易导致形成各种犯罪组织并进而促使其团结巩固。② 显然,犯罪亚文化的这些特质,是黑社会性质组织得以存在和延续的重要保障。③

因此,最高人民法院于 2015 年发布的《全国部分法院审理黑社会性质组织犯罪案件工作座谈会纪要》强调对黑社会性质组织"组织纪律、活动规约"进行实质审查,即规定"对于黑社会性质组织的组织纪律、活动规约,应当结合制定、形成相关纪律、规约的目的与意图来进行审查判断。凡是为了增强实施违法犯罪活动的组织性、隐蔽性而制定或者自发形成,并用以明确组织内部人员管理、职责分工、行为规范、利益分配、行动准则等事项的成文或不成文的规定、约定,均可认定为黑社会性质组织的组织纪律、活动规约";最高人民法院、最高人民检察院、公安部于 2009 年发布的《办理黑社会性质组织犯罪案件座谈会纪要》强调在具体审查时要注意防止"人员频繁更替、组织结构松散"的假象,特别提出"当前,一些黑社会性质组织为了增强隐蔽性,往往采取各种手段制造'人员频繁更替、组织结构松散'的假象。因此,在办案时,要特别注意审查组织者、领导者,以及对组织运行、活动起着突出作用的积极参加者等骨干成员是否基本固定、联系是否紧密,不要被其组织形式的表象所左右"。这些司法解释性规定从正反两面阐释了黑社会性质组织所具有的制度化纪律约束机制和社会团结机制的实质特征,为司法办案机关对"形成较稳定的犯罪组织"进行实质审查判断提供了规范标准,值得高度重视。

其二,在形式上必须达到一定存续时间底线标准。

这个问题,可以细化为三个具体问题讨论:一是黑社会性质组织是否有存续时间长度的限制?二是黑社会性质组织存续时间底线标准是多长?三是黑社会性质组织形成/成立时间的起点如何确定?

问题一:黑社会性质组织是否有存续时间长度的限制?

对此问题,理论上有三种见解:第一种观点是"不必要说",认为组织存续时间底线标准不应限定,因为其仅仅是观察黑社会性质组织稳定性的参考性因素而不是决定性因素,限定标准不便于法律适用的灵活性,不符合"打早打小"的司法刑事政策;第二种观点是"必要说",认为组织存续时间底线标准必须明确限定,因为黑社会性质组织的主要特征之一就是比其他犯罪集团更具有稳定性,这种稳定性应当体现为存

---

① 参见何秉松:《有组织犯罪研究:中国大陆黑社会(性质)犯罪研究》(第一卷),中国法制出版社 2002 年版,第 430—437 页。
② 参见魏东:《当前未成年人犯罪突出的原因分析》,载《犯罪与改造研究》1997 年第 1 期。
③ 参见魏东:《论黑社会的基本内涵与刑事政策》,载《河南省政法管理干部学院学报》2004 年第 3 期。

续时间的长期性,"打早打小"政策执行也必须以准确认定和正确执法为前提①;第三种观点是"折中说",如李勤法官在原则赞同"必要说"的基础上,进一步主张某种"必要说+准许例外说"的立场。李勤法官认为,组织"存续期限应成为关注黑社会性质组织的着力点",指出:①黑社会性质组织的稳定性不但从更加严密的组织性予以体现,还体现在犯罪组织存续的长期性上②,某一犯罪组织存续时间越短就越不可能被判定为黑社会性质组织;②黑社会性质组织持续时间为日本、德国、美国等国外立法所强调,如日本法律强调涉黑组织暴力性犯罪的长久持续性③,德国强调长期运用武力干预社会、经济、政治秩序④,美国刑法也规定黑社会组织具有存续时间的长期性特征⑤;③非法控制社会性难以在较短的存续时间内形成;④法律不对涉黑组织的存续时间予以最低限度的设定,可能混淆与其他一般犯罪组织的界限;⑤以 6 个月作为判断黑社会性质组织最低存续时间较为适宜,但是"为防止标准的机械化和绝对化"也有必要设定例外情况的认定规则,"即设定为案涉犯罪组织的存续时间在 6 个月以下的,人民法院对此类犯罪组织进行涉黑性判定时,除非此类犯罪组织的其他涉黑性特征特别突出,否则一般不宜将此类犯罪组织认定为黑社会性质组织"。⑥

笔者认为"必要说"是妥当的,即有必要明确限定黑社会性质组织的存续时间底线标准。如 2015 年《全国部分法院审理黑社会性质组织犯罪案件工作座谈会纪要》规定"存在、发展时间明显过短、犯罪活动尚不突出的,一般不应认定为黑社会性质组织",再如 2018 年《关于办理黑恶势力犯罪案件若干问题的指导意见》规定"组织形成后,在一定时期内持续存在,应当认定为'形成较稳定的犯罪组织'"。应当认为这些规定都坚持了"必要说"的基本立场。同时,笔者认为应当摒弃"必要说+准许例外说"立场,这样有利于限定黑社会性质组织的形式标准,有利于在全国范围内确立统一的"扫黑除恶"司法认定标准和法治底线,有利于实现具体个案的司法公正。只有在坚持"必要说"的立场下严格限定黑社会性质组织数量才有利于突出打击重点,并且对于那些尚未达到存续时间底线标准的"恶势力"组织仍然可以作为共同犯罪甚至犯罪集团予以依法打击,而不至于放纵犯罪。

问题二:黑社会性质组织的存续时间底线标准是多长?

据观察,目前理论界和司法实务部门比较认可黑社会性质组织的存续时间底线标准是 6 个月(即"6 个月标准说")。理论界有学者主张,犯罪组织要被认定为黑社会性质组织一般持续时间应在 6 个月或者 1 年以上。⑦ 司法实务部门比较认同黑社会性质组织的存续时间底线标准为 6 个月,如浙江省、四川省等省级司法机关出台的

---

① 参见范建伟:《新时期我国黑社会性质犯罪组织的司法认定》,苏州大学 2015 年硕士学位论文。
② 参见最高人民法院刑事审判庭第一庭编:《现行刑事法律司法解释及其理解与适用》(修订本),中国民主法制出版社 2007 年版,第 433 页。
③ 参见冯殿美等:《全球化语境中的有组织犯罪》,中国检察出版社 2004 年版,第 15 页。
④ 参见李芳晓:《国外有组织犯罪的概念与特征》,载《国外社会科学》2007 年第 1 期。
⑤ 参见储槐植:《美国刑法》(第二版),北京大学出版社 1996 年版,第 165 页。
⑥ 参见李勤:《办理黑社会性质组织犯罪法律适用研究》,中国政法大学 2017 年博士学位论文。
⑦ 参见陈世伟:《黑社会性质组织基本特征的实践展开》,载《河南大学学报(社会科学版)》2012 年第 1 期。

指导性文件均规定黑社会性质组织存续时间一般应在6个月以上。再如李勤法官根据其所收集的能够从刑事判决书内容分析出黑社会性质组织存续时间的案例87件中,黑社会性质组织的持续时间在6个月以上的案件数占比高达97.7%。还有学者针对浙江省黑社会性质组织犯罪案件涉黑人员139名的分析结论,也是参加黑社会性质组织时间超过6个月的人数占比高达96.4%。①

显然,尽管可以说我国司法实践中绝大多数判例坚持了黑社会性质组织的存续时间底线标准"6个月标准说",但是仍有接近3%至5%的司法判例没有坚持"6个月标准说",而将组织存续时间尚未达到6个月的犯罪组织认定为黑社会性质组织,这是值得反思和警惕的现象。另外,2018年《关于办理黑恶势力犯罪案件若干问题的指导意见》第6条提出:"黑社会性质组织一般在短时间内难以形成,而且成员人数较多,但鉴于'恶势力'团伙和犯罪集团向黑社会性质组织发展是一个渐进的过程,没有明显的性质转变的节点,故对黑社会性质组织存在时间、成员人数问题不宜作出'一刀切'的规定。"其中所明确提出的"对黑社会性质组织存在时间、成员人数问题不宜作出'一刀切'的规定"出发点是好的,但是其可能带来的法律效果和社会效果有待进一步观察,尤其是其客观上不可避免地会导致出现某种程度上的个案随意司法和司法混乱,需要理论上和行动上未雨绸缪,早作研究并尽快解决。

因此,笔者认为可以将黑社会性质组织的存续时间底线标准限定为6个月。按照"必要说"的立场,应在明确要求限定黑社会性质组织的存续时间底线标准的前提下,严格执行组织存续时间达到6个月这一存续时间底线标准;对于没有达到这个标准的,依法不认定为黑社会性质组织(但可以依法认定为犯罪集团),不留余地。

问题三:黑社会性质组织形成/成立时间的起点如何确定?

这个问题应当说我国已有司法解释性文本作出了较为明确的规定。2018年《关于办理黑恶势力犯罪案件若干问题的指导意见》第6条规定,"黑社会性质组织未举行成立仪式或者进行类似活动的,成立时间可以按照足以反映其初步形成非法影响的标志性事件的发生时间认定。没有标志性事件的,可以按照本意见中黑社会性质组织违法犯罪活动认定范围的规定,将组织者、领导者与其他组织成员首次共同实施该组织犯罪活动的时间认定为该组织的形成时间。该组织者、领导者因未到案或因死亡等法定情形未被起诉的,不影响认定"。再如2015年《全国部分法院审理黑社会性质组织犯罪案件工作座谈会纪要》规定,"黑社会性质组织存续时间的起点,可以根据涉案犯罪组织举行成立仪式或者进行类似活动的时间来认定。没有前述活动的,可以根据足以反映其初步形成核心利益或强势地位的重大事件发生时间进行审查判断。没有明显标志性事件的,也可以根据涉案犯罪组织为维护、扩大组织势力、实力、影响、经济基础或按照组织惯例、纪律、活动规约而首次实施有组织的犯罪活动的时间进行审查判断。存在、发展时间明显过短、犯罪活动尚不突出的,一般不应认定为黑社会性质组织"。

---

① 参见李勤:《办理黑社会性质组织犯罪法律适用研究》,中国政法大学2017年博士学位论文。

上列规定实质上是采用了"三标准说",是比较合理的。一是以黑社会性质组织举行成立仪式的时间为组织形成/成立时间的起点标准,即"黑社会性质组织举行成立仪式或者进行类似活动的,以成立仪式举行之日确定其组织形成时间";二是以黑社会性质组织发生标志性事件的时间为组织形成/成立时间的起点标准,即"黑社会性质组织未举行成立仪式或者进行类似活动的,成立时间可以按照足以反映其初步形成非法影响的标志性事件的发生时间认定";三是以黑社会性质组织首次共同实施该组织犯罪活动的时间为组织形成/成立时间的起点标准,即没有标志性事件的,可以按照2018年《关于办理黑恶势力犯罪案件若干问题的指导意见》中"黑社会性质组织违法犯罪活动认定范围的规定,将组织者、领导者与其他组织成员首次共同实施该组织犯罪活动的时间认定为该组织的形成时间"。需要特别强调的是,在运用"三标准说"确定组织形成/成立时间的起点时必须注意进行实质审查判断,即对"组织举行成立仪式的时间"进行实质审查,应当将作为次级群体的社会组织为达成团结社会所举行的成立仪式——无论在形式上简单还是复杂、"正式"还是非"正式",甚至可能仅在聚会上说了诸如"我们大伙儿在一起干""我们组织今天就算成立了"之类的三言两语——之日,认定为"组织举行成立仪式的时间";对"组织发生标志性事件的时间"进行实质审查,应当将作为次级群体的社会组织确定某种特定标识、特定"黑话"、特定行动方式或者举行某种聚会与宣示活动之日,认定为"组织发生标志性事件的时间";对"组织首次共同实施该组织犯罪活动的时间"进行实质审查,应当将作为次级群体的社会组织所组织实施的首次犯罪活动——无论在形式上是组织成员中一个人实施还是数人实施,无论是已经司法审判定罪处罚还是未经司法审判定罪处罚(如有的犯罪可能已过追诉时效而未经司法审判定罪处罚)——之日,认定为"组织首次共同实施该组织犯罪活动的时间"。按照"三标准说",如果上列三个标准所规定的要素均存在时,则以最早的标准要素发生时间作为组织形成/成立时间的起点。

但是理论上还是有人对此"三标准说"提出了质疑,认为2015年《全国部分法院审理黑社会性质组织犯罪案件工作座谈会纪要》对黑社会性质组织形成时间的界定标准存在一定的逻辑矛盾,确有需完善之处,应以初步形成核心利益或强势地位重大事件的发生时间为核心标准(单一标准说)。[①] 对此笔者认为,质疑者的观点(单一标准说)实质上是只主张以组织发生标志性事件的时间为标准,而遗漏了另外两个时间标准(组织举行成立仪式的时间、组织首次共同实施该组织犯罪活动的时间),不利于客观、全面地认定组织形成/成立时间的起点,有所不当。

(2)组织成员"人数较多",达到一定的犯罪组织规模底线标准。

这里有两个具体问题需要特别讨论:一是"人数较多"的下限应当是多少?二是"组织成员"人数的实质审查。

问题一:"人数较多"的下限应当是多少?

对此问题,理论界和实务中主要有三种观点:一是"三人说",认为黑社会性质组

---

① 参见李勤:《办理黑社会性质组织犯罪法律适用研究》,中国政法大学2017年博士学位论文。

织是典型的有组织犯罪,属于犯罪集团的一种,因此黑社会性质组织人数规模的下限是 3 人。① 二是"十人说",认为黑社会性质组织是有组织犯罪的高级形式,应当与一般犯罪集团有所区别,仅仅有 3 人的犯罪集团难以在某一区域或者某一行业对不特定公众形成非法控制,因此应当将黑社会性质组织的人数规模下限设定为 10 人以上。② 三是无下限说,认为黑社会性质组织的发展与形成须经历相当长的时间才得以最终形成,其很可能经历犯罪团伙、恶势力团伙逐步发展演变而最终形成,不能确定组织在最终形成时人数规模的具体节点,因此,很难对其确定一个明确的人数规模下限,而应当结合其他涉黑特征综合评定与把控。③

应当说,2015 年《全国部分法院审理黑社会性质组织犯罪案件工作座谈会纪要》大体立场采用了"十人说",但是其中又指出"四个特征"中其他构成要素均已具备,仅在成员人数、经济实力规模方面未达到该纪要提出的一般性要求,但已较为接近,且在非法控制特征(危害性特征)方面同时具有 2009 年《办理黑社会性质组织犯罪案件座谈会纪要》相关规定中的多种情形,其中至少有一种情形已明显超出认定标准的,也可以认定为黑社会性质组织。此外,某些省级法院主张将人数规模下限规定为 10 人以下,如湖北省即规定对涉黑组织人数规模下限标准规定为 5 人以上;从重庆市、四川省、贵州省、云南省等地的判决情况看,将组织成员(包括尚未归案的组织成员)人数 5 人以上不足 10 人的案件认定为黑社会性质组织的在全部黑社会性质组织犯罪案件判决总数的比例达 5.3%。④ 李勤法官也认为"应当允许未达 10 人以上人数规模的犯罪组织存有被认定为黑社会性质组织的例外情形,其条件即为人数较为接近 10 人,且其他涉黑性质的特征突出明显"⑤。应当说这是值得警惕的见解和做法。国外黑社会组织的人数规模通常都很大,少则数十人,多则上千上万人,而我国司法解释性文件规定的黑社会性质组织的人数规模仅规定为 10 人,已经接近突破刑事政策底线了,而实务中仍然存在不少突破 10 人底线的判例,实在令人担忧。实事求是地讲,在刑事政策上贯彻"打早打小"精神,稍有不慎即可能存在将并非真正的黑社会(即我国的"黑社会性质组织")直接当作"黑社会(组织)"进行刑事处遇和行政处置的正当性危机。前文已有专题论述,此处不赘述。

黑社会性质组织的成员人数规模下限确定为多少更合理,是一个需要运用刑法社科法学方法进行"科学"审查的重要问题。社会学原理认为,"一般而言,群体成员不超过 12 人,他们之间有可能保持极其密切的相互关系。如果成员继续增多,不仅使成员间非常深入的了解发生困难,还会导致群体成员出现各种复杂的联合,群体内派别也就由此发生。对大群体中数量庞大的潜在关系,不能用通常的方法来处理。大群体不可能依赖自发的或随意的协约,它需要有具体的、明确的任务分工和责任规

---

① 参见徐锋:《组织、领导、参加黑社会性质组织罪的司法认定研究》,中国政法大学 2010 年硕士学位论文。
② 参见刘洪峰:《黑社会性质犯罪的现状、认定及量刑》,中国政法大学 2010 年硕士学位论文。
③ 参见宋洋:《我国黑社会性质组织犯罪若干问题研究》,中国政法大学 2011 年博士学位论文。
④ 参见王牧、张凌、赵国玲主编:《中国有组织犯罪实证研究》,中国检察出版社 2011 年版,第 299 页。
⑤ 李勤:《办理黑社会性质组织犯罪法律适用研究》,中国政法大学 2017 年博士学位论文。

定。规模巨大意味着具有正式的组织、权力层、管理人员以及广泛的次级群体关系"[①]。依据这一原理,笔者认为,为进一步明确刑事法治底线、统一规范司法审判并确保司法公正,同时也为更加突出打击重点,我国黑社会性质组织"人数较多"这一犯罪组织规模底线标准应当适当提高,将这个犯罪组织成员人数规模的底线标准确定为 12 人以上(即"十二人说")。只有在犯罪组织成员人数达到或者超过 12 人以上的,才可以结合其他法定特征依法确认为黑社会性质组织;否则,一律不得认定为黑社会性质组织,而只能依法认定为一般的犯罪集团或者一般的共同犯罪形式。

不过,基于一种务实的学术立场,鉴于我国 2015 年《全国部分法院审理黑社会性质组织犯罪案件工作座谈会纪要》明确规定"黑社会性质组织应当具有一定规模,人数较多,组织成员一般在 10 人以上",笔者认为可以适当考虑我国有关司法解释性文本规定和"扫黑除恶"的实际情况,目前仍然执行"十人说"并且不再突破 10 人底线,在此基础上逐步研究制定新的、更加科学合理的司法解释性文本并采用"十二人说",尽快实现将黑社会性质组织的组织人数规模底线标准规定为 12 人以上,以有效限定黑社会性质组织的认定范围,切实做到"扫黑除恶"专项斗争"打准打实"的刑事政策目标。

问题二:"组织成员"人数的实质审查。

组织成员既包括组织者、领导者、骨干成员、积极参加者、一般参加者(这些组织成员通常构成了组织、领导、参加黑社会性质组织罪),还包括被裹挟参加组织的未成年人或者其他因为情节轻微而尚未作为犯罪论处的参加人员,以及其他因为尚未归案而未被处理但是确有确实、充分的证据证实其属于组织成员的人员,因此必须强调对"组织成员"及其人数的实质审查。

依据上述实质审查规则来看,2018 年《关于办理黑恶势力犯罪案件若干问题的指导意见》规定,"黑社会性质组织成员既包括已有充分证据证明但尚未到案的组织成员,也包括虽有参加黑社会性质组织的行为但因尚未达到刑事责任年龄或因其他法定情形而未被起诉,或者根据具体情节不作为犯罪处理的组织成员"。2015 年《全国部分法院审理黑社会性质组织犯罪案件工作座谈会纪要》规定,黑社会性质组织成员"既包括已有充分证据证明但尚未归案的组织成员,也包括虽有参加黑社会性质组织的行为但因尚未达到刑事责任年龄或因其他法定情形而未被起诉,或者根据具体情节不作为犯罪处理的组织成员"。这两个司法解释性规定的基本内容是合理的。

(3)"有明确的组织者、领导者,骨干成员基本固定",骨干成员必须达到一定数量底线标准。

这里仍然应注意对"有明确的组织者、领导者,骨干成员基本固定"进行实质审查和形式审查(双重审查规则)。从总体上看,组织者、领导者、骨干成员"必须有"一个明确的数量底线标准(形式审查),而不能认为这个标准仅仅是"可以有",因为"这个可以有"的反对解释结论是"这个可以没有",并且应当对组织者、领导者、骨干成员的

[①] 郑杭生主编:《社会学概论新修》(第三版),中国人民大学出版社 2003 年版,第 154 页。

组织身份进行实事求是的审查(实质审查)。在此前提下,有四个具体问题值得研究:一是组织者、领导者的数量底线标准是多少(形式审查)？组织者、领导者的具体认定有何实质标准(实质审查)？二是骨干成员的数量底线标准是多少(形式审查)？骨干成员的具体认定有何实质标准(实质审查)？三是在对组织者、领导者、骨干成员"基本固定"的具体审查中如何处理好形式审查和实质审查的关系？四是与骨干成员判断相关联,积极参加者与一般参加者的界限如何划分？

问题一:组织者、领导者的数量底线标准是多少(形式审查)？组织者、领导者的具体认定有何实质标准(实质审查)？

组织者、领导者"必须有"一个以上,因此其数量底线标准不必作更多讨论。这里的问题在于:如何认定组织者、领导者的组织身份？对此问题,2018年《关于办理黑恶势力犯罪案件若干问题的指导意见》、最高人民法院于2000年发布的《关于审理黑社会性质组织犯罪的案件具体应用法律若干问题的解释》、2009年《办理黑社会性质组织犯罪案件座谈会纪要》和2015年《全国部分法院审理黑社会性质组织犯罪案件工作座谈会纪要》有比较明确的规定。2018年《关于办理黑恶势力犯罪案件若干问题的指导意见》第4条规定:"发起、创建黑社会性质组织,或者对黑社会性质组织进行合并、分立、重组的行为,应当认定为'组织黑社会性质组织';实际对整个组织的发展、运行、活动进行决策、指挥、协调、管理的行为,应当认定为'领导黑社会性质组织'。黑社会性质组织的组织者、领导者,既包括通过一定形式产生的有明确职务、称谓的组织者、领导者,也包括在黑社会性质组织中被公认的事实上的组织者、领导者。"根据上列规定可以认为,所谓组织者、领导者,是指针对黑社会性质组织实施发起、筹划、创建、召集、合并、分立、扩大、重组等组织行为的人员(即组织者),或者实施决策、指挥、协调、控制管理等领导行为的人员(即领导者)。

理论上,我国有学者对组织者、领导者具体列举了以下七类人员:第一类是犯罪组织的创建者或扩大者;第二类为犯罪组织的组织纪律、活动规约的发起人或者制定人;第三类为涉黑组织成立和运转的资金筹措人或者出资人;第四类是对涉黑犯罪组织的日常运行活动具有直接或间接的管理、决定权的人员;第五类为具体违法犯罪活动的组织、策划、指挥人;第六类是对涉黑组织犯罪利益具有分配和掌控能力的人员;第七类为案发后涉黑组织成员公认的涉黑组织的核心人员。[①] 笔者认为这个归纳基本上是合理的,但是其对第一类组织行为人的范围归纳可能有所遗漏,需要在实质审查的基础上进一步作出更加周全的归纳;最后一类强调"案发后涉黑组织成员公认的涉黑组织的核心人员"也可能有所不当,这涉及证据是否确实充分的问题(即证据法疑问),因为在实体法上"案发后涉黑组织成员公认的核心人员"也可能仅仅是骨干或者积极参加者,但是其是否能够被认定为组织者、领导者仍然需要进行实质审查,即审查其实质上是否是组织者和领导者(而不仅仅是骨干或者积极参加者)。

因此笔者认为,从实质审查的立场看,黑社会性质组织的组织者、领导者具体包

---

① 参见李勤:《办理黑社会性质组织犯罪法律适用研究》,中国政法大学2017年博士学位论文。

括以下两类人员:一是组织者,即黑社会性质组织的发起人、筹划人、创建人、召集人、合并人、分立人、扩大人、重组人;二是领导者,即在黑社会性质组织犯罪活动中的决策人、指挥人、协调人、控制管理人。

问题二:骨干成员的数量底线标准是多少(形式审查)?骨干成员的具体认定有何实质标准(实质审查)?

骨干数量底线必须有所规定,有学者提出必须"骨干成员应有3名以上",骨干成员相对稳定而可以有所变动更替(但是不能少于3名)的观点①,笔者认为这种观点基本上是合理的,但是略显机械和苛刻。因此,笔者认为,可以采取骨干成员、领导者、组织者总和人数3人以上(包含3人在内)的数额底线标准,把骨干人员的人数标准与领导者和组织者联系起来一起加以考虑,并将其总和人数3人以上作为最低底线标准是比较合理的。尽管2018年《关于办理黑恶势力犯罪案件若干问题的指导意见》、2000年《关于审理黑社会性质组织犯罪的案件具体应用法律若干问题的解释》、2009年《办理黑社会性质组织犯罪案件座谈会纪要》和2015年《全国部分法院审理黑社会性质组织犯罪案件工作座谈会纪要》均没有明确规定"骨干成员应有3名以上",但是从黑社会性质组织的组织特征是"形成较稳定的犯罪组织,人数较多,有明确的组织者、领导者,骨干成员基本固定"的基本精神来判断,是可以推导出"骨干成员、领导者、组织者总和人数3人以上"这一结论。

进一步的问题在于:如何确定骨干成员与积极参加者(以及参加者)之间的界限?对此学术界有以下意见:①完全等同说,即认为骨干成员等同于积极参加者,积极参加者即为骨干成员,二者之间并无本质区别,对二者应当进行相同的定罪量刑。②②部分等同说,即认为涉黑组织的骨干成员是听命于组织者、领导者安排指示,接受其布置的任务,直接代领、指挥一般参加者进行违法犯罪活动的积极参加者,因此骨干成员在犯罪组织中发挥着承上启下的重要功能,其是积极参加者中的一种类型,在骨干成员之外还存在其他积极参加者。③

2015年《全国部分法院审理黑社会性质组织犯罪案件工作座谈会纪要》采用了部分等同说,其中规定"黑社会性质组织应有明确的组织者、领导者,骨干成员基本固定,并有比较明确的层级和职责分工,一般有三种类型的组织成员,即:组织者、领导者与积极参加者、一般参加者(也即'其他参加者')。骨干成员,是指直接听命于组织者、领导者,并多次指挥或积极参与实施有组织的违法犯罪活动或者其他长时间在犯罪组织中起重要作用的犯罪分子,属于积极参加者的一部分"。笔者在基本赞成"部分等同说"的基础上,认为还应注意准确界定骨干成员与其他积极参加者之间的界限。按照笔者对司法解释性规定的理解,认为应当将"部分等同说"进一步具体化为"起积极协助组织和领导职能作用的积极参加者说",即应当认为:骨干成员,是指

---

① 参见李勤:《办理黑社会性质组织犯罪法律适用研究》,中国政法大学2017年博士学位论文。
② 参见刘丽芬、熊红文:《当前办理黑社会性质组织犯罪案件若干问题探讨》,载《江西公安专科学校学报》2007年第3期;李高峰:《黑社会性质组织成员的认定探究》,载《江西公安专科学校学报》2010年第3期。
③ 参见李勤:《办理黑社会性质组织犯罪法律适用研究》,中国政法大学2017年博士学位论文。

直接听命于组织者、领导者,起积极协助组织和领导职能作用,并多次指挥或积极参与实施有组织的违法犯罪活动或者其他长时间在犯罪组织中起重要作用的犯罪分子。

因此可以认为,骨干成员区别于其他积极参加者的关键在于三点:一是骨干成员直接听命于组织者、领导者,而其他积极参加者通常并不直接听命于组织者、领导者;二是骨干成员起积极协助组织和领导职能作用,而其他积极参加者无论是否偶然直接听命于组织者、领导者,但是通常不是起积极协助组织和领导职能作用;三是骨干成员通常是多次指挥或积极参与实施有组织的违法犯罪活动或者其他长时间在犯罪组织中起重要作用的犯罪分子,而其他积极参加者只要有积极参加违法犯罪活动即可。

问题三:在对组织者、领导者、骨干成员"基本固定"的具体审查中如何处理好形式审查和实质审查的关系?

对于组织者、领导者、骨干成员"基本固定"的具体审查中,首先,应当进行形式审查。黑社会性质组织中的组织者、领导者是明确的并且有一名以上是长期固定的,骨干成员是明确的并且有一名以上是长期固定的,并且"骨干成员、领导者、组织者总和人数3人以上"是长期固定的,这些组织者、领导者、骨干成员必须是明确的并且长期存在的。其次,还应注意进行实质审查,黑社会性质组织在发展过程中的某个具体时间段或者时间点上,组织者、领导者、骨干成员因为生老病死或者其他特殊原因而偶有变化,或者是组织者、领导者、骨干成员为规避打击而人为地制造"人员频繁更替、组织结构松散"的假象,而出现某个具体时间段或者时间点上组织者、领导者、骨干成员偶有变化,但是对黑社会性质组织的长期存在过程进行综合判断和实质审查仍然可以得出组织者、领导者、骨干成员"基本固定"的结论的,则仍然应实事求是地认定"有明确的组织者、领导者,骨干成员基本固定"。

问题四:与骨干成员判断相关联,积极参加者与一般参加者的界限如何划分?

所谓参加,是指针对黑社会性质的组织进行加入组织确认、接受组织管理、参加组织活动等行为。根据这个概念参加者的类型有两种:①从参加行为的具体方式看,可以区分为三种情况:一是进行加入组织确认;二是接受组织管理;三是参加组织活动。②从参加行为的具体作用看,可以区分为两种:一是起主要作用的参加,即积极参加;二是起次要和辅助作用的参加,即一般参加。

这里需要研究积极参加与一般参加的区分问题。理论界对于积极参加者与一般参加者的界限划分,主要有四种观点。一是行为说,认为凡是参加黑社会性质组织并参与其具体违法犯罪行为的,即可认定为积极参加行为。[1] 二是主观说,认为凡是主观上积极主动地加入涉黑组织的行为,即为积极参加行为。[2] 三是结合说,认为在判定行为人是否属于黑社会性质组织的积极参加者,要从主观和客观两方面综合考虑,

---

[1] 参见高一飞:《有组织犯罪问题专论》,中国政法大学出版社2000版,第142页。
[2] 参见高铭暄主编:《新编中国刑法学》(上下册),中国人民大学出版社1998版,第837页。

即客观上要考查是否参加黑社会性质组织并参加该组织具体违法犯罪活动,主观上考查行为人在加入黑社会性质组织时是否积极主动,凡主观客观要件均具备的即为积极参加者。① 四是作用说,认为判断是否属于涉黑组织的积极参加者,主要从行为人在该组织中所发挥的作用大小为标准进行判断,对组织作用大的为积极参加者。②

笔者认为第四种观点(作用说)较为可取,因为其符合共同犯罪原理中的主从犯原理,对于那些在有组织犯罪中起主要作用的人依法认定为积极参加者(主犯),对起次要或者辅助作用的人依法认定为一般参加者(从犯)。从这个意义上说,可以认为作用说也是"主犯从犯说",堪称精当。

2. 黑社会性质组织的行为特征

我国《刑法》第294条规定黑社会性质组织的行为特征是"以暴力、威胁或者其他手段,有组织地多次进行违法犯罪活动,为非作恶,欺压、残害群众"。

笔者认为,黑社会性质组织的行为特征应当严格解释适用,对其审查认定时应注意进行以下几个方面的实质审查和形式审查(双重审查规则):一是"以暴力、威胁或者其他手段"的解释适用;二是"有组织地多次进行违法犯罪活动"的解释适用。

(1)"以暴力、威胁或者其他手段"的解释适用。

对"以暴力、威胁或者其他手段"的含义,理论界存在一定争议。主要有两种见解:一是暴力必备说,认为"主动性的暴力行为是黑社会性质组织的必备行为方式,仅采取非暴力性质的威胁或者其他手段,难以形成黑社会性质组织"③;二是暴力、威胁或者其他手段三手段择取其一说,认为"暴力手段不是黑社会性质组织行为方式的必要手段,其行为方式不影响黑社会性质组织的成立"④,或者主张坚持"暴力性手段为原则,非暴力性手段为例外"的处理原则,未实施暴力性犯罪的犯罪组织在一定条件下有被认定为黑社会性质组织的空间和余地。⑤

笔者认为,对"以暴力、威胁或者其他手段"的解释适用应当换思路,应当坚持"以暴力性威胁为底线的三手段包容说",即最低限度必须有一次以上违法犯罪是暴力性威胁手段(其中当然可以包括暴力犯罪),而其他两次以上违法犯罪可以是"暴力、威胁或者其他手段"三种手段均可以包容在内。理由在于:第一,如果某种犯罪组织一次暴力威胁性犯罪(以及暴力性犯罪)都没有,客观上难以形成非法控制社会的黑社会性质组织,依法不应认定为黑社会性质组织,因此必须坚持以暴力性威胁为底线。第二,尽管从对"以暴力、威胁或者其他手段"的文义解释看,表面上"三手段择取其一说"好像符合法条文义,但是这种文义解释结论在法理上和刑事政策上并不具有合理性和可行性,因而应当对其文义解释结论运用语用解释、实质解释进行适当限缩,这种限缩解释之后的语用解释结论必然是"以暴力性威胁为底线的三手段包容说"。第

---

① 参见赵秉志主编:《扰乱公共秩序罪》,中国人民公安大学出版社2003版,第323页。
② 参见陈明华、王政勋:《组织、领导、参加黑社会性质组织罪研究》,载《中国刑事法杂志》2000年第4期。
③ 许又德:《黑社会性质组织司法认定研究》,湖南师范大学2016年硕士学位论文。
④ 何荣功:《关于黑社会性质组织"经济特征"的认定》,载《中国审判》2012年第10期。
⑤ 参见李勤:《办理黑社会性质组织犯罪法律适用研究》,中国政法大学2017年博士学位论文。

三,2018年《关于办理黑恶势力犯罪案件若干问题的指导意见》规定:"黑社会性质组织实施的违法犯罪活动包括非暴力性的违法犯罪活动,但暴力或以暴力相威胁始终是黑社会性质组织实施违法犯罪活动的基本手段,并随时可能付诸实施。暴力、威胁色彩虽不明显,但实际是以组织的势力、影响和犯罪能力为依托,以暴力、威胁的现实可能性为基础,足以使他人产生恐惧、恐慌进而形成心理强制或者足以影响、限制人身自由、危及人身财产安全或者影响正常生产、工作、生活的手段,属于《刑法》第二百九十四条第五款(三)项中的'其他手段',包括但不限于所谓的'谈判''协商''调解'以及滋扰、纠缠、哄闹、聚众造势等手段。"实质上是采用了"以暴力性威胁为底线的三手段包容说"。第四,在司法实践中,还找不到仅仅实施了非暴力违法犯罪但是尚未实施暴力性违法犯罪的黑社会性质组织的任何一起案例,下列湖南长沙唐某某等人涉黑案的审判结果也能够印证"以暴力性威胁为底线的三手段包容说"。[1]

【案例2】湖南长沙唐某某等人涉黑案[2]

唐某某等人成立的赌博公司主要采取租赁场地后对外发包赌场,并为他人开设赌场提供外围保护的方式,收取保护费。该犯罪组织提供外围保护的方式主要为:一是向有关人员行贿,防止相关职能部门主动查处;二是通过非法渠道打听公安机关查处赌场的行动计划,临时转移或者停开赌场以逃避打击;三是通过外围保安人员望风、及时通知赌场内人员疏散以逃避查处等方式为赌场提供外围保护。赌博公司进行的外围保护期间,涉及的三次暴力犯罪行为与开设赌场的关系不大。

检察机关指控:赌博公司的上述行为,属于黑社会性质组织行为方式中的"其他手段",指控唐某某等人的赌博公司系黑社会性质组织。

审判机关认定:该犯罪组织在为赌场实施外围保护的过程中,没有明显的暴力行为;通过政治势力提供保护,及时获取政府部门查处消息以逃避打击的方式,不符合黑社会性质组织的行为特征的相关标准。

唐某某等人涉黑案的审判结果,应当说是坚持了"以暴力性威胁为底线的三手段包容说"的基本立场,由于唐某某等人组成的犯罪组织尚没有任何一次暴力性威胁违法犯罪,依法不认定其构成黑社会性质组织,这种判决结果是合法、公正的。

此外,对"其他手段"的解释,应当限定为非暴力性、非暴力威胁性的其他手段,否则就存在逻辑悖论。关于"软暴力"问题2018年《关于办理黑恶势力犯罪案件若干问题的指导意见》规定,"黑恶势力为谋取不法利益或形成非法影响,有组织地采用滋扰、纠缠、哄闹、聚众造势等手段侵犯人身权利、财产权利,破坏经济秩序、社会秩序"的违法犯罪行为,一般都认为其属于利用"软暴力"实施的违法犯罪,这种看法基本上是成立的,因为其暴力威胁性特点不明显;但是,严格分析的话,其中部分情形客观上是以暴力或者暴力性威胁为基础和背景的,其实质仍然带有暴力威胁性。因此,有的

---

[1] 参见李勤:《办理黑社会性质组织犯罪法律适用研究》,中国政法大学2017年博士学位论文。
[2] 参见李勤:《办理黑社会性质组织犯罪法律适用研究》,中国政法大学2017年博士学位论文。

学者将"其他手段"解释为其他暴力性威胁手段、以暴力手段为支撑的长期性滋扰[1]、以暴力性手段为强大后盾的非暴力型行为[2]的解释结论也是不严谨、不符合逻辑的，因为这种解释结论或者造成同语反复或者过度限缩了语义范围，不利于依法认定黑社会性质组织。

（2）"有组织地多次进行违法犯罪活动"的解释适用。

对"有组织地多次进行违法犯罪活动"的含义，主要有以下两个方面问题需要研究。

其一，"有组织地"（多次进行违法犯罪活动）是指哪些情形？

2018年《关于办理黑恶势力犯罪案件若干问题的指导意见》规定"有组织地"（多次进行违法犯罪活动）的内容是："为确立、维护、扩大组织的势力、影响、利益或者按照纪律规约、组织惯例多次实施违法犯罪活动，侵犯不特定多人的人身权利、民主权利、财产权利，破坏经济秩序、社会秩序，应当认定为'有组织地多次进行违法犯罪活动，为非作恶，欺压、残害群众'。符合以下情形之一的，应当认定为是黑社会性质组织实施的违法犯罪活动：（1）为该组织争夺势力范围、打击竞争对手、形成强势地位、谋取经济利益、树立非法权威、扩大非法影响、寻求非法保护、增强犯罪能力等实施的；（2）按照该组织的纪律规约、组织惯例实施的；（3）组织者、领导者直接组织、策划、指挥、参与实施的；（4）由组织成员以组织名义实施，并得到组织者、领导者认可或者默许的；（5）多名组织成员为逞强争霸、插手纠纷、报复他人、替人行凶、非法敛财而共同实施，并得到组织者、领导者认可或者默许的；（6）其他应当认定为黑社会性质组织实施的。"

其二，(有组织地)"多次进行违法犯罪活动"是否可以仅有"违法"而无须有"犯罪"？

这里的"多次"是指"三次以上"（包括三次），争议不大。这里的问题在于：(有组织地多次)"进行违法犯罪活动"是否可以仅有"违法"而无须有"犯罪"？

这个问题在2018年《关于办理黑恶势力犯罪案件若干问题的指导意见》中没有专门规定，但是2009年《办理黑社会性质组织犯罪案件座谈会纪要》规定，"黑社会性质组织实施犯罪活动过程中，往往伴随着大量的违法活动，对此均应作为黑社会性质组织的违法犯罪事实予以认定。但如果仅实施了违法活动，而没有实施犯罪活动的，则不能认定为黑社会性质组织"。在理论界，这个问题在解释适用上存在一些争议。

有的学者认为，仅有违法行为的犯罪组织也可以被认定为黑社会性质组织，主张"多次宜理解为3起以上的违法犯罪行为，即可以是3次以上的违法行为或者犯罪行为"[3]；并且此前湖北省、陕西省等地省级司法机关发布的内部指导文件也规定了违法犯罪活动不少于3次，但不需要每次活动均构成犯罪，即可以判定为黑社会性质组织

---

[1] 参见陈世伟：《黑社会性质组织基本特征的实践展开》，载《河南大学学报（社会科学版）》2012第1期。
[2] 参见李勤：《办理黑社会性质组织犯罪法律适用研究》，中国政法大学2017年博士学位论文。
[3] 陈世伟：《黑社会性质组织基本特征的实践展开》，载《河南大学学报（社会科学版）》2012年第1期。

的内容。①

而有的学者认为,必须有一次以上犯罪行为的犯罪组织才可以被认定为黑社会性质组织;从司法实践的统计数据看,迄今为止还未发现仅实施违法行为即被判定为黑社会性质组织的实例。②

笔者认为,"多次进行违法犯罪活动"的解释适用,必须采取"一次以上犯罪的多次违法犯罪说",即必须有一次以上犯罪行为的犯罪组织才可以被认定为黑社会性质组织。最为重要的理由在于:黑社会性质组织是有组织犯罪(犯罪集团)中的最高级别犯罪组织,必须具备犯罪集团的全部特征,一次犯罪活动都没有的组织连犯罪集团都不构成,更何谈构成黑社会性质组织呢。因此,在2018年《关于办理黑恶势力犯罪案件若干问题的指导意见》没有明确规定的情况下,应当适用2009年《办理黑社会性质组织犯罪案件座谈会议纪要》的规定。

3. 黑社会性质组织的非法控制社会性特征

我国《刑法》第294条规定黑社会性质组织的非法控制社会性特征是"通过实施违法犯罪活动,或者利用国家工作人员的包庇或者纵容,称霸一方,在一定区域或者行业内,形成非法控制或者重大影响,严重破坏经济、社会生活秩序"。

笔者认为,黑社会性质组织的非法控制社会性特征必须严格解释适用,对其审查认定时应注意进行以下几方面底线标准的实质审查和形式审查(双重审查规则)。

(1)非法控制社会的方式方法特定性,只能是"通过实施违法犯罪活动,或者利用国家工作人员的包庇或者纵容"。

这方面已有明确的法律规定和司法解释性规定,"通过实施违法犯罪活动,或者利用国家工作人员的包庇或者纵容"二者择一即可;换句话讲就是"保护伞"特征(即"利用国家工作人员的包庇或者纵容")并非必备要素。

值得注意的是:"利用国家工作人员的包庇或者纵容"在刑法解释论上是应当有所限制的,即只能是利用国家工作人员对有关犯罪组织及其成员的违法犯罪活动的包庇或者纵容。换言之,"包庇或者纵容"的对象内容只能是违法犯罪活动,而不能作出过度的扩大解释,不能将一些合法经营行为、正常的民事行为也纳入"包庇或者纵容"的对象。

(2)非法控制社会的实体内容特定性,只能是"称霸一方,在一定区域或者行业内,形成非法控制或者重大影响,严重破坏经济、社会生活秩序"。

这方面内容的解释适用还存在一些争议,尤其是其中"在一定区域或者行业内""形成非法控制或者重大影响"两句话需要仔细探讨。

其一,"在一定区域或者行业内"必须进行形式和实质的双重审查。

在一定区域或者行业内,其中"一定行业内"比较好理解,如建筑行业、采矿行业、运输行业、渔业市场、赌博以及色情行业等,争议问题较少;但是,"一定区域"的解释

---

① 参见魏东:《案例刑法学》,中国人民大学出版社2019年版,第238页。
② 参见李勤:《办理黑社会性质组织犯罪法律适用研究》,中国政法大学2017年博士学位论文。

可能存在一些争议性问题。为此,2018年《关于办理黑恶势力犯罪案件若干问题的指导意见》指出,"鉴于黑社会性质组织非法控制和影响的'一定区域'的大小具有相对性,不能简单地要求'一定区域'必须达到某一特定的空间范围,而应当根据具体案情,并结合黑社会性质组织对经济、社会生活秩序的危害程度加以综合分析判断"。这一规定是很合理的,强调"一定区域"的实在性与相对性,如农村的村镇、集市或者农贸市场,城市的居民生活小区、购物城或者某些特定片区,城郊结合部的特定片区,以及特定行政区域等实实在在的一定区域空间,同时承认一定区域空间在客观上具有其大小相对性和合理性,均可以解释为"一定区域"。

但是,理论上对"一定区域"的解释适用必须注意防止两种较为极端观点:

一是"乡镇一级以上说"。有论者认为,"一定区域"至少应在乡镇一级以上,其给出的理由是:将黑社会性质组织的非法控制的"一定区域"限定在乡镇以上,主要基于乡镇以上的行政区域才能保证一定的区域面积、人口数量与流量、经济规模,才能保障真正黑社会性质组织得以生存与发展;"一定区域"应当与一定的行政管理区划范围相匹配。《地方各级人民代表大会和地方各级人民政府组织法》第1条规定:"省、自治区、直辖市、自治州、县、自治县、市、市辖区、乡、民族乡、镇设立人民代表大会和人民政府。"据上述规定可知,我国行政区划标准的最低行政级别为乡镇一级,黑社会性质组织非法控制的"一定区域"也应达到行政区划的最低行政级别,即至少应在乡镇一级达到一定的影响力和控制度。①

笔者认为,"乡镇一级以上说"这种看法并不妥当,其突出的问题是:①过于机械、过于限缩了区域范围。农村地区乡镇一级以下还有村社一级群众性自治组织,其地域范围大小不一、人口密集程度差异较大,村社及其群众性自治组织在社会学上恰恰是一个"小社会",是一个重要的地域概念和社会组织单元,具备形成黑社会性质组织的空间条件,应该解释为"一定区域"。除了农村以外,还有城区的"一定区域"也在社会学上是一个"小社会",实质上也具备形成黑社会性质组织的空间条件,应该解释为"一定区域"。②缺乏可操作性。按照"乡镇一级以上说",对于那些仅限于乡镇内部的部分村社区域内而并非完整的乡镇一级以上行政区域,以及那些仅在数个乡镇之间的部分村社区域内,是否可以解释为"一定区域"就存在疑问,不但其实体上的合理性存疑,而且取证、举证、实务认定等方面均缺乏可操作性。

二是"单位内部与单位间区域说"。有的人认为,"一定区域"包括单位内部区域、单位间区域,均可以认定为黑社会性质组织的"一定区域"。有些涉黑案中的公诉人可能就坚持"单位内部与单位间区域说",这时尤其需要人民法院把好依法司法、公正司法的最终关口。例如,在重庆市南川区韦某甲犯参加黑社会性质组织罪、敲诈勒索罪一案中,人民法院认为,被告人韦某甲受邀约而参加的违法犯罪活动,均是围绕邀约人王某甲、韦某乙所非法开设的小煤窑的经济利益,不符合非法控制特征所要求的在一定区域的相应要求。又如,广东省茂名市邓某茂等人组织、领导、参加黑社会

---

① 参见李勤:《办理黑社会性质组织犯罪法律适用研究》,中国政法大学2017年博士学位论文。

性质组织罪一案中,人民法院认为,"邓某茂等人的犯罪行为侵犯的范围只是针对到胜利水泥公司运输水泥的司机和胜利水泥公司的职工,影响范围较小,不符合上述法律规定中的'一定区域'的范畴"①。

笔者认为,如果说"乡镇一级以上说"过于限缩了"一定区域"的适用范围,那么"单位内部与单位间区域说"就过分扩大了"一定区域"的适用范围,因而也是不妥当的。上列"韦某甲等人涉黑案",公诉人将王某甲、韦某乙、韦某甲三人的小煤窑解释为"一定区域"明显不当,这个区域范围太具体、太小,对象和人员数量十分有限,依法不应认定为黑社会性质组织的"一定区域"这一要素。当然,王某甲、韦某乙、韦某甲三人的小煤窑是否可以解释为"在一定行业内"是值得讨论的,但是针对两个小煤窑同样很难解释为"在一定行业内"。"邓某茂等人涉黑案"也存在类似问题,一个公司内部也不宜解释为"一定区域"。

其二,"形成非法控制或者重大影响"的解释适用。

2018年《关于办理黑恶势力犯罪案件若干问题的指导意见》对此规定了八种情形(其中最后一种情形是兜底性规定):"通过实施违法犯罪活动,或者利用国家工作人员的包庇或者不依法履行职责,放纵黑社会性质组织进行违法犯罪活动的行为,称霸一方,并具有以下情形之一的,可认定为'在一定区域或者行业内,形成非法控制或者重大影响,严重破坏经济、社会生活秩序':(1)致使在一定区域内生活或者在一定行业内从事生产、经营的多名群众,合法权利遭受犯罪或严重违法活动侵害后,不敢通过正当途径举报、控告的;(2)对一定行业的生产、经营形成垄断,或者对涉及一定行业的准入、经营、竞争等经济活动形成重要影响的;(3)插手民间纠纷、经济纠纷,在相关区域或者行业内造成严重影响的;(4)干扰、破坏他人正常生产、经营、生活,并在相关区域或者行业内造成严重影响的;(5)干扰、破坏公司、企业、事业单位以及社会团体的正常生产、经营、工作秩序,在相关区域、行业内造成严重影响,或者致使其不能正常生产、经营、工作的;(6)多次干扰、破坏党和国家机关、行业管理部门以及村委会、居委会等基层群众自治组织的工作秩序,或者致使上述单位、组织的职能不能正常行使的;(7)利用组织的势力、影响,帮助组织成员或他人获取政治地位,或者在党政机关、基层群众自治组织中担任一定职务的;(8)其他形成非法控制或者重大影响,严重破坏经济、社会生活秩序的情形。"

笔者认为,"形成非法控制或者重大影响"的解释适用应当注意以下几个方面的问题:

一是"形成非法控制或者重大影响"的实质解释。"形成非法控制或者重大影响",是指实质上在一定区域或者行业内形成了非法控制或者重大影响,如2018年《关于办理黑恶势力犯罪案件若干问题的指导意见》规定的"对一定行业的生产、经营形成垄断,或者对涉及一定行业的准入、经营、竞争等经济活动形成重要影响的""干扰、破坏公司、企业、事业单位以及社会团体的正常生产、经营、工作秩序,在相关区

---

① 参见广东省茂名市茂南区人民法院(2014)茂南法刑初字第1号刑事判决书。

域、行业内造成严重影响,或者致使其不能正常生产、经营、工作的""多次干扰、破坏党和国家机关、行业管理部门以及村委会、居委会等基层群众自治组织的工作秩序,或者致使上述单位、组织的职能不能正常行使的"等,这些规定都是从实质审查立场进行的规定和判断。

其中,"重大影响"的解释适用问题需要进行重点讨论。李勤指出,"非法控制"强调黑社会性质组织在某一区域或行业中对人、财、物形成的一定支配力和控制力,而"重大影响"更注重黑社会性质组织对某一区域或行业的群众因慑于对黑社会性质组织的恐惧所形成的心理强制。重大影响一般会在某一区域或行业内形成社会影响,但是有社会影响的案件不一定对某一区域或行业的群众形成心理强制的重大影响,其不应等同于某一或一系列恶性案件所产生的社会影响。例如,某一惊天盗窃案,可能因为盗窃金额巨大引起强大的社会轰动效应,但是不会对某一区域或行业内的群众形成恐惧的心理强制。① 李勤这里指出不能简单地将"重大影响"等同于重大恶性案件所具有的"重大社会影响",是十分精当的。

笔者认为,"重大影响"在这里确实有特殊含义,是与"形成非法控制"相对应、相关联的一个概念。换言之,"重大影响"是指有利于形成非法控制甚至已经促进形成了非法控制的重大社会影响,也就是李勤所说的"黑社会性质组织对某一区域或行业的群众因慑于对黑社会性质组织的恐惧所形成的心理强制"的重大影响,而不是一般性的重大社会影响。因此,人民法院在审判涉黑案件时,如果认定其形成"重大影响",应当重点审理和裁判其是否有利于形成非法控制甚至已经促进形成了非法控制的重大社会影响,而不能简单地认定"重大社会影响"。

二是兜底性规定"其他形成非法控制或者重大影响"的实质解释。

学术界对这个兜底性规定研究并不多,目前有论者讨论过"打击同为黑恶势力的竞争对手"、群众举报无门或者举报无能的问题。

关于"打击同为黑恶势力的竞争对手"的问题。一种观点认为,我国法律条文要求受黑社会性质组织欺压、残害的对象为"群众",不包括同为黑恶势力的犯罪分子,因此,某一犯罪组织对同为黑恶势力的打击行为不属于法律条文界定的欺压、残害,不应当属于黑社会性质组织的非法控制特征的表现形式之一。在审判实践中,如孙某某等18人组织、领导、参加黑社会性质组织罪一案,辩护人提出的辩护意见是,孙某某等人与其他同样在当地从事违法犯罪行为的团伙因为收债纠纷而斗殴,砍伤对方成员多人,受害对象非法律所设定的群众,故不符合关于非法控制特征之规定,其犯罪组织不具有涉黑性质。② 另一种观点认为,对同为黑恶势力的竞争对手予以打击,一定程度上容易导致在一定区域或者行业内形成非法垄断,特别是对经营类行业的正常经济秩序造成冲击和影响,也应属于涉黑犯罪非法控制的范畴。③ 犯罪组织打击同为黑恶势力的竞争对手,有利于扫除自身发展扩张的内部障碍,增强在某一区域

---

① 参见李勤:《办理黑社会性质组织犯罪法律适用研究》,中国政法大学2017年博士学位论文。
② 参见李勤:《办理黑社会性质组织犯罪法律适用研究》,中国政法大学2017年博士学位论文。
③ 参见徐伟:《论黑社会性质组织犯罪的界定》,载《犯罪研究》2010年第1期。

或行业的支配力和影响力,特别是在毒品、色情、赌博等竞争激烈的非法行业内,更易出现黑恶势力之间相互厮杀、火拼的情形,这必然有利于获胜方提升其在该行业的控制力和影响力,因此应当将"打击同为黑恶势力的竞争对手"解释为非法控制的表现形式之一。①

关于群众举报无门或者举报无能的问题。有论者指出,我国2018年《关于办理黑恶势力犯罪案件若干问题的指导意见》和2009年《办理黑社会性质组织犯罪案件座谈会纪要》均只规定了多名群众不敢举报、控告的情形可以解释为"形成非法控制或者重大影响",但是没有规定"多名群众举报无门或者举报无能"的情形,并认为黑社会性质组织的非法控制的形成不仅可以通过实施违法犯罪予以实现,还可以通过腐蚀地方官员的方式获取非法保护而逐渐形成,使得部分被害人向有关部门举报无门、举报不能,其所在犯罪组织的非法控制得以形成并强化,因此应当将"多名群众举报无门或者举报无能"解释为非法控制的表现形式之一。②

笔者认为,将"打击同为黑恶势力的竞争对手"、多名群众举报无门或者举报无能,解释为属于兜底性规定"其他形成非法控制或者重大影响,严重破坏经济、社会生活秩序的情形",完全符合刑法解释论原理,值得司法审判时予以重视。

(二) 附随性特征:经济特征的宽松解释

我国《刑法》第294条规定黑社会性质组织的经济特征是,"有组织地通过违法犯罪活动或者其他手段获取经济利益,具有一定的经济实力,以支持该组织的活动"。这一法律规定分别规定了三个方面的内容:一是经济利益的获取手段(即获取途径),二是经济实力(即经济规模),三是支持功能(即用途方向)。理论界的研讨大致也是围绕这三个方面来展开的。③ 2000年《关于审理黑社会性质组织犯罪的案件具体应用法律若干问题的解释》、2009年《办理黑社会性质组织犯罪案件座谈会纪要》、2015年《全国部分法院审理黑社会性质组织犯罪案件工作座谈会纪要》、2018年《关于办理黑恶势力犯罪案件若干问题的指导意见》也基本上是围绕这三个方面进行了规定。其中理论上存在一定争议的是经济实力(即经济规模)问题。

笔者认为,黑社会性质组织的经济特征可以宽松解释适用,对其审查认定时应注意进行以下两个方面内容:

1. 经济利益的获取手段、支持功能

经济利益的获取手段(即获取途径),包括通过合法的与非法的手段,也就是说既可以是从事毒品交易、赌博、色情业、走私犯罪以及敲诈勒索、抢劫等违法犯罪活动,也可以是从事表面上合法的工商业活动、筹集资金和接受捐赠,无所限制。经济利益的支持功能(即用途方向),是用于违法犯罪活动或者维系犯罪组织的生存、发展。这个方面,理论界和实务界均不存在太大争议,按照经济特征的宽松解释原理也不应该

---

① 参见李勤:《办理黑社会性质组织犯罪法律适用研究》,中国政法大学2017年博士学位论文。
② 参见李勤:《办理黑社会性质组织犯罪法律适用研究》,中国政法大学2017年博士学位论文。
③ 参见陈佳佳:《论黑社会性质组织犯罪的司法认定》,西南政法大学2011年博士学位论文。

存在太大争议。如:2009年《办理黑社会性质组织犯罪案件座谈会纪要》规定,黑社会性质组织的敛财方式也具有多样性。实践中,黑社会性质组织不仅会通过实施赌博、敲诈、贩毒等违法犯罪活动攫取经济利益,而且还往往会通过开办公司、企业等方式"以商养黑""以黑护商"。因此,无论其财产是通过非法手段聚敛,还是通过合法的方式获取,只要将其中部分或全部用于违法犯罪活动或者维系犯罪组织的生存、发展即可。

"用于违法犯罪活动或者维系犯罪组织的生存、发展",一般是指购买作案工具、提供作案经费,为受伤、死亡的组织成员提供医疗费、丧葬费,为组织成员及其家属提供工资、奖励、福利、生活费用,为组织寻求非法保护以及其他与实施有组织的违法犯罪活动有关的费用支出等。

2015年《全国部分法院审理黑社会性质组织犯罪案件工作座谈会纪要》规定:"'一定的经济实力',是指黑社会性质组织在形成、发展过程中获取的,足以支持该组织运行、发展以及实施违法犯罪活动的经济利益。包括:1.有组织地通过违法犯罪活动或其他不正当手段聚敛的资产;2.有组织地通过合法的生产、经营活动获取的资产;3.组织成员以及其他单位、个人资助黑社会性质组织的资产。通过上述方式获取的经济利益,即使是由部分组织成员个人掌控,也应计入黑社会性质组织的'经济实力'"。

"是否将所获经济利益全部或部分用于违法犯罪活动或者维系犯罪组织的生存、发展,是认定经济特征的重要依据。无论获利后的分配与使用形式如何变化,只要在客观上能够起到豢养组织成员、维护组织稳定、壮大组织势力的作用即可认定。"

2018年《关于办理黑恶势力犯罪案件若干问题的指导意见》规定:在组织的形成、发展过程中通过以下方式获取经济利益的,应当认定为"有组织地通过违法犯罪活动或者其他手段获取经济利益":①有组织地通过违法犯罪活动或其他不正当手段聚敛;②有组织地以投资、控股、参股、合伙等方式通过合法的生产、经营活动获取;③由组织成员提供或通过其他单位、组织、个人资助取得。

2. 经济实力(即经济规模)

2015年《全国部分法院审理黑社会性质组织犯罪案件工作座谈会纪要》规定,"一定的经济实力",是指黑社会性质组织在形成、发展过程中获取的,足以支持该组织运行、发展以及实施违法犯罪活动的经济利益。各高级人民法院可以根据本地区的实际情况,对黑社会性质组织所应具有的"经济实力"在20~50万元幅度内,自行划定一般掌握的最低数额标准。

2018年《关于办理黑恶势力犯罪案件若干问题的指导意见》已经对经济实力(即经济规模)作出明确规定:通过上述方式获得一定数量的经济利益,应当认定为"具有一定的经济实力",同时也包括调动一定规模的经济资源用以支持该组织活动的能力。通过上述方式获取的经济利益,即使是由部分组织成员个人掌控,也应计入黑社会性质组织的"经济实力"。组织成员主动将个人或者家庭资产中的一部分用以支持该组织活动,其个人或者家庭资产可全部计入"一定的经济实力",但数额明显较小或仅提供动产、不动产使用权的除外。

由于不同地区的经济发展水平、不同行业的利润空间均存在很大差异,加之黑社会性质组织存在、发展的时间也各有不同,在办案时不能一般性地要求黑社会性质组织所具有的经济实力必须达到特定规模或特定数额。

笔者认为,按照经济特征的宽松解释适用原理,现在司法实践中应当执行 2018 年《关于办理黑恶势力犯罪案件若干问题的指导意见》的规定,不再执行 2015 年《全国部分法院审理黑社会性质组织犯罪案件工作座谈会纪要》设定的经济实力"在 20～50 万元幅度内"这个最低数额标准。在此前提下,司法实践中还是应注意 2018 年《关于办理黑恶势力犯罪案件若干问题的指导意见》的"除外"规定,即"组织成员主动将个人或者家庭资产中的一部分用以支持该组织活动,其个人或者家庭资产可全部计入'一定的经济实力',但数额明显较小或仅提供动产、不动产使用权的除外"。

三、涉黑犯罪中"明知"的刑法教义学重申

涉黑犯罪中行为人主观"明知"问题,理论界主要针对作为构成要件要素的"黑社会性质组织"是否需要行为人"明知"出现了一些学术争议:①明知不要说。认为涉黑犯罪不需要行为人明确认识知晓其犯罪对象是黑社会性质组织,只要参加者知道该组织从事违法犯罪活动,欺压残害群众,依然自愿加入即可。[①] ②明知必要说。认为黑社会犯罪需要行为人明确知晓属于黑社会性质组织依然予以加入的行为才可以认定。[②] 应当说,国内绝大多数学者是支持"明知必要说"的。现代刑法原理毫无例外地坚持"责任主义""罪刑法定主义",反对"客观归罪""罪刑擅断主义",这是一个基本常识,是罪刑法定原则和依法治国的最低底线,是刑法教义学的基本立场。张明楷教授不但认为"没有责任就没有刑罚"(消极的责任主义)是现代刑法的一个基本原理,而且是宪法原则,刑事立法上不应存在违反责任主义的规定,刑法理论不得作出违反责任主义的解释。[③] 陈忠林教授指出,责任条件是"以对犯罪行为的故意和过失为内容"[④]。这些论述都是责任主义刑法观的基本表达。完全可以说,"责任主义""罪刑法定主义"当然也是我们讨论涉黑犯罪中"明知"问题的出发点和基本原则,按理说不应当出现理论争议。因为"明知"是故意犯罪中必备的主观要素,我国《刑法》第 14 条规定:"明知自己的行为会发生危害社会的结果,希望或者放任这种结果发生,因而构成犯罪的,是故意犯罪。故意犯罪,应当负刑事责任。"可见,根据责任主义刑法原理和我国《刑法》第 14 条规定,涉黑犯罪作为故意犯,其应当以"明知"故犯为前提,这是一个常识性的、共识性的刑法教义学原理,正是在此意义上笔者认为,这里仅仅是涉黑犯罪中"明知"的刑法教义学重申,而并非"创新"论证某种新的刑法理论。

"重申"涉黑犯罪中行为人主观"明知"这一刑法教义学立场的必要性乃至紧迫

[①] 参见陈明华主编:《刑法学》,中国政法大学出版社 1999 年版,第 648 页。
[②] 参见周振想编著:《刑法学教程》,中国人民公安大学出版社 1997 年版,第 590 页。
[③] 参见张明楷:《责任论的基本问题》,载《比较法研究》2018 年第 3 期。
[④] 陈忠林:《刑法散得集(Ⅱ)》,重庆大学出版社 2012 年版,第 133 页。

性在于:在"扫黑除恶"这个问题上,我国极个别学者和部分实务人员可能在一定程度上忽略了"责任主义"和"罪刑法定原则"的基本立场,其提出的"明知不要说"观点在基本立场上并不妥当,在"扫黑除恶"专项斗争中可能产生需要警惕的灾难性后果。因此,我们在"扫黑除恶"司法实践中应当坚持"明知必要说",在此前提下,尚需要进一步正确认识"明知"的内容(对象)与程度问题。

(一)"明知"的内容

理论界和实务界对于涉黑犯罪中"明知"的内容(对象)均可能存在一定争议,其突出表现在:对于作为涉黑犯罪之犯罪对象的"黑社会性质的组织"四个特征是需要全部认识(四特征全部认识说),还是仅需要部分认识(部分特征认识说)?从实务界的做法看,我国有关司法解释规定可能采用了"部分特征认识说"。如2009年《办理黑社会性质组织犯罪案件座谈会纪要》规定:"关于黑社会性质组织成员的主观明知问题。在认定黑社会性质组织的成员时,并不要求其主观上认为自己参加的是黑社会性质组织,只要其知道或者应当知道该组织具有一定规模,且是以实施违法犯罪为主要活动的,即可认定。"再如2018年《关于办理黑恶势力犯罪案件若干问题的指导意见》第5条规定,"知道或者应当知道是以实施违法犯罪为基本活动内容的组织,仍加入并接受其领导和管理的行为,应当认定为'参加黑社会性质组织'"。可见,2009年《办理黑社会性质组织犯罪案件座谈会议纪要》和2018年《关于办理黑恶势力犯罪案件若干问题的指导意见》的规定实质上都坚持了"部分特征认识说"的基本立场,即规定行为人只需要认识"该组织具有一定规模,且是以实施违法犯罪为主要活动的"或者"是以实施违法犯罪为基本活动内容的组织"即可,而不要求行为人全面认识黑社会性质组织的"组织特征""行为特征""经济特征""危害性特征"。尤其是2009年《办理黑社会性质组织犯罪案件座谈会议纪要》还明确规定"并不要求其主观上认为自己参加的是黑社会性质组织"。从理论界的观点看,我国有论者也鲜明主张采用"部分特征认识说"。① 这些论者提出的主要理由是:难以搜集直接相关的证据对行为人主观方面进行支撑,为了不枉纵犯罪就不能严苛参与人对黑社会性质组织的性质明知②,其中包括不能"枉纵该类组织成立之前的早期参加者"③。毋庸讳言,实务界所采用的"部分特征认识说"应当说是公然违反了"明知"的法律规定和刑法原理,是不合法、不合理的,也是十分危险的。而理论界对此问题的研究总体上存在论说不到位甚至存在较为严重的"论说缺位"现象,较多学者仅仅指出涉黑犯罪主观上是"故

---

① 参见赵秉志主编:《刑法新教程》(第四版),中国人民大学出版社2012年版,第524—531页。
② 参见于天敏等著:《黑社会性质组织犯罪理论与实务问题研究》,中国检察出版社2010年版,第82页。
③ 李勤:《办理黑社会性质组织犯罪法律适用研究》,中国政法大学2017年博士学位论文。

意"①、多数情况下是"直接故意"而在少数情况下是"间接故意"②。多数学者没有针对"明知"内容提出可资司法实践参考采纳的明确答案,而少数学者给出了"部分特征认识说"这一错误答案,值得理论界深刻反思检讨。

刑法教义学原理的共识性立场主张:从责任刑法的基本法理上讲,行为人主观上认识的内容(对象)应当是"构成要件事实"和"规范的构成要件要素"。③ 陈兴良教授指出,明知是对构成要件要素的事实性认识,这是构成要件的故意规制机能所决定的,并且对于不同构成要件类型的犯罪,其明知的内容是有所不同的。④ 因此,笔者认为,从这个立场出发,涉黑犯罪中行为人主观上"明知"的内容(对象)必须是黑社会性质组织的"规范的构成要件要素"整体,即包括"黑社会性质组织"及其四个特征整体的基本内容(四特征全部认识说),而不能是仅仅对"四个特征"中部分特征有所认识(部分特征认识说)。若行为人主观上对"黑社会性质组织"及其四个特征整体的基本内容没有认识,则依法不能认定为"涉黑"犯罪,否则就可能沦为"客观归罪"的非法状态。

也许有人会问:要求行为人全面认识黑社会性质组织"四个特征"是不是太困难了? 其实,这个"困难"可以放在认识程度中来解决,而不应放在认识内容中来"忽悠",因为这是责任刑法(责任主义)的基本要求,也是刑法理性的基本底线(反对客观归罪),此其一。其二,这个"困难"对于组织者、领导者来说通常都不存在,而是主要是针对"参加者"而言的,也就是说主要是防止司法实践中将太多的普通参加者"忽悠"成为涉黑人员。将无辜者"抹黑"是最为可怕的司法效果,过去部分地区"打黑"斗争中就有这个教训。有相当一部分打工者、农民工很难找到就业机会,思想认识也很不到位,如果法律和司法解释明确规定"并不要求其主观上认为自己参加的是黑社会性质组织(四个特征)",就可以不加区别地将部分打工者"抹黑",这样做的后果难说不是悲剧,也根本不符合司法公正和"三个效果"统一的基本要求。所以,笔者坚决主张行为人主观上需要认识的内容必须是全面的黑社会性质组织"四个特征"(四特征全面认识说),否则不能将行为人的行为认定为"参加"或"积极参加"黑社会性质组织的行为。

要求行为人全面认识黑社会性质组织"四个特征"是不是举证责任太重了? 公诉人和法官一般都有这个疑问,那么如何看待这个举证责任问题呢? 笔者的回答是:兹事体大,必须举证,而且必须"证据确实、充分""事实清楚",否则不能"抹黑"。对举证难问题,其一,举证困难有相对性,即对"参加"黑社会性质组织的举证可能存在较

---

① 参见赵秉志主编:《刑法新教程》(第四版),中国人民大学出版社 2012 年版,第 524—531 页;张明楷:《刑法学(下)》(第五版),法律出版社 2016 年版,第 1071—1073 页。张明楷教授在该教材中仅指出包庇、纵容黑社会性质组织罪"本罪的责任形式为故意""只要行为人认识到对方可能是黑社会性质的组织即可",甚至没有正面指出其他涉黑犯罪的主观明知问题。
② 参见王志祥:《论黑社会性质犯罪构成特征的界定》,载《法治研究》2010 年第 10 期。该文指出:组织、领导、参加黑社会性质组织罪的罪过形式只能是直接故意,入境发展黑社会组织罪的罪过形式也只能是直接故意,包庇黑社会性质组织罪的罪过形式只能是直接故意,纵容黑社会性质组织罪则既可以出自直接故意,也可以出自间接故意。
③ 参见张明楷:《刑法学(上)》(第五版),法律出版社 2016 年版,第 257—261 页。
④ 参见陈兴良:《刑法中的故意及其构造》,载《法治研究》2010 年第 6 期。

多困难,但是对于"组织、领导"黑社会性质组织的举证并不困难(如果客观上是"本来黑"的话),这样的话"组织、领导"者仍然难逃涉黑的应然命运,而"参加"者较大可能"脱黑",或者说参加者被"抹黑"的可能性大大减少。其二,通过适当确定"明知的程度"来部分解决这个问题,后文详述。

值得注意的是,2018年《关于办理黑恶势力犯罪案件若干问题的指导意见》和2015年《全国部分法院审理黑社会性质组织犯罪案件工作座谈会纪要》的相关规定尽管也采用了"部分特征认识说"的基本立场,但是其中将若干特定情形作为"排除性规定"的做法,应当说相较于过去的做法是有所进步的。2018年《关于办理黑恶势力犯罪案件若干问题的指导意见》第5条规定,"没有加入黑社会性质组织的意愿,受雇到黑社会性质组织开办的公司、企业、社团工作,未参与黑社会性质组织违法犯罪活动的,不应认定为'参加黑社会性质组织'。参加黑社会性质组织并具有以下情形之一的,一般应当认定为'积极参加黑社会性质组织':多次积极参与黑社会性质组织的违法犯罪活动,或者积极参与较严重的黑社会性质组织的犯罪活动且作用突出,以及其他在组织中起重要作用的情形,如具体主管黑社会性质组织的财务、人员管理等事项"。2015年《全国部分法院审理黑社会性质组织犯罪案件工作座谈会纪要》规定,"对于参加黑社会性质组织,没有实施其他违法犯罪活动,或者受蒙蔽、威胁参加黑社会性质组织,情节轻微的,可以不作为犯罪处理。对于参加黑社会性质组织后仅参与少量情节轻微的违法活动的,也可以不作为犯罪处理。以下人员不属于黑社会性质组织的成员:1.主观上没有加入黑社会性质组织的意愿,受雇到黑社会性质组织开办的公司、企业、社团工作,未参与或者仅参与少量黑社会性质组织的违法犯罪活动的人员;2.因临时被纠集、雇佣或受蒙蔽为黑社会性质组织实施违法犯罪活动或者提供帮助、支持、服务的人员;3.为维护或扩大自身利益而临时雇佣、收买、利用黑社会性质组织实施违法犯罪活动的人员。上述人员构成其他犯罪的,按照具体犯罪处理。对于被起诉的组织成员主要为未成年人的案件,定性时应当结合'四个特征'审慎把握"。这些"排除性规定"弥足珍贵,值得重视,其为理论上论证"四特征全部认识说"奠定了一定基础。

(二)"明知"的程度

"明知"的程度,又叫认识程度,是指行为人主观上对于犯罪构成中的客观违法性要素的认识程度,理论上有确定明知与不确定明知(即可能明知、推定明知、应当知道),对于可能明知采用推定但准许反证原则。可见,"明知"的程度,理论上通常认为其包括"明知"(即明确知道)和"应当知道"(即推定明知)两种情况。因此,行为人对黑社会性质组织的"明知"的程度,正如2018年《关于办理黑恶势力犯罪案件若干问题的指导意见》规定"知道或者应当知道"即为已足,这种规定本身是正确的。

那么,如何认识这里的"应当知道"?有人对此可能存在误解,认为根据我国《刑法》第15条过失犯罪的规定只能将"应当知道"但是没有认识到的情形解释为"过失",这是不能成立的。事实上,这里的"应当知道"是指"知道"(明知)的一种,是"推定知道""推定故意"的意思(准许反证)。陈兴良教授指出,明知是行为人的一种主观心理状态,对明知如何认定,目前在我国司法解释中,往往把明知解释为知道或者应当知道。① 我国还有学者指出,"应当认识到"(应当知道),同时具有行为人在"法律上有义务认识到""主观上有能力认识到"和"客观上有可能认识到"三个方面的含义,如果缺少其中任何一个方面的内容,不论是行为人没有义务认识到,还是没有能力认识到,或者客观上没有可能认识到,"违法性认识"这个因素就不可能存在,相应的犯罪故意也就不可能成立。② 由此可知,行为人主观上对黑社会性质组织及其四个特征"明知"的程度是"知道或者应当知道"即为已足。

(三) 涉黑犯罪"明知"与责任限定的基本结论

涉黑犯罪中,作为涉黑犯罪的组织者、领导者,其在主观上对黑社会性质组织的"明知"采用"四特征全部认识说"一般不存在太大疑问,在具体定罪量刑时对其采用"组织体全部责任规则+行为时责任规则"即可符合责任刑法的基本原理。对于作为涉黑犯罪的参加者——具体包括"积极参加的"人和"其他参加的"人——则需要在具体个案中适当谨慎地采用"四特征全部认识说"进行主观故意中"明知"的内容和程度的规范审查,谨慎确定其是否涉黑和定罪,对其采用"参加部分责任规则+行为时责任规则"定罪量刑,注意责任刑法的基本要求。

包庇、纵容黑社会性质组织罪"明知"与责任限定的基本原理,尽管其与组织、领导、参加黑社会性质组织罪的相关原理在实质上是一样的,但是也有一定特殊性需要专门讨论。理论界对于包庇、纵容行为人主观上是否需要对其包庇、纵容对象黑社会性质组织"明知"的问题,出现了三种观点:①明知涉黑组织说。认为,须明知为黑社会性质组织。如国家机关工作人员在从事包庇、纵容涉黑组织及其实施的违法犯罪活动时,仅在明知状态下方能构成此类型犯罪。③ ②明知犯罪组织说。认为,此罪不要求国家机关工作人员明知其包庇、纵容对象为黑社会性质组织,只需要其认识到所包庇、纵容对象为一定规模的犯罪组织或犯罪组织的成员即可④,2009年《办理黑社会性质组织犯罪案件座谈会纪要》即持类似观点。③明知涉黑组织可能性说。认为,应当融合借鉴两种观点的合理性,即此罪要求行为人在从事包庇、纵容黑社会性质组织时可以非明知,但是应当知晓其具有涉黑的可能性。⑤ 应当说,"明知涉黑组织可能性说",在实质立场上与"明知涉黑组织说"是一致的,其特点是进一步限定了"明知"(涉黑组织)的程度包括"推定明知"。

笔者认为,包庇、纵容黑社会性质组织罪中"明知"的内容必须坚持"明知涉黑组

---

① 参见陈兴良:《刑法中的故意及其构造》,载《法治研究》2010年第6期。
② 参见陈可倩:《论犯罪故意的对象因素》,载《法学》2015年第12期。
③ 参见张明楷:《刑法学》(第二版),法律出版社2003年版,第816页。
④ 在笔者收集的162件涉及黑社会性质组织罪的案例样本中,涉及包庇、纵容黑社会性质组织罪的案件仅为4件,且这4件案例中,判决书对国家机关工作人员是否明知其所包庇、纵容的是黑社会性质组织的问题没有明确阐释,故在笔者收集的裁判文书样本中未找到相关的司法实践案例。
⑤ 参见李勤:《办理黑社会性质组织犯罪法律适用研究》,中国政法大学2017年博士学位论文。

织说",行为人主观上必须对"黑社会性质的组织"及其四个特征具有认识(即"四特征全部认识说"),包括知道或者应当知道。其法理在于:"明知犯罪组织"过于降低了包庇、纵容行为人主观上"明知"的要求,混淆了一般犯罪组织的包庇、纵容行为人与涉黑犯罪组织的包庇、纵容行为人的主观认识之间的界限,既违反了法律的明确规定也违反了罪责原理,显失妥当。如张明楷教授认为,"本罪的责任形式为故意,即明知是黑社会性质的组织、黑社会性质的组织所进行的违法犯罪活动,而故意予以包庇、纵容,但不要求像司法工作人员那样确切地认识到对方属于刑法意义上的黑社会性质的组织。换言之,只要行为人认识到对方可能是黑社会性质的组织即可"①。其基本立场就是"明知涉黑组织说""四特征全部认识说"。因此,"包庇、纵容者"在具体个案中被认定为包庇、纵容黑社会性质组织罪时,需要适当谨慎地采用"明知涉黑组织说""四特征全部认识说"对其主观故意中"明知"的内容和程度进行规范审查,谨慎确定行为人(被告人)是否明知其包庇、纵容的对象是黑社会性质组织,对其采用"包庇纵容行为责任规则+行为时规则"定罪量刑。其中"包庇纵容行为责任"应当具体审查其包庇纵容行为的对象是整个黑社会性质组织、组织者、领导者、参加者还是具体的若干犯罪行为。"行为时责任"应当具体审查其行为时所应承担的责任以及跨时犯责任等,谨慎认定量刑情节是一般情节还是"情节严重",谨慎注意责任刑法的基本要求。

基于"明知涉黑组织说""四特征全部认识说"的基本立场,在具体审查包庇、纵容黑社会性质组织罪主观"明知"时还有两个特殊问题值得注意。一是行为人作为国家工作人员在主观上开始不知包庇、纵容的对象是黑社会性质组织,后来在明知对象是黑社会性质组织时仍然继续予以包庇、纵容的行为,如何定性处理?对此,理论界也有两种观点:一种观点认为,基于前后两种心态的不同应当对两种行为予以数罪并罚的犯罪评价,即应以一般包庇类犯罪与包庇、纵容黑社会性质组织罪实行数罪并罚②;另一种观点认为,基于前后两种心态变化对同一黑社会性质组织进行包庇、纵容的行为属于一个连续行为,应考虑择一重罪处断,即应以包庇、纵容黑性质组织罪一罪论处③。对此,笔者认为第二种观点更为适当,因为其更符合一个连续行为的处断规则。二是行为人作为国家工作人员在主观认识上错误地以为其所包庇、纵容的对象为黑社会性质组织,但实际上并非如此,如何定性处理?对此,理论界也有两种观点:一种观点认为,应当以包庇、纵容黑社会性质组织罪(未遂)定罪处罚④;另一种观点认为应当以普通包庇罪、窝藏罪或者其他渎职犯罪定罪处罚更为合理⑤。对此,笔者认为第二种观点更恰当,因为包庇、纵容黑社会性质组织罪是一种违法性更严重、

---

① 张明楷:《刑法学(下)》(第五版),法律出版社2016年版,第1073页。
② 参见田宏杰:《包庇、纵容黑社会性质组织罪研究》,载《湖南公安高等专科学校学报》2001年第4期。
③ 参见刘志伟:《包庇、纵容黑社会性质组织罪主体与主观方面疑难问题研析》,载《国家检察官学院学报》2002年第1期;李勤:《办理黑社会性质组织犯罪法律适用研究》,中国政法大学2017年博士学位论文。
④ 参见刘志伟:《包庇、纵容黑社会性质组织罪主体与主观方面疑难问题研析》,载《国家检察官学院学报》2002年第1期。
⑤ 参见李勤:《办理黑社会性质组织犯罪法律适用研究》,中国政法大学2017年博士学位论文。

责任性更大的特殊犯罪,按照概括的故意理论,对此情形按照普通包庇罪、窝藏罪或者其他渎职犯罪定性处罚即可。

四、结语:"扫黑除恶"必须处理好讲政治与讲法治的关系

当前我国在全国范围内开展"扫黑除恶"专项斗争,按照最高人民法院、最高人民检察院、公安部、司法部 2018 年《关于办理黑恶势力犯罪案件若干问题的指导意见》,要认真"贯彻落实《中共中央、国务院关于开展扫黑除恶专项斗争的通知》精神,统一执法思想,提高执法效能,依法、准确、有力惩处黑恶势力犯罪,严厉打击'村霸'、宗族恶势力、'保护伞'以及'软暴力'等犯罪",要严格"坚持依法办案、坚持法定标准、坚持以审判为中心,加强法律监督,强化程序意识和证据意识,正确把握'打早打小'与'打准打实'的关系,贯彻落实宽严相济刑事政策,切实做到宽严有据,罚当其罪,实现政治效果、法律效果和社会效果的统一"。对此,笔者认为可以浓缩概括为一句话:"扫黑除恶"必须处理好讲政治与讲法治的关系。

讲政治中包括了讲法治,讲法治中也包括了讲政治,甚至可以说讲法治是依法治国大局中最大的政治。因此,司法机关要从依法治国政治立场的高度重视"扫黑除恶",有所作为,依法作为,切实实现政治效果、法律效果和社会效果的统一。

第二十二章 毒品犯罪

【案例1】重庆宋某某购买毒品案①

被告人宋某某曾因贩卖毒品罪被判刑并于1998年10月刑满释放。2003年9月14日宋某某在重庆长城宾馆407房间向江涛、徐惠莉购买高纯度海洛因900克并当场取走其中586克藏匿于自己家中。当日下午宋某某在长城宾馆附近公路上从徐惠莉手中拿取海洛因314克时二人同时被公安机关当场抓获。宋某某归案后自称购买毒品是用于自己和儿子吸食,公安机关按照其主动交代又到其家中查获海洛因586克,并从其住处搜查出千斤顶、天平秤、搅拌器和铁器具等物品。一审、二审法院均判决认定宋某某贩卖毒品海洛因900克构成贩卖毒品罪,判处其死刑;最高人民法院采信宋某某自称购买毒品是为了吸食自用的辩解理由,"最高人民法院经复核认为,鉴于被告人及其子均系吸毒成瘾者,且查获的其藏匿铁器具已锈蚀严重,现有证据尚不足以证明其购买毒品的目的是为了贩卖。宋某某购买大量海洛因并非法持有的行为,已构成非法持有毒品罪","判决被告人宋国华犯非法持有毒品罪,判处无期徒刑"。

我国《刑法》分则第六章第七节所规定的毒品犯罪,是指自然人或者单位故意走私、贩卖、运输、制造毒品或者实施与走私、贩卖、运输、制造毒品相关联的行为,共有11个具体罪名。从毒品犯罪的司法适用和理论研究情况看,毒品犯罪的刑法解释中存在较多疑难问题,其中较为突出的解释性疑难问题主要有以下三类:一是吸毒者实施涉毒行为的定性处理,二是代购毒品与居间介绍毒品交易行为的定性处理,三是走私、贩卖、运输、制造毒品罪的既遂标准问题。针对毒品罪案此三类解释性疑难问题,此前笔者在《毒品犯罪的解释性疑难问题》②一文中已进行过研讨,其中提出的解释结论的基本内容是经得起推敲的,但是也有个别解释结论的周全性和法理论证需要再审查,因此本章再次针对这些司法疑难问题进行更加系统的研讨论述,以期获得更加公正合理的解决方案。

---

① 参见陈兴良主编:《判例刑法教程(分则篇)》,北京大学出版社2015年版,第166—167页。
② 参见魏东:《毒品犯罪的解释性疑难问题》,载《政法论丛》2017年第2期。

一、吸毒者实施涉毒行为的定性处理

吸毒者实施走私、贩卖、运输、制造毒品及其他相关联的行为可能构成走私、贩卖、运输、制造毒品罪及其他关联犯罪,但是其中存在一些特别情形需要进行刑法解释论审查,在具体定性处理时必须结合刑法规定、司法解释和相关法理进行精准研判。

吸毒者实施涉毒行为通常可以分为五种情况来讨论:一是吸毒者以贩养吸的行为;二是吸毒者购买、储存、运输毒品的行为;三是吸毒者接收毒品或者委托他人代收毒品的行为;四是吸毒者委托代购毒品的行为;五是吸毒者请求或者接受他人居间介绍购买毒品的行为。其中后两种行为情况更为复杂,除了吸毒者委托代购、请求或者接受他人居间介绍购买毒品的情形外,还牵涉非吸毒者委托代购、请求或者接受他人居间介绍购买毒品的情形,因而可以将其合并在后面"代购毒品与居间介绍毒品交易行为的定性处理"中进行讨论。因此这一部分重点谈前三种情况的定性处理。

(一) 吸毒者以贩养吸的行为

吸毒者以贩养吸的行为通常应当构成贩卖毒品罪。换言之,吸毒者如果实施了贩卖毒品的行为,依法应当构成贩卖毒品罪,这个结论应该没有任何争议。

但是,问题可能就出在这样一种情况下:吸毒者在购买毒品时被抓获,而在被抓获时吸毒者却声称其购买毒品的动机和目的是仅供自己吸食,那么,吸毒者购买毒品的行为如何定性处理?对此,2015年《全国法院毒品犯罪审判工作座谈会纪要》和2008年《全国部分法院审理毒品犯罪案件工作座谈会纪要》都作出了明确规定。

《全国法院毒品犯罪审判工作座谈会纪要》规定:"对于有吸毒情节的贩毒人员,一般应当按照其购买的毒品数量认定其贩卖毒品的数量,量刑时酌情考虑其吸食毒品的情节;购买的毒品数量无法查明的,按照能够证明的贩卖数量及查获的毒品数量认定其贩毒数量;确有证据证明其购买的部分毒品并非用于贩卖的,不应计入其贩毒数量。"

值得注意的是,2008年《全国部分法院审理毒品犯罪案件工作座谈会纪要》的下列规定与《全国法院毒品犯罪审判工作座谈会纪要》有所不同:"对于以贩养吸的被告人,其被查获的毒品数量应认定为其犯罪的数量,但量刑时应考虑被告人吸食毒品的情节,酌情处理;被告人购买了一定数量的毒品后,部分已被其吸食的,应当按照能够证明的贩卖数量及查获的毒品数量认定其贩毒的数量,已被吸食部分不计入在内。"

两相对比,吸毒者以贩养吸行为的定性处理可以明确两点。

其一,基本司法规则:贩毒定罪,酌情量刑。对于有吸毒情节的贩毒人员,一般应当按照其购买的毒品数量认定其贩卖毒品的数量,量刑时酌情考虑其吸食毒品的情节。

其二,补充司法规则:吸毒扣减,分别定性。"确有证据证明其购买的部分毒品并非用于贩卖的,不应计入其贩毒数量。"两个纪要中有两种表述,即"确有证据证明其购买的部分毒品并非用于贩卖的,不应计入其贩毒数量"(2015年《全国法院毒品犯罪审判工作座谈会纪要》)、"已被吸食部分不计入在内"(2008年《全国部分法院审理毒品犯罪案件工作座谈会纪要》)。

笔者认为,2008年《全国部分法院审理毒品犯罪案件工作座谈会纪要》"已被吸食部分不计入在内",无争议;但2015年《全国法院毒品犯罪审判工作座谈会纪要》"确有证据证明其购买的部分毒品并非用于贩卖的,不应计入其贩毒数量",应严格审查其中"确有证据"的问题。

如何理解适用"确有证据"证明其购买的部分毒品并非用于贩卖?笔者认为,以下四种情形可以认定为"确有证据"证明其购买的部分毒品并非用于贩卖。

第一种情形,毒品数量较小、单独存放的情形,即将声称自用的尚未达到"毒品数量较大"的毒品单独存放,确有证据证明其并非用于贩卖的毒品,"不应计入其贩毒数量"。

第二种情形,毒品数量较大、单独存放的情形,即将声称自用的达到"毒品数量较大"以上但尚未达到"毒品数量巨大"的毒品单独存放,确有证人证言及其他相关证据证实其并非用于贩卖的毒品,"不应计入其贩毒数量"。对于"不应计入其贩毒数量",应依法作出非法持有毒品罪的定性处理,而不能出现处罚漏洞,放纵犯罪分子。如我国有学者指出,在认定以贩养吸贩毒者贩卖毒品后留有一定数量毒品,达到《刑法》第348条规定数量最低标准,并有证据证明确实是为自己吸食毒品而留下,不会再将这部分毒品贩卖的,对该部分毒品应以非法持有毒品罪论处,与贩卖毒品罪实行并罚。① 这种见解是正确的。

但是,这里必须强调,如果仅有吸毒者自己声称自用的达到"毒品数量较大"以上但尚未达到"毒品数量巨大"的毒品(并且单独存放),但没有证人证言及其他相关证据证实其并非用于贩卖的毒品,应认定为其贩毒数量。

第三种情形,"毒品数量巨大"以上的情形,即将声称自用的达到"毒品数量巨大"以上的毒品,无论是否单独存放、是否有证人证言证明其自用,均应认定为其贩毒数量。总体理由是:指控其贩毒的证据达到了"证据确实、充分"并且能够"排除合理怀疑"的法定标准。具体理由是:①从证据法原理看,以贩养吸者的身份、"毒品数量巨大"本身就是十分重要的指控证据,其购买毒品行为不宜简单地认定为无罪或者非法持有毒品罪,而应尽量周全地审查其购买毒品的前因后果、毒品数量大小以及在案证据等情况进行谨慎判断,对那些购买毒品的数量明显超出个人吸食范围、有证据证实其有贩卖毒品动机和条件的以贩养吸者应尽量依法认定其行为构成贩卖毒品罪(或者走私毒品罪与运输毒品罪等)。②从严厉禁毒刑事政策上看,可以防止以贩养吸人员寻找借口逃脱法律严惩,因为以贩养吸人员均可能声称被发现的毒品"准备用于吸食"或者"准备无偿用于亲友吸食",如果不计入贩毒数量就可能导致无法严厉打

---

① 参见梅传强、胡江、赵亮编著:《走私、贩卖、运输、制造毒品罪立案追诉标准与司法认定实务》,中国人民公安大学出版社2010年版,第88页。

击贩毒。③从司法解释规定看,两个纪要均已对此特殊情况作出了规定,即"一般应当按照其购买的毒品数量认定其贩卖毒品的数量,量刑时酌情考虑其吸食毒品的情节",故将其认定为贩毒数量具有合法性。

第四种情形,毒品合并存放或者混同一起的情形,即没有将声称自用的毒品单独存放,而是同其他贩卖毒品合并存放或者混同一起,无论达到"毒品数量较大"或者"毒品数量巨大",也无论是否有证人证言及其他相关证据证实其并非用于贩卖的毒品,均应认定为其贩毒数量。理由在于:毒品合并存放或者混同一起的情形本身,就已经排除了"确有证据"证明其购买的部分毒品并非用于贩卖的条件。如本章开篇"重庆宋某某购买毒品案",宋某某购买毒品海洛因 900 克已达到毒品数量"特别巨大"(第四种情形),而远远超出其自己吸食的合理范围(即远远超出了"毒品数量大"的范围),其自称是自己吸食的辩解理由因为达不到"确有证据证明其购买的部分毒品并非用于贩卖的"证据标准而不能成立,尤其是还"从其住处搜查出千斤顶、天平秤、搅拌器和铁器具等物品"的证据和案情事实足以证明其具有贩卖毒品的客观事实和主观意思,依法应认定其行为构成贩卖毒品罪,应将现场查获的全部毒品数量依法认定为贩卖毒品数量,按照"量刑时酌情考虑其吸食毒品的情节",对其判处死刑,可不立即执行。

(二) 吸毒者购买、储存、运输毒品的行为

吸毒者购买、储存、运输毒品的行为(其预设前提是"没有证据证明其是为了实施贩卖毒品等其他犯罪"),两个会议纪要都有规定,但是有些特殊问题值得进一步研究。

2015 年《全国法院毒品犯罪审判工作座谈会纪要》规定:"吸毒者在购买、存储毒品过程中被查获,没有证据证明其是为了实施贩卖毒品等其他犯罪,毒品数量达到刑法第三百四十八条规定的最低数量标准的,以非法持有毒品罪定罪处罚。吸毒者在运输毒品过程中被查获,没有证据证明其是为了实施贩卖毒品等其他犯罪,毒品数量达到较大以上的,以运输毒品罪定罪处罚。"

而 2008 年《全国部分法院审理毒品犯罪案件工作座谈会纪要》规定:"吸毒者在购买、运输、储存毒品过程中被查获的,如没有证据证明其是为了实施贩卖等其他毒品犯罪行为,毒品数量未超过刑法第三百四十八条规定的最低数量标准的,一般不定罪处罚;查获毒品数量达到较大以上的,应以其实际实施的毒品犯罪行为定罪处罚。"

对比两个纪要的规定,吸毒者购买、储存、运输毒品行为在刑法解释论上有以下几个问题值得研究。

其一,如果毒品数量未超过《刑法》第 348 条规定的最低数量标准的(即毒品数量没有达到较大以上的),如何定性处理?

对此问题,2015 年《全国法院毒品犯罪审判工作座谈会纪要》中没有明确规定,而 2008 年《全国部分法院审理毒品犯罪案件工作座谈会纪要》中规定"一般不定罪处罚"。

笔者认为,吸毒者在运输毒品过程中被查获,没有证据证明其是为了实施贩卖毒

品等其他犯罪,毒品数量没有达到较大以上的,原则上应当依照2008年《全国部分法院审理毒品犯罪案件工作座谈会纪要》"一般不定罪处罚"的规定进行处理。因为吸毒者这种行为具有供自己吸食毒品而非法持有毒品的可信度和合理性,并且由于达不到非法持有毒品数量较大以上的标准,依法可以不定罪(包括不定运输毒品罪)。这种处理意见完全符合2008年《全国部分法院审理毒品犯罪案件工作座谈会纪要》的规定,同时也没有明显违反2015年《全国法院毒品犯罪审判工作座谈会纪要》的明确规定,具有合法性。

需要说明的是,如果按照运输毒品罪的司法逻辑,《刑法》第347条明确规定了"走私、贩卖、运输、制造毒品,无论数量多少,都应当追究刑事责任,予以刑事处罚",那么,运输毒品数量即使未超过《刑法》第348条规定的最低数量标准的,似乎也应该定罪处罚(以运输毒品罪处罚)。但是,应当承认"吸毒者在运输毒品过程中被查获"的情况比较特殊,当"没有证据证明其是为了实施贩卖毒品等其他犯罪,毒品数量没有达到较大以上的"之时,吸毒者的"运输"毒品行为同其"购买、储存"毒品行为客观上是大致相当的,并且均具有供自己吸食毒品而非法持有毒品的可信度和合理性,在达不到非法持有毒品数量较大以上的标准时均应当作出相同处理,即"一般不定罪处罚"。

其二,关于2015年《全国法院毒品犯罪审判工作座谈会纪要》的前述规定,应当如何理解适用?

笔者认为,这一条规定本身是十分明确的,即对于"吸毒者在购买、存储毒品过程中被查获,没有证据证明其是为了实施贩卖毒品等其他犯罪,毒品数量达到刑法第三百四十八条规定的最低数量标准的,以非法持有毒品罪定罪处罚";但是,对于有证据证明其是为了实施贩卖毒品等其他犯罪的,无论毒品数量大小,均应定性为贩卖毒品罪等其他犯罪。

其三,关于2015年《全国法院毒品犯罪审判工作座谈会纪要》规定"吸毒者在运输毒品过程中被查获,没有证据证明其是为了实施贩卖毒品等其他犯罪,毒品数量达到较大以上的,以运输毒品罪定罪处罚",以及2008年《全国部分法院审理毒品犯罪案件工作座谈会纪要》规定"查获毒品数量达到较大以上的,应以其实际实施的毒品犯罪行为定罪处罚",应当如何理解适用?

应当说,2008年《全国部分法院审理毒品犯罪案件工作座谈会纪要》对此规定并不明确,2015年《全国法院毒品犯罪审判工作座谈会纪要》对此情形已有明确规定,因而现在办案时必须依照《全国法院毒品犯罪审判工作座谈会纪要》的规定定性处理,即对于"吸毒者在运输毒品过程中被查获,没有证据证明其是为了实施贩卖毒品等其他犯罪,毒品数量达到较大以上的"行为,依法应定性为运输毒品罪,酌情从轻处罚,并且原则上没有构成非法持有毒品罪的空间。

【案例2】佟波携带毒品案[①]

被告人佟波2003年10月27日乘坐合肥至北京西的1410次旅客列车,

---

① 参见陈兴良主编:《判例刑法教程(分则篇)》,北京大学出版社2015年版,第168—169页。

因携带 3 包塑料袋里装有可疑物品被抓获。经鉴定：其蓝色塑料袋内装有褐色粉末状物品 66.8 克，检测含有海洛因；其黄色塑料袋里装有棕色粉末状物品 115 克，检测含有咖啡因和巴比妥；其白色塑料袋里装有褐色粉末状物品 1.3 克，检测含有海洛因、咖啡因和巴比妥。佟波归案后所进行的尿检呈阳性，且有戒断反应。公诉机关指控：佟波犯运输毒品罪。本案一、二审法院判决：佟波作为吸毒人员在列车上携带毒品的行为"不能证明佟波具有牟利的目的和有贩卖、运输毒品的故意"，判决其犯非法持有毒品罪，判处有期徒刑 7 年，并处罚金人民币 2 万元。

案例 2 审判发生在 2015 年之前，定性为非法持有毒品罪，从当时的法律规定和司法解释规定来看是正确的。但是，若按照 2015 年《全国法院毒品犯罪审判工作座谈会纪要》的明确规定，该案可能就只能定为运输毒品罪。这种定性处理的"时间差"，具有法律效力，值得公诉人和法官在办案时注意。

这里需要说明的是，此前笔者曾经主张：对于"吸毒者在运输毒品过程中被查获，没有证据证明其是为了实施贩卖毒品等其他犯罪，毒品数量达到较大以上的"行为，例如吸毒者非法持有毒品并处于运送回家的途中被抓获的，如同购买、储存毒品一样，应认定为非法持有毒品罪。但是经过一段时间思考，笔者认为原先的主张欠妥，尤其是违背了刑法解释的融贯性要求，也违反了司法解释规定的权威性和明确性要求，应予以适当修正，即该种情形依法不应认定为非法持有毒品罪，而应依法认定为运输毒品罪。

（三）吸毒者接收毒品或者委托他人代收毒品的行为

2015 年《全国法院毒品犯罪审判工作座谈会纪要》规定："购毒者接收贩毒者通过物流寄递方式交付的毒品，没有证据证明其是为了实施贩卖毒品等其他犯罪，毒品数量达到刑法第三百四十八条规定的最低数量标准的，一般以非法持有毒品罪定罪处罚。代收者明知是物流寄递的毒品而代购毒者接收，没有证据证明其与购毒者有实施贩卖、运输毒品等犯罪的共同故意，毒品数量达到刑法第三百四十八条规定的最低数量标准的，对代收者以非法持有毒品罪定罪处罚。"对此，在刑法解释论上应注意明确以下两点：

其一，购毒者及其代收者，如果"没有证据证明其是为了实施贩卖毒品等其他犯罪"，毒品数量上没有达到《刑法》第 348 条规定的最低数量标准的，一般不作为犯罪论处（即不构成非法持有毒品罪）。

在刑法解释论上，作为吸毒者的购毒者及其代收者，如果从主观故意内容上审查其不是出于走私、贩卖、运输、制造毒品等其他犯罪动机和主观故意的，从证据上审查其属于"没有证据证明其是为了实施贩卖毒品等其他犯罪"的，如果毒品数量上没有达到《刑法》第 348 条规定的最低数量标准的，一般不作为犯罪论处（即不构成非法持有毒品罪）；如果毒品数量上达到《刑法》第 348 条规定的最低数量标准的则依法构成非法持有毒品罪（但不构成走私、贩卖、运输、制造毒品罪等其他犯罪）。

其二,购毒者及其代收者,如果"有证据证明其是为了实施贩卖毒品等其他犯罪"的,无论是否达到毒品数量较大,均应按照贩卖毒品罪等其他犯罪定罪处罚。

二、代购毒品与居间介绍毒品交易行为的定性处理

行为人为贩毒者等代购毒品与居间介绍毒品交易的行为通常可以认定为走私、贩卖、运输、制造毒品罪或者其他相关联的毒品犯罪,但是为吸毒者代购毒品与居间介绍毒品交易的具体情况存在较大差异,在具体解释适用法律时应当进一步分类分析处理。

(一) 代购毒品行为的定性处理

2015年《全国法院毒品犯罪审判工作座谈会纪要》规定,行为人为吸毒者代购毒品,在运输过程中被查获,没有证据证明托购者、代购者是为了实施贩卖毒品等其他犯罪,毒品数量达到较大以上的,对托购者、代购者以运输毒品罪的共犯论处。行为人为他人代购仅用于吸食的毒品,在交通、食宿等必要开销之外收取"介绍费""劳务费",或者以贩卖为目的收取部分毒品作为酬劳的,应视为从中牟利,属于变相加价贩卖毒品,以贩卖毒品罪定罪处罚。

2008年《全国部分法院审理毒品犯罪案件工作座谈会纪要》规定,有证据证明行为人不以牟利为目的,为他人代购仅用于吸食的毒品,毒品数量超过《刑法》第348条规定的最低数量标准的,对托购者、代购者应以非法持有毒品罪定罪。代购者从中牟利,变相加价贩卖毒品的,对代购者应以贩卖毒品罪定罪。明知他人实施毒品犯罪而为其居间介绍、代购代卖的,无论是否牟利,都应以相关毒品犯罪的共犯论处。

对照两个会议纪要,司法实践中到底应当如何理解适用?笔者认为,代购毒品行为在刑法解释论上应当区分以下四种情况。

其一,行为人为吸毒者代购毒品,在运输过程中被查获,没有证据证明托购者、代购者是为了实施贩卖毒品等其他犯罪,毒品数量尚未达到较大以上的,对托购者(吸毒者)和代购者不以犯罪论处。理由在于:代购者与吸毒者(托购者)在实施相同行为时应作出相同处理,而根据2008年《全国部分法院审理毒品犯罪案件工作座谈会纪要》规定吸毒者实施相同行为"一般不定罪处罚",所以代购者实施相同行为也应当"一般不定罪处罚"。

其二,行为人为吸毒者代购毒品,在运输过程中被查获,没有证据证明托购者、代购者是为了实施贩卖毒品等其他犯罪,毒品数量达到较大以上的,对托购者、代购者以运输毒品罪的共犯论处(同时应当适当考虑"为吸毒者代购毒品"的情节予以酌情从轻处罚)。

这里需要强调的是,实务中应当注意区分"为吸毒者代购毒品"而运输毒品的情况与不是"为吸毒者代购毒品"而运输毒品的情况(如为毒枭运输毒品等情况),后者的违法性和责任性均重于前者,应当在量刑时予以适当考虑,即2008年《全国部分法

院审理毒品犯罪案件工作座谈会纪要》明确规定的"涉嫌为贩卖而自行运输毒品,由于认定贩卖毒品罪的证据不足,因而认定为运输毒品罪的,不同于单纯的受指使为他人运输毒品行为,其量刑标准应当与单纯的运输毒品行为有所区别"。

其三,行为人为他人代购仅用于吸食的毒品,在交通、食宿等必要开销之外收取"介绍费"或者"劳务费",或者以贩卖为目的收取部分毒品作为酬劳的,应视为行为人从中牟利,属于变相加价贩卖毒品,应以贩卖毒品罪定罪处罚。

其四,代购毒品者明知他人实施毒品犯罪(如走私、贩卖、运输、制造毒品等犯罪)而为其代购代卖的,无论是否牟利,都应以相关毒品犯罪的共犯论处。

(二) 居间介绍买卖毒品行为的定性处理

2015年《全国法院毒品犯罪审判工作座谈会纪要》规定:"居间介绍者在毒品交易中处于中间人地位,发挥介绍联络作用,通常与交易一方构成共同犯罪,但不以牟利为要件……居间介绍者受贩毒者委托,为其介绍联络购毒者的,与贩毒者构成贩卖毒品罪的共同犯罪;明知购毒者以贩卖为目的购买毒品,受委托为其介绍联络贩毒者的,与购毒者构成贩卖毒品罪的共同犯罪;受以吸食为目的的购毒者委托,为其介绍联络贩毒者,毒品数量达到刑法第三百四十八条规定的最低数量标准的,一般与购毒者构成非法持有毒品罪的共同犯罪;同时与贩毒者、购毒者共谋,联络促成双方交易的,通常认定与贩毒者构成贩卖毒品罪的共同犯罪。居间介绍者实施为毒品交易主体提供交易信息、介绍交易对象等帮助行为,对促成交易起次要、辅助作用的,应当认定为从犯;对于以居间介绍者的身份介入毒品交易,但在交易中超出居间介绍者的地位,对交易的发起和达成起重要作用的被告人,可以认定为主犯。"

2008年《全国部分法院审理毒品犯罪案件工作座谈会纪要》规定,明知他人实施毒品犯罪而为其居间介绍、代购代卖的,无论是否牟利,都应以相关毒品犯罪的共犯论处。

对于上述两个会议纪要的规定如何理解适用?

有学者指出,居间介绍买卖毒品的情况比较复杂,可依不同标准划分为以下三组六种:贩毒居间介绍行为与贩毒居间实行行为、购毒居间行为与贩毒居间行为、获利的贩毒居间行为与不获利的贩毒居间行为。[①] 笔者认为,居间介绍买卖毒品行为在刑法解释论上可以分为以下四种情况。

其一,2015年《全国法院毒品犯罪审判工作座谈会纪要》明确规定,"受以吸食为目的的购毒者委托,为其介绍联络贩毒者,毒品数量达到刑法第三百四十八条规定的最低数量标准的,一般与购毒者构成非法持有毒品罪的共同犯罪"。

但是这里将"介绍联络"合在一起规定可能存在问题。如果居间介绍者实施了"联络"贩毒者的行为(仅限于"受以吸食为目的的购毒者委托"),依据2015年《全国法院毒品犯罪审判工作座谈会纪要》规定仍然只能对居间介绍者定性为非法持有毒

---

① 参见黄伟、周银坤:《浅谈贩毒居间行为的法律定性问题》,载《新疆警官高等专科学校学报》2008年第3期。

品罪,可能的理由是因为吸毒者(购毒者)只构成非法持有毒品罪,居间介绍者与购毒者应当相同行为相同处理,所以对居间介绍者也只能定性为非法持有毒品罪。

但是,"联络"贩毒者的行为到底应当定性为非法持有毒品罪还是贩卖毒品罪的共同犯罪(从犯)?这是一个值得研究的问题。

所谓"联络"贩毒者的行为,应当说最低限度意指向贩毒者传递购毒者及其购毒需求等信息,这种"联络"贩毒者的行为依法、依理均应当认定为贩毒行为的帮助犯,从而应当对实施了"联络"行为的居间介绍者定性为贩卖毒品罪的帮助犯(从犯)。这种解释应当说完全符合共同犯罪的立法规定和基本原理,并且也有利于从严惩处居间介绍买卖毒品行为。但是,这种解释结论可能存在矛盾:①从法理上讲,居间介绍者直接向贩毒者代为购买毒品的行为(代购毒品行为),可能只构成非法持有毒品罪(与托购者构成非法持有毒品罪共犯),为何性质更轻的"联络"贩毒者的行为反而构成了贩卖毒品罪(共犯),这似乎是一种逻辑悖论。②从司法解释规定看,2015年《全国法院毒品犯罪审判工作座谈会纪要》规定"同时与贩毒者、购毒者共谋,联络促成双方交易的,通常认定与贩毒者构成贩卖毒品罪的共同犯罪。居间介绍者实施为毒品交易主体提供交易信息、介绍交易对象等帮助行为,对促成交易起次要、辅助作用的,应当认定为从犯"。这个规定中又明确将"联络"并"促成双方交易的"行为、"居间介绍者实施为毒品交易主体提供交易信息、介绍交易对象等帮助行为,对促成交易起次要、辅助作用的"行为均认定为贩卖毒品罪的共同犯罪(从犯)。这一规定显然又与前段规定"受以吸食为目的的购毒者委托,为其介绍联络贩毒者,毒品数量达到刑法第三百四十八条规定的最低数量标准的,一般与购毒者构成非法持有毒品罪的共同犯罪"互相矛盾。

那么,司法实践中如何处理居间介绍者"联络"贩毒者的行为?笔者的意见是:①当前由于2015年《全国法院毒品犯罪审判工作座谈会纪要》已明确规定"受以吸食为目的的购毒者委托,为其介绍联络贩毒者,毒品数量达到刑法第三百四十八条规定的最低数量标准的,一般与购毒者构成非法持有毒品罪的共同犯罪",因此,从有利于被告人的角度出发,依法对居间介绍者"联络"贩毒者的行为(仅限于"受以吸食为目的的购毒者委托")定性为非法持有毒品罪。②应当承认2015年《全国法院毒品犯罪审判工作座谈会纪要》关于"居间介绍"与"居间介绍联络"的定性规定中存在明显矛盾,必须予以适当修改和解决。③从长远看,应当将居间介绍者"联络"贩毒者的行为明确规定为贩卖毒品罪的共同犯罪(从犯);同时,应当将前述规定中"介绍联络贩毒者"修改为"介绍贩毒者"。

其二,居间介绍者受贩毒者委托,为其介绍联络购毒者的,与贩毒者构成贩卖毒品罪的共同犯罪;明知购毒者以贩卖为目的购买毒品,受委托为其介绍联络贩毒者的,与购毒者构成贩卖毒品罪的共同犯罪;同时与贩毒者、购毒者共谋,联络促成双方交易的,通常认定与贩毒者构成贩卖毒品罪的共同犯罪。

其三,居间介绍者在毒品共同犯罪中的地位和作用通常是从犯。但是,对于以居间介绍者的身份介入毒品交易,并且在交易中超出居间介绍者的地位,对交易的发起和达成起重要作用的被告人,应当依法认定为毒品共同犯罪的主犯。

其四,居间介绍者与购毒者、贩毒者的行为与责任需要具体审查,要注意特别谨慎地审查居间介绍者与购毒者、贩毒者之间的行为关系与责任关系。

对于构成毒品犯罪共犯关系的居间介绍者应当依法予以定性处理,但对于不构成毒品犯罪共犯关系的居间介绍者依法不得作为毒品共犯论处。对此,可以以陆某居间介绍购毒案为例进行说明。

【案例3】陆某居间介绍购毒案①

2005年1月初,被告人章某与唐某商量购买海洛因用于个人吸食,二人商定由唐某出资1万元、章某负责联系购买。章某找到被告人陆某并让其帮助购买海洛因。陆某则找到刘某(另案处理)购买了海洛因40克,并将海洛因送到章某家中交给章某、唐某供二人吸食。同年3月的一天,王某打传呼找章某欲购买海洛因,章某、唐某经商议之后同意将吸食剩余的海洛因卖给王某,当章某、唐某携带海洛因与王某交易毒品时,被公安人员当场抓获并缴获海洛因13克。

案例3有两个问题值得研讨:①居间介绍者陆某的行为是非法持有毒品罪还是贩卖毒品罪(共犯)?一方面,陆某居间介绍购买毒品的行为,属于"受以吸食为目的的购毒者委托",且"毒品数量达到刑法第三百四十八条规定的最低数量标准的,一般与购毒者构成非法持有毒品罪的共同犯罪",因而陆某的行为应依法定性为非法持有毒品罪。但是另一方面,陆某的居间介绍购毒行为与其后购毒者章某和唐某所实施的贩卖毒品行为之间没有主观联系(共犯脱离),且陆某主观上也没有贩卖毒品的主观故意(责任性要件缺乏)、没有贩卖毒品的客观行为(违法性要件缺乏),因而,陆某依法不构成贩卖毒品罪(共犯)。②章某与唐某贩卖毒品罪的毒品数量如何确定?从案情介绍看,章某与唐某贩卖毒品数量仅有13克(现场缴获毒品数量),依法应当只认定贩卖毒品的数量为13克,而不是40克。

(三) 陪同贩毒行为的定性处理

陪同贩毒行为在生活中确实发生过,有些当事人也以"陪同贩毒"为借口进行辩解,需要认真审查、准确定性处理。从法律定性上看,陪同贩毒行为通常应当以贩卖毒品罪的共犯而不以非法持有毒品罪定性处理。例如:如果陪同人帮助持有毒品、帮助购票、联络、用其身份证帮助开房住宿、帮助照看毒品、帮助接收钱款、通风报信等,当然是贩卖毒品罪的帮助犯;如果陪同人获得少量毒品或者其他物质性利益作为陪同报酬的,应当认定陪同人因陪同贩毒并获得了报酬,均应定性为贩卖毒品罪。但是个别特殊情况下,陪同人可能无罪。

---

① 参见王明、王运声主编:《以案说法丛书(第三辑):危害公共安全妨害社会管理秩序犯罪案例》,人民法院出版社2006年版,第397页。

【案例4】王某陪同贩毒案①

2007年9月20日,李某以500元作酬资,雇王某(女)陪同贩毒。9月24日,在王某的陪同下,李某从云南大理将毒品运回南京和下家交易时,被南京警方当场抓获,缴获K粉1500余克、麻古800余粒。

案例4中,对李某的行为构成贩卖毒品罪没有异议,但是对王某是否构成犯罪存在分歧。第一种意见认为,王某陪同贩毒实为帮助或者为毒贩充当掩护,已经具备了刑事归责的主观基础,加之客观上与毒贩形成事实上的利益共同体,所以,应当构成贩卖毒品罪的共犯。第二种意见认为,王某陪伴李某只是贪图免费的吃喝玩乐,虽然明知李某是毒贩,但是没有实施任何与贩毒有关联的行为,为纯粹的"陪同贩毒",不构成犯罪。

江苏省高级人民法院评析认为,王某的行为是否构成犯罪,应当坚持主客观相统一原则。主观上,要看王某是否明知李某在实施贩毒;客观上,要看王某是否实施了贩卖毒品的帮助行为,或者与贩卖毒品有牵连而使贩毒行为容易实现的关联行为,如帮助购票、联络、用其身份证开房住宿、照看毒品、接收钱款、通风报信等。只要有证据证实王某的主观故意和客观上实施的关联行为,王某就应当承担贩卖毒品罪共犯的刑事责任。但如果王某偶尔陪伴毒贩,即使得到少许收益,也应将那些与毒贩长期同居,以毒资或者毒赃作为生活主要来源的情形区别开来,认定王某构成贩卖毒品罪的共犯还缺乏客观事实依据(即法院倾向于作无罪处理)。

还有人提出,即使认定王某构成贩卖毒品罪的共犯证据不足,但符合非法持有毒品罪共犯的构成要件。但是,郁习顶法官认为,陪同者虽然明知毒贩在非法持有毒品,然而陪同者对该毒品不存在事实上的控制和支配关系,因此,王某的行为不构成非法持有毒品罪。从郁习顶法官的分析意见来看,陪同贩毒案的证据审查中应注意以下问题。

其一,必须正面讯问(询问)王某的主观意思。一是讯问(询问)王某是否对李某贩毒知情,具体的想法是什么,为什么要陪同李某。二是讯问(询问)李某同王某沟通交谈的具体细节。三是获取其他证人证言证实王某和李某沟通交流的具体细节。

其二,必须正面讯问(询问)王某、李某及其他证人关于陪同行为的具体细节。重点是,王某是否实施了贩卖毒品的帮助行为,或者与贩卖毒品有牵连而使贩毒行为容易实现的关联行为,如帮助购票、联络、用其身份证开房住宿、照看毒品、接收钱款、通风报信等。

只有在查清了陪同者的主观意思和客观行为均符合贩卖毒品罪或者非法持有毒品罪的法定条件之后,才可以对陪同贩毒者依法定罪。

---

① 案例4及其分析意见,参见郁习顶:《陪同贩毒的司法认定》,载京师刑事法治网(http://www.criminallawbnu.cn/criminal/info/showpage.asp? ProgramID=&pkID=22116&keyword=%C5%E3%CD%AC%B7%B7%B6%BE),访问日期:2009年3月6日。

三、走私、贩卖、运输、制造毒品罪的既遂形态认定

走私、贩卖、运输、制造毒品罪是一个选择性罪名，可以细分为四个"单一罪名"，即走私毒品罪、贩卖毒品罪、运输毒品罪、制造毒品罪，而且每个单一罪名均有其对应的单一行为类型，每种单一行为类型各有其特殊性，因此，为便于阐述这个选择性罪名的停止形态问题，理论逻辑上可以分四个单一罪名分别阐述其各自的既遂形态。① 在具体案件中，若行为人实施了两个或者两个以上行为并触犯相应的选择性罪名时，可以依照单一罪名的既遂形态原理进行综合分析认定。

在犯罪的理论分类上，本罪属于行为犯（过程行为犯）。② 因此，在讨论本罪的既遂形态认定问题时，还必须讨论一些共通性与前提性的基础理论问题，如过程行为犯的既遂原理等。

（一）过程行为犯的既遂原理

行为犯之既遂必须符合犯罪既遂标准理论。关于犯罪既遂标准问题，我国理论界有既遂的结果说、既遂的目的说、既遂的构成要件说等多种学说，其中通说是既遂的构成要件说。笔者赞成通说，即应以行为人所实施的行为具备了《刑法》分则所规定的某一犯罪的构成要件意义上的"完整行为""实然危害"并成立完整犯罪的典型形态为既遂标准。结果犯的既遂，必须是行为人所实施的行为具备了《刑法》分则所规定的某一犯罪构成要件意义上的"完整行为"，并具备了相应的物质性危害结果这一"实然危害"，而成立完整犯罪的典型形态。如故意杀人罪的既遂标准，要求行为人所实施的故意杀人行为这一"完整行为"，并具备了被害人生命被剥夺这一"实然危害"，而成立完整的故意杀人罪的典型形态，否则即不成立故意杀人罪的既遂。行为犯的犯罪既遂，必须是行为人所实施的行为具备了《刑法》分则所规定的某一犯罪的构成要件意义上的"完整行为"，并具备了相应的精神上的或者制度上的危害结果（即非物质性危害结果）这一"实然危害"，而成立完整犯罪的典型形态。

过程行为犯的犯罪既遂形态，应准确把握该过程"完整行为"所达到的特定的精神上的或者制度上的危害结果（即相应的非物质性危害结果）这一"实然危害"的基本内容。如果过程行为尚未达到《刑法》分则规定的犯罪构成客观方面要件意义上的"完整行为"，或者相应行为过程尚未达到特定的精神上的或者制度上的危害结果这一"实然危害"，则仍然不能构成犯罪既遂。走私、贩卖、运输、制造毒品罪作为过程行为犯，其既遂形态的认定，必须遵守过程行为犯的既遂形态原理，后面详细讨论。

---

① 本章所采用的此种分析方法借鉴了梅传强、胡江、赵亮编著：《走私、贩卖、运输、制造毒品罪立案追诉标准与司法认定实务》，中国人民公安大学出版社2010年版，第91—95页相关分析思路。

② 行为犯的具体类型可以分为以下五类：预备行为犯、举动行为犯、过程行为犯、持有行为犯、危险状态犯。参见魏东：《行为犯原理的新诠释》，载《人民检察》2015年第5期。

(二) 走私毒品罪的既遂形态认定

走私毒品罪,是指违反海关法规,逃避海关监管,非法运输、携带、邮寄毒品进出国(边)境的行为。走私方式具体包括三种情况:一是绕关走私,即不通过海关、边卡检查站非法运输、携带毒品进出国(边)境;二是通关走私,即虽经海关、边卡检查站,但通过藏匿、伪装、伪报等方法逃避海关监管,运输、携带、邮寄毒品进出国(边)境;三是闯关走私,即使用暴力冲闯并逃避海关监管。此外,根据《刑法》第155条之规定,直接向走私人非法收购走私进口的毒品,或者在我国内海、领海、界河、界湖运输、收购、贩卖毒品的,也应以走私毒品罪论处。[1] 这是走私毒品罪的基本法理。

从理论上讲,作为过程行为犯的走私毒品罪的既遂,应当是行为人实施了具备《刑法》分则所规定的本罪的构成要件意义上的"完整行为",并具备了相应的精神上的或者制度上的"实然危害",而成立完整犯罪的典型形态;否则,不能构成走私毒品罪的既遂(而只能是未完成形态或者无罪)。走私毒品罪还需要根据其具体情形来判断既遂标准。比如,有学者认为,走私毒品必须区分陆路输入与海空路输入两种情形来审查犯罪既遂标准。陆路输入毒品应当以偷越国(边)境线作为判断标准,即成功逾越国(边)境线时为既遂;而海空路输入毒品应当以"到达"为标准即装载毒品的船舶到达本国港口或者航空器到达本国领土内时为既遂。国外刑法理论上还有进入领海领空说、登陆说、关税线说、搬出可能说等见解。[2]

笔者认为,按照"走私方向",走私毒品罪可以分为输入毒品、输出毒品、"准走私"毒品三种情形,其犯罪既遂的标准可以作如下解释。

其一,输入/输出毒品型的走私毒品罪的既遂标准。总体上,输入/输出毒品型的走私毒品罪应当以毒品进出国(边)境的行为是否已经完成为其既遂与否的判断标准。在设立海关或者边卡的地点,以通关验关或者毒品越过国(边)境线为既遂;在未设立海关或者边卡的陆地边境或者以海路运输方式偷运毒品的,以毒品进出国(边)境线或者领海为既遂;以空中运输方式走私毒品的,以飞机着陆为既遂[3];以谎报、藏匿、伪装等手段逃避邮检和海关查验非法邮寄毒品进出境的,毒品一旦交寄成功并通过邮寄地国家/地区的海关查验即为既遂。否则,可能构成犯罪的未遂、预备、中止。

【案例5】董某、孟某走私毒品案[4]

董某于2002年12月赴日本打工,于2003年5月打电话要求其丈夫孟某从国内邮寄毒品到日本供其吸食,并提供了其在日本的地址及虚构的姓名。孟某分别于2003年6月2日、8日、21日分三次到邮电所将16.4克、9.2

---

[1] 参见魏东主编:《刑法各论》,法律出版社2015年版,第285页。
[2] 参见赵秉志、于志刚:《毒品犯罪》,中国人民公安大学出版社2003年版,第186—187页。
[3] 参见梅传强、胡江、赵亮编著:《走私、贩卖、运输、制造毒品罪立案追诉标准与司法认定实务》,中国人民公安大学出版社2010年版,第92页。该书指出,以谎报、藏匿、伪装等手段逃避邮检和海关查验非法邮寄毒品进出境的,毒品一旦交寄即为既遂。笔者认为"毒品一旦交寄即为既遂"不当,而应当进一步限定为"毒品一旦交寄成功并通过邮寄地国家/地区的海关查验即为既遂"。
[4] 参见陈忠林主编:《刑事案例诉辩审评——贩卖制造毒品罪》,中国检察出版社2005年版,第63—64页。

克、6.04 克海洛因夹藏在国际特快专递邮包内寄往日本,后均被海关查获。

案例 5 中,孟某三次到邮电所将海洛因夹藏在国际特快专递邮包内寄往日本的行为,即已经着手实施走私毒品行为,但是因被邮寄地国家海关查获而未能顺利通关,属于由于行为人意志以外的原因而未能完成走私毒品的情形(即未能顺利寄出到达境外),因而构成走私毒品罪的未遂。

其二,"准走私"型的走私毒品罪的既遂标准。基于"准走私"型的走私毒品罪的特殊性,其既遂标准应为:直接向走私人非法收购走私进口的毒品,或者在我国内海、领海、界河、界湖运输、收购、贩卖毒品的,一经完成毒品交接的行为即为既遂;否则可能构成犯罪的未遂、预备、中止。

(三) 贩卖毒品罪的既遂形态认定

贩卖毒品罪,是指在境内非法转手倒卖毒品,销售毒品或者以贩卖为目的非法购买毒品的行为。在贩卖毒品罪的既遂认定标准问题上,理论上有三种不同的观点。①契约说。认为当贩卖毒品的买卖双方意思达成一致,也即双方达成毒品买卖契约的,就应当认为构成既遂。① ②实际交付说与转移占有说。"实际交付说"主张以毒品实际上转移给买方为既遂,如果行为人没有实际交付毒品,而仅与他人达成协议,不能认为贩卖毒品行为人构成贩卖毒品罪的既遂。② "转移占有说"主张只能对那些已经进入交易并且完成转移占有毒品的行为认定为既遂。③ ③进入交易说。认为贩卖毒品罪的既遂与否,应以毒品是否进入交易环节为准,该罪是行为犯,只要贩卖的合意达成,即构成既遂。④ 司法实践中往往以第三种观点"进入交易说"为既遂标准,因此以下几种情况均认定为贩卖毒品罪既遂:第一,以贩卖为目的实施了购买毒品的行为;第二,有证据证明以贩卖目的而持有毒品的行为;第三,有证据证明以贩卖为目的购进或持有毒品的行为人与购毒者已达成毒品交易意见,并正在交易而尚未转移毒品的行为或者已经转移了毒品的行为。但是,笔者认为,司法实践中采用"进入交易说"这种认定标准并不妥当⑤,不符合过程行为犯原理与犯罪既遂未遂原理,值得研究。

【案例 6】苏永清贩卖毒品案⑥

2001 年 4 月 29 日,为贩卖毒品牟利,被告人苏永清找到公安机关特情人员许某,要求许某代其联系购买毒品甲基苯丙胺。许某向公安机关汇报这一情况后,经公安机关研究,决定由公安人员以"卖主"身份与苏永清接触。随后许某带上由公安机关提供的少量甲基苯丙胺作为样品交给苏永清

---

① 参见于志刚:《毒品犯罪及相关犯罪认定处理》,中国方正出版社 1999 年版,第 130 页。
② 参见王作富主编:《刑法分则实务研究(下)》,中国方正出版社 2010 年版,第 1575 页。
③ 参见魏东主编:《毒品犯罪与律师刑事辩护技巧》,法律出版社 2017 年版,第 91 页。
④ 参见张穹主编:《刑法各罪司法精要》(修订版),中国检察出版社 2002 年版,第 751 页。
⑤ 参见张建、俞小海:《贩卖毒品罪未遂标准的正本清源》,载《法学》2011 年第 3 期。
⑥ 参见王洪斌:《苏永清贩卖毒品案——为贩卖毒品向公安特情人员购买毒品的应如何处理》,载最高人民法院刑事审判第一庭、第二庭编:《刑事审判参考》(总第 28 辑),法律出版社 2003 年版,第 70 页。

验货。苏永清看过样品后,决定以每公斤人民币2.35万元的价格购买甲基苯丙胺35公斤,一次性支付"货"款,并约定于同年5月11日进行交易。5月10日晚,苏永清带被告人黄斯斌到晋江市帝豪酒店与许某会面,告知许某届时将由黄斌代表其携款前来与"卖主"进行毒品交易。5月11日中午12时许,黄斯斌携带人民币818 400元到晋江市帝豪酒店702室与"卖主"交易。期间,苏永清为交易事项与黄斯斌多次电话联系,并于下午3时许赶到交易地点催促尽快交易。随后,公安机关将苏永清、黄斯斌当场抓获。泉州市中级人民法院经审理后认为,被告人苏永清、黄斯斌为出售毒品牟利,而积极联系购买甲基苯丙胺,其行为均已构成贩卖毒品罪。二被告人为贩卖而积极购买毒品,数量特别巨大,本应从严惩处,但因意志以外的原因未能得逞,系犯罪未遂,可比照既遂犯从轻处罚。其中,被告人苏永清是主犯;被告人黄斯斌是从犯。判处苏永清无期徒刑,剥夺政治权利终身,并处没收个人全部财产;判处黄斯斌有期徒刑12年,并处罚金人民币7万元。一审判决后,二被告人不服上诉,福建省高级人民法院经二审后裁定驳回上诉,维持原判。

案例6的核心问题在于,被告人是在毒品交易过程中被当场抓获,如果按照司法实践中对于贩卖毒品罪既遂标准的"进入交易说",该案应当认定为既遂,所以,该案被告人"被当场抓获"不是导致未遂的"意志以外的原因";该案之所以认定为未遂,原因在于许某系公安机关特情人员,该案在公安机关控制下发生,许某不可能真正将毒品销售给被告人,毒品交易实际无法完成,毒品交易对方系特情人员这一因素才是被告人"意志以外的原因"。①

但是笔者认为,贩卖毒品罪是过程行为犯,根据过程行为犯的既遂原理,应当以贩卖毒品行为的完整完成为标准,即以"行为人依贩卖毒品的意思将毒品转移占有"为标准(即"实际交付说"与"转移占有说"),只有贩毒者与购毒者基于买卖的一致意思完成了毒品转移占有的行为,才应认定为犯罪既遂。转移占有,包括将毒品转移给购毒者本人及其指定的代理人,即购毒者既可以是直接占有也可以是间接占有。因此,对于行为人已经基于贩卖毒品的意思实际收取了购毒款,但是尚未实际交付毒品给购毒者即被查处的情形,应当认定为贩卖毒品罪的未遂;行为人将其非法持有的毒品(包括继承、受赠、盗窃等方式获得的毒品)基于贩卖毒品的意思进行贩卖,但是尚未实际卖出即被查处的情形,应当认定为贩卖毒品罪的未遂;行为人基于贩卖毒品的意思,向他人购买毒品并完成了交易毒品的转移占有即被查处的情形,应当认定为毒品交易双方(上下家)均构成了贩卖毒品罪的既遂(这是一种比较特殊的情形,可以运用共犯原理进行解释)。因此,笔者认为,若按照贩卖毒品罪既遂标准的"实际交付说"与"转移占有说",前述苏永清贩卖毒品案无论是否有公安机关特情人员介入,均只能认定为贩卖毒品罪未遂。

---

① 参见魏东主编:《毒品犯罪与律师刑事辩护技巧》,法律出版社2017年版,第91—92页。

2015年《全国法院毒品犯罪审判工作座谈会纪要》明确规定:"对于贩卖毒品案件中的上下家,要结合其贩毒数量、次数及对象范围,犯罪的主动性,对促成交易所发挥的作用,犯罪行为的危害后果等因素,综合考虑其主观恶性和人身危险性,慎重、稳妥地决定死刑适用。对于买卖同宗毒品的上下家,涉案毒品数量刚超过实际掌握的死刑数量标准的,一般不能同时判处死刑;上家主动联络销售毒品,积极促成毒品交易的,通常可以判处上家死刑;下家积极筹资,主动向上家约购毒品,对促成毒品交易起更大作用的,可以考虑判处下家死刑。涉案毒品数量达到巨大以上的,也要综合上述因素决定死刑适用,同时判处上下家死刑符合罪刑相适应原则,并有利于全案量刑平衡的,可以依法判处。"这一段话,尽管针对的是毒品共同犯罪、上下家犯罪的死刑适用问题,但是,其"隐含"的贩卖毒品罪既遂原理可以解释为:毒品交易的上下家在本质上构成了贩卖毒品罪的共同犯罪,只要毒品交易的上下家基于买卖的一致意思完成了毒品转移占有的行为即应认定为犯罪既遂,即应依照共同犯罪原理同时认定毒品交易的上下家均构成贩卖毒品罪的既遂。

(四) 运输毒品罪的既遂形态认定

运输毒品罪,是指利用交通工具、自身或者他人携带,或者伪装后交给邮政、交通单位邮寄、托运毒品的行为。关于运输毒品罪的既遂标准,理论上有"起运说"(举动犯)、"到达目的地说"(过程行为犯)的争论。① 应当说,"起运说"在犯罪既遂标准的认定上过于提前,不符合过程行为犯的既遂原理;到达目的地说在犯罪既遂标准的认定上过于滞后,尤其是到达目的地说可能会导致司法实践中大量的运输毒品罪既遂被"解释为"犯罪未遂,不完全符合过程行为犯既遂原理。

笔者认为,运输毒品罪的既遂标准,应当按照过程行为犯既遂原理并根据具体的运输方式进行适当折中。如果是行为人以自己的身体运输、自己使用交通运输工具运输、亲自押运运输等方式进行运输毒品的行为,则应以已经实际启动运输行为并到达终点或者途中某个站点(如毒品检查站点)为既遂标准;如果通过他人携带、邮寄、托运等方式进行运输毒品的行为,则以行为人实际交付他人、办理完毕邮寄与托运手续,并且他人已经实际启动运输行为、邮寄与托运已经起运并到达终点或者途中某个站点(如毒品检查站点)为既遂标准。

【案例7】周某运输毒品案②

2001年7月6日,被告人周某、白某(因犯罪中止作酌定不起诉处理)采用吞服毒品于体内的方式乘坐汽车运输毒品,本想从云南畹町将毒品运往广州市,但是当二人乘车行至云南省龙陵县黑山门时被畹町边防检查站工作人员抓获,从周某的体内排出海洛因290克。

---

① 参见梅传强、胡江、赵亮编著:《走私、贩卖、运输、制造毒品罪立案追诉标准与司法认定实务》,中国人民公安大学出版社2010年版,第93页。
② 参见陈忠林主编:《刑事案例诉辩审评——贩卖制造毒品罪》,中国检察出版社2005年版,第48页。

案例7中,周某运输毒品的终极目的地是广州,其从云南省畹町出发起运毒品至黑山门被查获,尽管其尚未到达预定的终点广州,但是应当依法认定其已经实施了运输毒品行为,依法应当认定为运输毒品罪既遂。

(五) 制造毒品罪的既遂形态认定

制造毒品罪,是指非法从毒品原植物中提炼毒品,或者用化学合成方法加工、配制毒品的行为。2008年《全国部分法院审理毒品犯罪案件工作座谈会纪要》规定:"已经制造出粗制毒品或者半成品的,以制造毒品罪的既遂论处。购进制造毒品的设备和原材料,开始着手制造毒品,但尚未制造出粗制毒品或者半成品的,以制造毒品罪的未遂论处。"2015年《全国法院毒品犯罪审判工作座谈会纪要》也有类似规定:"制造毒品案件中,毒品成品、半成品的数量应当全部认定为制造毒品的数量,对于无法再加工出成品、半成品的废液、废料则不应计入制造毒品的数量。对于废液、废料的认定,可以根据其毒品成分的含量、外观形态,结合被告人对制毒过程的供述等证据进行分析判断,必要时可以听取鉴定机构的意见。"对比两个会议纪要的相关规定,根据过程行为犯既遂原理,在具体解释认定制造毒品罪的既遂形态时需要明确以下几点:

其一,行为人已经制造出粗制毒品或者半成品的,应认定为制造毒品罪的既遂;毒品成品、半成品的数量应当全部认定为制造毒品的数量。但是应注意审查和认定:①"对于无法再加工出成品、半成品的废液、废料则不应计入制造毒品的数量";②"为便于隐蔽运输、销售、使用、欺骗购买者,或者为了增重,对毒品掺杂使假,添加或者去除其他非毒品物质,不属于制造毒品的行为"(2008年《全国部分法院审理毒品犯罪案件工作座谈会纪要》)。

其二,行为人以为自己所使用的原料与配料能够制造出毒品,但是事实上未能制造出毒品的行为,理论上需要审查具体行为的客观归责性、法益保护原则、迷信不能犯原理,分别情况作出如下解释认定:①如果行为人是因为愚昧无知而实施上述行为,客观上根本没有制造出毒品的可能性的,依法不能以犯罪论处(迷信犯);②如果行为人的行为客观上有制造出毒品的现实可能性,但是因为方法不当、技术不过关、被提前抓获等意志以外的原因而没有制造出毒品成品或者半成品的,则应依法认定为构成制造毒品罪的未遂。

【案例8】周某制造毒品案①

2013年8月,被告人邱某、邓某共谋制造毒品冰毒,邱某准备了制毒工具和辅料,并通过邓某以28 000余元人民币的价格从他人处购买制毒原料麻黄素1千余克。被告人邱某指使被告人王某、张某、周某在其居住的成都市龙泉驿区某小区房间制造毒品,其中邱某负责具体操作,王某、张某、周某则按照邱某安排负责搬运制毒工具、熬制制毒液体,以及清洗制毒工具等辅

---

① 参见魏东主编:《毒品犯罪与律师刑事辩护技巧》,法律出版社2017年版,第131—132页。

助性工作。后公安机关在邱某住处查获大量制毒工具,以及含甲基苯丙胺成分的固体晶体364.3克(其中361.6克甲基苯丙胺含量在40%~41%之间),以及含甲基苯丙胺成分的液体61.683千克(经鉴定甲基苯丙胺含量在0.07%~15.63%之间,其中周某承认直接参与的含甲基苯丙胺成分的液体54.492千克中甲基苯丙胺含量仅为0.07%~0.08%)。检察机关指控被告人周某违反国家对毒品的管理规定,制造含甲基苯丙胺成分毒品的行为,已触犯《中华人民共和国刑法》第347条之规定,构成制造毒品罪,且数量特别巨大。

案例8争点主要集中在周某承认直接参与的含甲基苯丙胺成分含量仅为0.07%~0.08%的液体54.492千克是否认定为毒品的"成品或者半成品",从而是否将该54.492千克认定为制造毒品罪(既遂)的毒品数量?

对此问题,辩护人提出,案涉54.492千克液体中甲基苯丙胺的含量极低(0.07%~0.08%),结合液体系用大塑料桶盛装且摆放在清洗制毒工具的卫生间等细节,应依法认定为废水,不应计入毒品数量;该液体54.492千克在功用上,并非用于人吸食,并非被告人邱某、周某等制造毒品的目标物;客观上,也不能从中再提炼出毒品,因此根本无法扩散并对社会造成危害,如果该案没有被公安机关发现,其最终的情况应该是被倒掉;该案亦缺乏相关鉴定机构关于这批制毒废水系毒品成品、半成品或粗制品的科学鉴定结论。因此,律师认为54.492千克液体不应认定为制造毒品罪中的"毒品",不能作为对被告人量刑的依据。

最终,成都市中级人民法院采纳了辩护人的意见,认为案涉54.492千克液体不应计入制毒数量。最终判决被告人邱某犯制造毒品罪,处无期徒刑,剥夺政治权利终身,并处没收个人全部财产;判决被告人周某犯制造毒品罪,处有期徒刑8年,并处罚金人民币5万元。

第二十三章 煽动型犯罪*

我国现行刑法规定的煽动型犯罪,具体有六种罪:①煽动分裂国家罪;②煽动颠覆国家政权罪;③煽动民族仇恨、民族歧视罪;④煽动暴力抗拒法律实施罪;⑤煽动军人逃离部队罪;⑥宣扬恐怖主义、极端主义、煽动实施恐怖活动罪。煽动分裂国家罪和煽动颠覆国家政权罪直接危害国家主权的完整和政权的稳定等国家根本利益;宣扬恐怖主义、极端主义、煽动实施恐怖活动罪危害的是公共安全;煽动军人逃离部队罪危害国家的军事利益;煽动民族仇恨、民族歧视罪严重侵害公民的民主权利和民族团结;煽动暴力抗拒法律实施罪严重威胁社会管理和法治秩序。可见,煽动型犯罪所侵害的客体都是极其重要的法益,因而正确认定这类犯罪具有重要意义。

一、煽动型犯罪的行为特征

(一) 煽动行为的含义

可以把煽动型犯罪中的煽动行为解释为:行为人以劝诱、造谣、诽谤或者其他方法,蛊惑人心,怂恿、鼓动他人去实施违法犯罪行为的行为。煽动的表现形式多种多样,既可以采取公开的形式也可以采取秘密的形式;既可以是当面直接进行煽动,也可以委托他人转达进行间接煽动;既可以是语言的形式(如发表演讲),也可以用文字的形式(如书写、张贴、散发标语、传单、印刷、散发书画、非法刊物、投寄、扩散书信,等等)。从煽动行为客观方面的特点来看,其行为方式只能是作为。

从历史上的有关规定来看,煽动型犯罪多数情况下与"惑众"有着密切的联系,或者可以说,"惑众"是多数煽动型犯罪的一个重要特点。"众"者,即不特定的多数人。多数煽动型犯罪是针对特定或者不特定的多数人实施的。行为人实施煽动行为的目的就在于使被煽劝者产生违法犯罪的意图和行动,或者造成某种严重后果(如民族仇恨和歧视),从而达到其危害社会的目的。例如,煽动分裂国家罪和煽动颠覆国家政权罪,行为人的愿望就是煽动起不特定的多数人对国家和政府现状的严重不满,从而实施分裂国家、破坏国家统一的行为,或者实施颠覆国家政权、推翻社会主义制度的行为。就煽动民族仇恨、民族歧视罪而言,行为人的煽动行为一般是针对特定民族或

---

* 本文部分内容系作者和郭理蓉教授的合作研究成果。

各民族中的广大群众,企图挑起较大范围的群众产生民族仇恨和民族歧视的心理与情绪。就煽动暴力抗拒法律实施罪而论,行为人的煽动行为一般是针对广大群众,目的是挑起广大群众以暴力抗拒国家法律、行政法规的实施。至于煽动军人逃离部队罪,行为人的煽动行为既可以是针对部队指挥人员、作战必需人员等个人,也可以是针对部队众多的其他军人,其目的是怂恿、鼓动军人逃离部队。

(二) 煽动行为与关联的实行行为的关系

在我国现行《刑法》规定的六种具体的煽动型犯罪中,都各有一个关联的实行行为(或结果)与煽动行为相结合,构成某种煽动型犯罪;同时这些关联的实行行为中的某些行为在《刑法》分则中又独立成罪。如《刑法》第103条第1款规定的分裂国家罪,第105条第1款规定的颠覆国家政权罪,第435条规定的逃离部队罪等,都可以单独成罪。因此,弄清煽动型犯罪中的煽动行为与其相关联的实行行为的关系,就显得十分必要。笔者认为,煽动型犯罪中的煽动行为与关联的实行行为的关系具有如下特点:

(1)关联的实行行为是煽动行为的内容及其目的所在。

就煽动分裂国家罪而言,分裂国家、破坏国家统一既是行为人宣传煽动的内容,同时又是其宣传煽动所要达到的目的;对于煽动颠覆国家政权罪来说,行为人通过造谣、诽谤等方式进行内容为颠覆国家政权、推翻社会主义制度的宣传煽动,以实现其颠覆国家政权的目的;就煽动暴力抗拒国家法律实施罪而论,行为人煽动的内容就是鼓动群众暴力抗拒国家法律和行政法规的实施并扰乱社会公共秩序,而这同时亦是其所要达到的目的;同样,在煽动军人逃离部队罪的场合,使军人擅自离开服役的部队或者与部队脱离关系,既是煽动行为的内容,同时也是其所要实现的目的。可见,关键的实行行为既是煽动行为人所追求的犯罪结果,是其实施煽动型犯罪的"初衷",也是煽动行为人所实施的煽动行为的具体内容。

(2)煽动型犯罪并非本人直接去实施所煽动的行为,而是煽动他人实施关联的实行行为。这是煽动型犯罪与其相应的关联的实行行为构成的犯罪之间的重要区别。

煽动型犯罪的危害性就在于会使被煽动者产生犯罪的意图和行为,实施所煽动的犯罪行为。如煽动分裂国家罪,行为人是煽动他人实行分裂国家的行为,而并非由其本人直接实施分裂国家的行为。行为人煽动行为所及的直接对象只是被煽动者,因而犯罪目的的实现不是一步到位的,而是要经由一个中间环节,即由被煽动者实施被煽动的具体的实行行为。行为人只是作为煽动行为的主体,而被煽动者作为煽动行为的对象同时又是关联的实行行为的主体。行为人犯罪目的的最终实现,取决于被煽动者是否响应其煽动并实施具体实行行为。与此不同,独立成罪的关联的实行行为,是主体直接实施具体的犯罪行为,直接作用于危害结果,不需要经过中间的递进环节。

(3)煽动型犯罪的构成并不以关联的实行行为的实施或者完成为必要。

煽动型犯罪是举动犯,只要行为人着手实施了特定煽动行为,无论被煽动者是否被鼓动起来实施了关联的实行行为,无论是否造成实际的危害结果,行为人都构成该种煽动型犯罪的既遂。因此,煽动型犯罪没有未遂形态;但可能存在预备形态以及预备阶段的中止形态。这是煽动型犯罪的一个重要特点。

(三) 煽动行为与相似行为的区别

煽动行为是行为人针对煽动者本人以外的他人实施的,从形式上看,煽动行为与共同犯罪中的组织行为、教唆行为、帮助行为具有相似之处,但它们之间又有区别。

1. 煽动行为与组织行为的区别

组织行为是指组织犯在犯罪集团中的组织、策划、指挥行为。正是组织犯的组织行为,使犯罪集团中各成员的行为协调一致,从而使犯罪目的更加容易得逞。组织犯属于共同犯罪的主犯,但其本身并不一定参加犯罪实行行为的直接实施。

煽动行为与组织行为相比较,有以下几方面的区别:

(1)行为特点不同。煽动行为表现为口头的或者书面的劝诱怂恿、鼓动,意在引起被煽动者的犯意并进而实施其所煽动的关联的实行行为;而组织行为表现为组织犯实施组织、策划、指挥共同犯罪人进行犯罪活动,目的在于使共同犯罪活动按照预先设想顺利地进行和完成。

(2)行为内容不同。煽动行为的内容仅限于前述六种"关联的实行行为",即分裂国家、破坏国家统一,颠覆国家政权、推翻社会主义制度,实施恐怖活动,民族仇恨、民族歧视,群众暴力抗拒法律、行政法规的实施,军人逃离部队;而组织行为的内容要宽泛得多,既包括上述六种"关联的实行行为",还包括其他一切犯罪行为。

(3)对象不同。煽动行为针对的是尚无犯意的特定的或不特定的多数人;而组织行为的对象是已有共同犯罪故意的共同犯罪人。

(4)两者分别在刑法中的不同部分予以规定。煽动行为规定在《刑法》分则中,而组织行为是由《刑法》总则规定的。某种组织行为如果由《刑法》分则作了规定,那就不是组织犯的组织行为,而是实行行为。例如,我国《刑法》第294条规定的组织、领导、参加黑社会性质组织罪,这里的"组织、领导、参加"的行为,就是该罪的实行行为。

(5)构成的罪名和适用的法定刑不同。煽动行为与关联的实行行为相结合构成独立的罪名,并有独立的法定刑;而组织犯不是一个独立的罪名,依我国刑法规定,对组织犯应视为共同犯罪的主犯予以定罪量刑。

2. 煽动行为与教唆行为的区别

教唆行为是指教唆他人犯罪的行为。煽动行为与教唆行为的行为人都是通过劝诱、鼓动等方法,促使他人实施犯罪行为。从广义上讲,煽动行为也是一种教唆行为,但二者仍有明显的区别。

(1)行为的内容不同。煽动行为的内容是特定的六种"关联的实行行为";而教唆行为的内容是除煽动行为内容以外的其他一切犯罪行为,范围大大超过煽动行为的内容。行为人如果教唆实施特定的六种"关联的实行行为",应以煽动型犯罪定罪,而不按教唆犯论处。例如,有学者认为,煽动军人逃离部队行为,实际上是逃离部队罪的教唆犯,若无《刑法》第 373 条之规定,对于这种行为完全可以作为逃离部队罪的共犯论处①;但正因为第 373 条规定了煽动军人逃离部队罪,所以应将煽动、教唆军人逃离部队行为认定为煽动军人逃离部队罪。

(2)犯罪对象不同。煽动行为的对象可以是特定或不特定的他人,多数情况下是多人;而教唆行为的犯罪对象是特定的单个人或数人。

(3)对是否引起后果的要求不同。煽动行为是否引起后果以及所引起的后果如何,法律未作特别规定。如煽动颠覆国家政权罪,行为人以造谣、诽谤或其他方式进行宣传煽动之后,至于被煽动者是否接受煽动,以及是否实施具体的犯罪行为等(如进行武装叛乱或者间谍谋杀活动),法律没作特别规定;而教唆犯所引起的犯罪后果是特定的,若被教唆人的行为所引起的犯罪后果不是教唆犯所教唆的那种犯罪的结果,对教唆犯应只以其所教唆的犯罪来定罪处罚,对被教唆人所实施的被教唆的以外的其他罪,教唆犯不承担责任。

(4)犯罪构成的要求不同。煽动型犯罪属于举动犯,其构成不以被煽动者实施或者完成关联的实行行为为必要,且煽动型犯罪不存在犯罪的未遂形态;教唆犯的构成亦不以被教唆者接受教唆或者实施被教唆的犯罪行为为必要,但如果被教唆的人没有犯被教唆的罪,则教唆犯成立犯罪未遂,也就是说,教唆犯存在犯罪的未遂形态。

(5)罪名与法定刑不同。煽动行为与关联的实行行为相结合构成一个独立的罪名,有独立的法定刑;而教唆犯不是一个独立的罪名,没有独立的法定刑。教唆犯的罪名的确定是以其教唆行为的具体内容决定的。②

3. 煽动行为与帮助行为的区别

帮助行为是指在共同犯罪中为共同犯罪人实施犯罪创造方便条件,提供物质上和精神上的支持,帮助实施犯罪的行为,而不是直接参加实施犯罪构成客观要件的行为。例如,提供犯罪工具,指示犯罪地点,排除犯罪障碍以及事先答应隐匿罪证、窝藏赃物等行为。外国刑法中一般把帮助犯规定为独立的共犯种类,在我国刑法中,帮助犯不是独立的共犯种类,而是从犯的一种,即起辅助作用的从犯。③

煽动行为与帮助行为之间具有明显的区别:

(1)客观方面的表现不同。煽动行为表现为口头或者书面劝诱、怂恿、鼓动;而帮助行为则表现为提供犯罪工具、指示犯罪地点、排除犯罪障碍等。

(2)针对的对象不同。煽动行为所针对的是尚无犯罪意图的特定的或者不特定的人;而帮助行为的对象是已有共同犯罪故意的特定的共同犯罪的实行犯。

(3)目的和内容不同。煽动行为的目的在于使被煽动者产生犯罪意图和行为,进而实施其所煽动的六种"关联的实行行为";而帮助行为的目的在于使共同犯罪得以顺利完成。

---

① 参见陈兴良主编:《刑法疏议》,中国人民公安大学出版社 1997 年版,第 606 页。
② 参见欧阳涛、魏克家编著:《易混淆之罪的界限》,中国政法大学出版社 1989 年版,第 73—74 页。
③ 参见《中国刑法词典》编委会编著:《中国刑法词典》,学林出版社 1989 年版,第 313 页。

(4)法律对其规定不同。煽动行为是《刑法》分则所规定的六种特定的行为;而帮助行为不是《刑法》分则所规定的,帮助犯作为共同犯罪中的从犯,不直接参加实行行为,其行为对犯罪实施起辅助作用。

(5)罪名和法定刑不同。煽动行为与"关联的实行行为"相结合构成独立的罪名,有独立的法定刑;而帮助犯属于共同犯罪中的从犯,帮助犯不是一个独立的罪名,其罪名的确定取决于所帮助实施的共同犯罪,在量刑上,根据刑法关于从犯的规定,应当从轻、减轻处罚或者免除处罚。

(四) 煽动行为与消极言论的区别

认定煽动型犯罪,还应注意将煽动行为与一般政治性错误言论、消极言论加以区分。二者最主要的区别在于主观方面,煽动行为的行为人主观上具有犯罪故意,并且有特定的目的;而消极言论主要是由于觉悟不高或者个人利益未得到满足或者不满现状而发牢骚、抱怨,一般属于一种个人发泄,行为人主观上并不具有煽动他人产生犯意或实施犯罪行为的故意,不具有特定的目的。二者在客观表现方面也有差异,煽动行为表现为通过语言文字等形式向他人进行煽动,其内容是六种"关联的实行行为";而消极言论是在小范围内就事论事地发表消极言论,其内容并不是六种"关联的实行行为"。因此,对于那些不具有犯罪故意和特定目的而逞一时口舌之快的消极言论,不应视为犯罪。

二、煽动型犯罪的主观特征

煽动型犯罪在主观方面都是直接故意,即行为人明知自己所实施的煽动行为会发生危害社会的结果,并且希望其发生的主观心理态度。

在认识因素上,煽动型犯罪的行为人明知自己实施的煽动行为会发生危害社会的结果。其一,行为人必须明知自己所实施的行为性质是为刑法所禁止的六种特定的煽动行为。根据我国法律规定,刑法所规定的煽动型犯罪中的煽动行为只有前述六种。如果行为人明知自己所实施的煽动行为不是法定的六种特定煽动行为而为之,则不能成立本罪主观上所要求的"明知",从而不能构成煽动型犯罪。当然,如果行为人所实施的其他带煽动性质的教唆行为可构成其他犯罪共犯的,则依其他犯罪的共犯即教唆犯定罪处刑。例如,行为人明知自己所实施的"煽动"(实乃教唆)他人去贩卖毒品的行为会发生危害社会的结果,而故意实施此种煽动性教唆行为,即可构成贩卖毒品罪的教唆犯。其二,行为人必须明知自己所实施的六种特定的煽动行为会发生危害社会的结果。即行为人明知,因为自己所实施的六种特定的煽动行为,会导致他人实施分裂国家、颠覆政权、暴力抗拒法律实施的行为,军人逃离部队的行为,实施恐怖活动的行为,以及引起民族仇恨、民族歧视的后果。其三,行为人必须明知自己所实施的六种特定的煽动行为与由此引发的危害社会的结果二者之间具有因果关系。

在意志因素上,煽动型犯罪的行为人对他人实施关联的实行行为及其危害结果持希望其发生的态度。

三、煽动型犯罪的罪数形态

在实践中存在这种情况,即行为人在实施煽动型犯罪的过程中,其方法行为或者结果行为又触犯其他罪名;或者行为人既实施煽动型犯罪行为,又亲自实施关联的实行行为或者其他犯罪行为,同时构成他罪。对此应作为一罪处罚还是数罪并罚? 这就涉及煽动型犯罪的罪数形态,具体分以下几种情况。

其一,行为人实施煽动型犯罪的方法行为或者结果行为又触犯其他罪名的,按照牵连犯的处理原则进行处罚。近年来,国内刑法学界对牵连犯的处断原则存在争议。有主张坚持以往的通说即"从一重处断"原则的,亦有主张数罪并罚的。我国现行《刑法》分则的某些条款对牵连犯规定适用数罪并罚。如《刑法》第157条第2款规定,以暴力、威胁方法抗拒缉私的,以走私罪和阻碍国家机关工作人员依法执行职务罪,数罪并罚。[①] 因此,笔者认为,对于牵连犯的处断原则应为:凡《刑法》分则条款对特定犯罪的牵连犯明确规定了相应处断原则的,应依照《刑法》分则条款的规定;而对于《刑法》分则条款未明确规定处断原则的牵连犯,应当适用从一重处断原则定罪处罚,一般不实行数罪并罚。因此,行为人实施煽动型犯罪的方法行为或者结果行为又触犯其他罪名的,应当按照从一重处断的原则定罪处罚。例如,行为人在实施煽动颠覆国家政权罪的过程中,采取对国家领导人进行造谣、诽谤人身攻击的方法,情节严重,同时触犯了《刑法》第246条的诽谤罪,对行为人应从一重处罚,即以煽动颠覆国家政权罪定罪处罚,而不实行数罪并罚。

其二,行为人既实施煽动型犯罪行为,又亲自实施关联的实行行为的,分别以下三种方法处理:

(1)煽动行为与关联的实行行为成立吸收犯的场合,按关联的实行行为所触犯的罪名论处,其煽动行为作为量刑情节予以考虑。这种方法适合于处理行为人所实施的行为同时触犯了煽动分裂国家罪与分裂国家罪,或者同时触犯了煽动颠覆国家政权罪与颠覆国家政权罪、煽动军人逃离部队罪与逃离部队罪的情况。例如,行为人先以造谣、诽谤或者其他方式煽动他人实施颠覆国家政权行为,接着又亲自实施颠覆国家政权的行为,则其先前的煽动行为被其实行行为所吸收,仅以颠覆国家政权罪论处,其先前的煽动行为作为量刑情节予以考虑,而不以煽动颠覆国家政权罪与颠覆国家政权罪实行数罪并罚。

(2)煽动行为与关联的实行行为构成聚众犯罪的场合,按照所构成的聚众犯罪的"首要分子"予以惩处,其煽动行为作为量刑情节予以考虑。例如,行为人既实施了煽动群众暴力抗拒国家法律、行政法规实施的行为,又亲自实施了聚众扰乱社会秩序

[①] 参见赵秉志主编:《新刑法教程》,中国人民大学出版社1997年版,第241页。

(或者聚众冲击国家机关,聚众扰乱公共场所秩序、交通秩序等)的行为,则对行为人按聚众扰乱社会秩序罪(或者聚众冲击国家机关,聚众扰乱公共场所秩序、交通秩序罪)的"首要分子"论处,其先前的煽动行为仅作为量刑情节予以考虑;而不以煽动暴力抗拒法律实施罪与聚众扰乱社会秩序罪实行数罪并罚。

(3)煽动行为与关联的实行行为都构成犯罪,但实行行为不构成聚众犯罪,同时又不成立吸收犯、牵连犯的场合,应以煽动型犯罪与实行行为所构成的罪实行数罪并罚。例如,行为人既实施了煽动群众暴力抗拒国家法律、行政法规实施的行为(构成煽动暴力抗拒法律实施罪),又亲自实施了暴力抗拒国家法律实施的行为且构成妨害公务罪,则应以煽动暴力抗拒法律实施罪与妨害公务罪两罪实行数罪并罚。

其三,行为人在实施煽动型犯罪行为的同时,又实施了其他犯罪行为,则依其所触犯的罪名与煽动型犯罪并罚。例如,行为人先是实施了煽动民族仇恨、民族歧视的犯罪,后来又实施了在出版物中刊载歧视、侮辱少数民族的内容的行为,情节恶劣,造成严重后果,触犯了《刑法》第250条规定的出版歧视、侮辱少数民族作品罪,就应对行为人以煽动民族仇恨、民族歧视罪和出版歧视、侮辱少数民族作品罪实行数罪并罚。

四、煽动型犯罪的共犯形态

我国刑法中规定的六种煽动型犯罪分别可以由行为人单独实施,也可以由具有共同犯罪故意的行为人共同实施,从而构成煽动型犯罪的共犯。例如,二人以上共同实施煽动分裂国家的行为,就可以构成煽动分裂国家罪的共犯。

根据共同犯罪构成的一般理论,构成煽动型犯罪的共犯须具备如下要件:

第一,主体必须是两个或两个以上达到法定刑事责任年龄、具有刑事责任能力的自然人。

第二,在主观方面,各个共犯必须具有共同的犯罪故意。在认识因素上,各共犯不仅认识到自己在故意地参加实施共同的煽动型犯罪,而且还认识到自己是在和其他共犯一起参加实施这一共同犯罪。在意志因素上,各共犯明知共同的煽动行为会造成危害社会的结果,并希望这种危害结果的发生。

第三,在客观上,必须具有共同的煽动犯罪行为。不论各共犯在煽动型犯罪中的分工和参与程度如何,所有的行为总是有机联系的。与一般的共同犯罪行为不同的是,由于煽动型犯罪只能以作为的方式来实施,因此,煽动型犯罪的共犯在客观表现上也只能是以共同作为的方式实施。如共同发表演说、散发传单、张贴文字材料等;或者进行分工,由其中一人或数人发表演说,而其他共犯负责散发传单,张贴文字材料,等等,但各共犯的行为之间彼此联系、相互配合,成为共同一致的犯罪活动。在整个犯罪链条中,各共犯的行为与所发生的犯罪结果之间都具有因果关系,这些犯罪行为是犯罪结果发生的共同原因。

以上三个要件必须同时具备,才能成立煽动型犯罪的共犯。但要说明的一点是,在煽动型犯罪的共犯(如犯罪集团)中也有可能存在组织犯(组织、指挥其他共犯实施煽动型犯罪)、教唆犯(教唆他人实施煽动型犯罪)或者帮助犯(为实行犯实施煽动型犯罪提供建议、供给工具或者排除障碍以及事前通谋、事后湮灭罪迹、藏匿犯罪工具等)。因此,对于煽动型犯罪共犯中的组织犯、教唆犯和帮助犯,应根据具体案情予以认定。例如,甲、乙、丙三人共同实施煽动群众暴力抗拒国家法律、行政法规实施的行为,其中,甲教唆乙和丙去实施煽动行为,乙和丙接受甲的教唆,由乙负责具体方案的实施,丙则提供一些具体的帮助。很显然,甲、乙、丙三人构成了煽动暴力抗拒法律实施罪共同犯罪,其中,甲是教唆犯,乙是实行犯(主犯),丙是帮助犯(从犯)。

第二十四章　寻衅滋事罪

【案例】北京肖某某殴打打假人员案①

被告人肖某某因对被害人方某甲、方某乙等人在互联网和其他媒体上质疑其学术成果不满,遂接受被告人戴某某找人殴打两名被害人的提议。后戴某某找到被告人许某某,并将肖某某提供的二被害人照片、住址等信息及部分资金交给许某某。2010年5月间,被告人许某某纠集被告人龙某某来京伺机对二被害人实施殴打。6月24日22时许,许某某、龙某某在北京市海淀区增光路,持铁管殴打方某乙,致其头皮血肿、多处软组织挫伤、头皮裂伤,经鉴定为轻微伤。同年7月间,被告人许某某纠集被告人龙某某、康某某到北京市石景山区七星园小区附近,持铁管、铁锤寻找机会殴打被害人方某甲。8月29日17时许,许某某、龙某某在该小区北门附近,持铁管、铁锤、喷射防卫器殴打方某甲,致其腰骶部皮肤挫伤。后五被告人分别被公安机关查获,部分作案工具已起获。人民法院以寻衅滋事罪判处肖某某拘役5个半月,判决其他4名被告人拘役5个半月到1个半月不等刑期。

对于肖某某等五人的行为定性问题,主要有以下四种观点:其一,有人认为涉嫌寻衅滋事罪,办案机关采纳这一观点并且最终人民法院以寻衅滋事罪对肖某某等人定罪处罚;其二,肖某某及其辩护人认为涉嫌故意伤害,但是尚未达到轻伤以上程度从而不应定罪;其三,方某乙认为涉嫌故意伤害罪(重伤、未遂);其四,方某甲认为,肖某某涉嫌故意杀人罪(未遂)。

笔者认为,北京肖某某殴打打假人员案涉及寻衅滋事罪、故意伤害罪、故意杀人罪等罪名的刑法解释适用问题,尤其是涉及《刑法》第293条第1款"随意殴打他人,情节恶劣的"解释适用。从刑法解释的保守性立场看,肖某某出于报复伤害动机指使多人、多次殴打二名被害人,造成了较为严重的社会影响,应当予以治安管理处罚,但是依法不宜定寻衅滋事罪。其中主要法理在于:"随意殴打他人"不得以随意解释代替规范解释。如果按照该案判决逻辑,则我国应当取消故意伤害罪,因为除防卫过当以外的其他情形的故意伤害行为几乎都可以像该案一样解释为"随意殴打他人",该解释显然不具有合理性。因此笔者不赞同将肖某某的故意伤害行为解释为寻衅滋事罪,而是应当对肖某某予以适当处罚,如给予治安管理处罚就比较适当(即只是不赞

---

① 案例来源:北京市第一中级人民法院(2010)一中刑终字第3377号刑事裁定书。

同定罪而已）。

寻衅滋事罪，是指随意殴打、追逐、拦截、辱骂、恐吓他人，强拿硬要或者任意毁损、占用公私财物，或者在公共场所起哄闹事，破坏社会秩序，情节恶劣或者严重的行为。

本罪的犯罪客体是社会秩序。本罪的客观方面要件表现为下列四项寻衅滋事而破坏社会秩序的行为：①随意殴打他人，情节恶劣的；②追逐、拦截、辱骂、恐吓他人，情节恶劣的；③强拿硬要或者任意损毁、占用公私财物，情节严重的；④在公共场所起哄闹事，造成公共场所秩序严重混乱的。

根据2013年7月22日起施行的最高人民法院、最高人民检察院《关于办理寻衅滋事刑事案件适用法律若干问题的解释》第2条的规定，"随意殴打他人"中的"情节恶劣"，是指具有下列情形之一："（一）致一人以上轻伤或者二人以上轻微伤的；（二）引起他人精神失常、自杀等严重后果的；（三）多次随意殴打他人的；（四）持凶器随意殴打他人的；（五）随意殴打精神病人、残疾人、流浪乞讨人员、老年人、孕妇、未成年人，造成恶劣社会影响的；（六）在公共场所随意殴打他人，造成公共场所秩序严重混乱的；（七）其他情节恶劣的情形。"

根据《关于办理寻衅滋事刑事案件适用法律若干问题的解释》第3条的规定，"追逐、拦截、辱骂、恐吓他人"中的"情节恶劣"，是指具有下列情形之一："（一）多次追逐、拦截、辱骂、恐吓他人，造成恶劣社会影响的；（二）持凶器追逐、拦截、辱骂、恐吓他人的；（三）追逐、拦截、辱骂、恐吓精神病人、残疾人、流浪乞讨人员、老年人、孕妇、未成年人，造成恶劣社会影响的；（四）引起他人精神失常、自杀等严重后果的；（五）严重影响他人的工作、生活、生产、经营的；（六）其他情节恶劣的情形。"

根据《关于办理寻衅滋事刑事案件适用法律若干问题的解释》第4条的规定，"强拿硬要或者任意损毁、占用公私财物"中的"情节严重"是指具有下列情形之一："（一）强拿硬要公私财物价值一千元以上，或者任意损毁、占用公私财物价值二千元以上的；（二）多次强拿硬要或者任意损毁、占用公私财物，造成恶劣社会影响的；（三）强拿硬要或者任意损毁、占用精神病人、残疾人、流浪乞讨人员、老年人、孕妇、未成年人的财物，造成恶劣社会影响的；（四）引起他人精神失常、自杀等严重后果的；（五）严重影响他人的工作、生活、生产、经营的；（六）其他情节严重的情形。"

根据《关于办理寻衅滋事刑事案件适用法律若干问题的解释》第5条的规定，对于"在公共场所起哄闹事造成公共场所秩序严重混乱"的认定，应当根据公共场所的性质、公共活动的重要程度、公共场所的人数、起哄闹事的时间、公共场所受影响的范围与程度等因素，综合判断是否"造成公共场所秩序严重混乱"。

本罪的主观方面要件是故意。其动机通常是逞强取乐、寻求刺激、发泄不满等，该种情形通常被称为"无事生非型"寻衅滋事。行为人因日常生活中的偶发矛盾纠纷，借故生非，实施前述行为的，亦应当认定为"寻衅滋事"，但矛盾系由被害人故意引发或者被害人对矛盾激化负有主要责任的除外。这种情形在实践中被称为"小题大做型"寻衅滋事。① 行为人因婚恋、家庭、邻里、债务等纠纷,实施殴打、辱骂、恐吓他人或者损毁、占用他人财物等行为的,一般不认定为"寻衅滋事",但经有关部门批评制止或者处理处罚后,继续实施前列行为,破坏社会秩序的除外。

依照《刑法》第 293 条的规定,犯本罪处 5 年以下有期徒刑、拘役或者管制;纠集他人多次实施寻衅滋事行为,严重破坏社会秩序的,处 5 年以上 10 年以下有期徒刑,可以并处罚金。根据《刑法》第 293 条第 2 款的规定,纠集他人多次实施寻衅滋事行为,严重破坏社会秩序的,应当同时满足以下两个条件:一是每次实施的寻衅滋事行为均构成犯罪;二是每次寻衅滋事行为未经处理,包括行政处理和刑事处理。

本书重点讨论《刑法》第 293 条第 1 款第(一)项"随意殴打他人,情节恶劣的"、第(四)项"在公共场所起哄闹事,造成公共场所秩序严重混乱的"的解释适用问题。

一、"随意殴打他人,情节恶劣的"之解释适用②

在司法实务中,对《刑法》第 293 条第 1 款第(一)项"随意殴打他人,情节恶劣的"认定,存在诸多争议。本书通过曾经轰动一时的肖某某案对"随意殴打他人"行为之定性加以分析。

前引"北京肖某某殴打打假人员案"其中存在的重要争议问题是:"随意殴打型"寻衅滋事罪和故意伤害罪的区分。肖某某认为,自己的行为就是针对方某甲、方某乙的故意伤害,而不是寻衅滋事。故意伤害罪是结果犯,司法实践中以出现轻伤以上的损害结果作为故意伤害罪的既遂标准。如果认定肖某某的行为是故意伤害,由于方某甲和方某乙伤情均未达到轻伤程度,对于肖某某只能按照治安管理条例处罚,不构成犯罪。那么,被告人肖某某基于私怨对被害人实施多次报复,造成轻微伤的行为是否符合随意殴打型寻衅滋事罪的构成要件?随意殴打型寻衅滋事罪和故意伤害罪是否存在补充关系,当伤害结果未达到故意伤害罪的入刑门槛时能否以寻衅滋事罪定罪量刑?这需要对"随意殴打他人"的犯罪构成要件加以具体的解释适用。

在解释适用随意殴打型寻衅滋事罪的犯罪构成要件之前,需要确立一个总体的解释原则。从本罪的立法沿革上来看,寻衅滋事罪是从 1979 年《刑法》中规定的流氓罪中分离出来的。③ 因流氓罪具有口袋罪的性质受到不少的质疑,1997 年《刑法》修订时,将聚众斗殴、寻衅滋事、侮辱妇女这三种行为进行了分解。1997 年《刑法》就原流氓罪中的一种行为:寻衅滋事,设置了单独的罪名,包括四种行为。遗憾的是,这四种行为方式仍然存在性质模糊的缺陷——如随意殴打型寻衅滋事罪的"随意",何为"随意"?"随意"的体系地位和判断指标是什么,均不清晰。因此寻衅滋事罪仍然具

---

① 参见周加海、喻海松:《〈关于办理寻衅滋事刑事案件适用法律若干问题的解释〉的理解与适用》,载《人民司法》2013 年第 23 期。
② 本部分内容系笔者和悦洋副教授合作研究成果。
③ 1979 年《刑法》第 160 条规定:"聚众斗殴,寻衅滋事,侮辱妇女或者进行其他流氓活动,破坏公共秩序,情节恶劣的,处七年以下有期徒刑、拘役或者管制。流氓集团的首要分子,处七年以上有期徒刑。"

有小口袋罪的性质,在司法实践中易产生认定上的差错,导致随意出入罪。对于具有口袋罪性质的罪名,在具体的解释适用上应当把握一个总体原则:限制解释。根据刑法设置本罪的目的对犯罪构成要件进行限缩解释,尽量缩小犯罪的外延,明确其含义。

(一) 寻衅滋事罪的保护法益

寻衅滋事罪的保护法益是社会秩序。然而,什么是"社会秩序",立法和司法解释并没有进行明确的规定。考查本罪在我国《刑法》中的规定,寻衅滋事罪是规定在《刑法》分则第六章"妨害社会管理秩序罪"的第一节"扰乱公共秩序罪"中的;同时,《刑法》第293条规定,"破坏社会秩序"的行为才成立寻衅滋事罪。[①]

"社会管理秩序""公共秩序""社会秩序"原本都是十分抽象的概念。从词语的拆分来说,社会管理秩序既包括社会秩序也包括管理秩序。社会管理秩序的社会性与管理性处于一种融合的状态,两者不可分离。公共秩序应该包括公共场所秩序与社会秩序。[②] "社会"的汉字本意是特定土地上人的集合。社会秩序是人类生存与发展的保障,是人们获得安宁生活的基础,遍布人们生活的全部空间和时间;人们在社会生活中必须要遵守相应的行为规则、道德规范、法律法规。在这个意义上,任何犯罪都可以说是侵害了社会秩序。因此,以"社会秩序"作为寻衅滋事罪的保护法益抽象程度太高,必然导致对构成要件的解释缺乏限制,不利于罪刑法定原则的贯彻。因此,需要对社会秩序进行限制解释,否则本罪所保护的法益将等同虚设。

公共秩序或社会秩序是一种社会法益,而社会法益是由个人法益组成的,是个人法益的集合体。社会法益必须能够还原为个人法益。[③] 联系本罪的四种行为类型来考查,其中的随意殴打型寻衅滋事的"随意殴打他人"指向的是个人的人身权利,具体保护的是他人的身体安全。因此,随意殴打型寻衅滋事罪保护的是双重法益:社会秩序和他人的身体安全,且两类法益处于主次地位:社会秩序排在第一位,他人的身体安全为第二位。基于这种主次关系的安排,随意殴打型寻衅滋事罪是通过侵害他人的身体安全进而侵害社会秩序的。那么在什么情况下,社会秩序会因为殴打行为被侵害呢?

1984年11月2日最高人民法院、最高人民检察院发布的《关于当前办理流氓案件中具体应用法律的若干问题的解答》(已失效)列举了四种构成流氓罪的寻衅滋事类型,其中,"以打人取乐,随意殴打群众,或多次向人身、车辆、住宅抛投石块、污物等,造成后果,引起公愤的",是现行《刑法》规定"随意殴打他人"行为的来源。[④] 这种行为方式的特点在于,行为人是在漠视社会秩序的心理状态下对社会一般群众的寻

[①] 参见张明楷:《刑法学(下)》(第五版),法律出版社2016年版,第1063页。
[②] 参见陈兴良:《寻衅滋事罪的法教义学形象:以起哄闹事为中心展开》,载《中国法学》2015年第3期。
[③] 参见李勇:《论寻衅滋事罪的性质、特征及相近罪名之界限》,载《刑事司法指南》(总第39集),法律出版社2009年版。
[④] 参见张明楷:《寻衅滋事罪探究(下篇)》,载《政治与法律》2008年第2期。

隙挑衅惹事,破坏了群众安宁的生活状态,引起了社会群众的愤怒。虽然该司法解释已失效,但是,作为随意殴打型寻衅滋事罪的"前身",形象地勾勒出了本罪保护法益的观念形象:与社会秩序相关联的一般的非特定人的人身安全。因此,在判断本罪的法益时,无论行为人殴打的对象是谁,始终要考量这种殴打行为是否侵害了与社会秩序相关联的一般的非特定人的人身安全。

进而,关于随意殴打型寻衅滋事罪的认识与理解都必须建立在一个最基本的观念上,司法机关在区分随意殴打型寻衅滋事罪与故意伤害罪时,应当在脑海中进行价值衡量:犯罪人的行为是更多地侵犯了与社会秩序相关联的一般的非特定人的人身安全还是更多地侵犯了公民个人人身健康权①,两罪的设置目的和保护法益并不相同。"刑法问题最后解决的标准,并不是在学说或判例的本身,也不是在法律的形式,而是在我们生活利益的衡量。"②

(二) 随意殴打型寻衅滋事罪的行为分析

寻衅滋事罪是行为犯,构成要件行为的定型化并不依赖于结果,而是由其行为自身所决定的,构成要件行为以评价性要素为根据,定型化程度较低。③ 这也是导致司法实践中对于该罪认定困难的主要原因。

1."随意"的解释适用

(1)"随意"的体系地位。

"随意"的字面意思是任凭自己的意愿,是殴打他人构成寻衅滋事罪的一个必备要件。但是在刑事审判实践中,究竟如何认定"随意",并没有明确的标准。

学界对于"随意"的解释主要有三种:一是动机说,二是内心倾向说,三是双重置换原则说。动机说认为,"随意"是对主观流氓动机的标示,行为人是出于故意违反社会的公序良俗、逞强斗狠、抖威争霸、发泄不满、寻求刺激、打人取乐等不健康的流氓动机实施的殴打行为。内心倾向说认为,"随意"是行为时的心理倾向,是否"随意"要从行为发生的时间、事由、动机、地点等方面进行综合考查。双重置换原则说认为,"随意"是指殴打的理由、对象、方式等明显异常,将行为人和被害人置换为一般人来判断,行为人的行为都是不能接受的。④ 以上几种学说的分歧涉及"随意"到底是主观要素还是客观要素的问题。

前两种学说认为"随意"是一种主观要素。如陈兴良教授认为,"随意"是非法定的主观违法要素,具有罪与非罪的区分功能,行为人只是在客观上实施了殴打行为,并不足以构成寻衅滋事罪,还需要具备主观上的流氓动机⑤,属于动机说。张明楷教授则认为,"随意"是主观的超过要素,行为人主观上是否具有流氓动机,考查主观上

---

① 参见戴羽、汪耕云:《浅谈"随意殴打型"寻衅滋事罪之界定》,载《法制与经济(中旬)》2011年第11期。
② 李勇:《论寻衅滋事罪的性质、特征及相近罪名之界限》,载《刑事司法指南》(总第39集),法律出版社2009年版。
③ 参见陈兴良:《寻衅滋事罪的法教义学形象:以起哄闹事为中心展开》,载《中国法学》2015年第3期。
④ 参见王蓉:《浅析寻衅滋事罪中的"随意殴打他人"——从肖传国案说起》,载《西昌学院学报(社会科学版)》2011年第4期。
⑤ 参见陈兴良:《寻衅滋事罪的法教义学形象:以起哄闹事为中心展开》,载《中国法学》2015年第3期。

是否随意是没有多大必要的,"随意"更多的是基于客观事实作出的判断。主要原因在于:其一,流氓动机是什么,难以界定,说不清、道不明;其二,即使没有流氓动机也可能侵害本罪的法益,出于流氓动机殴打他人和出于报复动机殴打他人,对于他人身体安全和社会秩序的侵犯没有任何区别;其三,完全可以从客观上判断是否为寻衅滋事行为;其四,不将流氓动机作为主观要素,也不会扩大本罪的处罚范围;其五,流氓动机是主观的超过要素,没有流氓动机,也依然可能有寻衅滋事的故意;其六,本罪和故意伤害罪等并不是对立关系,运用想象竞合犯就可以解决定罪问题;其七,流氓动机是对客观事实的归纳,但是刑法学是规范学而不是事实学。[1] 在具体考查何为"随意"时,倾向于双重置换原则的方法。

笔者认为,"随意"既是主观要素——流氓动机,也是客观要素——随意殴打的行为。原因如下:

第一,从语义解释来说,"随意"是一个修辞词语,修辞的对象可以是主观心理,也可以是客观行为。如果指向的是主观心理,那么可以概括为学界通常所说的"流氓动机"。如果指向的是客观行为,则是说行为超越了正常的限度。当我们在日常生活中说"这个人太随意了",表达的意思可以是该人的思想自由散漫,也可以是该人的行为毫无约束。因此,从语词性质上看,"随意"既可以指流氓动机,也可以指客观行为。

第二,结合历史解释和司法解释,最高人民法院、最高人民检察院1984年发布的《关于当前办理流氓案件中具体应用法律的若干问题的解答》(已失效)列举了四种构成流氓罪的寻衅滋事类型,其中,"以打人取乐,随意殴打群众,或多次向人身、车辆、住宅抛投石块、污物等,造成后果,引起公愤的",是现行《刑法》规定"随意殴打他人"行为的来源。[2] 同时,2013年最高人民法院、最高人民检察院发布的《关于办理寻衅滋事刑事案件适用法律若干问题的解释》第1条也对"随意"进行了描述,是出于"寻求刺激、发泄情绪、逞强耍横"的心理状态,无事生非、借故生非。从流氓罪到寻衅滋事罪是一个历史的传承,尽管取消了流氓罪分解为四个罪,但是流氓动机并没有取消,得到了司法解释的确认。同时,这些规定中对"随意"的描述既有主观心理状态,也有客观行为事实。"寻求刺激、发泄情绪、逞强耍横"是对随意的心理状态的描述,"无事生非、借故生非"是对随意行为的描述。

第三,从本罪的解释原则来说,认为"随意"既是主观要素也是客观要素能够加强限缩解释的力度。主观的违法要素也即主观的构成要件,是相对于客观的构成要件而言的。我国《刑法》条文的罪状大多是对客观要素的描述,在少数情况下涉及主观要素,除故意和过失外,包括成文的"明知"和"目的"以及不成文的主观构成要件要素。主观的违法要素的主要功能是为违法性的判断提供事实基础,对构成要件进一步起到限缩的作用。主观的超过要素是与客观要素不相符的构成要件,没有与之相对应的客观要素,是"溢出"的要素,如短缩的二行为犯的第二个目的,对证明的要求

---

[1] 参见张明楷:《刑法学(下)》(第五版),法律出版社2016年版,第1068—1069页。
[2] 参见张明楷:《寻衅滋事罪探究(下篇)》,载《政治与法律》2008年第2期。

更高。① 根据对本罪的解释原则,首先考查客观上行为人的行为是否是"随意殴打",再考查主观上行为人是否有"随意"的动机,将"随意"同时作为主观的违法要素进行主、客观的两次认定,能够起到限定构成要件要素成立的作用。

第四,从体系解释的角度来看,和故意伤害罪的法定刑相比,如果殴打行为造成被害人轻伤,法定刑是5年以下有期徒刑、拘役或管制;而故意伤害罪中,如果伤害结果是轻伤,法定刑是3年以下有期徒刑、拘役或管制。同样是造成轻伤的结果,寻衅滋事罪的法定刑是高于故意伤害罪的,说明在造成轻伤结果的情况下,寻衅滋事罪的入罪门槛是要高于故意伤害罪的,高出的原因正是在于行为人主观上的流氓动机。

因此,笔者不同意因为成立寻衅滋事罪需要有流氓动机,就反推故意伤害罪不需要有流氓动机,这实际上是人为地给故意伤害罪添加了一个消极要素。笔者认为,如果有证据证明行为人没有流氓动机,那么即使侵害了本罪的法益,也不能认为是寻衅滋事罪。而且,寻衅滋事罪要求流氓动机,并不表示故意伤害罪不能够有流氓动机。在构成轻伤结果的情况下,对于流氓动机的判断的主要目的是限制寻衅滋事罪的成立,而不是排除故意伤害罪。毕竟在轻伤害的档次上,寻衅滋事罪的法定刑是高于故意伤害罪的。对于没有流氓动机造成轻伤的,不宜以寻衅滋事罪定罪处罚。因此,"随意"的判断对于随意殴打型寻衅滋事罪的认定至关重要,不可虚化。将"随意"同时作为客观要素和主观要素进行两次判断,有助于进一步限缩本罪的成立,提高准确度。

通过以上分析可知,"随意"既是一个主观违法要素,起到限定构成要件要素成立的作用,具有限制寻衅滋事罪成立的功能,意指行为人主观上具有随意殴打的动机,或者说具有"流氓动机"②;同时,"随意"也是一个客观构成要件要素,意指行为人的行为在客观上符合随意殴打的特征。

(2)对"随意"的判断。

"随意"既是一个主观要素,也是一个客观要素,对其判断需要从客观上确定行为是否"随意",从主观上认定行为人是否有流氓动机。

其一,客观随意的判断。

司法实践中对于"随意"的判断主要有几个指标:①场合:是否发生在公共场所;②对象:殴打的对象是否特定;③起因:是否无事生非或借故生事③;④工具:是否使用特定的犯罪工具。④

一是关于场合。社会秩序既有公共场所的社会秩序也有非公共场所的社会秩序,但公共场所和社会秩序的联系非常紧密,实践中绝大多数的寻衅滋事行为也是发生在公共场所的。根据黄华生教授实证分析的随意殴打型寻衅滋事罪和故意伤害罪

---

① 参见陈兴良:《教义刑法学》(第二版),中国人民大学出版社2014年版,175—179页。
② 尽管"流氓动机"的说法带有旧时代的烙印,且具体含义不清受人诟病,但相关司法解释对"流氓动机"的描述——"寻求刺激、发泄情绪、逞强耍横、打人取乐"依然能够为本罪的主观随意提供一个大致的观念形象,有助于认定主观随意。在下文的分析中,"流氓动机"和"主观随意"可以互换,意义相同。
③ 参见徐剑锋:《殴打型寻衅滋事罪与故意伤害罪的边界甄别》,载《中国检察官》2015年第16期。
④ 参见何庆仁:《寻衅滋事罪研究》,载《中国刑事法杂志》2003年第4期。

的100个样本案例,对于殴打行为发生在公共场所的69个样本案例,司法机关认定为寻衅滋事罪的有17个,占比例24.6%;对于殴打行为发生在非公共场所的31个样本案例,司法机关认定为寻衅滋事罪的数量有3个,所占比例为9.7%。在以寻衅滋事罪定罪的20个样本案件中,发生在公共场所的案件数量有17件,所占比例达85%,而发生在非公共场所的案件数量只有3个,所占比例为15%。① 因此,殴打行为是否发生在公共场所,对于法院认定寻衅滋事罪还是故意伤害罪是有较大影响的。②

但是需要注意的是,判断在公共场所发生的殴打行为是否符合寻衅滋事罪时,始终要紧扣本罪保护的法益:与社会秩序相关联的一般的非特定人的人身安全。发生在公共场所的殴打行为如果没有侵害到与社会秩序相关联的一般的非特定人的人身安全,也不构成寻衅滋事罪。简言之,有公众则有秩序,无公众则虽为公共场所也未必一定有秩序。

二是关于对象。和前述关于场合的分析一样,殴打对象是否特定对于判断行为是寻衅滋事还是故意伤害并无决定性影响。同其他侵害人身权利的犯罪相比,寻衅滋事的对象多数是不特定的,这里的不特定是指行为对象并不是行为人在行为前预谋好的,同时在对象的选择上,有更多的随机性和偶然性,是可以替代的,换为另一个人也可能成为被害人。在很多情况下,行为对象还可能是行为人并不认识的,双方之间并没有利害关系。但是,这也只是多数情况下,并不能断然否定特定对象也是本罪的犯罪对象。

殴打的直接对象是否特定不需要进行过多的讨论。随意殴打型寻衅滋事罪保护的是双重法益,当主要法益——社会秩序还原为个人法益时,是与社会秩序相关联的一般的非特定人的人身安全。殴打行为的对象除了直接的殴打对象以外,还有因为殴打行为被影响的间接对象——社会非特定一般人。因此,殴打的直接对象是否特定并不重要,重要的是间接对象,受殴打行为影响的间接对象应当是不特定的。只有当不特定的社会一般群众的生活安宁被破坏时,殴打行为才能和社会秩序相关联。

三是关于起因。结合2013年最高人民法院、最高人民检察院《关于办理寻衅滋事刑事案件适用法律若干问题的解释》第1条的规定:"行为人为寻求刺激、发泄情绪、逞强耍横等,无事生非,实施刑法第二百九十三条规定的行为的,应当认定为'寻衅滋事'。行为人因日常生活中的偶发矛盾纠纷,借故生非,实施刑法第二百九十三条规定的行为的,应当认定为'寻衅滋事',但矛盾系由被害人故意引发或者被害人对矛盾激化负有主要责任的除外。行为人因婚恋、家庭、邻里、债务等纠纷,实施殴打、辱骂、恐吓他人或者损毁、占用他人财物等行为的,一般不认定为'寻衅滋事',但经有关部门批评制止或者处理处罚后,继续实施前列行为,破坏社会秩序的除外。"

其中,"行为人为寻求刺激、发泄情绪、逞强耍横等,无事生非"的可以概括为"无事生非"。"行为人因日常生活中的偶发矛盾纠纷,借故生非"的可以概括为"借故生

---

① 参见黄华生:《随意殴打型寻衅滋事罪司法认定之实证分析》,载《社会科学家》2015年第6期。
② 参见黄华生:《随意殴打型寻衅滋事罪司法认定之实证分析》,载《社会科学家》2015年第6期。

非"。"行为人因婚恋、家庭、邻里、债务等纠纷,实施殴打、辱骂、恐吓他人或者损毁、占用他人财物等行为的"也可以纳入"借故生非"的范畴,在有关部门制止或者处罚了未达到犯罪行为的一般纠纷或违法行为后,行为人仍然借此发挥,继续生事,也可能构成寻衅滋事罪。

因此,随意殴打型寻衅滋事主要有两种类型:无事生非和借故生非。前者是事出无因、无缘无故殴打他人;后者是行为人因一些偶发矛盾等借题发挥、小题大做殴打他人。但是,正如张明楷教授所指出的,任何故意犯罪行为都不可能是无缘无故的,换言之,任何故意犯罪行为都有其产生的主观原因或动机。① 那么应当如何理解无事生非和借故生非呢?笔者认为,对于无事生非和借故生非的理解不能从行为人角度解释为"没有任何原因实施殴打行为",而应当结合本罪的保护法益从社会一般人的角度来看,行为人实施的行为是否严重超越了限度。

四是关于工具。笔者认为,是否使用特定的犯罪工具对本罪的判断影响不大。寻衅滋事行为多数情况下是随机的、偶发的,所使用的犯罪工具有时候是随手选取,现场找到什么工具就使用,也可以是徒手攻击。

因此,判断客观随意的指标主要有三个:场合、对象、起因。在结合这三个指标进行分析时,要始终紧扣本罪的保护法益——与社会秩序相关联的一般的非特定人的人身安全——是否被侵害,来进行综合的认定。

其二,主观随意(流氓动机)的判断。

在判断了客观行为后,作为主观违法要素的"随意"需要得到再次确认,需要再次考查行为人在主观上是否有流氓动机。主观随意的判断通常也要结合客观事实来进行推定,如行为诱因、实施方式、有无惯常性、行为发生的地点和时间、行为对社会秩序的威胁、不回避第三者、有恃无恐等。② 或者说根据客观行为事实推断出行为人的主观随意动机后,如果有其他证据足以推翻这一推定,在主观随意的判断上仍然有出罪的可能性。

在司法实践中,法官多是基于客观行为事实的规范判断是否客观随意,不会再进行主观随意的评价。根据黄华生教授实证分析的随意殴打型寻衅滋事罪和故意伤害罪100个样本案例来看,司法机关基本上不考虑行为人主观上是否出于"为寻求刺激、发泄情绪、逞强耍横等"特定动机。在以寻衅滋事罪定罪的20个案例中,只有一份判决书认定被告人出于"逞强好胜"的动机实施随意殴打行为,其余19份以寻衅滋事罪定罪的判决书均未明确叙述被告人的特定动机。③

笔者认为,抛弃流氓动机的判断并不合适,流氓动机的判断有助于紧缩构成要件、合理认定本罪。当殴打行为造成轻伤的伤害结果同时也侵害了与社会秩序相关联的一般的非特定人的人身安全时,从行为的外观上来看,既符合寻衅滋事罪的特征也符合故意伤害罪的特征。而前者的法定刑是要高于后者的。此时主观流氓动机的

---

① 参见张明楷:《刑法学(下)》(第五版),法律出版社2016年版,第1064页。
② 参见高维俭、余萍:《"强拿硬要"的寻衅滋事与抢劫的区分与构建》,载《河北法学》2016年第1期。
③ 参见黄华生:《随意殴打型寻衅滋事罪司法认定之实证分析》,载《社会科学家》2015年第6期。

判断就成为了关键。法官在判断时始终要权衡,殴打行为是否体现出行为人"寻求刺激、发泄情绪、逞强耍横、打人取乐"的主观形象,是否征表了行为人漠视社会秩序、挑衅社会一般人的不健康心理。只有在这种主观心理状态下实施的殴打行为才符合寻衅滋事的本意。尽管流氓动机语义不清,但是当我们将这种相对模糊的观念形象和故意伤害罪相比较时,仍然可以发现不同。在无法形成内心确认的情况下,不应当草率地认为具有流氓动机。

2."随意殴打他人"的解释适用

本罪的直接殴打对象——"他人"可能是特定的对象,也可能是不特定的对象,前文已析,不再赘述。以下讨论何为"殴打"。

(1)殴打不以造成轻伤为后果。

根据2013年最高人民法院、最高人民检察院《关于办理寻衅滋事刑事案件适用法律若干问题的解释》第2条的规定可以看出,殴打型寻衅滋事罪的"殴打"不以造成轻伤为后果;轻伤以下的伤害结果、殴打的间接后果、殴打的次数、是否使用凶器、殴打的对象、殴打的场所等均是作为本罪"情节是否恶劣"的评价指标。

(2)殴打是一种没有达到重伤程度的暴力打击行为。

同样是打击行为,我国《刑法》对于寻衅滋事罪的打击行为和故意伤害罪的打击行为的表述并不相同。前者采用的是"殴打",后者采用的是"伤害"。因此,对于本罪的殴打,宜运用体系解释的方法来进行分析。

随意殴打型寻衅滋事罪造成被害人轻伤,法定刑是5年以下有期徒刑、拘役或管制。故意伤害罪中,如果伤害结果是轻伤,法定刑是3年以下有期徒刑、拘役或管制;如果伤害结果是重伤,法定刑是3年以上10年以下有期徒刑;如果致人死亡或者以特别残忍手段致人重伤造成严重残疾的,法定刑是10年以上有期徒刑、无期徒刑或者死刑。两相比较,在轻伤后果的情形下,寻衅滋事罪的法定刑高于故意伤害罪;但在造成重伤结果的情形下,故意伤害罪的最高法定刑高于寻衅滋事罪。

由此带来的问题是,殴打是否包含重伤结果?笔者的意见是,对"殴打"进行限制解释,不包括重伤害和死亡。

随意殴打型寻衅滋事罪的法定最高刑期是5年有期徒刑,以轻伤结果为情节恶劣的条件,公式是:量刑基准＝流氓动机+轻伤结果。故意伤害罪的伤害结果是轻伤的,法定最高刑期是3年有期徒刑,公式是:量刑基准＝轻伤结果。流氓动机是两罪的分水岭。如果随意殴打型寻衅滋事罪包括重伤结果,那么公式是:量刑基准＝流氓动机+重伤结果,举轻以明重,既然流氓动机+轻伤结果已达到5年有期徒刑,那么流氓动机+重伤结果将超过法定量刑范围,这显然是不合适的。因此,对于造成了重伤结果的随意殴打型寻衅滋事行为,应当考虑和故意伤害罪的想象竞合。

寻衅滋事罪要求流氓动机,并不代表故意伤害罪不可以有流氓动机,寻衅滋事罪要求侵害与社会秩序相关联的一般的非特定人的人身安全,并不代表故意伤害罪不可以侵害与社会秩序相关联的一般的非特定人的人身安全。当寻衅滋事罪造成了重伤、死亡等结果时,应当采用想象竞合犯的处理办法,从一重罪处断。因此,根据罪刑相适应的要求,寻衅滋事罪的殴打只宜解释为一种没有达到重伤程度的暴力打击行为。

(三)"随意殴打他人"的解释结论

综上分析,对随意殴打型寻衅滋事罪的"随意殴打他人"的解释适用应当把握的几点是:

(1)行为的侵害法益:与社会秩序相关联的一般的非特定人的人身安全。

(2)对于"随意"的判断分为客观随意的判断和主观随意的判断。判断客观随意的指标主要有三个:场合、对象、起因。在结合这三个指标进行分析时,要始终紧扣本罪的保护法益——与社会秩序相关联的一般的非特定人的人身安全——是否被侵害,来进行综合的认定。在判断了客观随意后,作为主观违法要素的"随意"需要得到再次的确认,再次考查行为人在主观上是否有流氓动机。如果没有流氓动机的,不宜定为寻衅滋事罪。

(3)殴打不以造成轻伤为后果,是一种没有达到重伤程度的暴力打击行为。如果殴打造成了重伤、死亡等结果,应当采用想象竞合犯的处理办法,从一重罪处断。

(四)案例评析

根据以上分析,随意殴打型寻衅滋事罪和故意伤害罪的不同点主要是,殴打型寻衅滋事罪侵害的法益是与社会秩序相关联的一般的非特定人的人身安全;故意伤害罪的侵害法益是他人人身权利。随意殴打型寻衅滋事罪要求主观上有流氓动机,故意伤害罪主观上不要求有流氓动机。

流氓动机作为主观违法要素,能够限制寻衅滋事罪成立的范围,但并不是随意殴打型寻衅滋事罪与故意伤害罪构成要件相区分的边界。流氓动机作为寻衅滋事罪的主观违法要素,只是限制本罪的成立,故意伤害罪虽不要求具有流氓动机,但司法案例表明,行为人出于流氓动机对他人采用严重暴力打击的故意伤害案件大量存在。同样的,在犯罪动机中,不少随意殴打型寻衅滋事罪的行为人同样具有侵害他人身体健康的主观动机与主观目的。因此,两罪并不是相互排斥的,存在一定的交叉和融合。事实上,寻衅滋事罪规定的四种行为本身在我国《刑法》中都有对应的其他罪名,这种补充性质就决定了寻衅滋事罪与故意伤害、敲诈勒索、抢劫、故意伤害等罪存在交叉与重合。[①] 寻衅滋事罪规制的是够不上其他罪名,但又具有流氓动机、情节恶劣的行为。

区分殴打型寻衅滋事罪和故意伤害罪应当以侵害与社会秩序相关联的一般的非特定人的人身安全为前提,从犯罪结果入手进行反推。①当殴打行为没有造成伤害结果或造成轻微伤害结果时:如果不能证明主观上的流氓动机,也没有情节恶劣的情况,一般不构成犯罪;出于流氓动机的轻微殴打行为,如果达到情节恶劣,构成寻衅滋

---

① 参见李勇:《论寻衅滋事罪的性质、特征及相近罪名之界限》,载《刑事司法指南》(总第39集),法律出版社2009年版。

事罪。②当殴打行为造成被害人轻伤的犯罪结果时:如果能够证明主观上的流氓动机,宜以寻衅滋事罪定罪处罚;如果不能证明主观上的流氓动机,则宜以故意伤害罪定罪处罚,不构成故意伤害罪的,不宜作为犯罪处理。③当殴打行为造成重伤或死亡的结果时:如果能够证明主观上的流氓动机,运用想象竞合犯的处断原则,从一重罪处断;如果不能证明主观上的流氓动机,以故意伤害罪定罪处罚。

回到前引"北京肖某某殴打打假人员案",从了解到的有关该案的情况来看,笔者认为,法院的判决并不妥当。

第一,从客观上看,肖某某所雇二人作案的时间地点都比较隐秘,现场并无他人,因而除了方某甲、方某乙等人的人身受到侵害外,并无其他群众受到侵害,没有造成与社会秩序相关联的一般的非特定人的人身安全。打击对象非常明确,锁定了方某甲、方某乙;起因明确,不是无事找事,借势发挥。以上均不符合寻衅滋事罪客观随意的特征。

有人主张,"在本案中,受到伤害的不仅是方某甲,还有其背后的维护学术纯洁,敢于打击学术造假和不端的社会群体,也唯有这样一个社会群体作为社会公共秩序的物质承载者才能够作为适格的犯罪对象与寻衅滋事罪的犯罪客体相对应。"①根据前文的分析,如果不对社会秩序进行限制解释,那么任何犯罪行为都可以说是侵害了社会秩序,本罪的法益将等同虚设。在认定行为是否侵害了与社会秩序相关联的一般的非特定人的人身安全时,进行法益的精神化和抽象化是非常危险的。社会法益必须还原于个人法益,现实地考量行为是否侵害了社会一般人的生活安宁。刑法规定寻衅滋事罪的目的,绝不单纯是为了保护人身权,而是与人身权相联系的社会生活的安宁、有序。②肖某某的殴打行为并没有造成在场第三人或一般群众的不安,并没有破坏社会生活的安宁有序。仅仅因为行为双方的社会影响导致该案的渲染进而抽象出侵害了学术打假群体的不安太过抽象。此案在社会上曝光后,引起公众哗然的原因也主要是肖某某的教授身份以及方某甲"打假斗士"的社会影响,并不是殴打行为本身严重超过了社会限度。故,在客观方面,肖某某的行为并不符合"随意"的特征。

第二,从肖某某主观上是否具有流氓动机来考查,肖某某对方某甲对其在学术上的行为进行的质疑不满,双方积怨日深,有达十年之久的矛盾,肖某某雇凶打人,凶手使用足以造成身体伤害的器具,且打击对象非常明确,可以看出本案有明显的针对特定人的故意伤害动机,而不是"寻求刺激、发泄情绪、逞强耍横、打人取乐"。

第三,殴打行为造成一名被害人轻微伤,另一名被害人够不上轻微伤。司法惯例是以出现轻伤以上的损害结果作为故意伤害罪的既遂标准的,可以直接排除故意伤害罪的构成。

因此,笔者认为,法院最后的判决并不妥当,肖某某的行为既不符合寻衅滋事罪的主客观特征,也不构成故意伤害罪,是达不到犯罪构成要件的故意伤害行为,应根

---

① 聂立泽、胡洋:《寻衅滋事罪与故意伤害罪之关系新探》,载《政治与法律》2011年第3期。
② 参见戴羽、汪耕云:《浅谈"随意殴打型"寻衅滋事罪之界定》,载《法制与经济(中旬)》2011年第11期。

据《治安管理处罚法》,由公安机关作出治安管理处罚。

二、"在公共场所起哄闹事,造成公共场所秩序严重混乱的"之法理阐释

这一项的解释适用在过去尚不存在太大分歧,但是在网络社会针对网络造谣的行为是否适用这一规定出现了较大争议。我国《刑法修正案(九)》新增规定了"编造、故意传播虚假信息罪"这一罪名,作为《刑法》第291条之一第2款:"编造虚假的险情、疫情、灾情、警情,在信息网络或者其他媒体上传播,或者明知是上述虚假信息,故意在信息网络或者其他媒体上传播,严重扰乱社会秩序的,处三年以下有期徒刑、拘役或者管制;造成严重后果的,处三年以上七年以下有期徒刑。"以下展开网络造谣入罪问题的法理检讨。

(一) 网络造谣入罪关涉的刑法解释论与立法论问题

网络造谣,是指在网络上编造并散布虚假信息的行为。网络造谣现象在当下网络时代对社会产生了深远影响,引起了广泛关注,呼吁加强网络言论规范和完善相关立法的意见成为时代强音,不少人提出了运用刑法手段强化制裁网络造谣行为的观点。如,有学者指出,治理网络谣言可以多种方法并行,用刑法制裁的手段必不可少,但是目前刑法涉及网络谣言的罪名种类及法定刑在设计上存在一定的局限性,必须尽快完善当前刑法规定,扩大当前罪名的适用范围,适当提高法定刑及增加法定刑种类。[1] 另有学者指出,在当前"双层社会"日渐形成的背景下,首当其冲进入网络空间的传统法律肯定是刑法,要推动传统刑法的罪名体系向网络空间的延伸适用,集中力量针对"常见多发"的网络犯罪制定罪名、颁行一批司法解释,是解决网络犯罪问题的当务之急。[2] 与此相呼应,我国最高司法机关在2013年9月6日发布了最高人民法院、最高人民检察院《关于办理利用信息网络实施诽谤等刑事案件适用法律若干问题的解释》。对于该解释,我国较多学者认为,其针对网络造谣诽谤等行为的刑法适用作了较为详尽而合理的规定(解释),网络造谣诽谤行为依法可能构成寻衅滋事罪,编造、故意传播虚假恐怖信息罪,战时造谣惑众罪(现役军人),战时造谣扰乱军心罪(非现役军人),侮辱罪,诽谤罪,敲诈勒索罪,损害商业信誉、商品声誉罪,编造并传播证券、期货交易虚假信息罪,等等。[3] 必须承认,网络造谣行为本身具有相当严重的社会危害性,对于那些触犯刑法规定的网络造谣行为应当依法予以定罪处罚。但是,从刑法立法论上观察,在现有刑法已经将编造和传播虚假恐怖信息、战时造谣惑众与战时

---

[1] 参见郭敏峰:《网络谣言的刑法规制》,载《福建江夏学院学报》2013年第5期。
[2] 参见于志刚:《"双层社会"中传统刑法的适用空间——以"两高"〈网络诽谤解释〉的发布为背景》,载《法学》2013年第10期。
[3] 参见赵秉志、袁彬:《网络诽谤入罪标准的细化科学合理》,载《检察日报》2013年9月18日,第3版;于志刚:《"双层社会"中传统刑法的适用空间——以"两高"〈网络诽谤解释〉的发布为背景》,载《法学》2013年第10期。

造谣扰乱军心的虚假信息、侮辱和诽谤他人的虚假信息、敲诈勒索他人的虚假信息、损害商业信誉和商品声誉的虚假信息、证券和期货交易的虚假信息、煽动暴力抗拒法律实施的虚假信息等入罪的情况下（但是敲诈勒索等不限于虚假信息），其他不针对具体个体的网络造谣行为通常不宜立法入罪，以此适当权衡保护宪法上公民言论自由、舆论监督与维护社会秩序之间的价值关系，确保刑法立法公正合理。

另外，从刑法解释论观察，网络造谣入罪之刑法解释是一个应当理性对待的问题，不可无限放大，否则，可能形成某种过度的刑法解释而违反罪刑法定原则，出现网络时代特有的，但并不应该存在的"司法犯罪化"现象，进而严重侵蚀人权并堵塞言论自由和舆论监督，难免催生灾难性的政治后果并危及现代法治理性。就此而论，《关于办理利用信息网络实施诽谤等刑事案件适用法律若干问题的解释》第5条第1款关于"利用信息网络辱骂、恐吓他人，情节恶劣，破坏社会秩序的，依照刑法第二百九十三条第一款第（二）项的规定，以寻衅滋事罪定罪处罚"的规定，应当说具有一定合理性。因为，正如通过张贴大字报以及在报纸、杂志、电视等媒体上大张旗鼓地"辱骂、恐吓"具体的个体而破坏社会秩序的行为可以被依法解释为寻衅滋事罪一样，在网络上造谣针对具体的个体进行"辱骂、恐吓"的行为当然也可以被依法解释为寻衅滋事罪。但是，突出的问题可能在于《关于办理利用信息网络实施诽谤等刑事案件适用法律若干问题的解释》第5条第2款的规定："编造虚假信息，或者明知是编造的虚假信息，在信息网络上散布，或者组织、指使人员在信息网络上散布，起哄闹事，造成公共秩序严重混乱的，依照刑法第二百九十三条第一款第（四）项的规定，以寻衅滋事罪定罪处罚。"审查这一解释性规定，对照《刑法》第293条第1款第（四）项"在公共场所起哄闹事，造成公共场所秩序严重混乱的"，不难发现，《关于办理利用信息网络实施诽谤等刑事案件适用法律若干问题的解释》显然是将"网络"解释为"公共场所"，并将"网络秩序"解释为"公共（场所）秩序"。最高人民法院、最高人民检察院有关部门负责人在答记者问中强调指出："网络空间属于公共空间，网络秩序也是社会公共秩序的重要组成部分。随着信息技术的快速发展，信息网络与人们的现实生活已经融为一体，密不可分。维护社会公共秩序是全体网民的共同责任。一些不法分子利用信息网络恶意编造、散布虚假信息，起哄闹事，引发社会公共秩序严重混乱，具有现实的社会危害性，应以寻衅滋事罪追究刑事责任。"[①]那么，《关于办理利用信息网络实施诽谤等刑事案件适用法律若干问题的解释》第5条第2款的这一解释是否符合《刑法》第293条第1款第（四）项的原意，是否妥当，以及刑法立法上应当如何周全而妥当地应对网络造谣行为呢？这是我们身处当下网络时代的法律人所必须认真思考和恰当回应的重大理论问题。

---

① 戴佳：《保护公民合法权益 促进网络健康发展——最高人民法院、最高人民检察院有关部门负责人就〈最高人民法院、最高人民检察院关于办理利用信息网络实施诽谤等刑事案件适用法律若干问题的解释〉答记者问》，载《检察日报》2013年9月10日，第3版。

(二)《刑法》第293条第1款第(四)项的文本原意及其保守解释

刑法解释论上之文本原意,是指《刑法》文本原意,而非司法解释文本原意。具体而言,本文所讨论的寻衅滋事罪之文本原意,具体指《刑法》第293条第1款第(四)项所规定的"在公共场所起哄闹事,造成公共场所秩序严重混乱的"之文本原意(立法原意),其中重点是"公共场所"和"公共场所秩序"这两个关键词的文本原意。

就我国《刑法》第293条第1款第(四)项之文本原意而言,应当说我国现实社会经验能够使得刑法解释者(尤其司法者)明白,其中"公共场所"与"公共场所秩序"之文本原意仅限于现实生活中"现实空间意义"上的公共场所及其秩序。如我国学者一般认为,所谓"在公共场所起哄闹事,造成公共场所秩序严重混乱的",是指在车站、码头、广场、交通要道等现实生活与工作场所无事生非,制造恐慌,引起群众惊恐逃离等混乱局面的情况。[①] 这一点,其实在2013年最高人民法院、最高人民检察院《关于办理寻衅滋事刑事案件适用法律若干问题的解释》第5条已有明确规定:"在车站、码头、机场、医院、商场、公园、影剧院、展览会、运动场或者其他公共场所起哄闹事,应当根据公共场所的性质、公共活动的重要程度、公共场所的人数、起哄闹事的时间、公共场所受影响的范围与程度等因素,综合判断是否'造成公共场所秩序严重混乱'。"可以看出,该解释性规定是明显不包括网络虚拟空间在内的,这种解释性规定是完全符合《刑法》第293条第1款第(四)项之"在公共场所起哄闹事,造成公共场所秩序严重混乱的"之立法原意。亦即,《刑法》第293条第1款第(四)项之文本原意强调的是,在"现实空间意义"上之"公共场所"起哄闹事并致该现场及相关之"公共场所秩序"严重混乱之行为,才构成寻衅滋事罪。可能还存在某种较为特殊的情形是,行为人在"公共场所"现场起哄闹事,同时还通过网络传播或者电视与报纸等媒体报道并引发某种相关的另一处"公共场所秩序"的严重混乱之行为,此种情形我们姑且称之为"媒体起哄闹事";并且该"媒体起哄闹事"行为可能与某种现实公共场所秩序混乱结果之间存在因果关系,则仍然只能对在"公共场所"现场起哄闹事的行为人以寻衅滋事罪论处,而通常不能对"媒体起哄闹事"之媒介行为人(媒体起哄闹事人)以寻衅滋事罪论处,因为媒介行为人本身并没有实施"在公共场所起哄闹事,造成公共场所秩序严重混乱的"行为,而只是实施了媒介报道(媒体手段意义)之行为;即使在现场起哄闹事的行为人和媒介行为人之间具有共同寻衅滋事犯罪故意的场合之下,媒介行为人由于具有共同寻衅滋事之故意且具有教唆、组织、策划、指挥或者帮助现场起哄闹事的行为人实施"在公共场所起哄闹事,造成公共场所秩序严重混乱的"行为而被论以寻衅滋事罪,其前提和基础仍然是现场起哄闹事的行为人在"现实空间意义"上之"公共场所"现场起哄闹事,而不可能是仅仅因为存在单纯的"媒体起哄闹事",但是没有同时实施"在公共场所起哄闹事,造成公共场所秩序严重混乱的"行为及其加工行为就对媒介行为人以寻衅滋事罪论处。或者换句话讲,单纯的"媒体起哄闹

---

① 参见赵秉志主编:《刑法新教程》(第四版),中国人民大学出版社2012年版,第525页。

事"行为依法不得被解释为在"现实空间意义"上之"公共场所"起哄闹事之行为并被论以寻衅滋事罪。因而,寻衅滋事罪之"公共场所"的"文本原意"不可能指涉仅具有"媒体手段意义"之"在网络上",正如报纸、杂志、图书、电视、电影、录音录像等媒体自身不可能被解释为寻衅滋事罪之"公共场所"一样;进而可以发现,寻衅滋事罪之"公共场所秩序"的"文本原意"不可能包括网络上的社会秩序,就像在报纸、杂志、图书、电视、电影、录音录像等媒体自身表达思想情感方面的社会秩序断不可以被解释为寻衅滋事罪之"公共场所秩序"一样,因为表达思想情感方面的社会秩序通常只在其已然物化为某种严重侵害法益(如国家安全或者个人人格等)的特定情况下才具备了成为某种公共场所秩序的条件,进而才可能构成传授犯罪方法罪、煽动分裂国家罪等其他相关犯罪,但是断不可能构成寻衅滋事罪。综合观察比较还可以发现,只要在报纸、杂志、图书、电视、电影、录音录像等媒体自身之上自由发表言论和交流意见(哪怕造谣)的行为不可能被解释为寻衅滋事罪(但不排除可以被解释为传授犯罪方法罪、煽动分裂国家罪等其他相关罪),那么,相同类型和性质之"在网络上"发表言论和交流意见(即使网络造谣)的行为就不应当被解释为寻衅滋事罪。当然,如前所述,在针对具体的个人实施网络造谣并"辱骂、恐吓他人"且情节恶劣的行为,是可以解释为寻衅滋事罪的[《刑法》第293条第1款第(二)项与《关于办理利用信息网络实施诽谤等刑事案件适用法律若干问题的解释》第5条第1款];但是应注意,此种解释的正当性并非是针对第293条第1款第(四)项而言,而是针对《刑法》第293条第1款第(二)项而论,并且是在网络造谣已经物化为"现实生活"中的法益侵害之下而言,不能在逻辑上偷梁换柱。

需要进一步说明的是:

(1)应将刑法规范语词"公共场所"及其秩序之"媒体手段意义"与"现实空间意义"区分开。尽管我们不否认在某种特定生活语境之下可以将网络等媒体与网络秩序等媒体报道秩序视为(解释为)某种意义上的"公共场所"与"公共场所秩序",比如我国刑法中所规定的部分犯罪,如《刑法》第246条所规定的侮辱罪和诽谤罪,此类犯罪所要求的"公然"要素,即可以表现为在网络、电视、报纸等媒体上"公然"实施,此种情形之下,似乎可以特别地将网络、电视、报纸等媒体解释为某种意义上的"公共场所"与"公共场所秩序"(而侮辱罪、诽谤罪所侵害的法益其实不是"公共场所秩序");但是,"这种"公共场所及其秩序仅具有"媒体手段意义"(亦即"通过媒介、媒体及其文字、图表、声音、动画之手段"),而非"现实空间意义"之公共场所(现实空间)及其秩序(现实空间秩序),就不能等同于《刑法》第293条第1款第(四)项所规定的寻衅滋事罪之"法定"的"现实空间意义"的公共场所及其秩序,解释者(司法者)仍然只能以我国现行《刑法》规定的寻衅滋事罪之"文本原意"来解释适用刑法,而不能采用超规范的客观解释立场将宽泛的网络造谣行为解释为司法裁判上的寻衅滋事罪。我国有学者提出网络犯罪发展三个阶段的理论界说,认为网络犯罪经历了"以网络作为手段之网络犯罪""以网络作为对象之网络犯罪""以网络作为空间之网络犯罪"等三个发展阶段,从而得出结论说网络起哄闹事入罪(入寻衅滋事罪)属于较为典型的第三阶段网络犯罪(即"以网络作为空间之网络犯罪")。① 但是,该理论无法逻辑自洽地论证网络空间能够成为寻衅滋事罪之"公共场所",也无法逻辑自洽地论证网络空间秩序能够成为寻衅滋事罪之"公共场所秩序",正如该理论无法逻辑自洽地论证电视、报纸等媒体及其秩序能够成为寻衅滋事罪之"公共场所"与"公共场所秩序"。

(2)我国台湾地区"刑法"第266条第一项所规定的普通赌博罪有一些特殊性②,其明确限定"行为人在公共场所或者公众得出入之场所赌博财物者"即构成普通赌博罪。依此规定,在网络、电视、报纸等媒体上赌博财物的行为(网络赌博)通常可以解释为普通赌博罪,那么,刑法解释论上存在的疑问在于:为何可以将在网络、电视、报纸等媒体解释为台湾地区"刑法"第266条所规定的普通赌博罪之"公共场所"与"公众得出入之场所"呢?笔者认为,答案可能在于,通过作为公共媒介的网络进行赌博并在网络上(或者现实场所)逻辑自洽地独立完成支付赌资(财物或者财产性利益),虽然可以解释为台湾地区"刑法"第266条第一项之普通赌博罪,但是其解释机理在于:台湾地区"刑法"第266条第一项之赌博罪所保护的法益是"不得公然赌博"之特定的善良风俗(而非一般意义上的公共场所秩序)③,此种善良风俗之法益根本就不同于公共场所秩序之法益,善良风俗之法益是可以在作为"媒体手段意义"之网络上逻辑自洽地独立完成侵害的(还因为网络赌博之"财物"要素可以解释为包括虚拟财产等"财产性利益",其可以在"媒体手段意义"之网络上逻辑自洽地独立完成交付)。④ 这一点恰恰是完全不同于我国寻衅滋事罪之现实公共场所秩序的,因为"媒体手段意义"之网络上是不可能逻辑自洽地独立完成侵害现实公共场所秩序之法益的(但"媒体手段意义"之网络上是可以逻辑自洽地独立完成侵害善良风俗之法益)。

以此审查《关于办理利用信息网络实施诽谤等刑事案件适用法律若干问题的解释》第5条第2款之规定以及部分网络造谣涉嫌寻衅滋事罪案之定性处理,不得不说其合法性与正当性均十分令人担忧。同时,学术界的混乱认识尤其是部分学者的解释和论述更令人担忧,其造成的不利后果不仅仅是刑法解释论上的方向迷失,而且还无助于网络时代防范司法犯罪化现象的发生。比如,针对《关于办理利用信息网络实施诽谤等刑事案件适用法律若干问题的解释》第5条第2款关于不针对具体个人的网络造谣行为以寻衅滋事罪处的规定,有部分刑法学者就明确表示认同,认为此种网络造谣"散布虚假信息,起哄闹事的行为则应当具有煽动性、蔓延性、演化性,所编造的信息往往与广大公民的合法利益和社会秩序密切相关,一旦发布出去、延伸开

---

① 参见于志刚:《"双层社会"中传统刑法的适用空间——以"两高"〈网络诽谤解释〉的发布为背景》,载《法学》2013年第10期。
② 台湾辅仁大学法学院靳宗立先生在香港大学法律学院举行的"全媒体时代的刑法调整:反思与对策"研讨会上,针对笔者所作本专题发言提出了这个问题。此处论述的问题因应靳宗立先生的提问,受到靳宗立先生启发,在此特向靳宗立先生致谢。
③ 我国台湾地区学者认为,"赌博在表面上虽然只是造成参与赌博者个人之财产损失,但是实质上,其所造成之损害,则为社会安全与善良风俗之危害"。参见林山田:《刑法特论(中册)》,三民书局1979年版,第797页。
④ 林山田指出:"行为人之赌博标的仅限于财物。称'财物'包括金钱、有经济价值之物以及财产上之利益。"参见林山田:《刑法特论(中册)》,三民书局1979年版,第799页。

来,极易引发社会恐慌,造成公共秩序严重混乱,应当予以严惩"①。认为"通过语言方式在公共场所起哄闹事扰乱公共秩序。而这样的行为手段,通过信息网络也可以实施……这个司法解释并没有创制法律,而是在刑法规定的框架内总结、提炼了以往司法实务的经验"②。称赞"司法解释规定,编造虚假信息或者明知是编造的虚假信息,在信息网络上散布或者组织、指使人员在信息网络上散布,起哄闹事,造成公共秩序严重混乱的,适用《刑法》第293条第(四)项的规定,以寻衅滋事罪定罪处罚,兼顾了人权保障与保护社会,是一个较为科学合理的刑法解释"③,从而赞成将该种网络造谣作入罪解释。再比如,针对北京市公安机关对于"秦火火"等人以寻衅滋事罪定性之做法,有学者就笼统地肯定"网络空间也是公共场所",并认为这是一种尝试并且称之为"司法实践的一次突破"④,这种解释观点和学术立场较为明显地存在脱离刑法立法文本原意的倾向,值得警惕和反思。

  我国有学者否定"文本原意"之客观存在,强调"解释者应当懂得,生活事实在不断变化,刑法用语的含义也在不断变化","解释者应当正视法律文本的开放性,不断接受经由生活事实所发现的法律含义,从而实现刑法理念"⑤,并且在刑法方法论和刑法解释论上反对探求文本原意,反对动辄研究修改刑法。这是值得反思的。

  从刑法解释的保守性立场出发,刑事司法审判和刑法解释论均有必要承认"文本原意"之客观存在,并以此为基础在刑法解释论上追求法律客观性和确定性、法律诠释的客观性和确定性之法治意旨。从法解释论立场观察,立法"文本原意"获得了刑法解释论的充分确认,并将其作为入罪解释时不可逾越的刚性底线,以有效杜绝司法犯罪化现象。⑥从而,即使特定"刑法规范用语"在现实社会生活中获得了"新的涵义"并且实现了语言学扩容,但是,只要解释者(尤其司法者)能够有效确认该刑法规范用语之既有的"文本原意",则在刑法解释论上仍然应禁止入罪时的过度的客观解释与扩张解释(但出罪时的客观解释和扩张解释则另当别论)。法理学的新近研究成果也表明,"文本原意"应当获得新的法解释论确认,其标识了一种反思后现代主义法哲学解释学而回归现代主义法哲学解释学、反思哲学诠释学而回归传统解释学(古典解释学)、反思本体论法解释学而回归方法论法解释学之法解释论范式的立场转变,宣示了现代刑法解释论返璞归真的重大转向⑦,法治意义特别重大。法解释论进而还强调,"法律诠释的客观性包含两个方面:一是法律本身应具有客观性;二是诠释者理解法律时应有追求客观性的方法",并且由于"对法律诠释的客观性的追求,表达了人们希望法治愿望能够实现"⑧。因而,在法解释论上确认"文本原意"是核心和关键。

---

① 莫洪宪:《打击犯罪与保护言论自由并不冲突》,载《检察日报》2013年9月16日,第3版。
② 周光权:《为惩治网络诽谤等提供法律标尺》,载《检察日报》2013年9月12日,第3版。
③ 曲新久:《一个较为科学合理的刑法解释》,载《法制日报》2013年9月12日,学术版,转引自中国共产党新闻网(http://theory.people.com.cn/n/2013/0912/c40531-22898784.html),访问日期:2013年9月16日。
④ 《网络空间也是公共场所》,载《法制时报》2013年8月23日,第4版。
⑤ 张明楷:《刑法学者如何为削减死刑作贡献》,载《当代法学》2005年第1期。
⑥ 参见魏东:《保守的实质刑法观与现代刑事政策立场》,中国民主法制出版社2011年版,第9页。
⑦ 参见姜福东:《法律解释的范式批判》,山东人民出版社2010年版,第128—129页。
⑧ 谢晖、陈金钊:《法律:诠释与应用——法律诠释学》,上海译文出版社2002年版,第108—109页。

现代法解释论的发展,是承认并探求立法者本意(作者原意)、立法本意(文本原意)与法解释者领悟之意(领悟之原意与新意)三者(三要素)及其相互关系,其中"文本原意"(立法本意)无可置疑地成为刑法解释论追求法律客观性的核心目标。因而,现代法解释论并不同于艺术解释论,其所秉持的是认识论与方法论诠释学,而非本体论诠释学。① 还需要注意的问题是,尽管现代法解释论并不否认法解释者领悟之"新意",但是并不主张将此种"新意"作为消解立法文本原意和法律客观性的合法手段。尤其是在刑法解释论上,不应当简单承认法解释者领悟之"新意"的合法性,除非这种"新意"已经以新的立法规范予以确认之后,但是"这时"其在相对意义上又已经是法解释者领悟之"文本原意"了。因而,在刑法解释论上通常不应以过度的实质解释论或者客观解释论为据,或者以语言辐射边界论、语义射程所及论、"心中充满正义"解释目标论等各种理论,针对特定刑法规范用语的明确文义(含义)予以刑法解释论扩张,更不能过度地消解特定刑法规范用语的通常文义,随机性地制造出一个"同质性的"或者"类似性的"可能文义。

在当下乃至将来,我国寻衅滋事罪之"公共场所"与"公共场所秩序"是一个明确的刑法规范用语,其文本原意只能限定为现实生活中的车站、码头、广场、交通要道等公共场所及其秩序(即现实空间意义上的公共场所及其秩序),并不包括网络上以及其他媒体上表达和交流思想情感的秩序。从而,《关于办理利用信息网络实施诽谤等刑事案件适用法律若干问题的解释》第5条第2款关于"编造虚假信息,或者明知是编造的虚假信息,在信息网络上散布,或者组织、指使人员在信息网络上散布,起哄闹事,造成公共秩序严重混乱的,依照刑法第二百九十三条第一款第(四)项的规定,以寻衅滋事罪定罪处罚"之规定,其从刑法解释的保守性立场审查来看是有失妥当的。

笔者这一解释论观察结论,也得到了部分非刑法学者如童之伟、张千帆、毛立新等的认同,他们都明确表示了反对将不针对具体个体的网络造谣入罪的解释结论。如童之伟教授认为:"完全没必要改变《刑法》第293条中'公共场所'的含义将原本仅适用于实体空间的寻衅滋事罪扩大到虚拟空间。在目前情况下,如此扩大对言论发表行为的刑罚惩治范围,很不合适。"②再如有诉讼法学者指出:"另外一个危险之处,是对于寻衅滋事罪的解释。之前对该罪的法理通说,及相关司法解释,仅把'破坏社会秩序'理解是对现实秩序的破坏,而此次司法解释将其扩大到'信息网络'的'虚拟空间'。'虚拟空间'自然也需要秩序,但是否构成刑法意义上的'公共场所',是否有必要将扰乱'虚拟空间'的行为纳入刑事处罚,这确是个关乎'罪刑法定'原则及公民基本权利保障的大问题,值得商榷!无论如何,该解释将'网络信息空间'纳入刑法意义上的'公共场所',是对已有法律概念的一种突破。"③

不过,值得反思的现象是,刑法学者中较多的人似乎对此不以为然,目前仅有少

---

① 参见姜福东:《法律解释的范式批判》,山东人民出版社2010年版,第107—108页。
② 童之伟:《网谣治理须循法治路径》,载《财经》2013年10月14日,学术版。
③ 参见魏东:《关于网络造谣入罪问题的法理检讨》,载魏东主编:《刑法解释论丛》(第1卷),法律出版社2015年版,第125—138页。

数刑法学者明确支持这种保守的刑法解释结论。如孙万怀教授指出:"公共场所实际上是一个空间范畴的概念,尽管许多人将空间区分为物理空间和虚拟空间,但实际上只是将'空间'一词虚拟化理解,网络虚拟空间不具有空间的基本属性。公共秩序是指公众生活的平稳和安宁,公共秩序严重混乱是指公众日常生活被迫中断或不能正常进行的状况。网络空间不是公共场所,网络空间秩序、道德秩序以及国家形象都不属于公共秩序。"因而"以寻衅滋事罪处理网络谣言则是一个突破,寻衅滋事罪所具有的口袋性特征使其能对网络谣言无所不包地一网打尽,导致刑法的规范性、协调性进一步丧失,致使公民的言论表达权已经受到实质的损害,也导致司法实践处理程序和处理结果的飘忽不定。"①另有赵秉志、袁彬明确提出下一步应增设新罪名来规范网络造谣行为,大致可以表明二人均不赞同在现行刑法规定之下将不针对具体个体之网络造谣行为直接解释为寻衅滋事罪;其中袁彬还明确批评《关于办理利用信息网络实施诽谤等刑事案件适用法律若干问题的解释》第5条第2款在具体内容上"存在解释过度的嫌疑"乃至"有违罪刑法定"。② 还有胡云腾此前(在《关于办理利用信息网络实施诽谤等刑事案件适用法律若干问题的解释》第5条第2款出台之前)所归纳的网络造谣入罪所涉罪名中没有列举寻衅滋事罪,似乎可以认为胡云腾至少在撰文当时是没有明确主张将不针对具体个体的网络造谣进行入罪解释的。胡云腾指出,根据《刑法》和全国人大常委会2000年通过的《关于维护互联网安全的决定》(2009年修正)的有关规定,"对利用网络造谣传谣,并对他人利益、公共利益或者国家利益造成特定程度损害的,可以依法追究刑事责任:对于利用网络造谣或者传播危害国家安全、煽动颠覆国家政权、推翻社会主义制度,或者煽动分裂国家、破坏国家统一的,可以分别依照刑法第103条和第105条的规定,以煽动分裂国家罪或者煽动颠覆国家政权罪定罪处罚;对于利用网络编造或者故意传播虚假的恐怖信息,危害公共安全的,可以依照刑法第291条之一的规定,以编造、故意传播虚假恐怖信息罪定罪处罚;对于利用网络造谣传谣损害他人商业信誉和商品信誉的,可以依照刑法第221条的规定,以损害商业信誉、商品信誉罪定罪处罚;对于利用网络侮辱他人或者捏造事实诽谤他人的,可以依照刑法第246条的规定,以侮辱罪或者诽谤罪定罪处罚;对于成立网络公司,专门以造谣传谣谋取非法利益的,可以依照刑法第225条的规定,以非法经营罪定罪处罚;对于利用网络制造谣言勒索公私财物的,可以依照刑法第274条的规定,以敲诈勒索罪定罪处罚;对于造谣传谣构成数罪或者同时触犯多个罪名的,可以按照数罪并罚或者从一重罪处罚;对于构成单位犯罪的,也要依法追究单位的刑事责任等。此外,对于尚未构成犯罪的网络造谣传谣行为,可以依照有关民商事法律和行政法律法规处罚"。③ 当然,在《关于办理利用信息网络实施诽谤等刑事案件适用法律若干问题的解释》第5条第2款出台之后,胡云腾对此问题是否有新的见解还未知。

---

① 孙万怀、卢恒飞:《刑法应当理性应对网络谣言——对网络造谣司法解释的实证评估》,载《法学》2013年第11期。
② 参见赵秉志、徐文文:《论我国内地编造、传播虚假信息的刑法规制》,载《中国检察官》2015年第3期。
③ 胡云腾:《遏制网络谣言重在建设网络诚信》,载《法制日报》2013年8月28日,第9版。

(三)《刑法》第293条第1款第(四)项之立法论反观

刑法解释论是与刑法立法论紧密相连、相互呼应的,可以说刑法解释论根本上就无法脱离刑法立法论,如刑法立法的政策依据、法理依据、价值理念、立法体系性设置与立法技术处理等各方面对于刑法解释均具有至为重要的意义。例如,对侵犯财产罪的刑法解释,就必须结合刑法立法论才可能妥当进行,原因在于"由于各国的具体情况不同,其对于侵犯财产罪的规定也大不相同"[①]。我国刑法立法规定的侵犯财产罪体系性设置中,取得罪包括盗窃罪、抢劫罪、诈骗罪、敲诈勒索罪、抢夺罪、侵占罪等,而日本刑法立法规定的侵犯财产罪体系性设置中,其取得罪之中并未设置"抢夺罪"。由此,中日学者在对作为侵犯财产罪具体类型的盗窃罪的刑法解释论上就出现了明显分野,绝大多数中国学者在盗窃罪的刑法解释中,强调了盗窃罪之窃取行为的"秘密性"[②],其解释论根据正是中国刑法立法关于盗窃罪和抢夺罪之立法体系性设置(立法论问题),"中国刑法典和刑法理论均认为,盗窃罪是指以非法占有为目的,秘密窃取数额较大的公私财物或者多次盗窃公私财物的行为"[③];而日本学者在盗窃罪的刑法解释中,就明确强调了盗窃罪之窃取行为的广泛性,即"窃取不要求是偷偷地拿,也可以是公然地侵害占有",且"关于窃取的方法、手段,没有限制"[④],其解释论根据也在于日本刑法立法关于盗窃罪与其他侵犯财产罪具体罪名之间的体系性设置(即日本刑法立法上将"公然地侵害占有"财物的行为类型归入盗窃罪之中)。中日刑法立法两相比较可以得出结论,"公然地侵害占有"他人财物的行为(但不针对受害人之人身使用暴力或者威胁方法)在中国刑法解释论上只能解释为抢夺罪,但在日本刑法解释论上只能解释为盗窃罪。可见,刑法解释论离不开刑法立法论的指引和印证。这一原理同样适用于寻衅滋事罪的刑法解释,亦即,寻衅滋事罪的刑法解释论离不开寻衅滋事罪的立法论之指引和印证。

应当说,立法之文本原意的阐释本身既是对法律适用原理的"法解释"(法解释论),也是对立法原理的立法论阐释(立法论)。前述从刑法解释论上阐述了网络造谣入罪(入寻衅滋事罪)解释的合法性与正当性问题,更进一步,从刑法立法论上也有讨论网络造谣入罪立法的合法性与正当性问题的余地,其不但关涉宪法上言论自由与刑法立法正当性之间的价值权衡问题之立法原理,而且这种刑法立法论上的价值权衡及其技术审查对于网络造谣入罪的刑法解释适用也具有十分重要的意义。

言论自由是宪法赋予公民的一项基本权利,公民得依法自由行使,不得违法滥用,因而刑法立法原理上必须特别审慎地在保障公民言论自由权利与制裁滥用公民言论自由权利之间进行权衡。

[①] 周光权:《刑法各论讲义》,清华大学出版社2003年版,第93页。
[②] 中国学者中亦有部分学者主张盗窃罪之窃取行为不限于"秘密"窃取而包括公然取得、公开窃取、公开盗窃。参见张明楷:《盗窃与抢夺的界限》,载《法学家》2006年第2期;张明楷:《刑法学》(第四版),法律出版社2011年版,第877—878页。
[③] 赵秉志:《刑法分则问题专论》,法律出版社2004年版,第359页。
[④] 黎宏:《日本刑法精义》,中国检察出版社2004年版,第352页。

应当承认,网络造谣是一种滥用言论自由的违法行为,行为人应当对网络造谣行为承担应有的道德责任和法律责任,其中法律责任包括民事责任、行政责任与刑事责任等诸种责任,而不一定必须是刑事责任。由此从刑法立法论上而言,不宜将轻微违法的网络造谣入罪,而只能将那些具有严重社会危害性的网络造谣入罪。从而,寻衅滋事罪的刑法立法原理在指引和印证刑法解释上所具有的重大意义在于:

其一,在刑法解释论上应当依据这一刑法立法原理而将轻微违法性质的网络造谣行为排除在刑法处置范围之外,以防止在制裁滥用公民言论自由权利的行为之时不当地侵蚀公民言论自由权利本身。尤其需要特别审查的问题还有,在比较多的场合,人类理性难于精确区分出网络造谣与网络舆论监督之间的界限,也难于杜绝部分情形下公权力被恶意利用于打压言论自由和舆论监督的恶性事件发生,因而,作为一种较为理性的刑法解释论立场,应当是尽力克制甚至杜绝动用刑法手段打击轻微违法性质的公民言论自由行为,其中包括网络造谣行为。

其二,寻衅滋事罪本身具有"口袋罪"恶名且其具有容易将较多违法行为通过"过度的刑法解释"入罪的特点,因而当其涉入密切关涉公民言论自由权利的网络领域时更须保守解释和谨慎从事。由此,从寻衅滋事罪之刑法立法论立场考查也可以得出结论,《关于办理利用信息网络实施诽谤等刑事案件适用法律若干问题的解释》第5条第2款的规定不具有合法性与正当性,建议司法机关对该条款停止适用并加以废止。

第二十五章 妨害公务罪

【案例】湖南陈乐林拒绝警察强制传唤案①

2015年,湖南省发展和改革委员会、水利厅审批了津市市西毛某排涝泵站续建工程投资项目。2016年,津市市发展和改革委员会下达了津市市西毛某排涝泵站新建项目电力线路工程基建投资计划。同年12月,津市市西毛某泵站工程建设指挥部通知国网津市市电力公司,要求该公司对毛某镇大山居委会开山口段的200kVA变压器和10kV的高压线路进行迁转。原审被告人陈乐林系毛某镇大山居委会居民,因该电力线路迁转涉及两根电线杆须移栽到陈乐林承包的责任田里,为此,毛某镇及大山居委会的工作人员找陈乐林协商电线杆移栽占地的补偿事宜,但协商未果。

2017年3月26日8时许,湖南德力电力集团有限公司津市分公司的施工队进入陈乐林承包的责任田从事电力线路迁转工程施工,陈乐林及其妻子刘某认为自己承包的1.5亩责任田里已经架设了两根电线杆,现在又要再架设两根电线杆未得到合理补偿,要求施工单位停止施工,并抱住移栽的电线杆阻止。毛某镇党委书记袁超能获悉后,打电话给津市市公安局毛某派出所所长王某,要求派警处理。王某即安排民警钟某、协警田某立即赶到现场了解情况。经现场协商,大山社区治调主任何毅承诺负责处理好占用陈乐林夫妇承包责任田的补偿事宜。至此,陈乐林夫妇同意施工单位继续施工,并于10时许离开迁栽电线杆施工现场到了湘北公路上。稍许,毛某派出所所长王某、教导员朱某驾车赶到,在湘北公路上遇到陈乐林及刘某,王某通知陈乐林到派出所说明情况,陈乐林表示同意,王某即先行离开现场。与此同时,毛某派出所教导员朱某以刘某阻工为由,口头传唤刘某到派出所接受处理,刘某以事情已经协商处理好为由予以拒绝。朱某见口头传唤刘某无效,遂决定采取强制传唤,抓住刘某的手和衣领,将刘某带上警车,陈乐林见状欲上前制止,与现场民警发生肢体冲突,并用脚踹踢警车,踢坏警车右尾灯,踹瘪警车右前方外壳,同时将民警的执法记录仪摔坏在地上。公安民警合力将陈乐林反铐塞进警车,陈乐林双腿在挣扎反抗中将警车的左后车窗玻璃踹碎。经津市市价格认证中心鉴定,被损坏的财物价值人民币

---

① 案例来源:湖南省常德市中级人民法院(2017)湘07刑终字251号刑事判决书。

1 768元。

原一审法院认为,被告人陈乐林以暴力、威胁的方法阻碍人民警察依法执行职务,其行为构成妨害公务罪。被告人陈乐林归案后,如实供述自己的犯罪事实,依法可以从轻处罚,其在妨碍执行公务中毁损财物价值达1 768元,酌情予以从重处罚。据此,依照《中华人民共和国刑法》第277条第1款、第67条第3款之规定,判决:被告人陈乐林犯妨害公务罪,判处有期徒刑6个月。

被告人陈乐林因不服一审判决而提出上诉,其上诉理由提出:①因土地被占用未得到合理补偿,进行阻工系维护自己合法权利的行为,也没有违反《中华人民共和国治安管理处罚法》的违法行为。②公安机关的干警凭主观臆测认定刘某阻工系违反《中华人民共和国治安管理处罚法》的行为,口头传唤和强制传唤刘某,违反了《中华人民共和国治安管理处罚法》的规定和程序,是滥用职权的行为。③陈乐林抵制公安干警滥用职权,没有使用暴力伤害公安民警,没有妨害公务的主观故意,不构成妨害公务罪。

二审法院认为,上诉人(原审被告人)陈乐林阻工和损坏警用执法记录仪、警车玻璃、尾灯的行为不构成妨害公务罪。理由如下:

第一,陈乐林阻工是维权行为,并且方式可以理解。《中华人民共和国农村土地承包法》第9条规定:"国家保护集体土地所有者的合法权益,保护承包方的土地承包经营权,任何组织和个人不得侵犯。"第53条规定:"任何组织和个人侵害承包方的土地承包经营权的,应当承担民事责任。"第16条第(二)项规定,"承包地被依法征收、征用、占用的,有权依法获得相应的补偿"。根据上述规定,上诉人陈乐林及其妻子刘某对承包的土地享有承包经营权,依法受法律保护,任何组织和个人不得侵犯。在没有征得陈乐林夫妇同意的情况下,即占用陈乐林夫妇承包的土地架设两根电线杆,影响生产和耕作,妨害了陈乐林夫妇的土地承包经营权,陈乐林为了维权和生计,采取用身体抱住电线杆和用棍子放入电线杆洞的方式,阻止施工,未对他人人身和财物造成损害,方式不过分,也不偏激,可以理解,不属于违反《中华人民共和国治安管理处罚法》的行为。

第二,阻工已经结束,传唤没有必要性和紧迫性。津市市公安局毛某派出所接到报警后,出警系正常履责,应予肯定。先期到达现场的民警与基层组织相关工作人员经对陈乐林进行劝导,陈乐林听了劝,停止了阻工,离开了现场,阻工前后约两小时。陈乐林离开施工现场后,施工随即得以继续进行并顺利架设了电线杆,后续赶到的派出所所长王某通知陈乐林到派出所去说明情况,陈乐林也同意了,应当说,陈乐林夫妇是理性的,服从了电力建设需要,至此,事情已经得到妥善处理。在此前提下,与所长王某一同赶到的该所教导员朱某在未弄清楚事情的情况下,即对陈乐林的妻子刘某口头传唤,在遭到刘某拒绝的情况下,抓住刘某的手和衣领强制传唤,没有必要性和紧迫性,并且刘某现场没有违反《中华人民共和国治安管理处罚法》的行为,不适用《中华人民共和国治安管理处罚法》第82条关于对现场发现的违反治安管理行为人,可以口头传唤的法律规定,对刘某口头传唤没有法律依据。

第三,陈乐林阻止强制传唤刘某为事出有因,情节显著轻微。在未经同意即架设电线杆,在阻工已经停止,陈乐林已经同意到派出所说明情况,阻工的直接行为人是陈乐林而不是其妻的情况下,陈乐林看见民警抓住其妻的衣领,即将押上警车时被激怒,抢摔执法记录仪,脚踢警车,阻止强制传唤其妻,造成财物损失共计价值人民币1 768元,该行为虽然不妥,但事出有因,并且情节和后果显著轻微,尚未达到犯罪的程度。

综上所述,电力施工单位未征得上诉人陈乐林同意,即占用其承包的责任田架设电线杆,陈乐林基于维权予以阻止,经劝说停止了阻工,后看到妻子被强制传唤,采用抢摔执法记录仪,脚踢警车的方式,阻止强制传唤其妻,虽行为不妥,但其情节显著轻微,不构成妨害公务罪,原审法院以妨害公务罪对其定罪量刑适用法律错误,依法应予纠正。上诉人陈乐林上诉提出:阻工系维权行为,没有违反《中华人民共和国治安管理处罚法》的违法行为,不构成妨害公务罪的理由成立。原审判决事实清楚,证据确实、充分,但适用法律不当。据此,依照《中华人民共和国刑事诉讼法》第225条第1款第(二)项之规定,判决如下:

(1)撤销湖南省津市市人民法院(2017)湘0781刑初48号刑事判决;
(2)上诉人(原审被告人)陈乐林无罪。

妨害公务罪,是指以暴力、威胁方法阻碍国家机关工作人员依法执行职务,以暴力、威胁方法阻碍全国人民代表大会和地方各级人民代表大会代表依法执行代表职务,或者在自然灾害和突发事件中以暴力、威胁方法阻碍红十字会工作人员依法履行职责的行为。根据《刑法》第277条第4款的特别规定,故意阻碍国家安全机关、公安机关依法执行国家安全工作任务,未使用暴力、威胁方法,造成严重后果的,依照妨害公务罪定罪处罚。

一、妨害公务罪的行为定型与违法性特征

(一) 保护法益

本罪的保护法益是国家机关工作人员、全国人民代表大会和地方各级人民代表大会的代表、红十字会工作人员依法执行职务和履行职责的法秩序。

对于本罪的保护法益需要作实质理解。比如,被阻碍的人员虽然是国家机关工作人员、全国人民代表大会和地方各级人民代表大会的代表、红十字会工作人员,但

是如果这些人员不是正在执行职务或者正在履行职责,或者如果这些人员不是"依法"执行职务或者履行职责,那么,也不能说侵犯了本罪的保护法益。例如,湖南陈乐林拒绝警察强制传唤案中,"在未经同意即架设电线杆,在阻工已经停止,陈乐林已经同意到派出所说明情况,阻工的直接行为人是陈乐林而不是其妻的情况下",民警"这一"强制传唤行为缺乏法律依据、丧失显而易见的合理性,在刑法解释论上就可以得出民警不是"依法"执行职务或者履行职责,那么就不能说侵犯了本罪的保护法益。

本罪的犯罪对象只能是依法正在执行职务或者履行职责的国家机关工作人员、全国人民代表大会和地方各级人民代表大会的代表、红十字会工作人员。同时,依照《刑法》第 368 条的规定,阻碍军人执行职务的行为依法构成阻碍军人执行职务罪,因此,"军人"在逻辑上不能成为本罪的犯罪对象;当然,在刑法解释论上,或许也可以认为"军人"是特殊的国家机关工作人员,从而阻碍"军人"依法执行职务的行为构成法条竞合关系,法理上应当按照特别法排斥普通法原理而以阻碍军人执行职务罪定罪处罚。外国公务员以及联合国官员依法也不能成为本罪的犯罪对象。但是,当外国公务员以及联合国官员作为国家机关工作人员、人大代表和红十字会工作人员的"辅助人员"而履行职务时,是否可以解释为本罪的犯罪对象?这个问题可能值得研究,笔者倾向于认为依法不应将外国公务员以及联合国官员解释为本罪的犯罪对象。

有争议的是:在中国共产党的各级机关、中国人民政治协商会议的各级机关、国有企业及事业单位中依法从事公务的非国家机关工作人员,以及受国家机关委托从事公务的非国家机关工作人员,是否属于本罪的犯罪对象?按照我国宪法和刑法的明确规定,从保守的实质刑法观立场而言,答案只能是否定的,即这些非国家机关工作人员依法不能成为本罪的犯罪对象。有学者认为,从现实出发并结合有关司法解释,本罪的犯罪对象应包括上述人员。[①] 笔者认为,这种观点值得进一步研究。

(二) 行为定型

本罪的行为定型表现为行为人实施了以暴力、威胁方法阻碍国家机关工作人员依法执行职务,以暴力、威胁方法阻碍全国人民代表大会和地方各级人民代表大会代表依法执行代表职务,或者在自然灾害和突发事件中以暴力、威胁方法阻碍红十字会工作人员依法履行职责的行为。可见,其中的关键是"以暴力、威胁方法"进行"阻碍"。

这里的"暴力",是指对特定机关和单位的工作人员之人身、工作器械等施以武力打击或者强制,如殴打、捆绑、拘禁、扣留、抢夺、毁坏等方法。这里的"威胁",是指对特定机关和单位的工作人员之精神和心理施以恐吓、强制,如以加害其本人及其亲属相威胁、以毁坏名誉或者毁损财产相恐吓等。应注意,这里的"以暴力、威胁方法",仅限于对特定机关和单位的工作人员造成轻伤以下的伤害,如果造成了重伤或者死亡等严重后果,则超出了妨害公务罪的"以暴力、威胁方法"之限度,应依竞合理论对行

[①] 参见张明楷:《刑法学》(第四版),法律出版社 2011 年版,第 915 页。

为人追究故意伤害罪或者故意杀人罪的刑事责任。另外,如果行为人没有"以暴力、威胁方法"阻碍执行公务,而是仅仅采用了谩骂、指责、吵闹等方法妨碍公务,那么也不能构成妨害公务罪。

这里的"阻碍",是指阻止和妨碍。只要客观上致使特定机关和单位的工作人员无法正常有效地执行职务与履行职责,包括完全不能和部分不能执行职务与履行职责等情形,均可以解释为"阻碍"。

刑法对本罪客观方面有一种特殊情况的规定值得特别注意,即《刑法》第277条第4款的特别规定,故意阻碍国家安全机关、公安机关依法执行国家安全工作任务,未使用暴力、威胁方法,造成严重后果的,依照妨害公务罪定罪处罚。这一条款规定的特殊性,表现为机关特殊、公务内容特殊、方法要求特殊、后果要求特殊,即只能是国家安全机关、公安机关依法执行国家安全工作任务,客观上可以是未使用暴力、威胁方法,但在后果上必须是造成严重后果的,依法应按照妨害公务罪定罪处罚。

司法解释性规范的有关规定值得注意。如2007年8月30日最高人民法院、最高人民检察院、公安部《关于依法严肃查处拒不执行判决裁定和暴力抗拒法院执行犯罪行为有关问题的通知》第2条的规定:"对下列暴力抗拒执行的行为,依照刑法第二百七十七条的规定,以妨害公务罪论处:(一)聚众哄闹、冲击执行现场,围困、扣押、殴打执行人员,致使执行工作无法进行的;(二)毁损、抢夺执行案件材料、执行公务车辆和其他执行器械、执行人员服装以及执行公务证件,造成严重后果的;(三)其他以暴力、威胁方法妨害或者抗拒执行,致使执行工作无法进行的。"这是针对妨害执行工作而构成妨害公务罪之情形的提示性解释。

本罪的行为主体即犯罪主体是一般主体,且只能是自然人犯罪。

二、妨害公务罪的主观方面要件

本罪的犯罪主观方面要件只能是故意。即行为人明知是国家机关工作人员、全国人民代表大会和地方各级人民代表大会的代表、红十字会工作人员依法执行职务和履行职责,而故意以暴力、威胁方法予以阻碍,希望其不能执行职务与履行职责。至于行为人动机如何,则不影响本罪主观方面的认定。

三、妨害公务罪的司法认定

(一) 牵连犯与罪数论

妨害公务的行为可能成为其他犯罪的方法行为,构成牵连犯,在刑法没有明确规定的情况下,应按照牵连犯从一重罪处罚原则定罪处罚。同时,本罪方法行为之中的暴力行为如果构成其他犯罪,也可能成立牵连犯,如暴力行为致人重伤或者死亡构成故意伤害罪或者故意杀人罪,暴力夺取枪支构成抢夺枪支罪或者抢劫枪支罪,原则上也应从一重罪定罪处罚,即应分别以故意伤害罪、故意杀人罪、抢夺枪支罪或者抢劫枪支罪定罪处罚。例如,行为人在偷越国(边)境的过程中又以暴力、威胁方法抗拒检查的,则应按照牵连犯原理从一重罪定罪处罚,即应以妨害公务罪定罪处罚。

再如,《刑法》第242条第1款规定,以暴力、威胁方法阻碍国家机关工作人员解救被收买的妇女、儿童的,依照妨害公务罪定罪处罚;该法条第2款规定,聚众阻碍国家机关工作人员解救被收买的妇女、儿童的首要分子,处5年以下有期徒刑或者拘役,其他参与者使用暴力、威胁方法的则依照第1款规定处罚。那么,在法解释论上,聚众阻碍国家机关工作人员解救被收买的妇女、儿童的首要分子,同时其本人又使用暴力、威胁方法的,或者其本人纵容或者指使其他参与者使用暴力、威胁方法的,则该首要分子就同时构成了妨害公务罪与聚众阻碍解救被收买的妇女、儿童罪,构成牵连犯,应按照从一重罪处罚原则来处理,即以聚众阻碍解救被收买的妇女、儿童罪定罪处罚。

但是应注意,《刑法》第157条第2款特别规定,以暴力、威胁方法抗拒缉私的,以走私罪和妨害公务罪数罪并罚。

此外,如果先前的行为已经构成犯罪,其后在国家机关工作人员依法查处时,行为人对国家机关工作人员实施暴力、威胁行为构成妨害公务罪的,应当实行数罪并罚。[①] 例如,盗窃得手之后,在公安机关侦查人员抓捕同伙时实施暴力阻碍,构成盗窃罪和妨害公务罪,应以盗窃罪和妨害公务罪数罪并罚。

(二) 妨害公务行为(本罪)与其他犯罪量刑情节之间存在的竞合关系

如果刑法明确将妨害公务行为(妨害公务罪)规定为其他犯罪的加重法定刑或者其他量刑情节之中,这种情况属于本罪(行为)与其他犯罪量刑情节之间存在的竞合关系,那么,应依刑法规定并按照其他犯罪的量刑情节来处理。例如,按照《刑法》第318条的规定,"以暴力、威胁方法抗拒检查的"被规定为组织他人偷越国(边)境罪的加重法定刑的一个情节,只构成组织他人偷越国(边)境罪一罪。再如,按照《刑法》第321条的规定,"有其他特别严重情节的"作为运送他人偷越国(边)境罪的加重法定刑的一个情节,在法解释论上其内容当然包括了以暴力、威胁方法妨害公务的行为在内。

此外关于妨害公务罪的刑罚处罚,根据《刑法》第277条的规定,犯本罪的,处3年以下有期徒刑、拘役、管制或者罚金。暴力袭击正在依法执行职务的人民警察的,从重处罚。此处不再赘述。

---

① 参见张明楷:《刑法学》(第四版),法律出版社2011年版,第919页。

第二十六章　辩护人、诉讼代理人毁灭证据、伪造证据、妨害作证罪

【案例】李庄被控辩护人妨害作证案①

　　李庄系北京市康达律师事务所执业律师。2009年11月22日、25日,北京市康达律师事务所接受龚刚模的妻子程琪、堂兄龚云飞的委托,指派李庄与马晓军担任龚刚模被控犯组织、领导黑社会性质组织等罪一案的一审辩护人。同年11月24日、26日、12月4日,李庄、马晓军先后三次在重庆市江北区看守所会见龚刚模。李庄在会见过程中,唆使龚刚模在法庭审理时谎称被公安机关刑讯逼供,向龚刚模宣读同案被告人樊奇杭的部分供述,以配合龚刚模推翻以前在公安机关的供述。李庄又指使重庆克雷特律师事务所律师吴家友贿买警察,以证明龚刚模被公安机关刑讯逼供的虚假事实。2009年11月底至12月初,李庄引诱程琪作龚刚模被樊奇杭等人敲诈的虚假证言,并要求程琪出庭作证。同年11月24日,李庄指使龚刚模之兄龚刚华安排重庆保利天源娱乐有限公司(以下简称"保利公司")员工作伪证,否认龚刚模系保利公司的实际出资人和控制者。龚刚华遂授意保利公司员工汪凌、陈进喜、李小琴向公安机关提供虚假证言。同年12月10日,龚刚模向公安机关检举李庄。同月12日,李庄被公安机关抓获。

　　重庆市江北区人民法院认为,被告人李庄在担任龚刚模的辩护人期间,利用会见龚刚模之机,向龚刚模宣读同案人供述,教唆龚刚模编造被公安机关刑讯逼供的供述,指使吴家友贿买警察证明龚刚模被刑讯逼供;引诱龚刚模的妻子程琪作龚刚模被敲诈的虚假证言,指使龚刚华安排保利公司员工作虚假证言,并向重庆市第一中级人民法院提交通知龚云飞、龚刚华、程琪等证人出庭作证的申请,其行为妨害了司法机关正常的诉讼秩序,已构成辩护人伪造证据、妨害作证罪。依照《中华人民共和国刑法》第306条第1款的规定,认定被告人李庄犯辩护人伪造证据、妨害作证罪,判处有期徒刑2年6个月。

　　李庄不服一审判决提出上诉。李庄上诉称,龚刚模关于被刑讯逼供的

---

① 案例来源:重庆市第一中级人民法院(2010)渝一中法刑终字第13号刑事判决书。

供述并非受其诱导或唆使,龚刚模手腕有伤及其被审讯的时间等现有证据显示该供述有可能成立;其未指使吴家友贿买警察作伪证,吴家友及龚云飞就此情节的证言相互矛盾,即使有此想法也未实施和影响审判;其未诱导龚刚模夫妇作关于龚刚模被樊奇杭敲诈的陈述;未指使龚刚华安排保利公司员工作伪证;其向龚刚模宣读同案人供述的行为是合法行为;其未向相关司法机关提交任何证据;龚刚模系被告人,而非证人。综上,其行为不构成辩护人伪造证据、妨害作证罪。同时,李庄上诉认为,证人均被羁押,其证言的收集程序不合法;一审法院不采纳其辩护人举示的中央电视台采访龚刚模的录像资料违法,对其回避申请、申请证人出庭、调取新证据、延期开庭等申请未给予书面答复,程序违法。在二审法院庭审中,上诉人李庄明确表示一审判决认定事实清楚,证据确实、充分,定性准确,程序合法,撤回上诉理由,请求二审慎重对待其上诉。

二审法院重庆市第一中级人民法院以李庄犯辩护人伪造证据、妨害作证罪,判处有期徒刑1年6个月。

李庄案控辩审三方关于该案的有关实体法问题、程序法问题及证据问题均存在尖锐分歧,其中,李庄被控的辩护人伪造证据、妨害作证罪(本罪名称是"辩护人、诉讼代理人毁灭证据、伪造证据、妨害作证罪",属于选择性罪名,本章具体内容仅针对辩护人伪造证据、妨害作证罪展开研讨),到底是行为犯还是结果犯? 这是该案控辩审三方均正面提出的一个重大理论问题,控方和审判方认为本罪是行为犯,而辩方认为本罪是结果犯。[1] 笔者认为,李庄案中的犯罪论问题综合起来至少涉及以下三个方面:一是辩护人伪造证据、妨害作证罪的行为特征问题,二是辩护人伪造证据、妨害作证罪的犯罪形态问题,三是标准的犯罪构成与犯罪成立最低规格标准之间的逻辑关系问题。以下就此三个犯罪论问题展开学理研究。

一、辩护人伪造证据、妨害作证罪的行为特征

我国犯罪构成理论认为,犯罪客观方面要件必然具备一定的行为要素,此外还可能包括行为伴随状态、行为结果或者危害结果、因果关系等要素。行为特征,是指具体行为的具体内容与本质特性。

从我国《刑法》第306条的规定来看,辩护人伪造证据、妨害作证罪的客观方面要件是行为人实施了在刑事诉讼中伪造证据,帮助当事人伪造证据,威胁、引诱证人违背事实改变证言或者作伪证的行为。从规范分析的立场来看,辩护人伪造证据、妨害作证罪的行为特征有二:其一,是在刑事诉讼中。这是本罪成立的时间条件和前提条

---

[1] 重庆市江北区人民法院(2009)江法刑初字第711号刑事判决书认定:"关于被告人李庄及其辩护人提出辩护人伪造证据、妨害作证罪应以实际发生后果为构成要件的辩解、辩护意见。本院认为,从犯罪构成上讲,该罪属于行为犯,不是结果犯。"参见魏东:《案例刑法学》,中国人民大学出版社2019年版,第273页。

件,因而,如果某种行为不是实施在刑事诉讼中而是在民事诉讼或者行政诉讼中,或者是在非诉讼过程中,则断无成立本罪的可能。当然,在刑事诉讼中,包括刑事案件的立案侦查、审查起诉和审判过程,同时既包括公诉案件也包括刑事自诉案件的诉讼过程。其二,实施了伪造证据,帮助当事人伪造证据,威胁、引诱证人违背事实改变证言或者作伪证的行为。具体又包括以下三种情形。

(1)第一种情形,辩护人伪造证据,即辩护人本人直接制造虚假的证据。这里的证据具体包括以下七类:物证、书证、证人证言,被害人陈述,犯罪嫌疑人、被告人供述和辩解,鉴定意见,勘验、检查笔录,视听资料。

(2)第二种情形,辩护人帮助当事人伪造证据,即辩护人本人并不直接制造虚假的证据,而是为当事人制造虚假的证据提供各种精神帮助或者物质帮助。这里有两个问题值得仔细斟酌:一是帮助行为的内容是否应作广义的理解,即是否包含教唆、引诱、煽动、谋划等广义的精神帮助行为？二是帮助行为的对象是否应作一定限制,即是否只能是针对"当事人制造虚假的证据"提供帮助行为？对于这样两个问题,表面上看都只能作肯定回答,但是可能还需要进一步分析。

第一个问题,从应然的立场看应当还有更进一步的限制,我国刑法不宜将单纯的"引诱"行为(这里指引诱犯罪嫌疑人或者被告人作虚假供述和辩解,以及后面将讨论的引诱证人违背事实改变证言或者作伪证的行为)规定为犯罪,而只宜将"以暴力、威胁、贿买等方法"帮助犯罪嫌疑人或者被告人作虚假供述和辩解的行为规定为犯罪(辩护人帮助当事人伪造证据)。我国《刑法》第 307 条第 1 款规定"以暴力、威胁、贿买等方法"阻止证人作证或者指使他人作伪证的行为才构成犯罪(妨害作证罪)。《刑法》第 307 条第 2 款所规定的帮助毁灭、伪造证据罪(司法工作人员犯此罪的则从重处罚),如果将其中的"帮助"行为理解为可以包括"精神帮助"的话,也只能将其理解为仅仅限于"以暴力、威胁、贿买等方法"帮助当事人毁灭、伪造证据且"情节严重"的行为才能构成犯罪。为什么说将一般的"引诱"证人违背事实改变证言或者作伪证的行为,以及将一般的"引诱"(提供精神帮助)当事人毁灭、伪造证据的行为规定为犯罪不合理、不公正呢？对此,我国有学者指出:第一,证言是由证人自己作出的,而证人是有独立人格和行为能力的,能够独立负责,证人应如实作证而不应接受"引诱";第二,"引诱"是一种询问证人的技术,不仅古今中外都不同程度地使用引诱方法,不仅侦查人员、检察人员、法官和律师等都不同程度地使用引诱方法,而且在法律规范上、在技术操作上没有办法作出明确统一的界定,且这种技术到底该怎样运用,何为适当、何为不适当本身十分复杂难辨,不能用刑法直接加以禁止;第三,"引诱"证人改变证言与伪造、毁灭证据、威胁证人是性质完全不同的行为,不应将其并列并同样施以刑事处罚;第四,"引诱"证人改变证言之性质及严重程度,在实践中难以把握,势必造成法律适用之混乱,尤其是造成对律师的滥抓滥捕。[①] 应当说,从《刑法》第 306 条和第 307 条之间的法条平衡比较,从律师与司法工作人员之间的主体行为能力

---

① 参见王丽:《律师刑事责任比较研究》,法律出版社 2002 年版,第 100—101 页。

比较,也能找到进一步的理由。因此很明显,我国《刑法》第 306 条中所规定的"帮助",即使可以作广义的理解包括"精神帮助"行为,也不能认为就包含一般的教唆、引诱、煽动、谋划等广义的精神帮助行为,而应当进一步限制为仅包括"以暴力、威胁、贿买等方法"帮助当事人毁灭、伪造证据且"情节严重"的行为才能构成犯罪,以体现公正性与合理性。

第二个问题,即帮助行为的对象只能限制为针对"当事人制造虚假的证据"的问题,可能主要与行为人的主观认识和判断有关系,因而本应在本罪的犯罪主观方面要件中详加探讨,但是,这种探讨放在客观行为认定的场合仍然很有必要。从辩护人角度看,辩护人明确认识到"当事人制造虚假的证据"(包括当事人明确告诉辩护人以及辩护人亲历全案发生过程或者明确掌握了全案真相之后的认识)并且为其提供帮助行为,才属于辩护人帮助当事人伪造证据的行为。或者换句话说,如果不是当事人明确告诉辩护人、不是辩护人亲历全案发生过程或者不是辩护人明确掌握了全案真相,就不应当认定为辩护人针对"当事人制造虚假的证据"提供帮助行为的情形,即不能认定为辩护人帮助当事人伪造证据。这样从严掌握并且严格解释尤其具有重大法治意义,既可以避免个别当事人投机取巧换取"立功赎罪"甚至"立功免死",可以避免司法迫害,也有利于实现刑事法治的人权保障。与此相应,我国有学者早在《刑法》修订后不久就明确指出:应将本罪的主观方面限定为一种典型的直接故意心态;而认为本罪在主观方面可以是出于间接故意的观点,在理论上不符合故意犯罪的分类及其本质特征,在司法实践中会不恰当地扩大刑事责任的范围,是相当有害的。[①]

(3)第三种情形,辩护人威胁、引诱证人违背事实改变证言或者作伪证。所谓威胁证人违背事实改变证言,是指以实施暴力、揭露他人个人隐私等精神强制方式恫吓、胁迫证人使证人因惧怕而将自己已经作出的证言予以改变;所谓威胁证人作伪证,是指以实施暴力、揭露他人个人隐私等方式恫吓、胁迫证人使证人因惧怕而作出虚假的证言;所谓引诱证人违背事实改变证言,是指以金钱、物质或者其他利益相诱惑而诱使证人违背事实改变自己已经作出的证言;所谓引诱证人作伪证,是指以金钱、物质或者其他利益相诱惑而诱使证人作虚假的证言。[②]但是,如前所述,将单纯的、一般的"引诱"证人违背事实改变证言或者作伪证的行为规定为犯罪不合理也不公正,而应明确限制为"以暴力、威胁、贿买等方法"诱使证人违背事实改变证言或者作伪证的行为才能构成犯罪,其理由同前不再赘述。

就李庄案而言,一审法院认定:"被告人李庄在担任龚刚模的辩护人期间,利用会见龚刚模之机,向龚刚模宣读同案人供述,教唆龚刚模编造被公安机关刑讯逼供的供述,指使吴家友贿买警察证明龚刚模被刑讯逼供;引诱龚刚模的妻子程琪作龚刚模被敲诈的虚假证言,指使龚刚华安排保利公司员工作虚假证言,并向重庆市第一中级人民法院提交通知龚云飞、龚刚华、程琪等证人出庭作证的申请,其行为妨害了司法机

---

① 参见赵秉志主编:《妨害司法罪》,中国人民公安大学出版社 1999 年版,第 77 页。
② 参见赵秉志主编:《妨害司法罪》,中国人民公安大学出版社 1999 年版,第 74 页。

关正常的诉讼秩序,已构成辩护人伪造证据、妨害作证罪,依法应予处罚。公诉机关指控被告人李庄犯罪的事实清楚,证据确实充分,指控的罪名成立。"①二审法院再次确认了一审判决书所认定的基本事实:"本院认为,上诉人李庄在担任龚刚模的辩护人期间,教唆龚刚模作被刑讯逼供的虚假供述,引诱、指使证人作伪证,指使他人贿买警察作伪证,其行为妨害了司法机关正常的诉讼秩序,已构成辩护人伪造证据、妨害作证罪。"②

可见,重庆市两级法院认定李庄实施的以下两个行为属于符合辩护人伪造证据、妨害作证罪的行为特征的"适格"行为(这里不考虑证据采信问题)③:①将李庄"利用会见龚刚模之机,向龚刚模宣读同案人供述,教唆龚刚模编造被公安机关刑讯逼供的供述"的行为,认定为李庄实施了帮助伪造证据的行为(以下简称"第一个行为认定");②将李庄"指使吴家友贿买警察证明龚刚模被刑讯逼供"以及"引诱龚刚模的妻子程琪作龚刚模被敲诈的虚假证言,指使龚刚华安排保利公司员工作虚假证言,并向重庆市第一中级人民法院提交通知龚云飞、龚刚华、程琪等证人出庭作证的申请"的行为,认定为李庄实施了威胁、引诱证人违背事实改变证言或者作伪证的行为(以下简称"第二个行为认定")。

但是,上列两个行为是否在法理上属于符合辩护人伪造证据、妨害作证罪的行为特征的"适格"行为呢?笔者认为,即使不考虑该案证据采信上的疑问,上列问题在法理上仍然有必要进行深入分析。

尤其是就第一个行为认定而言,李庄"利用会见龚刚模之机,向龚刚模宣读同案人供述,教唆龚刚模编造被公安机关刑讯逼供的供述"的行为,是否可以认定为辩护人帮助伪造证据的行为?笔者认为,对此需要考虑法治上的价值权衡,需要区分不同情况作出不同认定。假使李庄因为亲历了案发全过程而明确知道"龚刚模一定没有被刑讯逼供",或者李庄因为龚刚模明确告诉他该案真相而明确知道"龚刚模一定没有被刑讯逼供",在这两种情况下,人民法院才可以依法认定李庄"教唆龚刚模编造被公安机关刑讯逼供的供述"的行为属于辩护人帮助伪造证据的行为(其中一般的"教唆"如同一般的"引诱"一样,不能简单地认定为适格行为,但这里不专门展开论述,下同)。但是,在此外的其他情况下,比如李庄没有亲历案发全过程且龚刚模也没有明确告诉李庄该案真相的情况下,人民法院依法不应认定、也无法认定李庄"教唆龚刚模编造被公安机关刑讯逼供的供述"的行为属于辩护人帮助伪造证据的行为,即便李庄带着探问的口气、倾向性的态度对龚刚模说"你只有说被刑讯逼供了才可能免死"

---

① 参见重庆市江北区人民法院(2009)江法刑初字第711号刑事判决书。
② 参见重庆市第一中级人民法院(2010)渝一中法刑终字第13号刑事判决书,载 http://wq.zfwlxt.com/newlawyersite/BlogShow.aspx?itemTypeID=147b3043-95bc-4824-9f02-9bf0010d25e7&itemID=be4ad355-b8c5-41b3-9c50-9d29015825ae&user=10420,访问日期:2010年2月27日。
③ 事实上,李庄案的控辩审三方在该案证据采信与事实认定上均存在一定争议,辩方认为证据采信违法或者证据采信存在疑问并进而认为该案事实认定存在问题。而基于学术研究"前提假定"之需要,并不探讨该案证据采信和事实认定方面是否存在疑问,仅以人民法院所作出的证据采信和事实认定为前提和基础。因此,本部分内容并非针对李庄在全案法律真实层面上是否该定罪来发表观点,仅是假定人民法院证据采信和事实认定正确而对犯罪构成要件的行为要素作一般性的学理论证而已。

并以此来征求龚刚模的意见,最终也只能由龚刚模自己说出,辩护人根本无法准确判断是真是假的"意见",何来"教唆龚刚模编造"？如果龚刚模对李庄说"我被刑讯逼供了"(不管是否是因为"会意了"李庄各种暗示并接受启发),这时李庄就告诉龚刚模要大声强调"我被刑讯逼供了",这种情况仍然无法认定为李庄"教唆龚刚模编造",因为真相假相均由龚刚模向辩护人道来,何来"教唆龚刚模编造"。当然,如果龚刚模明确回答李庄说真相是"我没有被刑讯逼供",假相是"我被刑讯逼供了",在这种情况下李庄仍然告诉龚刚模要大声强调"我被刑讯逼供了",则这种情况才可以认定为李庄"教唆龚刚模编造"(被公安机关刑讯逼供的供述),才可能存在辩护人帮助伪造证据(从精神上帮助被告人制造出内容虚假的供述和辩解)的空间。因此,李庄案的辩护人提出"(辩护人)对被告的言词影响根本不构成犯罪"的观点①,在相当的场合是可以成立的,但是也可能说得过于绝对了,有违《刑法》第306条规定之精神。

同时还需要指出,李庄"利用会见龚刚模之机,向龚刚模宣读同案人供述"作为一种合法行为(合乎《刑事诉讼法》和《律师法》规定),逻辑上不能成为证明李庄"教唆龚刚模编造被公安机关刑讯逼供的供述"的证据或者理由,断无成立刑法意义上的"伪造证据"(或者帮助伪造证据)之任何空间。

二、辩护人伪造证据、妨害作证罪的犯罪形态

辩护人伪造证据、妨害作证罪的犯罪形态问题大致涉及四个方面:一是行为犯与结果犯理论,二是犯罪的完成形态与未完成形态理论,三是共同犯罪理论,四是罪数理论。由于其中第一、第二两个方面虽然本质上仍然是两个不同的问题,但往往存在交叉关联,因而,这里重点探讨行为犯与结果犯理论,顺带谈及犯罪的完成形态与未完成形态理论。

笔者认为,李庄案控辩审三方"一刀切地"认定辩护人伪造证据、妨害作证罪是行为犯或者结果犯的观点可能均有失偏颇。一般而言,认定一个具体犯罪是行为犯还是结果犯,需要结合刑法理论对行为犯与结果犯的学理界定、刑法规范对该具体犯罪的明确规定来分析。

我国刑法理论一般是在犯罪既遂的类型之下来讨论行为犯与结果犯问题的。例如,高铭暄教授在其主编的《刑法学原理》一书中认为:根据我国刑法分则对各种直接故意犯罪构成要件的不同规定,犯罪既遂主要有结果犯、行为犯、危险犯与举动犯四种类型。② 所谓行为犯,是指以法定的犯罪行为的完成作为既遂标志的犯罪,这类犯罪的既遂并不要求造成物质性的和有形的犯罪结果,而是以行为完成为标志,但是这

---

① 原文的表述是:"(第)306条第一款,有三种不同的行为对象,对辩护人、对被告、对证人。只有对证人,规定了言辞影响也有罪,对前两者,必须有形的证据的影响,如把证言笔录烧毁了才有罪。对被告的言词影响根本不构成犯罪。"陈有西:《就南都报道复忠林教授(第六)》,载陈有西学术网(http://wq.zfwlxt.com/newLawyerSite/BlogShow.aspx? itemTypeID =147b3043-95bc-4824-9f02-9bf0010d25e7&itemID = e81db847-5603-448a-9ed2-9d380165b918&user = 10420),访问日期:2010年3月21日。

② 参见高铭暄主编:《刑法学原理》(第二卷),中国人民大学出版社1993年版,第296—299页。

些行为又不是一着手即告完成的,按照法律的要求,这种行为要有一个实行过程,要达到一定程度,才能视为行为的完成。所谓结果犯,是指不仅要实施具体犯罪构成客观要件的行为,而且必须发生法定的犯罪结果,才能构成既遂的犯罪,即以法定的犯罪结果的发生作为犯罪既遂的标志。如盗窃罪和故意杀人罪等是结果犯,而强奸罪和伪证罪等是行为犯。

但是我国也有学者在"作为犯罪的类型""故意犯罪与过失犯罪相比较"等意义上研讨行为犯与结果犯。前者认为,作为犯罪的类型包括行为犯、结果犯、结果加重犯三种;不过,其对行为犯和结果犯的概念解释基本上仍然是回归到犯罪既遂形态类型之下所作的解释。① 后者认为,过失犯罪通称为"非行为犯",只有当过失行为造成了严重的危害结果时,其行为才构成犯罪,故又称过失犯罪为"结果犯",即过失犯罪只能是结果犯,危害结果是过失犯罪客观方面的必要要素;而故意犯罪由于"行为即使没有造成实际的危害后果,但只要存在造成某种危害后果的危险,就构成犯罪(危险犯),而且行为的预备、未遂和中止都同样构成犯罪,故称故意犯罪为'行为犯'"。② 应当说,后者实际上是将结果犯界定为过失犯罪之犯罪成立意义上的结果犯;我们可以称之为犯罪成立上的结果犯,并相应地将作为犯罪既遂形态类型(尤其包括故意犯罪既遂类型)意义上的结果犯称为犯罪既遂形态上的结果犯,即结果犯还应当进一步区分为犯罪成立上的结果犯与犯罪既遂形态上的结果犯。

我国有学者明确强调了应区分犯罪成立上的结果犯与犯罪既遂形态上的结果犯(但在具体用语上表述为构成结果犯与形态结果犯)。如有学者指出:在犯罪构成基本要件的阐述中使用"结果犯"一术语,是指不符合该结果要件的规定则行为不构成犯罪,即无结果则无犯罪,是在罪与非罪的意义上理解概念,如过失犯罪的成立一般均以实害结果的出现为必备条件,故此,对该意义上的结果犯可称其为"构成结果犯"(即犯罪成立上的结果犯)。而在犯罪的终了形态的讨论中使用"结果犯"一术语,则是指在已经构成犯罪的前提下确定犯罪属于何种形态的问题,是在犯罪的形态层面上理解概念——为了区别前一概念,可表述为"形态结果犯"(即犯罪既遂形态上的结果犯)。③

再如有学者言,实害结果犯包括两类犯罪:一类是以实害结果为犯罪构成要件的犯罪,如交通肇事罪、过失致人死亡罪等,这类犯罪属于结果要件犯,是不存在犯罪进程形态划分的;另一类是以实害结果为犯罪既遂条件的犯罪,所谓实害结果犯的既遂是就后一类犯罪而言的。④ 可见,这里确实存在部分学者和司法实务界人士容易混淆的一个理论概念问题,值得引起高度注意。但是需要指出的是,冯亚东教授认为,"既然数额是构成盗窃罪的必要条件,因此,盗窃罪是构成结果犯,而非形态结果犯,因此盗窃罪原则上不存在未遂问题——只对达到一定数额的完成形态定罪处罚"。不但由于现行《刑法》规定了"多次盗窃的"可以构成盗窃罪(尽管冯亚东教授在语境中突

---

① 参见陈兴良:《刑法哲学》,中国政法大学出版社1992年版,第214—220页。
② 侯国云:《过失犯罪论》,人民出版社1993年版,第77—78、126—127页。
③ 参见冯亚东:《罪与刑的探索之道》,中国检察出版社2005年版,第248—249页。
④ 参见刘之雄:《犯罪既遂论》,中国人民公安大学出版社2003年版,第113页。

出了"数额"的前置性限制条件)、规定了故意犯罪未完成形态仍然"成立犯罪"之故,也不仅仅由于刑法理论上对结果犯之"结果"的基本界定之故①,而且还由于司法实践中比较常见的对盗窃罪未完成形态犯予以定罪量刑的基本判断之故。笔者认为冯亚东教授关于"盗窃罪是构成结果犯而非形态结果犯"的结论是说不通的。观察犯罪成立上的结果犯,包括全部过失犯罪、全部间接故意犯罪及部分直接故意犯罪(如侵占罪等),特定的危害结果是特定犯罪成立的必要条件并且只有"既遂形态"。② 但是,观察犯罪形态上的结果犯,如盗窃罪(数额犯的场合),危害结果仅仅是盗窃罪成立犯罪既遂形态的必要条件,而不是盗窃行为成立犯罪(如犯罪未完成形态)的必要条件;换句话讲,即使没有出现危害结果因而不能成立犯罪既遂形态,但是仍然可以成立犯罪(犯罪的未完成形态)。而这一点,是无法单纯依据我国《刑法》分则条文的规定来判断的,即使《刑法》分则条文明确将某种危害结果规定为某种具体犯罪的客观条件,如贪污罪、受贿罪、盗窃罪(数额较大的场合)等,但在逻辑上,甚至在司法实务中均无法将这些故意犯罪判断为"是构成结果犯而非形态结果犯"。道理很简单:因为我国《刑法》总则及我国刑法学原理犯罪形态论上均承认"普适性的"犯罪未完成形态(几乎适用于所有可能存在未完成形态的故意犯罪),而不是如西方相当部分国家只承认"个别性的"犯罪未完成形态(即只在分则中对具体犯罪作出"本罪之未遂亦处罚"之类的特别规定);从而,我国《刑法》分则中所规定的所有可能存在未完成形态的故意犯罪只能是犯罪形态上的结果犯(形态结果犯)而不能是犯罪成立上的结果犯(构成结果犯)。

就李庄被控的辩护人伪造证据、妨害作证罪而言,到底是行为犯还是结果犯?如前所述,李庄案的控方和审判方认为本罪是行为犯,而辩方认为本罪是结果犯。此外,学术界确有学者认为,本罪是行为犯,并且本罪可以存在犯罪的未遂形态。③ 不过,笔者认为,辩护人伪造证据、妨害作证罪同时兼备行为犯与结果犯的双重特征。理由是:

第一,辩护人伪造证据、妨害作证罪实际上包含有两个相对独立的犯罪行为和可以拆分的罪名。罪名本身可以拆分,是选择性罪名的基本特性。选择性罪名是与单

---

① 关于结果犯之"结果"(犯罪结果或者危害结果),我国刑法理论通说将其界定为实际损害(实害结果)和现实危险状态(危险结果),认为实害结果是指犯罪行为对犯罪客体造成的现实侵害的事实,危险结果则是指犯罪行为对犯罪客体造成的现实具体危险的事实(通常仅限于具体危险犯)。但是,近年来刑法理论更加倾向于将结果界定为实害结果,认为"将危害结果未发生的危险状态理解为一种结果,在逻辑上难以成立"。参见陈兴良:《本体刑法学》,商务印书馆 2001 年版,第 270—276 页。

② 这里也有一些理论争议问题。第一,理论上是否承认"过失危险犯"概念,就关涉"全部过失犯罪是否都是结果犯""危险状态是否是危害结果"等理论判断。对前者的不同立场,将直接影响对后者的不同判断或者理论假设。我国有学者认为危险状态犯只能是故意犯罪,过失行为不属于危险状态犯,这种判断具有代表性(参见姜伟:《犯罪形态通论》,法律出版社 1994 年版,第 119 页)。第二,间接故意犯罪是否存在犯罪未遂等未完成形态?"既遂形态"称谓是否仅能局限于存在犯罪未完成形态可能的直接故意犯罪?有学者认为,间接故意和过失犯罪一样,都只有当犯罪构成要件结果发生后犯罪才能成立而不存在从阶段上进行划分的余地,因而也就无犯罪既遂与犯罪的未完成形态可言(刘之雄:《犯罪既遂论》,中国人民公安大学出版社 2003 年版,第 88 页)。第三,侵占罪等部分直接故意犯罪是否可以成立犯罪未完成形态?对此,世界各国的刑法规定和理论见解均存在差异,我国《刑法》第 270 条规定的侵占罪是否存在犯罪未遂的问题也有不同看法(参见刘志伟:《侵占犯罪的理论与司法适用》,中国检察出版社 2000 年版,第 130—131 页)。

③ 赵秉志主编:《妨害司法罪》,中国人民公安大学出版社 1999 年版,第 85—86 页。

一罪名和概括性罪名相对的一种罪名分类,是指罪名所包含的犯罪构成的具体内容复杂,反映出多种犯罪行为,既可以概括地作为一个罪名使用,也可以根据情况拆分作为数个罪名使用(但不实行数罪并罚)的罪名。可见,选择罪名的特点是可以包括许多具体犯罪,同时又能避免具体罪名的繁杂累赘。但概括性罪名和单一罪名均不能拆分使用而只能作为一个罪名整体使用。① 因而,辩护人伪造证据、妨害作证罪可以进一步拆分为辩护人伪造证据罪与辩护人妨害作证罪两个罪名,如果行为人仅实施了其中一种行为(辩护人伪造证据行为或者辩护人妨害作证行为),就可以单独定一个罪名(辩护人伪造证据罪或者辩护人妨害作证罪),如果行为人同时实施了两种行为,则仍然只定一个罪名(辩护人伪造证据、妨害作证罪)。

第二,就其中辩护人"伪造证据"行为所触犯的辩护人伪造证据罪而言,本罪(辩护人伪造证据罪)属于犯罪形态上的结果犯,而非行为犯。这种判断的法律依据在于,《刑法》第306条第2款明确规定了伪造证据的结果甄别规范:"辩护人、诉讼代理人提供、出示、引用的证人证言或者其他证据失实,不是有意伪造的,不属于伪造证据。"这说明,当伪造证据的结果出现时,本罪才能达到既遂。

第三,就其中辩护人"妨害作证"行为所触犯的辩护人妨害作证罪而言,本罪(辩护人妨害作证罪)属于行为犯,而非结果犯。因为,"妨害作证"包括一系列行为,只要实施完毕即可达到既遂,而并非需要出现某种危害结果时才能达到既遂。

第四,在行为人(辩护人)同时实施了"伪造证据"和"妨害作证"两个行为因而触犯了"辩护人伪造证据、妨害作证罪"的场合,应当认为辩护人伪造证据、妨害作证罪同时兼备行为犯与结果犯的双重特征,其既遂判断标准有两个,既可以以一定的危害结果出现为既遂标准,也可以以一定的行为实施完毕为既遂标准,只要符合其中一个既遂标准或者同时符合两个标准,那么本罪都可以成立犯罪既遂。"辩护人伪造证据、妨害作证罪"在符合其中一个既遂标准而被认定为犯罪既遂的场合,可以将另一个未达既遂标准的行为作为一个量刑情节。

一个具体犯罪同时兼备行为犯与结果犯的特征并非本罪独有,在许多选择性罪名,主要是行为选择性犯罪的罪名中比较多地存在这种现象。如《刑法》第347条规定的走私、贩卖、运输、制造毒品罪,就是可以兼备行为犯与结果犯双重特征的适例,其既遂判断标准有两个,既可以以一定的危害结果出现为既遂标准(制造毒品部分),也可以以一定的行为实施完毕为既遂标准(走私、贩卖、运输毒品部分),只要符合其中一个既遂标准或者同时符合两个标准,那么本罪都可以成立犯罪既遂。

从以上分析可以看出,李庄案的辩护人主张辩护人伪造证据、妨害作证罪是结果犯,并以此作为李庄无罪辩护的实体法理论依据至少存在两点不足:一是缺乏充分的刑法规范依据和刑法理论支撑;二是不足以支持无罪辩护立场,论点与论据错位。

而李庄案的审判方认定辩护人伪造证据、妨害作证罪是行为犯,虽然同样缺乏充分的刑法规范依据和刑法理论支撑,但是法院判决书关于行为犯与结果犯的特性不

---

① 参见魏东:《刑法各论若干前沿问题要论》,人民法院出版社2005年版,第14—15页。

足以影响该案定罪的认定理由是十分中肯恰当的。正如二审判决所陈法理：其辩护人提出李庄未实际伪造有形证据和妨害证人作证，未造成妨害司法机关正常诉讼活动的后果，不构成辩护人伪造证据、妨害作证罪等辩护意见未被采纳。换句话说，即使辩护人伪造证据、妨害作证罪是结果犯，但只是犯罪形态上的结果犯，犯罪结果（危害结果）仅仅是构成犯罪既遂形态意义上的要素，而非犯罪成立条件意义上的要素，因而不影响辩护人伪造证据、妨害作证罪（未遂或者中止）的定罪（但可以影响量刑）。正如盗窃罪之盗窃结果一样，针对数额较大的财物实施盗窃行为，即使因为意志以外或者意志以内的原因而没有出现实际获得财物的结果，但是不影响盗窃罪（未遂或者中止）的认定。陈忠林教授曾经指出："李庄在法庭上一再说伪造证据是'结果犯'，他没有向法庭提交一个烟头、一个纸片作为证据，因此指控他伪造证据罪不成立。这显然是对相关刑法理论的错误理解。故意杀人罪是典型的结果犯。某甲基于杀人的故意瞄准某乙的胸口射击，结果打偏了。法院不能因为某乙没有流一滴血、皮没有一点伤，甚至头发都没掉一根，就认定某甲的故意杀人罪不成立。事实上，对于故意犯罪来说，犯罪结果是否出现，原则上只会影响犯罪是否既遂，不会影响犯罪的成立。""李庄和他的辩护律师说，在李庄案案发之前，他所在的律师事务所和他本人都给重庆法院发了电报、短信，表示他们要从龚刚模案撤出来，不再为龚刚模辩护。如果这种情况真的存在，李庄的行为在法律上就应当属于犯罪中止。"应当说，陈忠林教授对结果犯理论、犯罪成立理论、犯罪完成形态与未完成形态理论等刑法理论本身的阐述是十分精当的。但对李庄案本身是否应当定罪处罚，还应主要考虑证据事实情况，因而应另当别论。值得提及的是，李庄案的辩护人对陈忠林教授提出了以下辩驳："你这个问题涉及的是故意杀人犯罪的既遂和未遂问题，不是行为犯、结果犯之间的区分。而这个行为不是主观的中止，是意外的客观原因的未遂。这是两个概念，你偷换了法律概念，对一般网民和青年学生会引起误导。而'辩护人伪证罪'不同，它不仅是结果犯，要求'伪造的证据必须有物质载体'，而且行为人实施了'出示、提供'行为，影响到了法庭审理，妨碍了司法，这个罪才能构成。这不是法律理解问题，而是《刑法》第306条第2款的明确规定。你是引用了彼结果犯的罪名，去说明此结果犯的具体犯罪构成。"①

应当说，李庄案的辩护律师所提出的这种反驳意见与行为犯和结果犯的基本原理、《刑法》第306条立法规定的基本含义、陈忠林教授表达的基本观点等均存在一定偏差，尚需要继续对话。

三、标准的犯罪构成与犯罪成立最低规格标准的逻辑关系

同行为犯与结果犯相关的另外一个刑法理论问题是，标准的犯罪构成与犯罪成立最低规格标准二者之间的关系是怎样的？笔者认为，对这种关系的理论逻辑梳理

---

① 魏东：《案例刑法学》，中国人民大学出版社2019年版，第279—280页。

十分重要,而目前我国理论界对此问题的认识存在较大偏差。这也反映在李庄案的辩护逻辑之中,成为李庄案中一个重要的犯罪论问题。

我国有学者指出,传统刑法理论没有解决好标准的犯罪构成(或称为标本的犯罪构成与基本的犯罪构成)与犯罪成立最低规格标准二者之间的逻辑自洽问题。该学者指出:传统犯罪构成理论认为,刑法学对犯罪构成的叙述,不管是总论对一般犯罪构成的阐述还是分论对具体犯罪构成的讨论,均是以完成形态为标本的;那么,如果说犯罪构成是以完成形态为标本的,那行为的未完成形态显然并不符合"标本的犯罪构成",而标本的犯罪构成其意义就在于是对行为成立犯罪之最低度、最基本条件的概括——既然未完成形态在成立犯罪之基本条件上都有缺损,那又如何能够成立犯罪呢？这是在中国犯罪论体系构造中一个十分棘手的逻辑自洽问题。同时又进一步指出:在中国刑法语境下,由于犯罪构成只是对刑法条文的一种解说性理论,而刑法分则条文中又均未规定修正的罪状,故并不能直接由分则罪状产生"修正的犯罪构成"的提法;国内许多著述之所以作如此分类,纯属学者们在观念中假设有这么一类与日本刑法相同的条文存在,是生搬硬套他国刑法理论的产物。事实上,我国刑法对犯罪的未完成形态,只是在总则中作了原则性规定,并没有明确规定可以适用于哪些个罪;如果一定要强调我国刑法性理论中也存在"修正的犯罪构成",那便只能是一个存在于刑法学总论中、没有明确的分则条文依据、没有明确具体犯罪可指涉的"犯罪构成"。在此意义上若强调"修正的犯罪构成",纯属理论务虚而没有任何司法指导价值。尤其是我国学者至今在各种著述中都未能开列出一个符合中国国情的、有充分说服力的须处罚未完成形态的罪名清单;而且,尽管犯罪的未完成形态同犯罪构成之间存在体系方面的"脱节"问题,但对立法及司法实际上并无影响,应该说基本上是属于犯罪论之理论构造的务虚性问题。① 这种论述应当说是十分深刻的,但是笔者认为,这种论述也忽略了一些比较重要的因素,其提出的解决方案也需要进一步斟酌权衡。

笔者认为,我国传统犯罪构成论体系本身在解释论上存在的上述问题仅仅是"技术上"(解释论技术)的问题,而不完全是"体系上"(解释论体系)的问题,标准的犯罪构成与犯罪成立最低规格标准二者之间关系的混乱局面并非不可以在通说犯罪论体系内解决。事实上,标准的犯罪构成与犯罪成立最低规格标准二者之间并不存在水火不容的矛盾,而是学理上缺乏逻辑梳理所致。因而,理论界需要研究的问题是,传统刑法解释论如何适应我国刑法立法规范并在"体系内"解决标准的犯罪构成与犯罪成立最低规格标准二者之间的矛盾关系。为此,笔者提出以下拙见：

第一,中国传统犯罪构成应当说是一种适应中国刑法立法规范(犯罪规范)的理论解释方法论。所有国别的犯罪论内容,无论是大陆法系国家、俄罗斯还是英美法系国家的犯罪论,都与该国刑法立法规范相关联并成为可以匹配其刑法立法规范的理论解释方法论。比如,刑法对犯罪构成论体系的形成可能产生影响,刑法通过法文化

---

① 参见冯亚东:《犯罪构成与诸特殊形态之关系辨析》,载《法学研究》2009 年第 5 期。

传统对入罪规范体系与出罪超规范体系进行系统化整合并形成一定的刑法规范体系,最终对犯罪构成论体系之特色化选择产生重要影响。德日犯罪论体系为何是递进式三性论,可以从德日刑法典和德日法文化传统中综合归纳出一些根据。同理,中国犯罪构成论体系为何是平面耦合式四要件论,也可以从中国刑法和法文化传统(苏联法文化意识形态的亲近传统)中综合归纳出一些根据。不同国别的犯罪构成论体系总体上是与该国刑法立法相适应的刑法解释方法论。

第二,从逻辑上分析,中国传统犯罪构成理论所言之犯罪构成,在没有特别加以限制说明的情况下,实质上意指"标准的犯罪构成",而非修正的犯罪构成。这可能只是一个语言表达习惯的问题,标准的犯罪构成与修正的犯罪构成即使在中国传统犯罪构成理论中也是一种比较科学合理的类型划分,不存在真实的理论逻辑矛盾问题。

第三,中国语境下的犯罪成立最低规格标准是否存在?若存在,是什么?笔者认为,在规范逻辑和理论逻辑上,中国语境下的犯罪成立最低规格标准是存在的,但是却不可能"一刀切地"认为是标准的犯罪构成,而是应结合刑法总则和分则的具体规定来具体确定。中国刑法规范中的犯罪之犯罪成立最低规格标准大致可以分为以下两种情况:①犯罪成立上的结果犯、阴谋犯,其犯罪成立最低规格标准可以认为就是标准的犯罪构成。如过失犯罪、部分故意犯罪即是适例(我国现行《刑法》未规定阴谋犯),它们要么就没有成立预备犯、未遂犯与中止犯的任何空间,要么它们本来就是预备犯被独立罪名化(犯罪预备行为本身被独立犯罪化或者被独立罪名化)。②除犯罪成立上的结果犯、阴谋犯以外的其他所有犯罪(犯罪形态上的结果犯、行为犯、危险犯等)之犯罪成立最低规格标准只能是犯罪预备的犯罪构成(修正的犯罪构成),而不是标准的犯罪构成,甚至也不是犯罪未遂的犯罪构成。为什么呢?因为我国刑法总则明确规定了故意犯罪的未完成形态包括预备犯、未遂犯、中止犯等三种修正的犯罪形态,其中最低限度的成立犯罪形态就是犯罪预备,而且更为重要的是,我国刑法总则并未对预备犯的犯罪构成有任何除外规定(更不用说犯罪未遂和犯罪中止)。我国《刑法》第22条规定:"为了犯罪,准备工具、制造条件的,是犯罪预备。对于预备犯,可以比照既遂犯从轻、减轻处罚或者免除处罚。"我国《刑法》第23条关于犯罪未遂的规定、第24条关于犯罪中止的规定均表明了类似于犯罪预备的刑法立法政策:犯罪预备、犯罪未遂和犯罪中止都是"犯罪"(预备犯、未遂犯与中止犯),理应定罪,仅是处罚从宽(可以或者应当免除处罚、减轻处罚或者从轻处罚)。虽然,我国司法实务中确实客观存在对于一些预备犯、中止犯甚至未遂犯没有定罪处罚的现象,虽然也有《刑法》第13条但书可以作为无罪定性处理的"法规范依据",但是应当说,这不是我国刑法规范所表达的"常态"处置方式而只是司法处理上的合理做法,并不能否定对于犯罪预备行为等予以定罪处罚(尤其是定罪)的做法具有符合实在法规范的性质,也不能否认"除犯罪成立上的结果犯、阴谋犯以外的其他所有犯罪(犯罪形态上的结果犯、行为犯、危险犯等)之犯罪成立最低规格标准只能是犯罪预备的犯罪构成(修正的犯罪构成)"的理论正确性与逻辑正确性。

第四,中国语境下的刑法立法与犯罪构成论体系之逻辑建构。综合上列论述来看,理论上还应当检讨的问题是我国的刑法立法政策(主要涉及对于犯罪预备、犯罪未遂与犯罪中止行为的刑法规制政策)与立法技术(主要涉及对于预备犯与未遂犯是采用总则性一般规范还是采用分则性特别规范的立法技术选择)。

从刑法立法政策和立法技术的立场观察,我国现行《刑法》对犯罪的规定存在犯罪扩张化、严密化的特征,尤其是《刑法》第13条对犯罪概念的规定,甚至被部分学者和司法实务人员尊奉为认定犯罪的第一层次标准(相应地将犯罪构成作为认定犯罪的第二层次标准),形成一种具有中国特色的"先定性"(实质是先定犯罪性质但可能并无具体罪名)、"再定名"(寻找具体的适当的罪名),这种做法无论在程序法上还是在刑法实体法上均有违罪刑法定原则的基本立场。另外,我国刑法对犯罪未完成形态均只有总则性一般规定而在刑法分则中没有具体规定,给人一种十分深刻的法情感影响甚至思维定势就是:所谓存在犯罪未完成形态可能的故意犯罪,其犯罪未完成形态都应当依法定罪处罚。这两个特点,使得我国现行《刑法》对犯罪的规定十分突出地存在犯罪扩张化、严密化的特征,也十分深刻地影响了我国刑法司法实践,有些场合甚至出现了比较严重的司法无序状态。

从刑法司法实务立场观察,为什么我国司法实践中能够在某些情况下做到不处罚犯罪未完成形态?通过观察总结可以发现,刑法司法实务中往往在以下三种情况下不处罚犯罪未完成形态。一是适用《刑法》第13条但书的规定,司法者认为综合全案看"但是情节显著轻微危害不大的,不认为是犯罪";二是根据刑法谦抑主义或者宽严相济刑事政策精神,对部分犯罪未完成形态不予以定罪处理;三是由于证据事实与法情感等特殊因素的综合作用,对部分犯罪未完成形态不予以定罪处理。这样三种情况其实都具有较大的随意性、模糊性与偶然性。

笔者认为,通过上列对两种立场的观察和分析,我国对于犯罪预备行为、犯罪未遂行为和犯罪中止行为的立法政策和立法技术均需要反思调整;相应的,我国的犯罪构成论体系也需要重新进行逻辑构建。笔者认为以下具体思路是适中可行的。

一是采取明确限缩犯罪成立最低规格的立法政策和立法技术,即刑法立法上,不但继续保留规定犯罪成立上的结果犯并明确规定其犯罪成立最低规格标准就是标准的犯罪构成,而且将预备犯、未遂犯与中止犯仅有总则性一般规定的做法改变为"总则分则双重规范",即保留刑法总则对预备犯、未遂犯与中止犯的一般性规定,同时又规定成立犯罪的范围"以分则的明确规定为限",切实改变现行《刑法》的"分则条文中又均未规定修正的罪状"之状况,实现预备犯、未遂犯与中止犯的分则明确规范化。这样,只有在《刑法》分则对具体犯罪之预备犯、未遂犯与中止犯有明确规定的场合,其犯罪成立最低规格标准才是修正的犯罪构成而不是标准的犯罪构成,如犯罪预备的犯罪构成(在《刑法》分则规定处罚其预备犯的场合)、未遂犯的犯罪构成(在《刑法》分则规定处罚其未遂犯但是不处罚其预备犯的场合)。那么,在《刑法》分则没有明确规定处罚其预备犯或者未遂犯的犯罪中,就不存在犯罪预备、犯罪未遂与犯罪中止遭受刑事追究的任何风险,也不存在无法准确确定犯罪成立最低规格标准的问题。

二是重新构建中国犯罪构成理论体系,在犯罪构成论体系内将标准的犯罪构成、修正的犯罪构成与犯罪成立最低规格标准等犯罪论关系范畴进行周延的逻辑梳理，实现犯罪构成论体系逻辑自洽。中国犯罪构成论体系的重新建构是一个系统复杂的问题，尽管学者目前还存在较大分歧，但是我们有理由相信学者的理论创新力并期待学界共同努力。逻辑上，在《刑法》分则对具体犯罪之预备犯、未遂犯与中止犯没有明确规定的场合，就应当认为该具体犯罪只有犯罪成立与否的问题而不存在预备犯、未遂犯或者中止犯的问题；在犯罪构成论体系上就只存在标准的犯罪构成与犯罪成立最低规格标准之犯罪论关系范畴，即其犯罪成立最低规格标准就是相应的标准的犯罪构成，而不存在修正的犯罪构成问题。反之，在《刑法》分则对具体犯罪之预备犯、未遂犯与中止犯有明确规定的场合，在犯罪构成论体系上就全面存在标准的犯罪构成（既遂犯）、修正的犯罪构成（非既遂犯）与犯罪成立最低规格标准（预备犯或者未遂犯之修正的犯罪构成）等犯罪论关系范畴，即其犯罪成立最低规格标准就是相应的修正的犯罪构成而不是标准的犯罪构成，如犯罪预备的犯罪构成（在《刑法》分则规定处罚其预备犯的场合）、未遂犯的犯罪构成（在《刑法》分则规定处罚其未遂犯但是不处罚其预备犯的场合）。

就李庄案所涉辩护人伪造证据、妨害作证罪而言，由于本罪在现行《刑法》逻辑上存在预备犯、未遂犯及中止犯的空间，因而本罪在犯罪构成论体系上存在标准的犯罪构成、修正的犯罪构成（即预备犯的犯罪构成、未遂犯的犯罪构成及中止犯的犯罪构成）与犯罪成立最低规格标准的范畴体系，其犯罪成立最低规格标准应当是预备犯的犯罪构成。但是，司法实务中（刑事司法政策上）是否实际对辩护人伪造证据、妨害作证罪的预备犯进行定罪处理则是另外一个问题。

第二十七章 组织卖淫罪

一、组织卖淫罪的概念

组织卖淫罪,是指以招募、雇佣、强迫、引诱、容留等手段,纠集、控制多人从事卖淫的行为。

我国1979年《刑法》没有组织卖淫罪,只在侵犯公民人身权利、民主权利罪章中规定了强迫妇女卖淫罪(1979年《刑法》第140条),在妨害社会管理秩序罪章中规定了引诱、容留妇女卖淫罪(1979年《刑法》第169条),其最高法定刑分别为10年有期徒刑、15年有期徒刑。

随着卖淫嫖娼现象死灰复燃,在全国许多地方逐渐呈现出泛滥之势;性病又开始在社会上大量传播,严重威胁着公民的身体健康,更严重败坏了社会风气。其中一些别有用心的人,为牟取暴利而大肆进行组织卖淫嫖娼活动,更使得卖淫嫖娼活动日渐猖獗,更加突出,给社会带来极大危害。为有效应对并弥补1979年《刑法》之不足,全国人大常委会于1991年9月4日颁布了《关于严禁卖淫嫖娼的决定》,其第1条第1款规定:"组织他人卖淫的,处十年以上有期徒刑或者无期徒刑,并处1万元以下罚金或者没收财产,情节特别严重的,处死刑,并处没收财产。"同时,该条第2款规定:"协助组织他人卖淫的,处三年以上十年以下有期徒刑,并处一万元以下罚金;情节严重的,处十年以上有期徒刑,并处一万元以下罚金或者没收财产。"这样,惩治本罪有了明确的法律依据。然而,对于《关于严禁卖淫嫖娼的决定》第1条的规定,到底是一个罪名还是两个罪名的问题,刑法学界曾有不同看法。[①] 有的认为只是规定了一个罪名,即组织他人卖淫罪,第2款规定的"协助组织他人卖淫"并非独立罪名。[②] 有的认为,《关于严禁卖淫嫖娼的决定》第1条第1款、第2款规定的是"组织他人卖淫和协助组织他人卖淫罪"一个罪名。[③] 有的则认为,上述第1款和第2款分别规定了两个不同的罪名,即组织他人卖淫罪和协助组织他人卖淫罪。当时占主导地位的看法是第三种观点,并提出以下理由:①1992年12月11日最高人民法院、最高人民检察院

[①] 参见赵秉志主编:《中国特别刑法研究》,中国人民公安大学出版社1997年版,第637—638页。
[②] 参见肖常纶:《打击卖淫嫖娼的有力法律武器》,载《贵州警官职业学院学报》1992年第1期。
[③] 参见李恩慈主编:《特别刑法论》,中国人民公安大学出版社1993年版,第341页。

《关于执行〈全国人大常委会关于严禁卖淫嫖娼的决定〉的若干问题的解答》(已失效)。②《关于严禁卖淫嫖娼的决定》第1条前后两款规定的是两种不同的行为,《关于严禁卖淫嫖娼的决定》对两种罪状作了不同的表述,确定了不同的法定刑。这是确定罪名的基本依据。从我国目前《刑法》分则条文的规定看,还没有分别用两个罪状及相应独立的法定刑来表述同一罪名的。③从严格意义上说,组织他人卖淫与协助组织他人卖淫是一种共同犯罪的主从关系,在立法上可以包容在同一罪名中作出规定,但从《关于严禁卖淫嫖娼的决定》规定的精神看,《关于严禁卖淫嫖娼的决定》是通过对各种不同的共同犯罪者分别定罪量刑,以体现打击重点对象是组织他人卖淫首要分子或者主犯,而非那些协助组织者。④在组织他人卖淫的案件中,确实存在只有组织者而没有协助组织者的单独犯罪的情形,但这并不能成为《关于严禁卖淫嫖娼的决定》只规定有组织他人卖淫罪而未规定协助组织他人卖淫罪的论据。因为这种情形所反映的,不过是某一或某些个案只需适用《关于严禁卖淫嫖娼的决定》第1条第1款,而无须同时适用该条第2款这种法律适用结果而已。①

同时,因为《关于严禁卖淫嫖娼的决定》第1条第1款以简单罪状的立法方式规定组织他人卖淫罪,也因为该罪在现实社会生活中表现形式复杂多样,所以我国刑法理论界对本罪概念的具体表述上存在较大差异。②主要有四种不同观点:①组织他人卖淫罪是指以营利为目的,建立卖淫集团,并组织、指挥他人卖淫的行为③;②组织他人卖淫罪是指故意设立卖淫窝点,串联纠集他人加以控制,并安排其进行卖淫的行为④;③组织他人卖淫罪是指动员纠集、安排布置、发令指挥他人卖淫的行为⑤;④组织他人卖淫罪是指以招募、雇佣、强迫、诱骗等手段,组织他人卖淫的行为⑥。这四种观点都没有完整准确地反映出组织卖淫的内涵和外延。例如第一种观点,将本罪仅限于卖淫集团的情形,失之过窄;第二种观点认为本罪的成立以设立卖淫窝点为前提,显然外延不周;第三、四两种观点没有将组织他人卖淫罪限定在控制多人进行卖淫活动的范围内,因而失之过宽。⑦鉴于理论上对该罪概念理解不一,司法实践中对该罪的适用各异。

在《关于严禁卖淫嫖娼的决定》规定的基础上,并总结当时司法实践经验,1997年修订《刑法》第358条第1款,正式规定了该罪。根据1997年12月16日施行的最高人民法院公布的《关于执行〈中华人民共和国刑法〉确定罪名的规定》(以下简称《罪名规定》),该罪罪名为"组织卖淫罪"。

其后,《刑法修正案(九)》将《刑法》第358条前三款分别修订为:"组织、强迫他人卖淫的,处五年以上十年以下有期徒刑,并处罚金;情节严重的,处十年以上有期徒

---

① 参见赵秉志主编:《中国特别刑法研究》,中国人民公安大学出版社1997年版,第637—638页。
② 参见储槐植主编:《"六害"治理论》,中国检察出版社1996年版,第243—244页。
③ 参见马克昌等主编:《刑法学全书》,上海科学技术文献出版社1993年版,第380页。
④ 参见罗人穗:《浅谈组织卖淫罪》,载于《政法学刊》1992年第3期。
⑤ 参见周柏森、张瑞幸:《论〈关于严禁卖淫嫖娼的决定〉中的法律适用问题》,载杨敦先主编:《刑法运用问题探讨》,法律出版社1992年版,第415页。
⑥ 参见周其华主编:《全国人大常委会修改和补充的犯罪》,中国检察出版社1992年版,第374页。
⑦ 参见储槐植主编:《"六害"治理论》,中国检察出版社1996年版,第243—244页。

刑或者无期徒刑,并处罚金或者没收财产。""组织、强迫未成年人卖淫的,依照前款的规定从重处罚。""犯前两款罪,并有杀害、伤害、强奸、绑架等犯罪行为的,依照数罪并罚的规定处罚。"

二、组织卖淫罪的构成特征

(一) 犯罪客体要件

关于本罪的犯罪客体问题,刑法理论界观点各异。有的认为是"国家的社会管理秩序和良好的社会风尚";有的认为是"社会主义的社会风尚和他人的身心健康";有的认为是"复杂客体,既有社会管理秩序和良好的社会风尚,在一些具有强迫行为的组织活动中,还有他人的性和自由权利";还有的认为是"社会主义社会风尚",个别的认为只是"社会治安管理秩序"。但多数论者认为属于复杂客体。[①] 笔者认为,本罪的犯罪客体是单一客体,即我社会主义社会风尚。其理由是,尽管本罪由于客观行为表现方式多种多样,如可以表现为招募、雇佣、强迫、引诱、容留等手段或方式,因而在侵害我国社会主义社会风尚的同时,往往还可能侵害他人的健康权利、人身自由权利和性自由权利等,但本罪确定不移并且在任何情况下都必定侵害的法益是我国社会主义社会风尚,至于其他法益如健康、人身自由、性自由等权利,则是有时可能侵害,有时可能不侵害,因而本罪是否侵害这些法益不影响本罪的成立,可见这些法益不是本罪的犯罪客体。这涉及犯罪客体(直接客体)的确定性问题。

所谓直接客体的确定性是指,某种犯罪行为一旦实施,在任何情况下都确定无疑地直接侵害某种特定法益的性质。直接客体的确定性要求在研究和界定具体罪和直接客体时,必须确定具体罪与某种(或某几种)具体法益之间具有直接的、固定的、内在的联系,如果具体罪与某种或某几种法益之间没有这种联系,而是有时有联系有时无联系,则不能认定该具体法益是该具体罪的直接客体。在现实生活中,具体罪的客观表现形式多种多样。例如伤害罪,如果是用刀伤人的情况,则直接侵害了他人身体健康;如果是伤害致死的情况,则在直接侵害他人身体健康法益的基础上,又直接侵害了他人生命法益;如果是聚众斗殴致人重伤而以伤害罪论处的情况,则在直接侵害他人身体健康的同时又直接侵害了社会管理秩序,等等情况,不一而足。显然,与伤害罪具有直接的、固定的、内在的联系的法益只有他人身体健康;而他人的生命法益、社会管理秩序法益等与伤害罪并不具有直接的、固定的、内在的联系,因而,伤害罪的直接客体只能是他人健康。就组织卖淫罪而言,只有社会主义社会风尚符合这一直接的、固定的、内在联系的要求,因而社会主义社会风尚是本罪的直接客体。

在弄清犯罪直接客体的确定性之后,还有一个问题需要略加论述。本罪的客体

[①] 参见赵秉志主编:《新刑法教程》,中国人民大学出版社 1997 年版,第 718 页;赵秉志主编《中国特别刑法研究》,中国人民公安大学出版社 1997 年版,第 639 页;储槐植主编:《"六害"治理论》,中国检察出版社 1996 年版,第 244 页。

是我国社会主义社会风尚,还是社会(治安)管理秩序?这一问题主要涉及两个方面:一是具体罪的客体是指其侵害的直接客体还是其侵害的同类客体(甚至一般客体)?二是社会主义社会风尚与社会管理秩序之间是一种什么关系?首先看第一个方面,毫无疑问,我们研究具体罪的客体,通常是特指其侵害的直接客体,以确定该具体罪的"个性";而不是指其侵害的同类客体或者一般客体,因为同类客体或者一般客体都是某类犯罪或者犯罪整体的"共性"。再看第二个方面,依社会通常观念以及我国法律之规定,社会管理秩序通常包括社会风尚、公共卫生、公共秩序、司法活动、国(边)境管理、文物管理等一系列社会管理方面的秩序,因此相对于社会风尚而言,社会管理秩序是种概念,而社会风尚是属概念,二者是种属关系。通过对前述两个方面的简单阐述,笔者认为,组织卖淫罪的客体应该是我国社会主义社会风尚。至于社会风化管理秩序,它与社会风尚是同一概念,只不过前者是从国家机关管理行为视角看的社会状态,后者则是从公民生活的角度来看的社会状态。①

关于本罪的犯罪对象在刑法理论界也有比较大的分歧,特别是《关于严禁卖淫嫖娼的决定》颁行后至现行《刑法》颁行期间。主要有两种理解:一种认为,组织他人卖淫活动中的"他人"仅指妇女,或者包括妇女和幼女在内的所有女性,但不包括男性②,这是少数人的观点。另一种认为,"他人"既包括女性,也包括男性,这是多数人的观点③。随后最高人民法院、最高人民检察院发布的《关于执行〈全国人大常委会关于严禁卖淫嫖娼的决定〉的若干问题的解答》明确规定:"组织、协助组织、强迫、引诱、容留、介绍他人卖淫中的'他人',主要指女人,也包括男人。"笔者认为,现行《刑法》中的组织卖淫罪,其犯罪对象应该是自然人,包括女人和男人。其理由是:①对于卖淫行为主体范围的理解,应该突破长期以来的传统观念。④ 从实践来看,绝大多数卖淫者为女性,但不容忽视的是,在社会上一些地方确已出现一批以营利为目的出卖自己肉体的"男妓"。⑤ 男人卖淫现象虽然不普遍,但已是一个不争的事实。因此,刑法将男人纳入本罪犯罪对象范围,完全有客观依据和必要性。②从有关国际公约和外国刑法的规定看,关于惩治组织他人卖淫犯罪的刑事立法例,大都将男人规定为此类犯罪的对象之一。例如,1949年12月2日联合国大会批准的《禁止贩卖人口及取缔意图营利使人卖淫公约》以及《德国刑法典》《法国刑法典》《日本卖淫防止法》等都有类似规定。③《刑法》明确规定本罪的犯罪对象为"他人",其意本身就说明包括女人和男人;要不然,《刑法》的用语就应该选用"妇女"或者"女性",而不用"他人"。

但是,仍然有学者认为立法对"妇女"一词的修改有无实际价值值得研究。甚至

---

① 储槐植主编:《"六害"治理论》,中国检察出版社1996年版,第245页。
② 赵秉志主编:《中国特别刑法研究》,中国人民公安大学出版社1997年版,第639—640页;储槐植主编《"六害"治理论》,中国检察出版社1996年版,第245—247页。
③ 赵秉志主编:《中国特别刑法研究》,中国人民公安大学出版社1997年版,第639—640页;储槐植主编《"六害"治理论》,中国检察出版社1996年版,第245—247页。
④ 赵秉志主编:《中国特别刑法研究》,中国人民公安大学出版社1997年版,第637—640页。
⑤ 参见周道鸾:《论〈关于严禁卖淫嫖娼的决定〉的法律适用》,载《法学研究》1993年第3期。

认为,刑法上如若将组织、协助组织、强迫、引诱、容留、介绍卖淫行为的对象仅限于女性(包括妇女和幼女),或许更能发挥刑法功能,有利于惩治此类犯罪,并提出以下三点理由:①刑法作为控制犯罪的手段之一,不可能也不应该试图将社会上存在的所有丑恶现象包罗无遗,而必须在一些不那么引人注目的方面有所忽略(放任)。男性卖淫在任何时代、任何社会都是极个别现象,而且这种现象就其性质和特点而言,不动用刑法手段来控制也不至于发展成为普遍现象。这样改动反而不利于司法机关集中力量惩治业已泛滥成灾并亟须大力控制的女性卖淫行为。②从刑法条文的用词技术上看,词义越明确,刑法规范人们行为的功能才越显著。"他人"很明显包括"男人",但"卖淫"的词源意义却仅指"妇女出卖肉体"(见《现代汉语词典》),因而"男性卖淫"之说与人们的通常观念相违背。这些都会削弱刑法应有的规范功能。③从国外的刑事立法例看,卖淫行为的主体通常也指女性,有些国家刑法针对男性某些特殊的行为及有关性变态行为(如变态性交罪)作了规定,但不针对所谓"男妓",即不针对男性以收受报酬为目的向女性提供的性服务行为,原因就是这种行为十分罕见。①

(二) 客观方面要件

本罪在客观方面的表现是实施了组织他人卖淫的行为;具体有以下几点。

(1)必须实施了卖淫的组织行为。即实施了组织、策划、指挥他人卖淫的行为。"组织",是指发起、建立卖淫集团和卖淫窝点,将分散的卖淫行为进行集中和控制,并在其中起组织作用。"策划",是指为组织卖淫活动进行谋划布置、制订计划等的行为。"指挥",是指在实施组织他人卖淫活动中起领导作用,如实际指挥、调度卖淫活动的具体实施等。上述组织、策划、指挥三种行为都是组织卖淫的行为,都具有明显的组织性,行为人只要具备其中一种或数种行为,就可认定其实施了组织卖淫行为。

(2)组织他人卖淫的具体手段,主要是招募、雇佣、强迫、引诱、容留等手段。"招募",是指将自愿卖淫者招集或募集到卖淫集团或者其他卖淫组织进行卖淫活动。"雇佣",是指以出资为条件雇请自愿卖淫者参加卖淫集团或者其他卖淫组织进行卖淫活动。"强迫",是指以暴力、胁迫或者其他方法,强制或者迫使不愿卖淫者或者不愿参加卖淫组织者在卖淫集团或者其他卖淫组织进行卖淫活动。"引诱",是指以金钱、物资、色相等为诱饵,诱使他人参加卖淫集团或者其他卖淫组织进行卖淫活动。"容留",是指容纳、收留自愿卖淫者在卖淫集团或者其他卖淫组织进行卖淫活动。上述五种具体手段,可以是同时使用,也可以是使用其中一种,无论是使用其中一种或者数种,在刑法中都是可以单独成罪的行为;同时,这些行为又可以作为组织卖淫罪的具体行为手段,为组织卖淫罪所包容。在组织他人卖淫的犯罪过程中,对被组织卖淫的人有强迫、引诱、容留、介绍卖淫的行为的,应定组织卖淫罪,对其强迫等行为应作为组织卖淫罪的量刑情节予以考虑,不实行数罪并罚。当然,如果这些行为是对被组织卖淫者以外的其他人实施的,则应当分别定罪,实行数罪并罚。

---

① 储槐植主编:《"六害"治理论》,中国检察出版社1996年版,第246—247页。

(3) 组织卖淫通常有两种表现形式：一是设置相对固定的卖淫场所或者卖淫窝点；二是没有设置固定场所而是采用流动性的"游击战"形式来组织卖淫。前者如以出租房、咖啡厅、旅店、饭店、发廊等为"据点"，组织他人卖淫。后者如组织卖淫者通过对自己掌握和控制的卖淫人员实行"动态"管理，将组织卖淫行为化整为零，或者将单个卖淫行为组织集中起来。可见，行为人无论采取哪一种形式，本罪在客观方面都具有明显的组织性，这是其与单纯的强迫卖淫罪及引诱、容留、介绍卖淫罪等的显著区别。

(4) 被组织卖淫者必须是"多人"。所谓"多人"，是指 1 人以上(包括 2 人)。至于组织卖淫者本人是否同时直接从事卖淫嫖娼活动，并不影响本罪的成立。

本罪的犯罪主体是一般主体，凡已满 16 周岁、具有刑事责任能力的自然人，都可以成为本罪的主体。

(三) 主观方面要件

本罪的主观方面是故意，即明知自己是在组织他人卖淫，并且决意实施此种行为的心理态度。过失不能构成本罪。

关于本罪主观方面的一些具体内容，如犯罪目的、动机等，在理解上有些分歧。主要集中在本罪主观方面有无营利、牟利目的这一点。有的认为，"只要故意组织他人卖淫，无论出于何种目的，均可构成本罪"[1]。而另一种观点认为，"组织他人卖淫者主观上具有营利目的"是本罪主观方面要件，并提出以下理由：第一，所谓卖淫，并非指所有的非法性行为，而是指以收受或约定收受报酬而与不特定的人进行性交的行为，即通常所说的"出卖肉体"，其本质是金钱与性服务的交换，牟利目的是认定卖淫行为的必要条件。既然说卖淫行为具有牟利目的，而又说对这种行为的组织行为可以不具有牟利目的，未免脱离实际。第二，一种犯罪行为，往往具有多重目的，组织卖淫行为也不例外。除了营利目的之外，可以有其他多种目的，如为了吸引游客、繁荣当地的旅游业等。但对本罪来说，营利目的是不可少的，这种行为的性质决定其必然具有营利目的。当然，在多种目的中，存在直接目的与间接目的区分，比如有些大宾馆存在地下妓院，目的是为了招徕生意，但最终目的(间接目的)是为了营利。因此，即使组织者不直接向嫖客收取报酬，也不向卖淫者分享所得钱财，也不能否认他具有牟利的间接目的。第三，即便是能设想个别组织者本人不牟利，但卖淫者必牟利，"为他人牟利"也属于牟利目的。第四，目的与动机是研究犯罪主观方面应当区分的两个范畴，实际生活中有些组织并不是在牟利动机驱使下实施组织他人卖淫行为的，如出于低级下流动机或报复社会动机而组织他人卖淫者不乏其例，但其他各种不同的动机并不能排斥组织者的营利目的。[2]

笔者认为，根据《刑法》设立本罪的基本精神，本罪主观方面并不以具有营利目的

---

[1] 赵秉志主编：《新刑法教程》，中国人民大学出版社 1997 年版，第 718 页。
[2] 参见储槐植主编：《"六害"治理论》，中国检察出版社 1996 年版，第 249—250 页。

为必要条件。理由是：

（1）立法上没有明确要求本罪主观上必须具有营利目的，因而在研究本罪的构成要件时不能想当然地随意增加目的要件。只有当法律为限制某种犯罪的范围，特别指明构成某种犯罪必须具有一定目的时，犯罪目的才成为该罪的构成要件。[①] 当某种犯罪在立法上被规定为以某种"目的"作为其犯罪构成的必要条件时，可以将该犯罪称为"目的型"犯罪。立法上之所以要将某种"目的"规定为"目的型"犯罪的必要构成条件，主要有两种作用：一是便于划清罪与非罪的界限，防止打击面过宽或者出入人罪。例如《刑法》第363条第1款明确规定的制作、复制、出版、贩卖、传播淫秽物品牟利罪，立法上就明确规定其必须是"以牟利为目的"，所以是典型的"目的型"犯罪；因此，如果行为人主观上不具备此种牟利目的，则一般情况下不构成犯罪，从而达到了区分罪与非罪的目的。二是区分此罪与彼罪。如上例中，如果查明行为人主观上虽然不具备牟利目的，但在客观上行为人传播淫秽物品的行为具有数量巨大、影响面极宽、社会危害性极大等严重情节而构成犯罪的情况，应该构成何罪？显然不能构成"目的型"犯罪，因该种行为在主观上不具备"目的型"犯罪所要求之特定目的，但是符合《刑法》第364规定的传播淫秽物品罪的构成特征，应认定为传播淫秽物品罪。可见，根据法律规定是否要求具备某种"目的"的特点，可以将"目的型"犯罪与他罪区别开来。显然，如果立法上没有明确要求某罪主观上必须具有某种目的，就说明其不是"目的型"犯罪[②]，我们也不能随意增加一个目的；否则，将会导致无法正确区分罪与非罪、此罪与彼罪的严重后果。

（2）组织卖淫罪是一种社会危害性极大的犯罪，应该予以严厉禁止和打击。为此，在理论上、在立法和司法实践中，对一些严重犯罪不以具有营利目的为必要构成条件，更有利于有效打击该种犯罪，提高司法机关办案效率。由于犯罪目的属于主观问题，而且比其他主观问题更难于准确判断，因此在刑事立法上特别突出犯罪目的的立法例并不多见，并且明确规定必须具有某种目的才能构成犯罪的"目的型"犯罪数量很少。例如，我国1979年《刑法》在罪状中把"目的"作为犯罪构成的必要条件的条文只有13条，其中要求具有"反革命目的"的条文有4条。[③] 现行《刑法》规定的"目的型"犯罪也为数很少。其原因主要是许多犯罪不必特别限定其"目的"，而允许其"目的"的多样化存在；再就是为了更有利于打击犯罪，防止犯罪分子在有无"某种特定目的"这一问题上做文章。不但如此，在英美刑法甚至在部分大陆法系国家刑法中，对于一些社会危害性大、严重危及公共安全的犯罪，不但不以特定目的为要件，甚至摒弃传统的"犯罪意思"或者不问"过错"，而实行所谓"严格责任"（即无过错责任），特别是当某一罪行的社会危害性越大，适用严格责任的可能性就越大。[④]

[①] 高铭暄主编：《刑法学原理》（第二卷），中国人民大学出版社1993年版，第121页。
[②] 但对于抢劫罪、盗窃罪、抢夺罪、敲诈勒索罪等而言，依社会通识都具有"非法占有目的"，所以它们属于"目的型"犯罪，在立法上不必重申。
[③] 高铭暄主编：《刑法学原理》（第二卷），中国人民大学出版社1993年版，第121页。
[④] 参见孙光骏：《论英美刑法中的严格责任》，载《法商研究（中南政法学院学报）》1998年第1期。

(3)现实生活中确实存在不以营利为目的组织卖淫行为,这些行为社会危害性同样很大,必须予以犯罪化并严厉制裁。

三、组织卖淫罪的司法认定

(一) 如何处理组织他人嫖娼的行为

现行《刑法》没有规定组织他人嫖娼罪,因此从法律适用角度讲,对组织他人嫖娼行为进行处罚缺乏法律依据。从理论上讲,组织他人嫖娼与组织他人卖淫两者是一种对行性行为,对于社会风尚都具有极大的侵蚀作用,都具有严重社会危害性,因而都应该予以犯罪化。正因为如此,理论界有部分观点认为,应该对组织他人嫖娼行为定罪判刑,在具体方法上有两种:一是认为,应对组织他人嫖娼行为适用类推原则,比照组织他人卖淫犯罪处罚;二是认为,不能将组织嫖娼行为孤立起来处理,而应该把这种行为视为组织他人卖淫行为的一个有机组成部分来处理。[①]

笔者认为,对于组织他人嫖娼行为的处理,应该严格坚持罪刑法定原则,对单纯地组织他人嫖娼行为,一律作无罪处理。其理由是:①罪刑法定原则是我国现行《刑法》明确规定的刑法基本原则,必须严格贯彻执行。罪刑法定原则的基本涵义是"法无明文规定不为罪""法无明文规定不处罚"。罪刑法定原则的基本要求是:犯罪和刑罚必须事先由法律作出明文规定,不允许法官自由擅断;对于什么行为是犯罪和犯罪所产生的具体法律后果,都必须作出实体性规定;刑法条文必须文字清晰,意思确切,不得含糊其辞或模棱两可。[②] 据此,现行《刑法》只规定有组织卖淫罪,而没有规定组织嫖娼罪,组织卖淫与组织嫖娼具有明显的、重大的区别,不得人为地混同,否则就违背罪刑法定原则。所以,对于组织嫖娼的行为不得"类推"认定为组织卖淫罪。②虽然组织嫖娼行为也具有社会危害性,甚至有的还具有严重社会危害性,需要予以处罚,但是,也只有在行为符合什么性质、什么罪名的情况下依法处罚,而不得生拉硬扯地随意定罪,否则就是破坏法治、破坏公民对法的信念的枉法行为,其结果将是灾难性的。③对嫖娼的组织者的不作犯罪处理并不等于不处罚,而是可以采取其他处理方法如给予治安管理处罚等进行处罚,同样可以达到惩罚和教育的目的。④承认组织嫖娼行为没有触犯现行《刑法》,可以为今后立法机关考虑是否将组织嫖娼行为犯罪化的问题,提供参考和借鉴,有利于进一步完善我国的刑事立法。

(二) 组织卖淫罪的共同犯罪问题

组织卖淫罪可以是由单个人实施,也可以由多人共同实施,所以组织卖淫罪不属

---

① 参见赵秉志主编:《中国特别刑法研究》,中国人民公安大学出版社1997年版,第642页;储槐植主编:《"六害"治理论》,中国检察出版社1996年版,第248—249页。
② 参见赵秉志主编:《新刑法教程》,中国人民大学出版社1997年版,第49—50页。

于必要共同犯罪。所谓必要共同犯罪,是指《刑法》分则规定必须由二人以上共同实施的犯罪,亦即这类犯罪以二人以上共同实施为必备要件,一人不可能实施。就组织卖淫罪而言,能够构成本罪的行为是组织行为,能够构成本罪的主体是组织者,而卖淫行为及卖淫者本身都不构成犯罪,所以,当实施本罪的组织者只有一人时,就属单个人单独构成本罪;而只有当实施本罪的组织者是两人或两人以上时,才属于共同犯罪。可见,本罪不是必要共同犯罪。

当然,本罪可以有共同犯罪形式,亦即存在数名组织者共同实施本罪的情况。当组织卖淫罪共同犯罪成立时,其共犯之间有无主犯、从犯之分?这是一个值得思考的问题。对此主要有三种不同的看法:①所有共犯都是主犯;②多名主体共同组织他人卖淫时,各犯罪人之间无所谓主犯,也无所谓从犯,即不可能有主从犯之分;③多名主体共同组织他人卖淫时,各犯罪人之间可以有主从犯之分。① 笔者认为第三种观点是正确的,理由是:第一,卖淫本身并不构成犯罪,因此,组织卖淫活动甚至组织卖淫集团行为中,只有组织者才能构成犯罪,显然,这与组织犯罪集团和聚众犯罪不同,组织者并不当然全是主犯。第二,在组织卖淫罪共同犯罪中,多名组织者之间往往有一定分工,所起的作用也往往不一样。有的组织者可能属于帮助犯,这种依法可构成协助组织卖淫罪。有的组织者则可能在组织他人的卖淫活动中起次要作用,即相对于其他组织者来说所起的作用要小些,应该定为从犯。可见,同样是组织者,理应有主从之分。

在现实社会生活中,组织他人卖淫活动有发展蔓延之势,有的向犯罪集团发展,目前已出现形形色色的组织卖淫集团,因此必须坚决予以重点打击。但是,在思想认识上又必须明确:组织卖淫罪与犯罪集团两种现象之间既有联系,又有区别,不可混为一谈。两者的联系是,组织卖淫犯罪可以向犯罪集团方向发展,组织卖淫犯罪集团本身就是犯罪集团的一种。两者的区别主要是②:①组织卖淫罪是一个独立罪名;而犯罪集团不是一个独立罪名,是共同犯罪的一种特殊形式。②组织卖淫罪的表现形态既可以是单独犯罪,一般共同犯罪,也可以是犯罪集团;而犯罪集团作为一种特殊的共同犯罪形式,有其特殊规定性,要求其主体必须是三人以上,有一定的组织性,具有实施某种或某几种犯罪的目的性,并具有一定的稳定性。③在组织他人卖淫活动中,只有组织者、协助组织者构成犯罪,而被组织者一般情况下不构成犯罪;但在犯罪集团中,其所有成员,无论是集团的组织者、协助组织者,还是被组织者,都构成犯罪。

(三) 组织卖淫罪的罪数形态问题

根据刑法规定和有关司法解释精神,组织卖淫罪在行为手段上可以采取招募、雇佣、强迫、引诱、容留等多种手段,因而往往又能触犯其他罪名如强迫卖淫罪、引诱、容留、介绍卖淫罪和引诱幼女卖淫罪等,出现法条竞合或者牵连犯的现象。同时应注意,《刑法》第358条第3款明确规定:"犯前两款罪,并有杀害、伤害、强奸、绑架等犯

---

① 参见储槐植主编:《"六害"治理论》,中国检察出版社1996年版,第251—252页。
② 参见赵秉志主编:《中国特别刑法研究》,中国人民公安大学出版社1997年版,第642页。

罪行为的,依照数罪并罚的规定处罚。"

因此,对于行为人在组织他人卖淫的过程中,同时又有组织或者是参与聚众淫乱、引诱未成年人聚众淫乱的行为,以及明知是有严重性病的人而又组织其卖淫的行为,应该如何定罪处罚?笔者认为,对于这些行为,如果同时构成组织卖淫罪、聚众淫乱罪、引诱未成年人聚众淫乱罪、传播性病罪等的,应该按实际构成的数种犯罪进行数罪并罚。理由是:①《刑法》第358条第3款明确规定:"犯前两款罪,并有杀害、伤害、强奸、绑架等犯罪行为的,依照数罪并罚的规定处罚。"因此这里所列上述几罪都有自己独立的犯罪构成,而且相互之间并无手段与目的、原因与结果的牵连关系,也不属于法条竞合的情况,因此,不宜以一罪论处。②上述几种犯罪都属于妨害社会管理秩序中较为严重的犯罪,不实行数罪并罚不足以有效惩治犯罪分子,不符合罪刑相适应原则的要求。③对于上述所列情形,《刑法》第358条在其"加重构成"中并未列举,说明其既不是"加重构成"的要素,也不是"不实行数罪并罚"的情形应实行数罪并罚。

四、组织卖淫罪的刑罚适用

根据《刑法》第358条第1款、第2款、第3款的规定,犯本罪的,处5年以上10年以下有期徒刑,并处罚金;情节严重的,处10年以上有期徒刑或者无期徒刑,并处罚金或者没收财产。组织未成年人卖淫的,依照前款的规定从重处罚。犯本罪,并有杀害、伤害、强奸、绑架等犯罪行为的,依照数罪并罚的规定处罚。

根据《刑法》第361条的规定,旅馆业、饮食服务业、文化娱乐业、出租汽车业等单位的人员,利用本单位的条件,组织、强迫、引诱、容留、介绍他人卖淫的,以本罪定罪处罚。上述单位的主要负责人,犯本罪的,从重处罚。

第二十八章　受贿罪

【案例1】乐山官某收受干股案①

2002年,在四川某电力国有股权进行转让和改制过程中,四川省某集团公司老总王某某(另案处理)与官某约定若成功收购国有"川犍电力"股份后将给官某20%的股份(干股)。王某某顺利低价收购国有股权后,按协议将其中时值1 300万余元的3 000余股"川犍电力"股份送给官某,乐山产权交易中心在申请手续不全的情况下违规将该股份过户到官某个人账户上,并同时将划转股权冻结。2005年1月,因"川犍电力"国有股协议转让给四川省某集团公司的批复未获批准,上述股权的过户被撤销并被还原到过户前账户,其后案发。

成都市中级人民法院判决认定,官某收受"川犍电力"股份价值1 300万余元(以及他人所送现金共计265万元),其行为已构成受贿罪。因该案中某电力集团不能提供完整有效的手续使过户行为合法,官某所收受的"川犍电力"股份实际一直处于冻结状态而不能处置,后上述股权过户又被撤销,故其收受"川犍电力"股份的犯罪行为并未得逞,应系犯罪未遂。

一、受贿罪的保护法益:职务廉洁性说

关于受贿罪的保护法益亦即受贿罪的直接客体究竟是什么,我国刑法学界存在多种争议,归纳起来主要有"单一客体说""双重客体说""三重客体说"和"选择客体说"等四种基本立场。

(1)"单一客体说"认为受贿罪所侵犯的是单一的社会主义社会关系。如认为受贿罪的客体是国家机关的正常活动,即国家机关对内、对外的有序的职能活动;或者认为受贿罪的客体是公私财物的所有权;或者认为受贿罪的客体是国家的经济管理活动;也有人认为受贿罪的客体是职务行为的廉洁性(职务行为廉洁说)。

(2)"双重客体说"认为受贿罪侵犯的是双重的社会主义社会关系。如:有的认为受贿罪既侵犯了国家和社会管理公务的正常活动,又损害了国家公务活动的形象;

---

① 参见魏东:《案例刑法学》,中国人民大学出版社2019年版,第303页。

有的认为受贿罪既侵犯了国家机关的正常活动,又侵犯了公私财产的所有权;还有的认为受贿罪既侵犯了国家机关的正常活动,又侵犯了社会主义经济秩序。

(3)"三重客体说"认为受贿罪的客体,包括国家机关的正常活动、公私财产的所有权关系以及社会主义经济秩序三重客体。

(4)"选择客体说"认为"受贿罪的客体是一个以基本客体为核心与兼及客体选择组合的结构性客体"。具体来讲是以国家机关、集体经济组织和其他社会团体公务活动(简述为国家和社会管理公务)的正常进行以及公务的声誉为基本客体,与社会经济管理秩序和公私财产所有权选择组合这样一个结构性客体。①

笔者倾向于同意单一客体说中的"职务行为廉洁说",但是同时又认为应当将受贿罪所侵害的具体法益进一步准确地限定为国家工作人员的公共职务廉洁性或者简单称为公职廉洁性或职务廉洁性,因此应当将"职务行为廉洁说"修正为"职务廉洁性说"。应当说"职务廉洁性说"已经逐步成为我国现在的通说。② 但是也有学者认为,"廉洁性说究竟是以不可收买性说为立场,还是以纯洁性说为立场,尚不明确"③,对于其合理性的根据仍然需要进行法理上和刑事政策上的进一步论证。④

张明楷指出:

> 关于受贿罪的立法形式,一直存在两种立场。起源于罗马法的立场是,受贿罪的保护法益是职务行为的不可收买性。根据这一立场,不管公务员所实施的职务行为是否正当合法,只要他要求、约定或者收受与职务行为有关的不正当报酬,就构成受贿罪。起源于日耳曼法的立场是,受贿罪的保护法益是职务行为的纯洁性或公正性、职务行为的不可侵犯性。根据这一立场,只有当公务员实施违法或者不正当的职务行为,从而要求、约定或者收受不正当报酬时,才构成受贿罪。刑法理论以这两种立场为基础,形成了诸多学说。
>
> 信赖说有不同的内容。德国的信赖说认为,受贿罪的法益是国民对职务行为的公正性的信赖,而不包括职务行为的公正性本身,因为刑法处罚对过去的职务行为的贿赂和对正当的职务行为的贿赂。换言之,即使职务行为是公正的,贿赂行为也会使国民对职务行为的公正性产生怀疑。日本的信赖说认为,受贿罪的法益是职务行为的公正性以及国民对职务行为的公正性的信赖。其基本理由是:职务行为的公正性本身无疑是值得保护的。不仅如此,如果国民认为公务员的职务行为都是被贿赂所左右的,就会导致国民的失望与不安,导致对政府的不信任、对国家政权的不信任。而且,对正当的职务行为、过去的职务行为的贿赂,也使国民对职务行为的公正性产生怀疑。所以,国民对职务行为的公正性的信赖作为保护法益,也能说明对正当的职务行为、对过去的职务行为的贿赂的可罚

---

① 参见魏东:《当代刑法重要问题研究》,四川大学出版社 2008 年版,第 391 页;张明楷:《刑法学(下)》(第五版),法律出版社 2016 年版,第 1201 页。
② 参见高铭暄主编:《刑法专论(下编)》,高等教育出版社 2002 年版,第 808 页;张明楷:《刑法学(下)》(第五版),法律出版社 2016 年版,第 1201 页。
③ 张明楷:《刑法学(下)》(第五版),法律出版社 2016 年版,第 1201 页。
④ 参见魏东:《当代刑法重要问题研究》,四川大学出版社 2008 年版,第 391 页。

性根据。①

笔者认为,职务廉洁性说在本质上坚持了起源于罗马法的不可收买性说的立场,超越了起源于日耳曼法的纯洁性说立场。同时,德国的信赖说与日本的信赖说仍然仅仅是从"国民对职务行为的公正性的信赖"这一特殊视角对不可收买性说的进一步扩张,其实质是基于刑事政策而对防控受贿犯罪的防御性扩张,因而在受贿罪保护法益的法教义学构建中有必要引入刑事政策学原理,才能"有效阐释"职务廉洁性说(以及不可收买性说)的深刻内涵。

从法理上分析,受贿罪与其他渎职性犯罪在犯罪客体上的区别在于:受贿罪不是一般的玩忽职守或者滥用职权,甚至它不一定玩忽职守或者滥用职权,而是只侵害了公职的廉洁性、非经济性、不可收买性。在侵害了职务廉洁性这一点,受贿罪与贪污罪完全一样;当然,贪污罪还侵害了他人(包括国家集体个人)的财产所有权,主要是公共财物所有权(贪污罪的犯罪客体与犯罪对象、行为对象都是需要检讨的问题)。二者的根本区别,主要在于行为方式之不同:受贿罪的客观行为方式是利用职务之便"非法收受"行为;而贪污罪的客观行为方式则是利用职务之便"非法占有"行为。例如国家工作人员在对外公务活动中"收受(礼物)"行为可能在并不违法不构成受贿的情况下进一步发展至"非法占有"行为时就构成贪污。所以,那种认为受贿罪所侵害的法益是公职廉洁性与他人财产所有权的观点是不妥当的,因为他人财产所有权在一般情况下是可以由他人随意处分的,既然在行为人受贿时的财产所有权是由财产所有人自己处分的(尤其在行贿人主动行贿的情况下如此),那就谈不上受贿人侵犯了他人财产所有权,这说明他人财产所有权不能成为受贿罪所侵害的法益。当然,在索贿型受贿罪所侵害的法益中,也可能包括他人财产所有权。但是作为受贿罪自身毫无例外的个性特征则只能是职务廉洁性,不应将他人财产所有权作为受贿罪所侵害的法益。

从刑事政策的视角来分析,只要是国家工作人员故意利用职务之便主动敲诈勒索或者诈骗"相对人财物"(与成为贪污行为对象的"公共财物""本单位财物""应交公的礼物""保险金"四类财物相区分),或者被动收受"相对人财物",都应当构成受贿罪,因为它们的共同点都是侵害了国家工作人员的职务廉洁性,或者因为它们是"观念上的"权钱交易行为而具有刑事政策上所必须防范的侵害国家工作人员的职务廉洁性的重大风险,因而都具有刑事政策上的犯罪化正当根据。这一点,从《刑法》第385条第1款和第2款的法条分析就可以看出。一般认为,第385条第1款规定"国家工作人员利用职务上的便利,索取他人财物的"就构成受贿罪,它没有明确规定"为他人谋取利益"的要件要素(以下简称"谋利要素")。索贿行为中没有法律规定的谋利要素,是否应当解释为"权钱交易"行为呢?笔者认为答案是肯定的,因为:其一,从索贿人立场看,索贿人通过利用职务上的便利向他人索贿,使得"权""钱"发生了勾连关系,当然应当解释为"权钱交易";其二,从被索贿人立场看,国家工作人员在其办

---

① 张明楷:《刑法学(下)》(第五版),法律出版社2016年版,第1199—1200页。

事时找其索贿,其被迫向索贿人送财物,自然是索贿人和被索贿人搞"权钱交易";其三,从公共政策和法律上看,国家工作人员的索贿行为毋庸置疑是"观念上的"权钱交易行为。由此可见,受贿行为即使没有法律规定谋利要素,但是索贿行为仍然表现出受贿所特有的"权钱交易"的行为本质,包括收受人(索贿人)立场的权钱交易、相对人(被索贿人)立场的权钱交易、观念上的权钱交易。当然,《刑法》第 385 条第 1 款规定国家工作人员利用职务上的便利"非法收受他人财物,为他人谋取利益的",其具有"权钱交易"的行为本质是更加显而易见的,无须赘述。同样,该条第 2 款规定"国家工作人员在经济往来中,违法国家规定,收受各种名义的回扣、手续费,归个人所有的,以受贿论"。从行为人立场看,行为人(国家工作人员)通过利用职务上的便利"收受各种名义的回扣、手续费,归个人所有的",其行为也使得"权""钱"发生了勾连关系,当然也应当解释为"权钱交易"。因为,国家工作人员在经济往来中完全可能是秉公办事,而相对人给予回扣和手续费完全可能纯粹是出于"感谢"或者"敬仰之情",但是从行为人立场上或者从公共政策和法律上看其仍然具有"权钱交易"的行为本质。

《刑法》第 388 条所规定的斡旋受贿行为,不但没有排除谋利要素,而且还明确规定必须是"为请托人谋取不正当利益",这在刑法立法论上是存在较大争议的。从立法论上讲,斡旋受贿终究不是国家工作人员直接利用职务上的便利为请托人谋取利益,而是间接地"通过其他国家工作人员职务上的行为"为请托人谋取利益,因此从表面上看是有一定区别的。但是严格地讲,这种区别在立法论上并不能获得充分的正当性,需要将来适当修订这一规定。在现有立法规定下,作为一种"解释论补救"措施,笔者认为,应当对"为请托人谋取不正当利益"作出宽松解释,即只要是不符合法律实体性规定的利益、不符合法律程序性规定的利益、不符合公平合理民法精神的利益,均应当解释为"为请托人谋取不正当利益",从而依法惩治斡旋受贿这一受贿犯罪行为。

二、约定受贿[①]行为的定性处理

关于约定受贿定性处理问题,最高人民法院和最高人民检察院在相关司法解释性文本(以下简称"两高文本")[②]中有三次规定,依其发布时间先后顺序是:①2000 年 7 月 13 日公布的最高人民法院《关于国家工作人员利用职务上的便利为他人谋取利益退休后收受财物行为如何处理问题的批复》规定:"国家工作人员利用职务上的便

---

① "约定受贿"也可以称为"承诺受贿",本文为行文方便而统一使用"约定受贿"这一说法。
② 根据 2007 年《最高人民法院关于司法解释工作的规定》第 6 条之规定,司法解释的形式分为"解释""规定""批复"和"决定"四种。而此处及后文引介的"两高文本",既有"解释""规定""批复"和"决定"四种形式的文本,也有"意见""纪要""答复"等形式的文本,是在广义和实质意义上使用了司法解释性文本这一概念;同时,鉴于研究的重心和特点,本章不对司法解释性文本形式的法理问题展开检讨。有关该问题,参见李立众编:《刑法一本通》(第十一版),法律出版社 2015 年版,"第十一版前言"第 1 页;孟庆华、王法:《"意见"是否属于刑法司法解释表现形式问题探析》,载《临沂市师范学院学报》2010 年第 5 期。

利为请托人谋取利益,并与请托人事先约定,在其离退休后收受请托人财物,构成犯罪的,以受贿罪定罪处罚。"②2003年11月13日最高人民法院印发的《全国法院审理经济犯罪案件工作座谈会纪要》第3条第(四)项规定:"参照《最高人民法院关于国家工作人员利用职务上的便利为他人谋取利益退休后收受财物行为如何处理问题的批复》规定的精神,国家工作人员利用职务上的便利为请托人谋取利益,并与请托人事先约定,在其离职后收受请托人财物,构成犯罪的,以受贿罪定罪处罚。"③2007年7月8日最高人民法院、最高人民检察院印发的《关于办理受贿刑事案件适用法律若干问题的意见》第10条规定:"国家工作人员利用职务上的便利为请托人谋取利益之前或者之后,约定在其离职后收受请托人财物,并在离职后收受的,以受贿论处。"笔者注意到《刑法》和最高人民法院、最高人民检察院2016年4月18日公布施行的《关于办理贪污贿赂刑事案件适用法律若干问题的解释》均没有对约定受贿问题作出"明文规定"。①

可以看出,"两高文本"对约定受贿的文字表述既有一些共通性,也存在一定差异性。其共通性表现在,三个文本都强调约定受贿是国家工作人员利用职务上的便利为请托人谋取利益,并与请托人"事先约定"或者"之前或者之后"有"约定","在其离退休后"或者"在其离职后"收受请托人财物。其差异性在于,前两个文本比较笼统地规定"构成犯罪的,以受贿罪定罪处罚",其含义应当是若"构成犯罪的",则"以受贿罪定罪处罚",若不"构成犯罪的",则不"以受贿罪定罪处罚",因而在约定受贿行为"构成犯罪的"判断标准上具有一定模糊性。而第三个文本则明确规定了"并在离职后收受的,以受贿论处",显然尽管在"并在离职后收受的,以受贿论处"这一点上具有定罪处罚的确定性,但是并没有明确规定若只有受贿之约定行为但并没有"在离职后收受的"行为——此种行为可以概括性地简称为"有约定受贿但尚未实际收受贿赂的行为"——应当如何定性处理的问题,因而约定受贿在上述情况下是否构成受贿罪就具有一定的或然性。可以说,"两高文本"在总体上对约定受贿行为是否一律定受贿罪的规定具有一定模糊性(如前两个文本),或者在其具体表现为"有约定受贿但尚未实际收受贿赂的行为"时是否定受贿罪的规定具有一定的或然性(如第三个文本),这种司法解释性文本规定的模糊性与或然性直接导致司法实践中出现了对"有约定受贿但尚未实际收受贿赂的行为"有时定罪而有时不定罪的现象。

【案例2】雅安姚某某约定受贿案②

2010年上半年的一个周末,在成都市某西餐厅,卢某某对被告人姚某某说,我这几年在雅安市人民医院做了一些业务,也赚了一些钱,我心里一直想对你表达感谢,我记着还要给你160万元,等你不当国家公职人员或者你急需用钱的时候,我再给你。姚某某对卢某某的承诺表示认可,说"我现在

---

① 《关于办理贪污贿赂刑事案件适用法律若干问题的解释》第15条第2款规定:"国家工作人员利用职务上的便利为请托人谋取利益前后多次收受请托人财物,受请托之前收受的财物数额在一万元以上的,应当一并计入受贿数额。"该条款规定中尽管也出现了"为请托人谋取利益前后""受请托之前"等语句,但其实质上并没有规定"约定受贿"问题。

② 案例来源:四川省高级人民法院(2013)川刑终字第391号刑事判决书。

也不需要钱,先放在你那里"。对此事实,雅安市中级人民法院一审判决认定被告人姚某某构成受贿罪(未遂)。被告人姚某某不服此判决而向四川省高级人民法院提出上诉。

二审法院认为,行贿人卢某某与被告人姚某某事前虽有约定,姚某某也利用其职务便利为卢某某谋取了利益,但姚某某未实际收受或者控制就已经案发,且在案证据证实该款项仅属于卢某某对姚某某的承诺,并未以任何形式单独存放。根据2007年最高人民法院、最高人民检察院《关于办理受贿刑事案件适用法律若干问题的意见》第10条"国家工作人员利用职务上的便利为请托人谋取利益之前或者之后,约定在其离职收受请托人财物,并在离职后收受的,以受贿论处",以及第9条"国家工作人员收受请托人财物后及时退还或者上交的,不是受贿"的规定,认为原判认定该160万元受贿(未遂)的证据不足,不应计入姚某某受贿的总数额。

案例2一审和二审均认定姚某某有约定受贿但没有"在离职后收受的"这一案情事实,但是在是否对该约定受贿行为定罪问题上出现了分歧:一审法院认为,对于姚某某仅有约定受贿但没有"在离职后收受的"行为也应定罪(受贿罪未遂),其文本依据可能是最高人民法院的《关于国家工作人员利用职务上的便利为他人谋取利益退休后收受财物行为如何处理问题的批复》和《全国法院审理经济犯罪案件工作座谈会纪要》。二审法院认为,对于姚某某仅有约定受贿但没有"在离职后收受的"行为不应定罪,其文本依据应当说是《关于办理受贿刑事案件适用法律若干问题的意见》。那么,就姚某某案适用"两高文本"的选择与解释结论而言,二审法院选择适用了发布时间更晚("新法"取代"旧法")、规范内容更加有利于被告人("轻法"优于"重法")的司法解释,所得出的解释结论更具有合法性和正当性。但是,由此得出二审法院的判决结果优于一审法院的结论,其理由并不充分,尤其是作为司法解释规范形式之一的"批复"在规范效力上可能比"意见"更高(因为"意见"并非规范意义上的司法解释文本形式),那么该案二审法院不适用规范形式更严格且规范效力更高的"批复",反而要适用规范形式不严格且规范效力更弱的"意见",就存在"规范适用是否正确"的疑问,并使得这个判决说理在规范层面上并非"理直气壮"。那么,在现行《刑法》和司法解释规范文本形式之内,姚某某的约定受贿行为是否可以解释为受贿罪(未遂)的问题,还需要进一步展开法理学和解释论上的判决说理。

笔者认为,基于保守的刑法解释立场,综合前述三个司法解释性文本规定的实质精神来看,"有约定受贿但尚未实际收受贿赂的行为"既不能一律定罪,也不能一律不定罪,应当进一步区分不同情形分别作出定性处理。第一种情形,是受贿人已经"着手"实施收受贿赂行为(但是最终尚未实际收受贿赂),那么依法应定受贿罪(未遂或者中止)。第二种情形,是受贿人尚未"着手"实施收受贿赂行为,那么依法不应定受贿罪(包括不构成受贿罪的未遂与中止)。也就是说,"有约定受贿但尚未实际收受贿赂的行为"是否定罪的临界点/区分点在于"着手"实施收受贿赂行为,有着手即有罪,无着手即无罪。尽管按照《刑法》文本关于预备犯和受贿罪的规定是"可以依法"(甚或"应当依法")处罚受贿的预备犯,但是,我国司法解释性文本作为一种"活的法"[①]和当下反腐败刑事"司法政策",实质上进一步限缩解释了《刑法》文本的处罚范围并形成了"有着手即有罪,无着手即无罪"的司法裁判规则。亦即,这种判断的基本依据在于我国前述三个司法解释性文本的明确规定,属于比较典型的司法上非犯罪化现象。《关于办理受贿刑事案件适用法律若干问题的意见》第10条规定:"国家工作人员利用职务上的便利为请托人谋取利益之前或者之后,约定在其离职后收受请托人财物,并在离职后收受的,以受贿论处。"明确要求约定受贿定罪的必备条件是"并在离职后收受的"。按照刑法的客观解释立场,"并在离职后收受的"之"收受"行为的解释,必须以"着手"实施收受行为为最低限度,其含义中并不包括收受财物的单纯的犯意流露或者犯罪预备。

应当说,与此相当的刑法解释结论,将某种特定情形下的行为限定解释为"着手"实施该行为,在我国刑法中还有很多。例如,关于《刑法》第29条第2款"被教唆的人没有犯被教唆的罪",我国有学者指出,其只能解释为教唆犯教唆他人犯罪,被教唆人已经"着手"实行犯罪,但没有达到既遂状态。[②]还有如关于《刑法》第269条规定"犯盗窃、诈骗、抢夺罪"(即转化型抢劫罪之前提条件),刑法理论通说认为,其是指已经"着手"实施盗窃、诈骗、抢夺行为,才具备了向抢劫罪转化的前提条件,因而"应理解为不包括预备行为"。[③]再如,《关于办理贪污贿赂刑事案件适用法律若干问题的解释》第15条第2款规定:"国家工作人员利用职务上的便利为请托人谋取利益前后多次收受请托人财物,受请托之前收受的财物数额在一万元以上的,应当一并计入受贿数额。"根据该条款规定,"多次收受请托人财物"的含义应当是仅限于实际收受,而不包括约定收受但是尚未实际收受的情形;"受请托之前收受的财物数额在一万元以上"的含义也只能是仅限于实际收受,而不包括约定收受但是尚未实际收受的情形。由此可见,《关于办理受贿刑事案件适用法律若干问题的意见》第10条规定"并在离职后收受的"之"收受"行为的解释,必须以"着手"实施收受行为为最低限度,其含义中并不包括收受财物的单纯的犯意流露或者犯罪预备,亦即其中包含了"不处罚受贿的预备"这一司法裁判规则。

更为重要且更为突出的是,《关于办理受贿刑事案件适用法律若干问题的意见》第9条还明确规定了"国家工作人员收受请托人财物后及时退还或者上交的,不是受贿"。尽管理论上对该规定的适用条件存在争议,有人主张只能将该情形限定为行为

[①] "活的法"又叫"行为中的法""事实上的法",是指支配生活本身的法律,如庞德所谓法官法、判例法,或者如弗兰克所指称的司法活动中当事人或其律师对案件判决所依据的法律的预测和法院的判决。参见严存生:《西方法哲学问题史研究》,中国法制出版社2013年版,第32—33页;〔美〕埃德加·博登海默:《法理学——法哲学及其方法》,邓正来、姬敬武译,华夏出版社1987年版,第148—151页。

[②] 参见周光权:《"被教唆的人没有犯被教唆的罪"之理解——兼与刘明祥教授教权》,载《法学研究》2013年第4期。但是需要指出的是,周光权教授对这一问题的表述似乎存在一些模糊性,在前面指出"只能解释为教唆犯教唆他人犯罪,被教唆人已经着手实行犯罪,但没有达到既遂状态"之后,又在后面补充说明"被教唆人虽接受教唆但尚未开始实施预备行为等情形,教唆行为对法益的危险仅仅停留在教唆者内心,不能成立非共同犯罪的教唆未遂"。那么,到底是以被教唆人已经"着手"实行犯罪为条件,还是以被教唆人"开始实施预备行为"为条件,周光权教授的表述前后似乎缺乏一致性。

[③] 参见王作富主编:《刑法分则实务研究(中)》(第四版),中国方正出版社2010年版,第1044—1045页。

人主观上没有受贿故意,若有受贿故意而收受请托人财物后退还或者上交的,仍然应当成立受贿罪。① 而另有人主张不排除行为人主观上有受贿故意,只要符合"收受请托人财物后及时退还或者上交的"条件,均应作出"不是受贿"的认定。② 储槐植教授甚至据此还得出了受贿"'既遂之后不出罪'是存在例外情况的"解释结论。③ 但应当承认,《关于办理受贿刑事案件适用法律若干问题的意见》第 9 条"国家工作人员收受请托人财物后及时退还或者上交的,不是受贿"的这一规定,按照刑法的客观解释立场和体系解释方法,按照前述"收受"行为的解释必以"着手"实施收受财物行为为最低限度,其含义中并不包括收受财物的单纯的犯意流露或者犯罪预备的解释结论,客观上直接导致在我国司法实践中形成了"不处罚受贿的预备"的实践理性和裁判规则。④ 换言之,由于"不处罚受贿的预备"是我国受贿罪司法裁判中业已形成的一个裁判规则,因而约定受贿而尚未"着手"实施收受财物的行为,依法不认定为受贿罪。

综上所述,"有约定受贿但尚未实际收受贿赂的行为"之定性处理(司法裁判)规则可以概括为相互关联印证的两句话:受贿"有着手即有罪,无着手即无罪";"不处罚受贿的预备"。

客观而论,从刑法原理和解释论上观察,约定受贿定性处理所涉法理问题可能远不止于"雅安姚某某约定受贿案"中两级法院裁判文书所列举的意见分歧和判决说理。体系化、精致化地梳理约定受贿所涉疑难法理问题,还有下列"问题"值得关注和研讨:其一,约定受贿是否应该,进而是否可以进行概念界定与类型化研究?其二,约定受贿是否存在,进而如何确定其犯罪未完成形态及其犯罪数额?其三,约定收受干股和约定收受投资收益的行为如何定性处理?以下对此展开具体研讨并提出拙见。

(一) 约定受贿的概念界定与类型划分

从字面含义上粗略描述,约定贿赂是指贿赂双方就行贿受贿事宜进行邀约、商定;基于受贿人立场观察可谓约定受贿,基于行贿人立场观察可谓约定行贿。约定受贿与约定行贿相互对应(对向犯)并共同型构约定贿赂。

但从严谨的形式逻辑和刑法规范分析,约定受贿的概念中至少应包括以下要素的审查界定。

第一,就约定受贿的犯罪对象而言,由于贿赂对象的通常解释是财物(即货币和物品),因而普通的约定受贿是指约定收受财物;又由于贿赂对象的客观解释除了财物之外,还可以包括财产性利益(即可以折算为货币的物质性利益和需要支付货币的其他利益)。⑤ 关于受贿对象,《关于办理贪污贿赂刑事案件适用法律若干问题的解

---

① 参见张明楷:《受贿罪中收受财物后及时退交的问题分析》,载《法学》2012 年第 4 期。
② 参见李建明:《收受他人财物后退还或者上交对受贿罪构成的影响》,载《人民检察》2007 年第 16 期。
③ 参见储槐植、闫雨:《"赇罪"——既遂后不出罪存在例外》,载《检察日报》2014 年 8 月 12 日,第 3 版。
④ 但有学者指出,"在司法实践中,对于单纯利用职务上的便利索要贿赂,而没有现实取得贿赂的行为,一般都没有认定为受贿罪,或者仅认定为受贿未遂"。参见张明楷:《刑法学》(第四版),法律出版社 2011 年版,第 1077—1078 页。
⑤ 参见张明楷:《刑法学》(第四版),法律出版社 2011 年版,第 1066 页;赵秉志、刘志伟、彭新林:《努力完善惩治腐败犯罪立法建设——"我国惩治腐败犯罪的立法完善问题学术座谈会"研讨综述》,载《法制日报》2015 年 4 月 8 日,第 9 版。

释》第12条对此进行了明确规定:"贿赂犯罪中的'财物',包括货币、物品和财产性利益。财产性利益包括可以折算为货币的物质利益如房屋装修、债务免除等,以及需要支付货币的其他利益如会员服务、旅游等。后者的犯罪数额,以实际支付或者应当支付的数额计算。"而《关于办理受贿刑事案件适用法律若干问题的意见》第2条、第3条还分别规定了收受干股及其收益、投资及其收益等形式的财产性利益也可以构成受贿,因而较为特殊的约定受贿还包括约定收受干股、约定收受投资收益等财产性利益。

第二,就约定受贿的受贿条件而言,可以是约定离退休之后或者离职之后,也可以是在并非离退休之后或者离职之后的某个时间点或者某个特定条件之下。如"雅安姚某约定受贿案",其约定的受贿条件是"等你不当国家公职人员或者你急需用钱的时候"。这里可以发现,"两高文本"的规定中仅将约定受贿条件限定为"离退休之后"或者"离职之后"(后者比前者的涵摄范围更广泛)并不周全,因而需要将约定的受贿条件进一步抽象为"在其离职后或者在其他某种条件下"。

第三,就约定受贿的发生机理而言,可以是国家工作人员利用职务上的便利为请托人谋取利益"之前或者之后",当然还可以是发生在国家工作人员利用职务上的便利为请托人谋取利益"之中"。因而,"两高文本"关于约定受贿仅限定为"之前或者之后"的规定,因遗漏了"之中"的可能情形,也有违逻辑周延性,因而需要将约定受贿的发生时间进一步规定为国家工作人员利用职务上的便利为请托人谋取利益"之前、之中或者之后"。

还有学者指出,在约定受贿人与约定行贿人之间考查"以谁提出为标准,将其归入索取与收受:国家工作人员先提出约定的,属于索取;对方先提出约定的,国家工作人员属于收受"[①]。应当说,这里强调"以谁提出为标准"而将约定受贿进一步划分为索取型的约定受贿与收受型的约定受贿,对于确定具体个案中受贿罪是否成立以及是否具有"索贿"的情节均具有意义,因而应当予以关注。

第四,就约定受贿的犯罪学发展轨迹与犯罪过程规范审查而言,约定受贿可以是犯意流露、犯罪预备行为、着手实施收受财物行为乃至完成收受财物行为等诸种样态。如果说《关于国家工作人员利用职务上的便利为他人谋取利益退休后收受财物行为如何处理问题的批复》和《全国法院审理经济犯罪案件工作座谈会纪要》笼统地规定约定受贿"构成犯罪的,以受贿罪定罪处罚",包含了可以惩处受贿的犯罪预备、犯罪未遂、犯罪中止和犯罪既遂等诸种犯罪形态;那么可以说,《关于办理受贿刑事案件适用法律若干问题的意见》仅规定约定受贿"并在离职后收受的,以受贿论处",这里"并"字的限定意义就十分明确,即仅规定了实际完成收受财物的行为以受贿(既遂)论处,已经着手实施收受财物但未实际完成收受财物的行为以受贿(未遂)论处,但是难说其包含了将预备收受财物而尚未着手实施收受财物的行为以受贿(预备)论处,因而可以说《关于办理受贿刑事案件适用法律若干问题的意见》的规范实质是限

[①] 张明楷:《刑法学》(第四版),法律出版社2011年版,第1066—1067页。

定了约定受贿的处罚范围,亦即确立了"不处罚受贿的预备"司法裁判规则。"两高文本"关于约定受贿的处罚范围的限定规范尽管具有刑法解释论意义,但是基于概念界定的逻辑周延性要求,约定受贿的概念界定应当周延地涵摄约定受贿的全部外延,即犯意流露、犯罪预备行为、着手实施收受财物行为乃至完成收受财物行为等诸种样态。

基于以上分析,笔者认为应将约定受贿的概念界定为:约定受贿,是指国家工作人员在利用职务上的便利为请托人谋取利益过程之中、之前或者之后,与请托人约定或者承诺在其离职后或者在其他某种条件下收受请托人财物的行为。

那么,在明确了约定受贿的概念之后,约定受贿的类型划分应当如何确定?笔者认为,从有利于确认约定受贿行为的违法性与责任性的刑法规范价值上考查,约定受贿行为中约定的受贿条件(即"在其离职后或者在其他某种条件下")、约定受贿的发生机理中国家工作人员在利用职务上的便利为请托人谋取利益过程"之中、之前或者之后"等通常不具有刑法规范评价的意义(尽管其对于约定受贿的概念界定具有形式逻辑价值),基本上不能影响约定受贿行为的定罪量刑,因而其在约定受贿的违法性和责任性类型化审查上缺失刑法规范评价功用,无须特别考量。当然这里还需要明确两点:

其一,约定受贿的发生机理中"以谁提出为标准"而将约定受贿划分为索取型的约定受贿与收受型的约定受贿,对于确定具体个案中受贿罪是否成立以及是否具有"索贿"的量刑情节均具有意义。此种类型划分的刑法规范价值在于:对于索取型的约定受贿,只要有着手收取贿赂或者实际收取贿赂的行为,无论其是否具有"为他人谋取利益的"要素,均可以构成受贿罪(未遂或者既遂),并且适用"索贿的从重处罚"这一规定;对于收受型的约定受贿,则要在有着手收取贿赂或者实际收取贿赂的行为的同时,还必须具有"为他人谋取利益的"要素,方可以构成受贿罪(未遂或者既遂)。但本书由于将约定受贿的概念作了"国家工作人员在利用职务上的便利为请托人谋取利益过程之中、之前或者之后"这一限定,因而对索取型的约定受贿与收受型的约定受贿的类型划分及其刑法规范意义不予特别研讨。

其二,约定受贿的发生机理中,约定受财(约定受贿)可以发生在"为请托人谋取利益过程之中、之前或者之后",这是我国刑法理论通说的观点。① 但是,对于约定受贿发生在为他人谋取利益"之后"的情形可以解释为受贿罪的结论,部分刑法学者持质疑态度,其突出表现在针对最高人民法院公布的陈晓受贿案的理论研讨中。② 陈兴良教授从探求立法本意的立场出发指出,"对于国家工作人员来说,在正常行使职务行为的时候,没有约定收受财物,即使事后受贿,并且明知是对事前职务行为的报答,

---

① 参见王作富主编:《刑法分则实务研究(下)》(第四版),中国方正出版社2010年版,第1782—1783页;张明楷:《刑法学》(第四版),法律出版社2011年版,第1072—1073页。
② 参见裴显鼎:《陈晓受贿案——事后收受财物能否构成受贿罪》,载最高人民法院刑事审判第一庭:《刑事审判参考》2000年第3辑,法律出版社2000年版,第47—54页;储槐植、杨建民:《"事后受贿能否构成受贿罪"——析陈晓受贿案和徐德臣受贿案》,载姜伟主编:《刑事司法指南》2000年第2辑,法律出版社2000年版,第167—177页;陈兴良:《判例刑法学(教学版)》,中国人民大学出版社2012年版,第334—343页。

也不能认为是在出卖权力,因为在职务行为实施时并无此意图",并认为由此不能直接得出事前没有约定的事后受贿行为构成受贿罪的结论。① 对此,笔者认为,通说主张对于约定受贿即使发生在国家工作人员利用职务之便为他人谋取利益"之后"的情形也应当解释为受贿罪的观点可取,其具有逻辑自洽性和实践合理性,也能够获得刑法解释结论的正当性。"两高文本"的解释性规定中,实质上暗含此处"之后"这一约定受贿意思表示的时间范围应当限定为在国家工作人员离职之前或者离退休之前,从而不完全等同于日本刑法对"事后受贿罪"的规定。② 换言之,如果国家工作人员在利用职务之便为他人谋取利益"之后"直到离职之前或者离退休之前均没有约定受贿意思表示,而是在其离职之后或者离退休之后才作出约定受贿的意思表示,则不符合"两高文本"所规定的约定受贿条件。因此可以说,"两高文本"关于约定受贿的解释性规定,既有扩张解释《刑法》关于受贿罪的构成要件要素的内容,即将受贿行为延伸至国家工作人员离职之后和离退休之后,将国家工作人员主体身份延伸至离职之后和离退休之后的"前国家工作人员";又有适当限缩"之后"这一约定受贿意思表示的时间范围的意蕴,即国家工作人员在利用职务之便为他人谋取利益"之后"限定为国家工作人员离职之前或者离退休之前有约定受贿意思表示,但是不包括国家工作人员在其离职之后或者离退休之后才作出约定受贿的意思表示的情形。"两高文本"关于约定受贿中"之后"的这一限定应当说是合理的,尤其是在我国《刑法》没有明确规定"事后受贿罪"的情况下这一司法解释性规定具有突出的实践合理性。从法理上讲,受贿的故意可以产生于为他人谋取利益之前、之中或者之后,因而审查受贿的故意与为他人谋取利益的时间先后之间的关系事实并不具有刑法规范评价的意义,因为这种关系事实并不能影响约定受贿行为的违法性与责任性,从而也不能影响对约定受贿行为的定罪量刑。关键点应在于审查受贿的故意与受贿行为是否具有"同时性",受贿的故意是否是受贿"行为时故意",如果是,哪怕受贿行为人(国家工作人员)已经离职,则此种受贿行为仍然符合权钱交易的受贿行为特征,从而可以构成受贿罪。此即行为时罪过规则,亦即罪过只能是行为时的心理态度。③ 从语言学分析可以发现,《刑法》第385条规定的"非法收受他人财物,为他人谋取利益",语言形式上表现为"非法收受他人财物"和"为他人谋取利益"两个限定要素,但是并不能得出限定要素存在先后排序的结论,亦即两个限定要素的先后排序完全可以进行调换并且调换语言表述顺序后其规范含义仍然确定不变,完全符合该法条的法规范目的(即职务廉洁性),完全契合刑法目的解释所得出的解释结论。因此,约定受贿的发生机理中国家工作人员在利用职务上的便利为请托人谋取利益过程"之中、之前或者之后"不具有刑法规范评价的意义,无须以此为据对约定受贿进行类型划分。

---

① 详见陈兴良:《判例刑法学(教学版)》,中国人民大学出版社2012年版,第334—343页。
② 日本刑法中"事后受贿罪",是指曾任公务员或者仲裁人的人,就其在职期间接受请托人请托而在职务上曾实施不正当行为,或者未曾实施适当行为,而收受、要求或者约定贿赂的行为。参见〔日〕西田典之:《日本刑法各论》,刘明祥、王昭武译,武汉大学出版社2005年版,第353页。
③ 参见张明楷:《诈骗罪与金融诈骗罪研究》,清华大学出版社2006年版,第410—415页。

而约定受贿的犯罪学发展轨迹与犯罪过程规范审查,有利于精确判定其行为样态和犯罪形态,从而对于约定受贿行为的违法性与责任性的判定具有十分重要的刑法规范价值,如犯意流露样态的约定受贿就依法不应定罪处罚,犯罪预备形态的约定受贿通常也不具有定罪处罚的条件(理由后文详述),而犯罪未遂形态的约定受贿和犯罪既遂形态的约定受贿依法应当定罪处罚。因而,从有利于确认约定受贿行为的违法性与责任性的刑法规范价值上考查,有必要根据约定受贿的犯罪学发展轨迹与犯罪过程规范审查来对约定受贿(行为)进行类型划分,依次可以分为犯意流露阶段的约定受贿、犯罪预备阶段的约定受贿、犯罪未遂形态的约定受贿、犯罪既遂形态的约定受贿等类型。此种类型划分的刑法规范价值在于:对于犯意流露阶段的约定受贿、犯罪预备阶段的约定受贿,依法不定罪处罚;对于犯罪未遂形态的约定受贿、犯罪既遂形态的约定受贿依法均应予以定罪处罚,前者以受贿罪未遂论处,后者以受贿罪既遂论处。

此外,如前所述,约定受贿的犯罪对象既包括普通财物,也包括干股及其收益、投资收益等特殊的财产性利益,而约定收受干股及其收益、投资收益等特殊的财产性利益,在具体个案中对于约定受贿行为的违法性与责任性的刑法规范评价上均具有一定的特殊性,因而亦有必要区分约定受贿的犯罪对象的不同类型,而将约定受贿具体区分为约定收受普通财物、约定收受干股及其收益、约定收受投资收益等不同类型,以便于展开具体研讨。

(二) 约定受贿但未实际收受贿赂的定性处理

从司法实践情况看,约定受贿并实际收受财物的行为依法构成受贿罪(既遂),尽管其中有"约定受贿"因素,但是其在受贿行为的违法性和责任性评价中并无区别于普通受贿罪的任何特殊性和特别的疑难性,甚至可以说任何受贿行为的实际完成均存在或明或暗的"约定受贿"因素(因为无论是收受型的受贿还是索贿型的受贿的有效完成,其中都必定内含"约定受贿"因素),对此情形没有展开讨论的必要。普通的约定收受财物行为中,值得展开理论研讨的主要问题在于:约定收受但未实际收受财物的行为应当如何定性处理?对此问题,司法实践中存在对立的不同见解。例如在前述"雅安姚某某约定受贿案"中,雅安市中级人民法院认为姚某某的行为构成受贿罪未遂;而四川省高级人民法院认为姚某某的行为不构成受贿罪(包括不构成受贿罪未遂)。那么,约定受贿但未实际收受财物的行为到底是应当认定为受贿罪(未遂或者中止)还是应当认定为不构成受贿罪呢? 如前所述,此种行为的定性处理,"一刀切"地认定为构成受贿罪(未遂或者中止)或者"一刀切"地认定为不构成受贿罪(包括不认定为受贿罪未遂或者中止)都不恰当,其中至为关键的"点"在于审查其中约定受贿人是否存在"着手"实施收受财物的行为,如果约定受贿人业已存在"着手"实施收受财物(但未实际收受财物)的行为,则约定受贿人依法应认定为受贿罪(未遂或者中止);如果约定受贿人尚不存在"着手"实施收受财物的行为,则约定受贿人依法应认定为不构成受贿罪(包括不构成受贿罪未遂或者中止)。因此,约定受贿但未实际收受贿赂的行为应具体区分以下两种情形进行定性处理：一是约定受贿而尚未"着手"实施收受财物的行为，依法不认定为受贿罪；二是约定受贿而"着手"实施收受财物，但是尚未完成实际收受财物的行为，依法应认定为受贿罪（未遂）。

1. 约定受贿而尚未"着手"实施收受财物行为的定性处理

笔者认为，由于"不处罚受贿的预备"是我国受贿罪司法裁判中业已形成的一个裁判规则，约定受贿而尚未"着手"实施收受财物的行为，依法不认定为受贿罪。我国之所以存在"不处罚受贿的预备"司法裁判规则，其主要理由除前述已论及的我国现有司法解释性文本规定之外，还在于我国的《刑法》规定本身有一些特殊性。《刑法》第22条规定"为了犯罪，准备工具、制造条件的，是犯罪预备"。那么，约定受贿人在"约定"贿赂而尚未着手实施收受贿赂之际到底是受贿的犯意流露还是为受贿"制造条件"，还存在疑问。有人认为这是受贿的犯意流露（即表达了受贿意思），也有人会认为这是受贿的犯罪预备（即为了受贿犯罪而制造条件），应当说这时难于准确区分犯意流露与犯罪预备的界限，而尚未"着手"实施收受财物这一点是可以明确肯定的。可以说，约定受贿人的犯意流露与犯罪预备难于区分，这是我国不处罚受贿预备行为的法理依据之一。例如，如果仅仅是行贿人主动向国家工作人员表示行贿意思（单方的约定行贿），而国家工作人员对此不置可否，是否可以认定为国家工作人员默许的"约定受贿"，实难判断。反过来，如果仅仅是国家工作人员主动向对方表示收受贿赂的意思（单方的约定受贿、索贿），而被索要方对此不置可否，是否可以认定为被索要方默许的"约定受贿"，也难以下定论。我们或许可以谨慎地认定单方的约定行贿和单方的约定受贿的行为样态，将这样两种行为解释为仅仅是犯意流露或者并非是典型的约定受贿，从而将其排除在犯罪圈之外；但问题是，如果真的肯定了其中一方存在"默许"（指有证据证实其中一方存在默许），这种"默许"行为可能仍然只能解释为仅仅是犯意流露，而仍然难以将这种"默许"行为解释为犯罪预备。由此，只要约定受贿人尚未"着手"实施收受贿赂行为，司法上均不予定罪处罚，并形成了"不处罚受贿的预备"的司法裁判规则。贿赂双方尽管在逻辑上是对向犯（或者对合犯、对行犯、对应犯、对立犯），但受贿行为的有效实施完成其实更重要的是通常需要依赖行贿人的单方决意和单方行动，只要行贿人单方面放弃决意和行动就可能导致受贿不能，哪怕受贿人"索贿"也是如此。有学者指出，"在中国刑法中，虽然处罚预备犯、未遂犯是刑法总则的规定，但现实生活中，贿赂犯罪的预备和未遂事实上很少受到处罚"[1]。类似的学术见解还有，认为就行贿行为而言，"对许诺给予、提议给予以其他非刑罚方法规制，无疑是较为明智的选择"[2]。其表达的学术观点应当说也包含了赞同"不处罚受贿的预备"的立场。因此，法理上仍然没有必要惩治受贿的预备行为，受贿罪的最低入罪门槛可以是约定受贿行为人存在"着手"实施收受贿赂（在行贿人"着手"实施行贿行为的基础上）的行为，此时方能认定约定受贿行为人构成犯罪未遂。

---

[1] 孙国祥、魏昌东：《反腐败国际公约与贪污贿赂犯罪立法研究》，法律出版社2011年版，第433页。
[2] 赵秉志、杨诚主编：《〈联合国反腐败公约〉在中国的贯彻》，法律出版社2011年版，第79页。

这里需要说明的是,有学者指出,"在司法实践中,对于单纯利用职务上的便利索要贿赂,而没有现实取得贿赂的行为,一般都没有认定为受贿罪,或者仅认定为受贿未遂"。而张明楷教授主张"在索取贿赂的情况下,应当以实施了索要行为作为受贿既遂标准"。① 这里出现的争议点是,"对于单纯利用职务上的便利索要贿赂,而没有现实取得贿赂的行为",是"一般都没有认定为受贿罪"合理,还是"仅认定为受贿未遂"合理,还是如张明楷教授所主张的认定为受贿罪既遂合理? 笔者认为,根据《刑法》第386条关于"索贿的从重处罚"的规定,索贿型受贿罪仅仅是作为相对于收受型受贿罪而言进行"从重处罚",其在犯罪构成要素上仅仅是不以"为他人谋取利益"为必要条件,但是其在犯罪生成机理上仍然没有超出"权钱交易"并侵犯国家工作人员职务廉洁性的基本范畴,因而在审查判断受贿的犯意流露、受贿预备行为、着手实施受贿行为以至实际完成受贿行为的标准上应当坚持统一标准,其中最为关键的"着手"实施受贿行为的判断标准仍然应当坚持以"着手实施收受贿赂"作为统一标准,而不能想当然地将索贿型受贿的"着手"实施受贿行为的判断标准提前到"着手实施索贿",否则将会混淆受贿的犯意流露、受贿预备行为与实行行为之间的规范界限。例如,国家工作人员主动向相对方(被索要方)提出索要财物的意思表示,那么是否可以不管被索要方是否同意,而一律将该行为人认定为已经"着手实施索贿"并进而认定为受贿罪,甚至认定为受贿罪既遂(依张明楷教授观点)? 肯定答案的观点有失妥当,因为,行为人(国家工作人员)主动向相对方(被索要方)提出索要财物的意思表示,仅属于犯意流露或者受贿预备,即使被索要方同意并与索要方达成了贿赂的一致意思(包括单纯的口头或者书面约定),仍然也只属于约定受贿而尚未着手实施收受贿赂行为,依法也只能认定为犯意流露,对此应依法不认定为受贿罪;只有在行为人主动索要并且进而"着手"实施收受财物之时及之后,方可以依法认定行为人构成受贿罪并视情况认定为受贿罪的未遂(当尚未实际收受财物时)或者受贿罪的既遂(当实际收受财物时)。因此,"对于单纯利用职务上的便利索要贿赂,而没有现实取得贿赂的行为",应区分两种情况进行定性处理:如果行为人已经"着手"实施收受贿赂,依法认定为受贿罪的未遂;如果行为人尚未"着手"实施收受贿赂,依法认定为不构成受贿罪(包括受贿罪的未遂)。

客观上,我国司法实践中鲜有认定受贿的预备行为构成受贿罪(预备)的判例。司法实践中,下列约定受贿而尚未"着手"实施收受贿赂的情形通常没有被认定为受贿罪:①贿赂双方只实施了单纯的"约定"行为;②在"约定"行为之外,行贿人单方面实施了准备财物的行为;③在"约定"行为之外,行贿人单方面实施了准备财物并告知受贿人的行为;④在"约定"行为之外,行贿人单方面实施了"着手"行贿行为,但受贿人在看到或者接触到贿赂时明确表示犹豫或者拒绝收受的行为。此处列举的最后一种情形,之所以也应认定为约定受贿而尚未"着手"实施收受贿赂的行为,是因为从受贿人的角度审查是否"着手"实施收受贿赂行为,应该也只能以受贿人的行为样态为

---

① 参见张明楷:《刑法学》(第四版),法律出版社2011年版,第1077—1078页。

准,而行贿人单方面是否"着手"实施行贿行为(送财物的行为)并不是受贿人所能控制的,因而在行贿人即使有"着手"实施行贿行为之时,如果受贿人明确表示犹豫或者拒绝收受的,仍然应当认定为受贿人尚未"着手"实施收受财物行为。

就"雅安姚某某约定受贿案"中姚某某的行为而言,四川省高级人民法院所作出的无罪判决结论是正确的,但是其判决说理尚值得进一步斟酌。四川省高级人民法院给出的无罪判决说理为,"行贿人卢某某与被告人姚某某事前虽有约定,姚某某也利用其职务便利为卢某某谋取了利益,但姚未实际收受或者控制就已经案发,且在案证据证实该款项仅属于卢某某对姚某某的承诺,并未以任何形式单独存放",所以姚某某不构成受贿罪(未遂)。应当说,四川省高级人民法院的"判决说理"其实还有深意值得推敲:①关于"行贿人卢某某与被告人姚某某事前虽有约定"以及"仅属于卢某某对姚某某的承诺"而对姚某某不定罪之说理,是否意味着仅有行贿人"事前约定"或者仅有行贿人的"承诺"(承诺贿赂),才能依法不对被告人(被承诺受贿的行为人)定罪?相应的,若有被告人(约定收受财物的行为人)的主动提议并约定,依法是否应对被告人定罪?从上文分析来看,即使有被告人的主动提议并约定(而不是仅限于行贿人的主动提议并承诺),如果受贿人尚未"着手"实施收受贿赂的行为,则仍然应当认定为仅有约定但是尚未着手实施收受贿赂的行为,仅属于犯意流露与犯罪预备,依法不应认定为受贿罪(包括受贿预备或者未遂)。②关于在约定收受贿赂的双方已经达成"约定"意见的一致性,在卢某某"并未有任何形式单独存放"时依法不应对姚某某定罪之说理,是否意味着若约定行贿人已"有任何形式单独存放"约定财物的情形就应对被告人定罪?对此问题,笔者认为可以作出比较确定的回答,仅有贿赂双方"事前约定"贿赂(约定受贿和约定行贿),依法仍然不应对约定收受贿赂的行为人定罪,其文本依据是《关于办理受贿刑事案件适用法律若干问题的意见》的明确规定,其法理依据在于此种行为仅属于贿赂双方的"犯意流露",而非"犯罪预备"。即使进一步,若约定行贿人已"有任何形式单独存放"约定的贿赂财物,或者已经由行贿人将约定的贿赂财物交给第三方保存并做好行贿准备,或者已经由行贿人正式通知受贿人领取等行动,仍然只可以认定为行贿犯罪进入了行贿预备阶段并有行贿预备行为。但是,一方面由于行贿预备并不一定当然能够成为约定受贿人的受贿预备,并且"不处罚受贿的预备"是一项司法裁判规则;另一方面由于约定受贿人客观上尚未"着手"实施收受贿赂的行为,因而依法仍然不应对此种情形下的约定受贿人认定为受贿罪(包括受贿罪未遂)。所以,即使存在约定行贿人已"有任何形式单独存放"约定财物的行为,也不得仅仅以此为据而对约定受贿人认定为受贿罪(包括受贿罪未遂)。

作为一种理论反思和检讨,必须指出:我国形成"不处罚受贿的预备"司法裁判规则,不完全符合《联合国反腐败公约》的规定以及部分国家的刑法实践[①],其深层次原

[①] 例如,《联合国反腐败公约》第27条规定各缔约国均可以"将为实施根据本公约确立的犯罪进行预备的行为规定为犯罪"。参见赵秉志、王志祥、郭理蓉编:《〈联合国反腐败公约〉暨相关重要文献资料》,中国人民公安大学出版社2004年版,第15页。再如,《日本刑法典》第197条第1款前段规定,公务员或者仲裁人有关其职务收受、要求或者约定贿赂的,处5年以下惩役。参见〔日〕西田典之:《日本刑法各论》,刘明祥、王昭武译,武汉大学出版社2005年版,第349页。

因同样值得反思检讨。我国《刑法》第22条规定了预备犯的普遍处罚原则,即"对于预备犯,可以比照既遂犯从轻、减轻处罚或者免除处罚",但是反而在性质严重的受贿罪司法实践中形成了"不处罚受贿的预备"这一司法裁判规则,这可能是一种十分特殊的现象。这一特殊现象的出现,既有刑法分则中没有明确限定具体罪的预备犯予以处罚的特别规定,直接导致部分预备犯被司法机关和人员错误解释为无罪的原因;也有受司法解释影响的原因,如《关于办理受贿刑事案件适用法律若干问题的意见》第9条和第10条对于我国司法实践中形成"不处罚受贿的预备"司法裁判规则可以说是"功不可没"。此外,我国反腐败政策也值得反思,有关机关在办理腐败案件中较为普遍地存在违法侦查取证现象,也可能使得"不处罚受贿的预备"成为消解"毒树之果"的一剂良药。可以说,只要刑法不改变在总则中规定预备犯的普遍处罚原则,不在分则中具体规定预备犯的特别处罚规定,只要《关于办理受贿刑事案件适用法律若干问题的意见》第9条和第10条等司法解释规范仍然有效存在,"不处罚受贿的预备"必将成为司法常态。从反腐败长远目标和治本立场看,我国应当对约定受贿行为予以全面犯罪化处置、规范的司法化处理,这是不言自明的。

2. 约定受贿而"着手"实施收受财物行为的定性处理

理论上讲,受贿人如果与行贿人约定贿赂,并且约定受贿人"着手"实施了收受财物的行为,但是尚未完成实际收受财物的行为的情形,依法可以认定为受贿罪未遂。这种情形的关键"点"在于审查其中约定受贿人是否存在"着手"实施收受财物的行为,如果约定受贿人业已存在"着手"实施收受财物的行为,即使其尚未完成实际收受财物的行为,则依法应认定约定受贿人受贿罪未遂。但是,实践中下列三种情形下约定受贿人应当如何定性处理值得研究。

第一种情形,行贿人根据约定而"着手"实施行贿行为(送财物的行为),并且获得约定受贿人的明确认可或者同意的,是否认定为约定受贿人已经"着手"实施收受财物?

笔者认为,此种情形,因为约定受贿人已经"明确认可或者同意"约定行贿人"着手"实施行贿行为,应当认定为约定受贿人已经实际"着手"实施收受财物,从而可以认定约定受贿人构成受贿罪未遂。但是,如前所述,如果约定受贿人并没有"明确认可或者同意"约定行贿人"着手"实施行贿行为,或者约定受贿人对于约定行贿人"着手"实施行贿行为不知情、态度犹豫甚至明确反对的,则依法不应认定约定受贿人"着手"实施收受财物,从而约定受贿人不构成受贿罪未遂。

【案例3】绵阳安某某涉嫌收受房屋案[①]

2005年某一天,杨某某向国家工作人员安某某提出并承诺要送一套价值53万元的房屋给安某某,安某某没有明确表态。次年7月份,杨某某的妻子将房屋钥匙交给安某某的妻子,安某某得知这一情况后立即明确表示不

---

① 案例来源:四川省绵阳市人民检察院绵检反贪移诉(2014)4号起诉意见书、四川省绵阳市人民检察院绵市检刑诉(2015)1号起诉书。

要此房屋,并多次明确向杨某某表达了退还房屋钥匙的意愿,并且安某某在得知杨某某的妻子赌博输了很多钱的时候还主动给杨某某打电话明确要求其把房屋卖了拿钱去还债。案发后查明,该房屋已被杨某某用于抵押贷款,该房屋钥匙仍然放在安某某家中,但是安某某始终没有占用该房屋。

四川省绵阳市人民检察院经审查后决定,依法不指控该房屋价值53万元为安某某涉嫌受贿数额。

案例3中,杨某某向安某某提出并承诺送一套房屋给安某某的行为可以解释为约定贿赂(约定行贿、承诺行贿),安某某没有明确表态的行为也曾经被有关人员"解释为"安某某已经默许同意,从而可以将安某某认定为约定受贿人。尽管约定行贿人杨某某已经着手实施送房屋的行贿行为,但是,约定受贿人安某某在得知约定行贿人"着手"实施行贿行为时,不但没有"明确认可或者同意"约定行贿人"着手"实施行贿行为,而且态度是明确反对的,因而依法不应认定约定受贿人"着手"实施收受财物,安某某依法不构成受贿罪(包括不构成受贿罪未遂)。四川省绵阳市人民检察院依法不指控该房屋价值53万元为安某某受贿数额的决定是正确的。

第二种情形,行贿人根据约定而实施了向约定受贿人"打借条"或者同约定受贿人"签订书面承诺",并且约定受贿人实际接受了收条或者书面承诺的,是否应认定约定受贿人已经"着手"实施收受财物?

笔者认为,此种情形仍然属于"约定受贿"范畴,约定受贿人接受收条或者书面承诺的行为仍然仅具有"约定受贿"的性质,而不具有"着手"实施收受财物的实质,只不过此时约定受贿人是将口头约定转化为书面约定,充其量也只是具备受贿预备行为的性质,按照"不处罚受贿的预备"的裁判规则,对此行为依法不应认定为受贿罪(未遂)。

【案例4】成都贾某某受贿案①

贾某某在担任四川省成都市某县政法委书记期间,在2009年负责协调解决某公司开发建设楼盘的有关债务清偿、产权办理等相关事宜时,经该县政法委副书记余某某介绍认识该公司老总张某,接受张某请托并为张某提供帮助。张某承诺在办好请托事项之后送给贾某某300万元,书写了一份向贾某某借款300万元的借条(借条中的人名是虚假的),通过余某某将该借条转交给贾某某,案发后查明张某实际送给贾某某现金42万元。

四川省高级人民法院和成都市中级人民法院通过总共四次审理(其中发回重审一次),最终仅认定贾某某收受张某现金42万元的行为构成受贿罪。

案例4中,人民法院最终仅认定贾某某受贿数额42万元,而没有认定借条所明示的300万元为受贿数额,除了证据不足的因素之外,在实体法上也是符合法理的。因

---

① 案例来源:四川省高级人民法院(2013)川刑终字第156号刑事裁定书。

为书面的"借条""承诺"等,在实质上与口头约定一样都只是约定受贿的表现形式,在约定受贿人尚未"着手"实施收受财物之前,其仍然只具有犯意流露或者受贿预备的性质,依法不应认定为受贿罪(包括不应认定为受贿未遂或者受贿罪预备)。至于贾某某已经实际收受现金42万元的事实,依法不能将其作为约定受贿人已经"着手"实施收受该约定受贿300万元的认定理由,因而不能将约定受贿的300万元认定为受贿数额。基于同样的法理,介绍贿赂人余某某对该约定贿赂300万元的介绍贿赂行为依法也不构成介绍贿赂罪。

第三种情形,行贿人根据约定将部分财物送给受贿人,但约定受贿人在实际收受部分财物后即案发,那么对于约定而尚未实际收到的另一部分财物而言是否应认定约定受贿人已经"着手"实施收受财物?

对此问题,实务中有两种认识,一是主张将约定而尚未实际收到的另一部分财物不认定为受贿数额,其法理根据在于否定约定受贿人已经"着手"实施收受财物;二是主张将约定而尚未实际收到的另一部分财物认定为受贿数额(受贿未遂的数额),其法理根据在于肯定约定受贿人已经"着手"实施收受财物(指约定受贿中所约定收受的全部财物)。

【案例5】郭某某、全某某约定受贿案①

2004年年底,某市政府成立了治江围涂工程指挥部,由该市副市长郭某某任总指挥,该市水利局局长全某某任副总指挥。2005年年初,某市集团公司董事长张某某及其控股公司总经理沈某某为承接该市治江围涂工程,请求郭某某、全某某二人帮忙。郭某某、全某某二人利用担任工程指挥部领导的职务之便,促成该公司与市政府签订了合作开发协议,之后,郭某某、全某某二人还应张某某、沈某某请求为该公司在融资、税收优惠等方面谋取利益。期间,张某某和沈某某估算,治江围涂工程利润约为1 000万元,二人商定后向郭某某、全某某二人表示要将工程利润的10%、计100万元送给他们,郭某某、全某某二人表示同意。为掩人耳目,郭某某、全某某二人商定待离职后再收取上述款项。之后为防止约定贿赂款落空,郭某某、全某某二人商定可先少拿一部分,待离职后再拿其余部分。2005年8月,郭某某、全某某二人以借款名义向张某某支取30万元用于购房。2008年案发时,该公司承揽的治江围涂工程尚未完工。

案例5中对郭某某、全某某利用职务之便为请托人谋取利益,收受他人钱款的行为构成受贿罪没有异议,但在受贿数额的认定上有两种不同意见:第一种意见认为,郭某某、全某某受贿数额为30万元,对于虽有约定但未能实现的70万元不能认定为受贿数额。第二种意见认为,受贿数额应认定为100万元,其中70万元认定为受贿未遂数额。

---

① 参见《约定受贿后尚未兑现应怎样定性》,载中华人民共和国监察部网站(http://www.ccdi.gov.cn/djfg/ywgw/201308/t20130822_114436.html),访问日期:2016年7月5日。

笔者认为,一般而言,行贿人根据约定而将部分财物送给受贿人,但约定受贿人在实际收受部分财物后,对于尚未实际收到的其余财物而言通常不应认定为约定受贿人已经"着手"实施收受财物,从而不应将约定收受而尚未实际收到的其余财物认定为受贿数额(即受贿罪未遂的数额)。其主要理由在于,对于约定受贿的贿赂对象财物本身属于可分之物的情形,如果约定受贿人客观上只"着手"实施收受部分财物的行为,依法只能就该种行为进行刑法评价,并根据其行为样态依法认定为受贿罪的既遂或者未遂;但是,对于约定收受而尚未实际收到的其余财物而言,并没有改变其处于约定受贿人有"约定受贿"而尚未"着手"实施收受财物的行为状态,从而不应将尚未实际收到的财物认定为受贿数额(即受贿罪未遂的数额)。就案例5而言,被告人已经"着手"实施并且已经实际收到30万元的财物,依法应当认定约定受贿人"着手"实施了收受该30万元并且已经实际收到该30万元的行为,从而构成受贿罪(受贿数额为30万元);但是,对于被告人未能按约定予以收受的70万元,固然其原因可能包括被告人意志以外的因素,但是客观上也缺乏认定被告人已经"着手"实施收受该70万元的充分证据和法理依据,因而依法不应将该70万元认定为受贿数额(即受贿未遂的数额)。

因此,在行贿人根据约定而将部分财物送给受贿人,但约定受贿人在实际收受部分财物后即案发的,对于约定收受而尚未实际收到的其余财物而言,应当具体审查约定受贿人是否已经"着手"实施收受该部分财物,分为以下两种情形加以区别认定:如果有证据证实约定受贿人已经"着手"实施收受该部分财物的,依法应该将约定收受而尚未实际收到的财物认定为受贿数额(即受贿罪未遂的数额);如果没有证据证实约定受贿人已经"着手"实施收受该部分财物的,则依法应该将约定收受而尚未实际收到的财物不认定为受贿数额(包括不认定为受贿罪未遂的受贿数额)。

(三) 约定收受干股型受贿行为的定性处理

如前所述,实践中有些新类型受贿案中的约定受贿情况更为特别,如约定收受干股行为,在具体定性处理,尤其在是否定罪以及如何确定犯罪形态和如何确定受贿数额等方面存在一些较为特殊的问题,需要专门研讨。

结合前面对约定受贿的概念界定,约定收受干股,是指国家工作人员利用职务上的便利,为请托人谋取利益过程之中、之前或者之后,约定在其离职后或者在其他某种条件下收受请托人给予干股的行为。根据《关于办理受贿刑事案件适用法律若干问题的意见》第2条规定:"干股是指未出资而获得的股份。国家工作人员利用职务上的便利为请托人谋取利益,收受请托人提供的干股的,以受贿论处。进行了股权转让登记,或者相关证据证明股份发生了实际转让的,受贿数额按转让行为时股份价值计算,所分红利按受贿孳息处理。股份未实际转让,以股份分红名义获取利益的,实际获利数额应当认定为受贿数额。"约定收受干股的行为表面上看只有两种情形,第一种情形是"进行了股权转让登记,或者相关证据证明股份发生了实际转让的",应认定为受贿罪,其受贿数额"按转让行为时股份价值计算,所分红利按受贿孳息处理"。

这里顺便需要指出,作为一种学术见解,将此种情形下"所分红利按受贿孳息处理"的规定有所不当,笔者认为,行为人因收受干股而实际分得的红利应作为受贿数额计算在内。① 第二种情形是"股份未实际转让,以股份分红名义获取利益的",应认定为受贿罪,其受贿数额的确定方式是"实际获利数额应当认定为受贿数额"。

但是,司法实践中约定收受干股案件经常出现一些更为特殊的情况,在是否定罪(尤其是是否认定为受贿罪的未遂)、如何确定受贿数额等问题上存在较大争议。

【案例6】成都毛某某收受干股案②

成都市中级人民法院认定(《刑事判决书》原文摘录):被告人毛某某在担任四川省某市银行股份有限公司董事长期间,与三家公司法定代表人约定收受该三家公司所有的该银行股份有限公司股份622.33万股(行为时价值人民币1 866.99万元)。以上股权实际登记在行贿人所在公司名下,没有也不可能变更在毛某某或其指定的第三方名下,故双方约定的股权并未由毛某某实际占有和支配,且股权在将来何时以何种方式、价值向毛某某兑现尚不明确……行贿人多次向毛某某支付现金或转账,即是在按照双方的约定给付部分贿赂款,毛某某已实际着手实施收受这622.33万股股权收益的犯罪行为,已实际获得的部分应当认定为受贿金额,未实际获得的部分是因为案发这一意志以外的原因未能得逞,应当认定为犯罪未遂构成受贿罪,其中已经取得的款项金额认定为股权分得的红利。……本院认为,应当将毛某某实际获取的现金认定为受贿既遂的犯罪金额(700万余元),将622.33万股股权价值扣除这部分现金价值的其余部分,认定为受贿未遂。

前述"乐山官某收受干股案"和案例6提出了一个值得注意的问题,约定收受干股的受贿未遂到底应该如何认定?

就"乐山官某收受干股案"而言,官某约定收受干股尽管尚未实际取得股权,但是已经"着手"实施股权转让登记的行为,因被告人意志以外的原因而使其收受"川犍电力"股份的犯罪行为并未得逞,因而法院判决其构成受贿罪(受贿数额为1 300万余元)的犯罪未遂,这一判决认定是正确的。

但是,就"成都毛某某收受干股案"而言,既然法院认定"以上股权实际登记在行贿人所在公司名下,没有也不可能变更在毛某某或其指定的第三方名下,故双方约定的股权并未由毛某某实际占有和支配,且股权在将来何时以何种方式、价值向毛某某兑现尚不明确",那么,法院认为毛某某实际获取的现金认定为受贿既遂的犯罪金额(即人民币725万元、港币20万元、美元2万元),将622.33万股股权价值(价值人民币1 866.99万元)扣除这部分现金价值的其余部分,认定为受贿未遂,就存在疑问。

---

① 《关于办理受贿刑事案件适用法律若干问题的意见》第2条规定对于"进行了股权转让登记,或者相关证据证明股份发生了实际转让的"行为,仅将其中干股价值认定为受贿数额,不将红利认定为受贿数额,此种规定应当说存在不妥,在实践中可能造成严重失公。参见魏东:《"收受干股型"受贿罪的刑法解释适用》,载《法学论坛》2015年第1期。

② 案例来源:四川省成都市中级人民法院(2014)成刑初字第195号刑事判决书。

这种疑问何在？笔者认为，即使法院认定被告人毛某某因约定收受干股而实际收到干股红利700万余元(暂且不考虑被告人认为该700万余元系借款而非受贿的事实和定性争议)，也只能按照《关于办理受贿刑事案件适用法律若干问题的意见》第2条所规定的约定收受干股的第二种情形定性处理，即"股份未实际转让，以股份分红名义获取利益的"，应认定为受贿罪，其受贿数额的确定方式是"实际获利数额应当认定为受贿数额"，亦即将其"实际获利数额"700万余元认定为受贿数额。换言之，此种情形下被告人的受贿数额只能认定为"实际获利数额"700万余元，而不能将被告人的受贿数额认定为干股价值1 866.99万元(即622.33万股价值)，这两个受贿数额对于量刑影响的差距巨大(即其中扣除实际收到干股红利700万余元为受贿既遂数额之后的数额为受贿未遂数额)，这是从《关于办理受贿刑事案件适用法律若干问题的意见》第2条规定的第二种情形所得出的解释结论。那么，从法理上分析，毛某某约定收受干股622.33万股(价值人民币1 866.99万元)的行为之所以不能认定为受贿罪(指受贿罪的未遂)，是因为即使其着手实施收取"实际获利数额"700万余元的行为并且已经实际收到该700万余元，但是毛某某尚未着手实施收受干股622.33万股(价值人民币1 866.99万元)的股权转让行为。

可见，"乐山官某收受干股案"中被告人官某的行为与"成都毛某某收受干股案"中被告人毛某某的行为区别在于："乐山官某收受干股案"中，官某已经"着手"实施收受干股的行为(虽然最终"股份未实际转让")，因而官某构成收受干股型受贿罪未遂(受贿数额为转让行为时股份价值1 300万余元)；"成都毛某某收受干股案"中，毛某某尚未"着手"实施收受干股的行为(虽然已经着手实施收受"以股份分红名义获取利益")，因而毛某某不构成收受干股型受贿罪未遂(即指不能认定受贿数额为转让行为时股份价值1 866.99万元)。

综上所述，约定收受干股具有特殊性，其成立受贿罪未遂的关键在于审查约定受贿人"着手"的具体内容：约定受贿人已经"着手"实施收受干股的行为(虽然最终"股份未实际转让"成功)的，构成收受干股型受贿罪未遂(并且"受贿数额按转让行为时股份价值计算")；约定受贿人尚未"着手"实施收受干股的行为(即使已经着手实施收受"以股份分红名义获取利益")的，依法不构成收受干股型受贿罪未遂(即指不能认定"受贿数额按转让行为时股份价值计算")。由此，笔者认为约定收受干股的行为，在法理上应具体细分为以下四种情形进行定性处理。

(1)约定收受干股并"进行了股权转让登记，或者相关证据证明股份发生了实际转让的"，应认定为受贿罪，其受贿数额按转让行为时股份价值和所分红利价值二者相加所得数额计算。

(2)约定收受干股尚未着手实施股权转让行为，"股份未实际转让，以股份分红名义获取利益的"，应认定为受贿罪，只能是"实际获利数额应当认定为受贿数额"，而不能将干股价值认定为受贿数额(包括不能认定为受贿未遂的数额)。

(3)约定收受干股并着手实施股权转让行为，但是"股权未实际转让"成功(未得逞)的，应认定为受贿罪未遂，将着手转让行为时股份价值认定为受贿犯罪未遂的受贿数额。"乐山官某收受干股案"中被告人官某的行为定性处理即是如此。

(4)约定收受干股而着手实施股权转让行为,但是"股权未实际转让"成功(未得逞),如果已经"以股份分红名义获取利益的",应将转让行为时股份价值认定为受贿罪未遂的受贿数额,同时将已经"以股份分红名义获取利益的"数额认定为受贿罪既遂的受贿数额,亦即应将转让行为时股份价值(受贿罪未遂的受贿数额)和所分红利价值(受贿罪既遂的受贿数额)二者相加所得数额认定为受贿数额。当然这也只是笔者提出的学理分析意见,不同于《关于办理受贿刑事案件适用法律若干问题的意见》第2条关于"股份未实际转让,以股份分红名义获取利益的,实际获利数额应当认定为受贿数额"的相关规定。

(四) 约定收受投资收益型受贿行为的定性处理

约定投资收益的具体情形,包括约定投资土地整理并获得收益,约定由国家工作人员放高利贷并获得收益,约定由国家工作人员享有股东市场份额并获得收益等,是否可以认定为约定受贿?国家工作人员因此获得实际收益的,是否应当认定为受贿数额?

对这个问题的回答,2007年《关于办理受贿刑事案件适用法律若干问题的意见》"三、关于以开办公司等合作投资名义收受贿赂问题"规定:"国家工作人员利用职务上的便利为请托人谋取利益,由请托人出资,'合作'开办公司或者进行其他'合作'投资的,以受贿论处。受贿数额为请托人给国家工作人员的出资额。国家工作人员利用职务上的便利为请托人谋取利益,以合作开办公司或者其他合作投资的名义获取'利润',没有实际出资和参与管理、经营的,以受贿论处。"即约定官员投资收益的行为,只要有实际投资,依法不应认定为约定受贿;即使官员已约定获得了实际收益的(并且投资与收益符合经营收益的一般规律),依法不应认定为受贿罪。例如以下案例。

【案例7】宜宾胡某某受贿案①

2007年年初,张某某在做四川省安岳县从事土地整理工程时,让被告人胡某某家属准备20万元工程保证金参加投标,共同参与工程竞标活动和前期准备活动,但后来具体开展土地整理工作时,都是张某某安排资金、设备、人员在做,胡某某及其家属均没有参与。当年年底,张某某就给胡某某家属说工程已经完了,赚了100万元,把这100万元连同保证金20万元交给了胡某某家属。2013年年底,胡某某让家属把这100万元退给了张某某。

宜宾市中级人民法院经审理后认为,被告人胡某某将20万元以投资款名义交给张某某,但该20万元与张某某在工程中的巨大投入相比,作用微乎其微,事实上张某某也未将胡某某一方作为投资合伙人来对待,而是基于还胡某某人情以分红款名义送钱给胡某某,故该款应认定为胡某某所得受

---

① 案例来源:四川省宜宾市中级人民法院(2015)宜刑初字第2号刑事判决书。

贿款。

案例7中的判决说理中强调的理由,是"被告人胡某某将20万元以投资款名义交给张某某,但该20万元与张某某在工程中的巨大投入相比,作用微乎其微,事实上张某某也未将胡某某一方作为投资合伙人来对待"。

但是,这一说理可能直接违背了《关于办理受贿刑事案件适用法律若干问题的意见》第3条的规定,具体说存在以下一些问题。

其一,这一段说理在事实认定上是前后矛盾的。一方面说"被告人胡某某将20万元以投资款名义交给张某某",而另一方面又说"事实上张某某也未将胡某某一方作为投资合伙人来对待"。那么,到底这20万元是不是投资款呢?

其二,这一段说理也是不符合客观事实的。判决书认定"被告人胡某某将20万元以投资款名义交给张某某,但该20万元与张某某在工程中的巨大投入相比,作用微乎其微"。但是,客观上土地整理通常花费并不一定很大。就该案而言,应当举证证实:到底张某某全部投资是多少,实际收益是多少,只有查清查这些事实之后,才可以得出该20万元投资"作用微乎其微"这个结论。

其三,约定国家工作人员投资20万元土地整理项目并获得收益100万元的行为,能否认定为约定受贿?笔者认为,约定投资20万元土地整理项目并获得收益100万元的行为,由于存在国家工作人员实际投资20万元这一既定事实,从而其既不属于"由请托人出资"的情形也不属于国家工作人员"没有实际出资"的情形,因此依法不应认定为约定受贿,不构成受贿罪。

【案例8】南充邱某某受贿案①

被告人邱某某于2009年1月至2013年1月期间陆续借款给商人禹某某合计600万元本金,约定借款月息3%,邱某某于2013年1月结算时获得该借贷利息收益500万余元。据此,省检察院反贪局《起诉意见书》认定邱某某构成受贿500万余元。

在案例8审查起诉环节,当时针对邱某某放高利贷获得的500万余元收益问题,辩护人明确提出了依法不应定性为受贿罪的辩护意见。通过反复多次同南充市人民检察院、四川省人民检察院进行情况反映、沟通协调,最终两级人民检察院采纳了辩护人的意见,公诉机关没有在《起诉书》中指控这一笔500万余元受贿数额。

那么,从法理上讲,为何约定由国家工作人员放高利贷并获得收益的行为,依法不应认定为约定受贿、不应指控为受贿罪呢?笔者认为,其核心理由在于,民间借贷收取利息具有合法性,有比较充分的法律依据和司法判例,因此对于国家工作人员约定放贷收取利息的行为依法不应认定为约定受贿(违法犯罪行为)。

再者,如果说国家工作人员借钱给他人而收取利息,可以看作投资收益的话,那么,按照《关于办理受贿刑事案件适用法律若干问题的意见》第3条的规定,约定投资

---

① 案例来源:四川省人民检察院川检反侦移诉(2014)2号起诉意见书。

收益并且有真实投资的话,依法也不应认定为约定受贿,更不能认定为受贿罪。

【案例9】德阳张某受贿案①

德阳市人民检察院《起诉书》指控(此处摘录隐去真名):"2007年,被告人张某利用其担任某央企风电事业部副总经理兼市场部部长的职务之便,帮助四川某公司(张某是该公司实际投资人和股东)向该央企销售导电轨,并在该央企同业主单位签订风机采购合同中,大量推荐、指定业主单位使用某公司产品。2008年2月,被告人张某离开该央企风电事业部后,风电事业部按惯例继续大量采购某公司导电轨。为此,张某向刘某(该公司股东)索要向该央企销售导电轨的溢价提成款的50%。2008年至2014年8月,刘某以支付调试费的名义向张某实际控制的另一公司转款共计1 310.336 7万元。"同时还查明:书证《董事会决议》上用手写方式载明"张某和刘某各分某央企销售溢价收益的50%",该《董事会决议》是从公司财务部门收集提取(但是对手写形式存在争议);该1 310万余元(数额有争议)都是7年来由公司财务人员从公司对公账户上数十次直接转账到张某个人控股公司账上,财务凭证和记账都是比较明确的(部分凭证丢失和数额不完全吻合);张某直到案发前仍然没有从其控股公司中提取该1 310万余元(没有张某提取的证据)。为此,《起诉书》指控张某收受该1 310万余元的行为构成受贿罪。一审判决采纳了指控意见(但认定受贿数额为1 282万余元)。

这里仅基于学术立场来讨论其中涉及的刑法理论问题。那么,按照前述"约定国家工作人员投资收益的行为,只要国家工作人员有实际投资,依法不应认定为约定受贿"这一法理,笔者认为可以得出以下刑法解释结论:

其一,被告人张某获得该1 310万余元(该数额尚有争议)的客观依据,在于张某有实际投资,进而这一客观依据的法律意义在于该1 310万余元依法只能认定为张某实际投资的收益,即该1 310万余元在性质上属于有真实投资的收益。根据2007年《关于办理受贿刑事案件适用法律若干问题的意见》第3条的规定,张某获得该1 310万余元的行为依法不应认定为受贿。

其二,在案书证《董事会决议》尽管有一些股东否定,但是该书证多年来一直放置于公司并由公司财务人员保管(其中有一名股东还当过多年的财务人员)、使用并以此为依据向张某的控股公司转账,最低限度不能排除被告人张某获得该1 310万余元是公司依约依规分配给张某的投资收益的合理怀疑。

其三,在案书证《财务记账凭证》和《转账记录》等证实被告人张某所获该1 310万余元系由公司向张某的控股公司数十次转账所形成的案情事实,并且这些转账都是由公司、公司财务人员多年来直接从公司账户转账到张某的控股公司账户上,依法只能认定这是公司行为,而非股东个人行为。

---

① 案例来源:四川省德阳市人民检察院德阳公刑诉(2015)45号起诉书。笔者担任本案被告人张某的辩护人。

其四,被告人张某所获该1 310万余元中,没有任何一次转账或者支付是由刘某个人转账给张某的控股公司,更不是从刘某私人账户转账或者私人拿出现金交给张某的,因而指控张某向刘某索取贿赂1 310万余元的基本证据缺乏,更谈不上证据确实、充分。

其五,被告人张某对该1 310万余元的供述始终稳定,而且能够得到在案书证的全部印证,也能得到部分证人证言的印证,辩护证据(即无罪证据)在质量和数量上均优于指控证据(即定罪证据)。

其六,被告人张某获得该1 310万余元的行为是否应作为受贿进行指控,在公诉机关审查起诉阶段本来就存在重大争议(证据事实与定性方面均存在争议),这一现象本身也值得合议庭充分考虑。

因此,根据案例9在案证据事实和2007年《关于办理受贿刑事案件适用法律若干问题的意见》第3条的规定,被告人张某获取1 310万余元的行为依法不能成立受贿罪。这一刑法解释结论的基本法理在于:被告人张某有真实投资,其获取的1 310万余元是其投资收益,其约定投资收益的行为依法不能认定为约定受贿,依法不应认定为受贿罪。

后 记

自2001年年初开始,我为四川大学法学院刑法专业研究生讲授"刑法分论"课程,至今已近二十年,从未间断;我对刑法分则解释论原理的学习、思考和研究也从未间断,可以说学有所进、思有所得、研有所获。《刑法分则解释论要》就是对我近二十年来从事"刑法分论"课程教学、理论研究和学术写作的一个阶段性小结。时值本书付印之际,谨在此略陈感慨之言、感恩之语,聊表心意。

一是我"潜心"做学问还不够到位,需要进一步提升学术研究理论品格。自1998年我考入中国人民大学法学院师从恩师赵秉志教授攻读刑法学博士学位以来,即下定决心到高校做学问并"咬定青山不放松",至今已二十余年。其间有幸聆听高铭暄、王作富、赵秉志等老一辈刑法学家的博士生课程,有幸拜见并聆听储槐植、张文、陈兴良、张明楷、黄京平、卢建平等刑法学家的谆谆教诲,其后又有幸拜师陈忠林教授并在他的指导下进行博士后课题研究。多年来的学术研究,只能说有进步,但进步不大,深感惭愧。究其原因,既有因从事刑事辩护律师业务而分心的因素,也有个人悟性不高、努力不够的因素,需要反省。恩师赵秉志教授经常叮嘱我"切不可因为刑辩业务而荒废了学业",我始终铭记在心。今后要更进一步集中精力搞好学术研究,尽量减少其他事务性活动,努力钻研,勤奋写作,争取把刑法学理论研究和教学工作做得更好,以回报恩师、国家和社会的培育之恩。

二是本书展开的学术研讨仍然很不到位,还需要进一步深化对刑法分则解释原理的研究。在写作本书期间,我有幸主持了国家社科基金项目重点课题"刑法解释原理与实证问题研究"(编号:12AFX009)、教育部规划项目"中国当下刑法解释论问题研究"(编号:12YJA820080)、中国法学会部级课题重大项目"非法集资犯罪研究"[编号:CLS(2012)A07]、四川省学术和技术带头人培养基金课题"常见犯罪司法审判与刑法解释研究"等课题研究工作,应当说积累了较为丰富的刑法解释论知识和理论研究经验,有的研究成果在本书中有所体现和运用,客观上也在相当程度上提升了本书的学术质量,这是值得欣慰的。但疏漏在所难免,诚请方家不吝赐教。

三是要感谢母校中国人民大学和西南政法大学以及母校各位老师的培育之恩,感谢现在工作单位四川大学的收留与栽培之恩。四川大学法学院为我开展学术研究提供了较好的平台,为我出版学术专著提供了宝贵的经费资助和精神支持。还要感谢我的家人、亲朋好友以及北京大学出版社的鼓励与支持,尤其感谢北京大学出版社蒋浩先生、陈康女士、方尔埼女士对本书编辑工作的悉心指导和高质量编审。衷心感谢你们!

魏东

谨识于成都市新希望路锦官新城寓所

2020年1月1日